SPSS

통계분석의 원리와 활용

오정호

法 文 社

머리말

이 책은 통계분석의 기본 원리를 이해시키고, 소프트웨어(SPSS)의 활용 능력을 키우고, 통계분석 결과의 해석 능력을 높이고자 하는 목적을 가진다. 특히 교재에서 다루는 통계분석 대부분은 학생 스스로 SPSS를 통해 실습할 수 있도록 자세하게 설명하였다. 기본 원리의 이해가 없이 통계분석을 활용하는 것은 사상누각을 초래하고 활용 능력이 없이 기본 원리를 이해하는 것은 비효율적 학습을 초래한다. 이 책은 사회과학이나 인문과학 분야의 학생뿐만 아니라 경영학이나 이공계 분야의 학생도 도움이 될 수 있는 내용을 다루고 있다. 그리고 학생의 전공 분야나 학부생/대학원생 수준에 따라 교재의 내용을 선택할 수 있도록 하고 있다.

이 책의 내용은 총 22장으로 구성되어 있다. 1장(SPSS 사용 방법), 2장(자료의 특성과 요약), 3장(도표를 통한 자료 요약), 4장(확률분포와 확률함수), 5장(표본분포), 6장(가설검정의 원리와 방법), 7장(단일 집단의 모수에 대한 가설의 검정), 8장(두 집단의 모수의 차이에 대한 가설의 검정)은 이공계 분야의 통계분석 교재에서는 필수적으로 다루고 있는 내용이지만 사회과학 분야의 통계분석 교재에서는 상대적으로 소홀히 취급하는 경향이 있다. 이 부분은 통계분석의 기초가 되므로 사회과학에서도 필수적으로 다루어야 할 내용이다.

9장(분산분석), 10장(두 변수 간 연관성의 분석), 11장(단순회귀분석), 12장(다중회귀분석), 13장(이항 로지스틱회귀분석), 14장(판별분석), 15장(공분산분석), 16장(다변량분산분석), 17장(요인분석), 18장(군집분석), 19장(비모수적 방법)은 학문 분야에 따라서 적절한 부분을 선택할 수 있다. 9장, 10장, 11장, 12장, 19장은 사회과학, 경영학, 이공계 분야에서 공통적으로 다루고 있는 내용이다. 사회과학 분야에서 17장과 18장은 매우 중시되는 분야이다. 13장, 14장, 15장, 16장은 학부생을 대상으로 하는 수업에서는 생략할 수 있는 부분이다.

20장(붓스트랩 방법의 이해), 21장(붓스트랩 방법의 활용: 조절효과 분석), 22장(붓스트랩 방법의 활용: 매개효과 분석)은 최근에 활용 정도가 높아지고 있는 통계분석이다. 21장과 22장은 학부생을 대상으로 하는 수업에서는 생략할 수 있는 부분이다.

교재 내용의 취사선택에 따라 다양한 강의 경로가 가능하다. 세 가지 예를 들자면 다음과 같다. 첫째, 두 학기에 걸쳐서 사회조사방법론과 통계분석을 다루고자 한다면 첫째 학기에 사회조사방법론의 내용과 1장에서 8장까지의 내용을 다루고 둘째 학기에 9장에서 22장까지의 내용을 다루는 것이다. 둘째, 두 학기에 걸쳐서 1장에서 22장까지의 내용을 반분하여 다루는 것이다. 셋째, 한 학기 동안 1장에서 22장까지의 내용 중 일부를 선별하여 다루는 것이다. 물론 이 외에도 학생의 배경 지식과 관심 분야에 따라 여러 학습 경로가 가능하다.

차 례

제 1 장 SPSS 사용방법

제 2 장 자료의 특성과 요약

제 3 장 도표를 통한 자료의 요약

제 4 장 확률분포와 확률함수

제 8 장 두 집단의 모수의 차이에 대한 가설의 검정

제 9 장 분산분석

제10장 두 변수 간 연관성의 분석

제11장 단순회귀분석

제12장 다중회귀분석

제13장 이항 로지스틱회귀분석

제14장 판별분석

제15장 공분산분석

제16장 다변량분산분석

제17장 요인분석

제18장 군집분석

제19장 비모수적 방법

제20장 붓스트랩 방법의 이해

제21장 붓스트랩 방법의 활용: 조절효과 분석

제22장 붓스트랩 방법의 활용: 매개효과 분석

부 록

제1장

SPSS 사용방법

1. SPSS 사용방법의 개요
2. 자료의 입력
3. 메뉴의 기능
4. 자주 활용되는 하위 메뉴의 기능

1 SPSS 사용방법의 개요

SPSS(Statistical Package for Social Science)는 통계분석에 특화된 컴퓨터 소프트웨어인데 사회과학 분야를 비롯한 다양한 학문적 분야와 실용적 분야에서 널리 활용되고 있다. 여기에서 SPSS를 사용하는 방법은 IBM SPSS Statistics 27 버전을 기반으로 한다. SPSS는 정기적으로 새로운 버전이 나오는데 내용의 변화는 미미하다. 따라서 여기서 다루는 내용은 대부분의 버전에서도 어려움 없이 적용될 것이다. SPSS는 Windows, MacOS, Linux의 세 가지 운영체계에서 모두 작동한다. 여기서는 윈도우를 사용하는 경우에 나타나는 화면을 중심으로 설명하고자 한다.

크게 보면 SPSS에서 세 개의 창이 사용된다. 첫째, [자료 편집기](data editor) 창에서는 자료를 입력하고 통계분석을 실행한다. 둘째, [출력결과](viewer) 창은 분석결과를 보여준다. 분석결과는 SPSS 고유의 '.spv' 파일 포맷을 사용하여 저장할 수 있다. 분석결과에서 가끔 '8.123E−02' 등과 같은 표현이 등장한다. 이것은 8.123×10^{-2}을 의미한다. 같은 맥락에서 7.687E−03은 7.687×10^{-3}을 의미한다. 셋째, [명령문 편집기](syntax editor) 창이 있다. 초보자는 명령문 편집기보다 마우스를 사용하여 분석하는 방법을 사용하는 것이 권장된다.

[그림 1−1]에 나타난 바와 같이 [자료 편집기] 창의 위에 메뉴가 있다. 예를 들어 [파일], [편집], [보기], [데이터], [변환], [분석], [그래프] 등의 메뉴가 있다. 원하는 메뉴에 마우스를 놓고 마우스의 왼쪽을 누르면 메뉴 상자가 나타난다. 메뉴 상자에서 원하

그림 1-1 자료 편집기: 데이터 보기

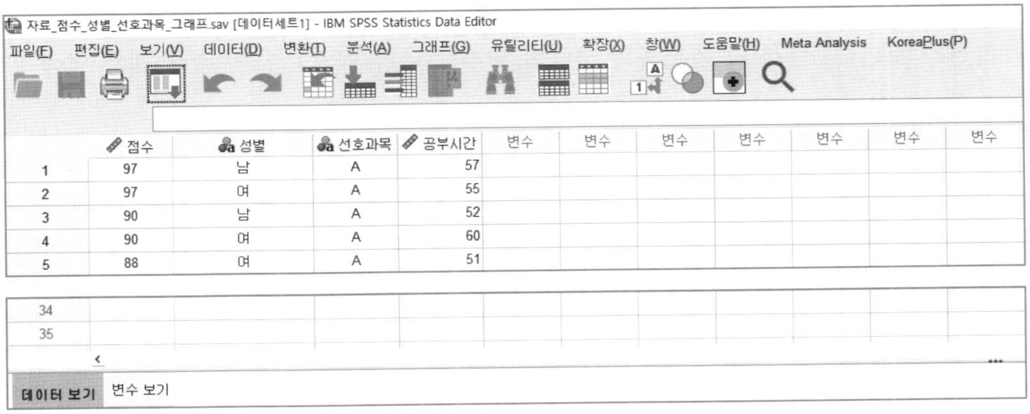

는 옵션을 선택하면 된다. 옵션을 선택할 때 나타나는 창을 대화상자(dialog box)라고 한다.

[자료 편집기]에는 [데이터 보기](data view) 창과 [변수 보기](variable view) 창이 있다. [데이터 보기] 창에서는 자료를 입력하고, [변수 보기] 창에서는 변수들의 특성을 정의한다. [데이터 보기]와 [변수 보기]라는 두 개의 탭은 [자료 편집기]의 맨 아래에 있는데, 원하는 탭을 누르면 해당 창이 활성화된다.

2 자료의 입력

[데이터 보기] 창에서 자료를 입력한다. [데이터 보기] 창에서 각 가로줄은 하나의 케이스(예 응답자)의 자료를 뜻하고, 각 열은 하나의 변수에 대한 자료를 나타낸다. 자료를 입력하기 전에 [변수 보기] 창으로 가서 변수에 대한 특성을 규정해야 한다. [자료 편집기] 창의 아래에 있는 [변수 보기]를 누르면 [그림 1-2]와 같은 [변수 보기] 창이 뜬다.

그림 1-2 자료 편집기: 변수 보기

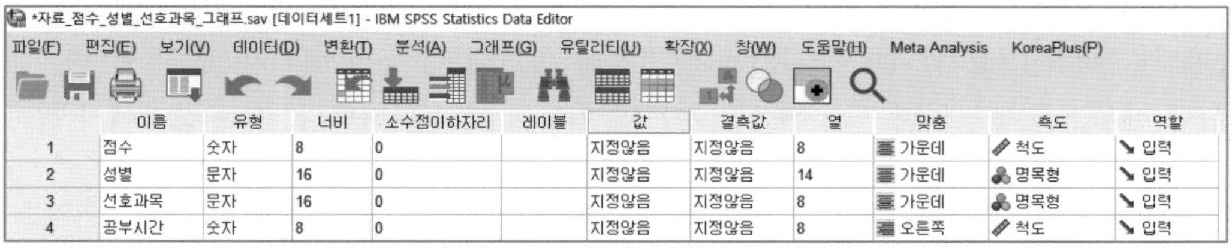

	이름	유형	너비	소수점이하자리	레이블	값	결측값	열	맞춤	측도	역할
1	점수	숫자	8	0		지정않음	지정않음	8	가운데	척도	입력
2	성별	문자	16	0		지정않음	지정않음	14	가운데	명목형	입력
3	선호과목	문자	16	0		지정않음	지정않음	8	가운데	명목형	입력
4	공부시간	숫자	8	0		지정않음	지정않음	8	오른쪽	척도	입력

[변수 보기] 창에서 각 가로줄은 하나의 변수를 나타내는데, 각 변수에 대해 열에 있는 정보를 입력해야 한다. 열에 있는 정보는 〈표 1-1〉과 같다.[54]

〈표 1-1〉의 [측도]에 대해 자세히 살펴보는 것이 필요하다. 여기서 [측도]는 변수가 어떤 측정 수준(척도)을 사용한 것인지를 의미한다. 척도는 명목척도, 서열척도, 등간척도, 비율척도의 네 가지로 구분한다. 어떤 척도로 측정된 변수인가에 따라 사용할 수 있는 통계량과 통계분석의 범위가 달라진다. 명목척도는 몇 개의 서로 다른 범주 중의 하나에 속하는 측정 대상에 수치나 명칭을 부여한다. 명목척도를 사용할 수 있는 통계량으로는 퍼센트, 최빈치 등 극히 제한적이다. 명목척도를 사용할 수 있는 통계분석도 카이제곱

〈표 1-1〉 [변수 보기] 창의 입력 항목

입력 항목	설명
[이름]	변수명을 입력한다. 변수명에는 빈 공간이 없어야 하고 짧은 이름을 작성해야 한다. 변수명은 숫자가 아닌 문자(예 영문 알파벳, 한글)로 시작해야 한다. 특수문자 중에서는 일부분(예 @)만 시작에서 허용된다.
[유형]	[유형]은 변수의 유형을 뜻한다. 변수의 값이 숫자인 경우 [숫자]를 입력하고, 변수의 값이 '문자'인 경우 [문자]를 입력한다. 돈과 관련된 변수의 경우 [달러] 또는 [사용자 정의 통화]를 입력할 수 있다. [숫자]는 기본 설정으로 되어 있다.
[너비]	변수의 값인 숫자나 문자의 최대 너비를 뜻한다. 너비의 기본 설정은 8자리이지만 변경할 수 있다.
[소수점이하자리]	변수의 유형이 [숫자]인 경우 기본 설정은 소수점 이하 2자리이지만 변경할 수 있다. 분석결과의 정확성이 중요하면 소수점 이하 자리의 수를 늘리고 간결성이 중요하면 소수점 이하 자리의 수를 줄인다.
[레이블]	변수에 대한 자세한 설명을 입력한다. 예를 들면 변수의 정의, 변수를 측정하기 위해 사용된 설문 조사의 질문 등을 넣을 수 있다.
[값]	변수의 값이 무엇을 나타내는지 입력한다. 예를 들면 '성별'이라는 가변수(dummy variable)의 경우 '여자는 1, 남자는 0으로 측정' 등과 같이 변수의 값이 의미하는 바를 입력한다.
[결측값]	결측 자료를 나타내는 숫자를 지정한다. 기본 설정은 [지정않음]이다. 그러나 결측자료가 있는 경우 [이산형 결측값]이라는 옵션을 선택하여 결측 자료를 세 가지까지 분류할 수 있다. 예를 들면, '99'는 응답자가 응답할 수 없는 경우, '98'은 응답자가 응답하기를 거부한 경우, '97'은 기타 이유로 연구자가 지정할 수 있다. 연구자는 실제 자료의 값과 연구자가 지정한 결측값의 의미를 혼동하지 않기 위해 '99', '98', '97' 대신에 '−999', '−998', '−997'과 같이 절댓값이 큰 음수를 선택할 수 있다.
[열]	[데이터 보기] 창에서 보이는 자료 입력 칸의 너비를 뜻한다.
[맞춤]	[데이터 보기] 창에서 자료의 정렬은 왼쪽, 오른쪽, 가운데 중에서 하나를 선택할 수 있다.
[측도]	변수의 측정 수준을 정한다. 변수가 명목척도로 측정되었으면 [명목형](Nominal), 서열척도로 측정되었으면 [순서형](Ordinal), 등간척도나 비율척도로 측정되었으면 [척도](Scale)를 선택한다.

검정, 이항 검정 등 극히 제한적이다. 서열척도는 어떤 특성에 대하여 측정 대상이 가지고 있는 상대적인 위치를 수치로 표현하는 것으로, 순위척도 또는 순서척도라고도 한다. 서열척도를 사용할 수 있는 통계량으로는 백분위수, 중앙값 등이다. 서열척도를 사용할 수 있는 통계분석으로는 순위상관계수 등이 있다. 등간척도는 측정 대상의 순위 간 차이가 같다고 간주한다. 등간척도를 사용할 수 있는 통계량으로는 서열척도를 사용할 수

있는 통계량 외에도 평균, 표준편차 등이 있다. 등간척도를 사용할 수 있는 통계분석으로는 서열척도를 사용할 수 있는 통계분석뿐만 아니라 피어슨 상관계수, 분산분석, 요인분석, 회귀분석 등이 있다. 비율척도는 절대 영점의 존재라는 속성을 갖는다. 절대 영점이란 측정하고자 하는 속성이 전혀 없는 상태를 말한다. 따라서 비율척도에서 사용되는 0은 그 의미를 자의적으로 해석할 수 없다. 비율척도는 가장 높은 수준의 척도로서 명목척도, 서열척도, 등간척도에서 사용할 수 있는 통계량과 통계분석을 사용할 수 있다. 자료를 요약하거나 분석할 때는 자료의 척도에 적합한 통계분석을 사용해야 한다. 명목척도나 서열척도와 같은 하위 척도에서 사용할 수 있는 통계분석은 제한적이다. 그리고 상위 척도는 하위 척도로 변환시켜서 사용할 수 있으나 하위 척도는 상위 척도로 변환시킬 수 없다. SPSS에서 명목척도는 [명목형], 서열척도는 [순서형], 등간척도나 비율척도는 [척도]로 표현하고 있다.

3 메뉴의 기능

자주 활용되는 메뉴의 기능과 그 메뉴에 포함된 하위 메뉴(옵션)에 대한 설명은 〈표 1-2〉와 같다.[54]

〈표 1-2〉 주요 메뉴의 기능

메뉴	기능
[파일]	자료나 분석결과의 파일을 저장할 수 있고, 새로운 파일이나 이전에 저장했던 파일을 열 수 있으며, 자료나 분석결과를 인쇄할 수 있다.
[편집]	자료를 편집할 수 있는 옵션들이 있다. 예를 들면 [복사], [붙여넣기], [변수 삽입], [케이스 삽입] 등이 있다.
[데이터]	자료를 수정할 수 있는 여러 기능이 있다. [케이스 정렬]은 특정 변수를 기준으로 오름차순 또는 내림차순으로 케이스를 정렬할 수 있다. 예를 들면 응답자의 '나이'라는 변수의 값을 오름차 순으로 케이스의 배열 순서를 수정할 수 있다. [케이스 선택]은 [데이터 편집기]에 있는 자료 중에서 연구자가 선택한 일부분의 케이스들만 분석하는 경우에 사용한다.
[변환]	변수를 다른 형태로 변환하는 경우에 사용한다. 예를 들면 [변수 계산]은 입력된 자료(기존 변수)를 이용하여 새로운 변수를 계산하는 경우에 유용하게 사용할 수 있다. [같은 변수로 코딩변경]이나 [다른 변수로 코딩변경] 등의 옵션은 변수에 대한 코딩을 변경하는 경우에 사용한다.

[분석]	다양한 종류의 통계분석 기능이 포함되어 있다. 예를 들면 [기술통계량], [평균 비교], [일반선형모형], [혼합 모형], [상관분석], [회귀분석], [분류분석], [차원 축소], [비모수검정] 등의 통계분석 방법이 있다. 이러한 메뉴를 누르면 세분화된 통계분석기법을 나타내는 하위 메뉴가 나타난다.
[그래프]	그래프를 만들 수 있는 여러 기능이 있는데 [차트 작성기]와 [레거시 대화 상자]를 주로 사용한다. [차트 작성기]는 연구자가 복잡한 차트를 직접적으로 작성하는 반면 [레거시 대화 상자]는 메뉴의 정해진 방식대로 작성한다.
[도움말]	시스템과 통계분석 방법에 대한 도움말을 받을 수 있다

각각의 주요 메뉴에는 여러 개의 옵션(세분화된 하위 메뉴)이 있다. 예를 들면 [분석]이라는 주메뉴에는 [기술통계량]이라는 하위 메뉴가 있는데 [기술통계량]도 여러 개의 하위 메뉴가 있다. 이와 같은 메뉴의 위계적 구조는 [그림 1-3]에 나타난 바와 같다.

그림 1-3 [분석]의 하위 메뉴와 [기술통계량]의 하위 메뉴

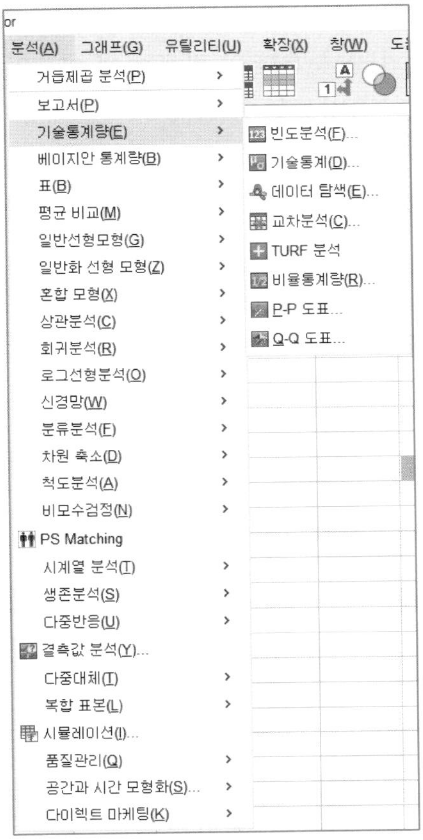

4 자주 활용되는 하위 메뉴의 기능

자주 활용되는 하위 메뉴의 유용한 기능으로 [데이터] 메뉴에 있는 [케이스 선택], [변환] 메뉴에 있는 [변수 계산]과 [다른 변수로 코딩 변경] 등을 들 수 있다. 이러한 하위 메뉴의 기능을 자세히 설명하면 다음과 같다.

1 케이스 선택

[케이스 선택]은 연구자가 규정하는 조건에 따라서 분석에 사용될 케이스를 선택하는 것이다. [데이터] → [케이스 선택]을 누르면 [그림 1-4]와 같은 창이 나타난다. 이 창에서 [조건을 만족하는 케이스]를 선택하면 [그림 1-5]와 같은 창이 뜬다. '공부시간'이라는 변수의 값이 50을 초과하는 응답자만 분석하고 싶다면 [그림 1-5]의 창에서 '공부시간'이라는 변수를 오른쪽 칸으로 이동한 후에 '공부시간 > 50'이라는 식을 작성한다. 그리고 [계속]을 누른 후 [확인]을 누른다. 이렇게 하면 이후의 분석에서는 공부시간이 50을 초과하는 케이스들만 분석대상으로 한다. 연구자가 규정한 조건에 의해 선택된 케이스만 대상으로 분석결과를 얻은 후에 [케이스 선택]의 기능을 사용하고 싶지 않다면 메뉴에서 [데이터] → [케이스 선택]을 선택한 후 [그림 1-4]로 돌아가서 [모든 케이스]를

그림 1-4 케이스 선택

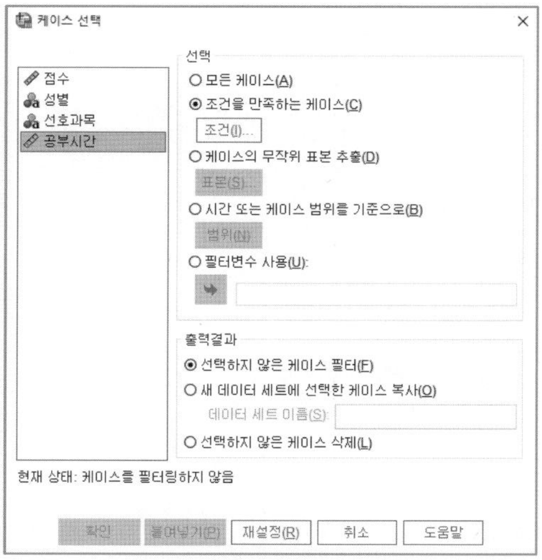

그림 1-5 케이스 선택: 조건

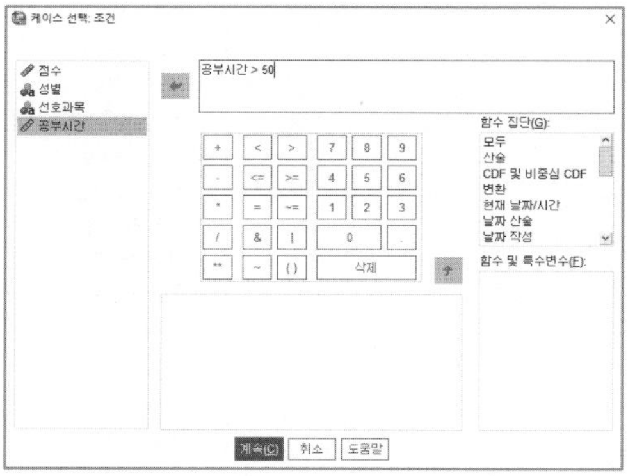

선택한다. 이렇게 하면 [데이터 보기] 창에 있는 모든 케이스를 대상으로 다시 분석할 수 있다.

2 변수 계산

[변수 계산]은 기존 변수(들)을 이용하여 새로운 변수를 만들 때 사용한다. 예를 들면 '공부시간'이라는 변수의 측정 단위를 시간에서 분으로 변경할 경우 이러한 기능을 이용할 수 있다. 메뉴에서 [변환] → [변수 계산]을 선택하면 [그림 1-6]과 같은 창이 나타난다. [목표변수](Target variable)의 칸에 새로운 변수의 이름(예 '공부시간_분')을 넣는다. 그리고 '공부시간'이라는 기존 변수를 화살표를 이용하여 [숫자표현식]의 칸으로 이동시킨다. 창의 가운데에 있는 계산기를 이용해 수식(예 공부시간 * 60)을 작성한다. 그리고 [확인]을 누르면 [데이터 보기] 창에 '공부시간_분'이라는 새로운 변수명과 함께 해당 변수의 값이 생성된다.

그림 1-6 변수 계산

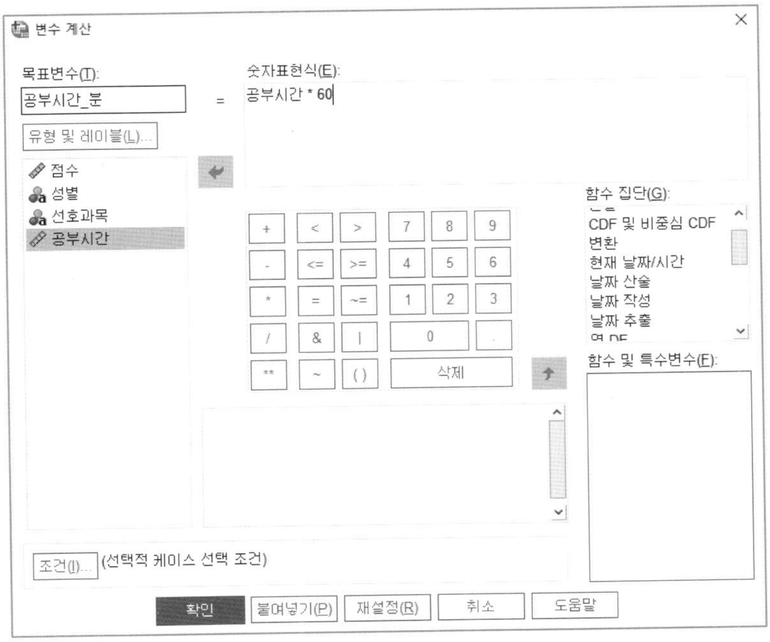

3 다른 변수로 코딩 변경

[다른 변수로 코딩변경]은 어떤 규칙에 따라 기존 변수의 값을 바꾸는 것이다. [같은 변수로 코딩변경]보다는 [다른 변수로 코딩변경]의 옵션을 사용하는 것이 권장된다. 왜냐하면 [같은 변수로 코딩변경]을 선택하면 기존 변수의 값은 사라지고 그 자리에 새롭게 만들어진 변수의 값만 남게 되어 나중에 필요한 경우에 사용할 수 없기 때문이다. '공부시간'이라는 변수에 대해 50을 초과하면 1로 코딩하고 그렇지 않으면 0으로 코딩하는 가변수로 만드는 경우를 가정하자. [그림 1-7]의 창에서 변수 '공부시간'을 [숫자변수 → 출력변수]의 아래 칸으로 이동시킨다. 그리고 [출력변수]의 [이름]의 칸으로 새로운 변수의 이름('공부시간_더미')을 넣는다. [변경]을 누르면 [숫자변수 → 출력변수]의 아래 칸에서 '공부시간'이 '공부시간 → 공부시간_더미'로 변하게 된다. 그리고 [기존값 및 새로운 값]을 누르면 [그림 1-8]과 같은 창이 나온다. 이 창의 왼쪽에서 코딩을 변경하고자 하는 원래 변수의 기존값을 정해야 한다. 여기서는 [최저값에서 다음 값까지 범위]를 선택하고 그 밑의 칸에 '50'을 입력하여 50 이하의 모든 값을 다시 코딩하고자 한다. 창의 오른쪽에서 [새로운 값]의 아래 칸에 '0'을 입력하고 [추가]를 누른다. 다시 왼쪽에서 [기타 모든 값]을 선택한 후에 [새로운 값]의 아래 칸에 '1'을 입력하고 [추가]를 누른다. 그리고 [계속]을 누른 후 [확인]을 누르면 코딩이 변경된 새로운 변수('공부시간-더미')와 함께 해당 변수의 값이 [데이터 보기] 창에 생성된다.

그림 1-7 다른 변수로 코딩변경

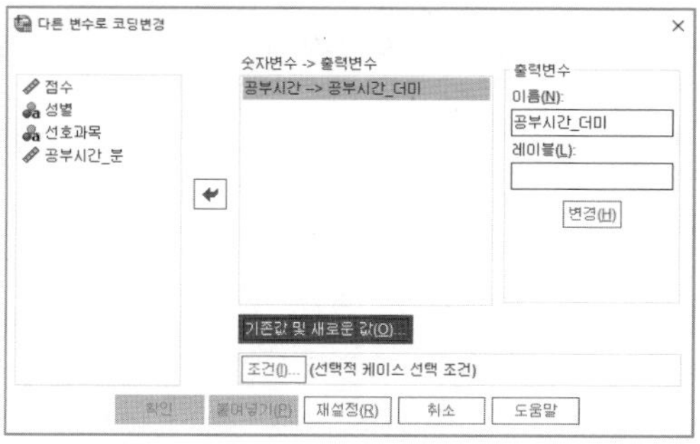

그림 1-8 다른 변수로 코딩변경: 기존값 및 새로운 값

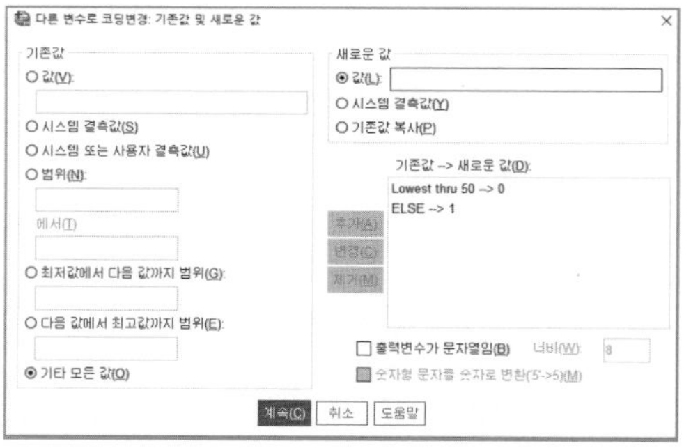

제2장

자료의 특성과 요약

1. 모집단과 표본
2. 자료 분포의 중심: 대푯값
3. 자료 분포의 산포도
4. 자료 분포의 모양: 분포도
5. SPSS의 활용

1 모집단과 표본

모집단(population)이란 연구자가 알고자 하는 전체 대상에 대한 자료이다. 통계분석에서 가장 먼저 결정할 사항 중의 하나는 분석하고자 하는 전체 대상을 설정하는 것이다. 예를 들면 한국의 대선 후보에 대한 선호도를 분석하고자 한다면 한국의 유권자 집합은 분석하고자 하는 대상인 모집단이 된다. 그러나 일반적으로 모집단 자료의 수집은 비용과 시간이 많이 들게 된다. 따라서 모집단의 일부인 표본을 추출하여 표본 자료를 바탕으로 모집단의 특성을 추론하는 경우가 많다.

자료 분포의 특성을 수치로 나타낸 것을 통계량(statistic)이라 한다. 통계량은 자료 분포의 중심을 나타내는 통계량, 자료 분포가 중심의 주위에 흩어진 정도를 나타내는 통계량, 자료 분포의 모양을 나타내는 통계량 등이 있다.

2 자료 분포의 중심: 대푯값

자료 분포의 중심경향(central tendency)을 나타낸 값을 대푯값이라고 한다. 대푯값에는 평균, 중앙값, 최빈값 등이 있다. 대푯값은 모집단 자료의 특성을 나타내는 모수와 표본 자료의 특성을 나타내는 표본 통계량으로 구분된다. 모수로는 모평균, 모중앙값, 모최빈값 등이 있다. 그리고 표본 통계량으로는 표본평균, 표본중앙값, 표본최빈값 등이 있다. 여기서는 표본 통계량을 중심으로 설명하고자 한다.

1 평 균

평균(mean; average)에는 산술평균, 가중평균, 절사평균, 기하평균, 조화평균 등이 있다. 일상적으로 사용되는 평균은 대체로 산술평균을 의미한다.

(1) 산술평균

산술평균(arithmetic mean)이란 관측치를 모두 합한 후에 관측치의 개수(n)로 나눈 값으로 식 (2-1)에 의해 얻는다.

$$\bar{x} = \frac{x_1 + x_2 + \cdots + x_n}{n} = \frac{\sum_{i=1}^{n} x_i}{n} \tag{2-1}$$

산술평균은 극단적인 관측치의 영향을 상대적으로 크게 받기 때문에 자료에 따라 중심 경향을 적절하게 반영할 수 없는 경우가 생긴다. 예를 들어, 영화배우 10명의 연간 소득(단위: 백만 원) 자료가 {12, 13, 15, 17, 24, 24, 32, 34, 51, 500}이라고 하자. 이 경우에 표본 평균은 72.2(백만 원)이 된다. 한 영화배우의 소득이 극단적으로 높아서 나머지 9명 배우의 소득은 12(백만 원)에서 51(백만원) 사이에 분포함에도 평균은 매우 높게 나타난다. 이 경우에 산술평균은 분포의 중심경향을 적절하게 반영하지 못한다. 이같이 산술평균은 극단적인 값의 영향을 상대적으로 크게 받는 단점이 있으므로 산술평균 대신에 절사평균 또는 중앙값을 이용하기도 한다.

(2) 가중산술평균

가중산술평균(weighted arithmetic mean)이란 각각의 값(x_i)이 갖는 가중치(w_i)를 각각의 값에 곱하여 합한 것을 가중치의 합으로 나눈 값으로 식 (2-2)에 의해 얻는다. 여기서 w_i는 i번째 자료의 가중치다.

$$\overline{x_w} = \frac{\sum_{i=1}^{n} w_i x_i}{\sum_{i=1}^{n} w_i} \tag{2-2}$$

어떤 학생의 과목 A, B, C에 대한 점수가 각각 80, 90, 100이라면 산술평균은 90이 된다. 그러나 과목 A, B, C에 대한 학점(가중치)이 각각 2, 4, 4라고 하면 가중산술평균은 $92(= \frac{2}{10} \times 80 + \frac{4}{10} \times 90 + \frac{4}{10} \times 100)$이다. 가중산술평균은 흔히 가중평균으로 불린다.

(3) 절사평균

절사평균(trimmed mean)이란 분포의 중심경향을 계산할 때 극단적인 값의 영향을 최소화하기 위해 자료를 오름차순으로 나열한 후에 가장 작은 쪽과 가장 큰 쪽에서 각각 특정 비율의 관측치 개수를 제거한 후, 나머지 자료를 대상으로 한 평균을 의미한다. 양쪽에서 5%씩 제거하면 '5% 절사평균'이라고 한다. 양쪽에서 10%씩 제거하면 '10% 절사평균'이라고 한다. 절사평균은 심사위원들의 주관적 판단이 크게 작용하는 운동 경기 등에서 객관성을 높이기 위해 심사위원의 평균점수를 구할 때 자주 활용된다. 예를 들면, 자료가 {6, 12, 13, 14, 50}인 경우 20% 절사평균은 6과 50을 제외했을 때 12, 13, 14의 평균값으로 13이 된다. 절사평균은 절삭평균으로 불리기도 한다.

(4) 기하평균

기하평균(geometric mean)은 자료가 n개의 양수일 때 이들 양수를 연속으로 곱한 것의 n제곱근인데 식 (2-3)에 의해 얻는다.

$$\text{기하평균} = \left(\prod_{i=1}^{n} x_i\right)^{1/n} = (x_1 x_2 \cdots x_n)^{1/n} = \sqrt[n]{x_1 x_2 \cdots x_n} \tag{2-3}$$

기하평균은 넓이, 부피 등 곱으로 이루어지는 값들의 평균을 구하는 데 사용된다. 직사각형의 넓이를 결정하는 가로와 세로에 대한 길이의 기하평균은 같은 넓이의 정사각형의 한 변의 길이를 의미한다. 직육면체의 부피를 결정하는 가로, 세로, 높이 세 개 값의 기하평균은 같은 부피의 정육면체의 한 모서리의 길이를 의미한다. 예를 들면, 가로 2m, 세로 16m, 높이 2m인 직사각형의 부피는 $64m^3 (= 2 \times 16 \times 2)$이다. 이와 같은 부피를 가진 정육면체에서 한 모서리의 길이는 4m가 된다. 따라서 2, 16, 2의 기하평균은 $4(= \sqrt[3]{2 \times 16 \times 2})$이다. 물가상승률이나 인구증가율 등과 같이 시간에 따라 변화하는 비율의 평균을 구할 때 산술평균을 쓰지 않고 기하평균을 쓴다. 연평균복합성장률(compound annual growth rate: CAGR)은 여러 해 동안의 성장률을 평균으로 환산한 것으로 기하평균을 통해 산출된다. 기업의 매출성장률, 펀드의 투자수익률 등에 대해서 여러 해에 걸친 평균 성장률, 평균 수익률 등을 계산하기 위해서는 기하평균을 사용한다. 예를 들어 자본금 100만 원을 사용하여 첫 번째 해에는 자본금이 두 배, 두 번째 해에는 자본금이 8배로 증가했다고 하자. 이 경우에 자본금은 2년 동안 16배가 늘었고, 매년 평균적으로 4배 늘어난 것이다. 즉 기하평균은 4배가 된다. 2배와 8배의 산술평균은 5배가 되어 실제 평균 증가율과 다르게 된다. 언제나 기하평균은 산술평균 이하이다.

(5) 조화평균

조화평균(harmonic mean)은 자료가 n개의 양수일 때 그 역수들의 산술평균 값의 역수를 의미하며 식 (2-4)에 의해 얻는다.

$$조화평균(H) = \frac{n}{\frac{1}{x_1} + \frac{1}{x_2} + \dots + \frac{1}{x_n}} \quad (2-4)$$

평균속도 등을 계산할 때 조화평균을 사용한다. 예를 들어, 전체 거리(120km)의 절반을 시속 60km의 속도로 이동하고 남은 절반을 시속 20km로 이동했다면 평균속도는 60과 20의 조화평균인 시속 30km[= 2/(1/60 + 1/20)]가 된다. 이동하는데 전체 거리를 시속 30km로 이동한 경우와 같은 시간이 걸렸기 때문이다. 조화평균 30은 산술평균인 40과는 크게 차이가 난다.

2 중앙값

중앙값(median)이란 자료를 오름차순으로 나열하여 가장 가운데 위치한 값을 말한다. 중앙값은 중위수 또는 중간값이라고도 한다. 관측치의 수가 홀수인 경우 관측치를 오름차순으로 나열한 후 가장 가운데에 있는 관측치가 중앙값이지만 관측치의 수가 짝수인 경우 관측치를 오름차순으로 나열한 후 가운데에 있는 두 관측치의 산술평균이 중앙값이다. 예를 들면, 관측치가 {1, 2, 3, 4, 5, 6}인 경우 중앙값은 3과 4의 산술평균인 3.5가 된다.

중심경향을 나타내면서 극단적인 값의 영향을 받지 않는 통계량으로는 절사평균 외에 중앙값이 있다. 소득의 분포나 주택 가격의 분포에서 대푯값을 알고자 하는 경우 산술평균 대신에 중앙값을 자주 사용한다. 산술평균은 극단적으로 높은 소득이나 가격에 의해 상대적으로 크게 영향을 받기 때문이다. 그리고 중앙값은 산술평균과 달리 서열척도의 자료에도 사용될 수 있는 통계량이다.

3 최빈값

최빈값(mode)은 자료 중에서 관측 횟수 또는 빈도(frequency)가 가장 많은 값이다. 평균이나 중앙값과 달리 최빈값은 없을 수도 있고 둘 이상일 수도 있다. 최빈값은 양적 자료와 범주형(categorical) 자료에 모두 적용할 수 있으나 주로 범주형 자료에서 사용된다. 범주형 자료에 대해서는 평균과 중앙값을 계산할 수 없으므로 중심경향을 측정하는 유일한 통계량은 최빈값이다.

3 자료 분포의 산포도

자료 분포의 특성을 알기 위해서는 자료의 중심경향뿐만 아니라 산포도를 파악해야 한다. 산포도(degree of scattering; dispersion)란 평균을 중심으로 관측치가 흩어져 있는 정도를 말한다. 산포도를 측정하는 통계량으로는 범위, 사분위범위, 사분편차, 평균편차, 분산, 표준편차, 변동계수 등이 있다.

1 범 위

범위(range: R)란 관측치가 퍼져 있는 구간의 길이를 의미하며 자료의 최댓값에서 최솟값을 뺀 값으로 계산한다.

$$R = \text{최댓값} - \text{최솟값} \tag{2-5}$$

범위는 주식 시장에서 주가의 변동 폭을 측정하거나 품질관리 분야에서 공정의 산포도를 일정 범위 내에서 관리하고자 할 때 자주 활용된다.

2 사분위범위

사분위범위(interquartile range: IQR)란 자료를 오름차순으로 나열했을 때 자료의 가운데 50%가 포함되는 구간의 길이를 말한다. 범위는 극단적인 값의 영향을 크게 받는다는 단점이 있다. 반면에 사분위범위는 극단적인 값의 영향을 받지 않는다는 장점이 있다.

사분위수(quartile)란 자료를 오름차순으로 나열한 후 4등분한 값을 말하는데, 작은 값부터 순서대로 제1 사분위수(first quartile: Q_1), 제2 사분위수(second quartile: Q_2), 제3 사분위수(third quartile: Q_3)가 있다. 사분위수 범위는 제3 사분위수에서 제1 사분위수를 뺀 값으로 식 (2-6)에 의해 구한다.

$$IQR = Q_3 - Q_1 \tag{2-6}$$

제1 사분위수와 제3 사분위수는 관측치의 수가 n개일 때 관측치를 오름차순으로 나열한 후 각각 식 (2-7)과 (2-8)을 통해 구한다.

$$Q_1 = \frac{n+1}{4} \text{번째 값} \tag{2-7}$$

$$Q_3 = \frac{3(n+1)}{4} \text{번째 값} \tag{2-8}$$

Q_1과 Q_3을 계산할 때 $(n+1)/4$과 $3(n+1)/4$이 자연수이면 그대로 이용한다. 그러나 자연수가 아니고 소수점 이하가 0.5인 경우 인접한 두 값의 평균을 사용한다. 예를 들면 관측치가 21개인 경우 Q_1은 $\frac{n+1}{4} = \frac{21+1}{4} = 5.5$번째 값이므로 5번째 값과 6번째 값의 산술평균이 제1 사분위수가 된다. 그리고 소수점 이하가 0.5가 아닌 경우 가장 가까운 자연수를 선택한다. 예를 들면 관측치가 22개인 경우 Q_1은 $\frac{n+1}{4} = \frac{22+1}{4} = 5.75$번째 값이므로 반올림하여 6번째 값이 제1 사분위수가 된다

3 사분위수편차

사분위수편차(quartile deviation: QD)는 식 (2-9)에 의해 얻는다.

$$QD = \frac{(Q_3 - Q_1)}{2} \tag{2-9}$$

사분위수편차는 분산, 표준편차 등에 비해 극단적인 값의 영향을 받지 않는 장점이 있다.

4 평균절대편차

개별 관측치와 평균과의 차이를 편차(deviation)라고 한다. 모든 관측치에 대해 편차를 구하고 이들을 합치면 0이 된다. 즉, $\sum_{i=1}^{n}(x_i - \bar{x}) = 0$이다. 음의 편차와 양의 편차가 상쇄되기 때문이다. 이러한 문제점을 극복하기 위해 각 편차의 절댓값을 취할 수 있다. 편차의 절댓값에 대한 평균은 평균절대편차(mean absolute deviation: MAD)라고 한다. 평균절대편차는 식 (2-10)에 의해 얻는다.

$$MAD = \frac{\sum_{i=1}^{n} | x_i - \bar{x} |}{n} \tag{2-10}$$

5 분산과 표준편차

편차 $(x_i - \bar{x})$의 평균은 항상 0이 된다. 이런 문제점을 피하기 위해 평균절대편차뿐만 아니라 분산(variance)을 사용할 수도 있다. 분산이란 편차들을 제곱하여 평균을 구한 값이다. 분산에는 모분산(population variance)과 표본분산(sample variance)이 있다. 모분산은 식 (2-11)에 의해 계산된다. 여기서 μ_x는 모평균이고 N은 모집단 크기이다.

$$\sigma_x^2 = \frac{\sum_{i=1}^{N}(x_i - \mu_x)^2}{N} \tag{2-11}$$

표본분산은 식 (2-12)에 의해 계산된다. 여기서 $\bar{x}$는 표본평균이고 n은 표본 크기이다. 표본분산은 모분산의 추정량으로 사용된다. 표본분산의 공식 (2-12)의 분모에서 n을 사용하면 모분산을 실제보다 작게 추정하는 결과가 생기고 $(n-1)$을 사용하면 모분산의 불편추정량(unbiased estimator)이 된다. 따라서 식 (2-12)에서 $(n-1)$을 사용한다.

$$s_x^2 = \frac{\sum_{i=1}^{n}(x_i - \bar{x})^2}{n-1} \tag{2-12}$$

분산은 편차 제곱을 이용하여 계산되기 때문에 자료의 단위도 제곱이 된다. 따라서 자료의 산포도를 과대평가하는 문제점이 있다. 이러한 문제점을 해결하기 위해 분산의 제곱근인 표준편차(standard deviation)를 사용하는 경우가 많다. 표준편차의 측정단위는 원자료의 측정단위와 같다. 그리고 표준편차는 평균 등의 다른 통계량과 같은 측정단위를 사용하기 때문에 비교가 용이하다. 표준편차도 모표준편차와 표본표준편차로 구분된다. 모표본편차는 모분산의 제곱근으로 식 (2-13)에 의해 계산된다.

$$\sigma_x = \sqrt{\frac{\sum_{i=1}^{N}(x_i - \mu_x)^2}{N}} \tag{2-13}$$

표본표준편차는 표본분산의 제곱근으로 식 (2-14)에 의해 계산된다.

$$s_x = \sqrt{\frac{\sum(x_i - \overline{x})^2}{n-1}} \tag{2-14}$$

6 변동계수

대체로 어떤 집단의 평균이 크면 표준편차도 큰 경우가 많다. 따라서 평균이 크게 다른 집단의 산포도를 표준편차의 크기만으로 비교하는 것은 부적절하다. 자료의 측정단위가 서로 다른 집단의 산포도를 비교할 때도 표준편차의 크기만으로 비교하는 것은 부적절하다. 이러한 문제점을 해결하는 것이 바로 변동계수(coefficient of variation: CV)이다. 즉, 변동계수는 평균의 크기를 고려하면서 산포도를 측정하는 통계량이다. 변동계수는 표준편차를 평균으로 나눈 값인데 100을 곱하여 식 (2−15)와 같이 퍼센트로 표현하기도 한다.

$$CV(\%) = \frac{\text{표준편차}}{\text{평균}} \times 100 \tag{2-15}$$

변동계수는 측정단위의 영향을 받지 않는 표준편차라고 볼 수 있다. 예를 들면, 측정단위가 kg인 자료 {1, 2, 3, 4, 5}와 측정단위가 g인 자료 {1000, 2000, 3000, 4000, 5000}은 표준편차는 다르나 변동계수는 같다. 변동계수는 여러 집단 간의 산포도를 비교할 때 사용할 수 있다. 비교하고자 하는 집단들의 평균이 유사하고 측정단위가 같다면 표준편차를 이용하여 산포도를 비교할 수 있다. 그러나 평균이 크게 다르거나 측정단위가 다른 경우에는 변동계수를 사용한다. 변동계수는 상대표준편차(relative standard deviation: RSD)라고도 한다.

변동계수가 클수록 상대적으로 산포도가 크다는 것을 의미한다. 예를 들어 A 회사 임금의 평균은 250만 원이고 표준편차는 25만 원인 반면 B 회사 임금의 평균은 320만 원이고 표준편차는 27만 원이라고 가정하자. 표준편차만을 고려하면 B 회사 임금의 산포도가 커 보인다. 그러나 A 회사 임금의 변동계수는 10.00%($= \frac{25}{250} \times 100$)이고 B 회사 임금의 변동계수는 8.44%($= \frac{27}{320} \times 100$)이다. 즉, 변동계수를 계산하면 A 회사 임금의 산포도가 더 크다는 것을 알 수 있다.

4 자료 분포의 모양: 분포도

1 왜 도

자료 분포의 모양을 나타내는 분포도에는 왜도(skewness)와 첨도(kurtosis)가 있다. 왜도란 자료 분포의 대칭 정도를 나타내는 통계량으로 식 (2-16)에 의해 계산한다.

$$\text{왜도} = \frac{\sum(x_i - \overline{x})^3/n}{[\sum(x_i - \overline{x})^2/(n-1)]^{3/2}} = \frac{\sum(x_i - \overline{x})^3/n}{s^3} \qquad (2\text{-}16)$$

자료가 분포의 중심으로부터 좌우대칭일 경우 왜도 값은 0이다. [그림 2-1]의 (a)에 나타난 바와 같이 봉우리가 하나인 분포에서 긴 꼬리가 왼쪽에 있는 경우(skewed to the left) 왜도는 음(−)의 값을 갖는다. (b)의 경우 대칭분포이므로 왜도는 0의 값을 갖는다. (c)에 나타난 바와 같이 긴 꼬리가 오른쪽에 있는 경우(skewed to the right) 왜도는 양(+)의 값을 갖는다.

그림 2-1 왜도

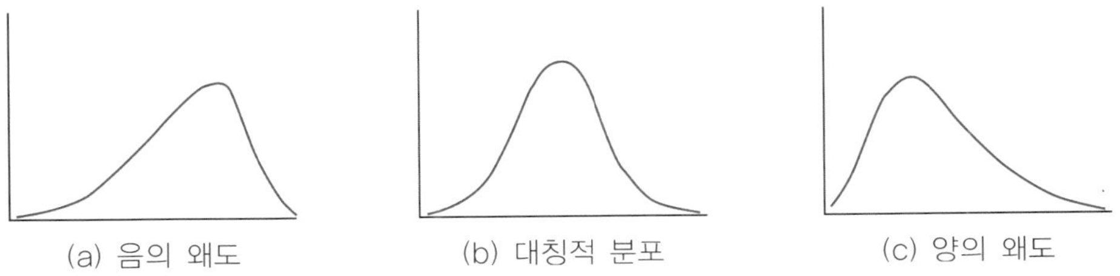

2 첨 도

첨도란 자료 분포의 중심이 얼마나 뾰족한지를 나타내는 통계량으로 식 (2-17)로 계산된다.

$$\text{첨도} = \frac{\sum(x_i - \bar{x})^4/n}{[\sum(x_i - \bar{x})^2/(n-1)]^2} - 3 = \frac{\sum(x_i - \bar{x})^4/n}{s^4} - 3 \quad (2\text{-}17)$$

첨도는 정규분포(normal distribution)를 기준으로 판단한다. [그림 2-2]에서 자료 분포가 정규분포보다 더 뾰족한 경우 첨도는 양수로 나타나고 정규분포보다 덜 뾰족한 경우 첨도는 음수로 나타난다.

그림 2-2 **첨도**

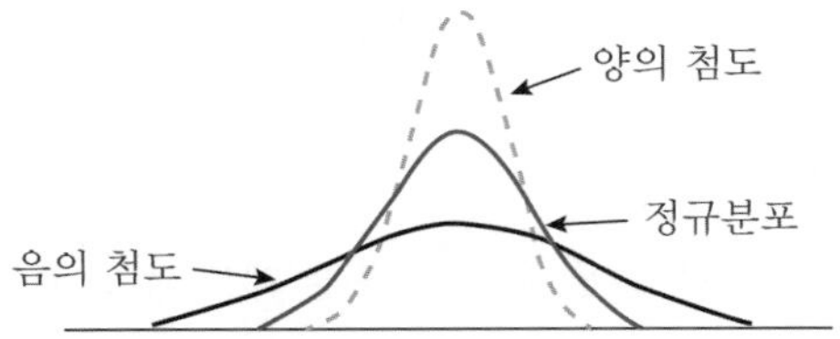

5 SPSS의 활용

20명의 시험점수를 나타내는 자료가 {97 97 90 90 88 87 85 85 84 82 80 78 75 72 72 71 70 68 50 45}라고 하자. 이 자료를 바탕으로 SPSS의 실행 절차와 분석결과를 살펴보자.

SPSS의 메뉴에서 [분석] → [기술통계량] → [빈도분석]을 차례대로 누르면 [그림 2-3]과 같은 창이 뜬다.

그림 2-3 **빈도분석**

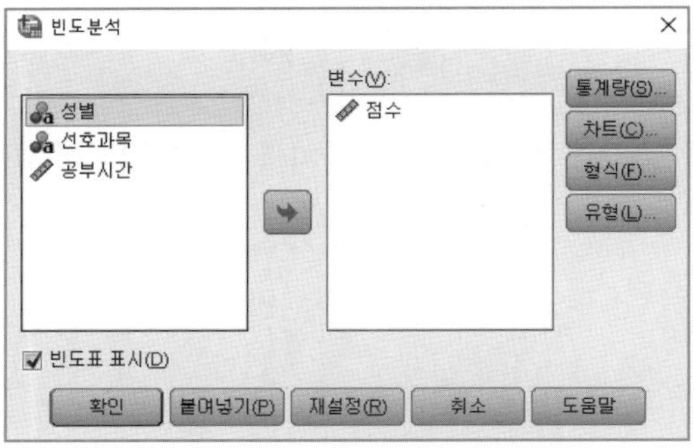

[그림 2-3]에서 분석하고자 하는 변수 '점수'를 오른쪽에 있는 [변수]의 칸으로 이동시킨 후에 [통계량]을 클릭하면 [그림 2-4]와 같은 창이 뜬다.

그림 2-4 빈도분석: 통계량

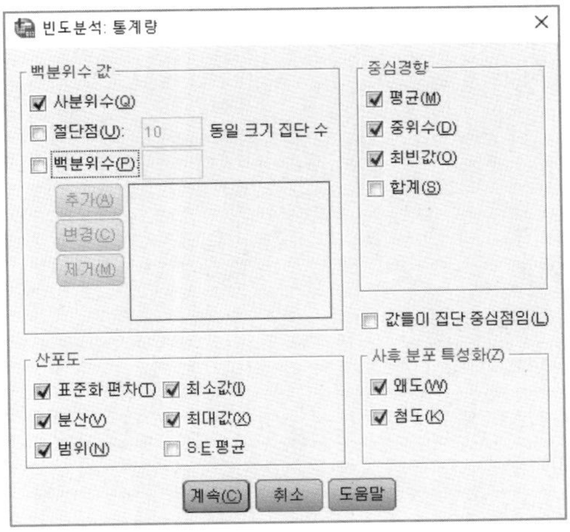

[그림 2-4]에서 [백분위수 값]에 있는 [사분위수]를 선택한다. [중심경향]에 있는 [평균], [중위수], [최빈값]을 선택한다. [산포도]에 있는 [표준화 편차]('표준편차'를 의미함), [분산], [범위], [최소값], [최대값]을 선택한다. 그리고 자료 분포의 모양을 나타내는 [사후 분포 특성화]에서는 [왜도]와 [첨도]를 선택한다. [계속]을 누른 후 [그림 2-3]의 창에서 [확인]을 누르면 〈표 2-1〉과 〈표 2-2〉의 결과가 나타난다.

〈표 2-1〉 **통계량**

통계량		
점수		
N	유효	20
	결측	0
평균		78.30
중위수		81.00
최빈값		72[a]
표준화 편차		13.592
분산		184.747
왜도		−1.013
표준화 왜도 오차		.512
첨도		1.107
표준화 첨도 오차		.992
범위		52
최소값		45
최대값		97
백분위수	25	71.25
	50	81.00
	75	87.75

a. 여러 최빈값이 있습니다. 가장 작은 값이 나타납니다.

〈표 2-1〉에서 자료 분포의 중심경향을 보면 평균은 78.3점, 중위수(중앙값)는 81점, 최빈값은 72점이다. 그리고 최빈값은 여러 개가 있음을 알 수 있다. 자료 분포의 산포도를 보면 표준편차는 13.592점, 분산은 184.747점, 범위는 52점이다. 자료 분포의 모양을 보면 왜도는 −1.013으로 나타나서 왼쪽에 긴 꼬리가 있는 분포를 보이고 첨도는 1.107로 나타나서 정규분포보다 뾰족한 모양을 보인다. 자료의 상대적 위치와 관련하여 최솟값은 45점, 제1 사분위수는 71.25점, 제2 사분위수는 81점, 제3 사분위수는 87.75점, 최댓값은 97점이다.

〈표 2-2〉 빈도표

점수					
		빈도	퍼센트	유효 퍼센트	누적 퍼센트
유효	45	1	5.0	5.0	5.0
	50	1	5.0	5.0	10.0
	68	1	5.0	5.0	15.0
	70	1	5.0	5.0	20.0
	71	1	5.0	5.0	25.0
	72	2	10.0	10.0	35.0
	75	1	5.0	5.0	40.0
	78	1	5.0	5.0	45.0
	80	1	5.0	5.0	50.0
	82	1	5.0	5.0	55.0
	84	1	5.0	5.0	60.0
	85	2	10.0	10.0	70.0
	87	1	5.0	5.0	75.0
	88	1	5.0	5.0	80.0
	90	2	10.0	10.0	90.0
	97	2	10.0	10.0	100.0
	전체	20	100.0	100.0	

〈표 2-2〉를 보면 빈도가 2개인 점수는 72점, 85점, 90점, 97점으로 나타났다. 이러한 최빈값 중에서 최소 점수는 72점이라는 것을 알 수 있다.

요약

- 자료 분포의 특성을 수치로 나타낸 것을 통계량이라 한다. 통계량은 자료 분포의 중심을 나타내는 통계량, 자료 분포가 중심의 주위에 흩어진 정도를 나타내는 통계량, 자료 분포의 모양을 나타내는 통계량 등이 있다.
- 자료 분포의 중심을 나타낸 값을 대푯값이라고 한다. 대푯값에는 평균, 중앙값, 최빈값 등이 있다.
- 평균에는 산술평균, 가중평균, 절사평균, 기하평균, 조화평균 등이 있다.
- 절사평균이란 자료를 오름차순으로 나열한 후에 가장 작은 쪽과 가장 큰 쪽에서 각각 특정 비율의 관측치 개수를 제거한 후, 나머지 자료를 대상으로 한 평균을 의미한다.
- 기하평균은 넓이, 부피 등 곱으로 이루어지는 값들의 평균을 구하거나, 시간에 따라 변화하는 비율의 평균을 구할 때 쓴다.
- 조화평균은 평균속도 등을 계산할 때 사용한다.
- 중앙값이란 자료를 오름차순으로 나열하여 가장 가운데 위치한 값을 말한다. 중앙값은 서열척도의 자료에도 사용될 수 있다. 중심경향을 나타내면서 극단적인 값의 영향을 받지 않는 통계량으로는 절사평균과 중앙값이 있다.
- 최빈값은 자료 중에서 빈도가 가장 많은 값이다. 범주형 자료에 대해서 중심경향을 측정하는 유일한 통계량은 최빈값이다.
- 산포도란 평균을 중심으로 관측치가 흩어져 있는 정도를 말한다. 산포도를 측정하는 통계량으로는 범위, 사분위범위, 사분편차, 평균편차, 분산, 표준편차, 변동계수 등이 있다.
- 범위란 자료의 최댓값에서 최솟값을 뺀 값이다.
- 사분위범위란 자료를 오름차순으로 나열했을 때 자료의 가운데 50%가 포함되는 구간의 길이를 말한다.
- 사분위수편차는 사분위수 범위를 2로 나눈 값이다.
- 평균절대편차는 편차의 절댓값에 대한 평균이다.
- 분산이란 편차들을 제곱하여 평균을 구한 값이다.
- 변동계수는 표준편차를 평균으로 나눈 값이다. 평균이 크게 다른 집단의 산포도를 비교하거나 자료의 측정단위가 서로 다른 집단의 산포도를 비교하는 경우에 변동계수를 사용한다.

- 자료 분포의 모양을 나타내는 분포도에는 왜도와 첨도가 있다.
- 왜도란 자료 분포의 대칭 정도를 나타내는 통계량이다. 자료가 분포의 중심으로부터 좌우대칭일 경우 왜도는 0이다. 자료 분포의 긴 꼬리가 왼쪽에 있는 경우 왜도는 음수가 되고 긴 꼬리가 오른쪽에 있는 경우 왜도는 양수가 된다.
- 첨도란 자료 분포의 중심이 얼마나 뾰족한지를 나타낸다. 자료 분포가 정규분포보다 더 뾰족한 경우 첨도는 양수가 되고 정규분포보다 덜 뾰족한 경우 첨도는 음수가 된다.

제3장

도표를 통한 자료의 요약

1 개 요

자료를 수집하여 그림, 표, 통계량(예 평균, 분산 등) 등을 통해 자료를 정리하고 요약하는 것은 기술통계(descriptive statistics)라고 한다. 즉, 기술통계란 표본에서 정보를 얻고 요약하는 방법이다. 표본 자료의 정보를 이용하여 모집단의 특성에 대해 추론하는 것은 추론통계(inferential statistics)라고 한다.

질적 자료(qualitative data)는 범주형 자료(categorical data) 또는 명목척도의 자료를 말한다. 양적 자료(quantitative data)는 자료의 속성을 반영하는 숫자로 표현된다. 양적 자료는 이산형 자료(discrete data)와 연속형 자료(continuous data)로 구분된다.

그림, 표 등을 이용하여 자료를 요약하는 방법에는 여러 가지 방법이 있다. 한 변수를 요약하는 도수분포표, 두 변수를 요약하는 교차표, 한 변수를 표현하는 그래프, 두 변수를 표현하는 그래프 등을 이용하여 자료를 요약할 수 있다. 〈표 3-1〉은 20명에 대한 시험점수, 성별, 선호하는 과목, 주당 공부시간을 나타낸 자료이다. 이제부터 그림과 표를 이용하여 〈표 3-1〉에 나타난 자료를 다양한 방법으로 어떻게 요약할 수 있는지 살펴보자.

〈표 3-1〉 네 가지 변수의 자료

점수	성별	선호과목	공부시간
97	남	A	57
97	여	A	55
90	남	A	52
90	여	A	60
88	여	A	51
87	여	B	52
85	남	B	49
85	남	B	47
84	남	B	51
82	여	B	57
80	여	B	53
78	여	C	42
75	여	C	45
72	남	C	48

72	남	C	39
71	남	C	40
70	여	C	38
68	여	D	41
50	남	D	37
45	남	D	40

2 변수의 분포를 요약하는 표

1 한 변수의 분포에 대한 요약: 도수분포표

도수분포(frequency distribution)는 어떤 변수의 각 범주(또는 계급)에 속한 관측치의 도수(빈도)가 흩어져 있는 상태를 의미한다. 이를 표로 정리하는 것이 바로 도수분포표(frequency distribution table)이다. 도수분포표는 범주형 자료뿐만 아니라 양적 자료에도 적용할 수 있다. 범주형 자료의 범주(category)에 상응하는 것이 양적 자료의 계급(class)이다. 계급이란 변수가 취할 수 있는 값을 일정한 간격으로 구분한 것이다. 도수분포표는 범주(또는 계급)에 속한 관측치의 도수(frequency)를 나타내는데 상대도수(relative frequency)나 백분율도수(percentage frequency)를 나타내기도 한다. 상대도수는 해당 계급에 속한 관측치의 도수의 비율을 뜻하고 해당 계급의 도수를 전체 관측치의 개수로 나눈 것이다. 백분율도수는 상대도수에 100을 곱한 값이다. 도수분포표는 각 계급의 도수와 상대적 비율을 쉽게 파악할 수 있게 해준다.

계급을 정의할 때 계급의 수, 계급의 폭, 계급의 경계치를 고려해야 한다. 계급의 수는 일반적으로 5~20개를 사용한다. 양적 자료의 경우 관측치는 하나의 계급에만 속하도록 계급의 경계치를 정한다.[35]

SPSS를 통해 도수분포표를 얻기 위한 절차는 다음과 같다. 자료 입력 창에 〈표 3-1〉의 자료를 입력시킨 후에 메뉴에서 [분석] → [기술통계량] → [빈도분석]을 선택하면 [그림 3-1]과 같은 창이 나타난다.

그림 3-1 빈도분석

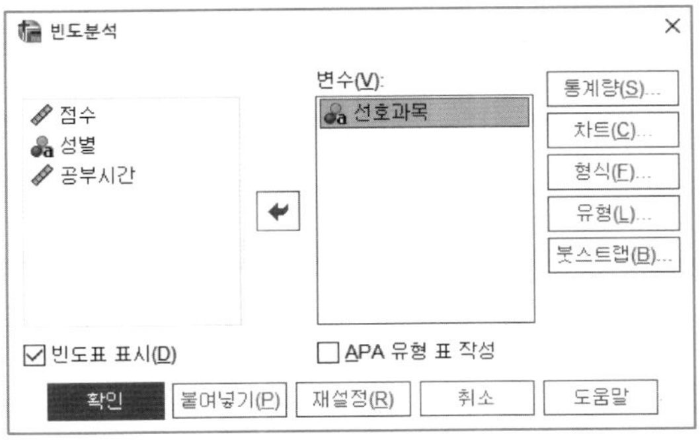

[그림 3-1]에서 범주형 변수인 '선호과목'을 [변수]의 칸으로 이동시킨 후에 [확인]을 누르면 〈표 3-2〉와 같은 결과가 나타난다. 〈표 3-2〉를 보면 전체 20명 중에서 선호하는 과목이 A, B, C, D인 응답자의 도수(빈도)는 각각 5, 6, 6, 3으로 나타났다. 그리고 백분율도수(퍼센트)는 각각 25%, 30%, 30%, 15%로 나타났다.

〈표 3-2〉 도수분포표

선호과목					
		빈도	퍼센트	유효 퍼센트	누적 퍼센트
유효	A	5	25.0	25.0	25.0
	B	6	30.0	30.0	55.0
	C	6	30.0	30.0	85.0
	D	3	15.0	15.0	100.0
	전체	20	100.0	100.0	

2 두 변수의 분포에 대한 요약: 교차표

교차표(cross tabulation)는 한 변수에 관한 도수분포표를 두 변수에 관한 2차원으로 확장한 것이다. 교차표는 행과 열로 이루어져 있는데 행에는 한 변수의 범주(또는 계급)를 배열하고 열에는 다른 변수의 범주(또는 계급)를 배열한다. 두 변수의 범주(또는 계급)의 조합에 해당하는 칸에는 도수를 넣는다. 교차표는 범주형 변수에 자주 사용된다. 그러나 양적 변수에도 사용할 수 있는데 이 경우 연구자가 변수의 계급을 작성해야 한다. 교차표는 분할표(contingency table)라고도 한다.

SPSS를 통해 교차표를 얻기 위해서 메뉴에서 [분석] → [기술통계량] → [교차분석]

을 선택하면 [그림 3-2]와 같은 창이 나타난다.

그림 3-2 **교차분석**

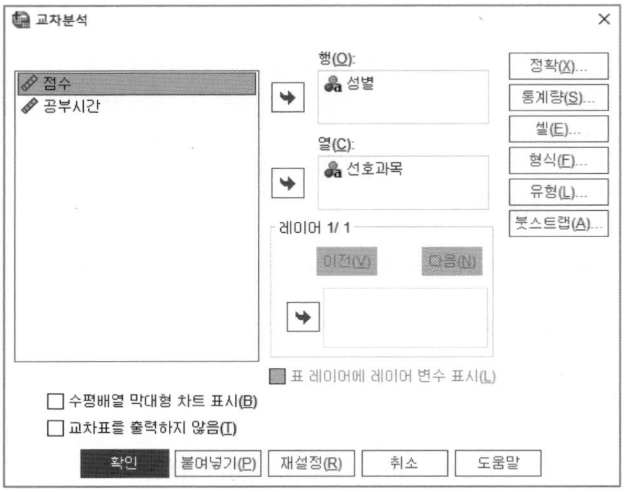

[그림 3-2]의 창에서 범주형 변수인 '성별'을 [행]의 칸으로 이동시키고 다른 범주형 변수인 '선호과목'을 [열]의 칸으로 이동시킨다. 그리고 [셀]을 누르면 [그림 3-3]과 같은 창이 나타난다.

그림 3-3 **교차분석: 셀 표시**

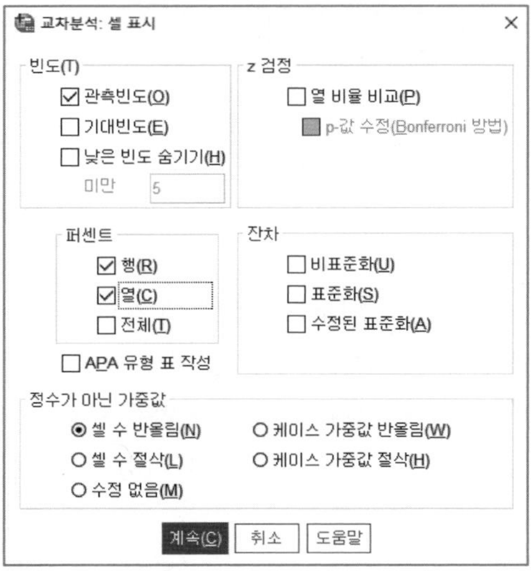

[그림 3-3]의 [빈도]에서 [관측빈도]를 선택하고 [퍼센트]에서 [행]과 [열]을 선택한다. 그리고 [계속]을 누른 후 [확인]을 누르면 교차표에 대한 결과인 〈표 3-3〉을 얻을 수 있다.

〈표 3-3〉 두 범주형 변수의 교차표

성별 * 선호과목 교차표							
			선호과목				전체
			A	B	C	D	
성별	남	빈도	2	3	3	2	10
		성별 중 %	20.0%	30.0%	30.0%	20.0%	100.0%
		선호과목 중 %	40.0%	50.0%	50.0%	66.7%	50.0%
	여	빈도	3	3	3	1	10
		성별 중 %	30.0%	30.0%	30.0%	10.0%	100.0%
		선호과목 중 %	60.0%	50.0%	50.0%	33.3%	50.0%
전체		빈도	5	6	6	3	20
		성별 중 %	25.0%	30.0%	30.0%	15.0%	100.0%
		선호과목 중 %	100.0%	100.0%	100.0%	100.0%	100.0%

〈표 3-3〉을 보면 성별과 선호과목의 조합에 해당하는 각 칸에 도수가 나타나 있다. 그리고 선호과목에 따른 남자와 여자의 백분율과 성별에 따른 각 선호과목의 백분율을 알 수 있다.

3 한 변수를 표현하기 위한 그래프

(1) 막대도표

막대도표(bar chart)는 도수분포표로 정리한 자료를 도표로 표현할 때 사용한다. 막대도표의 가로축에는 범주나 계급의 이름을 표시하고 세로축에는 도수(또는 상대도수나 백분율도수)를 표시한다. 일반적으로 범주형 변수를 사용하는 경우 막대도표에서 수평축은 범주를 표시하고 수직축은 도수를 표시하며 막대의 높이는 해당 범주의 도수를 의미한다.

SPSS를 통해 막대도표를 도출하는 방법은 다음과 같다. 메뉴에서 [그래프] → [레거시 대화 상자] → [막대형 차트]를 순서대로 누르면 [그림 3-4]와 같은 창이 뜬다. 이 창에는 막대도표의 종류로 [단순] 막대도표, [수평배열] 막대도표, [수직누적] 막대도표가 나타나 있다. 한 변수에 대한 도표를 원하면 [단순]을 선택한다. 두 변수에 대한 도표를 원하면 [수평배열] 또는 [수직누적]을 선택한다.

그림 3-4 **막대도표**

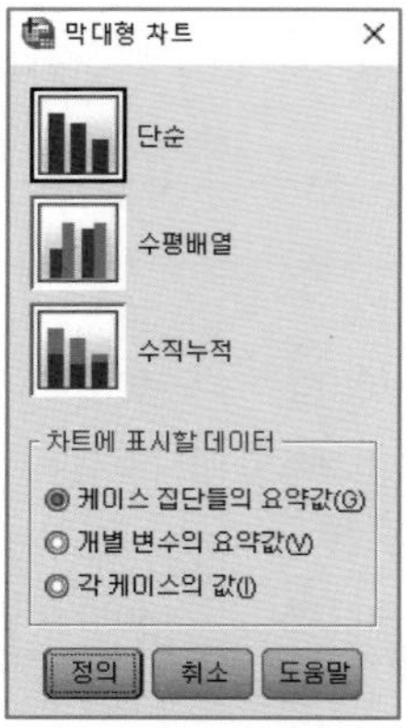

여기서는 '선호과목'이라는 하나의 범주형 변수에 대해 조사하고자 한다. 따라서 [단순]과 [케이스 집단들의 요약값]을 선택한 후 [정의]를 누르면 [그림 3-5]와 같은 창이 뜬다.

[그림 3-5]의 [막대 표시]에는 막대도표의 Y축을 나타내는 요약값을 선택할 수 있는 항목들이 있다. [케이스 수]는 도수를 뜻하는데, 기본으로 설정되어 있다. [케이스 중 %]는 도수의 퍼센트, [누적 N]은 누적도수, [누적 %]는 누적도수의 퍼센트를 의미한다. [기타 통계량(예 평균)]은 해당 변수의 통계량을 Y축의 값으로 사용한다. 퍼센트는 각 범주의 케이스만을 기준으로 하는 것이 아니라 모든 케이스를 기준으로 한다. [범주축]에는 X축을 설명하는 변수를 설정해야 한다. 변수 '선호과목'을 [범주축]의 칸으로 이동시킨 후에 [확인]을 누르면 [그림 3-6]과 같은 결과가 나타난다.

그림 3-5 막대도표: 단순 막대 정의

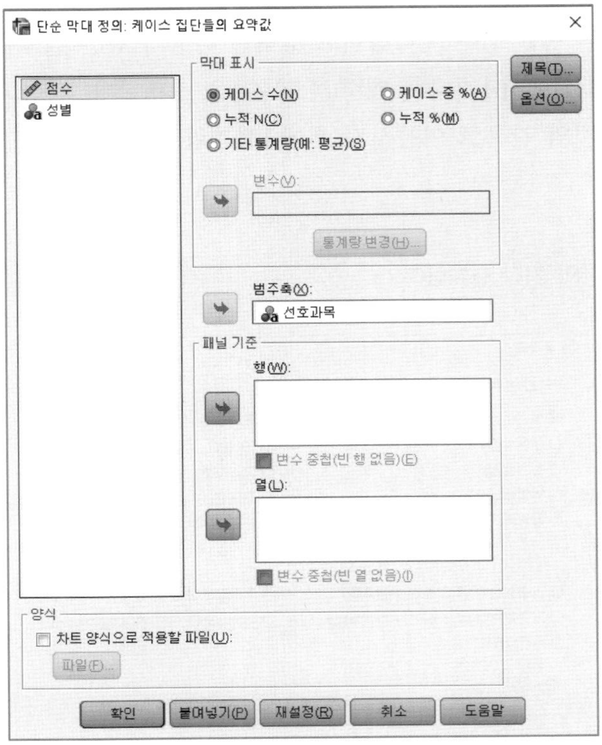

그림 3-6 막대도표: 선호과목에 따른 빈도

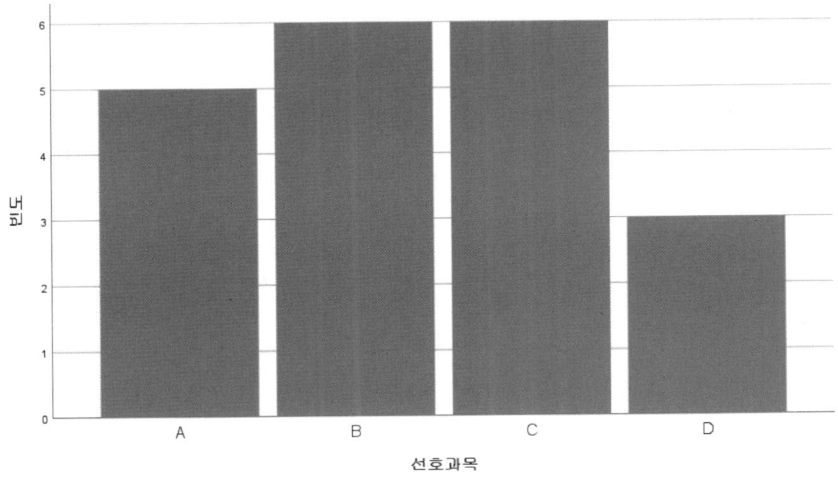

[그림 3-6]에서 Y축은 빈도를 나타내고 X축은 변수 '선호과목'의 범주들을 나타낸다. 선호과목의 도수분포를 보면 B와 C에 대한 빈도가 가장 높고 D에 대한 빈도가 가장 낮다.

선호과목에 따른 평균 점수를 나타내고 싶다면 다음과 같은 절차를 따른다. 우선 [그림 3-5]의 [막대표시]에서 [기타 통계량(예 평균)]을 선택한다. 그리고 Y축을 설명할 변수인 '점수'를 [변수]의 칸으로 이동시킨 후에 [통계량 변경]을 누르면 [그림 3-7]과 같은 창이 뜬다.

그림 3-7 [막대표시]의 기타 통계량

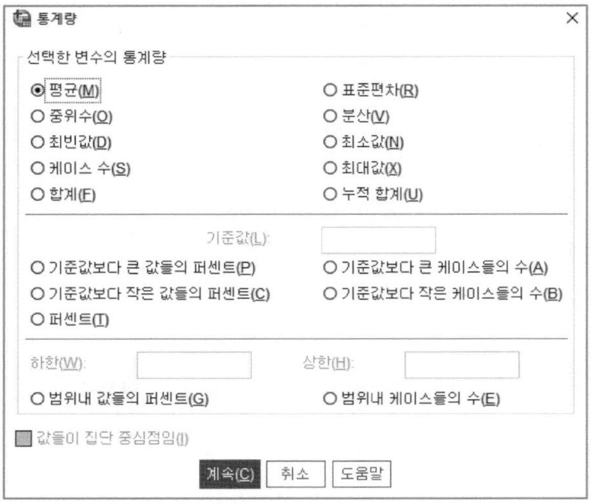

[그림 3-7]에서 Y축에 표시될 통계량으로 변수의 평균 외에도 중위수, 표준편차, 분산 등을 선택할 수 있다. [선택한 변수의 통계량]에서 [평균]을 선택하고 [계속]을 누른 후에 [확인]을 누르면 [그림 3-8]과 같은 결과가 나온다.

그림 3-8 막대도표: 선호과목에 따른 평균 점수

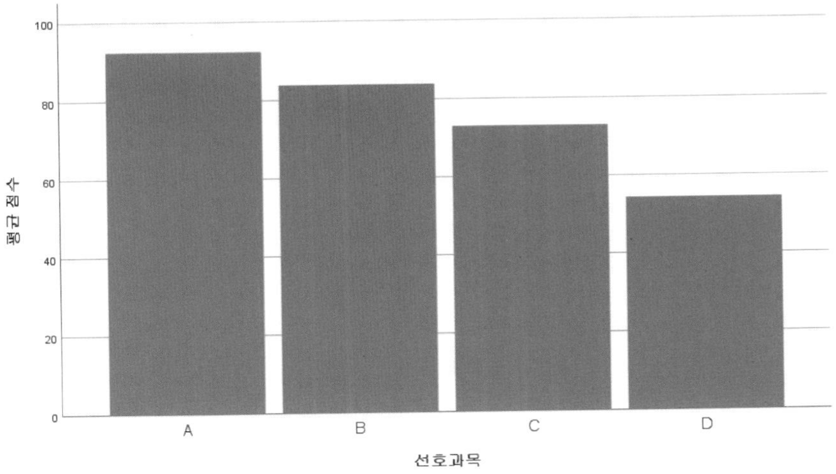

[그림 3-8]을 보면 응답자들의 평균 점수는 응답자들의 선호과목에 따라 다르게 나타나고 있음을 알 수 있다. 과목 A를 선호하는 응답자들의 평균 점수가 가장 높고, 과목 D를 선호하는 응답자들의 평균 점수가 가장 낮게 나타났다.

(2) 선도표

선도표(line chart)는 단순 선도표(단순 선형 차트), 다중 선도표(다중 선형 차트) 등을 포함한다. 단순 선도표는 한 개의 변수에 대해 변수 값의 흐름을 파악하거나 강조할 때 유용하다. 그리고 장기간 추세를 나타내는 경향을 파악하고자 할 때도 유용하다. 선도표를 얻는 방법은 막대도표를 얻는 방법과 유사하다. SPSS에서는 선도표를 선형차트라고 한다. SPSS를 통해 선도표를 얻는 방법은 다음과 같다. 메뉴에서 [그래프] → [레거시 대화 상자] → [선형차트]를 선택하면 [그림 3-9]와 같은 창이 뜬다.

그림 3-9 **선도표(선형 차트)**

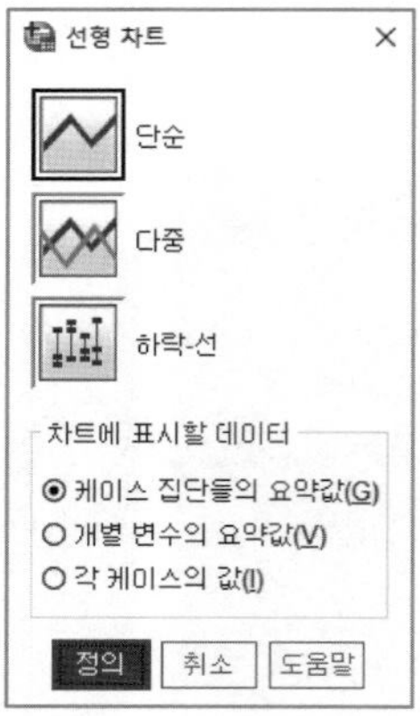

[그림 3-9]에서는 3가지 종류의 선도표를 선택할 수 있다. 여기서는 한 변수에 대한 조사이므로 [단순]을 선택한다. 그리고 [차트에 표시할 데이터]에서는 [케이스 집단들의 요약값]을 선택한다. 그리고 [정의]를 누르면 [그림 3-10]과 같은 창이 뜬다.

그림 3-10 **단순 선도표 정의: 케이스 집단들의 요약값**

[그림 3-10]의 [선 표시]에서 [케이스 수]를 선택하고 [범주축(X)]의 칸에 변수 '선호과목'을 이동시킨다. 그리고 [확인]을 누르면 [그림 3-11]과 같은 결과가 나온다.

그림 3-11 단순 선도표: 결과

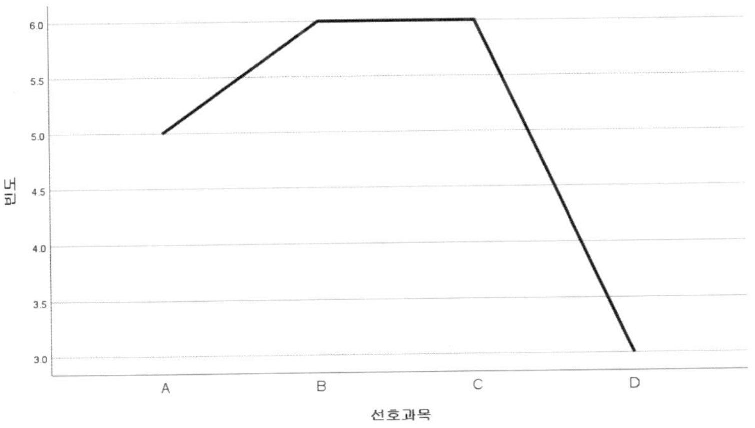

[그림 3-11]에 나타난 단순 선도표에 따르면 선호과목을 A, B, C, D라고 응답한 사람들의 빈도는 각각 5, 6, 6, 3으로 나타났다.

(3) 파이 그림

파이 그림(pie chart)은 한 변수의 범주 또는 계급에 따른 도수, 상대도수, 백분율도수 등을 표현할 때 사용할 수 있다. 파이 그림은 원그래프 또는 원형 차트라고도 한다. 파이 그림은 모든 자료를 포함하는 원을 그리고 각 범주별(또는 계급별) 상대도수 크기에 상응하는 비율대로 원을 나눈다. 예를 들면 원은 360도이므로 어떤 범주의 상대도수가 0.25이면 그에 상응하는 90도(= 0.25 × 360)를 배정한다. 파이 그림 내의 각 조각에는 도수, 상대도수, 백분율도수 등을 표시할 수 있다. 파이 그림은 각 조각의 크기를 비교하는데 어려움을 줄 수 있다. 파이 그림을 얻기 위해서 메뉴에서 [그래프] → [레거시 대화상자] → [원형 차트]를 선택하면 [그림 3-12]와 같은 창이 뜬다.

그림 3-12 파이 그림(원형 차트)

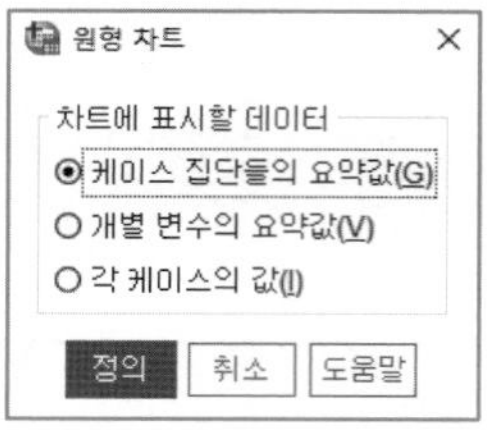

[그림 3-12]에서 [차트에 표시할 데이터]에 [케이스 집단들의 요약값]을 선택한 후에 [정의]를 누르면, [그림 3-13]과 같은 창이 뜬다.

그림 3-13 파이 그림 정의

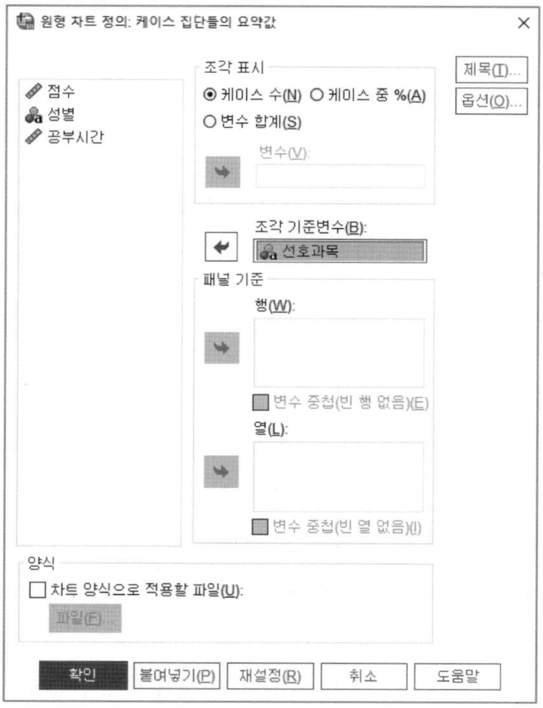

[그림 3-13]의 [조각 표시]에서는 [케이스 수]를 선택하고 변수 '선호과목'은 [조각 기준변수]의 칸으로 이동시킨다. 그리고 [확인]을 누르면 [그림 3-14]와 같은 결과가 나온다. [그림 3-14]는 도수를 기준으로 범주별 조각의 크기가 나타나서 직관적 이해는 가능한데 범주별로 어느 정도의 차이가 있는지 세밀하게 확인하기에는 어려움이 있다.

그림 3-14 파이 그림: 선호과목별 도수

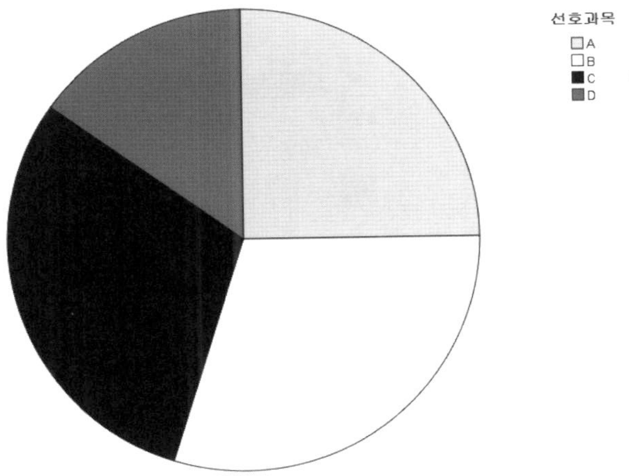

(4) 점도표

점도표(dot plot)에서 가로축은 변수의 값을 나타내고 개별 케이스의 변수 값은 케이스별로 가로축 위에 점으로 표시한다. 점도표는 양적 자료를 그림으로 표현하는 단순한 방법이면서 자료의 분포에 나타난 이상점을 확인하는데 유용하다.[12] SPSS를 통해 점도표를 얻는 방법은 다음과 같다. 메뉴에서 [그래프] → [레거시 대화 상자] → [산점도/점도표]를 선택하면 [그림 3-15]와 같은 창이 뜬다.

그림 3-15 산점도/점도표

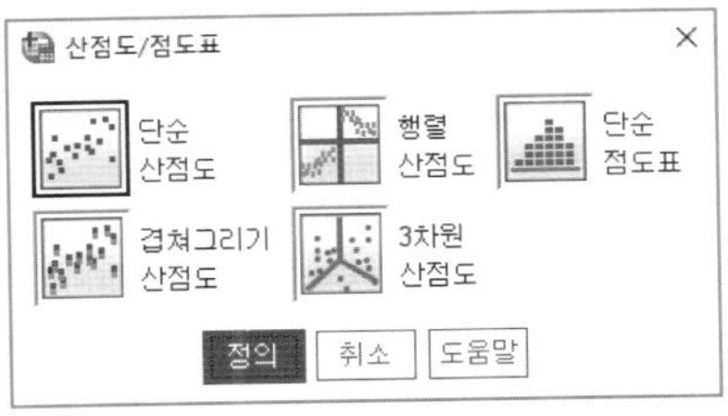

점도표를 얻기 위해서는 [그림 3-15]에서 [단순 점도표]를 선택한 후 [정의]를 누른다. 그러면 [그림 3-16]과 같은 창이 뜬다.

그림 3-16 단순 점도표 정의

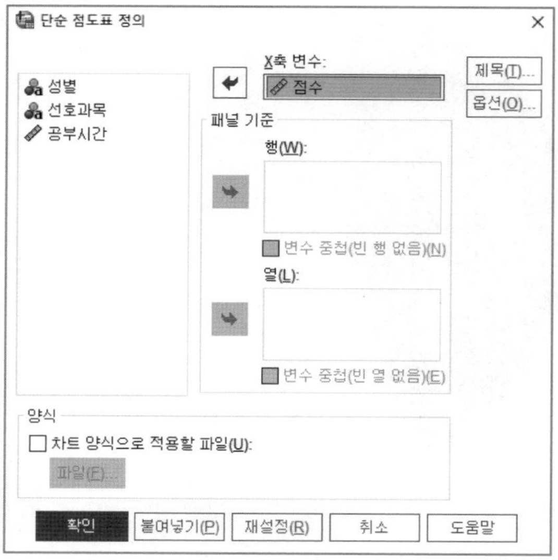

[그림 3-16]에서 분포를 알고 싶은 변수 '점수'를 [X축 변수]의 칸으로 이동시킨다. 그 후에 [옵션]을 누르면 [그림 3-17]과 같은 창이 뜬다.

그림 3-17 단순 점도표 정의: 옵션

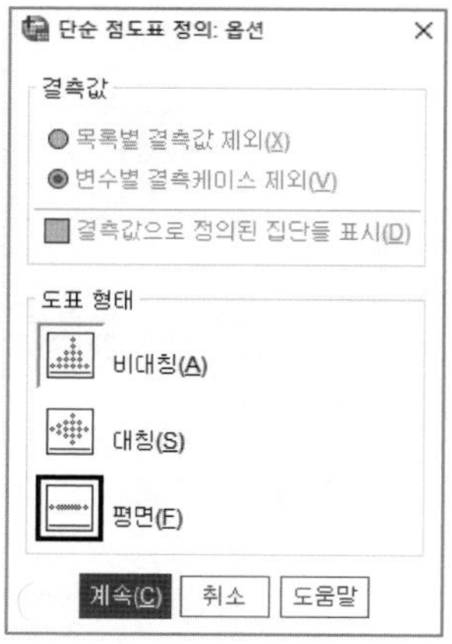

[그림 3-17]에서 [도표 형태]는 [비대칭]이 기본으로 설정되어 있다. 도수가 많으면 비대칭 도표가 적절하다. 그러나 도수가 적으면 평면 도표가 적절한 경우가 많다. 여기서는 표본 크기가 20에 불과하므로 [도표 형태]에서 [평면]을 선택한다. 그리고 [계속]을

누른 후 [확인]을 누르면 [그림 3-18]과 같은 결과가 나온다.

그림 3-18 **단순 점도표: 점수의 분포**

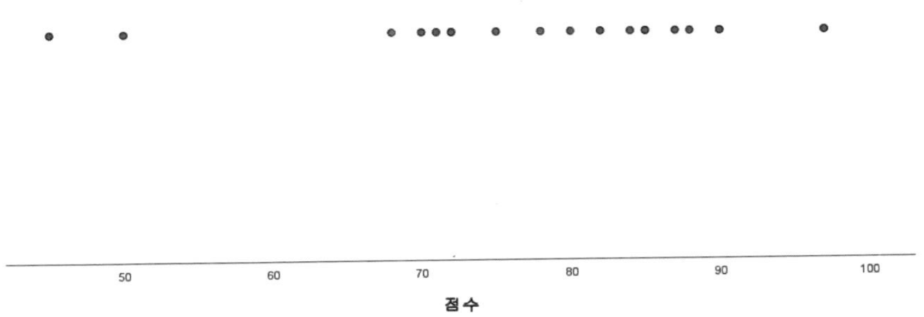

[그림 3-18]의 점도표에서는 같은 값을 갖는 케이스의 중복이 있어도 높이의 변화가 없는 단점이 있다. 그러나 분포의 양 끝에 있는 점들을 쉽게 파악할 수 있다. 계급 내의 도수를 알고 싶다면 [도표 형태]에서 [비대칭]을 선택하고 [계속]을 누른 후 [확인]을 누르면 결과가 나온다.

(5) 히스토그램

히스토그램(histogram)은 도수분포표에 근거하여 만든 도표이다. 히스토그램의 가로축에는 변수의 계급을 두고 세로축에는 도수, 상대도수, 백분율도수 등을 둔다. 히스토그램에서 막대들은 서로 붙어있는데, 이것이 막대도표와 히스토그램의 차이점이다.[35]

SPSS를 통해 히스토그램을 얻는 방법은 다음과 같다. 메뉴에서 [그래프] → [레거시 대화 상자] → [히스토그램]을 선택하면 [그림 3-19]와 같은 창이 뜬다.

그림 3-19 히스토그램: 변수

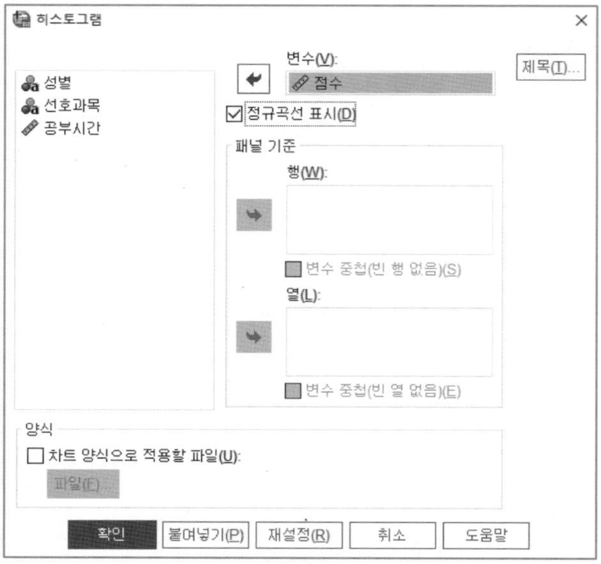

[그림 3-19]에서 변수 '점수'를 [변수]의 칸으로 이동시킨다. 그리고 필수적인 사항은 아니지만 [정규곡선 표시]를 선택한다. 이것을 선택하면 히스토그램에 나타난 자료의 분포와 정규분포를 비교할 수 있다. 그리고 오른쪽 위에 있는 [제목]을 누르면 [그림 3-20]과 같은 창이 뜬다.

그림 3-20 히스토그램: 제목

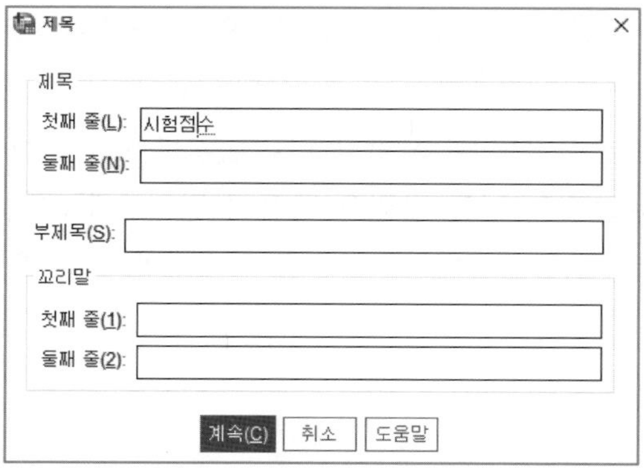

[그림 3-20]에서 [제목]의 공란에 적절한 제목을 넣고 [계속]을 누르면 [그림 3-19]의 창이 다시 뜬다. 여기서 [확인]을 누르면 [그림 3-21]과 같은 결과가 출력된다.

그림 3-21 **히스토그램: 결과**

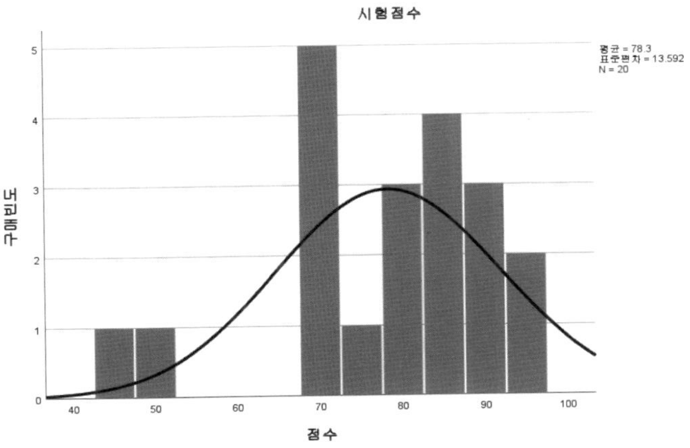

[그림 3-21]의 히스토그램을 보면 수평축은 점수를 나타내고 수직축은 '빈도'를 나타낸다. 결과에서 '구매빈도'라고 표시된 것은 번역의 오류이다. 히스토그램에서 수평축에 표시된 값은 각 계급별 중간값이다. 히스토그램의 오른쪽 위를 보면 점수의 표본평균은 78.3, 점수의 표본표준편차는 13.592, 표본의 크기는 20으로 나타나 있다. 정규분포곡선과 히스토그램의 분포 모양을 비교해보면 표본의 분포는 정규분포와 다소 차이가 있다.

(6) 줄기-잎 그림

줄기-잎 그림(stem-and-leaf display)은 양적 자료의 순서와 형태를 보여준다. 줄기-잎 그림을 그리기 위해서는 자료를 오름차순으로 정렬한 후에 줄기(stem)와 잎(leaf)으로 나누고 세로의 선을 기준으로 줄기는 왼쪽에 표시하고 잎은 오른쪽에 표시한다. 줄기에는 자료에서 큰 자릿수의 숫자를 넣고 잎에는 작은 자릿수의 숫자를 넣는다. 도수분포표나 히스토그램에서 계급의 수를 정하는 합의된 기준이 없는 것처럼 줄기-잎 그림에서도 줄기와 잎의 수를 정하는 합의된 기준이 없다. 줄기-잎 그림은 손으로 그리기 쉽고 각 계급 내의 개별 관측치를 보여준다. 줄기-잎 그림을 얻기 위한 실행 절차는 다음과 같다. 메뉴에서 [분석] → [기술통계량] → [데이터 탐색]을 누르면 [그림 3-22]와 같은 창이 뜬다.

그림 3-22 데이터 탐색 창

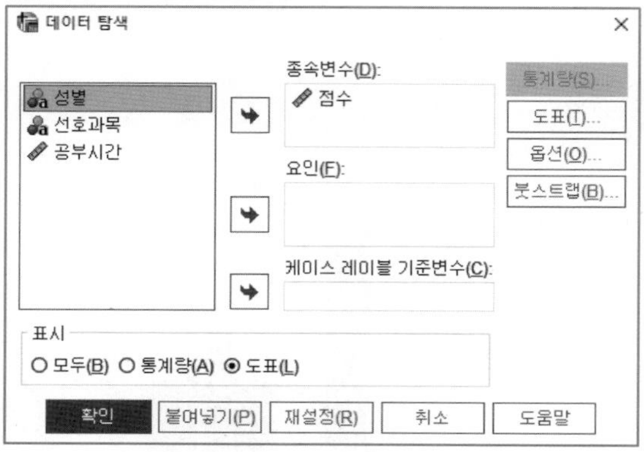

[그림 3-22]에서 변수 '점수'를 [종속변수]의 칸으로 이동시킨다. 그리고 [표시]에서는 [도표(L)]를 선택한다. 그리고 오른쪽 위에 있는 [도표(T)]를 누르면 [그림 3-23]과 같은 창이 뜬다.

그림 3-23 데이터 탐색: 도표

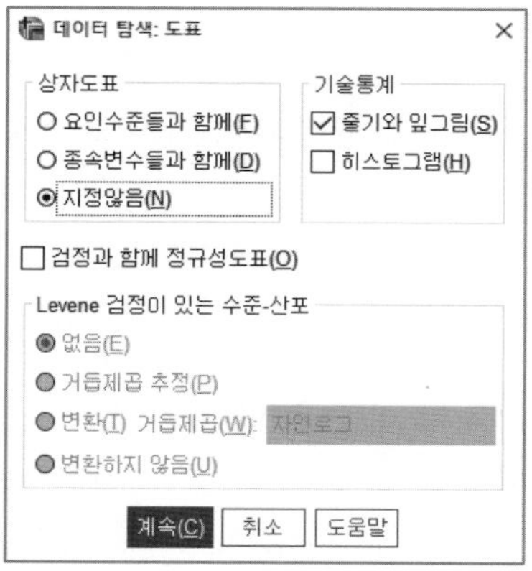

[그림 3-23]에서 [줄기와 잎 그림]은 기본으로 설정되어 있다. [상자도표]에서는 [지정않음]을 선택한다. [계속]을 누른 후 [확인]을 누르면 [그림 3-24]의 결과가 나온다.

그림 3-24 점수에 대한 줄기-잎 그림

```
점수 줄기와 잎그림 도표

 빈도 Stem &  잎

     1.00 Extremes     (=<45)
     1.00          5 .  0
     1.00          6 .  8
     6.00          7 .  012258
     7.00          8 .  0245578
     4.00          9 .  0077

 줄기 너비:          10
 각 잎:          1 케이스
```

[그림 3-24]의 결과에서 줄기의 값은 순서대로 세로축에 나열되어 있다. 각 줄기에서 잎의 값은 해당 줄기의 오른쪽에 가로로 오름차 순으로 나열되어 있다. 줄기의 단위(너비)는 10이고, 잎의 단위는 1이다. 그리고 각 잎은 한 개의 케이스를 나타낸다. 극단적인 값은 45이고 빈도는 1로 나타나 있다. 50점대도 빈도가 1로, 50점을 기록한 한 명이 있다. 60점대도 68점의 케이스가 하나 있다. 90점대는 빈도가 4로 나타나서 모두 4명이다. 가장 큰 점수는 97인데 두 명으로 나타나 있다. 전반적으로 70점대 이상에 주로 분포되어 있고 80점대가 가장 많은 빈도 7을 기록하고 있다.

(7) 상자 그림

상자 그림(box plot)은 자료의 최솟값, 제1 사분위수(Q_1), 중앙값(Q_2), 제3 사분위수(Q_3), 최댓값을 표현한 그림이다. 상자 그림을 통해서 자료 분포의 치우침을 파악할 수 있다. 상자 그림은 수평적으로 그릴 수도 있고 수직적으로 그릴 수도 있다. 수직적으로 그리는 순서는 다음과 같다. 우선 자료를 크기 순서대로 나열하고 사분위수를 정한다. 그리고 Q_1과 Q_3을 네모난 상자로 연결하고 중앙값의 위치에 수평선을 긋는다. 사분위범위(IQR)를 계산한 후 상자 양끝에서 $1.5 \times IQR$ 크기의 범위를 경계로 한다. 그리고 이 경계 내에 포함되는 최솟값과 최댓값을 Q_1과 Q_3에서 각각 선으로 연결한다. 경계선을 벗어나는 값을 점(예 o)으로 표시한다. 이 점은 상자 그림에서 이상점으로 간주된다. 그러나 통계학에서 이상점으로 판단하는 기준은 통계분석기법과 연구자에 따라 다양하게 정의되고 있다는 것을 참고해야 한다. [그림 3-25]에 이러한 절차에 대한 정보가 담겨있는데, 점선으로 나타난 부분은 실제 상자 그림에 표시되지 않는다. 상자 그림은 상자-수염 그림(box-and-whisker plot)이라고도 한다.

그림 3-25 상자 그림

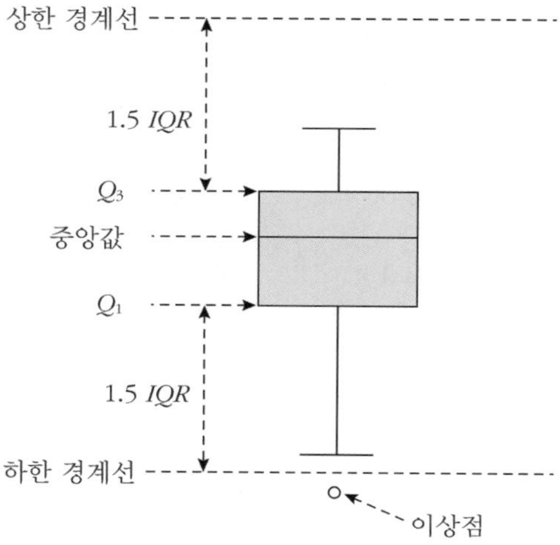

상자 그림을 구하려면 메뉴에서 [그래프] → [레거시 대화 상자] → [상자도표]를 선택하면 [그림 3-26]과 같은 창이 뜬다.

그림 3-26 상자 그림(상자도표): 차트에 표시할 데이터

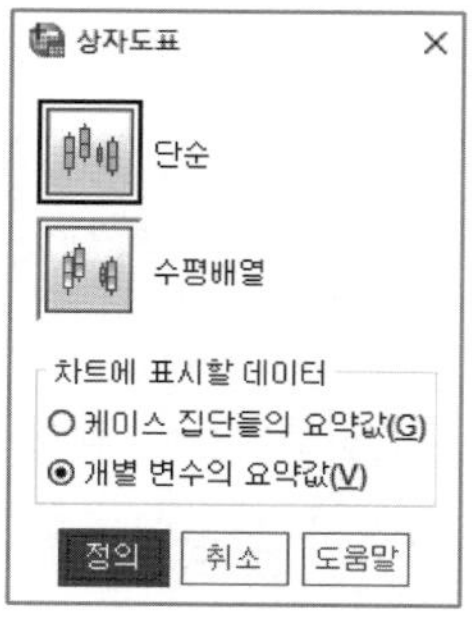

[그림 3-26]의 창에서 각 변수에 대한 상자 그림을 그리기 위해서는 [단순]을 선택하고 [차트에 표시할 데이터]에서 [개별 변수의 요약값]을 선택한 후 [정의]를 누르면 [그

림 3-27]의 창이 나타난다.

그림 3-27 단순 상자 그림 정의: 개별 변수의 요약값

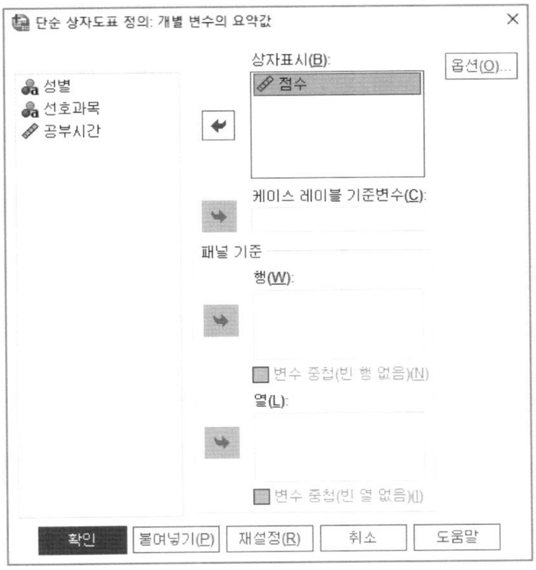

[그림 3-27]에서 변수 '점수'를 [상자표시]의 칸으로 이동한 후에 [확인]을 누르면 상자 그림의 결과는 [그림 3-28]에 나타난 바와 같다.

그림 3-28 상자 그림: 점수의 분포

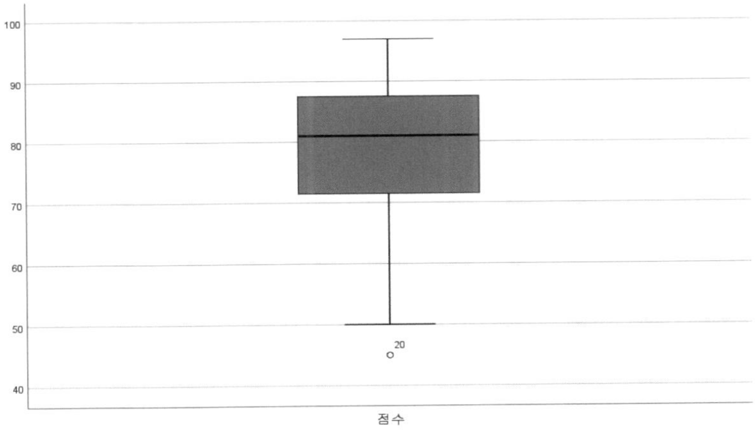

[그림 3-28]을 보면 상자 그림을 구성하는 것으로 제1 사분위수, 중앙값, 제3 사분위수가 나타나 있다. 상자의 아랫변은 제1 사분위수, 상자의 윗변은 제3 사분위수, 상자의 중간에 있는 선은 중앙값을 나타낸다. 상자 아래의 꼬리 끝이 경계 내의 최솟값, 상자 위의 꼬리 끝이 경계 내의 최댓값이다. 이러한 최솟값과 최댓값은 전체 자료의 범위를 기준으로 하는 것이 아니라 상자 양끝에서 $1.5 \times IQR$ 크기의 범위 내를 기준으로 한다. 이러한 기준에 의한 치솟값과 최댓값을 벗어난 범위에 나타나는 관측치는 상자 그림에서 이상점으로 간주한다. 이상점 옆에는 해당 케이스의 번호인 '20'이 표시되어 있다.

한 변수가 성별을 나타내는 변수이고 다른 변수가 점수를 나타내는 변수일 때 남녀별 점수에 관한 상자 그림을 그리고 싶으면 [그림 3-26]에서 [단순]을 선택하고 [케이스 집단들의 요약값]을 선택한 후 [정의]를 누른다. 그러면 [그림 3-29]와 같은 창이 뜬다. 여기서 변수 '점수'를 [변수]의 칸으로 옮기고 범주형 변수 '성별'을 [범주축]의 칸으로 옮긴다.

그림 3-29 **상자 그림: 변수가 두 개인 경우**

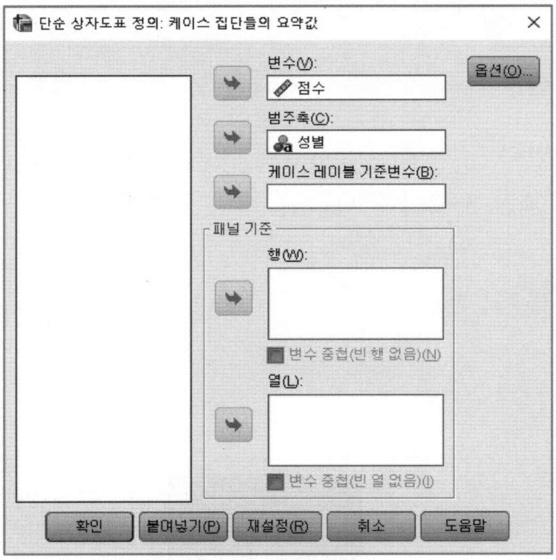

[그림 3-29]에서 [확인]을 누르면 [그림 3-30]과 같은 결과가 나온다. [그림 3-30]에는 성별에 따라 상자 그림이 나타나 있다. 여자 집단은 남자 집단에 비해 점수의 중앙값은 높으나 점수 분포가 퍼져 있는 정도는 낮다는 것을 알 수 있다.

그림 3-30 상자 그림: 남자 집단과 여자 집단의 점수 분포

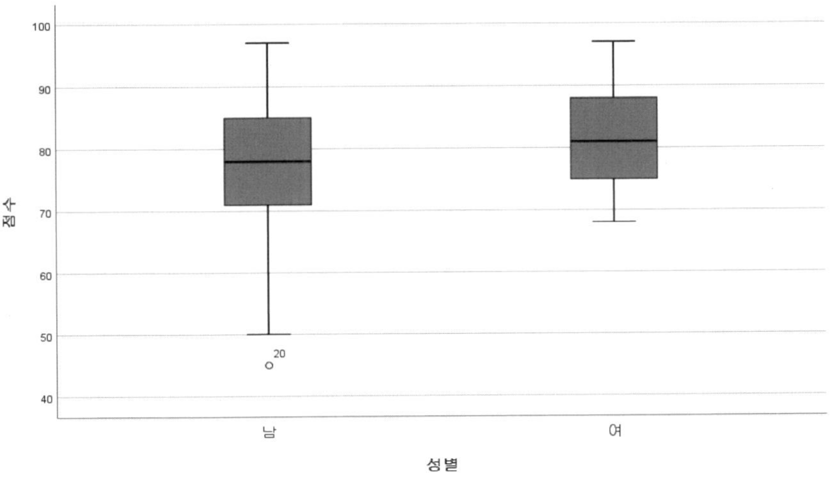

4 두 변수를 표현하기 위한 그래프

(1) 묶은 막대도표

묶은 막대도표(side-by-side bar chart)는 하나의 도표에 두 개 이상 변수의 자료를 요약하는 방법이다. 메뉴에서 [그래프] → [레거시 대화 상자] → [막대형 차트]를 선택하면 [그림 3-31]의 창이 뜬다.

그림 3-31 막대형 차트

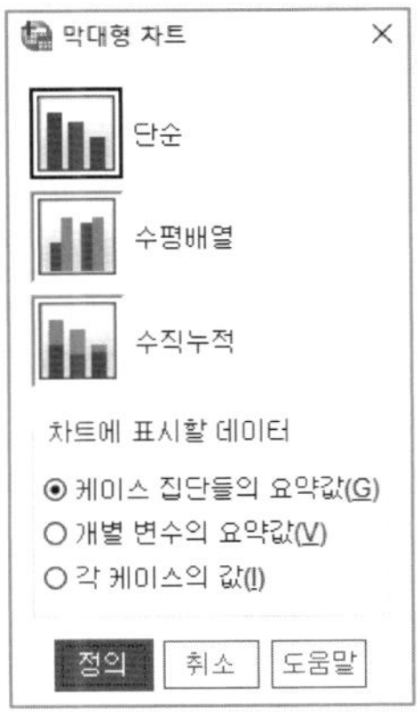

[그림 3-31]의 창에서 [수평배열]을 선택하고 [차트에 표시할 데이터]에 [케이스 집단들의 요약값]을 선택한 후 [정의]를 누르면 [그림 3-32]의 창이 뜬다.

그림 3-32 수평배열 막대 정의: 케이스 집단들의 요약값

[그림 3-32]의 창에서 가로축 변수로 설정하고자 하는 '선호과목'을 [범주축]의 칸으로 이동시키고, 변수 '성별'은 [수평배열 정의 기준]의 칸으로 이동시킨다. 그리고 [확인]을 누르면 [그림 3-33]의 결과가 나타난다.

그림 3-33 묶은 막대도표: 성별에 따른 선호과목의 분포

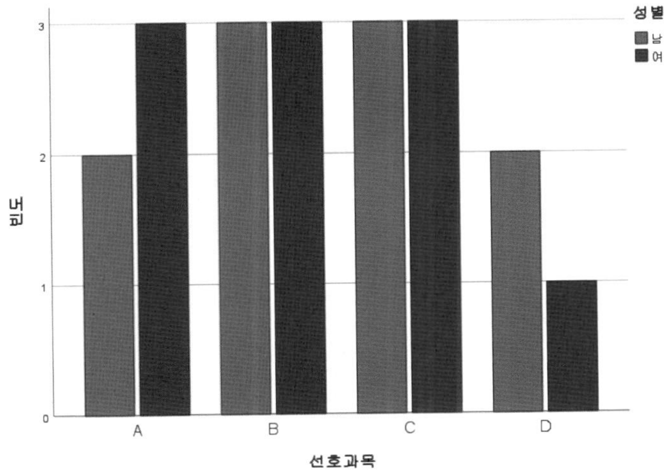

결과를 보면 선호과목 A, B, C, D에 따른 남자와 여자의 빈도를 알 수 있다. 과목 B와 C에 대해서는 남자와 여자의 선호 빈도가 같다. 그러나 과목 A에 대해서는 여자의 선호가 더 많다. 반면에 과목 D에 대해서는 남자의 선호가 더 많다.

(2) 산점도

산점도(scatter diagram)는 두 양적 변수 간의 관계를 파악하고자 할 때 유용하다. 변수 간 관계가 있다면 선형 관계 또는 비선형 관계인지 파악할 수도 있고 이상점으로 의심할 만한 관측치도 쉽게 파악할 수 있다. 산점도는 상관분석이나 회귀분석의 예비단계에서 필요한 도표이다. 산점도를 얻기 위해서는 메뉴에서 [그래프] → [레거시 대화 상자] → [산점도/점도표]를 선택하면 [그림 3-34]의 창이 뜬다.

그림 3-34 산점도

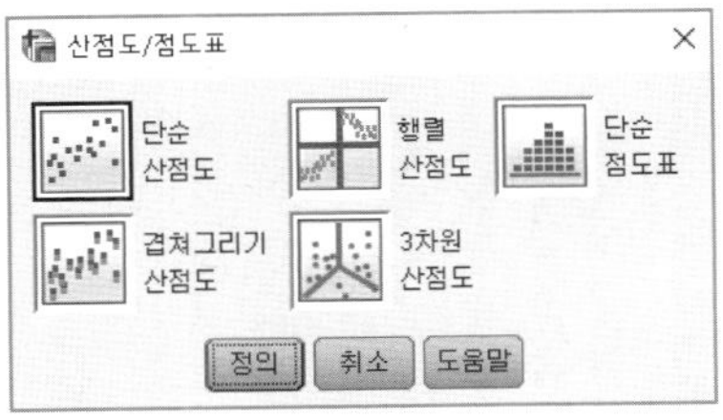

[단순 산점도]는 두 변수 간의 관계를 표현하기 때문에 이해하기 쉽다. 반면에 [3차원 산점도]는 세 변수 간 관계를 표현하기 때문에 복잡하게 표현되고 화면이나 지면에서 이해하기 어려운 단점이 있다. [그림 3-34]의 창에서 [단순 산점도]를 선택하고 [정의]를 누르면, [그림 3-35]와 같은 창이 뜬다.

그림 3-35 **단순 산점도**

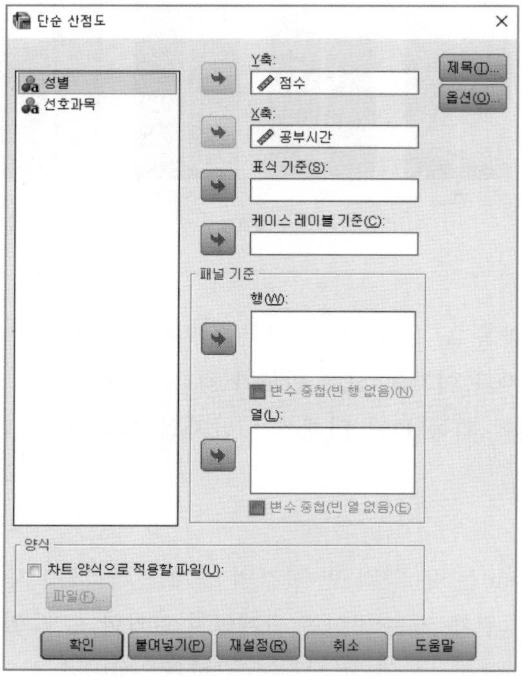

두 변수 '점수'와 '공부시간' 간의 관계를 파악하기 위해서 [그림 3-35]에서 '공부시간'을 [X축]의 칸으로 이동시키고 '점수'를 [Y축]의 칸으로 이동시킨 후 [확인]을 누르면 [그림 3-36]과 같은 산점도의 결과가 나온다.

그림 3-36 단순 산점도: 공부시간과 점수의 관계

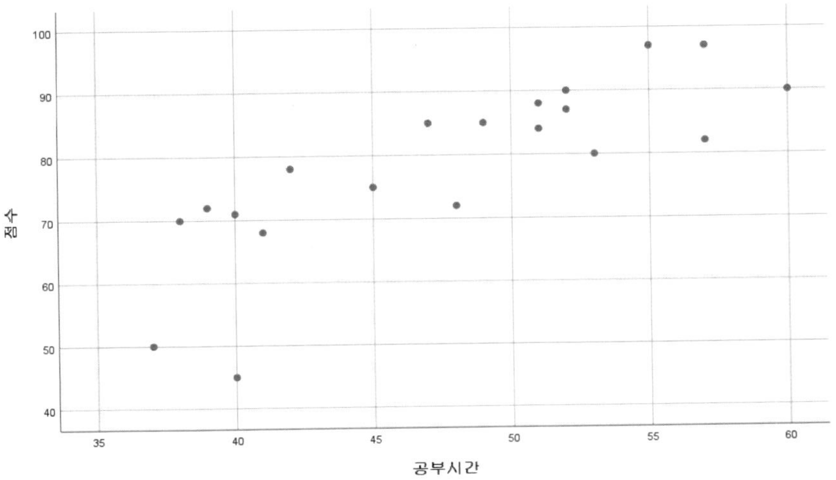

[그림 3-36]을 보면 공부시간과 점수 간의 관계는 대체로 정(+)의 선형 관계를 보인다. 즉, 공부시간이 많은 사람은 대체로 점수가 높은 경향을 보인다.

(3) 다중 선도표

다중 선도표(다중 선형차트)는 한 개의 변수에 대한 단순 선도표를 두 개의 변수로 확장한 것이다. 메뉴에서 [그래프] → [레거시 대화상자] → [선형차트]를 선택한 후에 [다중]을 선택하고 [정의]를 누르면 [그림 3-37]과 같은 창이 뜬다.

그림 3-37 다중선형도표 정의

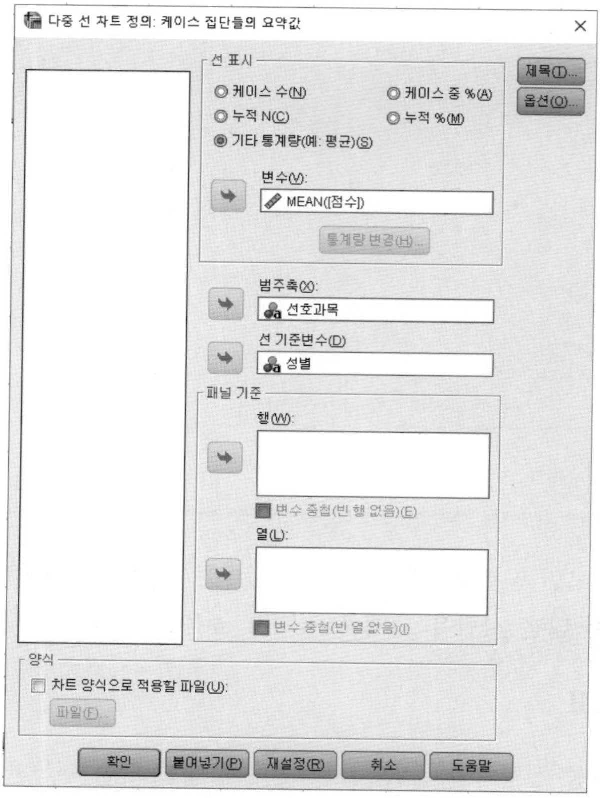

[그림 3-37]의 창에서는 [선 표시]에서 기본으로 설정된 [케이스 수] 대신에 [기타 통계량(예 평균)]을 선택한다. '점수'라는 변수를 [변수]의 칸으로 이동시키고, '선호과목'이라는 변수를 [범주축]의 칸으로 이동시키고, '성별'이라는 변수를 선을 구분하는 [선 기준변수]로 이동시킨다. 그리고 [확인]을 누르면 [그림 3-38]의 결과가 나온다.

그림 3-38 다중선형도표: 선호과목과 성별에 따른 평균점수

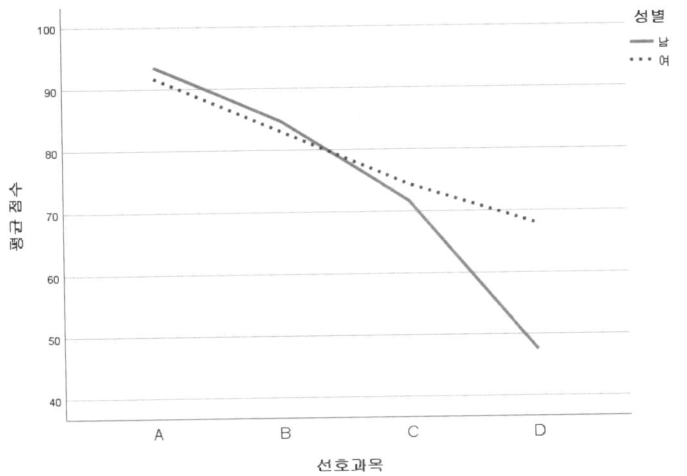

[그림 3-38]에는 Y축에 빈도 대신에 평균점수가 나타나 있다. 남자 집단과 여자 집단 모두 선호과목이 A일 때 가장 높은 평균점수를 기록했고 선호과목이 D일 때 가장 낮은 평균점수를 기록하고 있다. 그러나 선호과목이 D일 때 여자 집단이 남자 집단보다 평균점수가 더 높다.

(4) 인구 피라미드

인구 피라미드는 막대도표를 변형한 피라미드 형태의 도표이다. 연구자의 목적이 '성별'에 따른 '점수'의 분포를 비교하는 것이라고 하자. 이러한 연구목적을 충족시켜줄 수 있는 도표가 바로 인구 피라미드이다. 인구 피라미드를 얻기 위해서는 SPSS의 메뉴에서 [그래프] → [레거시 대화 상자] → [인구 피라미드]를 선택하면 [그림 3-39]와 같은 창이 뜬다.

그림 3-39 인구 피라미드 정의

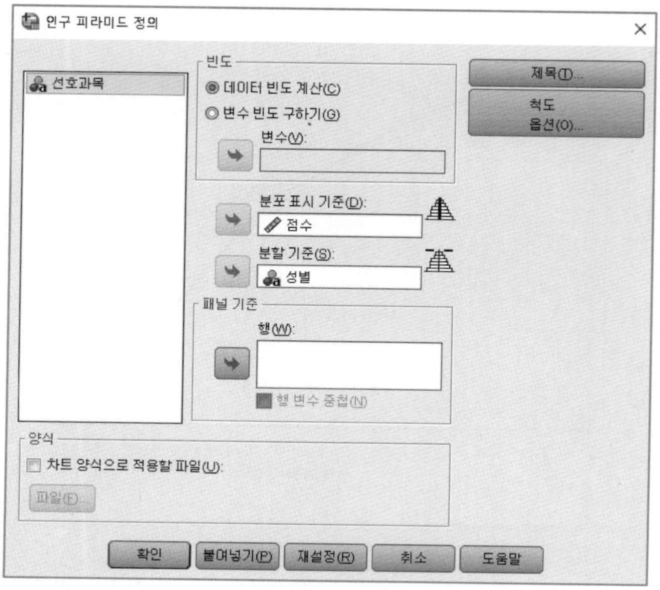

[그림 3-39]에서 분포를 알고 싶은 변수인 '점수'를 [분포 표시 기준]의 칸으로 이동시킨다. 그리고 비교 대상인 '성별'을 [분할 기준]의 칸으로 이동시킨 후 [확인]을 누르면 [그림 3-40]의 결과가 나온다.

그림 3-40 인구 피라미드: 성별에 따른 점수 분포

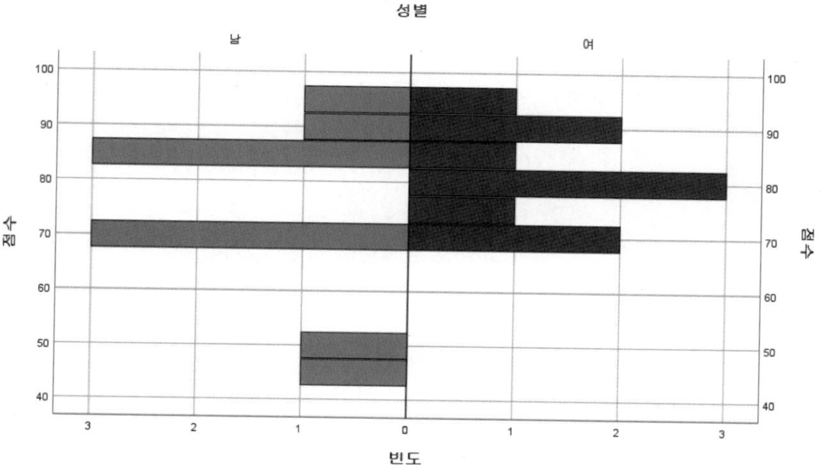

인구 피라미드의 결과를 보면 여자의 점수는 평균과 가까운 곳에 밀집된 분포를 보인다. 반면에 남자의 점수는 평균으로부터 멀리 떨어진 분포를 보인다.

(5) 오차막대형 도표

오차막대형 도표는 자료의 분포와 산포도를 시각적으로 이해하는 데 있어서 유용하다. 분석하고자 하는 변수의 평균값 양쪽의 오차막대 길이는 신뢰구간을 나타내는 데 사용될 수 있다. 오차막대형 도표를 얻기 위해서는 메뉴에서 [그래프] → [레거시 대화상자] → [오차막대형 차트]를 선택하면 [그림 3-41]과 같은 창이 뜬다.

그림 3-41 오차막대

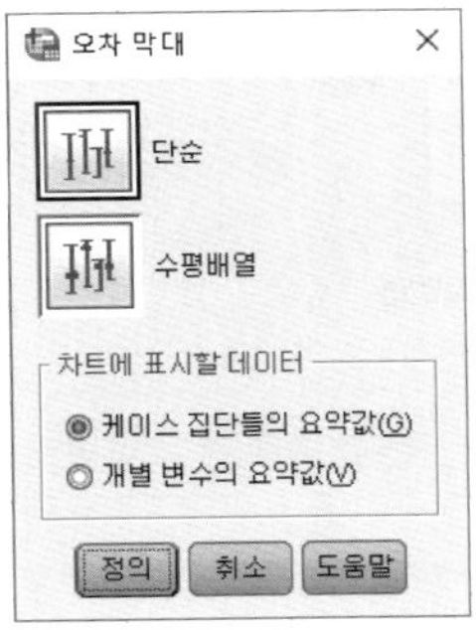

[그림 3-41]의 창에서 오차막대의 형태로 [단순]을 선택하고 [차트에 표시할 데이터]에 [케이스 집단들의 요약값]을 선택한 후에 [정의]를 누르면, [그림 3-42]의 창이 뜬다.

그림 3-42 단순 오차막대 정의: 케이스 집단들의 요약값

[그림 3-42]의 창에서 '점수'라는 변수를 [변수]의 칸으로 이동시키고 '성별'이라는 변수를 [범주축]의 칸으로 이동시킨다. [막대표시]에서 [평균의 신뢰구간]을 선택하고 신뢰수준을 의미하는 [수준]에서는 '95%'를 선택한다. 그리고 [확인]을 누르면 [그림 3-43]과 같은 결과가 나온다.

그림 3-43 단순 오차막대: 성별에 따른 평균점수의 95% 신뢰구간

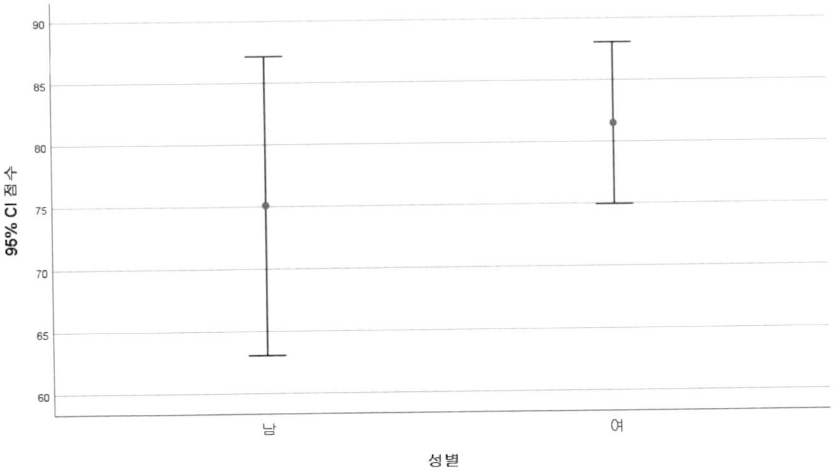

[그림 3-43]의 결과에서는 남자에 대한 모평균점수의 95% 신뢰구간과 여자에 대한 모평균점수의 95% 신뢰구간이 그려져 있다. 신뢰구간을 나타내는 막대의 가운데 있는 점은 각 집단의 표본평균값이다. 이는 각 집단의 모평균 추정치가 된다. 남자 집단에 비해 여자 집단은 평균점수가 높고 신뢰구간의 폭은 좁다.

선호과목과 성별에 따른 점수의 수평배열 오차막대를 얻기 위해서는 [그림 3-41]에서 오차막대의 형태로 [수평배열]을 선택하고 [차트에 표시할 데이터]에 [케이스 집단들의 요약값]을 선택한다. 그리고 [정의]를 누르면 [그림 3-44]와 같은 창이 뜬다.

그림 3-44 수평배열 오차막대 정의: 케이스 집단들의 요약값

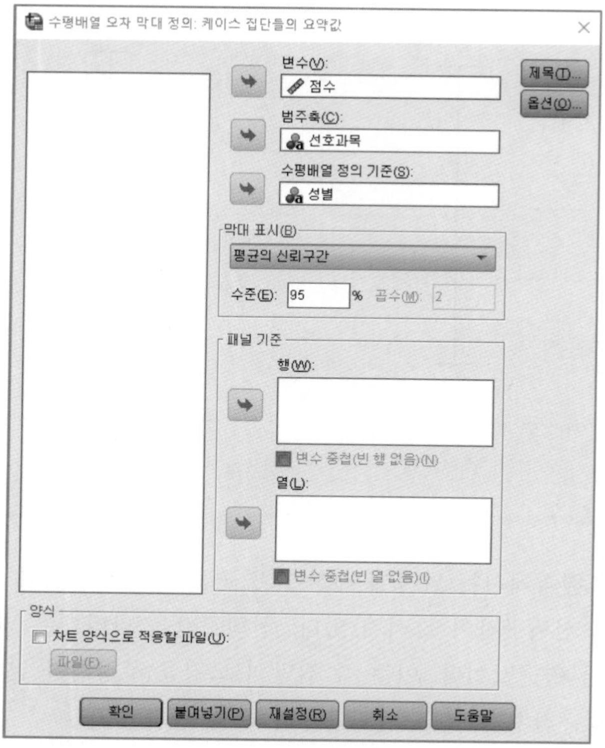

[그림 3-44]의 창에서 '점수'를 [변수]의 칸으로 이동시키고 '선호과목'을 [범주축]의 칸으로 이동시키고 '성별'을 [수평배열 정의 기준]의 칸으로 이동시킨다. [막대 표시]에서 [평균의 신뢰구간]을 선택하고 신뢰수준을 의미하는 [수준]은 '95%'를 선택한다. 그리고 [확인]을 누르면 [그림 3-45]와 같은 결과가 나온다.

그림 3-45 수평배열 오차막대: 선호과목과 성별에 따른 평균점수의 95% 신뢰구간

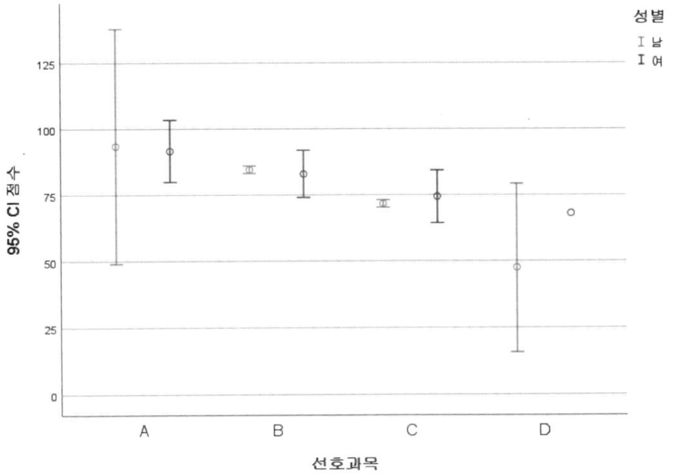

[그림 3-45]에는 성별과 선호과목에 따른 집단별 모평균점수의 95% 신뢰구간이 그려져 있다. 신뢰구간을 나타내는 막대의 가운데 있는 점은 집단별 표본평균의 값을 나타낸다. 선호과목과 성별에 따른 8개 집단 중에서 선호과목이 A인 남자 집단의 평균점수가 가장 높으나 신뢰구간의 폭은 가장 넓다. 선호과목이 D인 남자 집단은 평균점수가 가장 낮고 신뢰구간의 폭은 두 번째로 넓다.

요약

- 기술통계는 표본에서 정보를 얻고 요약하는 방법이다.
- 그림, 표 등을 이용하여 자료를 요약하는 방법은 여러 가지가 있다. 한 변수를 요약하는 도수분포표, 두 변수를 요약하는 교차표, 한 변수를 표현하는 그래프, 두 변수를 표현하는 그래프 등의 방법이 있다.
- 한 변수의 분포를 요약하는 도수분포표는 범주(또는 계급)에 속한 관측치의 도수를 나타내는데 상대도수나 백분율도수를 나타내기도 한다.
- 두 변수의 분포를 요약하는 교차표는 한 변수에 관한 도수분포표를 두 변수에 관한 2차원으로 확장한 것이다. 교차표에는 두 변수의 범주(또는 계급)의 조합에 해당하는 칸이 있는데 여기에 도수를 넣는다.
- 한 변수를 표현하기 위한 그래프는 막대도표, 단순 선도표, 파이 그림, 점도표, 히스토그램, 줄기-잎 그림, 상자 그림 등이 있다.
- 막대도표는 도수분포표로 정리한 자료를 도표로 표현한 것이다. 막대도표의 가로축에는 범주나 계급의 이름을 표시하고 세로축에는 도수(또는 상대도수나 백분율도수)를 표시한다.
- 단순 선도표는 한 개의 변수에 대해 변수 값의 흐름이나 장기간 추세를 파악하고자 할 때 유용하다.
- 파이 그림은 모든 자료를 포함하는 원을 그리고 각 범주별(또는 계급별) 상대도수 크기에 상응하는 비율대로 원을 나눈다. 파이 그림 내의 각 조각에는 도수, 상대도수, 백분율도수 등을 표시할 수 있다.
- 점도표에서 가로축은 변수의 값을 나타내고 개별 케이스의 변수 값은 가로축 위에 점으로 표시한다.
- 히스토그램은 도수분포표에 근거하여 만든 도표이다. 히스토그램의 가로축에는 변수의 계급을 두고 세로축에는 도수, 상대도수, 백분율도수 등을 둔다.
- 줄기-잎 그림은 자료를 오름차순으로 정렬한 후에 줄기와 잎으로 나누고 세로의 선을 기준으로 줄기는 왼쪽에 표시하고 잎은 오른쪽에 표시한다. 줄기에는 큰 자릿수의 숫자를 넣고 잎에는 작은 자릿수의 숫자를 넣는다.
- 상자 그림은 자료의 최솟값, 제1 사분위수, 중앙값, 제3 사분위수, 최댓값을 표현하여 자료

분포의 치우침을 파악하기에 유용하다. 상자 그림은 상자-수염 그림이라고도 한다

- 두 변수를 표현하기 위한 그래프는 묶은 막대도표, 산점도, 다중 선도표, 인구 피라미드, 오차 막대형 도표 등이 있다.
- 묶은 막대도표는 하나의 도표에 두 개 이상 변수의 자료를 요약하는 방법이다.
- 산점도는 두 양적 변수 간의 관계를 파악하고자 할 때 유용하다.
- 다중 선도표는 한 개의 변수에 대한 단순 선도표를 두 개의 변수로 확장한 것이다.
- 인구 피라미드는 막대도표를 변형한 피라미드 형태의 도표이다.
- 오차막대형 도표는 자료의 산포도를 이해하는 데 있어서 유용하다. 변수의 평균값 양쪽의 오차막대 길이는 신뢰구간을 나타내는 데 사용될 수 있다.

제4장

확률분포와 확률함수

1. 확률변수
2. 확률분포와 확률함수
3. 확률변수의 기댓값과 분산
4. 이산확률분포
5. 연속확률분포

1 확률변수

확률(probability)이란 어떤 사건이 일어날 가능성을 0과 1 사이의 값으로 나타낸 것이다. 표본공간(sample space)이란 어떤 사건의 모든 가능한 결과들의 집합이다. 예를 들면, 주사위를 한 번 던지는 실험에서 맨 윗면에 나타나는 수를 관찰하는 경우에 실험의 결과는 1, 2, 3, 4, 5, 6이다. 이 경우에 표본공간은 다음과 같다.

$$S = \{1, 2, 3, 4, 5, 6\}$$

사건은 단순사건(simple event)과 복합사건(compound event)으로 구분된다. 실험이 한 번 실행될 때 하나의 단순사건만 관찰할 수 있다. 예를 들어 주사위 하나를 던지는 실험에서 맨 윗면에 나타나는 수는 단순사건이다. 복합사건은 단순사건들의 집합이다. 예를 들면 주사위를 한 번 던지는 실험에서 맨 윗면에 나타나는 수가 홀수인 경우는 $\{1, 3, 5\}$로 복합사건이 된다. 확률이론에서 사건, 단순사건(표본점), 표본공간이라는 개념은 집합이론에서 각각 부분집합(subset), 원소(element), 전집합(universal set)이라는 개념과 상응한다.[1]

확률변수(random variable)는 표본공간을 구성하는 각 원소에 하나의 실수를 대응시키는 것으로 두 개 이상의 값을 가지며 각 값이 취할 수 있는 확률을 나타내는 변수이다. 확률변수는 취할 수 있는 값에 따라 이산확률변수(discrete random variable)와 연속확률변수(continuous random variable)로 구분한다. 이산확률변수는 취할 수 있는 값을 셀 수 있는 변수이다. 예를 들면 한 달 동안 어떤 공장에서 생산한 상품의 수, 하루 동안 특정 미디어를 이용한 사람의 수 등은 이산확률변수이다. 이산확률변수 X가 어떤 값 x를 취하는 경우의 확률은 $P(X=x)$로 표현된다. 연속확률변수는 취할 수 있는 값을 빠짐없이 셀 수는 없으며 취할 수 있는 값이 어떤 구간 내의 모든 실수로 표현된다. 예를 들면 사람의 체중, 미디어 이용시간, 거리 등은 연속확률변수이다. 연속확률변수가 a와 b 사이의 구간 값을 가지는 경우의 확률은 $P(a \leq X \leq b)$로 표현된다.

2 확률분포와 확률함수

확률변수는 취할 수 있는 값들이 여러 가지이므로 확률분포(probability distribution)를 갖는다. 확률분포란 확률변수가 취할 수 있는 모든 값과 그에 대응하는 확률을 나타내는 분포를 말한다. 확률분포는 표, 그래프 또는 함수 형태로 표현될 수 있다. 이산확률변수에 대응하는 확률분포를 이산확률분포라고 하고, 연속확률변수에 대응하는 확률분포를 연속확률분포라고 한다.

확률함수(probability function)란 확률변수 X가 어떤 실수 x를 취할 확률을 함수로 나타낸 것으로 $P(X=x)$ 또는 $f_X(x)$로 표기한다. 확률변수는 표본공간을 구성하는 각 원소에 실수의 값을 대응시키는 반면 확률함수는 확률변수의 값에 확률을 대응시킨다. 예를 들면 동전을 한 번 던질 때 나오는 앞면의 수를 X로 정의하면, X가 취할 수 있는 값은 {0, 1}이다. 이 경우에 X의 확률분포는 다음과 같이 표현될 수 있다.

$$f_X(x)=(0.5)^x(1-0.5)^{1-x},\ x=0,1 \qquad (4-1)$$

식 (4-1)에서 $f_X(0)=P(X=0)=0.5$이고 $f_X(1)=P(X=1)=0.5$이다. 확률함수는 두 가지로 구분할 수 있다. 확률변수가 이산변수일 때 확률질량함수(probability mass function: pmf)로, 확률변수가 연속변수일 때 확률밀도함수(probability density function: pdf)로 분류할 수 있다.

1 확률질량함수

확률질량함수는 이산확률변수의 값에 확률을 대응시키는 방법이다. 예를 들어 주사위를 한 번 던질 때의 값을 나타내는 확률변수가 X일 때, 이 확률변수에 대응되는 확률질량함수는 $f_X(x)=1/6$이다. 이산확률변수의 값에 대한 확률은 확률분포를 나타내는 그래프의 높이와 같다. 이산확률변수 X가 취할 수 있는 모든 값에 대한 확률의 합은 1인데 다음과 같이 표현된다.

$$\sum_{\text{모든 } x} P(X=x)=1 \qquad (4-2)$$

2 확률밀도함수

확률밀도함수는 연속확률변수가 취할 수 있는 실수 구간에 확률을 대응시키는 방법이다. 연속확률분포에서는 확률변수 값의 구간에 해당하는 확률을 계산한다. 연속확률변수 X가 구간 $[a, b]$에 속할 확률은 다음과 같이 표기한다.

$$P(a \leq X \leq b) = \int_a^b f_X(x)dx \tag{4-3}$$

확률질량함수와 달리 확률밀도함수의 경우 연속확률변수가 취하는 값은 무수히 많으므로 어떤 한 점에서의 확률은 0이다. 따라서 한 점이 포함되는 경우나 포함되지 않는 경우 모두 확률값은 같다. 따라서 확률밀도함수의 경우 다음의 식이 성립한다.

$$P(a < X < b) = P(a \leq X < b) = P(a < X \leq b) = P(a \leq X \leq b) \tag{4-4}$$

그리고 연속확률변수 X가 취할 수 있는 모든 값에 대한 확률의 합은 1인데 다음과 같이 표현된다.

$$\int_{-\infty}^{\infty} f(x)dx = 1 \tag{4-5}$$

3 누적분포함수

확률변수가 특정 값 이하일 확률을 나타내는 함수를 누적분포함수(cumulative distribution function: CDF)라고 한다. 확률변수 X가 a 이하인 확률은 $F(X=a) = P(X \leq a)$로 표현한다. 여기서 F가 소문자가 아니라 대문자라는 것에 유념해야 한다. 이산확률변수의 경우 누적분포함수는 식 (4-6)과 같이 표기하고 연속확률변수의 경우 누적분포함수는 식 (4-7)과 같이 표기한다.

이산확률변수의 경우: $F(X = a) = \sum_{x_i \leq a} P(X = x_i)$ (4-6)

연속확률변수의 경우: $F(X = a) = \int_{-\infty}^{a} f(x)dx$ (4-7)

3 확률변수의 기댓값과 분산

확률변수의 기댓값(expected value) 또는 평균(mean)은 확률값을 가중치로 하는 확률변수의 가능한 값에 대한 가중평균이다. 확률변수의 기댓값은 $E(X)$로 표기한다. 확률변수 X의 확률함수가 $f_X(x)$일 때, X의 기댓값 $E(X)$는 다음과 같다.

이산확률변수인 경우: $E(X) = \sum_{\text{모든 } x} x f(x)$ (4-8)

연속확률변수인 경우: $E(X) = \int_{\text{모든 } x} x f(x)\, dx$ (4-9)

확률변수의 분산은 확률분포에서 확률변수가 기댓값으로부터 흩어진 정도를 나타낸다. 확률변수 X의 분산은 다음과 같다.

이산확률변수인 경우: $\sigma_X^2 = E[(X - \mu_X)^2] = \sum_{\text{모든 } x} (x - \mu_X)^2 f_X(x)$

연속확률변수인 경우: $\sigma_X^2 = E[(X - \mu_X)^2] = \int_{\text{모든 } x} (x - \mu_X)^2 f_X(x) dx$

분산의 제곱근은 표준편차라고 한다. 분산은 다음과 같이 계산되기도 한다.

$\sigma_X^2 = E(X^2) - E(X)^2$ (4-10)

예제 4-1 이산확률변수의 평균과 분산을 구하는 방법

어떤 복권 상금은 0원, 1만 원, 2만 원, 3만 원이며 각각에 대한 확률은 〈표 4-1〉과 같다고 하자. 복권에 대한 상금을 확률변수 X(측정 단위: 만 원)라고 할 때 X의 평균과 분산은 얼마인가?

〈표 4-1〉 복권 상금의 확률분포

X	0	1	2	3
$P(X)$	0.1	0.2	0.3	0.4

〈예제 4-1〉의 풀이를 위해서 〈표 4-2〉에 나타난 계산이 필요하다.

〈표 4-2〉 평균과 분산의 계산

상금: x	확률: $p(x)$	$xp(x)$	$(x-\mu)$	$(x-\mu)^2$	$(x-\mu)^2 p(x)$
0	.1	0.0	−2	4	0.4
1	.2	0.2	−1	1	0.2
2	.3	0.6	0	0	0.0
3	.4	1.2	1	1	0.4
합계	$\sum_{i=1}^{4} p(x_i) = 1$	$\sum_{i=1}^{4} x_i p(x_i) = 2$			$\sum_{i=1}^{4} (x_i-\mu)^2 p(x_i) = 1$

평균은 $\sum_{i=1}^{4} x_i p(x_i)$이므로 2(만 원)가 된다. 그리고 분산은 $\sum_{i=1}^{4} (x_i-\mu)^2 p(x_i)$이므로 1(만 원)이 된다.

예제 4-2 **연속확률변수의 평균과 분산을 구하는 방법**

어떤 상품의 공급량 X(측정 단위: 톤)가 다음과 같은 확률분포를 가지는 경우 그 공급량의 평균과 분산은 얼마인가?

$$f(x) = \begin{cases} 0.5x, & 0 < x < 2 \\ 0, & \text{기타} \end{cases}$$

〈예제 4-2〉에 대한 풀이 과정은 다음과 같다.

$$\mu = E(X) = \int_0^2 x(0.5x)dx = \left[\frac{1}{6}x^3\right]_0^2 = \frac{4}{3}$$

$$E(X^2) = \int_0^2 x^2(0.5x)dx = \left[\frac{1}{8}x^4\right]_0^2 = 2$$

$$\sigma^2 = E(X^2) - E(X)^2 = 2 - (\frac{4}{3})^2 = \frac{2}{9}$$

따라서 공급량의 평균은 4/3(톤)이고 공급량의 분산은 2/9(톤)이다.

4 이산확률분포

1 베르누이분포

베르누이분포(Bernoulli distribution)란 베르누이 시행(Bernoulli trials)의 결과에 대한 확률분포를 말한다. 베르누이 시행이란 결과가 둘 중 하나로 나타나는 실험을 말한다. 예를 들면 하나의 동전을 던져서 나타나는 면(앞면 또는 뒷면), 수술의 결과(성공 또는 실패), 대학 지원의 결과(합격 또는 불합격) 등을 들 수 있다. 세 가지 이상의 결과가 나타나는 시행에서 그 결과들을 두 가지로 재분류하면 베르누이 시행이 된다. 단 1회의 베르누이 시행에서 성공의 횟수를 확률변수 X로 나타내면 X의 확률질량함수는 다음과 같다.

$$f(x) = p^x(1-p)^{1-x},\ x = 0, 1 \tag{4-11}$$

식 (4-11)에서 p는 성공확률이고 $1-p$는 실패확률이다. 이러한 분포함수를 베르누이분포함수라고 한다. 베르누이분포를 따르는 변수는 베르누이 변수라고 한다. X가 베르누이분포를 따르는 경우, 즉 $X \sim B(1, p)$일 때 X의 평균과 분산은 다음과 같다.

$$E(X) = 0(1-p) + 1(p) = p$$

$$Var(X) = E[(X-\mu)^2] = (0-p)^2(1-p) + (1-p)^2 p = p(1-p)$$

2 이항분포

베르누이 시행을 반복했을 때 나타나는 성공횟수를 이항확률변수(binomial random variable) 또는 이항변수라고 한다. 이항확률변수의 값과 이에 대응하는 확률을 나타내는 분포를 이항확률분포(binomial probability distribution) 또는 이항분포라고 한다. 즉, 성공확률이 p인 베르누이 시행을 n번 반복하여 그 성공횟수를 X라고 할 때, 확률변수 X가 따르는 분포를 이항분포라고 한다. 이항분포는 세 가지 조건을 만족시켜야 한다. 첫째, 베르누이 시행은 n번 시행된다. 둘째, 시행마다 성공확률 p는 같다. 셋째, 각 시행은 서로 독립적이다. 즉, 어느 한 시행의 결과와 다른 시행의 결과는 무관하다. 이항확률변수 X의 확률질량함수는 다음과 같다.

$$f(x) = {}_nC_x p^x (1-p)^{n-x},\ x = 0, 1, 2,\ \cdots, n \tag{4-12}$$

식 (4-12)에서 ${}_nC_x = \binom{n}{x} = \frac{n!}{(n-x)!x!}$이고 n개의 대상으로부터 x개를 선택하는 조합의 수를 나타낸다. 확률변수 X가 성공확률은 p이고 시행횟수는 n인 이항분포를 따를 때 다음과 같이 표기한다.

$$X \sim B(n, p) \tag{4-13}$$

시행을 1회만 하는 경우($n = 1$)의 이항분포는 베르누이분포가 된다. 이항분포를 따르는 확률변수 X의 평균은 np이고 분산은 npq이다. 여기서 q는 $(1-p)$이다. 이항분포 $B(n, p)$의 모양은 성공확률 p의 값에 따라 달라진다. 성공확률 p가 0.5에 가까울수록 그리고 시행횟수 n이 커질수록 이항분포는 종 모양의 정규분포에 가까워진다. $np \geq 5$이고 $nq \geq 5$이면 이항분포의 확률은 정규분포를 이용하여 근사적으로 계산할 수 있다.

예제 4-3 **이항분포를 따르는 변수의 확률질량함수**

어떤 회사는 예약 고객 중에서 20%가 예약을 취소한다는 것을 알고 있다. 어느 특정한 날의 예약 고객이 10명이라면 이 중 3명이 예약을 취소할 확률은 얼마인가?

확률변수 X는 예약취소 고객이라고 하자. 그러면 X는 시행횟수(n)가 10이고 취소확률(p)이 0.2인 이항분포를 따른다. 따라서 예약 고객 중에서 3명이 예약을 취소할 확률은 다음과 같다.

$$P(X=3) = \binom{10}{3} 0.2^3 (1-0.2)^7 = \frac{10!}{(10-3)!3!} 0.2^3 (1-0.2)^7 = 0.201$$

3 기하분포

이항분포와 마찬가지로 기하분포(geometric distribution)도 베르누이 시행으로부터 파생된 이산확률분포이다. 기하분포는 매번 시행에서 성공확률 p인 베르누이 시행을 반복할 때 첫 번째 성공이 나타날 때까지의 실행횟수에 대한 확률분포이다. 확률변수 X가 기하분포를 따를 때, $X = x$일 확률은 $x - 1$번 실패 후에 첫 번째 성공이 나타날 확률이므로 확률질량함수는 다음과 같다.

$$P(X = x) = q^{x-1}p,\ x = 1, 2, 3, \ldots \tag{4-14}$$

식 (4-14)에서 p는 성공확률이고 q는 $1-p$이며 실패확률이다. 확률변수 X가 기하분포를 따를 때 식 (4-15)와 같이 표현한다. X가 기하분포를 따를 때 X의 평균은 $1/p$이고 분산은 q/p^2이다.

$$X \sim \text{Geo}(p) \tag{4-15}$$

예제 4-4 기하분포를 따르는 변수의 확률질량함수

매주 추첨하는 복권에서 당첨될 확률은 10%라고 하자. 어떤 사람이 당첨될 때까지 매주 복권을 구매한다면 그 사람이 7번째 주에 가서 처음 당첨될 확률은 얼마인가?

어떤 사람이 처음 당첨될 때까지 복권을 산 횟수는 X라고 하자. 매주 시행에서 당첨되지 않을 확률은 90% 또는 0.9이다. 그 경우에 X의 확률질량함수는 다음과 같다.

$$P(X = x) = (0.9)^{x-1}(0.1),\ x = 1, 2, 3, \ldots$$

따라서 7번째 처음 당첨될 확률은 $P(X = 7) = (0.9)^6(0.1) = 0.053$이다.

4 다항분포

이항분포는 실험의 결과가 두 개인 경우에 대한 확률분포이다. 실험의 결과가 세 개 이상인 경우로 확장한 것은 다항분포(multinomial distribution)이다. 실험에서 나타나는 결과가 k개인 실험을 n번 반복하였을 때, 각 범주에 속하는 횟수를 확률변수로 하는 분포를 다항분포라고 한다. 각 실험의 결과가 k개 범주 중의 하나이며, 각 범주가 나타날 확률이 $p_1, p_2, \ldots, p_k$라고 하자. 이러한 실험을 n번 실행했을 때 각 범주의 관측치(횟수)를 확률변수 $X_1, X_2, \ldots, X_k$로 표현하면, $X_1 = x_1, X_2 = x_2, \ldots, X_k = x_k$가 관측될 확률의 분포를 다항분포라고 한다. 이러한 다항분포의 확률질량함수는 다음 식과 같다. 여기서 $n = \sum_{i=1}^{k} x_i$이고 $p_1 + p_2 + \cdots + p_k = 1$이다.

$$P(X_1 = x_1, X_2 = x_2, \ldots, X_k = x_k) = \frac{n!}{x_1!x_2! \cdots x_k!} p_1^{x_1} p_2^{x_2} \cdots p_k^{x_k}$$

예제 4-5 **다항분포의 확률질량함수**

어떤 농장에서 달걀에 대한 등급은 A, B, C의 세 가지 중에서 하나로 나타나고, 각 등급의 확률은 0.5, 0.3, 0.2로 알려져 있다고 하자. 이 농장의 달걀 10개를 검사한 결과 A, B, C의 등급에 속하는 상품이 각각 6개, 2개, 2개일 확률은 얼마인가?

X_A, X_B, X_C는 각각 A, B, C 등급에 속하는 달걀의 수라고 하자. 각 등급이 나타날 확률은 0.5, 0.3, 0.2이다. 따라서 달걀 10개를 검사할 때 A, B, C의 등급에 속하는 달걀이 각각 6개, 2개, 2개일 확률은 다항분포의 확률질량함수를 이용하여 계산하면 다음과 같다.

$$P(X_A = 6, X_B = 2, X_C = 2) = \frac{10!}{6!\,2!\,2!}(0.5)^6(0.3)^2(0.2)^2 = 0.07$$

5 포아송분포

어떤 간격(예 시간, 구간, 면적) 내에서 평균적으로 발생하는 사건의 수를 알고 있다면, 포아송분포(Poisson distribution)를 이용하여 특정한 간격 내에서 어떤 사건의 발생 수(X)의 확률을 계산할 수 있다. 정해진 간격 내에서 어떤 사건이 일어날 횟수에 대한 기댓값을 λ('람다'로 읽음)라고 하면, 그 사건이 x회 일어날 확률은 식 (4-16)에 의해 계산된다. 이 식은 포아송분포의 확률질량함수가 된다.

$$P(X = x) = \frac{\lambda^x e^{-\lambda}}{x!} \tag{4-16}$$

식 (4-16)에서 e는 자연상수라고도 하는데, 2.71828……이다. e는 소수점 이하로 같은 수의 배열이 나타나지 않는 무한 소수, 즉 무리수(irrational number)이다. 따라서 분수(유리수)로 나타낼 수 없다.

포아송분포를 따르는 변수의 평균과 분산은 각각 λ로 같다. 포아송분포는 매달 특정 도로 구간에서 발생하는 교통사건의 수, 문서의 특정 분량에서 발생하는 오타의 수, 특정 기간에 나타나는 출생자의 수 등과 관련된 확률을 알고 싶은 경우에 사용할 수 있다.

예제 4-6 포아송분포의 확률질량함수

어떤 가게에서 판매되는 상품 10개당 평균적으로 1개의 상품이 반품된다고 한다. 그 가게에서 20개의 상품을 판매했을 때 3개의 상품이 반품될 확률은 얼마인가?

〈예제 4-6〉의 풀이를 위해 정해진 간격(상품 20개당)에서 사건의 발생 수(반품될 상품 수)에 대한 기댓값인 λ를 구해야 한다. 20개의 상품에 대해 평균적으로 반품될 상품의 수는 2개이다. 따라서 $\lambda = 2$이다. 포아송분포의 확률질량함수에 $\lambda = 2$를 대입하면 다음과 같다.

$$P(X=3) = \frac{(2)^3 e^{-2}}{3!} = \frac{8(2.718)^{-2}}{6} = 0.18$$

즉, 판매된 20개의 상품 중에서 3개가 반품될 확률은 0.18이다.

예제 4-7 포아송분포표의 활용

어떤 사무실에 1분당 걸려오는 전화 횟수가 평균 2회로 알려져 있다. 이 사무실로 2분당 걸려오는 전화 횟수가 2회 이하일 확률은 얼마인가?

〈예제 4-7〉의 풀이를 위해 정해진 간격(2분당)에서 사건의 발생 횟수(전화 횟수)에 대한 기댓값인 λ를 구해야 한다. 1분당 평균 횟수가 2회이므로 2분당 평균 횟수는 4회이다. 확률변수 X를 2분당 걸려오는 전화 횟수라고 하면 X는 평균 4인 포아송분포를 따른다. 부록의 〈표 3〉에 있는 포아송분포표에서 $\lambda = 4$인 경우에 X의 값이 0, 1, 2를 취할 확률값을 각각 구하여 더하면 다음과 같다.

$$P(X \le 2) = P(x=0) + P(x=1) + P(x=2) = 0.0183 + 0.0733 + 0.1465$$

즉, 전화 횟수가 2회 이하일 확률은 0.2381이다.

5 연속확률분포

1 균일분포

균일분포(uniform distribution)는 일정한 구간 내에서 변수의 값들이 나타날 확률이 균등한 분포를 말한다. 균일분포는 균등분포라고도 한다. 이산확률변수와 연속확률변수는 모두 균일분포를 따를 수 있다. 여기서는 연속확률변수의 균일분포를 중심으로 설명하고자 한다.

그림 4-1 **균일분포의 모양: 연속확률변수의 경우**

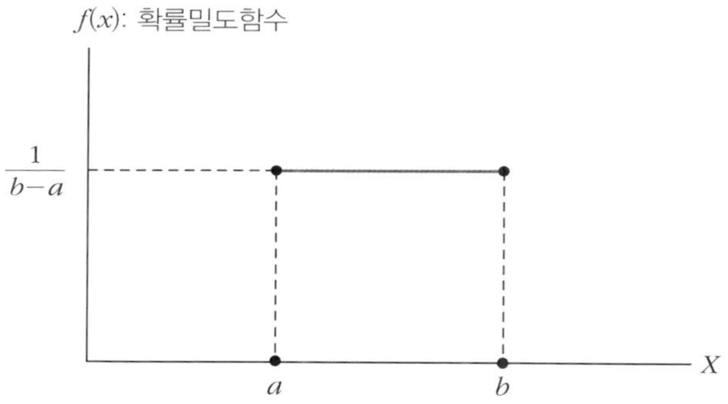

[그림 4-1]은 균일분포의 모양을 보여주고 있다. 확률변수 X가 취할 수 있는 값은 a와 b 사이의 실수이다. 균일분포는 사각형의 모양이며 전체 확률의 합이 1이므로 균일분포의 확률밀도함수를 나타내는 높이는 $\frac{1}{b-a}$이 된다. 따라서 균일분포를 따르는 X의 확률밀도함수는 다음과 같다.

$$f(x) = \frac{1}{b-a} \tag{4-17}$$

연속확률변수 X가 구간 $[a, b]$에서 균일분포를 따르는 경우 X의 평균은 $\frac{a+b}{2}$이고, X의 분산은 $\frac{(b-a)^2}{12}$이다.

2 정규분포

정규분포(normal distribution)는 연속확률분포의 일종으로 가우스 분포(Gaussian distribution)라고도 한다. 다양한 자연 현상이나 사회 현상에서 정규분포나 그와 유사한 분포가 관찰되고 있다. 정규분포는 평균을 중심으로 좌우대칭인 종 모양(bell shape)이다. 그리고 정규분포에서 평균치, 최빈치, 중위수는 모두 분포의 정중앙에 위치하여 같은 값을 갖는다. 정규분포의 위치는 평균에 따라 달라지고 정규분포의 모양은 표준편차에 따라 달라진다. 정규분포곡선은 수평축에 닿지 않으므로 정규분포를 따르는 변수가 취할 수 있는 값의 범위는 $-\infty$에서 $+\infty$까지 실수 전체가 된다. 그리고 정규분포곡선 아래의 총면적은 항상 1이다. [그림 4-2]에 나타난 바와 같이 표준편차가 클수록 정규분포곡선은 넓게 퍼지고 표준편차가 작을수록 정규분포곡선은 위로 뾰족하게 된다.

그림 4-2 평균과 표준편차에 따라 달라지는 정규분포의 위치와 모양

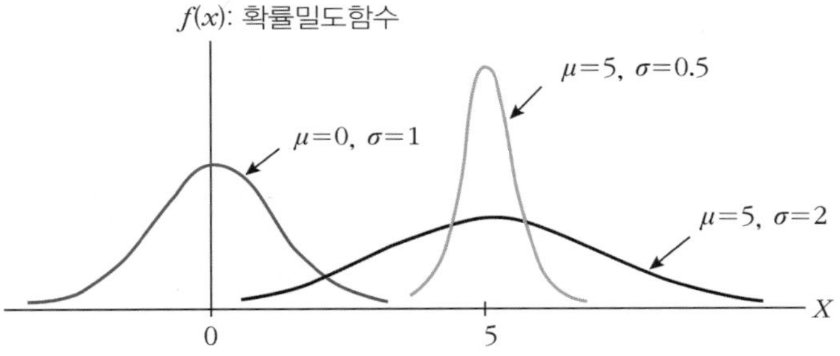

확률변수 X가 평균은 μ이고 분산은 σ^2(또는 표준편차는 σ)인 정규분포를 따르는 경우 다음과 같이 표기한다.

$$X \sim N(\mu, \sigma^2) \quad (4\text{-}18)$$

평균 μ와 분산 σ^2인 정규분포를 따르는 X의 확률밀도함수는 다음과 같다.

$$f(x) = \frac{1}{\sqrt{2\pi}\,\sigma} e^{-\frac{(x-\mu)^2}{2\sigma^2}}, \ -\infty < x < \infty \quad (4\text{-}19)$$

식 (4-19)에서 π는 원의 지름에 대한 둘레의 비율을 뜻하는 원주율로서 약 3.14159이고, e는 자연상수로서 약 2.71828이다. π와 e는 무리수이다.

예제 4-8 **정규분포의 특성**

(a) 정규분포를 따르는 확률변수가 취할 수 있는 값의 범위는? (b) 정규분포곡선 아래의 확률면적은? (c) 표준편차가 작아질수록 정규분포곡선의 모양은 어떻게 변하는가?

(a) 정규분포곡선은 수평축에 닿지 않으므로 정규분포를 따르는 변수가 취할 수 있는 값의 범위는 $-\infty$에서 $+\infty$까지 실수 전체가 된다. (b) 정규분포곡선 아래의 총면적은 항상 1이다. (c) 표준편차가 작을수록 정규분포곡선이 위로 뾰족하게 된다.

3 표준정규분포

평균이 0이고 표준편차가 1인 정규분포를 표준정규분포(standard normal distribution)라고 한다. [그림 4-2]에서 왼쪽에 있는 곡선 모양은 표준정규분포를 보여주고 있다. 어떤 변수 X를 표준정규분포를 따르는 변수 Z로 변환시키는 것을 표준화(standardization)라고 한다. 즉, X를 표준화시킨 변수인 $Z=\dfrac{X-\mu_X}{\sigma_X}$는 표준정규분포를 따른다. 확률변수 Z가 표준정규분포를 따르는 경우 다음과 같이 표기한다.

$$Z \sim N(0,1) \tag{4-20}$$

확률변수 Z의 확률밀도함수는 다음과 같다.

$$f(z)=\frac{1}{\sqrt{2\pi}}e^{-\frac{z^2}{2}},\ -\infty < z < \infty \tag{4-21}$$

표준정규분포에서 Z는 어떤 확률변수 값이 평균으로부터 표준편차의 몇 배만큼 떨어져 있는가를 나타내는 값이다. [그림 4-3]에서 수평축은 표준정규분포를 따르는 변수 Z의 값을 나타내고 수직축은 확률밀도함수 $f(z)$를 나타낸다. 그리고 변수 Z의 값이 -1.64에서 $+1.64$ 사이에 있을 확률이 0.9라는 것을 보여주고 있다. 즉, $P(-1.64 \le Z \le 1.64) = 0.90$이다. 같은 맥락에서 $P(-1.96 \le Z \le 1.96) = 0.95$이고 $P(-2.58 \le Z \le 2.58) = 0.99$이다.

그림 4-3 표준정규분포

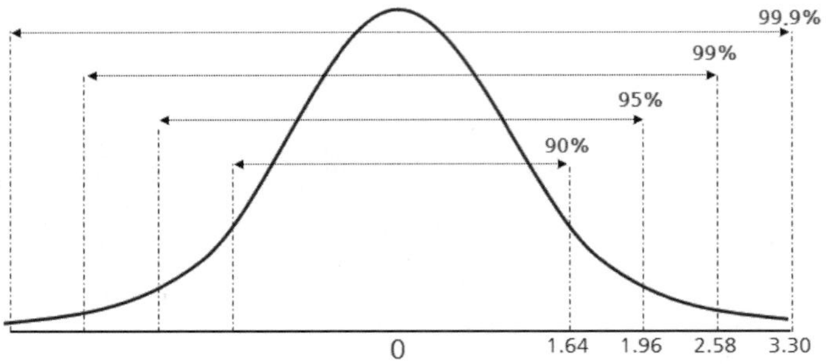

표준정규분포표를 읽는 방법을 이해하는 것은 필수적이다. 부록의 〈표 4〉에는 표준정규분포표가 있다. 여기서 표준정규분포 곡선 아래의 특정 면적을 정적분한 값이 나타나 있다. 예를 들면, $z = -\infty$에서 $z = 0.59$까지 면적은 Z의 열과 행에서 각각 0.5와 0.09가 교차하는 곳에 놓여 있는 수치, 즉 0.7224가 된다. 따라서 Z의 값이 0.59 이하일 확률은 $P(Z \le 0.59) = 0.7224$이다.

예제 4-9 표준정규분포표의 활용

표준정규분포표를 읽는 방법을 익히기 위해 다음과 같은 문제를 고려해보자. $P(Z < -0.64)$는 얼마인가?

표준정규분포는 Z의 값 0을 중심으로 좌우대칭이기 때문에 표준정규분포표에서 Z의 값은 0 이상인 경우에만 나온다는 것을 이해해야 한다. $P(Z < -0.64)$은 Z의 값이 $-\infty$에서 -0.64까지 곡선 아래의 면적이다. 표준정규분포는 0을 중심으로 좌우대칭이므로 이러한 면적은 Z의 값이 0.64에서 $+\infty$까지 곡선 아래의 면적과 같다. 따라서 $P(Z < -0.64) = 1 - P(Z < 0.64) = 1 - 0.7389 = 0.2611$이다.

예제 4-10 변수의 표준화와 표준정규분포표의 활용

어떤 대학교에서 학생들의 소셜미디어 하루 이용시간은 평균 30분, 표준편차 10분의 정규분포를 따른다고 가정하자. 학생 한 명을 무작위로 뽑았을 때 그 학생의 소셜미디어의 하루 이용시간이 40분 이상일 확률은 얼마인가?

X는 소셜미디어 하루 이용시간이라고 하자. 이러한 변수 X를 표준화시켜서 변수 Z로 변환시키면 표준정규분포를 이용할 수 있다. 변수 X가 40 이상일 확률은 다음과 같다.

$$P(X \geq 40) = P(Z \geq \frac{40-30}{10}) = P(Z \geq 1) = 1 - P(Z < 1)$$
$$= 1 - 0.8413 = 0.1587$$

즉, 그 대학교에서 어떤 한 학생의 소셜미디어 이용 시간이 하루에 40분 이상일 확률은 0.1587이다.

요약

- 확률변수는 표본공간을 구성하는 각 원소에 하나의 실수를 대응시키는 것으로 두 개 이상의 값을 가지며 각 값이 취할 수 있는 확률을 나타내는 변수이다.
- 확률변수는 취할 수 있는 값에 따라 이산확률변수와 연속확률변수로 구분한다.
- 확률분포란 확률변수가 취할 수 있는 모든 값과 그에 대한 확률을 나타내는 분포이다. 이산확률변수의 확률분포를 이산확률분포, 연속확률변수의 확률분포는 연속확률분포이다.
- 확률함수란 확률변수 X가 어떤 실수 x를 취할 확률을 함수로 나타낸 것으로 $P(X=x)$ 또는 $f_X(x)$로 표기한다.
- 확률질량함수는 이산확률변수의 값에 확률을 대응시키고, 확률밀도함수는 연속확률변수가 취할 수 있는 실수 구간에 확률을 대응시킨다.
- 누적분포함수는 확률변수가 특정 값 이하일 확률을 나타내는 함수이다. 이산확률변수의 경우 누적분포함수는 $F(X=a) = \sum_{x_i \le a} P(X=x_i)$로 표기하고, 연속확률변수의 경우 누적분포함수는 $F(X=a) = \int_{-\infty}^{a} f(x)dx$로 표기한다.
- 이산확률분포에는 베르누이분포, 이항분포, 기하분포, 다항분포, 포아송분포 등이 있다.
- 베르누이분포란 단 1회의 베르누이 시행에서 성공의 횟수 X가 따르는 분포이다. 베르누이 시행이란 결과가 둘 중 하나로 나타나는 실험을 말한다.
- 이항분포란 성공확률이 p인 베르누이 시행을 n번 반복할 때 성공횟수 X가 따르는 분포이다.
- 기하분포는 매번 시행에서 성공확률 p인 베르누이 시행을 반복할 때 첫 번째 성공이 나타날 때까지의 실행 횟수인 X에 대한 확률분포이다.
- 다항분포는 실험에서 나타나는 결과가 k개인 실험을 n번 반복하였을 때, 각 범주에 속하는 횟수를 확률변수로 하는 분포이다. 각 실험의 결과가 k개 범주 중의 하나이며, 각 범주가 나타날 확률이 $p_1, p_2, ..., p_k$라고 하자. 이러한 실험을 n번 실행했을 때 각 범주의 관측치(횟수)를 확률변수 $X_1, X_2, ..., X_k$로 표현하면, $X_1 = x_1, X_2 = x_2, ..., X_k = x_k$가 관측될 확률의 분포를 다항분포라고 한다.
- 포아송분포란 정해진 간격 내에서 어떤 사건이 일어날 횟수에 대한 기댓값을 λ라고 할 때 그 사건이 x회 일어날 확률의 분포이다.

- 연속확률분포에는 균일분포, 정규분포, 표준정규분포 등이 있다.
- 균일분포는 일정한 구간 내에서 변수 값이 나타날 확률이 균등한 분포이다.
- 정규분포는 평균을 중심으로 좌우대칭인 종 모양이다. 정규분포의 위치는 평균에 따라 달라지고 정규분포의 모양은 표준편차에 따라 달라진다. 정규분포곡선은 수평축에 닿지 않으므로 정규분포를 따르는 변수가 취할 수 있는 값의 범위는 $-\infty$에서 $+\infty$까지 실수 전체이다.
- 표준정규분포는 평균이 0이고 표준편차가 1인 정규분포이다. 어떤 확률변수 X를 표준화시킨 변수인 $Z=\dfrac{X-\mu_X}{\sigma_X}$는 표준정규분포를 따른다.

제5장

표본분포

1. 표본과 통계량
2. 표본분포
3. SPSS의 활용: 확률분포의 확률 계산

1 표본과 통계량

변수로서의 표본인 $\{X_1, X_2, ..., X_n\}$은 n개의 확률변수로 이루어져 있다. 그리고 관측치로서의 표본인 $\{x_1, x_2, ..., x_n\}$은 n개의 관측치로 이루어져 있다. 통계량(statistic)이란 $\{X_1, X_2, ..., X_n\}$ 또는 $\{x_1, x_2, ..., x_n\}$에서 얻어진 결과를 말한다. 확률변수 형태의 표본인 $\{X_1, X_2, ..., X_n\}$에서 얻어진 통계량은 표본의 특성을 나타내는 공식으로, 표본의 함수이다. 예를 들면 표본평균이나 표본분산은 통계량이다. 이러한 통계량은 확률변수들의 함수이므로 통계량도 어떤 확률분포를 따르는 확률변수가 된다. 즉, 통계량은 표본에 따라 다른 값을 갖는 확률변수이다. 관측치로서의 표본인 $\{x_1, x_2, ..., x_n\}$에서 얻어진 통계량은 표본의 함수에 관측치를 대입한 값이다.

모수(parameter)는 모집단의 특성을 나타내는 값이다. 확률분포의 관점에서 모수는 확률분포 형태를 결정짓는 값이다. 예를 들면, 확률변수 X가 정규분포 $N(\mu, \sigma^2)$을 따르는 경우 정규분포의 형태는 μ와 σ^2의 값에 의해 결정되므로 μ와 σ^2은 정규분포의 모수이다. 확률변수 X가 성공확률이 p인 실험을 n번 반복했을 때 나타난 성공횟수라면 X는 이항분포 $B(n, p)$를 따른다. 이 경우에 시행횟수 n과 성공확률 p는 이항분포 형태를 결정짓게 되므로 n과 p는 이항분포의 모수이다. 그리고 통계량으로부터 모수를 알아내는 것을 추정이라고 한다.

〈표 5-1〉 모수와 통계량의 예

모수	통계량
모평균(μ)	표본평균($\overline{x}$)
모표준편차(σ)	표본표준편차(s)
모분산(σ^2)	표본분산(s^2)
모비율(p)	표본비율($\hat{p}$)

원칙적으로 변수로서의 표본 $\{X_1, X_2, ..., X_n\}$과 변수로서의 통계량(예 $\overline{X}, S^2$ 등)이 대응되고 관측치로서의 표본 $\{x_1, x_2, ..., x_n\}$과 실제로 계산된 통계량(예 $\overline{x}, s^2$ 등)이 대응되지만 이러한 두 가지 표기법은 혼용되기도 한다.

2 표본분포

표본분포(sampling distribution)란 모집단으로부터 같은 표본 크기(n)로 추출한 모든 표본에서 통계량을 계산하여 얻은 값들의 확률분포를 말한다. 즉, 표본본포는 통계량의 확률분포를 의미한다. 표본분포 중에서 표본평균의 분포, 표본비율의 분포, 통계량 함수의 분포(χ^2 분포, t 분포, F 분포)에 대해 살펴보자.

1 표본평균의 분포

모집단의 평균을 파악하는 것은 모집단의 특성을 이해하는 데 있어서 중요하다. 그러나 모집단의 자료를 전수 조사하여 모평균을 계산하는 것이 어려울 때 모집단으로부터 표본을 추출하여 표본평균을 계산한 후에 표본평균 값을 통해 모평균 값을 추정하게 된다. 모평균의 추정을 위해서 표본평균의 확률분포, 표본평균의 기댓값과 분산을 이해해야 한다.

평균이 μ이고 분산이 σ^2인 분포로부터 추출한 크기 n인 확률표본을 $\{X_1, X_2, \cdots, X_n\}$이라 할 때, 모집단의 분포와 관계없이 표본평균 $\overline{X}$의 기댓값은 μ이고 분산은 σ^2/n이다. 그 이유는 다음과 같다.

$$E(\overline{X}) = E(\frac{1}{n}\sum_{i=1}^{n} X_i) = \frac{1}{n}\sum_{i=1}^{n} E(X_i) = \frac{1}{n} n\mu = \mu$$

$$Var(\overline{X}) = Var(\frac{1}{n}\sum_{i=1}^{n} X_i) = \frac{1}{n^2}\sum_{i=1}^{n} Var(X_i) = \frac{1}{n^2} n\sigma^2 = \frac{\sigma^2}{n}$$

X의 모집단의 분포가 정규분포인 $N(\mu, \sigma^2)$일 때, 표본평균($\overline{X}$)의 분포는 정규분포인 $N(\mu, \frac{\sigma^2}{n})$이 된다. 표본평균($\overline{X}$)의 확률분포에서 평균은 모평균과 같다. 그리고 표본평균($\overline{X}$)의 확률분포에서 분산은 표본 크기(n)가 클수록 0에 가까워진다. 즉, 표본 크기가 클수록 표본평균의 분포는 모평균을 중심으로 밀집되어 분포하게 된다. 그리고 $\overline{X}$를 표준화한 변수 Z는 다음과 같이 표준정규분포를 따른다.

$$Z = \frac{\overline{X} - \mu}{\sigma/\sqrt{n}} \sim N(0, 1) \tag{5-1}$$

모집단이 100개의 개체로 구성된 경우, 100개(모집단 크기) 중에서 10개(표본 크기)를 비복원 추출 방법으로 표본을 뽑는 경우의 수는 ${}_{100}C_{10}$이다. 표본의 가짓수가 ${}_{100}C_{10}$이면 표본평균의 가짓수도 ${}_{100}C_{10}$이다. 이같이 많은 수(${}_{100}C_{10}$)의 표본에서 산출한 표본평균 값을 그에 대응하는 확률에 따라서 정리하면 표본평균의 표본분포가 된다.

표본평균의 분포에 대한 이해를 돕기 위해서 상자에 1, 2, 3의 숫자가 적힌 세 개의 공이 있다고 하자. 이런 모집단에서 한 개의 공을 무작위로 추출할 때 공에 적힌 숫자를 X라고 하면 X의 확률분포는 〈표 5-2〉와 같다.

〈표 5-2〉 모집단 분포

X	1	2	3
$P(X)$	1/3	1/3	1/3

〈표 5-2〉의 모집단 분포에서 모평균과 모분산은 다음과 같다.

$$\mu_X = 1\times\frac{1}{3} + 2\times\frac{1}{3} + 3\times\frac{1}{3} = 2$$

$$\sigma_X^2 = E(X^2) - E(X)^2 = 1^2\times\frac{1}{3} + 2^2\times\frac{1}{3} + 3^2\times\frac{1}{3} - 2^2 = \frac{2}{3}$$

이 모집단에서 두 개의 공을 복원 추출할 때 첫 번째 공의 숫자를 X_1, 두 번째 공의 숫자를 X_2라고 하면 이들의 평균은 표본평균($\overline{X}$)이 된다. 복원 추출법(sampling with replacement)이란 표본으로 추출된 원소를 모집단에 되돌려 넣고 추출하는 방법이다. 모집단을 이루는 3개의 공에서 표본 크기가 2인 표본을 복원추출하면 모든 경우의 수는 $9(=3\times3)$가 된다. 즉, 표본의 가짓수는 9개가 된다. 이러한 9개 표본에 대해 각각 표본평균을 구하면 〈표 5-3〉과 같다.

〈표 5-3〉 모든 가능한 표본평균: 모집단 크기가 3이고 표본 크기가 2인 경우

X_2 \ X_1	1	2	3
1	1	1.5	2
2	1.5	2	2.5
3	2	2.5	3

표본평균 $\overline{X}$가 취할 수 있는 값은 1, 1.5, 2, 2.5, 3이다. 그리고 이 표본평균 값에

대응하는 확률은 다음과 같다.

〈표 5-4〉 표본평균의 분포

$\overline{X}$	1	1.5	2	2.5	3
$P(\overline{X})$	$\frac{1}{9}$	$\frac{2}{9}$	$\frac{3}{9}$	$\frac{2}{9}$	$\frac{1}{9}$

〈표 5-4〉의 표본평균의 분포에서 표본평균의 평균과 분산을 구하면 다음과 같다.

$$\mu_{\overline{X}} = 1 \times \frac{1}{9} + 1.5 \times \frac{2}{9} + 2 \times \frac{3}{9} + 2.5 \times \frac{2}{9} + 3 \times \frac{1}{9} = 2$$

$$\sigma^2_{\overline{X}} = E(\overline{X}^2) - E(\overline{X})^2 = 1^2(\frac{1}{9}) + 1.5^2(\frac{2}{9}) + 2^2(\frac{3}{9}) + 2.5^2(\frac{2}{9}) + 3^2(\frac{1}{9}) - 2^2 = \frac{1}{3}$$

모평균(μ_X)과 표본평균의 평균($\mu_{\overline{X}}$)은 같은 값인 2임을 알 수 있다. 그리고 모분산(σ^2_X)은 2/3이고 표본평균의 분산($\sigma^2_{\overline{X}}$)은 1/3이다. 따라서 다음 공식이 성립한다.

$$\sigma^2_{\overline{X}} = \frac{\sigma^2_X}{n} = \frac{(2/3)}{2} = \frac{1}{3}$$

즉, 표본평균의 평균은 모평균과 같고, 표본평균의 분산은 모분산을 표본 크기(n)로 나눈 값과 같다. 즉 $\mu_{\overline{X}} = \mu_X$이고 $\sigma^2_{\overline{X}} = \frac{\sigma^2_X}{n}$이다.

중심극한정리(central limit theorem)란 평균이 μ이고 분산이 σ^2인 모집단으로부터 표본이 추출된 경우, 그 모집단의 분포가 어떠한 형태의 분포라도 표본 크기(n)가 충분히 크면(대체로 30 이상) 그 모집단으로부터의 표본평균은 근사적으로 $N(\mu, \frac{\sigma^2}{n})$을 따른다는 것이다. 따라서 표본 크기가 충분히 클 때 $Z = \frac{\overline{X} - \mu}{\sigma/\sqrt{n}}$도 근사적으로 표준정규분포를 따른다. 다시 말하자면, 모집단이 정규분포이면 표본 크기에 상관없이 표본평균은 정규분포를 따른다. 그러나 모집단이 정규분포가 아니어도 표본 크기가 30 이상이 되면 표본평균은 근사적으로 정규분포를 따른다는 것이다.

2 표본비율의 분포

(1) 표본비율의 개요

표본비율은 표본에서 특정 범주에 속하는 비율을 의미한다. 예를 들어 모집단을 이루는 학생 100명 중에서 10명을 표본으로 추출하였을 때 그 표본에서 남학생이 4명이라면 남학생의 표본비율은 0.4이다. 모비율은 p로 표기하고 표본비율은 $\hat{p}$('피 햇'으로 읽음)으로 표기한다. 표본비율이 적용되는 예로는 어떤 지역에서 여성(또는 남성)의 비율, 어떤 연령대에서 미혼(또는 기혼)의 비율 등을 들 수 있다.

모집단 분포가 이항분포인 경우 표본비율의 분포에 대해 살펴보자. 모비율(예 성공의 비율)이 p인 모집단으로부터 크기가 n인 표본 $\{X_1, X_2, \cdots, X_n\}$을 추출한 경우 변수 $X_1, X_2, \cdots, X_n$은 서로 독립이면서 동일한 모수 p를 갖는 베르누이 변수가 된다. 여기서 베르누이 변수는 성공이면 1, 실패이면 0으로 측정한다고 가정하자. 이러한 n개의 베르누이 변수의 합(n번의 시행에서 성공 횟수)을 $X = \sum_{i=1}^{n} X_i$라고 정의하자. 이렇게 정의된 X는 모수가 (n, p)인 이항분포를 따르는 변수가 된다. 변수 X를 표본 크기로 나누면 성공의 비율을 나타내는 표본비율 $\hat{p}$이 된다.

$$\hat{p} = \frac{X_1 + X_2 + \cdots + X_n}{n} = \frac{X}{n} \qquad (5\text{-}2)$$

식 (5-2)에서 n은 표본 크기, X_i는 모수가 p인 베르누이 변수, X는 평균이 np이고 분산이 $np(1-p) = npq$인 이항 변수이다.

(2) 표본비율의 기댓값과 분산

표본비율의 기댓값은 p이고 표본비율의 분산은 $p(1-p)/n$인데 도출 과정은 다음과 같다.

$$E(\hat{p}) = E\left(\frac{X}{n}\right) = \frac{1}{n}E(X) = \frac{1}{n}(np) = p$$

$$Var(\hat{p}) = Var\left(\frac{X}{n}\right) = \frac{1}{n^2}Var(X) = \frac{1}{n^2}[np(1-p)] = \frac{p(1-p)}{n}$$

(3) 표본비율의 분포

중심극한정리란 표본이 크면 모집단의 분포와 무관하게 표본평균은 근사적으로 정규분포를 따른다는 것임을 설명한 바 있다. 중심극한정리에 의해 표본비율도 표본이 크면 모집단이 정규분포를 따르지 않더라도 근사적으로 정규분포를 따른다. 다시 말해서 모비율이 p이고 n이 클 경우($np \geq 5$이고 $n(1-p) \geq 5$), 표본비율($\hat{p}$)은 근사적으로 $N(p, \frac{p(1-p)}{n})$을 따른다. 그리고 표본이 클 때 표본비율을 표준화시킨 변수(Z)는 근사적으로 표준정규분포를 따른다.

$$Z = \frac{\hat{p} - p}{\sqrt{p(1-p)/n}} \sim N(0, 1) \tag{5-3}$$

예제 5-1 **표본비율과 정규분포**

특정 후보자에 대한 유권자의 지지율이 40%인 것으로 나타났다. 100명의 유권자를 뽑아서 조사할 때 그 후보자에 대한 지지율(표본비율)이 0.45보다 높을 확률은 얼마인가?

〈예제 5-1〉을 풀기 위해 모집단의 특성을 정리하자면 지지율의 모비율(p)은 0.4, 지지하지 않는 비율의 모비율($1-p$)은 0.6이다. 그리고 표본 크기(n)는 100이다. $np = 100(0.4) \geq 5$이고 $n(1-p) = 100(0.6) \geq 5$이므로 중심극한정리에 의해 정규분포를 사용할 수 있다. 표본비율($\hat{p}$)은 평균이 모비율과 같은 0.4이고 분산이 $\frac{p(1-p)}{n} = \frac{0.4 \times 0.6}{100} = 0.0024$인 정규분포를 근사적으로 따른다. $\hat{p} = 0.45$에 해당하는 Z 값은 $Z = \frac{0.45 - 0.40}{\sqrt{0.0024}} = 1.02$이고 다음과 같은 계산 과정을 거친다.

$$P(\hat{p} > 0.45) = P(Z > 1.02) = 1 - P(Z \leq 1.02) = 1 - 0.8461 = 0.1539$$

따라서 100명의 유권자를 뽑아서 조사한 지지율의 표본비율이 0.45보다 높을 확률은 0.1539이다.

3 표본분산의 분포

표본분산의 분포는 카이제곱(χ^2) 분포와 밀접한 관련이 있다. 카이제곱 분포는 다양한 통계적 추론과 자료 분석에서 활용된다. 예를 들면 관측된 자료가 특정 분포를 따르는지 확인하는 적합도 검정, 범주형 변수 사이의 독립성 여부를 확인하는 독립성 검정 등에서 카이제곱 분포가 사용되고 있다.

표본분산의 분포를 이해하기 위해서는 분산의 개념부터 이해하는 것이 필요하다. 변수의 분산은 변수의 값이 기댓값으로부터 얼마나 떨어져 있는가를 나타낸다. 기댓값은 분포의 위치를 나타내고 분산은 분포가 퍼져 있는 정도를 나타낸다. 모분산 σ^2은 모집단의 모든 관측치 각각에 대해 모평균을 빼고 그것을 제곱한 값을 모두 더한 것을 모집단 크기(N)로 나눈 것으로 다음과 같이 계산된다.

$$\sigma^2 = \frac{\sum_{i=1}^{N}(X_i - \mu)^2}{N} \tag{5-4}$$

표본분산 S^2은 표본의 관측치 각각에 대해 표본평균을 빼고 제곱한 값을 모두 더한 것을 '표본 크기-1'로 나눈 것으로 다음과 같이 계산된다.

$$S^2 = \frac{\sum_{i=1}^{n}(X_i - \overline{X})^2}{n-1} \tag{5-5}$$

표본분산이 χ^2 분포와 밀접한 관련이 있으려면 모집단은 정규분포를 따라야 한다. χ^2 분포는 정규분포로부터 파생된다. 그리고 나중에 설명하게 될 t 분포와 F 분포는 χ^2 분포로부터 파생된 것이다. 확률변수 Z가 표준정규분포 $N(0, 1)$을 따르면, 새로운 변수인 Z^2의 분포는 자유도가 1인 χ^2 분포를 따른다. 그리고 $Z_1, Z_2, \cdots, Z_k$가 서로 독립적으로 표준정규분포를 따를 때, $\chi^2(=\sum_{i=1}^{k} Z_i^2)$은 자유도가 k인 χ^2 분포를 따른다. 즉, χ^2 분포는 표준정규분포를 따르는 변수의 제곱합이 따르는 분포로서 다음과 같이 표현할 수 있다.

$$\sum_{i=1}^{k} Z_i^2 = \sum_{i=1}^{k} \left(\frac{X_i - \mu}{\sigma}\right)^2 \sim \chi^2(k) \tag{5-6}$$

변수 X의 표본분산 $S^2 = \sum(X_i - \overline{X})^2/(n-1)$을 변형시켜서 $(n-1)S^2/\sigma^2$에 대한 분포를 고려해 보자.

$\frac{(n-1)S^2}{\sigma^2} = \frac{\sum_{i=1}^{n}(X_i - \overline{X})^2}{\sigma^2} = \sum_{i=1}^{n}\left(\frac{X_i - \overline{X}}{\sigma}\right)^2$은 자유도가 $(n-1)$인 카이제곱분포를 따른다. 여기서 μ를 $\overline{X}$로 추정했기 때문에 제약 조건이 하나 추가되어 자유도는 n이 아니고 $n-1$이 된다. 자유도(degree of freedom: df)란 어떤 통계량을 계산할 때 자유롭게 결정되는 변수 또는 자료의 개수를 뜻하는데, 통계량에 따라 자유도의 해석이 약간 달라질 수 있다. 요약하자면 $\{X_1, X_2, \cdots, X_n\}$이 정규분포 $N(\mu, \sigma^2)$에서 추출한 표본일 때 표본분산 S^2에 대해 다음이 성립한다.

$$\frac{(n-1)S^2}{\sigma^2} \sim \chi^2(n-1) \tag{5-7}$$

χ^2 변수는 0부터 무한대 사이의 값을 가진다. χ^2 분포는 비대칭분포이지만 자유도가 커질수록 대칭적 분포인 정규분포에 근사하게 된다. [그림 5-1]을 보면 자유도에 따라 χ^2 분포가 달라짐을 알 수 있다.

그림 5-1 자유도에 따라 달라지는 χ^2 분포의 모양

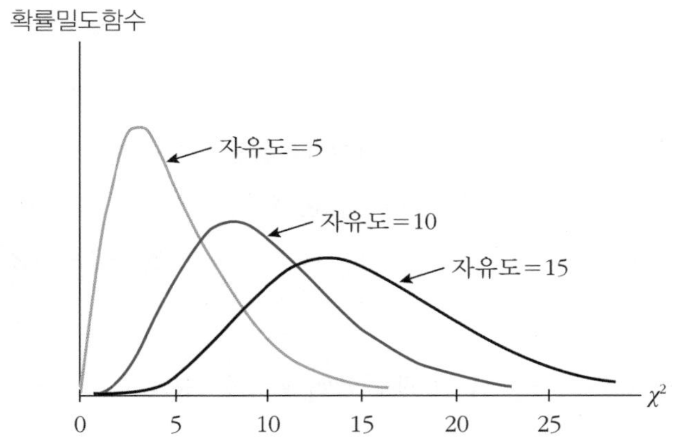

자유도 k인 χ^2 분포의 기댓값은 k이고 분산은 $2k$이다. 자유도 k가 커짐에 따라, 확률변수 $Z = \frac{X-k}{\sqrt{2k}}$는 표준정규분포에 접근한다. 따라서 표본이 크면 표준정규분포에 근사시켜 χ^2 분포의 확률을 근사적으로 구할 수 있다. χ^2 분포에서 오른쪽 꼬리의 면적이 α일 때의 카이제곱 값을 χ^2_α라고 표기한다. 이는 다음과 같이 표현할 수 있다.

$$P(\chi^2 \geq \chi^2_\alpha) = \alpha \tag{5-8}$$

예제 5-2 **카이제곱분포표의 이해**

자유도가 20인 카이제곱분포에서 오른쪽 끝부분의 면적이 0.01일 때 확률변수 χ^2의 값을 얼마인가?

부록에 있는 〈표 6〉의 카이제곱분포표를 보면 자유도가 20인 경우 오른쪽 끝부분의 면적이 0.01인 χ^2 값은 37.566이다.

4 t-분포

모집단이 정규분포를 따를 때 표본평균도 정규분포를 따른다는 것과 표본평균을 표준화시킨 변수는 표준정규분포를 따른다는 것을 설명한 바 있다. 다시 말하자면 정규분포 $N(\mu_X, \sigma^2_X)$을 따르는 모집단에서 추출한 표본의 평균 $\overline{X}$를 표준화시킨 변수 $Z = \frac{\overline{X} - \mu}{\sigma/\sqrt{n}}$는 표준정규분포를 따른다. 따라서 모집단이 정규분포이고 모분산을 아는 경우 표준정규분포에 의해 모평균을 추정할 수 있다. 그러나 모집단이 정규분포라도 모분산 σ^2을 모르는 경우 표준화시킨 변수를 만들 수 없으므로 표준정규분포를 이용하여 모평균을 추정할 수 없다. 모분산을 모르는 경우, 모표준편차 σ를 표본표준편차 S로 대체한 통계량 $T = \frac{\overline{X} - \mu}{S/\sqrt{n}}$를 통해 모평균을 추정할 수 있다. 즉, 모분산을 모르는 경우 통계량 Z 대신에 통계량 T를 사용한다. Z에서는 $\overline{X}$만 표본에 따라 변하지만 T에서는 $\overline{X}$와 S가 표본에 따라 변한다. T가 자유도 $n-1$을 갖는 t-분포를 따른다는 것은 다음과 같이 표기한다.

$$T \sim t(n-1) \tag{5-9}$$

확률변수 T의 기댓값은 자유도에 관계없이 0이며 분산은 $(\frac{자유도}{자유도-2})$이다. t-분포는 표준정규분포와 마찬가지로 0을 중심으로 좌우대칭의 종모양을 하고 있다. 그러나 t-분포는 분산이 1보다 크기 때문에 표준정규분포보다 가운데 높이가 낮고 양쪽 꼬리가 두껍다. t-분포는 자유도에 의해 분포의 모양이 결정된다. t-분포에서 자유도는 표본 크기에서 계산하고자 하는 통계량의 수를 뺀 것으로 이해할 수 있다. [그림 5-2]에 나타난 바와 같이 자유도가 커질수록 t-분포는 표준정규분포와 점점 유사해진다. 자유도가 커짐에 따라 t 분포는 표준정규분포에 근사한다. 그리고 자유도가 무한대가 되면 t-분포는 표준정규분포와 같다. 즉, 모집단이 정규분포이고 모분산을 모르면 t 분포를 사용하는 것이 일반적이지만, 표본 크기가 30 이상이면 모분산을 몰라도 표준정규분포에 의해 근사적 추론이 가능하다.

그림 5-2 **자유도에 따라 달라지는 t-분포의 모양**

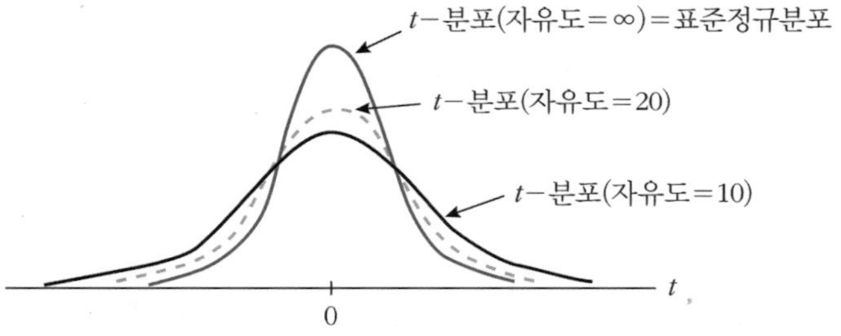

예제 5-3 **t-분포표의 이해**

정규분포를 따르는 모집단으로부터 표본 크기가 20인 확률표본을 추출했다. 통계량 t가 −1.328과 1.328 사이에 있을 확률은 얼마인가?

〈예제 5-3〉의 풀이를 위해서는 우선 자유도를 구해야 한다. 표본 크기가 20이므로 자유도는 19이다. 부록의 〈표 5〉에 있는 t-분포표에서 t 값이 1.328 이상일 확률은 0.1이다. t-분포는 0을 중심으로 좌우대칭이므로 t 값이 −1.328 이하일 확률도 0.1이다. 따라서 통계량 t가 −1.328과 1.328 사이에 있을 확률은 0.8이다.

5 F-분포

F-분포는 카이제곱분포와 마찬가지로 분산을 추정하고 검정할 때 사용된다. 그러나 카이제곱분포는 한 집단의 분산을 파악할 때 사용하는 반면 F-분포는 두 집단의 분산을 비교할 때 사용한다. F-분포의 이러한 특성은 다양한 통계분석에서 활용된다. 예를 들면 두 모집단의 분산이 같은지 살펴보는 가설 검정, 여러 모집단 간의 평균에 차이가 있는지 살펴보는 분산분석 등에서 F-분포는 활용된다. 그리고 전체 회귀모형의 통계적 유의성을 검정하는 회귀분석, 제품의 품질을 일정 수준으로 통제하고자 하는 품질 관리 등에서도 F-분포는 활용된다.

두 확률변수 U_1과 U_2가 각각 자유도가 (n_1-1), (n_2-1)인 카이제곱분포를 따르고 U_1과 U_2가 서로 독립일 때, 다음과 같이 정의되는 통계량 F는 자유도가 (n_1-1, n_2-1)인 F-분포를 따른다.

$$F = \frac{U_1/(n_1-1)}{U_2/(n_2-1)} = \frac{\dfrac{(n_1-1)s_1^2}{\sigma_1^2}/(n_1-1)}{\dfrac{(n_2-1)s_2^2}{\sigma_2^2}/(n_2-1)} = \frac{s_1^2/\sigma_1^2}{s_2^2/\sigma_2^2} \sim F(n_1-1, n_2-1)$$

확률변수 F는 0부터 무한대 사이의 값을 가진다. 두 개의 모집단이 정규분포를 따르고 같은 분산을 가지면($\sigma_1^2=\sigma_2^2$이면), s_1^2/s_2^2은 F-분포를 따르게 된다. 이러한 특성을 이용하여 두 모분산의 비(ratio)인 σ_1^2/σ_2^2의 추론에 표본분산의 비 s_1^2/s_2^2을 이용할 수 있다. 여기서 비(ratio)와 비율(proportion)의 차이점을 이해하는 것이 필요하다. 비는 두 숫자의 상대적 크기를 비교하는 것으로 두 숫자가 서로 다른 범주에 속할 때 사용한다. 예를 들면 인간의 성비는 여성 100명당 남성의 수로 표현한다. 비율은 전체 중에서 특정 범주가 차지하는 비중을 의미하며 분자가 분모에 포함된다. 예를 들면 전체 학생 중 남학생의 비율을 들 수 있다.

[그림 5-3]에서 수평축은 F-값을 나타내고 수직축은 확률밀도함수의 값을 나타낸다. F-분포는 두 가지 자유도(분자의 자유도와 분모의 자유도)가 있다. F-분포는 오른쪽으로 꼬리가 긴 모양을 가지고 있으나 카이제곱분포와 마찬가지로 자유도가 클수록 대칭적인 모양으로 변한다.

그림 5-3 자유도에 따라 달라지는 F-분포의 모양

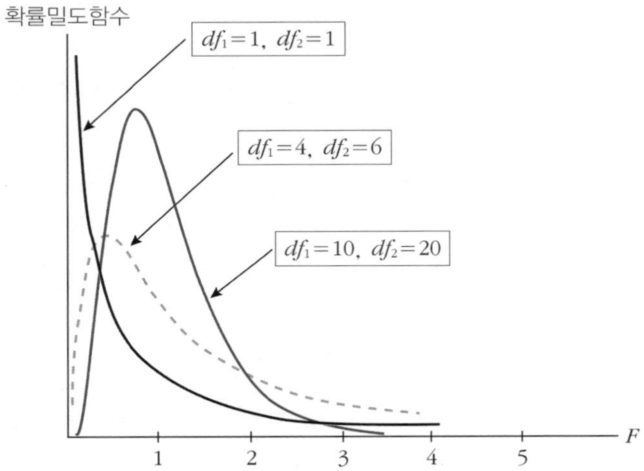

예제 5-4 **통계량 F와 F-분포표의 이해**

정규분포를 따르는 두 개의 모집단으로부터 각각 표본 크기가 13개, 41개인 표본을 추출했다. 다시 말해서 $N(\mu_X, \sigma_X^2)$을 따르는 모집단에서 13개, $N(\mu_Y, \sigma_Y^2)$을 따르는 모집단에서 41개를 추출했다. 두 모집단의 분산이 같을 경우, 두 표본분산의 비인 s_X^2/s_Y^2이 2를 넘을 확률은 얼마인가?

〈예제 5-4〉의 풀이를 위해 통계량 F의 공식을 다음과 같이 표기하자.

$$F = \frac{s_1^2/\sigma_1^2}{s_2^2/\sigma_2^2} = \frac{s_X^2/\sigma_X^2}{s_Y^2/\sigma_Y^2}$$

두 개의 정규모집단이 동일한 분산을 가지고 있으므로 $\sigma_X^2 = \sigma_Y^2$이 된다. 따라서 S_X^2/S_Y^2은 분자의 자유도가 12(=13−1)이고 분모의 자유도가 40(=41−1)인 F-분포를 따르게 된다.

$$F = \frac{s_X^2/\sigma_X^2}{s_Y^2/\sigma_Y^2} = \frac{s_X^2}{s_Y^2} \sim F(12, 40)$$

부록의 〈표 7〉에 있는 F-분포표에서 유의수준 $\alpha = 0.05$에서 분자의 자유도가 12이고 분모의 자유도가 40인 경우에 F 값은 2가 된다. 따라서 $F = s_X^2/s_Y^2$가 2를 초과할 확률은 0.05가 된다.

3 SPSS의 활용: 확률분포의 확률 계산

1 이산확률분포의 확률 계산

확률분포의 확률을 계산하기 위해서는 우선 [데이터 보기] 창에서 변수명을 설정해야 한다. 변수명을 설정하려면 [데이터 보기] 창의 맨 아래에 있는 [변수 보기]를 누른 후 [그림 5-4]와 같은 [변수 보기] 창에서 확률을 의미하는 'prob'이라는 변수명을 설정한다. prob 대신에 확률을 의미하는 다른 변수명을 설정해도 된다.

그림 5-4 변수 보기 창에서 변수 이름 설정하기

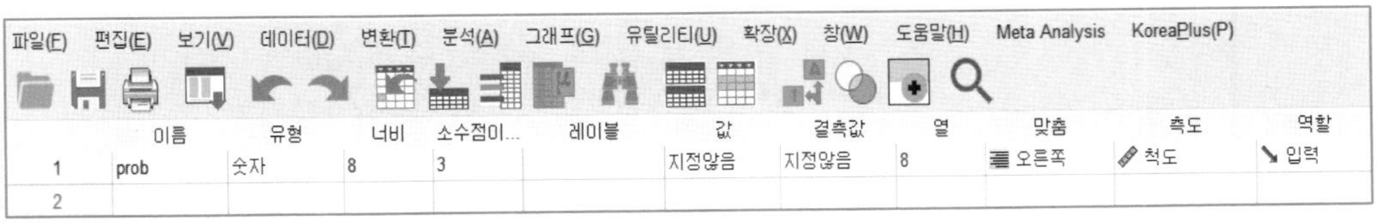

[변수 보기] 창에서 prob이라는 변수명을 설정하면 [그림 5-5]와 같은 [데이터 보기] 창에 해당 변수명이 나타난다.

그림 5-5 데이터 보기 창에 나타난 변수 이름

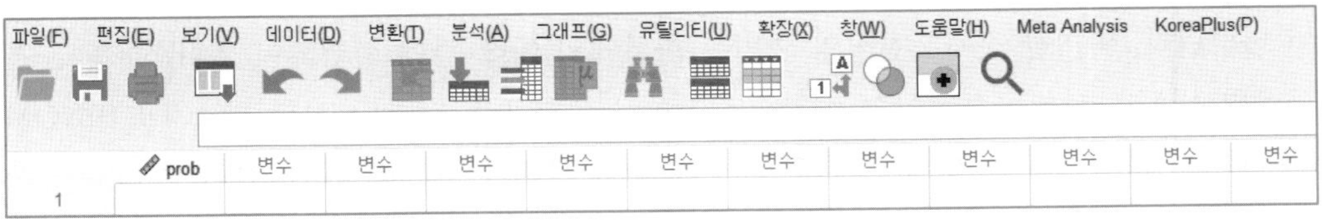

SPSS의 메뉴에서 [변환] → [변수 계산]을 순서대로 누르면 [그림 5-6]과 같은 창이

뜬다. 이 창에서 확률을 저장할 [목표변수]의 이름을 설정해야 한다. [목표변수]의 이름은 'prob' 또는 연구자가 원하는 다른 이름으로 설정한다. [숫자표현식]의 칸에 나타날 계산식을 설정하기 위해서는 다음과 같은 절차를 밟아야 한다. 우선 [함수 집단]의 칸에 있는 [CDF 및 비중심 CDF]를 누르면 [함수 및 특수변수]의 칸에 다양한 종류의 CDF가 나타난다. 첫 번째로 나타난 것은 베르누이분포 함수, 세 번째는 이항분포 함수가 나타나 있다. 세 번째에 있는 'Cdf.Binom'의 뜻을 설명하자면 'CDF'는 누적분포 함수(cumulative distribution function)를 의미하고, 'Binom'은 이항분포(binomial distribution)를 의미한다.

그림 5-6 변수 계산

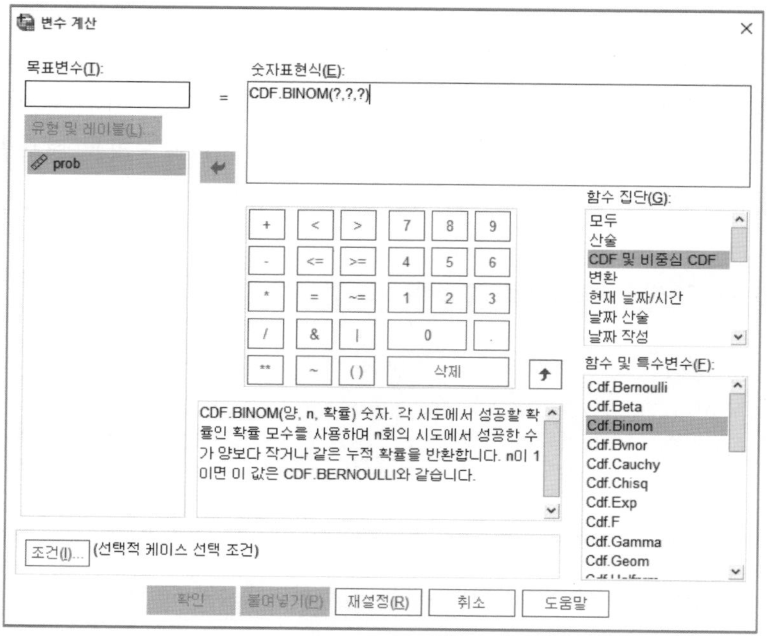

연구자가 이항분포의 누적확률을 알고 싶다면 [함수 및 특수변수]의 칸에서 'Cdf.Binom'를 클릭한 후 화살표 [**↑**] 버튼을 누르면 [숫자표현식]에 CDF.BINON(?,?,?)이 나타난다. 이러한 숫자표현식의 의미는 화살표의 아래 칸에 설명되어 있다. 예를 들면 확률변수 X가 실행횟수 n이고 성공확률 p인 이항분포를 따른다고 할 때, CDF.BINOM(2,n,p)는 확률변수 X가 2 이하일 누적확률을 의미한다. 즉, CDF.BINOM(2,n,p)란 $P(X \le 2)$를 의미한다. 보다 구체적 예를 들자면 'CDF.BINOM(2,7,0.5)는 확률변수 X가 실행횟수 7이고 성공확률 0.5인 이항분포를 따른다고 할 때, 확률변수 X가 2 이하일 누적확률을 의미한다. 이러한 식을 [숫자표현식]에 표현하면 [그림 5-7]에 나타난 바와 같다.

그림 5-7 변수 계산: 숫자표현식

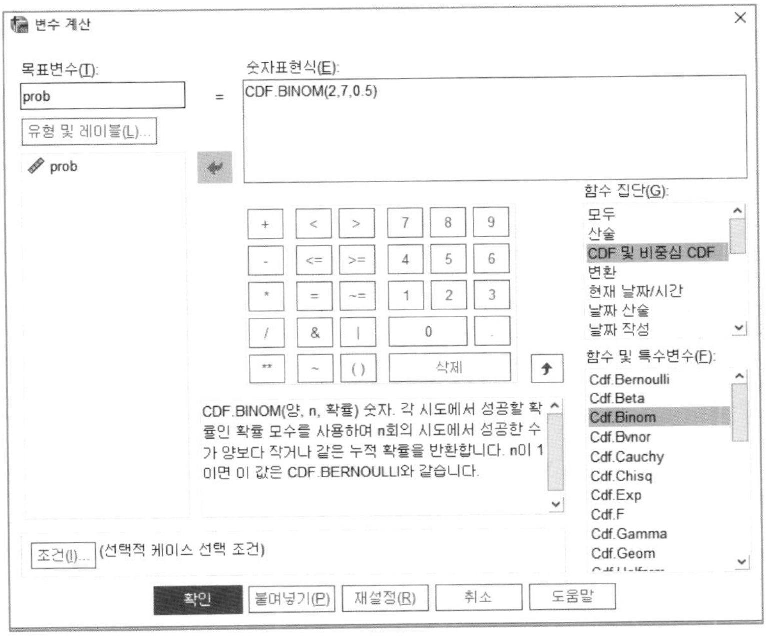

[그림 5-7]에서 [확인]을 누르면 [그림 5-8]과 같은 데이터 창에 계산된 누적확률이 기록된다. 데이터 창이 비어 있으면 누적확률이 기록되지 않는다. 따라서 변수명에 ‘prob’와 같은 변수 이름을 미리 설정하고 데이터 창에 임의의 숫자를 기입해야 누적확률이 계산되면서 그 숫자를 대체한다. 더 자세한 확률을 알기 위해서는 [변수 보기] 창에서 소숫점 이하 넷째 자리를 설정할 수 있다.

그림 5-8 누적확률의 계산

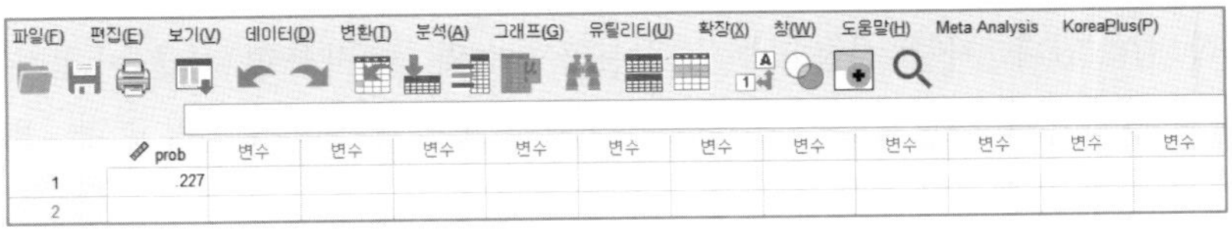

누적확률을 이용하여 특정 값 이하일 확률이 아니라 하나의 값이 나올 확률을 계산하는 방법을 알아보자. 시행횟수가 7이고 성공확률인 0.5인 확률변수 X가 3일 확률을 구해보자. 이 경우에 [그림 5-9]에서 [목표변수]는 'prob'으로 정한다. [숫자표현식]은 CDF.BINOM(3,7,0.5)−CDF.BINOM(2,7,0.5)으로 설정한 후에 [확인]을 누르면 데이터 창에 확률값 '.273'이 기록된다.

그림 5-9 숫자표현식: 이산확률변수(이항변수)가 특정 값을 취할 확률의 계산

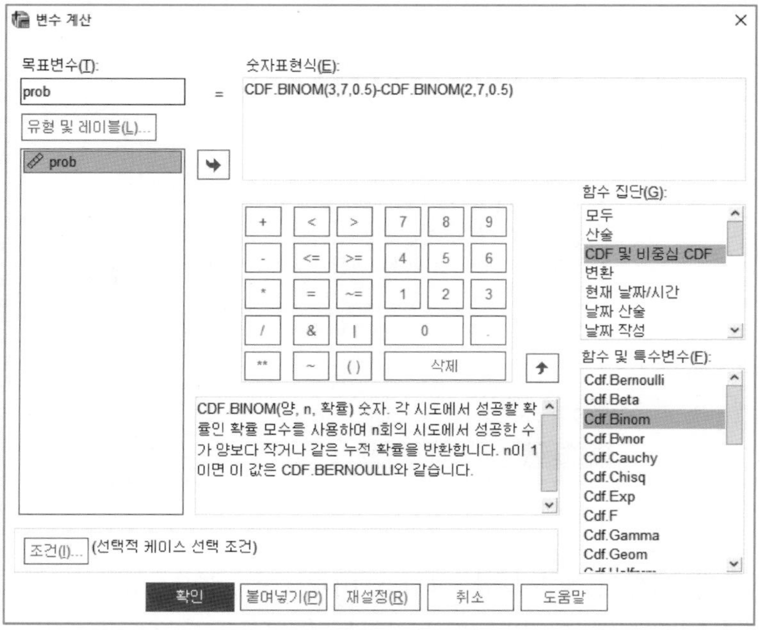

2 연속확률분포의 확률 계산

(1) 누적확률을 구하는 방법

[그림 5-9]의 [함수 및 특수변수]의 칸에는 다양한 종류의 연속확률분포의 누적분포함수가 포함되어 있다. 자주 사용되는 누적분포함수의 [숫자표현식]을 나열하면 다음과 같다. 첫째, CDF.NORMAL(양, 평균, 표준편차)은 연구자가 지정할 '평균'과 '표준편차'를 따르는 정규분포로부터 추출된 값이 연구자가 지정할 '양'보다 작을 누적확률을 계산한다. 둘째, CDF.CHISQ(양, 자유도)는 연구자가 지정할 '자유도'를 갖는 카이제곱분포를 따르는 확률변수가 연구자가 지정할 '양'보다 작을 누적확률을 계산한다. 즉, $\chi^2 \sim \chi^2(df)$

일 때 $\Pr(\chi^2 \leq$ 양)을 계산해주는 함수이다. 셋째, CDF.F(양, 자유도1, 자유도2)는 연구자가 지정할 자유도1(분자의 자유도)과 자유도2(분모의 자유도)인 F-분포를 따르는 확률변수의 값이 연구자가 지정할 '양'보다 작을 누적확률을 나타낸다.

확률변수가 표준정규분포를 따르고 있는 경우에 그 확률변수가 1.96 이하일 누적확률을 계산하려면 [그림 5-10]에 나타난 바와 같이 [함수 집단]에서 [CDF 및 비중심 CDF]을 선택하고 [함수 및 특수변수]에서 'Cdf.Normal'을 선택한 후에 화살표 [🡅] 단추를 이용하여 [숫자표현식]에 보낸다. 그리고 [숫자표현식]에 있는 식을 CDF.NORMAL(1.96,0,1)로 변경한다. 평균이 0이고 표준편차가 1인 정규분포는 표준정규분포를 의미하므로, 이러한 식은 표준정규분포를 따르는 확률변수가 1.96 이하일 확률을 의미한다. 즉, $P(Z \leq 1.96)$을 의미한다. [그림 5-10]에서 [확인]을 누르면 데이터 창에 해당 누적확률인 0.975가 기록된다.

그림 5-10 숫자표현식: 연속확률분포의 누적확률

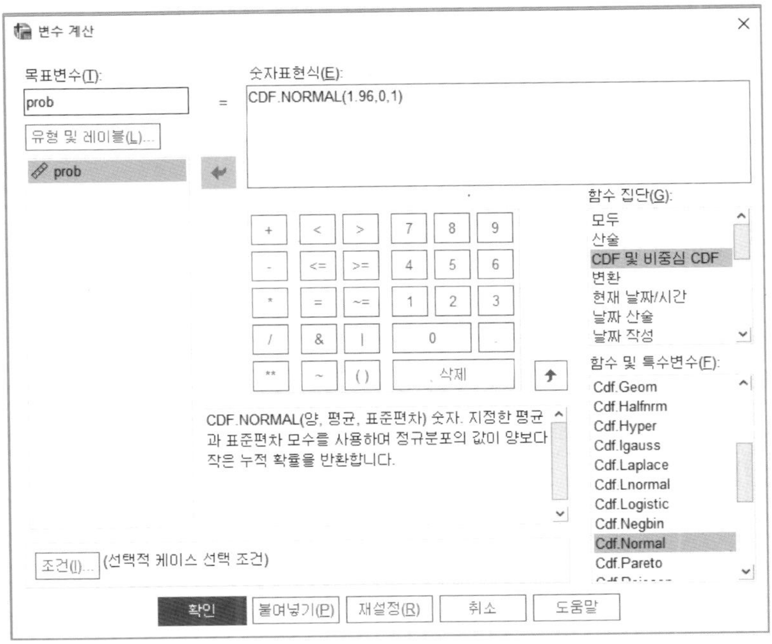

(2) 역분포함수를 이용하여 통계량을 구하는 방법

SPSS의 [변수 계산]에서 확률계산은 누적분포함수(CDF)를 이용하기 때문에, 구간확률을 계산하려면 변환된 식이 필요하다. 확률변수가 어떤 분포를 따를 때, 왼쪽 꼬리 부분의 확률에 해당하는 통계량을 계산하는 것에 관심이 있을 수 있다. 예를 들면 표준정규분포에서 왼쪽 꼬리 부분의 면적(구간확률)이 .05가 되는 통계량을 알고 싶다면 $P(Z \leq z) = 0.05$가 되는 z값을 계산해야 한다. 이 경우에 역분포함수(inverse distribution function: IDF)를 이용한다. 역분포함수는 누적분포함수 값에 해당하는 통계량을 돌려주는 함수인데, 자주 사용되는 역분포함수의 [숫자표현식]을 나열하면 다음과 같다. 첫째, IDF.NORMAL(확률, 평균, 표준편차)은 원하는 누적확률을 '확률'에 지정하며, 설정된 '평균'과 '표준편차'를 가지는 정규분포로부터 해당 통계량 값을 계산한다. 둘째, IDF.T(확률, 자유도)는 원하는 누적확률을 '확률'에 지정하며, 지정한 '자유도'를 갖는 t-분포로부터 해당 통계량 값을 계산한다. 셋째, IDF.CHISQ(확률, 자유도)는 원하는 누적확률을 '확률'에 지정하며, 지정한 '자유도'를 갖는 카이제곱분포로부터 해당 통계량 값을 계산한다. 넷째, IDF.F(확률, 자유도1, 자유도2)는 원하는 누적확률을 '확률'에 지정하며, 지정한 자유도 1(분자 자유도)과 자유도 2(분모 자유도)를 갖는 F-분포로부터 해당 통계량 값을 계산한다.

역분포(IDF) 함수는 누적확률에 대한 통계량을 계산해준다. 확률변수가 표준정규분포를 따르고 그 확률변수의 누적확률이 0.975일 때 그 확률변수의 값을 알고 싶다면 [그림 5-11]에 나타난 바와 같이 [함수 집단]에서 [역 DF]을 선택하고 [함수 및 특수변수]에서 정규분포의 역분포함수인 'Idf.Normal'을 선택한 후에 화살표 [🡅] 단추를 이용하여 [숫자표현식]에 보낸다. 그리고 [숫자표현식]에 있는 식인 IDF.NORMAL(?,?,?)을 IDF.NORMAL(0.975,0,1)로 변경한다. 평균이 0이고 표준편차가 1인 정규분포는 표준정규분포를 의미하므로, 이러한 식을 통해 표준정규분포를 따르는 확률변수의 누적확률이 0.975일 때의 확률변수 값을 구한다. [그림 5-11]에서 [목표변수]를 z로 설정한 다음에 [확인]을 누르면 데이터 창에 해당 z값이 1.96으로 나타난다. 이는 $P(Z \leq 1.96) = .975$임을 의미한다.

그림 5-11 숫자표현식: 역분포함수와 확률변수값

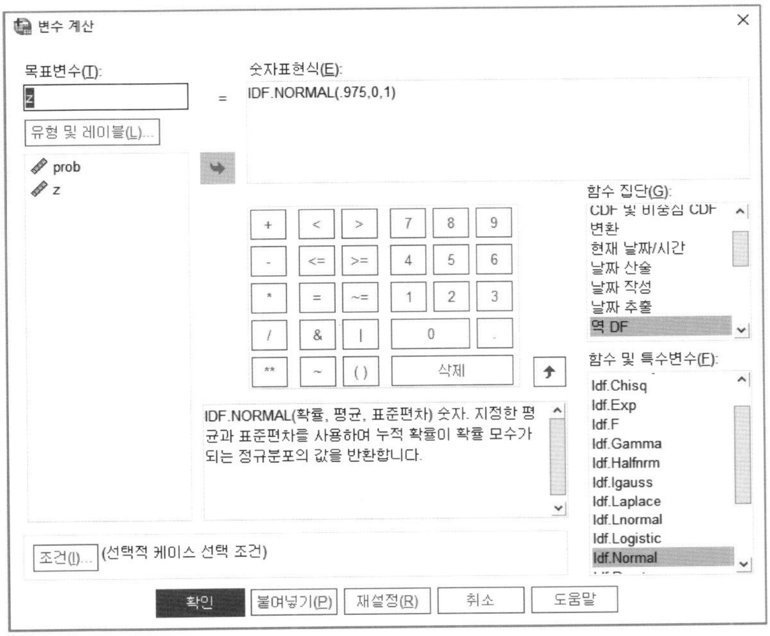

요약

- 통계량이란 표본의 특성을 나타내는 표본의 함수이다. 예를 들면 표본평균, 표본비율, 표본분산 등은 통계량이다. 통계량은 확률분포를 따르는 확률변수이다.
- 모수는 모집단의 특성을 나타내는 값이다. 확률분포의 관점에서 모수는 확률분포 형태를 결정짓는 값이다.
- 표본분포란 모집단으로부터 같은 표본 크기로 추출한 모든 표본에서 통계량을 계산하여 얻은 값들의 확률분포를 말한다. 즉, 표본본포는 통계량의 확률분포를 의미한다. 표본분포의 예를 들면 표본평균의 분포, 표본비율의 분포, 통계량 함수의 분포(χ^2 분포, t 분포, F 분포) 등을 들 수 있다.
- 중심극한정리란 평균이 μ이고 분산이 σ^2인 모집단으로부터 표본이 추출된 경우, 그 모집단의 분포가 어떠한 형태의 분포라도 표본이 크면(n은 30 이상) 그 모집단으로부터의 표본평균은 근사적으로 $N(\mu, \frac{\sigma^2}{n})$을 따른다는 것이다.
- X의 모집단 분포가 $N(\mu, \sigma^2)$일 때, 표본평균($\overline{X}$)은 $N(\mu, \frac{\sigma^2}{n})$을 따른다. 표본이 크면 표본평균을 표준화한 변수 $Z = \frac{\overline{X} - \mu}{\sigma/\sqrt{n}}$도 근사적으로 표준정규분포를 따른다.
- 표본이 크면($np \geq 5$이고 $n(1-p) \geq 5$), 표본비율($\hat{p}$)은 근사적으로 $N(p, \frac{p(1-p)}{n})$을 따른다. 표본이 크면 표본비율을 표준화한 변수(Z)도 근사적으로 표준정규분포를 따른다.
- 표본분산의 분포는 카이제곱(χ^2) 분포와 밀접한 관련이 있다. 표본분산 S^2에 대해 다음이 성립한다. $\frac{(n-1)S^2}{\sigma^2} \sim \chi^2(n-1)$
- 모분산을 모르는 경우, 모표준편차 σ를 표본표준편차 S로 대체한 통계량 $T = \frac{\overline{X} - \mu}{S/\sqrt{n}}$를 통해 모평균을 추정할 수 있다. 통계량 T는 자유도 $n-1$을 갖는 t-분포를 따른다. $T \sim t(n-1)$
- 카이제곱분포는 한 집단의 분산을 파악할 때 사용하는 반면 F-분포는 두 집단의 분산을 비교할 때 사용한다. 통계량 F는 자유도가 (n_1-1, n_2-1)인 F-분포를 따른다.
  $F = \frac{s_1^2/\sigma_1^2}{s_2^2/\sigma_2^2} \sim F(n_1-1, n_2-1)$.
  두 모집단이 정규분포를 따르고 같은 분산을 가지면($\sigma_1^2 = \sigma_2^2$이면), s_1^2/s_2^2은 F-분포를 따른다.

제6장

가설검정의 개요와 방법

1. 가설검정의 개요
2. 가설검정의 방법

1 가설검정의 개요

대체로 통계적 가설(statistical hypothesis)이란 모집단의 특성을 나타내는 모수(parameter)가 어떠한 값이라는 주장을 의미한다. 이러한 주장은 참이 될 수도 있고 거짓이 될 수도 있다. 통계적 가설은 귀무가설(歸無假說: null hypothesis)과 대립가설(alternative hypothesis)의 두 가지 종류로 분류한다. 귀무가설과 대립가설은 가설검정에 사용되는 두 개의 상호 보완적 진술이다.

귀무가설은 대체로 기존에 알려졌던 주장이나 집단 간의 차이 또는 변수 간의 관계가 없다는 진술을 나타낸다. 예를 들면 '모수는 특정한 값이다', '두 모수 간에 차이는 없다', '어떤 변수와 다른 변수 간 상관관계는 없다', '어떤 변수와 다른 변수 간 인과관계는 없다' 등의 주장을 나타낸다. 귀무가설은 영가설(零假說)로 일컬어지기도 한다. 귀무가설은 H_0으로 표기한다.

대립가설은 귀무가설과 반대되는 것으로, 이전에 알려졌던 주장에 대한 반박이나 집단 간의 차이 또는 변수 간의 관계가 있다는 진술을 나타낸다. 예를 들면 '모수는 특정한 값이 아니다', '두 모수 간에 차이가 있다', '어떤 변수와 다른 변수 간 상관관계가 있다', '어떤 변수와 다른 변수 간 인과관계가 있다' 등의 주장을 나타낸다. 대립가설은 연구가설(research hypothesis)로 일컬어지기도 한다. 통계학 관련 교재에서는 귀무가설과 대립가설을 모두 기술하지만 보고서나 학술지 논문 등에서는 귀무가설을 생략하고 대립가설만 기술한다. 대립가설은 H_1 또는 H_a로 표기된다.

연구자는 여러 종류의 질문에 해답을 얻고자 한다. 예를 들면 어떤 집단에서 평균 나이는 얼마인가, 어떤 집단에서 지구온난화를 심각하게 생각하는 사람들의 비율은 얼마인가, 어떤 부품의 생산 공정에서 부품의 품질은 큰 편차 없이 생산되는가 등의 질문을 들 수 있다. 이러한 질문들에 대한 답은 가설검정을 통해 구해질 수 있다. 가설검정이란 모집단에서 추출한 표본의 자료를 이용하여 모집단의 특성에 대한 어떤 주장의 기각 여부를 판단하는 일련의 과정을 말한다. 가설검정은 가설검증으로도 불린다.

2 가설검정의 방법

1 가설검정의 방법: 전통적 방법

가설검정은 여러 단계를 거치는 전통적 방법, p-값을 이용하는 방법, 신뢰구간을 이용하는 방법 등이 있다. 여기서는 전통적 방법에 관해 설명하고자 한다. 그리고 가설검정의 원리를 이해하는 데 있어서 필수적인 주요 개념들에 관해 설명하고자 한다.

전통적 방법의 가설검정은 대체로 다음과 같은 단계를 밟는다. 첫째, 귀무가설과 대립가설을 설정한다. 둘째, 유의수준을 정한다. 셋째, 가설과 자료에 부합하는 적절한 검정통계량을 선택한 후 자료를 이용하여 검정통계량 값을 계산한다. 넷째, 임계치(critical value)를 구하고 기각역을 계산한다. 임계치란 귀무가설을 기각하지 않는 영역과 기각하는 영역의 경계에 있는 검정통계량 값을 말한다. 마지막으로 검정통계량 값이 기각역 내에 있으면 귀무가설을 기각하고 그렇지 않으면 귀무가설을 기각하지 않는 결정을 내린다.

(1) 가설의 설정

어떤 연구자가 특정 지역에 거주하는 성인 남자들의 평균 몸무게가 70kg이라는 주장을 귀무가설로 설정했다고 가정하자. 여기서 모집단은 해당 지역에 거주하는 성인 남자들의 몸무게가 된다. 이러한 모집단의 특성을 나타내는 모수 중의 하나는 모평균이다. 일반적으로 통계적 가설은 모수가 어떠한 값이라는 주장을 나타낸다. 귀무가설을 간단히 표현하면 다음과 같다.

$$H_0 : \mu = 70kg \tag{6-1}$$

이러한 귀무가설에 대응될 수 있는 대립가설로는 다음과 같은 세 가지를 들 수 있다.

$$H_a : \mu \neq 70kg \tag{6-2}$$

$$H_a : \mu > 70kg \tag{6-3}$$

$$H_a : \mu < 70kg \tag{6-4}$$

식 (6-2)는 모수의 영역이 양쪽으로 설정된 대립가설을 나타내는데, 이러한 가설에 대한 검정을 양측검정(two-sided test; two-tailed test)이라 한다. 식 (6-3)과 (6-4)는 모수의 영역이 한 방향으로 설정된 대립가설을 나타내는데, 이러한 가설에 대한 검정을 단측검정(one-sided test; one-tailed test)이라 한다. 모수가 특정 값보다 크다고 주장하는 대립가설에 대한 검정을 우측검정이라 하고, 모수가 특정 값보다 작다고 주장하는 대립가설에 대한 검정을 좌측검정이라 한다. 따라서 단측검정은 우측검정과 좌측검정으로 구분된다.

(2) 유의수준의 결정

귀무가설의 기각 여부에 관한 결정은 어떠한 표본을 추출했느냐에 따라 달라질 수 있으므로 오류가 생길 수 있다. 〈표 6-1〉에 나타난 바와 같이, 가설검정의 가능한 결과는 네 가지로 구분된다. 귀무가설이 참인 경우 이를 기각하지 않거나 기각하는 두 가지 결정이 있고 귀무가설이 거짓인 경우 이를 기각하지 않거나 기각하는 두 가지 결정이 있다. 그러므로 가설검정에서는 두 가지 오류가 가능하다. 제1종 오류(type I error)는 참인 귀무가설을 기각하는 오류를 말한다. 제2종 오류(type II error)는 거짓인 귀무가설을 기각하지 않는 오류를 말한다.

〈표 6-1〉 가설검정 상황의 네 가지 결과

		실제 상황	
		H_0는 참임	H_0는 거짓임
가설검정 결과	H_0를 기각하지 않음	옳은 결정	제2종 오류
	H_0를 기각함	제1종 오류	옳은 결정

유의수준(significance level)이란 가설검정에서 제1종 오류를 허용하는 최대 확률을 의미하는데 그리스 문자 α('알파'로 읽음)로 표기한다. 그리스 문자의 표기와 발음은 부록의 〈표 1〉을 참고하면 유용하다. 연구자들은 임의로 정한 유의수준인 .10, .05, .01 등을 주로 사용한다. 이 중에서 유의수준 .05가 가장 자주 사용된다. 유의수준을 .05로 정한다는 것은 참인 귀무가설을 기각할 확률이 5% 이하면 허용한다는 것을 의미한다. 유의수준을 .05로 정한 경우, 귀무가설이 기각되면 제1종 오류를 범할 최대 확률은 5%가 된다. 같은 맥락에서 유의수준을 .01로 정한 경우 귀무가설이 기각되면 제1종 오류를 범할 최대 확률은 1%가 된다.

α는 유의수준인 반면 $1-\alpha$는 신뢰수준(confidence level)이 된다. 예를 들어 신뢰수준 95%는 5%의 유의수준을 반영하는 것이다. 신뢰수준은 귀무가설이 참일 때 그 귀무가설을 채택할 확률을 말한다.

제2종 오류의 확률은 그리스 문자 β('베타'로 읽음)로 표기한다. [그림 6-1]을 보면 α와 β의 관계는 하나가 증가하면 다른 하나는 감소하는 관계라는 것을 알 수 있다. 주어진 표본에 대해 α(제1종 오류를 허용하는 최대확률)를 줄이고자 하면 β(제2종 오류의 확률)가 높아진다. 반대로 β를 줄이고자 하면 α가 높아진다.

그림 6-1 α와 β의 관계

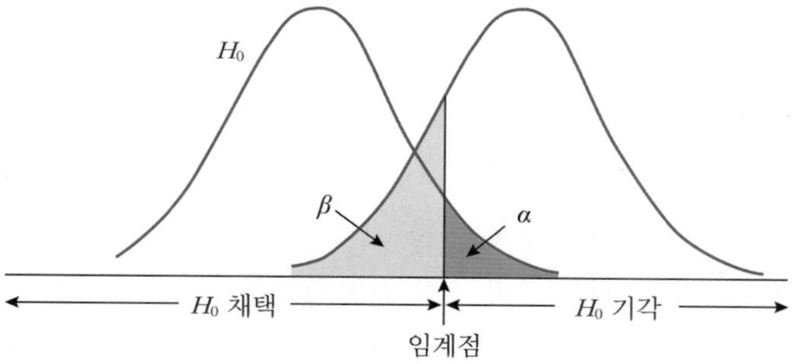

[그림 6-1]에서 왼쪽의 정규분포는 모평균이 70인 경우 표본평균의 확률분포라고 하자. 오른쪽의 정규분포는 모평균이 73인 경우 표본평균의 확률분포라고 하자. 그리고 귀무가설은 '$H_0 : \mu = 70$'으로 설정하고 대립가설은 '$H_a : \mu > 70$'으로 설정한다고 가정하자. 우선 왼쪽 정규분포($H_0 : \mu = 70$)가 참이라고 가정하자. 이 경우 어떤 표본을 추출했을 때 임계치보다 큰 값을 갖는 표본평균이 나와서 귀무가설(H_0: $\mu = 70$)을 기각하면 제1종 오류가 발생한다. 왼쪽 정규분포에서 어떤 표본평균이 임계치보다 큰 값이 나올 확률은 유의수준(α)이 된다. 이제는 오른쪽 정규분포($H_0 : \mu = 73$)가 참이라고 가정하자. 이 경우 어떤 표본을 추출했을 때 표본평균이 [그림 6-1]에 나타난 임계치 이하일 확률은 β이다. [그림 6-1]에 나타난 임계치는 왼쪽 정규분포가 참이라고 가정했을 때 임계치라는 것을 유념해야 한다. β는 왼쪽의 정규분포(H_0: $\mu = 70$)가 거짓인 경우 H_0을 기각하지 않는 오류의 확률이다.

통계적 가설검정에서는 제2종 오류보다 제1종 오류를 더 심각하게 고려한다. 귀무가설을 기각하지 않는 결정은 귀무가설이 참이라는 의미가 아니다. 귀무가설을 기각하지 않는 것은 귀무가설을 기각할 만한 충분한 증거가 없다는 의미이다. 가설검정 상황은 재판 결정 상황에 비유할 수 있다. 재판에는 네 가지 상황이 가능하다. 피고인은 실제로 유죄 또는 무죄일 수 있다. 그리고 판결은 유죄 또는 무죄의 결정이 가능하다. 피고인이 실제로 무죄인데 유죄 판결을 받으면 제1종 오류가 발생한다. 그리고 피고인이 실제로 유죄인데 무죄 판결을 받으면 제2종 오류가 발생한다. 재판에서도 제2종 오류보다 제1종 오류를 더 심각하게 고려한다.

(3) 검정통계량의 선택과 계산

귀무가설의 기각 여부를 결정하는 데 사용하는 통계량은 검정통계량(test statistic)이라고 한다. 검정통계량의 선택은 모집단에 대한 정보에 따라 달라진다. 예를 들면 모분산을 아는 경우 모평균에 대한 가설의 검정에서는 표준정규분포를 따르는 Z를 검정통계량으로 선택한다. 그러나 모분산을 모르는 경우 모평균에 대한 가설의 검정에서는 t-분포를 따르는 t를 검정통계량으로 선택한다.

모평균(μ_X)이 특정한 값(예 70)이라고 주장하는 귀무가설의 기각 여부를 판단하기 위해 표본에서 얻어진 표본평균($\overline{X}$)을 이용한다. 표본평균 값이 특정한 값(예 70)과 크게 차이가 나면 귀무가설을 기각해야 한다. 그러나 얼마나 차이가 나야 기각할 것인가를 정해야 한다. 이를 이해하기 위해 검정통계량이 어떻게 도출되는지 살펴보자.

모평균에 대한 가설을 포함하여 여러 유형의 가설을 검정하는 경우 다음과 같은 표준화 공식에 근거하여 검정통계량 값을 계산한다.

$$\text{검정통계량 값} = \frac{\text{관측값} - \text{기댓값}}{\text{표준오차}} \tag{6-5}$$

식 (6-5)에서 관측값은 표본자료로부터 계산된 통계량의 값(예 예측된 표본평균 값)이다. 기댓값은 귀무가설이 참일 때 기대할 수 있는 모수의 값(예 귀무가설에서 주장하는 모평균 값)이다. 분모는 가설에서 검정하고자 하는 통계량의 표준오차이다. 예를 들어 X의 평균은 $\overline{X}$이고 X의 표준편차는 σ_X일 때, $\overline{X}$의 표준편차인 $\sigma_X/\sqrt{n}$은 $\overline{X}$의 표준오차(standard error)이다. 단순한 확률변수 X에 대해서는 표준편차라고 한다. 그러나 통계량(예 표본평균, 표본비율 등)의 표준편차는 해당 통계량의 표준오차라고 한다.

X가 정규분포를 따르면 표본평균 $\overline{X}$의 분포는 다음과 같다.

$$\overline{X} \sim N(\mu, \frac{\sigma_X^2}{n}) \tag{6-6}$$

중심극한정리에 의해 X가 정규분포를 따르지 않더라도 표본이 크면 $\overline{X}$는 근사적으로 식 (6-6)과 같은 정규분포를 따른다.

X의 모분산 σ_X^2이 알려진 경우 $\overline{X}$를 식 (6-5)에 의해 표준화시키면 다음과 같은 검정

통계량을 사용할 수 있다.

$$Z_{\overline{X}} = \frac{\overline{X} - \mu_0}{\sigma_X / \sqrt{n}} \tag{6-7}$$

식 (6-7)에서 $\overline{X}$는 표본평균, μ_0는 귀무가설에서 주장하는 모평균의 값, σ_X는 X의 모표준편차, n은 표본 크기다. 그리고 $\sigma_X / \sqrt{n}$은 $\overline{X}$의 표준오차이다. $Z_{\overline{X}}$는 표준정규분포를 따른다. 여기서 Z는 표본평균 $\overline{X}$를 표준화시킨 것이다. Z로 변환시킬 때 X를 표준화한 $Z_X (= \frac{X - \mu_0}{\sigma_X})$인지 아니면 $\overline{X}$를 표준화한 $Z_{\overline{X}} (= \frac{\overline{X} - \mu_0}{\sigma_X / \sqrt{n}})$인지 구분해야 한다. 표준화시키는 도출 과정과는 달리 Z_X나 $Z_{\overline{X}}$는 일단 도출되고 난 후에는 모두 검정통계량 Z이기 때문에 평균이 0이고 표준편차가 1인 표준정규분포를 따른다.

X의 모분산 σ_X^2이 알려지지 않은 경우 식 (6-8)과 같은 검정통계량을 사용한다. 여기서 s_X는 X의 표준편차이고 t는 자유도 $n-1$인 t 분포를 따른다.

$$t = \frac{\overline{X} - \mu_0}{s_X / \sqrt{n}} \tag{6-8}$$

(4) 임계치와 기각역의 계산

기각역(rejection region; critical region)이란 귀무가설이 기각되는 검정통계량 값의 영역이다. 표본 자료로부터 계산된 검정통계량 값이 기각역에 속하면 귀무가설을 기각한다. 비기각역(nonrejection region; noncritical region)이란 귀무가설이 기각될 수 없는 검정통계량 값의 영역이다. 표본 자료로부터 계산된 검정통계량 값이 비기각역에 속하면 귀무가설을 기각할 수 없다. 임계치는 기각역과 비기각역을 구분짓는 경계에 있는 검정통계량 값이다. 임계치의 위치는 대립가설의 형태에 따라 달라진다. 양측검정의 경우 기각역은 검정통계량의 분포에서 양쪽 꼬리 부분이 된다. 좌측검정의 경우 기각역은 검정통계량 값이 임계치보다 작은 영역이다. 우측검정의 경우 기각역은 검정통계량 값이 임계치보다 큰 영역이다. 연구자가 유의수준 α를 .05로 정하고 검정통계량을 Z로 선택한 경우 대립가설 형태에 따라 임계치, 기각역, 비기각역은 〈표 6-2〉에 나타난 바와 같다.

〈표 6-2〉 대립가설 형태에 따른 기각역과 비기각역

대립가설 형태		임계치	기각역	비기각역
양측검정	$H_1 : \mu \neq 70$	± 1.96	$Z < -1.96, Z > 1.96$	$-1.96 \leq Z \leq 1.96$
좌측검정	$H_1 : \mu < 70$	-1.645	$Z < -1.645$	$Z \geq -1.645$
우측검정	$H_1 : \mu > 70$	1.645	$Z > 1.645$	$Z \leq 1.645$

[그림 6-2]는 〈표 6-2〉의 내용을 그림으로 표현한 것이다. 표준정규분포에서 검정통계량 Z의 값의 범위인 $-\infty$에서 $+\infty$에 이르기까지 확률분포의 면적은 1이 된다. 양측검정의 경우 유의수준 α가 .05일 때 양쪽 꼬리에서 빗금을 친 부분의 면적은 각각 $\alpha/2$ $(= .025)$이고 합하면 .05가 된다. 다시 말하자면 Z의 값이 -1.96 이하일 확률과 1.96 이상일 확률을 더하면 .05가 된다. 좌측검정의 경우 왼쪽 꼬리에서 빗금을 친 부분의 면적은 Z의 값이 -1.645 이하일 확률인 .05가 된다. 우측검정의 경우 오른쪽 꼬리에서 빗금을 친 부분의 면적은 Z의 값이 1.645 이상일 확률인 .05가 된다.

그림 6-2 대립가설 형태에 따른 기각역과 비기각역

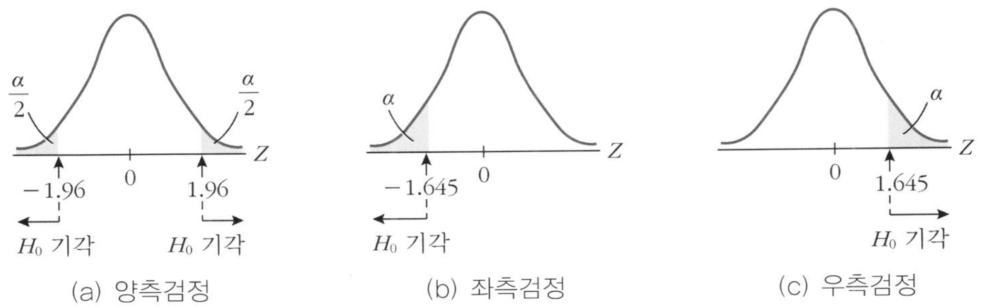

검정통계량 t의 경우도 검정통계량 Z와 유사한 형태로 임계치, 기각역, 비기각역이 나타난다. 표본 크기가 커질수록 Z와 t의 임계치, 기각역, 비기각역의 유사성은 커진다.

(5) 귀무가설의 기각 여부 결정

가설검정의 마지막 단계는 표본으로부터 계산된 검정통계량 값이 기각역에 속하면 연구자가 정한 유의수준에서 귀무가설을 기각하는 것이다. 그리고 검정통계량 값이 비기각역에 속하면 해당 유의수준에서 귀무가설을 기각하지 않는다. 귀무가설을 기각하는 않는 경우 귀무가설을 기각할 증거가 충분하지 않다고 결론을 짓는다.

2 가설검정의 방법: p-값을 이용하는 방법

유의수준(α)이란 제1종 오류를 허용하는 최대 확률이다. 반면에 p−값(probability value: p−value)은 귀무가설이 참일 때 대립가설의 방향으로 검정통계량 값을 얻을 확률을 말한다. 즉, p−값은 자료로부터 관측된 제1종 오류의 확률이다. p−값은 유의확률(有意確率, significance probability)이라고도 한다. 유의수준과 유의확률의 차이를 구분하는 것은 매우 중요하다.

p−값을 이용한 가설검정의 절차는 여러 단계를 거치는 전통적 방법보다 절차가 간단하다. 첫째, 표본자료를 이용하여 검정통계량을 계산한다. 둘째, 대립가설의 형태에 따라 p−값을 계산한다. 마지막으로 p−값 $\leq \alpha$이면 귀무가설을 기각하고, p−값 $> \alpha$이면 귀무가설을 기각하지 않는다.

일반적으로 양측검정의 경우 검정통계량 Z나 t의 값이 0에 가까울수록 p−값은 커지고 귀무가설을 기각하지 않는 방향으로 간다. 반대로 검정통계량 Z나 t의 값이 0으로부터 멀어질수록 p−값은 작아지고 귀무가설을 기각하는 방향으로 간다. p−값을 이용한 가설검정의 핵심은 p−값이 α 이하면 귀무가설을 기각하는 것이다. 대부분의 통계 소프트웨어는 정확한 p−값을 제공하기 때문에 p−값을 이용한 가설검정이 현실적으로 더 많이 사용된다.

예제 6-1 **유의수준과 유의확률의 차이**

유의수준과 유의확률의 차이에 대해 설명하시오.

유의수준은 α로 표기하고 가설검정에서 제1종 오류를 허용하는 최대 확률을 말한다. 유의확률은 p−값이라고도 하고 귀무가설이 참일 때 대립가설의 방향으로 검정통계량 값을 얻을 확률이다. 즉, 유의확률은 자료로부터 관측된 제1종 오류의 확률이다.

3 가설검정의 방법: 신뢰구간을 이용하는 방법

가설을 검정하기 위해서는 전통적 방법과 p−값을 이용하는 방법 외에도 신뢰구간을 이용할 수 있다. 이미 $\overline{X} \sim N(\mu, \frac{\sigma_X^2}{n})$이고 $Z_{\overline{X}} = \frac{\overline{X} - \mu_0}{\sigma_X / \sqrt{n}}$임을 설명한 바 있다. 이러한 사실을 이용하여 모평균에 대한 신뢰구간을 도출해보자. [그림 6-2]의 양측검정의 그림을 식으로 나타내면 다음과 같다.

$$P[-Z_{\alpha/2} < Z < Z_{\alpha/2}] = 1 - \alpha$$

$$\rightarrow P[-Z_{\alpha/2} < \frac{\overline{X} - \mu}{\sigma_X / \sqrt{n}} < Z_{\alpha/2}] = 1 - \alpha$$

$$\rightarrow P[-Z_{\alpha/2}\frac{\sigma_X}{\sqrt{n}} < \overline{X} - \mu < Z_{\alpha/2}\frac{\sigma_X}{\sqrt{n}}] = 1 - \alpha$$

$$\rightarrow P[-\overline{X} - Z_{\alpha/2}\frac{\sigma_X}{\sqrt{n}} < -\mu < -\overline{X} + Z_{\alpha/2}\frac{\sigma_X}{\sqrt{n}}] = 1 - \alpha$$

$$\rightarrow P[\overline{X} - Z_{\alpha/2}\frac{\sigma_X}{\sqrt{n}} < \mu < \overline{X} + Z_{\alpha/2}\frac{\sigma_X}{\sqrt{n}}] = 1 - \alpha \qquad (6\text{-}9)$$

식 (6-9)는 모평균(μ_X)이 $(\overline{X} - Z_{\alpha/2}\frac{\sigma_X}{\sqrt{n}})$보다 크고 $(\overline{X} + Z_{\alpha/2}\frac{\sigma_X}{\sqrt{n}})$보다 작을 확률은 $(1-\alpha)$라는 것이다. 다시 말하자면 양측검정의 경우 μ_X에 대한 $(1-\alpha)100\%$ 신뢰수준의 신뢰구간은 $(\overline{X} - Z_{\alpha/2}\frac{\sigma_X}{\sqrt{n}}, \overline{X} + Z_{\alpha/2}\frac{\sigma_X}{\sqrt{n}})$이다. 이를 달리 표현하면 $\overline{X} \pm Z_{\alpha/2}\frac{\sigma_X}{\sqrt{n}}$이다. 이러한 식을 일반적으로 표현하면 다음과 같다.

모평균(μ_X)에 대한 $(1-\alpha)100\%$ 신뢰구간: $\overline{X} \pm$ 검정통계량$_{\alpha/2}$($\overline{X}$의 표준오차)

다시 말하자면 우측검정의 경우 μ_X에 대한 $(1-\alpha)100\%$ 신뢰수준의 신뢰구간은 $(-\infty, \overline{X} + Z_{\alpha}\frac{\sigma_X}{\sqrt{n}})$이고 좌측검정의 경우 μ_X에 대한 $(1-\alpha)100\%$ 신뢰수준의 신뢰구간은 $(\overline{X} - Z_{\alpha}\frac{\sigma_X}{\sqrt{n}}, \infty)$이다.

전통적 방법 혹은 p-값을 이용하는 방법을 통한 모수에 대한 가설검정에서 유의수준 α를 설정한 후 귀무가설이 기각되면 모수에 대한 $(1-\alpha) \times 100\%$ 신뢰구간은 귀무가설에서 주장하는 모수 값을 포함하지 않는다. 즉, 유의수준 α에서 귀무가설이 기각되는 결과는 $(1-\alpha) \times 100\%$ 신뢰구간에서 귀무가설에서 주장하는 모수 값이 포함되지 않는 결과를 의미한다.

요약

- 통계적 가설이란 모수가 어떠한 값이라는 주장을 의미한다. 통계적 가설은 귀무가설(영가설)과 대립가설(연구가설)로 분류한다. 귀무가설은 기존에 알려졌던 주장이나 집단 간의 차이 또는 변수 간의 관계가 없다는 진술을 나타낸다. 반면에 대립가설은 기존에 알려졌던 주장에 대한 반박이나 집단 간의 차이 또는 변수 간의 관계가 있다는 진술을 나타낸다.
- 가설검정은 여러 단계를 거치는 전통적 방법, p−값을 이용하는 방법, 신뢰구간을 이용하는 방법 등이 있다.
- 전통적 방법의 가설검정은 귀무가설과 대립가설의 설정, 유의수준의 설정, 검정통계량의 선택과 검정통계량 값의 계산, 임계치를 통한 기각역의 계산, 귀무가설의 기각 여부 결정이라는 절차를 밟는다.
- 하나의 귀무가설에 대응될 수 있는 대립가설은 양측검정, 우측검정, 좌측검정의 세 가지가 있다.
- 가설검정에서 제1종 오류(참인 귀무가설을 기각하는 오류)와 제2종 오류(거짓인 귀무가설을 기각하지 않는 오류)가 가능하다. 유의수준이란 가설검정에서 제1종 오류를 허용하는 최대 확률을 의미하고 α로 표기한다.
- 귀무가설의 기각 여부를 결정하는 데 사용하는 통계량은 검정통계량이라고 한다. 검정통계량의 선택은 모집단에 대한 정보에 따라 달라진다.
- 기각역은 귀무가설이 기각되는 검정통계량 값의 영역이고 비기각역은 귀무가설이 기각될 수 없는 검정통계량 값의 영역이다. 임계치는 기각역과 비기각역을 구분짓는 경계에 있는 검정통계량 값이다. 임계치의 위치는 대립가설의 형태에 따라 달라진다. 양측검정의 경우 기각역은 검정통계량의 분포에서 양쪽 꼬리 부분이다. 좌측검정의 경우 기각역은 검정통계량 값이 임계치보다 작은 영역이다. 우측검정의 경우 기각역은 검정통계량 값이 임계치보다 큰 영역이다.
- 표본으로부터 계산된 검정통계량 값이 기각역에 속하면 설정된 유의수준에서 귀무가설을 기각한다. 귀무가설을 기각하는 않는 경우 귀무가설을 기각할 증거가 충분하지 않다고 결론을 짓는다.
- p−값(유의확률)은 귀무가설이 참일 때 대립가설의 방향으로 검정통계량 값을 얻을 확률을

말한다. 즉, $p-$값은 자료로부터 관측된 제1종 오류의 확률이다. $p-$값을 이용한 가설검정은 자료를 통해 검정통계량을 계산한 후 대립가설의 형태에 따라 $p-$값을 계산하고 $p-$값 $\le \alpha$이면 귀무가설을 기각하는 것이다.

- 전통적 방법 혹은 $p-$값을 이용하는 방법을 통한 가설검정에서 유의수준 α를 설정한 후 귀무가설이 기각되는 결과는 $(1-\alpha)\times 100\%$ 신뢰구간에서 귀무가설에서 주장하는 모수 값이 포함되지 않는 결과와 같다.

제7장

단일 집단의 모수에 대한 가설의 검정

1. 모평균에 대한 가설의 검정
2. 모비율에 대한 가설의 검정
3. 모분산에 대한 가설의 검정

1 모평균에 대한 가설의 검정

1 모평균에 대한 가설의 검정: 모분산을 아는 경우

한 집단의 모분산을 아는 경우 해당 집단의 모평균에 대한 가설 검정에서 사용되는 검정통계량은 다음과 같다.

$$Z = \frac{\overline{X} - \mu_0}{\sigma_X / \sqrt{n}} \tag{7-1}$$

식 (7-1)에서 $\overline{X}$는 표본평균이다. μ_0는 귀무가설에서 주장하고 있는 모평균 값이다. 분모에 나타난 $\sigma_X / \sqrt{n}$은 표본평균의 표준오차이다. σ_X는 X의 모표준편차, n은 표본 크기이다.

모분산을 아는 경우 모평균에 대한 가설의 검정을 위해 검정통계량 Z를 사용하려면 작은 표본의 경우($n < 30$) 모집단은 정규분포를 따를 것이라는 가정을 충족시켜야 한다. 중심극한정리에 의해 큰 표본의 경우($n \geq 30$) 표본평균의 분포는 정규분포에 근사한다. 따라서 표본이 크면 모집단은 정규분포를 따른다는 가정을 충족시키지 않아도 된다.

표본은 크게 확률표본과 비확률표본으로 구분된다. 일반적으로 통계분석 방법들은 자료가 비확률표본보다 확률표본에 의해 추출될 때 편향이 줄어드는 분석결과를 도출할 가능성이 커진다. 따라서 이 책에서 다루는 모든 모수적 통계분석방법에서 표본은 확률표본이라는 전제조건을 충족시킨다고 간주하고 설명한다.

한 집단의 모평균에 대한 귀무가설은 '$H_0 : \mu = \mu_0$'의 형식을 지닌다. 여기서 μ_0는 귀무가설에서 주장하는 모평균 값이다. 양측검정의 경우 대립가설은 '$H_a : \mu \neq \mu_0$'이고 자료로부터 계산된 검정통계량 Z의 값이 $Z_{\alpha/2}$보다 크거나 $-Z_{\alpha/2}$보다 작으면 유의수준 α에서 귀무가설을 기각한다. 우측검정의 경우 대립가설은 '$H_a : \mu > \mu_0$'이고 자료로부터 계산된 검정통계량 Z의 값이 Z_α보다 크면 유의수준 α에서 귀무가설을 기각한다. 그리고 좌측검정의 경우 대립가설은 '$H_a : \mu < \mu_0$'이고 자료로부터 계산된 검정통계량 Z의 값이 $-Z_\alpha$보다 작으면 유의수준 α에서 귀무가설을 기각한다. 이를 정리하면 〈표 7-1〉과 같다.

〈표 7-1〉 단일 모집단의 평균에 대한 가설 검정: 모분산을 아는 경우

귀무가설	대립가설의 유형	귀무가설의 기각역
$H_0 : \mu = \mu_0$	$H_a : \mu > \mu_0$	$Z > Z_\alpha$
	$H_a : \mu < \mu_0$	$Z < -Z_\alpha$
	$H_a : \mu \neq \mu_0$	$Z > Z_{\alpha/2}$ 또는 $Z < -Z_{\alpha/2}$

예제 7-1 **전통적 방법을 사용한 모평균에 대한 가설의 검정(모분산을 아는 경우)**

모분산을 아는 경우 전통적 방법으로 모평균에 대한 가설을 검정하기 위해 다음과 같은 예제를 고려해보자. 어떤 기업에서 직원들의 평균 나이가 40세가 넘는지 조사하고자 한다. 그 기업의 직원 나이의 표준편차는 6년으로 알려져 있다. 그 기업으로부터 36명의 확률표본을 추출하였고 표본의 평균 나이는 41세로 계산되었다. 유의수준 .05에서 해당 기업 직원의 평균 나이가 40세가 넘는지 검정하시오.

〈예제 7-1〉을 전통적 방법의 다섯 단계에 따라 풀어보자. 첫째, 귀무가설과 대립가설은 다음과 같다.

$$H_0 : \mu = 40 \text{ 그리고 } H_1 : \mu > 40$$

둘째, 유의수준은 .05로 주어졌다. 셋째, 표본 자료로부터 계산된 검정통계량 값은 다음과 같다.

$$Z = \frac{\overline{X} - \mu_0}{\sigma_X / \sqrt{n}} = \frac{41 - 40}{6/\sqrt{36}} = 1$$

넷째, 유의수준 .05에서 표준정규분포의 임계치는 $z = 1.645$이다. 그리고 1.645 이상은 귀무가설의 기각역이 된다. 다섯째, 검정통계량 값 1은 임계치 1.645보다 작기 때문에 귀무가설을 기각할 수 없다. 따라서 유의수준 .05에서 직원의 평균 나이가 40세라는 귀무가설을 기각할 수 없다.

예제 7-2 **p-값을 이용한 모평균에 대한 가설의 검정(모분산을 아는 경우)**

p-값을 이용하여 〈예제 7-1〉에서 제기한 가설을 검정하시오.

우선 귀무가설과 대립가설은 〈예제 7-1〉의 경우와 같다. 첫째, 표본자료로부터 계산된 검정통계량 Z 값은 1이다. 둘째, 표준정규분포표에서 검정통계량 Z의 값이 1인 경우에 $P(z \leq 1) = 0.8413$이다. 오른쪽 꼬리에서의 면적은 $1 - 0.8413 = 0.1587$이다. 즉, p-값은 0.1587이다. 셋째, p-값$=0.1587 > \alpha = .05$이기 때문에 귀무가설을 기각할 수 없다. 즉, 유의수준 .05에서 직원의 평균 나이가 40세라는 귀무가설을 기각할 수 없다.

2 모평균에 대한 가설의 검정: 모분산을 모르는 경우

모분산을 모르는 경우 단일 집단의 모평균에 대한 가설의 검정통계량은 다음과 같다.

$$t = \frac{\overline{X} - \mu_0}{s_X / \sqrt{n}} \tag{7-2}$$

식 (7-2)에서 자유도는 $n-1$이다. 검정통계량 t는 검정통계량 Z의 공식과 유사한데, 모표준편차 σ_X 대신에 표본표준편차 s_X가 사용되는 것이 차이점이다. $\overline{X}$는 표본평균, μ_0는 귀무가설에서 주장하고 있는 모평균, n은 표본 크기이다.

한 집단의 모평균에 대한 가설의 검정에 있어서 모분산을 아는 경우와 모르는 경우의 차이점은 검정통계량으로 Z 대신에 t를 사용한다는 것이다. 모분산을 모르는 경우 한 집단의 모평균에 대한 세 가지 유형의 대립가설과 그에 대응하는 기각역을 정리하면 〈표 7-2〉와 같다.

〈표 7-2〉 단일 모집단의 평균에 대한 가설 검정: 모분산을 모르는 경우

귀무가설	대립가설의 유형	귀무가설의 기각역
$H_0 : \mu = \mu_0$	$H_a : \mu > \mu_0$	$t > t_\alpha$
	$H_a : \mu < \mu_0$	$t < -t_\alpha$
	$H_a : \mu \neq \mu_0$	$t > t_{\alpha/2}$ 또는 $t < -t_{\alpha/2}$

예제 7-3 **전통적 방법을 사용한 모평균에 대한 가설의 검정(모분산을 모르는 경우)**

모분산을 모르는 경우 전통적 방법으로 모평균에 대한 가설을 검정하기 위해 다음과 같은 예제를 고려해보자. 어떤 기업에 다니는 직원들의 평균 나이가 40세보다 적은지 조사하고자 한다. 해당 기업의 직원 나이의 모표준편차는 알려지지 않고 있다. 그 기업에서 16명의 확률표본을 추출한 결과 표본의 평균 나이는 39세이고 표본의 표준

편차는 2년으로 나타났다. 유의수준 .05에서 해당 기업 직원의 평균 나이가 40세 미만인지 검정하시오.

〈예제 7-3〉을 전통적 방법의 다섯 단계에 따라 풀어보자. 첫째, 귀무가설과 대립가설은 다음과 같다.

$$H_0 : \mu = 40 \text{ 그리고 } H_1 : \mu < 40$$

둘째, 유의수준은 .05로 주어졌다. 셋째, 표본 자료로부터 계산된 검정통계량 값은 다음과 같다.

$$t = \frac{\overline{X} - \mu_0}{s_X / \sqrt{n}} = \frac{39 - 40}{2/\sqrt{16}} = -2$$

넷째, 부록의 〈표 5〉에서 유의수준이 .05인 경우 자유도 15(= 16 − 1)를 가진 t 분포를 보면, 우측검정의 경우 오른쪽 꼬리에 있는 임계치는 $t = 1.753$이다. t 분포는 정규분포와 마찬가지로 좌우대칭이다. 따라서 좌측검정의 경우 왼쪽 꼬리에 있는 임계치는 $t = -1.753$이다. t 값이 -1.753 이하인 범위는 귀무가설의 기각역이 된다. 다섯째, 검정통계량 t의 값 -2는 임계치 -1.753보다 작아서 기각역에 속하기 때문에 귀무가설을 기각한다. 즉, 유의수준 .05에서 해당 기업 직원의 평균 나이가 40세라는 귀무가설을 기각할 수 있고 해당 기업 직원의 평균 나이가 40세 미만이라는 대립가설을 받아들인다.

예제 7-4 **p−값을 이용한 모평균에 대한 가설의 검정(모분산을 모르는 경우)**

검정통계량 t의 값이 2라고 가정하자. 표본 크기는 16이다. 대립가설은 '모평균이 특정한 값보다 크다'로 설정되었다. 이러한 경우에 대해 t−분포표로부터 p−값의 범위를 구하시오.

〈예제 7-4〉의 풀이 과정은 다음과 같다. 대립가설을 '모평균이 특정한 값보다 크다'로 설정한 경우에 기각역은 t−분포의 오른쪽 꼬리 부분이 된다. p−값을 구하기 위해서 t−분포표에서 검정통계량 t의 값에 따른 누적확률을 확인해야 한다. t−분포표를 보면 자유도 15(=16−1)의 행과 $\alpha = .05$의 열이 교차하는 점에 1.753이 있다. 이는 $P(t >$

$1.753) = .05$임을 의미한다. 자유도 15의 행과 $\alpha = .025$의 열이 교차하는 점에 2.131이 있다. 이는 $P(t > 2.131) = .025$임을 의미한다. 따라서 검정통계량 t 값이 2인 경우 그에 상응하는 p-값은 .025와 .05 사이에 있다. 따라서 유의수준 .05에서 대립가설을 받아들일 수 있다. t-분포표를 사용하면 정확한 p-값을 알 수 없는 경우가 많다. 그러나 통계 프로그램을 사용하면 정확한 p-값이 계산되어 나온다.

2 모비율에 대한 가설의 검정

모비율(population proportion)은 모집단의 비율을 말한다. 모비율의 예로는 성인이 특정 미디어를 이용하는 비율, 소비자가 특정 브랜드의 상품을 구매하는 비율 등을 들 수 있다. 모비율은 모집단의 백분율과 같다. 모비율에 대한 가설검정은 실험(또는 관측) 결과가 두 개만 있고 성공 확률(p)이 시행마다 변하지 않을 경우의 이항분포와 밀접하게 관련된다. 이항분포를 따르는 확률변수 X에 대한 평균은 np이고 표준편차는 $\sqrt{np(1-p)}$이다.

표본 크기가 충분히 커서 $np \geq 5$이고 $n(1-p) \geq 5$이면 이항분포를 따르는 X는 근사적으로 정규분포 $N(np, npq)$를 따른다. 여기서 $q = 1-p$이다. 따라서 표본이 큰 경우 표준정규분포를 이용하여 모비율에 대한 가설을 검정할 수 있다. 단일 집단의 모비율에 대한 가설 검정에서 사용되는 검정통계량은 다음과 같다.

$$Z = \frac{\hat{p} - p_0}{\sqrt{p_0(1-p_0)/n}} \qquad (7\text{-}3)$$

식 (7-3)에서 $\hat{p}\,(= X/n)$은 표본비율이다. p_0는 귀무가설에서 주장하는 모비율의 값이다. n은 표본 크기, $\sqrt{p_0(1-p_0)/n}$은 귀무가설이 참이라고 가정할 때 표본비율의 표준오차다.

모비율에 대한 가설의 검정을 위해 검정통계량 Z를 사용하려면 확률표본이고 $np \geq 5$이면서 $n(1-p) \geq 5$라는 가정을 충족시켜야 한다. 검정통계량 $Z = \frac{\hat{p} - p_0}{\sqrt{p_0(1-p_0)/n}}$는 표준화 공식 $Z = \frac{X-\mu}{\sigma}$에서 μ의 위치에 이항분포를 따르는 X의 평균(np)을 대입하고 σ의 위치에 X의 표준편차($\sqrt{np(1-p)}$)를 대입한 후 분모와 분자를 모두 n으로 나누어

도출된 것이다. 도출 과정은 다음과 같다.

$$Z = \frac{X-\mu}{\sigma} = \frac{X-np}{\sqrt{np(1-p)}} = \frac{(X-np)/n}{\sqrt{np(1-p)}/n} = \frac{X/n-p}{\sqrt{p(1-p)/n}} = \frac{\hat{p}-p}{\sqrt{p(1-p)/n}}$$

한 집단의 모비율에 대한 귀무가설은 '$H_0 : p = p_0$'의 형식을 지닌다. 여기서 p_0는 귀무가설에서 주장하는 모비율 값이다. 양측검정의 경우 모비율에 대한 대립가설은 '$H_a : p \neq p_0$'이고 자료로부터 계산된 검정통계량 Z의 값이 $Z_{\alpha/2}$보다 크거나 $-Z_{\alpha/2}$보다 작으면 유의수준 α에서 귀무가설을 기각한다. 우측검정의 경우 대립가설은 '$H_a : p > p_0$'이고 자료로부터 계산된 검정통계량 Z의 값이 Z_α보다 크면 유의수준 α에서 귀무가설을 기각한다. 그리고 좌측검정의 경우 대립가설은 '$H_a : p < p_0$'이고 자료로부터 계산된 검정통계량 Z의 값이 $-Z_\alpha$보다 작으면 유의수준 α에서 귀무가설을 기각한다. 이를 정리하면 〈표 7-3〉과 같다.

〈표 7-3〉 단일 모집단의 비율에 대한 가설 검정

귀무가설	대립가설의 유형	귀무가설의 기각역
$H_0 : p = p_0$	$H_a : p > p_0$	$Z > Z_\alpha$
	$H_a : p < p_0$	$Z < -Z_\alpha$
	$H_a : p \neq p_0$	$Z > Z_{\alpha/2}$ 또는 $Z < -Z_{\alpha/2}$

예제 7-5 **단일 모집단의 비율에 대한 가설의 검정**

어떤 여론조사 기관이 국내 성인을 대상으로 조사한 결과 지구온난화가 인류에 심각한 위협이라고 인식하는 비율은 86%로 나타났다. 이 주장에 의구심을 가진 어떤 연구자는 성인 100명의 확률표본을 조사한 결과 90명이 지구온난화가 인류에 심각한 위협이라고 응답했다. 유의수준 .05에서 여론조사 기관의 결과를 기각할 만한 근거가 있는가?

〈예제 7-5〉를 전통적 방법의 다섯 단계에 따라 풀어보자. 첫째, 귀무가설과 대립가설은 다음과 같다.

$$H_0 : p = 0.86 \text{ 대 } H_1 : p \neq 0.86$$

둘째, 유의수준은 .05로 주어져 있다. 셋째, 표본 자료로부터 검정통계량의 값을 계산하기 위해 $\hat{p}$, p_0, $1-p_0$, n의 값을 계산해야 한다. $\hat{p} = X/n = 90/100 = 0.90$, $p_0 = 0.86$, $1-p_0 = 0.14$, $n = 100$이다. 이러한 값을 모비율에 대한 검정통계량의 식 (7-3)에 대입하면 다음과 같다.

$$Z = \frac{\hat{p} - p_0}{\sqrt{p_0(1-p_0)/n}} = \frac{0.90 - 0.86}{\sqrt{(0.86)(0.14)/100}} = 1.15$$

넷째, 유의수준은 .05이고 양측검정이므로 표준정규분포에서 임계치는 ±1.96이다. 따라서 기각역은 −1.96보다 작거나 1.96보다 큰 영역이다. 다섯째, 자료로부터 계산된 검정통계량 값 1.15는 기각역에 속하지 않아서 귀무가설을 기각할 수 없다. 즉, 유의수준 .05에서 귀무가설(여론 조사기관의 결과)을 기각할 수 없다.

3 모분산에 대한 가설의 검정

연구자는 어떤 집단에서 분산에 대한 가설을 검정하는 것이 필요할 때가 있다. 예를 들면 부품 생산 공정에서 부품의 크기나 품질에 있어서 일관성이 요구되는 경우 크기나 품질의 분산은 작을수록 바람직하다. 이 경우에 부품의 크기나 품질의 분산이 작은가를 조사할 수 있다. 다른 예를 들면 시험을 통해 학생들의 학습 능력을 판단하는 경우에는 성적의 분산이 커야 시험의 변별력이 높다. 이런 경우에는 성적 분포의 분산을 조사하여 변별력의 정도를 알 수 있다.

단일 집단의 모분산에 대한 가설 검정에서 사용되는 검정통계량은 다음과 같다.

$$\chi^2 = \frac{(n-1)s^2}{\sigma_0^2} \tag{7-4}$$

식 (7-4)에서 χ^2은 자유도 $(n-1)$을 갖는 카이제곱분포를 따른다. n은 표본크기, s^2은 표본분산, σ_0^2은 귀무가설에서 주장하는 모분산의 값이다. 모분산에 대한 가설에서 검정통계량 χ^2을 사용하려면 모집단은 정규분포를 따른다는 가정을 충족시켜야 한다.

단일 집단의 모분산에 대한 귀무가설은 '$H_0 : \sigma^2 = \sigma_0^2$'의 형식을 지닌다. 여기서 σ_0^2는 귀무가설에서 주장하는 모분산 값이다. 양측검정의 경우 대립가설은 '$H_a : \sigma^2 \neq \sigma_0^2$'이고 자료로부터 계산된 검정통계량 χ^2의 값이 $\chi^2_{\alpha/2}$보다 크거나 $\chi^2_{1-\alpha/2}$보다 작으면 유의수준 α에서 귀무가설을 기각한다. 우측검정의 경우 대립가설은 '$H_a : \sigma^2 > \sigma_0^2$'이고 자료로부터 계산된 검정통계량 χ^2의 값이 χ^2_α보다 크면 유의수준 α에서 귀무가설을 기각한다. 그리고 좌측검정의 경우 대립가설은 '$H_a : \sigma^2 < \sigma_0^2$'이고 자료로부터 계산된 검정통계량 χ^2의 값이 $\chi^2_{1-\alpha}$보다 작으면 유의수준 α에서 귀무가설을 기각한다. 이를 정리하면 〈표 7-4〉와 같다.

〈표 7-4〉 단일 모집단의 분산에 대한 가설 검정

귀무가설	대립가설의 유형	귀무가설의 기각역
$H_0 : \sigma^2 = \sigma_0^2$	$H_a : \sigma^2 > \sigma_0^2$	$\chi^2 > \chi^2_\alpha$
	$H_a : \sigma^2 < \sigma_0^2$	$\chi^2 < \chi^2_{1-\alpha}$
	$H_a : \sigma^2 \neq \sigma_0^2$	$\chi^2 > \chi^2_{\alpha/2}$ 또는 $\chi^2 < \chi^2_{1-\alpha/2}$

예제 7-6 **단일 모집단의 분산에 대한 가설의 검정**

어떤 제조 공정에서 부품 크기의 표준편차를 0.20mm 미만으로 하는 새로운 지침을 정했다. 새로운 지침을 정한 후에 무작위로 30개의 부품을 추출하여 조사한 결과 0.30mm의 표준편차를 나타냈다. 유의수준 .05에서 제조 공정이 새로운 지침을 따르는지 검정하시오.

〈예제 7-6〉을 전통적 방법의 다섯 단계에 따라 풀어보자. 첫째, 새로운 지침에서 정한 기준치를 근거로 하여 귀무가설에서 주장하는 표준편차는 0.20으로 설정한다. 그러면 귀무가설에서 주장하는 분산은 $(0.20)^2 = 0.04$가 된다. 그리고 대립가설은 새로운 지침을 따르는 것으로 설정한다. 따라서 귀무가설과 대립가설은 다음과 같다.

$$H_0 : \sigma^2 = 0.04 \text{ 그리고 } H_1 : \sigma^2 < 0.04$$

둘째, 유의수준은 .05로 주어져 있다. 셋째, 표본의 크기 n, 표본분산 s^2, 귀무가설에서 주장하는 모분산 값 σ_0^2을 식 (7-4)에 대입하면 모분산에 대한 검정통계량 값은 다음과 같다.

$$\chi^2 = \frac{(n-1)s^2}{\sigma_0^2} = \frac{(30-1)(0.30)^2}{0.04} = 65.25$$

넷째, 좌측 검정이고 α는 .05이고 자유도는 29($= n-1 = 30-1$)이다. 이에 해당하는 임계치를 카이제곱분포표에서 찾아보면 17.708이다. 좌측 검정이므로 기각역은 카이제곱분포의 왼쪽 꼬리에 있다, 따라서 검정통계량 값이 임계치 17.708보다 작은 영역은 기각역이 된다. 다섯째, 검정통계량 값 65.25는 임계치 17.708보다 크므로 유의수준 .05에서 귀무가설을 기각할 수 없다. 즉, 유의수준 .05에서 제조 공정은 새로운 지침을 따르지 않고 있다.

요약

가설 유형	모분산 정보	검정통계량
단일 집단의 모평균	모분산을 아는 경우	$Z = \dfrac{\overline{X} - \mu_0}{\sigma_X / \sqrt{n}}$
	모분산을 모르는 경우	$t = \dfrac{\overline{X} - \mu_0}{s_X / \sqrt{n}}$
단일 집단의 모비율		$Z = \dfrac{\hat{p} - p_0}{\sqrt{p_0(1-p_0)/n}}$
단일 집단의 모분산		$\chi^2 = \dfrac{(n-1)s^2}{\sigma_0^2}$

제8장

두 집단의 모수의 차이에 대한 가설의 검정

1. 두 모평균 간 차이에 대한 검정
2. 두 모비율 간 차이에 대한 검정
3. 두 모분산 간 차이에 대한 검정

1 두 모평균 간 차이에 대한 검정

두 모집단의 평균을 비교하는 문제는 다양한 상황에서 나타날 수 있다. 예를 들면 어떤 대학교에서 남학생과 여학생의 성적에 차이가 있는지 또는 같은 제품을 생산하는 두 공장에서 노동생산성의 차이가 있는지 등을 조사할 수 있다. 두 집단의 모평균인 μ_1과 μ_2의 차이에 대한 양측검정의 경우 가설은 다음과 같다.

$$H_0 : \mu_1 = \mu_2 \text{ 그리고 } H_a : \mu_1 \neq \mu_2$$

이러한 가설을 다른 방법으로 표현하면 다음과 같다.

$$H_0 : \mu_1 - \mu_2 = 0 \text{ 그리고 } H_a : \mu_1 - \mu_2 \neq 0$$

두 모평균의 차이에 대한 우측검정을 할 때 대립가설은 $\mu_1 > \mu_2$(또는 $\mu_1 - \mu_2 > 0$)이고 두 모평균의 차이에 대한 좌측검정을 할 때 대립가설은 $\mu_1 < \mu_2$(또는 $\mu_1 - \mu_2 < 0$)이다. 두 모평균의 비교는 각 모집단에서 추출된 표본들이 서로 독립적으로 추출된 경우(독립 표본)와 그렇지 않은 경우(대응 표본)에 따라 검정 방법이 다르다.

1 두 모평균 간 차이에 대한 검정: 독립 표본의 경우

두 모평균의 비교에서 모분산에 대한 정보의 유무에 따라 검정통계량이 달라진다. 모분산을 아는 경우 두 모평균 간 차이를 검정하기 위해 검정통계량 Z를 이용할 수 있다. 그리고 검정통계량 Z를 이용하려면 표본 크기가 30 미만인 경우 모집단은 정규분포를 따라야 한다.

(1) 모분산을 아는 경우

독립적인 두 모집단을 대상으로 조사할 때, 두 모평균을 비교하기 위한 검정통계량 Z는 다음과 같다.

$$Z = \frac{(\overline{X_1} - \overline{X_2}) - (\mu_1 - \mu_2)}{\sqrt{\frac{\sigma_1^2}{n_1} + \frac{\sigma_2^2}{n_2}}} \tag{8-1}$$

식 (8-1)에서 $(\overline{X_1} - \overline{X_2})$는 두 표본평균의 차이다. $(\mu_1 - \mu_2)$는 귀무가설이 참인 경우의 기댓값으로 귀무가설의 주장을 의미한다. $(\overline{X_1} - \overline{X_2})$의 분산은 $\overline{X_1}$의 분산과 $\overline{X_2}$의 분산의 합과 같다. 즉, $\sigma^2_{\overline{X_1}-\overline{X_2}} = \sigma^2_{\overline{X_1}} + \sigma^2_{\overline{X_2}}$이다. $\sigma^2_{\overline{X_1}} = \frac{\sigma_1^2}{n_1}$이고 $\sigma^2_{\overline{X_2}} = \frac{\sigma_2^2}{n_2}$이다. 따라서 $(\overline{X_1} - \overline{X_2})$의 표준편차(표준오차)는 $\sqrt{\frac{\sigma_1^2}{n_1} + \frac{\sigma_2^2}{n_2}}$이다.

모분산이 알려져 있을 때 두 모평균 간 차이에 대한 양측검정의 경우($H_a : \mu_1 - \mu_2 \neq 0$) 자료로부터 계산된 z의 값이 $z_{\alpha/2}$보다 크거나 $-z_{\alpha/2}$보다 작으면 유의수준 α에서 귀무가설을 기각한다. 우측검정의 경우($H_a : \mu_1 - \mu_2 > 0$) 자료로부터 계산된 검정통계량 z의 값이 z_α보다 크면 유의수준 α에서 귀무가설을 기각한다. 그리고 좌측검정의 경우($H_a : \mu_1 - \mu_2 < 0$) 자료로부터 계산된 z의 값이 $-z_\alpha$보다 작으면 유의수준 α에서 귀무가설을 기각한다. 이를 정리하면 〈표 8-1〉과 같다.

〈표 8-1〉 두 모평균 간 차이에 대한 가설 검정: 모분산을 아는 경우

귀무가설	대립가설의 유형	귀무가설의 기각역
$H_0 : \mu_1 = \mu_2$	$H_a : \mu_1 > \mu_2$	$z > z_\alpha$
	$H_a : \mu_1 < \mu_2$	$z < -z_\alpha$
	$H_a : \mu_1 \neq \mu_2$	$z > z_{\alpha/2}$ 또는 $z < -z_{\alpha/2}$

예제 8-1 **독립 표본의 경우 두 모평균 간 차이의 검정(모분산을 아는 경우)**

각각 100명으로 구성된 두 개의 표본을 조사한 결과 첫 번째 표본의 주당 평균 운동시간은 10시간이고 두 번째 표본의 주당 평균 운동시간은 9시간으로 나타났다. 첫 번째 모집단의 표준편차는 5시간이고 두 번째 모집단의 표준편차는 4시간으로 알려져 있다. 유의수준 .05에서 두 모집단의 평균 운동시간에 유의한 차이가 있는지 검정하시오.

〈예제 8-1〉의 풀이 과정에서 첫째 단계로 가설 설정은 다음과 같다.

$H_0 : \mu_1 = \mu_2$ 그리고 $H_1 : \mu_1 \neq \mu_2$

둘째, 유의수준은 .05로 주어져 있다. 셋째, 검정통계량 값을 계산하면 다음과 같다.

$$z = \frac{(\overline{X_1} - \overline{X_2}) - (\mu_1 - \mu_2)}{\sqrt{\dfrac{\sigma_1^2}{n_1} + \dfrac{\sigma_2^2}{n_2}}} = \frac{(10 - 9) - 0}{\sqrt{\dfrac{5^2}{100} + \dfrac{4^2}{100}}} = 1.56$$

넷째, 유의수준이 0.05이므로 표준정규분포표에서 임계치는 −1.96과 1.96임을 알 수 있다. 다섯째, 자료로부터 계산된 검정통계량 값 1.56은 비기각역인 −1.96과 1.96 사이에 있으므로 귀무가설을 기각할 수 없다. 즉, 유의수준 .05에서 두 모집단의 평균 운동시간은 통계적으로 유의한 차이가 있다고 할 수 없다.

예제 8-2 **독립 표본의 경우 두 모평균 간 차이의 신뢰구간(모분산을 아는 경우)**

〈예제 8-1〉의 정보를 이용하여 두 모평균의 차이에 대한 95% 신뢰구간을 구하시오 .

〈예제 8-2〉를 풀기 위해서는 신뢰구간과 유의수준의 관계, 그리고 신뢰구간의 공식을 알아야 한다. 95% 신뢰구간이므로 α는 .05이다.

6장에서 모평균(μ_X)에 대한 $(1-\alpha)100\%$ 신뢰구간은 '$\overline{X}$ ± 검정통계량$_{\alpha/2}$($\overline{X}$의 표준오차)'이라고 설명한 바 있다. 같은 맥락에서 두 모평균의 차이($\mu_1 - \mu_2$)에 대한 $(1-\alpha)100\%$ 신뢰구간은 '$(\overline{X_1} - \overline{X_2})$ ± 검정통계량$_{\alpha/2}$ [$(\overline{X_1} - \overline{X_2})$의 표준오차]'이다. 따라서 $z_{\alpha/2} = 1.96$을 신뢰구간 공식에 대입하면 다음과 같다.

$$(\overline{X_1} - \overline{X_2}) - z_{\alpha/2}\sqrt{\frac{\sigma_1^2}{n_1} + \frac{\sigma_2^2}{n_2}} < \mu_1 - \mu_2 < (\overline{X_1} - \overline{X_2}) + z_{\alpha/2}\sqrt{\frac{\sigma_1^2}{n_1} + \frac{\sigma_2^2}{n_2}}$$

$$(10 - 9) - 1.96\sqrt{\frac{5^2}{100} + \frac{4^2}{100}} < \mu_1 - \mu_2 < (10 - 9) + 1.96\sqrt{\frac{5^2}{100} + \frac{4^2}{100}}$$

$$-0.255 < \mu_1 - \mu_2 < 2.255$$

두 모집단의 평균 운동시간 차이에 대한 95% 신뢰구간의 하한은 −0.225 시간이고 상한은 2.255 시간이다. 여기서 두 모평균의 차이에 대한 95% 신뢰구간은 0을 포함한다. 이러한 결과는 〈예제 8-1〉에서 유의수준 .05에서 두 모평균의 차이가 없다는 귀무가설을 기각할 수 없다는 결과와 부합한다.

(2) 모분산을 모르는 경우

두 모집단의 분산 σ_1^2, σ_2^2을 모르는 경우 검정통계량 t를 사용한다. 대체로 표본분산이 두 집단 간에 유사하면 두 모분산이 같다고 가정할 수 있고 표본분산이 두 집단 간에 차이가 크면 두 모분산이 다르다고 가정할 수 있다. 두 모분산이 같다고 가정하는 경우($\sigma_1^2 = \sigma_2^2$)와 두 모분산이 다르다고 가정하는 경우($\sigma_1^2 \neq \sigma_2^2$)에 검정통계량 t의 계산 방식에서 차이가 난다. 여기서는 두 가지 경우를 구분하여 설명하고자 한다.

① 두 모분산이 같다고 가정하는 경우

두 모분산이 같다고 가정할 때 두 모평균을 비교하기 위한 검정통계량 t는 다음과 같다.

$$t = \frac{(\overline{X_1} - \overline{X_2}) - (\mu_1 - \mu_2)}{\sqrt{\frac{s_p^2}{n_1} + \frac{s_p^2}{n_2}}} \tag{8-2}$$

식 (8–2)에서 t는 자유도 $(n_1 + n_2 - 2)$를 가진 t–분포를 따른다. $\overline{X_1}$는 표본 1의 평균, $\overline{X_2}$는 표본 2의 평균이다. 따라서 $(\overline{X_1} - \overline{X_2})$는 표본평균의 관측된 차이이다. $(\mu_1 - \mu_2)$는 귀무가설에서 주장하는 두 모평균의 차이이다. 분모에는 $(\overline{X_1} - \overline{X_2})$의 표준오차가 있다. 모분산의 추정량으로는 s_p^2을 사용한다. s_p^2은 다음과 같이 계산한다.

$$s_p^2 = \frac{(n_1 - 1)s_1^2 + (n_2 - 1)s_2^2}{n_1 + n_2 - 2} \tag{8-3}$$

식 (8–3)에서 s_1^2은 표본 1의 표본분산이고 s_2^2은 표본 2의 표본분산이다. s_p^2은 표본의 크기에 가중치를 두어 모분산을 추정한 것으로 합동표본분산(pooled sample variance)이라 한다.

② 두 모분산이 다르다고 가정하는 경우

두 모분산이 다르다고 가정하는 경우 두 모평균을 비교하기 위한 검정통계량 t의 공식은 다음과 같다.

$$t = \frac{(\overline{X_1} - \overline{X_2}) - (\mu_1 - \mu_2)}{\sqrt{\frac{s_1^2}{n_1} + \frac{s_2^2}{n_2}}} \tag{8-4}$$

식 (8-4)에서 $(\overline{X_1} - \overline{X_2})$는 표본평균의 관측된 차이이고 $(\mu_1 - \mu_2)$는 귀무가설에서 주장하는 두 모평균의 차이다. 분모에는 $(\overline{X_1} - \overline{X_2})$의 표준오차가 있는데, 모분산($\sigma_1^2$과 σ_2^2) 대신에 표본분산(s_1^2과 s_2^2)을 사용했다. 여기서 t의 자유도는 식 (8-5)를 통해 계산한다.[34, 76]

$$\text{자유도} = \frac{(s_1^2/n_1 + s_2^2/n_2)^2}{(s_1^2/n_1)^2/(n_1 - 1) + (s_2^2/n_2)^2/(n_2 - 1)} \tag{8-5}$$

모분산을 모를 때 두 모평균의 차이에 대한 양측검정의 경우($H_a : \mu_1 - \mu_2 \neq 0$) 자료로부터 계산된 t의 값이 $t_{\alpha/2}$보다 크거나 $-t_{\alpha/2}$보다 작으면 유의수준 α에서 귀무가설을 기각한다. 우측검정의 경우($H_a : \mu_1 - \mu_2 > 0$) 검정통계량 t의 값이 t_α보다 크면 유의수준 α에서 귀무가설을 기각한다. 그리고 좌측검정의 경우($H_a : \mu_1 - \mu_2 < 0$) 자료로부터 계산된 t의 값이 $-t_\alpha$보다 작으면 유의수준 α에서 귀무가설을 기각한다. 이를 정리하면 〈표 8-2〉와 같다. 두 모집단의 분산이 같다고 가정하는 경우와 그렇지 않다고 가정하는 경우에 자료로부터 계산되는 검정통계량 t의 공식에 차이가 있다는 것을 유념해야 한다. 전자의 경우 검정통계량 t의 공식에서 합동표본분산을 사용하는 반면 후자의 경우 자유도가 복잡하게 계산된다.

〈표 8-2〉 두 모평균 간 차이에 대한 가설 검정: 모분산을 모르는 경우

귀무가설	대립가설의 유형	귀무가설의 기각역
$H_0 : \mu_1 = \mu_2$	$H_a : \mu_1 > \mu_2$	$t > t_\alpha$
	$H_a : \mu_1 < \mu_2$	$t < -t_\alpha$
	$H_a : \mu_1 \neq \mu_2$	$t > t_{\alpha/2}$ 또는 $t < -t_{\alpha/2}$

예제 8-3 **독립 표본의 경우 두 모평균 간 차이의 검정(모분산을 모르는 경우)**

어느 대학교에서 남학생과 여학생 간에 뉴스이용시간에 차이가 있는지 알아보기 위해 각각 21명과 20명을 조사한 결과 주당 뉴스이용시간의 평균이 각각 200분과 190분

이고 표준편차는 각각 20분과 15분이었다. 유의수준 .05에서 남학생 집단과 여학생집단 간에 평균 뉴스이용시간에 차이가 있는지 검정하시오. 참고로 자유도 37을 갖는 t-분포에서 t 값이 2.03 이하일 확률은 0.975이다.

〈예제 8-3〉의 풀이 과정은 다음과 같다. 첫째, 가설은 다음과 같이 설정한다.

$H_0 : \mu_1 = \mu_2$ 그리고 $H_1 : \mu_1 \neq \mu_2$

둘째, 유의수준은 .05로 주어져 있다. 셋째, 두 모분산에 대한 정보가 없고 두 표본표준편차의 차이가 크므로 두 모분산은 다르다고 가정한다. 모분산을 모를 때 두 모분산이 다르다고 가정하는 경우 검정통계량 값은 다음과 같이 계산된다.

$$t = \frac{(\overline{X_1} - \overline{X_2}) - (\mu_1 - \mu_2)}{\sqrt{\frac{s_1^2}{n_1} + \frac{s_2^2}{n_2}}} = \frac{(200 - 190) - 0}{\sqrt{\frac{20^2}{21} + \frac{15^2}{20}}} = 1.818$$

귀무가설은 '$\mu_1 = \mu_2$'라고 주장했는데, 이는 '$\mu_1 - \mu_2 = 0$'을 의미한다. 따라서 위의 식에서 $(\mu_1 - \mu_2)$의 위치에 0이 대입된 것이다. 넷째, 임계치를 구한다. 두 모분산이 다르다고 가정하는 경우에 자유도를 나타내는 식 (8-5)에 각 표본분산의 값과 표본 크기의 값을 대입하면 자유도는 약 37이다. 자유도 37을 갖는 t-분포에서 왼쪽 꼬리의 확률 면적이 0.025인 임계치와 오른쪽 꼬리의 확률 면적이 0.025인 임계치를 찾아야 한다. 그 임계치는 −2.03과 2.03이다. 즉, 유의수준 .05의 양측검정에서 임계치는 −2.03과 2.03이 된다. 귀무가설에 대한 비기각역은 −2.03과 2.03의 사이에 있다. 다섯째, 자료로부터 계산된 검정통계량 값 1.818은 비기각역인 −2.03과 2.03의 사이에 있으므로 귀무가설을 기각할 수 없다. 즉, 유의수준 .05에서 남학생 모집단과 여학생 모집단의 주당 평균 뉴스이용시간에 통계적으로 유의한 차이가 있다고 할 수 없다.

예제 8-4 독립 표본의 경우 두 모평균 간 차이의 신뢰구간(모분산을 모르는 경우)

〈예제 8-3〉의 정보를 바탕으로 두 모평균의 차이에 대한 95% 신뢰구간을 구하시오.

〈예제 8-4〉의 풀이를 위해 독립 표본의 경우 모평균의 차이 $(\mu_1 - \mu_2)$에 대한

$(1-\alpha)100\%$ 신뢰구간은 $(\overline{X_1}-\overline{X_2}) \pm t_{\alpha/2}\sqrt{\frac{s_1^2}{n_1}+\frac{s_2^2}{n_2}}$ 임을 알아야 한다. 이러한 식을 일반적으로 표현하면 다음과 같다.

$$(\overline{X_1}-\overline{X_2}) - t_{\alpha/2}\sqrt{\frac{s_1^2}{n_1}+\frac{s_2^2}{n_2}} < (\mu_1-\mu_2) < (\overline{X_1}-\overline{X_2}) + t_{\alpha/2}\sqrt{\frac{s_1^2}{n_1}+\frac{s_2^2}{n_2}}$$

위의 식에서 $(\overline{X_1}-\overline{X_2})$의 자리에 10을 넣고 양측검정의 임계치인 $-t_{\alpha/2} =- t_{0.05/2} = -2.03$과 $t_{\alpha/2} = t_{0.05/2} = 2.03$을 넣은 후 나머지 정보를 대입하면 다음과 같다.

$$(200-190)-2.03\sqrt{\frac{20^2}{21}+\frac{15^2}{20}} < (\mu_1-\mu_2) < (200-190)+2.03\sqrt{\frac{20^2}{21}+\frac{15^2}{20}}$$

$$-1.174 < (\mu_1-\mu_2) < 21.174$$

두 모평균의 차이에 대한 95% 신뢰구간 안에 0이 포함되므로 두 모평균이 다르다는 주장을 지지할 만한 충분한 증거가 없다.

2 두 모평균 간 차이에 대한 검정: 대응 표본의 경우

짝으로 이루어진 자료 또는 쌍체 자료(paired data)는 두 변수의 값이 서로 연관된 자료를 의미한다. 이러한 자료는 독립 표본이 아니고 대응 표본이다. 대응 표본은 종속 표본(dependent sample)이라고도 한다. 예를 들면 어떤 약의 효과를 알아보기 위해 동일인들을 대상으로 약 복용 전의 사전 검사와 약 복용 후의 사후 검사를 실시하여 두 검사의 평균 차이가 있는지 알아볼 수 있다. 이 경우에 동일인을 두 번의 검사에서 사용하므로 두 표본은 서로 관련이 있어서 대응 표본이다. 대응 표본에서 두 개의 평균은 동일한 연구대상들로부터 서로 다른 두 시점이나 서로 다른 조건에서 얻은 측정값을 통해 구할 수 있다.

대응 표본으로부터 자료($d_1 = x_{11}-x_{12}$, $d_2 = x_{21}-x_{22}$, ... , $d_n = x_{n1}-x_{n2}$)를 얻고 나서 두 모평균의 차이에 대한 검정은 d_i의 모평균이 특정 값인지 아닌지를 검정하는 문제가 된다. 따라서 양측검정의 경우 가설은 다음과 같다.

$$H_0: \mu_1-\mu_2 = d_0 \text{ 그리고 } H_a: \mu_1-\mu_2 \neq d_0$$

여기서 d_0가 0이라면 귀무가설은 두 모평균의 차이가 없다는 주장이 된다. 대응 표본의 경우 두 모평균의 차이에 대한 가설을 검정하기 위해 사용하는 검정통계량 t는 다음과 같다.

$$t = \frac{\bar{d} - d_0}{s_d / \sqrt{n}} \tag{8-6}$$

식 (8-6)에서 t는 자유도 $(n-1)$의 t-분포를 따른다. 여기서 $\bar{d}$는 차이의 표본평균이다. 짝으로 이루어진 자료에서 두 값의 차이는 공식 '$d_i = x_{i1} - x_{i2}$'에 의해 계산된다. 차이의 평균은 공식 '$\bar{d} = \sum_{i=1}^{n} d_i / n$'에 의해 계산된다. n은 짝을 이룬 자료의 수를 나타낸다. d_0은 귀무가설에서 주장하는 두 모평균의 차이 값을 의미한다. 분모의 위치에 있는 $s_d / \sqrt{n}$은 $\bar{d}$의 표준오차이다. 그리고 차이의 표준편차인 s_d는 다음과 같이 계산된다.

$$s_d = \sqrt{\frac{\sum_{i=1}^{n}(d_i - \bar{d})^2}{n-1}} = \sqrt{\frac{n\sum_{i=1}^{n} d_i^2 - (\sum_{i=1}^{n} d_i)^2}{n(n-1)}} \tag{8-7}$$

두 개의 독립적 모집단이 아니라 짝으로 이루어진 모집단에서 모평균 차이에 대한 가설 검정은 〈표 8-3〉에 나타난 바와 같이 요약된다.

〈표 8-3〉 대응 표본의 경우 두 모평균 간 차이에 대한 가설 검정

귀무가설	대립가설의 유형	귀무가설의 기각 선택 기준
$H_0 : \mu_1 - \mu_2 = d_0$	$H_a : \mu_1 - \mu_2 > d_0$	$t > t_\alpha$
	$H_a : \mu_1 - \mu_2 < d_0$	$t < -t_\alpha$
	$H_a : \mu_1 - \mu_2 \neq d_0$	$t > t_{\alpha/2}$ 또는 $t < -t_{\alpha/2}$

예제 8-5 **대응 표본의 경우 두 모평균 간 차이의 검정**

10개 기업으로 이루어진 표본을 조사한 결과 어떤 연도의 1분기와 2분기의 영업이익(단위: 억 원)은 〈표 8-4〉에 나타난 바와 같다. 유의수준 .05에서 2분기의 영업이익이 1분기보다 크다고 볼 수 있는가?

〈표 8-4〉 1분기와 2분기의 영업이익

기업	1	2	3	4	5	6	7	8	9	10
1분기	10	11	12	13	14	14	15	16	17	19
2분기	11	9	13	20	12	15	19	13	22	19

〈예제 8-5〉의 풀이 과정은 다음과 같다. 첫째, 가설을 설정한다. 영업이익이 증가했는지 관심이 있으므로 대립가설에서는 1분기와 2분기의 영업이익 차이가 0보다 작다는 주장을 한다. 따라서 귀무가설과 대립가설은 다음과 같다.

$$H_0 : \mu_1 - \mu_2 = 0 \text{ 그리고 } H_1 : \mu_1 - \mu_2 < 0$$

둘째, 유의수준은 .05로 주어져 있다. 셋째, 검정통계량 값을 계산한다. 〈표 8-5〉의 자료를 이용하여 차이 d의 표준편차를 구한다. 차이 d의 평균은 $\bar{d} = \sum_{i=1}^{10} d_i / 10 = -12/10 = -1.2$이고 차이 d의 표준편차는 다음과 같다.

$$s_d = \sqrt{\frac{n\sum d_i^2 - (\sum d_i)^2}{n(n-1)}} = \sqrt{\frac{10(110) - (-12)^2}{10(10-1)}} = 3.259$$

〈표 8-5〉 검정통계량 값의 계산을 위한 차이의 합과 차이 제곱의 합

1분기 영업이익(X_1)	2분기 영업이익(X_2)	차이($d = X_1 - X_2$)	차이의 제곱(d^2)
10	11	−1	1
11	9	2	4
12	13	−1	1
13	20	−7	49
14	12	2	4
14	15	−1	1
15	19	−4	16
16	13	3	9
17	22	−5	25
19	19	0	0
합계		$\sum_{i=1}^{10} d_i = -12$	$\sum_{i=1}^{10} d_i^2 = 110$

검정통계량 값은 다음과 같다.

$$t = \frac{\overline{d} - d_0}{s_d / \sqrt{n}} = \frac{-1.2 - 0}{3.259/\sqrt{10}} = -1.165$$

넷째, 임계치를 찾는다. t-분포표에서 자유도가 $9(= n-1 = 10-1)$이고 $\alpha = .05$인 경우 우측검정의 임계치는 1.833이고 좌측검정의 임계치는 −1.833이다. 좌측검정이므로 기각역은 −1.833 이하이다. 다섯째, 검정통계량 값 −1.165는 기각역에 포함되지 않는다. 따라서 유의수준 .05에서 1분기와 2분기의 영업이익이 같다는 귀무가설을 기각할 수 없다.

예제 8-6　대응 표본의 경우 두 모평균 간 차이의 신뢰구간

〈예제 8-5〉의 자료를 이용하여 1분기와 2분기의 영업이익 차이에 대한 99% 신뢰구간을 구하시오.

귀무가설은 '1분기와 2분기의 영업이익 차이가 없다'는 주장으로 설정한다. 신뢰수준 99%는 유의수준 .01에 해당한다. 유의수준은 .01이고 양측검정이므로 t-분포표에서 유의수준 .005와 자유도 9가 교차하는 곳에 있는 오른쪽 임계치는 3.250이다. 왼쪽 임계치는 −3.250이다. 짝으로 이루어진 자료의 경우, 모평균 차이에 대한 99% 신뢰구간은 다음과 같다.

$$\overline{d} - t_{\alpha/2}\frac{s_d}{\sqrt{n}} < (\mu_1 - \mu_2) < \overline{d} + t_{\alpha/2}\frac{s_d}{\sqrt{n}}$$

$$-1.2 - 3.250\frac{3.259}{\sqrt{10}} < (\mu_1 - \mu_2) < -1.2 + 3.250\frac{3.259}{\sqrt{10}}$$

$$-4.55 < (\mu_1 - \mu_2) < 2.15$$

두 모평균의 차이에 대한 99% 신뢰구간에 0이 포함되므로 유의수준 .01에서 귀무가설(1분기와 2분기의 영업이익 차이가 없다는 주장)을 기각할 수 없다.

2 두 모비율 간 차이에 대한 검정

독립적인 두 모집단으로부터 얻는 비율 간에 차이가 있는지 알아보는 검정이 필요할 때가 있다. 예를 들면 '서로 다른 두 세대 간 소셜미디어 이용 비율에 있어 차이가 있는가?', '남성과 여성 간 특정 후보에 대한 지지율에 있어서 차이가 있는가?', '특정 전염병 백신을 접종한 사람들과 접종하지 않은 사람들 간에 해당 전염병의 감염률에 있어서 차이가 있는가?', '두 공장의 생산과정에서 불량률의 차이가 있는가?' 등을 들 수 있다. 두 모비율 p_1과 p_2의 차이가 없다는 귀무가설은 다음과 같다.

$H_0 : p_1 = p_2$ 또는 $H_0 : p_1 - p_2 = 0$

양측검정의 경우 대립가설은 다음과 같다.

$H_a : p_1 \neq p_2$ 또는 $H_a : p_1 - p_2 \neq 0$

두 집단의 모비율(p_1과 p_2) 간 차이의 검정은 두 모평균 간 차이의 검정과 유사하다. 두 모집단에서 각각 추출한 독립적 표본에서 표본비율을 구하면, 중심극한정리에 따라 두 표본비율의 차이 $(\widehat{p_1} - \widehat{p_2})$는 표본이 크면(대체로 $n_1 \geq 30$, $n_2 \geq 30$) 평균이 $(p_1 - p_2)$이고 분산이 $p_1(1-p_1)/n_1 + p_2(1-p_2)/n_2$인 정규분포를 따른다. 그러나 두 모비율($p_1$과 p_2)을 모르기 때문에 모분산의 추정량 계산에서 두 표본비율($\widehat{p_1}$과 $\widehat{p_2}$)에 대해 표본크기를 가중치로 하는 가중평균의 일종인 $\hat{p}$을 사용한다. 따라서 표본이 큰 경우 검정통계량은 다음과 같다.

$$Z = \frac{(\widehat{p_1} - \widehat{p_2}) - (p_1 - p_2)}{\sqrt{\dfrac{\hat{p}(1-\hat{p})}{n_1} + \dfrac{\hat{p}(1-\hat{p})}{n_2}}} \tag{8-8}$$

식 (8-8)에서 $\widehat{p_1}$은 표본 1의 비율값이고 $\widehat{p_2}$는 표본 2의 비율값이다. p_1은 모집단 1의 비율값이고 p_2는 모집단 2의 비율값이다. $(p_1 - p_2)$는 귀무가설이 참일 때 기대할 수 있는 값으로 귀무가설에서 주장하는 모수의 값이다. 분모의 자리에는 $(\widehat{p_1} - \widehat{p_2})$의 표준오차가 있다. $\hat{p}$은 $\widehat{p_1}$과 $\widehat{p_2}$를 이용한 평균인데 식 (8-9)에 의해 계산된다. 여기서 x_1과 x_2는 각 표본에서 특정 속성을 갖는 수이다.

$$\hat{p} = \frac{x_1 + x_2}{n_1 + n_2} \tag{8-9}$$

독립적인 두 모집단의 비율이 차이가 있는지 살펴보는 양측검정의 경우($H_a : p_1 - p_2 \neq 0$) 자료로부터 계산된 z의 값이 $z_{\alpha/2}$보다 크거나 $-z_{\alpha/2}$보다 작으면 유의수준 α에서 귀무가설을 기각한다. 우측검정의 경우($H_a : p_1 - p_2 > 0$) 자료로부터 계산된 검정통계량 z의 값이 z_α보다 크면 유의수준 α에서 귀무가설을 기각한다. 그리고 좌측검정의 경우($H_a : p_1 - p_2 < 0$) 자료로부터 계산된 z의 값이 $-z_\alpha$보다 작으면 유의수준 α에서 귀무가설을 기각한다. 이를 정리하면 〈표 8-6〉에 나타난 바와 같다.

〈표 8-6〉 두 모비율 간 차이에 대한 가설 검정

귀무가설	대립가설의 유형	귀무가설의 기각역
$H_0 : p_1 = p_2$	$H_a : p_1 > p_2$	$z > z_\alpha$
	$H_a : p_1 < p_2$	$z < -z_\alpha$
	$H_a : p_1 \neq p_2$	$z > z_{\alpha/2}$ 또는 $z < -z_{\alpha/2}$

예제 8-7 **두 모비율 간 차이의 검정**

어떤 지역에서 남성과 여성의 백신 접종 비율에 차이가 있는지 조사하고자 한다. 남성과 여성을 각각 60명씩 조사한 결과 남성은 50명, 여성은 45명이 백신을 접종한 것으로 확인되었다. 이러한 자료를 근거로 남성과 여성의 백신 접종 비율이 차이가 없다는 주장에 대해 유의수준 .05에서 검정하시오.

〈예제 8-7〉의 풀이 과정은 다음과 같다. 첫째, 가설을 정한다. p_1과 p_2를 각각 남성과 여성의 접종 비율이라고 하면 귀무가설과 대립가설은 다음과 같다.

$$H_0 : p_1 = p_2 \text{ 그리고 } H_1 : p_1 \neq p_2$$

둘째, 유의수준은 .05이다. 셋째, 검정통계량 값을 계산한다. 우선 $\widehat{p_1}$, $\widehat{p_2}$, $\hat{p}$, $1-\hat{p}$의 값을 계산한다.

$$\widehat{p_1} = x_1/n_1 = 50/60 = 0.83,\ \widehat{p_2} = x_2/n_2 = 45/60 = 0.75,$$

$$\hat{p} = \frac{x_1 + x_2}{n_1 + n_2} = \frac{50 + 45}{60 + 60} = \frac{95}{120} = 0.79,\ 1 - \hat{p} = 1 - 0.79 = 0.21$$

$$z = \frac{(\widehat{p_1} - \widehat{p_2}) - (p_1 - p_2)}{\sqrt{\hat{p}(1-\hat{p})(\frac{1}{n_1} + \frac{1}{n_2})}} = \frac{(0.83 - 0.75) - 0}{\sqrt{(0.79)(0.21)(\frac{1}{60} + \frac{1}{60})}} = 1.075$$

넷째, 임계치를 찾는다. $\alpha = .05$이므로 표준정규분포표로부터 양측검정의 임계치는 -1.96과 1.96이 된다. 기각역은 -1.96 이하이거나 1.96 이상이다. 다섯째, 귀무가설의 기각 여부를 결정한다. 자료로부터 계산된 검정통계량 값 1.075는 기각역에 포함되지 않는다. 따라서 유의수준 .05에서 남성과 여성의 접종 비율이 같다는 귀무가설을 기각할 수 없다.

3 두 모분산 간 차이에 대한 검정

두 모분산의 차이에 대한 문제는 여러 상황에서 중요한 관심사가 될 수 있다. 예를 들면 같은 제품을 생산하는 두 공장에서 생산하는 제품 규격의 분산이 서로 다른지 비교할 수 있다. 같은 프랜차이즈에 소속된 두 식당에서 같은 음식임에도 불구하고 규격이나 품질의 분산이 서로 다른지도 비교할 수 있다.

두 모집단의 분산(σ_1^2과 σ_2^2)을 비교하는 경우 분산의 차이보다 분산의 비(ratio)인 σ_1^2/σ_2^2에 초점을 둔다. 이러한 분산의 비가 1과 같은가 여부에 관심을 둔다. 이러한 분산의 비를 이용하는 이유는 통계량 $(s_1^2/\sigma_1^2)/(s_2^2/\sigma_2^2)$이 F 분포를 따르기 때문이다. 두 모분산 σ_1^2과 σ_2^2의 차이가 없다는 귀무가설은 다음과 같다.

$$H_0 : \sigma_1^2 = \sigma_2^2$$

두 집단의 모분산이 같다는 가정($\sigma_1^2 = \sigma_2^2$) 하에 검정통계량 F는 식 (8-10)과 같다. 여기서 분자의 자유도는 $n_1 - 1$이고, 분모의 자유도는 $n_2 - 1$이다.

$$F = \frac{s_1^2/\sigma_1^2}{s_2^2/\sigma_2^2} = \frac{s_1^2}{s_2^2} \quad (8\text{-}10)$$

우측검정의 경우($H_a : \sigma_1^2 > \sigma_2^2$) 자료로부터 계산된 F의 값이 F_α보다 크면 유의수준 α에서 귀무가설을 기각한다. 그리고 좌측검정의 경우($H_a : \sigma_1^2 < \sigma_2^2$) 자료로부터 계산된 F의 값이 $F_{1-\alpha}$보다 작으면 유의수준 α에서 귀무가설을 기각한다. 양측검정의 경우($H_a : \sigma_1^2 \neq \sigma_2^2$) 자료로부터 계산된 F의 값이 $F_{\alpha/2}$보다 크거나 $F_{1-\alpha/2}$보다 작으면 유의수준 α에서 귀무가설을 기각한다. 이를 요약하면 〈표 8-7〉에 나타난 바와 같다.

〈표 8-7〉 두 모분산 간 차이에 대한 가설 검정

귀무가설	대립가설의 유형	귀무가설의 기각역
$H_0 : \sigma_1^2 = \sigma_2^2$	$H_a : \sigma_1^2 > \sigma_2^2$	$F > F_\alpha$
	$H_a : \sigma_1^2 < \sigma_2^2$	$F < F_{1-\alpha}$
	$H_a : \sigma_1^2 \neq \sigma_2^2$	$F > F_{\alpha/2}$ 또는 $F < F_{1-\alpha/2}$

예제 8-8 **두 모분산 간 차이의 검정**

어떤 대학교에서 인문대학 학생 31명과 사회대학 학생 31명을 뽑아서 성적을 조사했더니 성적의 표준편차가 각각 1.5점과 0.9점으로 나타났다. 유의수준 .05에서 인문대학 학생들의 표준편차가 더 크다고 할 수 있는가?

〈예제 8-8〉의 풀이 과정은 다음과 같다. 첫째, 귀무가설과 대립가설은 다음과 같다.

$$H_0 : \sigma_1^2 = \sigma_2^2 \text{ 그리고 } H_1 : \sigma_1^2 > \sigma_2^2$$

여기서 σ_1^2은 인문대 학생 성적의 모분산, σ_2^2은 사회대 학생 성적의 모분산을 의미한다. 둘째, 유의수준은 .05이다. 셋째, 표본 자료를 통해 검정통계량 값을 계산한다.

$$F = \frac{s_1^2}{s_2^2} = \frac{(1.5)^2}{(0.9)^2} = 2.778$$

넷째, 임계치를 찾는다. 분자의 자유도와 분모의 자유도가 각각 30인 경우 F분포표에서 $\alpha = .05$에 대한 임계치는 1.84임을 알 수 있다. 기각역은 F값이 1.84 이상인 영역이 된다. 마지막으로 귀무가설의 기각 여부를 결정한다. 표본 자료로부터 계산된 검정통계량 F의 값 2.778은 이러한 기각역에 포함되므로 유의수준 .05에서 두 단과대학 학생 성적의 분산이 같다는 귀무가설을 기각할 수 있다.

요약

가설 유형	표본 특성	모분산 정보		검정통계량	참고 사항
두 모평균 차이	독립 표본	모분산을 아는 경우		$Z=\frac{(\overline{X}_1-\overline{X}_2)-(\mu_1-\mu_2)}{\sqrt{\frac{\sigma_1^2}{n_1}+\frac{\sigma_2^2}{n_2}}}$	
		모분산을 모르는 경우	두 모분산이 같다고 가정	$t=\frac{(\overline{X}_1-\overline{X}_2)-(\mu_1-\mu_2)}{\sqrt{\frac{s_p^2}{n_1}+\frac{s_p^2}{n_2}}}$	s_p^2:합동표본분산
			두 모분산이 다르다고 가정	$t=\frac{(\overline{X}_1-\overline{X}_2)-(\mu_1-\mu_2)}{\sqrt{\frac{s_1^2}{n_1}+\frac{s_2^2}{n_2}}}$	자유도의 공식
	대응 표본			$t=\frac{\overline{d}-d_0}{s_d/\sqrt{n}}$	
두 모비율 차이	독립 표본			$Z=\frac{(\widehat{p}_1-\widehat{p}_2)-(p_1-p_2)}{\sqrt{\frac{\hat{p}(1-\hat{p})}{n_1}+\frac{\hat{p}(1-\hat{p})}{n_2}}}$	$\hat{p}$의 공식
두 모분산 차이	독립 표본			$F=\frac{s_1^2/\sigma_1^2}{s_2^2/\sigma_2^2}=\frac{s_1^2}{s_2^2}$	

제9장

분산분석

1 분산분석의 개요

분산분석(Analysis of Variance: ANOVA)은 두 개 이상의 모평균에 차이가 있는가를 검정하는 경우에 사용한다. 8장에서 다룬 t-검정은 두 모평균의 차이가 있는지 검정하는 반면, 분산분석은 두 개 이상의 모평균의 차이가 있는지 검정한다. 예를 들면 광고 유형(신문 광고, 텔레비전 광고, 온라인 광고) 간에 소비자의 브랜드 인지도의 차이가 있는지 조사할 때 분산분석을 사용할 수 있다. 이 경우에 독립변수는 명목척도로 측정된 광고 유형이 되고 종속변수는 등간척도로 측정된 브랜드 인지도가 된다. 광고 유형에 따라 브랜드 인지도가 차이가 있는 것으로 나타나면 광고 유형은 브랜드 인지도의 차이를 가져오는 원인으로 추정할 수 있다. 다른 예를 들자면 특정 대학교에서 어떤 학과 학생들이 상대적으로 높은 성적을 받는지 조사하는 경우에 분산분석을 사용할 수 있다. 여기서 독립변수는 명목척도로 측정된 학과 유형이고 종속변수는 비율척도로 측정된 성적이 된다. 학과 유형에 따라 성적의 차이가 있는 것으로 나타나면 학과 유형은 성적의 변화를 초래하는 원인으로 판단된다. 더 복잡한 분산분석의 예를 들자면 지역과 성별에 따라 고등학생들의 수학 성적에 차이가 있는지 조사하는 경우를 들 수 있다. 이 경우에 지역과 성별은 독립변수가 되고 종속변수는 수학 성적이 된다.

분산분석에서 원인을 나타내는 독립변수를 요인(factor)이라고 한다. 요인의 값은 요인의 수준(factor level)이라고도 한다. 실험설계를 사용하여 분산분석을 하는 경우 요인을 실험요인(experimental factor)이라고 하는데 이는 실험자가 통제하는 변수가 된다. 실험설계에서 요인의 수준은 처리수준(treatment level), 종속변수는 반응변수(response variable)라고도 한다.

1 분산분석의 유형

분산분석은 단일변량(univariate) 분산분석과 다변량(multivariate) 분산분석으로 구분된다. 단일변량 분산분석은 종속변수가 1개인 경우에 하는 분석이다. 반면에 다변량 분산분석은 종속변수가 2개 이상일 때 하는 분석이다. 분산분석에서는 집단을 구분하는 독립변수를 요인이라고 하는데, '인자'로도 일컬어진다. 단일변량 분산분석은 요인의 수에 따라 구분된다. 요인이 하나이면 일원(one-way) 분산분석, 요인이 두 개이면 이원(two-way) 분산분석, 요인이 3개 이상이면 다원(multi-way) 분산분석이다.

2 분산분석에서 사용하는 척도

분산분석을 사용하려면 독립변수(요인)는 명목척도로 측정해야 한다. 명목척도로 측정한 변수를 범주형 변수라고도 한다. 즉, 분산분석에서 독립변수는 집단의 구분을 나타내는 범주형 변수여야 한다. 반면에 종속변수는 등간척도 또는 비율척도로 측정해야 한다. 등간척도와 비율척도를 포괄하는 용어로 계량척도(metric scale)가 있다. 즉, 분산분석에서 종속변수는 계량척도의 변수여야 한다.

3 분산분석의 원리

집단별로 모평균의 차이가 있는가를 검정하려면 각 집단으로부터 표본을 추출해서 표본평균값이 차이가 있는지 보아야 한다. 간단히 말하자면 분산분석이란 표본평균이 비슷하면 집단별 모평균은 같다고 볼 수 있지만, 표본평균이 크게 다르면 집단별 모평균이 모두 같다고는 볼 수 없다는 원리에 근거하고 있다.

분산분석은 검정통계량 F를 이용한다. 표본 자료로부터 계산되는 검정통계량 F는 분자와 분모가 있는데, 분자의 값은 집단 간 종속변수 값의 차이와 관련이 있고 분모의 값은 집단 내 종속변수 값의 차이와 관련이 있다. 집단 내 차이에 비해 집단 간 차이가 클수록 집단별 모평균의 차이가 있다고 판단할 가능성은 올라간다.

분산분석에서는 여러 집단의 비교를 한 번의 검정으로 끝내는데, 그 이유를 이해하는 것이 필요하다. 여러 집단 간의 평균 비교는 검정통계량 F를 이용한 분산분석을 통해 단 한 번에 종료할 수도 있지만 검정통계량 t를 이용한 분석을 통해 여러 번에 걸쳐서 할 수도 있다. 그러나 비교하려는 집단의 수가 많아지게 되면 검정통계량 t를 이용하는 일 대 일 비교의 횟수가 매우 많아진다. k개 집단이 있는 경우 검정통계량 t를 이용하여 분석하면 $k(k-1)/2$번의 일 대 일 비교분석을 해야 한다. 예를 들어 집단의 수가 4개이면 6번의 일 대 일 비교를 해야 한다. 이같이 일 대 일 비교를 여러 번 하게 되면 제1종 오류의 상승이 일어난다. 즉, 어떤 유의수준에서 검정을 많이 할수록 실제 유의하지 않은 결과도 유의하다고 결정할 가능성이 높아진다. 유의수준을 .05로 설정하고 4개 집단에 대해 일 대 일 비교(pairwise comparison)를 모두 하게 되면 '전반적 제1종 오류'(overall type I error: familywise error rate)는 .2649[$= 1 - (1-\alpha)^6 = 1 - (1 - .05)^6$]가 된다. 즉, 6번의 t 검정 중에서 참된 귀무가설을 한 번 이상 기각하는 오류의 확률은 26.49%가 된다. 이러한 확률은 한 번의 검정에서 일어나는 오류의 확률인 5%보다 훨씬 더 크다. 이러한 경우에 여러 일 대 일 비교 중에서 어떤 것이 적절하고 부적절한 것인지 확신할 수 없게 된다. 이러한 문제를 해결하는 방법은 여러 집단의 비교를 한 번의 검정으로 끝내는 분산분석이다.[38, 87]

2 일원분산분석

일원분산분석은 하나의 요인이 취할 수 있는 값에서 모평균 차이가 존재하는지 분석하는 것이다. 예를 들면 사회조사분석사 시험을 준비하고자 하는 사람들에게 3가지 종류의 교재를 무작위로 할당한 후 일정 기간 후에 시험 점수를 조사한 자료가 〈표 9-1〉과 같다고 하자. 여기서 집단은 교재의 유형에 따라 3개로 구분된다. 일원분산분석의 목적은 집단별 모평균(점수)의 차이가 있는가를 보는 것이다.

〈표 9-1〉 3가지 교재에 따른 점수 결과

교재 A	교재 B	교재 C
78 80 82	82 85 88	91 93 95
80 (평균)	85 (평균)	93 (평균)
전체평균: 86점		

1 일원분산분석의 모집단 모형

일원분산분석의 모집단 모형은 식 (9-1)과 같다. 여기서 Y_{ij}는 교재유형 i를 사용하는 집단의 j번째 관측치이다. μ('뮤'로 읽음)는 모든 모집단에 걸친 전체평균이다. α_i는 교재유형 i의 효과를 나타낸다. ϵ_{ij}('엡실론'으로 읽음)는 교재유형 i를 사용하는 집단의 j번째 관측치의 오차를 나타낸다. μ와 α_i는 모수이다. 오차항 ϵ_{ij}는 분산분석에서 사용하고 있는 요인(교재유형) 외의 변수들이 종속변수에 미친 효과를 반영한다.

$$Y_{ij} = \mu + \alpha_i + \epsilon_{ij}, \qquad i = 1, \cdots, c, \qquad j = 1, \cdots, n \tag{9-1}$$

예제 9-1 **일원분산분석의 모집단 모형**

세 개의 집단이 있는 경우에 일원분산분석의 모집단 모형을 쓰고 모형에 사용된 기호에 대해 설명하시오.

세 개의 집단이 있는 경우에 일원분산분석의 모집단 모형은 다음과 같다.

$$Y_{ij} = \mu + \alpha_i + \epsilon_{ij}, \qquad i = 1, 2, 3, \qquad j = 1, \cdots, n$$

여기서 Y_{ij}는 집단 i의 j번째 관측치, μ는 모든 집단에 걸친 전체평균, α_i는 집단 i의 효과, ϵ_{ij}는 집단 i의 j번째 관측치의 오차를 의미한다.

2 관측치의 분해

일원분산분석의 경우 표본에서 어떤 하나의 관측치(y_{ij})는 다음과 같이 분해될 수 있다.

$$y_{ij} = \overline{\overline{y}} + (\overline{y_i} - \overline{\overline{y}}) + (y_{ij} - \overline{y_i}) \tag{9-2}$$

식 (9-2)는 식 (9-1)의 모집단 모형에 대해 표본으로부터 얻은 관측치를 대응시킨 것이다. $\overline{\overline{y}}$는 모든 관측치의 전체평균으로 식 (9-1)에 있는 μ의 추정치이다. $\overline{y_i}$는 i번째 집단의 표본평균값이다. $(\overline{y_i} - \overline{\overline{y}})$는 식 (9-1)에 있는 $\alpha_i(= \mu_i - \mu)$의 추정치이다. $(y_{ij} - \overline{y_i})$는 식 (9-1)에 있는 오차 ϵ_{ij}의 실현된(realized) 값으로 관측된 오차 또는 잔차(residual)라고 한다.

〈표 9-1〉의 자료를 적용하면 식 (9-2)는 '점수=전체평균+교재의 효과+교재 외의 효과'로 표현할 수 있다. 예를 들면 첫 번째 집단(교재 A를 사용한 집단)의 첫 번째 사람의 점수(78점)=전체평균(86점)+집단 간 차이(−6점)+집단 내 차이(−2점)이다. 여기서 집단 간 차이는 교재유형에 따른 평균 점수의 차이를 나타내므로 교재의 효과를 의미한다. 그리고 집단 내 차이는 같은 유형의 교재를 사용한 사람들 내에서의 점수 차이를 나타내므로 '교재 외의 효과'를 의미하는데, 예를 들면 공부 시간, 학습 능력, 학습 동기 등과 같은 개인적 특성이 점수에 미치는 효과를 포함할 수 있다.

3 가설 설정

분산분석의 목적은 독립변수(요인)의 값(예 교재유형)에 따라 종속변수 값의 차이가 있는가를 확인하는 것이다. 따라서 일반적으로 귀무가설은 '각 집단의 모평균은 같다'고 설정한다. 구체적으로 세 가지 종류의 교재(A, B, C)에 따른 점수의 모평균을 각각 μ_1, μ_2, μ_3로 표현하면 귀무가설과 대립가설은 다음과 같다.

$H_0 : \mu_1 = \mu_2 = \mu_3$(교재 유형에 따른 집단의 모평균은 같다)

$H_a : \mu_1 = \mu_2 = \mu_3$가 아니다($\mu_1$, μ_2, μ_3 모두가 같지는 않다)

이러한 가설들은 다음과 같이 표기될 수도 있다.

$H_0 : \alpha_1 = \alpha_2 = \alpha_3$(교재 유형에 따른 효과는 같다)

$H_a : \alpha_1 = \alpha_2 = \alpha_3$가 아니다(교재 유형에 따른 효과는 모두가 같지는 않다)

4 분산분석표

집단 간 제곱합(sum of squares between groups: SSB)은 다음과 같이 정의된다.

$$SSB = \sum_{i=1}^{c} r_i(\overline{y_i} - \overline{\overline{y}})^2 \qquad (9\text{-}3)$$

식 (9-3)에서 c는 처리수준의 수 또는 집단의 수를 나타낸다. r_i는 i번째 집단의 표본크기이다. $\overline{y_i}$는 i번째 집단의 표본평균을 나타낸다. $\overline{\overline{y}}$는 전체평균을 나타낸다. 집단 간 제곱합은 처리제곱합(treatment sum of squares) 또는 모형제곱합(model sum of squares)이라고도 한다. 〈표 9-1〉의 자료에 대해 집단 간 제곱합을 계산하면 다음과 같다.

$$SSB = \sum_{i=1}^{3} r_i(\overline{y_i} - \overline{\overline{y}})^2 = 3(80-86)^2 + 3(85-86)^2 + 3(93-86)^2 = 258$$

집단 내 제곱합(sum of squares within groups: SSW)은 다음과 같이 정의된다.

$$SSW = \sum_{i=1}^{c}\sum_{j=1}^{r_i}(y_{ij} - \overline{y_i})^2 \quad (9\text{-}4)$$

식 (9–4)에서 y_{ij}는 i번째 집단의 j번째 관측치를 나타낸다. 집단 내 제곱합은 잔차제곱합(residual sum of squares) 또는 오차제곱합(sum of squared error: SSE)이라고 한다. 〈표 9–1〉의 자료에 대해 집단 내 제곱합(SSW)을 계산하면 다음과 같다.

$$\begin{aligned} SSW = \sum_{i=1}^{3}\sum_{j=1}^{3}(y_{ij} - \overline{y_i})^2 = &(78-80)^2 + (80-80)^2 + (82-80)^2 + \\ &(82-85)^2 + (85-85)^2 + (88-85)^2 + \\ &(91-93)^2 + (93-93)^2 + (95-93)^2 = 34 \end{aligned}$$

총제곱합(sum of squares total: SST)은 다음과 같이 정의된다.

$$SST = \sum_{i=1}^{c}\sum_{j=1}^{r_i}(y_{ij} - \overline{\overline{y}})^2 \quad (9\text{-}5)$$

〈표 9–1〉의 자료에 대해 총제곱합(SST)을 계산하면 다음과 같다.

$$\begin{aligned} SST = \sum_{i=1}^{3}\sum_{j=1}^{3}(y_{ij} - \overline{\overline{y}})^2 = &(78-86)^2 + (80-86)^2 + (82-86)^2 + \\ &(82-86)^2 + (85-86)^2 + (88-86)^2 + \\ &(91-86)^2 + (93-86)^2 + (95-86)^2 = 292 \end{aligned}$$

총제곱합은 '집단 간 제곱합'과 '집단 내 제곱합'을 더한 것이다. 즉, SST=SSB+SSW이다. 집단 간 평균제곱(mean square between groups: MSB)은 집단 간 제곱합을 그에 대응하는 자유도로 나눈 것이다. 즉, $MSB = SSB/(c-1)$이다. 여기서 c는 집단의 수를 나타내고, $c-1$은 SSB에 대응하는 자유도를 나타낸다. 예를 들면 집단의 수가 4개이면 자유도는 3이다. 집단 내 평균제곱(mean square within group: MSW)은 집단 내 제곱합을 그에 대응하는 자유도로 나눈 것이다. 즉, $MSW = SSW/c(r-1)$이다. 여기서 r은 집단 내 관측치의 개수를 나타내고, $c(r-1)$은 SSW에 대응하는 자유도를 나타낸다. $c(r-1)$는 집단별 표본 크기가 같다는 전제에 따른 자유도이다. 집단별 표본 크기가 다르다면 집단별로 관측치의 개수를 하나씩 차감한 후 모두 합한 값이 자유도가 된다. 집단 내 평균제곱은 평균제곱오차(mean square error: MSE)라고도 한다.

〈표 9-2〉 일원분산분석의 분산분석표: 일반적 형태

변동원인	제곱합	자유도	평균제곱	F
처리	SSB	$c-1$	$MSB = SSB/(c-1)$	$\frac{MSB}{MSW}$
오차	SSW	$c(r-1)$	$MSW = SSW/c(r-1)$	
합계	SST	$cr-1$		

〈표 9-2〉는 분산분석의 결과를 나타내는 일반적인 형태의 표인데, F 값의 의미를 잘 나타내고 있다. 교재의 유형에 따른 각 집단의 평균 점수가 크게 차이가 난다고 가정하자. 이러한 가정은 교재의 효과가 크다는 것이다. 교재의 효과가 클수록, 집단 간 제곱합(SSB)이 커진다. 집단 간 제곱합이 커지면 집단 간 평균제곱(MSB)이 커진다. 집단 간 평균제곱이 커지면 F 값(MSB/MSW)이 커진다. F 값이 커지면 H_0(교재에 따른 집단별 모평균의 차이는 없다)을 기각할 가능성이 커진다. 다시 말하자면 집단을 구분하는 요인의 효과가 있다면 집단별 모평균의 차이가 없다는 귀무가설을 기각하게 된다.

5 분산분석의 실행

분산분석에서 가설검정의 절차는 다음과 같다. 첫째, 가설을 설정한다. 둘째, 유의수준을 정한다. 셋째, 기각역을 구한다. 넷째, 검정통계량 F의 값을 계산한다. 마지막으로 귀무가설의 기각 여부를 결정한다.

〈표 9-1〉의 자료를 바탕으로 일원분산분석을 실행하기로 하자. 첫째, 가설을 설정한다. 서로 다른 교재를 사용하는 집단별로 점수의 모평균을 각각 μ_1, μ_2, μ_3로 표현하면 귀무가설은 '$\mu_1 = \mu_2 = \mu_3$'이다. 그리고 대립가설은 '$\mu_1 = \mu_2 = \mu_3$가 아니다'로 설정한다. 둘째, 유의수준은 .05로 설정한다. 셋째, 자료로부터 검정통계량 F의 값을 계산한다. $SSB = 258$이고 자유도는 $2(= c-1 = 3-1)$이므로 MSB는 $129(= SSB/(c-1) =)$ $258/2$이다. $SSW = 34$이고 자유도는 $6[= c(r-1) = 3(3-1)]$이므로 MSW는 $5.67[= SSW/c(r-1) = 34/6]$이다. 따라서 자료로부터 계산된 F 값은 $22.75(= MSB/MSW = 129/5.67)$이다. 넷째, 기각역을 정한다. 기각역을 정하려면 F-분포표로부터 임계치를 찾아야 한다. F-분포표(유의수준 .05)에서 임계치를 찾으려면 분자의 자유도 2와 분모의 자유도 6이 교차하는 지점의 F 값을 찾아야 한다. 이러한 임계치는 5.14이다. 기각역은 검정통계량 F 값이 임계치인 5.14보다 큰 영역이다. 다섯째, 귀무가설의 기각 여부를 결정한다. 자료로부터 계산된 F 값은 22.75이고 임계치인 5.14보다 크므로 귀무가설을 기각할 수 있다. 따라서 유의수준 .05에서 교재의 유형에 따른 집단 간 점수 차이가 존재한

다고 본다.

6 효과의 크기

집단 간에 통계적으로 유의한 모평균 차이가 존재한다고 판단하는 것은 표본 자료를 통해 나타난 차이가 우연에 의해 발생했을 가능성이 매우 낮다는 것을 의미하는 것이지 독립변수(요인)의 효과가 크다는 것을 의미하지 않는다. 분산분석에서 요인의 효과가 어느 정도인가를 측정하는 방법은 종속변수의 전체 변동 중에서 요인에 의해 설명된 변동의 비율로서 식 (9-6)에 의해 계산할 수 있다.

$$\eta^2 = \frac{SSB}{SST} \tag{9-6}$$

식 (9-6)에서 η는 그리스문자로 '에타'로 읽는다. 분산분석에서 요인에 의한 효과의 크기는 종속변수의 전체 변동 중에서 집단 간 제곱합에 의해 설명된 부분을 나타내는 에타 제곱(η^2)에 의해 표현할 수 있다. 〈표 9-1〉의 자료에 근거하여 η^2을 구하면 .884(=258/292)이다.

에타 제곱은 요인이 종속변수에 미치는 효과의 정도를 측정하는 것으로 0과 1 사이의 값을 갖는다. 에타 제곱은 회귀분석에서 사용되는 결정계수와 유사하다. 모든 집단이 같은 평균값을 가지면 요인은 종속변수에 영향을 미치지 못한다고 볼 수 있으며 이 경우에 에타 제곱은 0이 된다. 예를 들어 에타 제곱이 .70이면 종속변수의 총 변량 중에서 70%는 요인에 의해 설명된다는 뜻이다. 에타 제곱은 .30 이하이면 효과의 크기가 약한 것으로, .50 이상이면 효과의 크기가 큰 것으로, 그 사이에 있으면 효과의 크기가 중간인 것으로 판단한다.[77]

표본 크기가 50 이하이면 에타 제곱은 효과의 크기를 과다하게 추정하는 문제가 있다. 이러한 문제를 완화하는 것이 오메가 제곱(ω^2)인데 다음과 같이 계산된다.[77]

$$\omega^2 = \frac{SSB-(c-1)MSW}{SST+MSW} \tag{9-7}$$

식 (9-7)에서 $(c-1)$은 집단의 수에서 1을 차감한 값이다. 오메가 제곱은 회귀분석의 조정결정계수와 유사하다. 일반적으로 표본 크기가 50 이하이면 오메가 제곱을 사용하고 50을 초과하면 에타 제곱을 사용한다.[77] 오메가 제곱은 .01이면 작은 효과로, .06이

면 중간 정도로, .14이면 큰 효과로 해석한다.[65]

7 사후검정

세 개 이상의 집단을 대상으로 분산분석을 실행하여 귀무가설이 기각되면 해당 집단들의 모평균이 모두 같지는 않다는 결과를 얻게 된다. 그러나 분산분석의 결과만으로는 구체적으로 어떤 집단 간에 모평균 차이가 존재하는지 알 수는 없다. 이러한 단점을 보완하는 방법으로 사후검정(post hoc test)이 있다. 사후검정은 구체적으로 어떤 집단 간의 모평균 차이가 유의한지 알기 위해 분산분석을 실행한 후에 하는 추가적인 검정이다. 사후검정은 분산분석을 실행한 후 귀무가설이 기각되고 3개 이상의 집단이 있을 때 한다. 분산분석이 이루어진 후에 검정하기 때문에 사후검정이라는 명칭이 붙은 것이다. 사후검정은 다중비교(multiple comparison) 검정이라고도 한다. 이는 여러 모집단 중에서 두 개의 모집단을 선택하여 평균 차이가 있는가 검정하는 것으로 선택 가능한 모든 짝에 대해 평균을 비교하기 때문에 여러 번에 걸친 검정을 강조하는 명칭이다.

사후검정 방법은 여러 가지가 있는데 두 집단 간 모평균의 차이를 판단하는 기준이 약간 다르다. 사후검정은 집단의 일 대 일 비교마다 각 검정의 유의수준을 교정하여 모든 비교에 대해 '전반적 제1종 오류'(overall type I error)를 .05와 같은 특정 수준을 유지하도록 한다. 분산분석과 마찬가지로 사후검정의 다중비교에서도 제1종 오류의 상승 문제를 해결하는 방법이 적용된다.[77]

사후검정에는 등분산성 가정이 충족되는 경우에 사용할 수 있는 방법과 등분산성 가정이 충족되지 않아도 사용할 수 있는 방법이 있다. 사후검정 방법의 선택은 자료의 조건을 고려하여 통계적 검정력을 높이는 것과 전반적 제1종 오류를 통제하는 것 중에서 더 중요한 것을 참고하여 결정해야 한다. 이를 위해 몇 가지 일반적 지침이 있다. 우선 등분산성이 충족되는 경우에 사용할 수 있는 방법을 살펴보면 집단별 표본 크기에 따라 적절한 방법이 다르다. 집단별 표본 크기가 같은 경우 R-E-G-W의 Q 또는 투키(Tukey)의 검정을 사용하면 검정력도 우수하고 제1종 오류도 잘 통제할 수 있다. Bonferroni 검정은 검정 기준이 엄격한 편이지만 제1종 오류를 확실하게 통제하고 싶다면 선호되는 방법이다. 집단별 표본 크기가 다소 다른 경우에는 Gabriel 방법이 적절하다. 집단 간 표본 크기가 매우 다른 경우에는 Hochberg의 GT2가 적절하다. 등분산성 가정이 충족되지 않는다면 집단 간 표본 크기가 매우 다른 경우에도 사용할 수 있는 Games-Howell 방법이 적절하다.[54, 85]

8 분산분석의 가정

분산분석을 실행하기 전에 다음과 같은 종속변수에 대한 가정은 충족되어야 한다. 첫째, 각 모집단의 종속변수는 정규분포를 따라야 한다는 가정이다. 예를 들면 〈표 9-1〉에서 각 교재유형을 사용하는 사람들의 점수는 정규분포를 따라야 한다. 둘째, 종속변수의 분산은 모집단마다 같아야 한다는 가정이다. 예를 들면 각 교재유형을 사용하는 사람들의 점수의 분산은 교재유형별로 모두 같아야 한다. 셋째, 종속변수 관측치들은 서로 독립이어야 한다는 가정이다. 예를 들면 종속변수인 점수의 관측값은 서로 독립적이야 한다.

이러한 종속변수에 대한 가정은 오차에 대한 가정으로 표현할 수 있다. 즉, 분산분석의 모집단 모형에서 오차를 나타내는 ϵ_{ij}에 대한 가정은 다음과 같다. 첫째, 오차의 정규성(normality)에 대한 가정이다. 오차는 평균이 0이고 표준편차가 σ 인 정규분포를 따라야 한다. 이러한 가정이 충족되면 종속변수의 관측값 y_{ij}는 평균이 $\mu + \alpha_i$이고 표준편차가 σ인 정규분포를 따르게 된다. 둘째, 오차의 등분산성(homogeneity of variance)에 대한 가정이다. 즉, 모든 집단에서 나타나는 오차항의 분산은 모두 같아야 한다. 셋째, 오차의 독립성(independence)에 대한 가정이다. 즉, 오차는 독립적으로 관측되어야 한다.

집단별로 표본 크기가 30 이상이면 정규성 가정이 충족되지 않아도 분산분석의 결과는 강건한(robust) 편이다.[51] 그러나 등분산성 가정이 위배되면 분석결과는 편향되고 집단별로 표본 크기가 차이가 날수록 편향은 커진다. 등분산성이 위배되는 경우 분산분석에서 전형적으로 사용되는 F 검정 대신에 Brown-Forsythe 검정이나 Welch 검정을 사용할 수 있다. 이 두 가지 방법은 등분산성 가정이 위배되는 경우 자유도와 F 값을 수정하는 방법으로 제1종 오류를 통제한다. 둘 중에서 Welch 검정이 더 나은 방법이다.[84] 등분산성이 위배되면 분산분석표(ANOVA)의 F 값이 아니라 'Welch와 Brown-Forsythe 검정' 또는 'Welch 검정'의 F 값과 조정된 자유도를 참고해야 한다. 그러나 이러한 검정은 SPSS에서 일원분산분석의 경우에만 제시되고 이원분산분석에서는 제시되지 않는다. 정규성 가정과 등분산성 가정이 모두 위배되면 분산분석 대신에 비모수 방법인 크러스컬-월리스 검정(Kruskal-Wallis rank test)을 사용할 수 있다. 분산분석에서 독립성 가정의 위배는 다른 가정의 위배에 비해 심각한 문제를 초래한다. 집단 간의 관측치가 상관성이 보일 때 제1종 오류가 매우 커지기 때문이다.[79]

분산분석을 하는 경우 원칙적으로 분산분석의 가정을 먼저 확인한 후 분산분석을 실행해야 한다. 분산분석에서 통계적으로 유의한 결과가 나오면 사후검정을 실행한다. 그리고 효과 크기를 측정한 후에 최종적으로 결과를 해석해야 한다.

3 이원분산분석

이원분산분석은 요인이 2개일 때 집단 간 종속변수의 모평균 차이를 비교하는 방법이다. 예를 들면 사회조사분석사 시험을 치른 사람들을 교재와 성별에 따라 구분한 후 시험 점수를 조사한 자료가 〈표 9-3〉과 같다고 하자. 여기서 교재의 유형에 따라 3개의 집단으로 구분되고 성별에 따라 2개의 집단으로 구분된다. 전체적으로는 6개의 집단으로 세분화된다.

〈표 9-3〉 교재와 성별에 따른 점수

	교재 A	교재 B	교재 C
남성	76	84	88
	79	85	91
	82	81	90
	81	83	89
여성	76	86	94
	73	82	96
	72	80	93
	82	84	93

요인이 각각 독립적으로 종속변수에 미치는 영향은 주효과(main effect)라고 한다. 두 요인의 값(수준)의 조합을 통해 종속변수에 미치는 영향은 상호작용효과(interaction effect)라고 한다. 이원분산분석에서는 두 가지 주효과와 함께 상호작용효과를 파악할 수 있다.

1 이원분산분석의 모집단 모형

이원분산분석의 경우 모집단 모형은 다음과 같다.

$$Y_{ijk} = \mu + \alpha_i + \beta_j + \gamma_{ij} + \epsilon_{ijk}, \quad i = 1, \cdots, p, \quad j = 1, \cdots, q, \quad k = 1, \cdots, r$$

여기서 μ는 모든 모집단의 전체 평균, α_i는 요인 A의 i번째 수준의 효과, β_j는 요인

B의 j번째 수준의 효과이다. 그리고 γ_{ij}('감마'로 읽음)는 요인 A의 i번째 수준과 요인 B의 j번째 수준의 상호작용효과를 나타낸다. 오차를 나타내는 ϵ_{ijk}는 평균 0, 분산 σ^2을 갖는 정규분포를 따른다고 가정한다.

2 가설 설정

이원분산분석에서 귀무가설은 다음과 같은 세 가지가 있다.

H_0: 요인 A의 p개의 수준에 따른 모평균 간에 차이가 없다($\alpha_1 = \cdots = \alpha_p = 0$)
H_0: 요인 B의 q개의 수준에 따른 모평균 간에 차이가 없다($\beta_1 = \cdots = \beta_q = 0$)
H_0: 요인 A와 B 간에는 상호작용이 없다($\gamma_{ij} = 0,\ i = 1, \cdots, p,\ \ j = 1, \cdots, q$)

첫 번째 귀무가설은 요인 A의 주효과가 없다는 것이다. 두 번째 귀무가설은 요인 B의 주효과가 없다는 것이다. 세 번째 귀무가설은 상호작용효과가 없다는 것이다.

3 분산분석표

이원분산분석의 분산분석표는 일반적으로 〈표 9-4〉와 같은 형태를 갖는다. 이원분산분석에서는 세 개의 검정통계량 F를 사용하는데, 분모에는 모두 같은 평균제곱오차(MSE)를 갖지만 분자에는 서로 다른 평균제곱합을 갖는다.

〈표 9-4〉 이원분산분석의 분산분석표: 일반적 형태

변동 원인	제곱합	자유도	평균제곱합	F	유의확률
A	SSB_A	$p-1$	$MS_A = SSB_A/(p-1)$	MS_A/MSE	
B	SSB_B	$q-1$	$MS_B = SSB_B/(q-1)$	MS_B/MSE	
AB	SSB_{AB}	$(p-1)(q-1)$	$MS_{AB} = SSB_{AB}/(p-1)(q-1)$	MS_{AB}/MSE	
오차	SSE	$pq(r-1)$	$MSE = SSE/pq(r-1)$		
합계	SST	$pqr-1$			

4 이원분산분석의 예제

〈표 9-3〉의 자료를 사용하는 이원분산분석의 목적은 교재의 효과, 성별의 효과, 그

리고 교재와 성별의 상호작용효과가 존재하는가를 파악하는 것이다. 해당 자료를 적용하면 모집단 모형은 '점수=전체평균+교재의 효과+성별의 효과+상호작용효과+오차'로 표현할 수 있다.

〈표 9-3〉의 자료를 보면 각 조합(세분화된 6개의 집단)의 표본 크기가 같으므로 균형자료(balanced data)에 해당한다. 이 자료를 바탕으로 SPSS에서 이원분산분석을 실행한 결과는 〈표 9-5〉에 있다. 여기서 변동의 원인(source)이라는 것은 관측치 변량(variation)의 원인을 나타내는 것이다. 그리고 제곱합은 제3종 제곱합(Type Ⅲ sum of squares)으로 나타났다. 제곱합에는 제1종 제곱합(type I SS), 제3종 제곱합(type Ⅲ SS) 등이 있다. 제1종 제곱합은 독립변수(요인)를 한 번에 하나씩 특정 순서로 모형에 추가할 때 사용한다. 독립변수가 모형에 추가되는 순서에 따라 독립변수가 설명하는 변량이 결정된다. 제1종 제곱합에서 첫 번째 요인은 상당한 변량을 설명하고 다음 요인들은 그 뒤를 이어 변량을 설명한다. 그러나 제1종 제곱합은 독립변수 간 상관관계가 있으면 편향된 결과를 초래한다. 제3종 제곱합은 독립변수들을 모형에 동시에 입력할 때 사용하는데, 독립변수 간 상관관계가 있는 경우에 적절하게 사용할 수 있다.[50, 89] 제1종 제곱합은 집단별로 표본 크기가 다른 불균형 자료의 경우 사용하지 않는다. 제3종 제곱합은 불균형 자료를 분석할 때도 사용할 수 있다. 따라서 제3종 제곱합이 일반적으로 사용되며 SPSS에서 기본으로 설정되어 있다. 〈표 9-5〉에서 제3종 제곱합의 계산에서 '전체 제곱합'은 '수정된 합계 제곱합'과 '절편 제곱합'을 합한 것이다. 그리고 '수정된 합계 제곱합'은 '수정된 모형 제곱합'과 '오차 제곱합'을 합한 것이다.

〈표 9-5〉 개체-간 효과 검정

종속변수: 점수						
원인	제Ⅲ유형 제곱합	자유도	평균제곱	F	유의확률	부분 에타 제곱
수정된 모형	879.833[a]	5	175.967	26.069	.000	.879
절편	170016.667	1	170016.667	25187.654	.000	.999
교재유형	811.083	2	405.542	60.080	.000	.870
성별	.167	1	.167	.025	.877	.001
교재유형 * 성별	68.583	2	34.292	5.080	.018	.361
오차	121.500	18	6.750			
전체	171018.000	24				
수정된 합계	1001.333	23				

a. R 제곱=.879 (수정된 R 제곱=.845)

교재유형에 따른 집단 간 제곱합인 SSB(교재유형)는 811.083으로 나타났다. 교재유형에 의해 집단이 3개로 나누어져 있으므로 자유도는 2(=3−1)가 된다. 교재유형에 따른 집단 간 평균제곱인 MSB(교재유형)는 405.542(=811.083/2)이 된다. 성별에 따른 집단 간 제곱합인 SSB(성별)는 0.167로 나타났다. 성별에 의해 집단이 2개로 나누어져 있으므로 자유도는 1(=2−1)이 된다. 성별에 따른 집단 간 평균제곱인 MSB(성별)은 0.167(=0.167/1)이 된다. 교재유형과 성별의 상호작용에 따른 집단 간 제곱합인 SSB(교재유형×성별)는 68.583으로 나타났다. 교재유형에 의해 집단이 3개로 나뉘고 성별에 의해 집단이 2개로 나뉘므로 자유도는 2[=(3−1)(2−1)]가 된다. 교재유형과 성별의 상호작용에 따른 집단 간 평균제곱인 MSB(교재유형×성별)는 34.292(= 68.583/2)가 된다. 오차제곱합인 SSE는 121.500으로 나타났다. 자유도는 $pq(r-1) = 3 \times 2 \times (4-1) = 18$이 된다. 여기서 p는 교재유형에 따른 집단의 수를 나타내므로 3이고, q는 성별에 따른 집단의 수를 나타내므로 2가 된다. 그리고 r은 각 조합의 표본 크기인 4가 된다. 평균제곱오차(MSE)는 6.750(=121.500/18)이다.

교재유형에 대한 귀무가설('교재유형에 따른 집단별 모평균 점수의 차이는 없다' 또는 '$\mu_A = \mu_B = \mu_C$')을 검증하기 위해서는 F-값과 그에 대응하는 유의확률을 계산해야 한다. 표본 자료로부터 계산된 F 값은 60.080($= \dfrac{MSB(\text{교재유형})}{MSE} = \dfrac{405.542}{6.750}$)이다. 이에 대응하는 유의확률은 .000으로 나타났다. 유의확률이 유의수준(.05)보다 작으므로, 유의수준 .05에서 교재유형을 달리하는 집단별로 모평균 점수가 같다는 귀무가설을 기각한다. 따라서 유의수준 .05에서 교재유형은 점수에 미치는 효과가 있다고 본다. 그리고 유의확률이 .01보다 작으므로 유의수준 .01에서도 귀무가설은 기각된다.

성별에 대한 귀무가설('성별에 따른 집단별 모평균 점수의 차이는 없다' 또는 '$\mu_{\text{남}} = \mu_{\text{여}}$')을 검증하기 위해 자료로부터 계산된 F 값은 0.025($= \dfrac{MSB(\text{성별})}{MSE} = \dfrac{0.167}{6.750}$)이다. 이에 대응하는 유의확률은 .877로 나타났다. 유의확률이 유의수준(.05)보다 크므로, 유의수준 .05에서 성별은 점수에 미치는 효과가 없다고 본다.

교재유형과 성별의 상호작용효과에 대한 귀무가설('교재유형과 성별 간 상호작용은 점수에 미치는 효과가 없다')을 검증하기 위해 자료로부터 계산된 F 값은

5.080($= \dfrac{MSB(\text{교육방법} \times \text{성별})}{MSE} = \dfrac{34.292}{6.750}$)이다. 이에 대응하는 유의확률은 .018이다. 유의확률이 유의수준(.05)보다 작으므로, 유의수준 .05에서 교재유형과 성별 간 상호작용은 점수에 미치는 효과가 없다는 귀무가설을 기각할 수 있다. 따라서 상호작용효과가 존재한다. 여기서 상호작용효과가 존재하는 것은 성별에 따라서 교재의 효과가 다른 것으로 해석할 수 있다.

5 상호작용효과

두 요인이 독립적이어서 한 요인이 다른 요인의 효과에 영향을 주지 않는다면 상호작용이 없는 것이다. 반면에 상호작용은 한 요인의 효과가 다른 요인의 수준에 따라 달라질 때 존재한다. 예를 들어 교재의 유형은 A와 B 두 가지만 있다고 가정하자. 이 경우에 성별과 교재유형의 상호작용 여부는 [그림 9-1]의 그래프에서 남자의 점수와 여자의 점수가 평행선이냐 아니냐에 달려 있다. 평행선으로 나타난 것은 교재유형과 성별의 상호작용이 존재하지 않는 것이고 평행선 이외의 모양은 상호작용이 존재하는 것이다.

그림 9-1 상호작용효과가 존재하는 경우와 존재하지 않는 경우

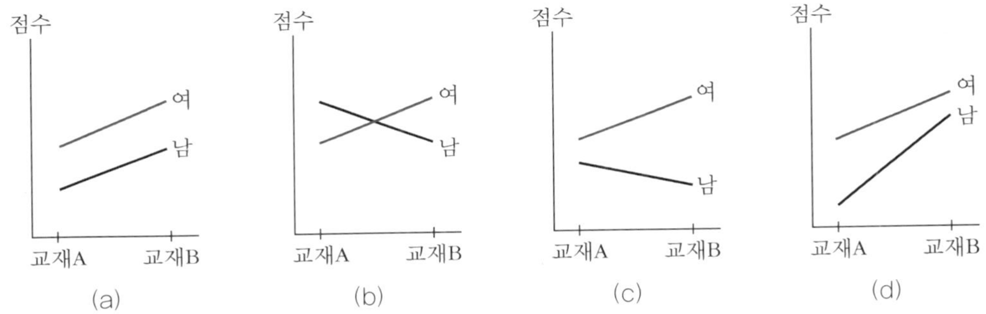

[그림 9-1]에서 (a)는 교재유형이라는 요인과 성별이라는 요인의 상호작용효과가 없는 경우로서 평행선을 보이고 있다. 나머지 (b), (c), (d)에서는 평행선이 아니어서 상호작용효과가 나타나 있다. (b)의 경우 남자는 교재 A에서 더 높은 점수를 얻고 여자는 교재 B에서 더 높은 점수를 얻는다. 따라서 교재유형에 따라 성별이 점수에 미치는 효과가 다르게 나타난다. (c)의 경우 교재 A에 비해서 교재 B는 여자에게 더 높은 점수를 초래하고 남자에게 더 낮은 점수를 초래한다. (d)의 경우 교재 A에 비해 교재 B는 남자와 여자 모두에게 더 높은 점수를 초래하지만 남자에게 그 효과가 더 크게 작용한다.

6 이원분산분석과 효과 크기

일원분산분석에서 효과의 크기는 에타 제곱(η^2)에 의해 측정되는데, 에타 제곱은 집단 간 제곱합을 총제곱합으로 나눈 것이라고 설명한 바 있다. 그러나 요인이 두 개 이상

이면 효과의 크기를 측정하는 공식은 달라진다. 이원분산분석의 경우 효과 크기는 종속변수의 전체 변량을 나타내는 총제곱합(SST)에 근거하지 않기 때문에 부분 에타 제곱(partial η^2)에 의해 측정하는데 공식은 다음과 같다.

$$\text{요인 A의 효과 크기: 요인 A의 부분 에타 제곱} = \frac{SS_A}{SS_A + SSE}$$

$$\text{요인 B의 효과 크기: 요인 B의 부분 에타 제곱} = \frac{SS_B}{SS_B + SSE}$$

$$A \times B\text{의 효과 크기: } A \times B\text{의 부분 에타 제곱} = \frac{SS_{A \times B}}{SS_{A \times B} + SSE}$$

〈표 9-5〉의 분산분석표에 나타난 제곱합(SS) 값을 바탕으로 부분 에타 제곱을 계산하면 다음과 같다. 이는 SPSS의 분석결과에 나타난 부분 에타 제곱의 값과 같다는 것을 알 수 있다.

요인(교재유형)의 부분 에타 제곱

$$= \frac{SS_{\text{교재}}}{SS_{\text{교재}} + SSE} = \frac{811.083}{811.083 + 121.500} = .870$$

$$\text{요인(성별)의 부분 에타 제곱} = \frac{SS_{\text{성별}}}{SS_{\text{성별}} + SSE} = \frac{0.167}{0.167 + 121.500} = .001$$

$$\text{상호작용(교재×성별)의 부분 에타 제곱} = \frac{SS_{\text{교재} \times \text{성별}}}{SS_{\text{교재} \times \text{성별}} + SSE}$$

$$= \frac{68.583}{68.583 + 121.500} = .361$$

7 사후검정

〈표 9-6〉은 〈표 9-3〉의 자료를 바탕으로 SPSS에서 이원분산분석을 실행한 후 구체적으로 어떤 집단 간에 어떠한 차이가 있는지 알기 위해 사후검정을 한 결과이다. 요인 '성별'의 경우 집단의 수가 2개이므로 분산분석에서 이미 검정이 되었다. 따라서 사후검정이 불필요하다. 요인 '교재유형'의 경우 사후검정의 결과를 보면 모두 6개의 검정이 있다. (1) 교재 A－교재 B, (2) 교재 A－교재 C, (3) 교재 B－교재 A, (4) 교재 B－교재 C, (5) 교재 C－교재 A, (6) 교재 C－교재 B의 여섯 가지가 있다. 그러나 세 개의 검정[(1), (2), (4)]과 다른 세 개의 검정[(3), (5), (6)]은 비교의 순서가 반대일 뿐 실질적으로

동일한 검정이므로 중복이 된다. 따라서 (1), (2), (4)의 검정 결과만 보면 된다.

〈표 9-6〉 **다중비교**

종속변수: 점수						
Scheffe						
(I) 교재유형	(J) 교재유형	평균차이(I−J)	표준오차	유의확률	95% 신뢰구간	
					하한	상한
A	B	−5.50*	1.299	.002	−8.96	−2.04
	C	−14.13*	1.299	.000	−17.59	−10.66
B	A	5.50*	1.299	.002	2.04	8.96
	C	−8.63*	1.299	.000	−12.09	−5.16
C	A	14.13*	1.299	.000	10.66	17.59
	B	8.63*	1.299	.000	5.16	12.09

관측평균을 기준으로 합니다.
오차항은 평균제곱(오차) = 6.750입니다.
*. 평균차이는 .05 수준에서 유의합니다.

사후검정(교재 A−교재 B)의 결과를 보면, 검정통계량의 유의확률이 .002이므로 유의수준 .05에서 영가설($H_0 : \mu_A = \mu_B$)을 기각할 수 있다. 즉, 유의수준 .05에서 교재 A의 집단과 교재 B의 집단 간에 모평균(점수) 차이는 존재한다고 판단한다. 관측된 표본평균 차이는 −5.50이므로 교재 A의 집단이 교재 B의 집단보다 모평균 점수가 낮다고 추정한다. 교재 A 집단과 교재 B 집단 간에 모평균(점수) 차이에 대한 95% 신뢰구간은 (−8.96, −2.04)로 나타났다. 이러한 신뢰구간의 중앙 위치에 −5.50(모평균 차이에 대한 점 추정치)이 있으며, 신뢰구간은 0(모평균 차이가 없다는 것을 의미하는 추정치)을 포함하지 않는다. 즉, 95% 신뢰구간에 0이 없다는 것과 유의수준 .05에서 두 집단 간의 모평균 차이가 없다는 영가설을 기각할 수 있는 것은 같은 의미를 지닌다. 유의확률이 .002이므로 유의수준 .01에서도 교재 A의 집단이 교재 B의 집단보다 모평균 점수가 높다고 판단한다.

사후검정(교재 A−교재 C)의 결과를 보면, 검정통계량의 유의확률이 .000이므로 유의수준 .05에서 영가설($H_0 : \mu_A = \mu_C$)을 기각할 수 있다. 즉, 유의수준 .05에서 교재 A 집단과 교재 C 집단 간에 모평균(점수) 차이는 존재한다고 판단한다. 관측된 표본평균 차이는 −14.13이므로 교재 A 집단이 교재 C 집단보다 모본평균 점수가 낮다고 추정한다. 교재 A 집단과 교재 C 집단 간에 모평균(점수) 차이에 대한 95% 신뢰구간은 (−17.59, −10.66)으로 나타났다. 이러한 신뢰구간의 가운데에 −14.13이 있으며, 신뢰구간은 0을 포함하지 않는다.

사후검정(교재 B−교재 C)의 결과를 보면, 검정통계량의 유의확률이 .000이므로 유의수준 .05에서 영가설($H_0 : \mu_B = \mu_C$)을 기각할 수 있다. 즉, 유의수준 .05에서 교재 B 집단과 교재 C 집단 간에 모평균(점수) 차이는 존재한다고 판단한다. 관측된 표본평균 차이는 −8.63이므로 교재 B 집단이 교재 C 집단보다 모평균 점수가 낮다고 추정한다. 교재 B 집단과 교재 C 집단 간에 모평균(점수) 차이에 대한 95% 신뢰구간은 (−12.09, −5.16)으로 나타났다. 이러한 신뢰구간의 가운데에 −8.63이 있으며, 신뢰구간은 0을 포함하지 않는다.

분산분석결과를 보고서, 학술지 등에 제출하는 경우 포함해야 할 사항은 다음과 같다. 연구가설(대립가설)의 기술, 자료의 특성을 나타내는 기술통계량, 연구가설의 기각 여부, 검정통계량 F−값과 유의확률, 효과의 크기를 나타내는 부분 에타 제곱 값 등을 들 수 있다. 그리고 사후검정을 실시했다면, 등분산성 가정의 위배 여부, 구체적인 사후검정 방법의 명칭, 사후검정의 결과 등을 제시해야 한다. 이원분산분석에서는 세 개의 가설에 대한 검정을 포함하기 때문에 결과의 종합적 해석을 고려해야 한다. 특히 유의한 상호작용이 있다면, 두 변수가 동등한 입장인지 또는 한 변수가 다른 변수의 배경이나 맥락에 해당하는지 설명하는 것도 유용하다.

4 SPSS의 활용

1 일원분산분석: [일반선형모형] → [일변량]의 경로

(1) 자료 입력

[데이터 보기] 창의 하단 왼쪽의 [변수 보기]를 누르면 [그림 9-2]와 같은 [변수 보기] 창이 나타난다. [변수 보기] 창에서 변수 이름, 유형, 측도를 입력한다. 원인을 나타내는 독립변수에 해당하는 '교재'는 변수의 [유형]을 [문자]로 선택한다. 변수의 유형을 [문자]로 선택했으므로 [측도]는 [명목형]으로 선택한다. 결과를 나타내는 종속변수에 해당하는 '점수'는 변수의 [유형]을 [숫자]로 선택한다. '점수'의 [측도]는 계량척도를 의미하는 [척도]로 선택한다.

그림 9-2 **변수 보기 창**

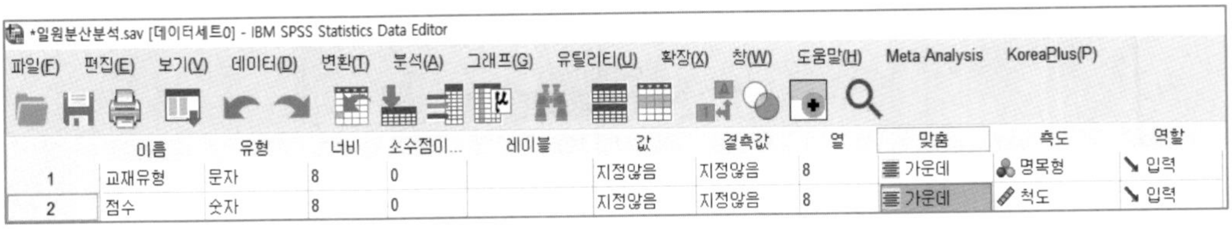

[데이터 보기] 창에서 [그림 9-3]에 나타난 바와 같이 자료를 입력한다.

그림 9-3 **데이터 보기 창**

	교재유형	점수
1	A	78
2	A	80
3	A	82
4	B	82
5	B	85
6	B	88
7	C	91
8	C	93
9	C	95

(2) 분석의 실행

SPSS의 메뉴에서 [분석] → [일반선형모형] → [일변량]을 선택하면 [그림 9-4]와 같은 창이 나타난다.

그림 9-4 일변량 분석

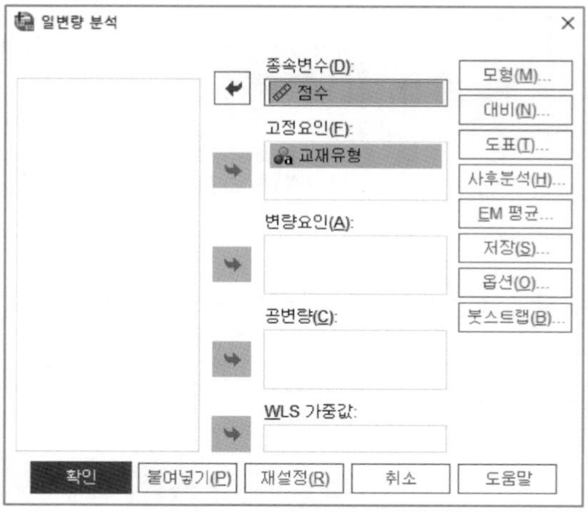

[그림 9-4]의 창에서 '점수'를 [종속변수]의 칸으로 이동시키고, '교재유형'을 [고정요인]의 칸으로 이동시킨다. 오른쪽 위에 있는 [모형]을 누르면 [그림 9-5]와 같은 창이 나온다.

그림 9-5 일변량: 모형

[그림 9-5]는 기본으로 설정된 항목만 보여 준다. [모형설정]은 '완전요인모형'이고, [제곱합]은 '제Ⅲ유형'이고, [모형에 절편 포함] 항목은 기본으로 설정되어 있다. [계속]을 눌러서 [그림 9-4]의 창으로 돌아간 후 [사후분석]을 누르면 [그림 9-6]과 같은 창이 나타난다.

그림 9-6 일변량: 관측평균의 사후분석 다중비교

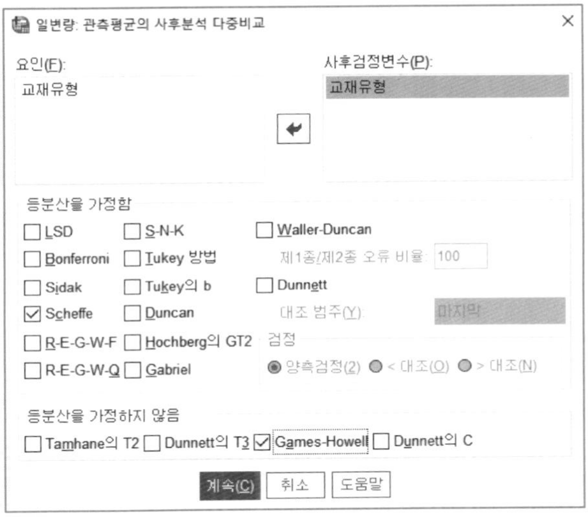

[그림 9-6]의 가운데 있는 화살표를 이용하여 [요인]에 해당하는 '교재유형'을 [사후검정변수]의 칸으로 이동시킨다. 사후검정은 등분산성 가정이 만족되는 경우에 사용할 수 있는 사후검정과 등분산성 가정이 위배되는 경우에 사용할 수 있는 사후검정이 있다. [등분산을 가정함]에서 쉐페 검정인 [Scheffe]를 선택한다. [등분산을 가정하지 않음]에서 게임스-하월 검정인 [Games-Howell]을 선택한다. [계속]을 눌러서 [그림 9-4]의 창으로 돌아간 후 [옵션]을 누르면 [그림 9-7]과 같은 창이 나타난다.

그림 9-7 **일변량: 옵션**

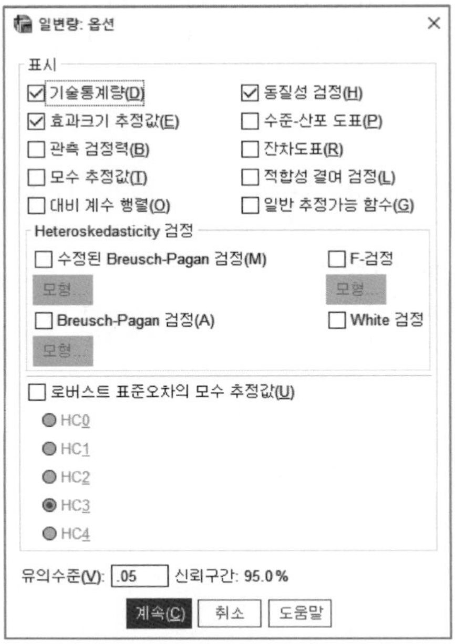

[그림 9-7]에서 분석결과에 나타날 항목으로 [기술통계량], [동질성 검정], [효과크기 추정값]을 선택한다. [동질성 검정]은 등분산성 검정을 의미한다. [효과크기 추정값]을 선택하면 부분 에타 제곱의 값을 알 수 있다. [유의수준]은 .05가 기본으로 설정되어 있다. 유의수준이 .05이면 [신뢰수준]은 자동적으로 95.0%가 된다. 유의수준을 .01로 변경하려면 직접 입력하면 된다. 물론 이 경우에 신뢰수준은 자동적으로 99.0%로 변한다. [계속]을 눌러서 [그림 9-4]의 창으로 돌아간 후 [확인]을 누르면 분산분석의 결과가 나온다.

(3) 분석결과의 해석

① 기술통계

〈표 9-7〉의 기술통계량에는 교재유형에 따른 집단별로 표본평균과 표본표준편차, 표본 크기가 있다. 집단별로 표본 크기가 모두 같으므로 불균형 자료가 아니라 균형 자료임을 알 수 있다. 표본평균은 교재 A 집단이 가장 낮고 교재 C 집단이 가장 높다. 이러한 차이가 우연에 의한 차이인지 또는 교재 효과에 따른 차이인지 알기 위해서는 분산분석이 필요하다.

〈표 9-7〉 기술통계량

종속변수: 점수			
교재유형	평균	표준편차	N
A	80.00	2.000	3
B	85.00	3.000	3
C	93.00	2.000	3
전체	86.00	6.042	9

집단별로 표준편차를 보면 교재 B 집단의 표준편차가 상대적으로 크다. 집단별로 표본표준편차의 차이가 작으면 오차의 분산이 집단별로 비슷하다는 근거가 된다. 그러나 차이가 큰지 작은지에 대한 주관적인 판단은 사람마다 다를 수 있다. 이러한 문제를 해결하기 위해서는 오차의 분산이 동질적인가를 객관적으로 판단하는 등분산성 검정(동질성 검정)이 필요하다.

② 등분산성 검정

〈표 9-8〉은 등분산성을 검정한 결과이다. 등분산성에 대한 검정은 르빈의 검정(Levene's test)을 통해 이루어진다. 여기서는 평균을 기준으로 하는 르빈의 검정에 초점을 맞추기로 한다. 교재유형에 따른 집단이 3개가 있으므로 르빈의 등분산성 검정(Levene's test)에서 귀무가설은 '3개의 집단별 오차항의 분산은 모두 동일하다'는 것이다. 이러한 귀무가설이 참이라는 가정하에 검정통계량은 $F(2, 6)$ 분포를 따른다. 자료로부터 계산된 검정통계량 F 값은 0.235이고, 유의확률은 .797이다. 따라서 유의수준 .05에서 등분산성을 주장하는 영가설을 기각할 수 없다. 즉, 유의수준 .05에서 주어진 자료는 등분산성을 충족시킨다.

〈표 9-8〉 오차 분산의 동일성에 대한 Levene의 검정[a,b]

		Levene 통계량	자유도1	자유도2	유의확률
점수	평균을 기준으로 합니다.	.235	2	6	.797
	중위수를 기준으로 합니다.	.235	2	6	.797
	자유도를 수정한 상태에서 중위수를 기준으로 합니다.	.235	2	5.115	.798
	절삭평균을 기준으로 합니다.	.235	2	6	.797

여러 집단에서 종속변수의 오차 분산이 동일한 영가설을 검정합니다.
a. 종속변수: 점수
b. Design: 절편 + 교재유형

③ 일변량 분산분석

〈표 9-9〉는 분산분석의 핵심적 결과이다. 여기서 귀무가설은 '교재유형에 따른 집단 간 모평균점수 차이가 존재하지 않는다($\mu_A = \mu_B = \mu_C$)'는 것이다. 이러한 귀무가설이 참이라는 가정하에 검정통계량은 $F(2, 6)$ 분포를 따른다. 자료로부터 계산된 검정통계량 F의 값은 22.765이고 유의확률은 .002이다. 따라서 유의수준 .05에서 교재유형에 따른 집단 간 모평균 점수는 동일하다는 귀무가설을 기각할 수 있다. 다시 말하자면 유의수준 .05에서 교재유형은 점수에 미치는 효과가 있다.

〈표 9-9〉 개체-간 효과 검정

종속변수: 점수						
원인	제Ⅲ유형 제곱합	자유도	평균제곱	F	유의확률	부분 에타 제곱
수정된 모형	258.000[a]	2	129.000	22.765	.002	.884
절편	66564.000	1	66564.000	11746.588	.000	.999
교재유형	258.000	2	129.000	22.765	.002	.884
추정값(오차)	34.000	6	5.667			
전체	66856.000	9				
수정된 합계	292.000	8				

a. R 제곱=.884 (수정된 R 제곱=.845)

④ 사후검정

〈표 9-10〉의 사후검정은 세 가지 영가설을 검정한 결과를 보여준다. 첫째, 유의수준 .05에서 영가설($H_0 : \mu_A = \mu_B$)을 기각할 수 없다. 검정통계량의 유의확률이 0.108이므로 유의수준 .05에서 집단 A과 집단 B의 모평균 점수의 차이는 존재하지 않는다. 둘째, 유의수준 .05에서 영가설($H_0 : \mu_A = \mu_C$)을 기각할 수 있다. 검정통계량의 유의확률이 0.002이므로 유의수준 .05에서 집단 A과 집단 C의 모평균 점수의 차이는 존재한다. 표본평균이 차이가 음수(−13.00)이므로 집단 A의 모평균이 집단 C의 모평균보다 낮다고 추정한다. 셋째, 유의수준 .05에서 영가설($H_0 : \mu_B = \mu_C$)을 기각할 수 있다. 검정통계량의 유의확률이 0.018이므로 유의수준 .05에서 집단 B와 집단 C의 모평균 점수는 다르다. 표본평균이 차이가 음수(−8.00)이므로 집단 B의 모평균이 집단 C의 모평균보다 낮다고 추정한다.

〈표 9-10〉 다중비교

종속변수: 점수							
	(I) 교재유형	(J) 교재유형	평균차이(I-J)	표준오차	유의확률	95% 신뢰구간	
						하한	상한
Scheffe	A	B	−5.00	1.944	.108	−11.23	1.23
		C	−13.00*	1.944	.002	−19.23	−6.77
	B	A	5.00	1.944	.108	−1.23	11.23
		C	−8.00*	1.944	.018	−14.23	−1.77
	C	A	13.00*	1.944	.002	6.77	19.23
		B	8.00*	1.944	.018	1.77	14.23

관측평균을 기준으로 합니다.
오차항은 평균제곱(오차)=5.667입니다.
*. 평균차이는 .05 수준에서 유의합니다.

2 일원분산분석: [평균비교] → [일원배치분산분석]의 경로

(1) 자료 입력

유료방송유형을 케이블TV(1로 측정), 위성방송(2로 측정), IPTV(3으로 측정)로 구분한 뒤 해당 유료방송 가입자들을 대상으로 유료방송서비스 만족도(1점에서 7점까지의 등간척도)를 측정했다고 가정하자. [데이터 보기] 창의 하단 왼쪽의 [변수 보기]를 누르면 [그림 9-8]과 같은 창이 나타난다.

그림 9-8 변수 보기 창

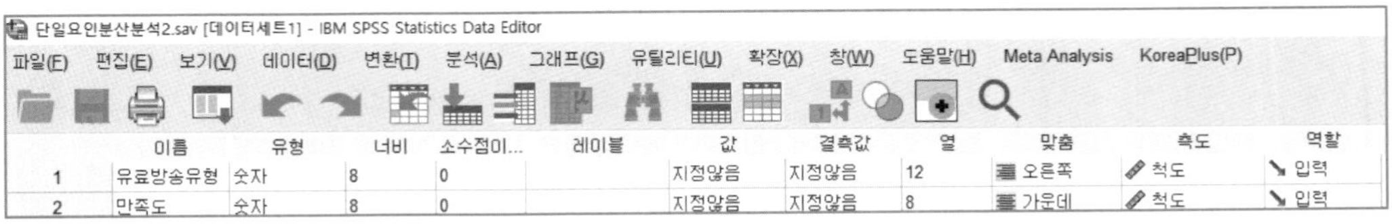

요인에 해당하는 독립변수인 '유료방송유형'은 명목척도임에도 불구하고 변수의 [유형]을 [숫자]로 선택하고 변수의 [측도]는 [척도](메트릭 척도)를 선택한다. 그렇게 선택해야 [분석] → [평균 비교] → [일원배치 분산분석]을 통해서 분석을 실행할 수 있다. 종속변수에 해당하는 '만족도'는 변수의 [유형]을 [숫자]로 선택한다. 그리고 [측도]는 [척도]

로 선택한다. [그림 9-9]에 나타난 바와 같이 [데이터 보기] 창에 자료를 입력한다.

그림 9-9 데이터 보기 창

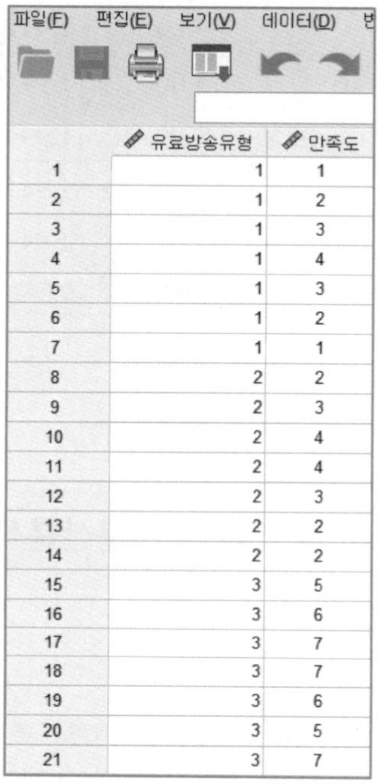

	유료방송유형	만족도
1	1	1
2	1	2
3	1	3
4	1	4
5	1	3
6	1	2
7	1	1
8	2	2
9	2	3
10	2	4
11	2	4
12	2	3
13	2	2
14	2	2
15	3	5
16	3	6
17	3	7
18	3	7
19	3	6
20	3	5
21	3	7

(2) 분석의 실행

SPSS의 메뉴에서 [분석] → [평균 비교] → [일원배치 분산분석]을 선택하면 [그림 9-10]과 같은 창이 뜬다.

그림 9-10 일원배치 분산분석

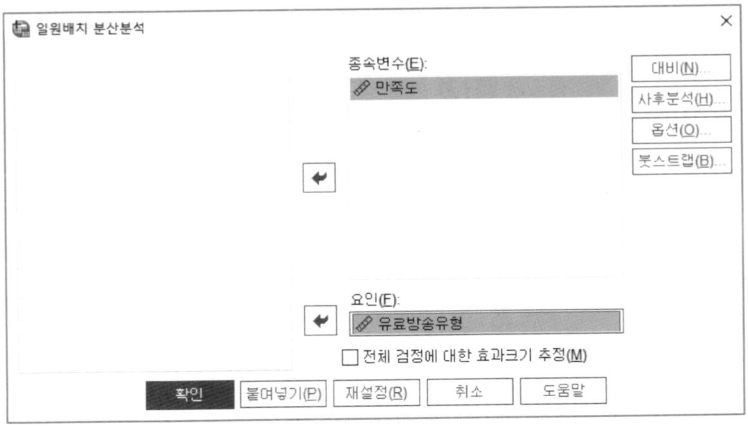

[그림 9-10]의 창에서 화살표를 이용하여 '만족도'를 [종속변수]의 칸으로 이동시키고, '유료방송유형'을 [요인]의 칸으로 이동시킨다. 오른쪽 위의 [사후분석]을 누르면 [그림 9-11]과 같은 창이 나온다.

그림 9-11 일원배치 분산분석: 사후분석-다중비교

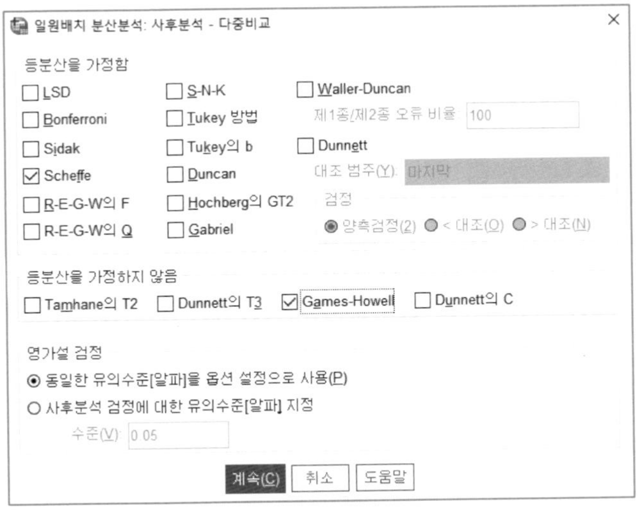

[그림 9-11]에서 사후검정은 [등분산을 가정함]에서 [Scheffe] 등을 선택하고 [등분산을 가정하지 않음]에서 [Games-Howell] 검정을 선택한다. [계속]을 눌러서 [그림

9-10]의 창으로 돌아간 후 [옵션]을 누르면 [그림 9-12]와 같은 창이 나온다.

그림 9-12 일원배치 분산분석: 옵션

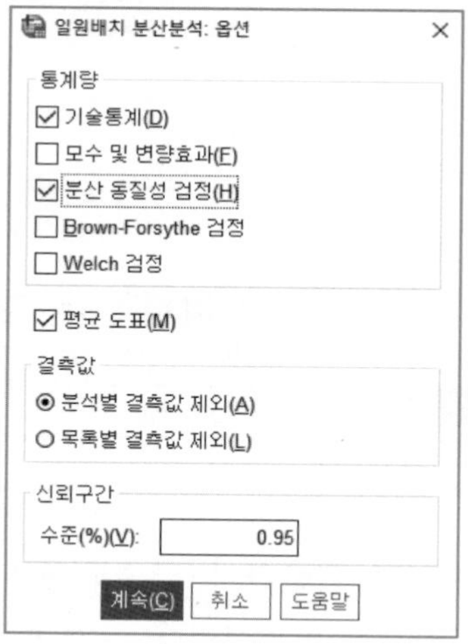

[그림 9-12]에서 분석결과에 나타날 항목으로 [기술통계], [분산 동질성 검정], [평균 도표]를 선택한다. 그리고 [계속]을 눌러 [그림 9-10]의 창으로 돌아간 후 [확인]을 누르면 분석결과가 나온다.

(3) 분석결과의 해석

① 기술통계

〈표 9-11〉의 기술통계에는 유료방송 유형에 따른 집단별 표본평균과 표본표준편차, 표본크기가 기술되어 있다. 케이블TV(집단 1)와 위성방송(집단 2)은 평균 만족도가 유사하고 IPTV(집단3)는 평균 만족도가 상대적으로 높게 나타났다. 집단별 표본크기는 7로

〈표 9-11〉 기술통계

만족도								
	N	평균	표준편차	표준오차	평균의 95% 신뢰구간		최소값	최대값
					하한	상한		
1	7	2.29	1.113	.421	1.26	3.31	1	4
2	7	2.86	.900	.340	2.03	3.69	2	4
3	7	6.14	.900	.340	5.31	6.97	5	7
전체	21	3.76	1.972	.430	2.86	4.66	1	7

나타났다. 집단별로 표본 크기가 모두 같으므로 균형 자료임을 알 수 있다.

② 등분산성 검정

〈표 9-12〉는 등분산성을 검정한 결과이다. 평균을 기준으로 하는 검정에 초점을 맞추면 르빈(Levene)의 검정통계량은 .284이고 유의확률은 .756이다. 따라서 유의수준 .05에서 귀무가설(H_0: 3개의 집단별 오차항의 분산은 모두 동일하다)을 기각할 수 없다. 즉, 유의수준 .05에서 주어진 자료는 등분산성을 만족시키는 것으로 본다.

〈표 9-12〉 분산의 동질성 검정

		Levene 통계량	df1	df2	CTT 유의확률
만족도	평균을 기준으로 합니다.	.284	2	18	.756
	중위수를 기준으로 합니다.	.150	2	18	.862
	자유도를 수정한 상태에서 중위수를 기준으로 합니다.	.150	2	16.000	.862
	절삭평균을 기준으로 합니다.	.264	2	18	.771

③ 일원분산분석

〈표 9-13〉은 분산분석의 핵심적인 부분이다. 여기서 분산분석의 귀무가설은 다음과 같다.

H_0: 유료방송 유형에 따른 집단 간 만족도 차이가 존재하지 않는다($\mu_1 = \mu_2 = \mu_3$)

H_0가 참이라는 가정하에 검정통계량은 $F(2, 18)$ 분포를 따른다. 자료로부터 계산된 검정통계량 F의 값은 31.859이고 유의확률 .000이다. 따라서 유의수준 .05뿐만 아니라 유의수준 .01에서도 유료방송 유형에 따른 집단 간 만족도 점수는 동일하다는 영가설을 기각할 수 있다.

〈표 9-13〉 분산분석(ANOVA)

	만족도				
	제곱합	자유도	평균제곱	F	CTT 유의확률
집단-간	60.667	2	30.333	31.850	.000
집단-내	17.143	18	.952		
전체	77.810	20			

④ 사후검정

〈표 9-14〉를 보면 사후검정으로 쉐페 검정을 실시한 결과 유의수준 .05에서 세 개의 영가설 중에서 두 개를 기각할 수 있음을 알 수 있다. 집단 1과 집단 3의 비교에서 유의확률이 .000으로 나타나 영가설(H_0 : μ_1 = μ_3)을 기각할 수 있다. 그리고 집단 간 평균차이가 음의 값(−3.857)이므로 집단 3(IPTV)이 집단 1(케이블TV)보다 만족도가 높다. 집단 2과 집단 3의 비교에서 유의확률이 .000으로 나타나 영가설(H_0 : μ_2 = μ_3)을 기각할 수 있다. 그리고 집단 간 평균차이가 음의 값(−3.286)이므로 집단 3(IPTV)이 집단 2(위성방송)보다 만족도가 높다.

〈표 9-14〉 다중비교

종속변수: 만족도						
Scheffe						
(I) 유료방송유형	(J) 유료방송유형	평균차이(I−J)	표준오차	CTT 유의확률	95% 신뢰구간	
					하한	상한
1	2	−.571	.522	.559	−1.96	.82
	3	−3.857*	.522	.000	−5.25	−2.47
2	1	.571	.522	.559	−.82	1.96
	3	−3.286*	.522	.000	−4.68	−1.89
3	1	3.857*	.522	.000	2.47	5.25
	2	3.286*	.522	.000	1.89	4.68

*. 평균차이는 0.05 수준에서 유의합니다.

3 이원분산분석: [일반선형모형] → [일변량]의 경로

(1) 자료 입력

[데이터 보기] 창의 아래 왼쪽의 [변수 보기]를 누르면 [그림 9-13]과 같은 [변수 보기] 창이 나타난다. 독립변수인 요인에 해당하는 '교재유형'과 '성별'은 변수의 [유형]을 '문자'로 선택하고 [측도]의 유형을 '명목형'으로 선택한다. 종속변수에 해당하는 '점수'는 변수의 [유형]을 '숫자'로 선택하고 [측도]의 유형을 '척도'로 선택한다.

그림 9-13 변수 보기 창

파일(F) 편집(E) 보기(V) 데이터(D) 변환(T) 분석(A) 그래프(G) 유틸리티(U) 확장(X) 창(W) 도움말(H) Meta Analysis KoreaPlus(P)

	이름	유형	너비	소수점이...	레이블	값	결측값	열	맞춤	측도	역할
1	교재유형	문자	8	0		지정않음	지정않음	8	가운데	명목형	입력
2	성별	문자	20	0		지정않음	지정않음	8	가운데	명목형	입력
3	점수	숫자	8	0		지정않음	지정않음	8	가운데	척도	입력

[데이터 보기] 창에서 [그림 9-14]에 나타난 바와 같이 자료를 입력한다.

그림 9-14 데이터 보기 창

	교재유형	성별	점수
1	A	남성	76
2	A	남성	79
3	A	남성	82
4	A	남성	81
5	A	여성	76
6	A	여성	73
7	A	여성	72
8	A	여성	82
9	B	남성	84
10	B	남성	85
11	B	남성	81
12	B	남성	83
13	B	여성	86
14	B	여성	82
15	B	여성	80
16	B	여성	84
17	C	남성	88
18	C	남성	91
19	C	남성	90
20	C	남성	89
21	C	여성	94
22	C	여성	96
23	C	여성	93
24	C	여성	93

(2) 분석의 실행

메뉴에서 [분석] → [일반선형모형] → [일변량]을 선택하면 [그림 9-15]의 창이 나타난다.

그림 9-15 일변량 분석

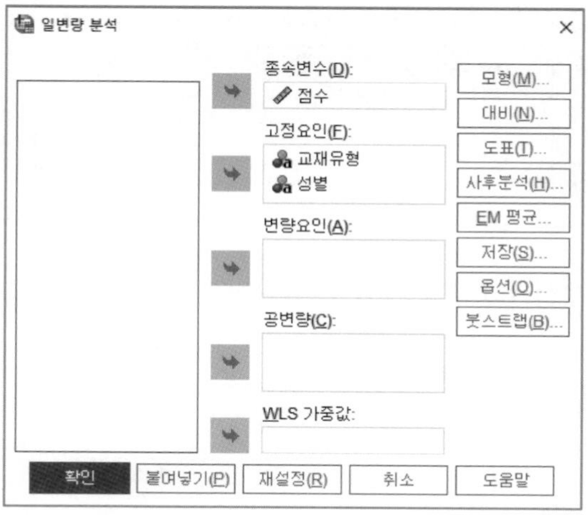

[그림 9-15]에서 '점수'를 [종속변수]의 칸으로 이동시키고, '교재유형'과 '성별'을 [고정요인]의 칸으로 이동시킨다. [도표]를 누르면 [그림 9-16]과 같은 창이 나온다.

그림 9-16 일변량: 프로파일 도표

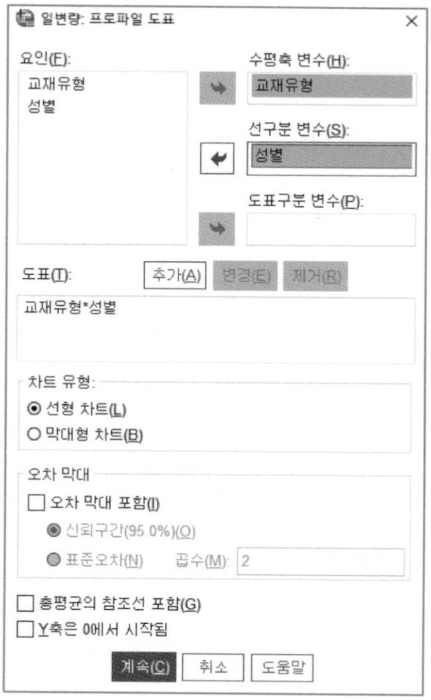

[그림 9-16]에서 [요인]의 칸에 있는 '교재유형'과 '성별'을 각각 오른쪽 [수평축 변수]의 칸과 [선구분 변수]의 칸으로 이동시킨다. [추가]를 누르면 [도표]의 아래 칸에 '교재유형*성별'이 만들어진다. [계속]을 누른 후 [사후분석]을 누르면 [그림 9-17]의 창이 뜬다.

그림 9-17 일변량: 관측평균의 사후분석 다중비교

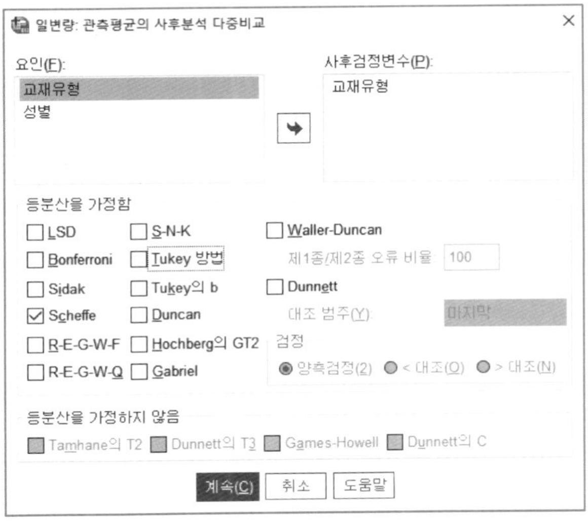

[그림 9-17]에서 [요인]에 해당하는 '교재유형'과 '성별'을 [사후검정변수]의 아래 칸으로 이동시킬 수 있는데, 성별은 집단의 수가 2개이므로 사후검정이 불필요하다. 따라서 '교재유형'만 이동시킨다. 등분산성 가정이 만족되는 경우에 사용할 수 있는 [Scheffe]를 선택한다. 그리고 [계속]을 눌러서 [그림 9-15]의 창으로 돌아간 후 [EM 평균]을 누르면 [그림 9-18]과 같은 창이 나타난다.

그림 9-18 **일변량: 추정 주변 평균**

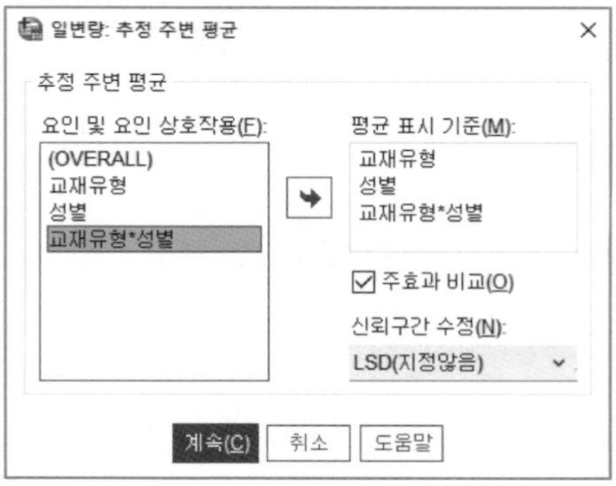

[그림 9-18]에서 [요인 및 요인 상호작용] 칸에 있는 '교재유형', '성별', '교재유형*성별'을 [평균 표시 기준] 칸으로 이동시킨다. 그리고 [주효과 비교]에 체크 표시를 한다. [계속]을 누른 후 [옵션]을 누르면 [그림 9-19]의 창이 나타난다.

그림 9-19 **일변량: 옵션**

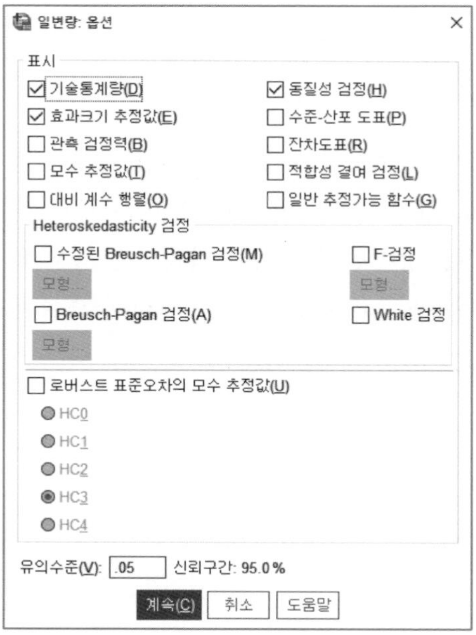

[그림 9-19]에서 분석결과에 나타날 항목으로 [기술통계량], [동질성 검정], [효과크

기 추정값]을 선택한다. [유의수준]은 .05가 기본으로 설정되어 있다. [계속]을 누른 후 [확인]을 누르면 이원분산분석의 결과가 나온다.

(3) 분석결과의 해석

① 기술통계

〈표 9-15〉를 보면 교재와 성별의 조합에 따른 6개의 집단에 대해 표본평균, 표본표준편차, 표본 크기가 나타나 있다. 집단별로 표본크기가 모두 동일하므로 균형 자료임을 알 수 있다.

〈표 9-15〉 기술통계량

종속변수: 점수				
교재유형	성별	평균	표준편차	N
A	남성	79.50	2.646	4
	여성	75.75	4.500	4
	전체	77.63	3.962	8
B	남성	83.25	1.708	4
	여성	83.00	2.582	4
	전체	83.13	2.031	8
C	남성	89.50	1.291	4
	여성	94.00	1.414	4
	전체	91.75	2.712	8
전체	남성	84.08	4.660	12
	여성	84.25	8.324	12
	전체	84.17	6.598	24

② 등분산성 검정

〈표 9-16〉에 나타난 르빈의 검정(Levene's Test)은 귀무가설(6개의 집단에서 나타나는 오차항의 분산은 동일하다)을 검정한 것이다. 유의확률이 .05보다 크기 때문에 유의수준 .05에서 주어진 자료는 오차의 등분산성을 만족한다.

〈표 9-16〉 오차 분산의 동일성에 대한 Levene의 검정[a, b]

		Levene 통계량	자유도1	자유도2	유의확률
점수	평균을 기준으로 합니다.	1.636	5	18	.201
	중위수를 기준으로 합니다.	1.301	5	18	.307
	자유도를 수정한 상태에서 중위수를 기준으로 합니다.	1.301	5	7.574	.356
	절삭평균을 기준으로 합니다.	1.631	5	18	.202

여러 집단에서 종속변수의 오차 분산이 동일한 영가설을 검정합니다.
a. 종속변수: 점수
b. Design: 절편+교재유형+성별+교재유형 * 성별

③ 이원분산분석

〈표 9-17〉은 분산분석의 주요 결과를 나타내는데, 핵심적인 것은 세 가지 귀무가설에 대한 검정의 결과이다. 첫 번째 귀무가설은 교재유형에 따른 집단 간 평균점수 차이가 존재하지 않는다는 것이다. 자료로부터 계산된 검정통계량 F는 60.989이고 유의확률은 .000이다. 따라서 유의수준 .05에서 교재유형에 따른 집단 간 평균 점수 차이가 존재한다고 볼 수 있다. 두 번째 귀무가설은 성별에 따른 집단 간 평균점수 차이가 존재하지 않는다는 것이다. 자료로부터 계산된 검정통계량 F는 0.025이고 유의확률은 .877이다. 따라서 유의수준 .05에서 성별은 점수에 미치는 효과가 없다고 본다. 세 번째 귀무가설은 교재유형과 성별 간의 상호작용효과가 없다는 것이다. 검정통계량 F는 5.080이고 유의확률은 .018이다. 따라서 유의수준 .05에서 교재유형과 성별 간의 상호작용은 점수에 미치는

〈표 9-17〉 개체-간 효과 검정

종속변수: 점수						
원인	제Ⅲ유형 제곱합	자유도	평균제곱	F	유의확률	부분 에타 제곱
수정된 모형	879.833[a]	5	175.967	26.069	.000	.879
절편	170016.667	1	170016.667	25187.654	.000	.999
교재유형	811.083	2	405.542	60.080	.000	.870
성별	.167	1	.167	.025	.877	.001
교재유형 * 성별	68.583	2	34.292	5.080	.018	.361
추장(오차)	121.500	18	6.750			
전체	171018.000	24				
수정된 합계	1001.333	23				

a. R 제곱=.879 (수정된 R 제곱=.845)

효과가 있다.

일원분산분석에서 효과의 크기는 에타 제곱으로 측정하는 반면, 이원분산분석에서는 효과의 크기는 부분 에타 제곱으로 측정한다. 요인 '교재유형'의 부분 에타 제곱은 .870이고, 요인 '성별'의 부분 에타 제곱은 .001이며, 교재유형과 성별 간 상호작용의 부분 에타 제곱은 .361이다. 따라서 교재유형이 점수에 미치는 효과가 가장 크다.

④ 사후검정

유의수준 .05에서 주어진 자료는 등분산성을 만족한다. 따라서 다중비교에서 등분산성을 가정하는 검정(예 Scheffe test)을 사용할 수 있다. 〈표 9-18〉을 보면 사후검정(Scheffe test)의 결과, 유의수준 .05에서 세 가지 귀무가설을 모두 기각할 수 있다.

〈표 9-18〉 **다중비교**

종속변수: 점수						
Scheffe						
(I) 교재유형	(J) 교재유형	평균차이(I−J)	표준오차	유의확률	95% 신뢰구간	
					하한	상한
A	B	−5.50*	1.299	.002	−8.96	−2.04
	C	−14.13*	1.299	.000	−17.59	−10.66
B	A	5.50*	1.299	.002	2.04	8.96
	C	−8.63*	1.299	.000	−12.09	−5.16
C	A	14.13*	1.299	.000	10.66	17.59
	B	8.63*	1.299	.000	5.16	12.09

관측평균을 기준으로 합니다.
오차항은 평균제곱(오차)=6.750입니다.
*. 평균차이는 .05 수준에서 유의합니다.

첫째, 교재 A를 사용하는 집단과 교재 B를 사용하는 집단의 모평균 점수 차이가 없다는 귀무가설을 기각할 수 있다. 검정통계량의 유의확률이 .002이므로 유의수준 .05에서 영가설을 기각할 수 있다. 즉 유의수준 .05에서 교재 B를 사용하는 집단이 교재 A를 사용하는 집단보다 모평균 점수가 높다고 판단할 수 있다. 이러한 결과는 95% 신뢰구간이 0을 포함하지 않는 것을 통해서도 알 수 있다. 둘째, 교재 A를 사용하는 집단과 교재 C를 사용하는 집단의 모평균 점수 차이가 없다는 귀무가설을 기각할 수 있다. 검정통계량의 유의확률이 .000이므로 유의수준 .05에서 영가설을 기각할 수 있다. 즉 유의수준 .05에서 교재 C를 사용하는 집단이 교재 A를 사용하는 집단보다 모평균 점수가 높다고 판단할 수 있다. 셋째, 교재 B를 사용하는 집단과 교재 C를 사용하는 집단의 모평균 점수 차이가 없다는 귀무가설을 기각할 수 있다. 검정통계량의 유의확률이 .000이므로 유의수준 .05에서 영가설을 기각할 수 있다. 즉 유의수준 .05에서 교재 C를 사용하는 집단이 교재 B를 사용하는 집단보다 모평균 점수가 높다고 판단할 수 있다.

⑤ 한계평균

교재유형별 평균 추정값에 대한 결과는 〈표 9-19〉와 같다.

〈표 9-19〉 **추정값: 교재유형별 점수 평균**

종속변수: 점수				
교재유형	평균	표준오차	95% 신뢰구간	
			하한	상한
A	77.625	.919	75.695	79.555
B	83.125	.919	81.195	85.055
C	91.750	.919	89.820	93.680

성별 평균 추정값에 대한 결과는 〈표 9-20〉에 나타난 바와 같다.

〈표 9-20〉 **추정값: 성별 점수 평균**

종속변수: 점수				
성별	평균	표준오차	95% 신뢰구간	
			하한	상한
남성	84.083	.750	82.508	85.659
여성	84.250	.750	82.674	85.826

[그림 9-20]을 보면 교재 A의 집단보다 교재 B의 집단의 점수가 높고 교재 B의 집단보다 교재 C의 집단의 점수가 높음을 알 수 있다. 그리고 여성의 경우 교재 A에서 남성보다 낮은 점수를 기록한 반면 교재 C에서는 남성보다 높은 점수를 기록했다. 이는 교재유형의 효과가 성별에 따라 달라지는 것을 의미한다. 따라서 교재유형과 성별의 상호작용효과가 있다고 본다.

그림 9-20 주변평균(한계평균)의 추정

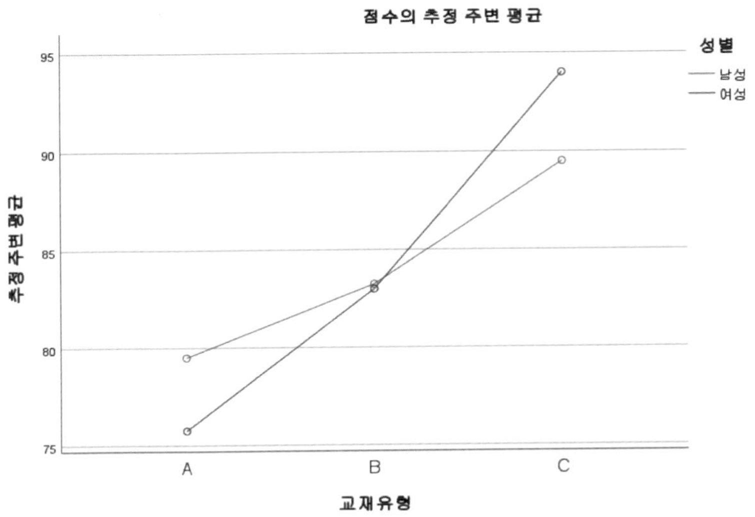

요약

- 분산분석은 단일변량 분산분석과 다변량 분산분석으로 구분된다. 단일변량 분산분석은 종속변수가 1개인 경우에 하는 분석이다. 반면에 다변량 분산분석은 종속변수가 2개 이상인 경우에 하는 분석이다. 단일변량 분산분석은 요인이 하나이면 일원분산분석, 요인이 두 개이면 이원분산분석, 요인이 3개 이상이면 다원분산분석으로 구분된다.
- 분산분석을 사용하려면 독립변수(요인)는 명목척도로 측정해야 한다. 반면에 종속변수는 등간척도 또는 비율척도로 측정해야 한다.
- 여러 집단의 평균 비교를 위해서 검정통계량 t를 이용한 분석을 통해 여러 번에 걸쳐서 하면 '전반적 제1종 오류'의 상승이 일어난다. 이러한 문제를 해결하는 방법은 검정통계량 F를 이용하여 여러 집단의 비교를 한 번의 검정으로 끝내는 분산분석이다
- 일원분산분석의 모집단 모형: $Y_{ij} = \mu + \alpha_i + \epsilon_{ij}, \quad i = 1, \cdots, c, \quad j = 1, \cdots, n$
- 일원분산분석에서 하나의 관측치(y_{ij})는 '전체평균 + α_i의 효과 + 기타 다른 효과'로 표현할 수 있다.
- 일원분산분석에서 귀무가설은 '각 집단의 모평균은 같다'고 설정한다.
- 집단 간 제곱합은 처리제곱합 또는 모형제곱합이라 한다. 집단 내 제곱합은 잔차제곱합 또는 오차제곱합이라 한다. 총제곱합은 '집단 간 제곱합'과 '집단 내 제곱합'을 더한 것이다.
- 분산분석에서 가설검정은 가설의 설정, 유의수준의 설정, 기각역의 계산, 검정통계량 F의 값 계산, 귀무가설의 기각 여부 결정이라는 절차를 따른다.
- 일원분산분석에서 요인에 의한 효과의 크기는 에타 제곱(η^2)에 의해 측정한다. 표본 크기가 50 이하이면 효과의 크기는 오메가 제곱(ω^2)으로 측정한다.
- 분산분석의 결과만으로는 구체적으로 어떤 집단 간에 모평균 차이가 존재하는지 알 수는 없다. 사후 검정은 어떤 집단 간의 모평균 차이가 유의한지 알기 위해 분산분석을 실행한 후에 하는 추가적인 검정이다. 사후 검정에는 등분산성 가정이 충족되는 경우에 사용할 수 있는 방법과 등분산성 가정이 충족되지 않아도 사용할 수 있는 방법이 있다.
- 분산분석의 가정은 오차의 정규성, 오차의 등분산성, 오차의 독립성이 있다.
- 이원분산분석은 요인이 2개일 때 집단 간 종속변수의 모평균 차이를 비교하는 방법이다. 요인이 각각 독립적으로 종속변수에 미치는 영향은 주효과라고 하고, 두 요인의 값의 조합을

통해 종속변수에 미치는 영향은 상호작용효과라고 한다. 이원분산분석에서는 두 가지 주효과와 함께 상호작용효과를 파악할 수 있다.

- 이원분산분석의 경우 모집단 모형:
  $Y_{ijk} = \mu + \alpha_i + \beta_j + \gamma_{ij} + \epsilon_{ijk},\ \ i = 1, \cdots, p,\ \ j = 1, \cdots, q,\ \ \ k = 1, \cdots, r$
- 이원분산분석에서 귀무가설은 '요인 A의 주효과가 없다', '요인 B의 주효과가 없다', '상호작용효과가 없다'는 세 가지가 있다.
- 제곱합에는 제1종 제곱합, 제2종 제곱합, 제3종 제곱합, 제4종 제곱합이 있다. 제3종 제곱합은 독립변수(요인) 간 상관관계가 있거나 불균형 자료를 분석하는 경우에 사용할 수 있다. 따라서 제3종 제곱합은 SPSS에서 기본으로 설정되어 있다.
- 상호작용은 한 요인의 효과가 다른 요인의 수준에 따라 달라질 때 존재한다.
- 이원분산분석의 경우 효과 크기는 부분 에타 제곱에 의해 측정한다.

제10장

두 변수 간 연관성의 분석

1. 공분산
2. 피어슨 상관계수
3. 편상관계수와 부분상관계수
4. 이분형 변수와 연속형 변수 간의 상관계수: 점-이연 상관계수와 이연 상관계수
5. 서열척도 변수 간 상관계수: 순위상관계수

1 공분산

공분산(covariance)은 두 변수의 연관성을 나타낸다. 두 개의 변수 중에서 한 변수의 값이 증가하는 경향을 보일 때 다른 변수의 값도 증가하는 경향을 보이면 공분산의 값은 양수가 된다. 반대로 두 개의 변수 중에서 한 변수의 값이 증가하는 경향을 보일 때 다른 변수의 값은 감소하는 경향을 보이면 공분산의 값은 음수가 된다.

두 변수 X와 Y의 공분산을 나타내는 공식은 모집단을 대상으로 하는가 또는 표본을 대상으로 하는가에 따라 약간 다르다. 모집단을 대상으로 하는 두 변수 X와 Y의 공분산의 공식은 식 (10−1)에 의해 계산된다. 여기서 μ_X는 X의 모평균이고, μ_Y는 Y의 모평균, N은 모집단의 크기를 나타낸다.

$$\sigma_{XY} = \frac{\sum_{i=1}^{N}(X_i - \mu_X)(Y_i - \mu_Y)}{N} \tag{10-1}$$

표본을 대상으로 하는 두 변수 x와 y의 공분산의 공식은 식 (10−2)에 의해 계산된다. 여기서 $\bar{x}$는 x의 표본평균이고, $\bar{y}$는 y의 표본평균, n은 표본의 크기를 나타낸다.

$$s_{xy} = \frac{\sum_{i=1}^{n}(x_i - \bar{x})(y_i - \bar{y})}{n-1} \tag{10-2}$$

공분산은 두 변수 간 선형관계의 존재 여부를 알려준다. 그리고 두 변수 간의 선형관계가 존재하는 경우에 음의 관계인가 아니면 양의 관계인가를 나타내는 관계의 방향성을 알려준다. 그러나 공분산은 두 변수 간의 선형관계의 강도를 파악할 수 없는 단점이 있다. 왜냐하면 두 변수의 선형관계를 나타내는 실제 현상은 변하지 않아도 변수의 측정단위가 변하면 공분산의 값도 변하기 때문이다. 예를 들어 열 명의 사람들을 대상으로 각각 체중과 신장을 측정한 후에 체중이라는 변수와 신장이라는 변수 간의 공분산을 측정했다고 하자. 동일한 사람들을 대상으로 체중과 신장을 kg과 cm로 측정한 경우와 그램(g)과 미터(m)로 측정한 경우에 공분산 값은 다르다.

2 피어슨 상관계수

피어슨의 적률 상관계수(Pearson's product moment correlation coefficient)는 두 변수 간의 선형관계를 나타낸다. 피어슨의 적률 상관계수는 간단하게 상관계수라고 한다. 두 변수 간 상관계수를 나타내는 공식도 모집단 또는 표본을 대상으로 하는가에 따라 약간 다르다.

모집단을 대상으로 하는 두 변수 X와 Y 간 상관계수는 다음과 같이 계산된다.

$$\rho_{XY} = \frac{\sigma_{XY}}{\sigma_X \sigma_Y} \tag{10-3}$$

식 (10−3)에서 ρ('rho(로)'로 읽음)는 모상관계수(모집단 상관계수)를 의미한다. σ_{XY}는 모공분산(모집단 공분산)을 의미한다. σ_X는 변수 X의 모표준편차를 의미하고 σ_Y는 변수 Y의 모표준편차를 의미한다.

표본을 대상으로 하는 두 변수 x와 y 간 상관계수는 다음과 같이 계산된다.

$$r_{xy} = \frac{s_{xy}}{s_x s_y} \tag{10-4}$$

식 (10−4)에서 r_{xy}는 두 변수 x와 y 간 표본상관계수를 의미한다. s_{xy}는 두 변수 x와 y 간 표본공분산을 의미한다. s_x는 변수 x의 표본표준편차를 의미하고 s_y는 변수 y의 표본표준편차를 의미한다.

공분산과 마찬가지로 상관계수를 통해 두 변수 간 선형관계의 존재 유무와 방향을 파악할 수 있다. 그러나 공분산과 달리 상관계수를 통해 두 변수 간 선형관계의 강도를 파악할 수 있다. 공분산과 달리 실재 현상을 같은 한, 변수의 측정단위가 변해도 상관계수의 값은 불변이다. 상관계수의 값은 항상 -1과 1 사이의 값을 갖는다. 상관계수의 절댓값이 1이면 두 변수는 완벽한 선형관계라는 것을 의미한다.

상관계수는 두 변수 간의 곡선 관계를 포착할 수 없다. 예를 들어 두 변수 X와 Y의 관계가 $Y = a + bX$와 같은 선형관계인 경우 상관계수는 두 변수 간의 선형관계의 정도를 포착한다. 그러나 두 변수 X와 Y의 관계가 $Y = X^2$과 같은 비선형관계인 경우 상관계수는 두 변수 간의 연관성을 적절하게 포착할 수 없다. 즉, 상관계수는 두 변수 간 선형관계를 파악할 수 있지만 비선형관계를 파악할 수는 없다.

X와 Y가 서로 독립이면 두 변수 간의 공분산과 상관계수는 0이 된다. 그러나 공분산과 상관계수가 0이라고 해서 두 변수가 독립이라는 조건이 항상 성립하는 것은 아니다. 예를 들면 두 변수의 관계가 $Y = X^2$라면 두 변수 간 공분산과 상관계수는 0이 될 수 있지만 두 변수는 독립관계가 아니기 때문이다.

피어슨 상관계수를 사용하려면 피어슨 상관계수 검정을 해야 한다. 피어슨 상관계수 검정을 위해서는 다음과 같은 조건을 충족해야 한다. 첫째, 자료가 등간척도 또는 비율척도여야 한다. 둘째, 자료가 정규분포를 따른다는 정규성 가정이 충족되어야 한다. 다행히도 SPSS에서는 상관계수의 신뢰구간을 계산하기 위해 붓스트랩(bootstrap) 방법을 사용할 수 있다. 붓스트랩 방법은 전제조건으로 자료의 정규성 가정을 요구하지 않는다. 따라서 두 번째 조건은 큰 문제가 되지 않는다. 셋째, 두 변수 간 선형관계가 존재해야 한다. 따라서 곡선 관계를 보이는 두 변수에 대해 피어슨 상관계수를 사용하면 왜곡된 결과가 도출된다.

피어슨 상관계수 검정을 위한 전제 조건이 충족되면 피어슨 상관계수 검정을 할 수 있다. 여기서 검정의 핵심은 '두 변수 간 피어슨 상관계수는 0'이라는 귀무가설의 기각 여부가 된다. 여러 유형의 상관계수가 존재하는데, 각 유형의 상관계수에 대한 검정을 하는 경우에도 해당 유형의 상관계수가 0이라는 귀무가설의 기각 여부가 핵심이다.

예제 10-1 **피어슨 상관계수**

〈표 10-1〉은 국내에서 판매되고 있는 담배 브랜드의 한 갑에 함유된 발암물질 타르와 니코틴의 양(단위: mg)을 보여준다. 이 자료를 이용하여 피어슨 상관계수를 구해보자.

〈표 10-1〉 브랜드별 타르와 니코틴 함유량

담배 브랜드	타르 함유량	니코틴 함유량
에쎄골든리프	3.0	0.30
에쎄스페셜골드	3.5	0.40
에쎄수	1.0	0.10
에쎄수0.1	0.1	0.01
에쎄0.5	0.5	0.05
에쎄라이트	4.5	0.45
블랙잭 잭	6.0	0.60
블랙잭 블랙	9.0	0.90

클라우드나인	5.0	0.50
보헴시가NO.1	1.0	0.10
보헴시가NO.5	5.0	0.50
보헴시가NO.6	6.0	0.60

피어슨 상관계수를 구하기 위해 SPSS의 메뉴에서 [분석] → [상관분석] → [이변량 상관]을 선택하면 다음과 같은 창이 뜬다.

그림 10-1 이변량 상관계수

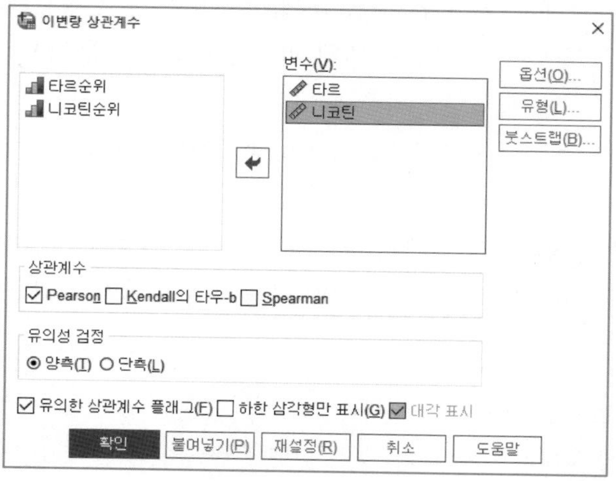

[그림 10-1]에서 마우스를 사용하여 변수목록에서 변수 '타르'와 '니코틴'을 선택해 오른쪽에 있는 [변수]의 칸으로 끌어다 넣거나 화살표를 클릭해 이동시킨다. [상관계수]에서 피어슨 상관계수를 뜻하는 [Pearson]을 선택한다. 그리고 [확인]을 누르면 〈표 10-2〉의 결과가 나온다.

〈표 10-2〉 피어슨 상관계수: 결과

상관관계			
		타르	니코틴
타르	Pearson 상관	1	.999**
	유의확률 (양측)		.000
	N	12	12
니코틴	Pearson 상관	.999**	1
	유의확률 (양측)	.000	
	N	12	12

**. 상관관계가 0.01 수준에서 유의합니다(양측).

〈표 10-2〉를 보면 변수 '타르'와 변수 '니코틴'의 상관계수는 매우 높은 값인 .999로 나왔다. '**'의 의미는 결과에 나타난 상관계수가 유의수준 .01에서 통계적으로 유의하다는 것을 뜻한다. 이는 두 변수 간 상관관계가 없다는 영가설을 기각할 경우 오류일 확률이 .01보다 작다는 것을 의미한다. 상관계수의 수치 '.999'는 두 변수 간의 거의 완벽한 선형관계를 의미한다. 즉, 어떤 담배의 타르 함량과 니코틴 함량의 관계는 거의 완벽한 직선 관계를 나타낸다. 상관계수의 분석결과에서 상관계수의 크기와 유의확률은 반드시 확인해야 한다.

3 편상관계수와 부분상관계수

두 변수 간에 상관관계가 있으나 이러한 상관관계가 제3의 변수에 의해 영향을 받은 것이라면 제3의 변수의 영향을 통제한 후에 상관관계를 구하는 것이 보다 적절하다. 상관관계를 구하는 데 있어서 제3의 변수의 영향을 통제하는 방법에 따라 편상관계수(partial correlation coefficient)와 부분상관계수(part correlation coefficient)로 구분할 수 있다.

편상관계수는 제3의 변수의 영향을 통제했을 때 두 변수 간의 상관관계를 의미한다. 예를 들어 세 개의 변수 X, Y, Z가 있다고 하자. X와 Y에 대한 Z의 영향을 통제한 후 X와 Y의 상관관계는 편상관계수로 측정된다. 다시 말하자면 X와 Y의 편상관계수란 X에서 Z의 영향을 통제하고 Y에서 Z의 영향을 통제한 후의 상관계수를 의미한다. 제3의 변수를 통제했을 때 두 변수 간의 선형관계는 더 강하게 나타날 수도 있고 더 약하게 나타날 수도 있다. 편상관계수는 피어슨 상관계수에 비해 두 변수 간 관계를 보다 순수하게 측정한다.

편상관계수는 1차(first-order) 편상관계수, 2차(second-order) 편상관계수 등으로 구분할 수 있다. 1차 편상관계수는 다른 한 변수의 효과를 통제하면서 두 변수 간 연관성을 측정한다. 예를 들면 연령의 효과를 통제하면서 소득과 교육의 관계를 조사하고자 한다면 연령에 의해 설명된 변량을 제거한 후 소득과 교육의 연관성을 계산할 수 있다. 반면 2차 편상관계수는 다른 두 변수의 효과를 통제하면서 두 변수 간 관계를 측정한다. 예를 들면 연령과 성별의 효과를 모두 통제하면서 소득과 교육의 관계를 조사하고자 한다면 연령과 성별에 의해 설명된 변량을 제거한 후 소득과 교육의 연관성을 계산할 수 있다.

부분상관계수는 상관관계를 보고자 하는 두 변수 중에서 한 변수에 대해서만 제3의 변수의 영향을 통제할 때의 상관계수를 의미한다. 부분상관계수는 준편상관계수(semi-partial correlation coefficient)라고도 한다. 예를 들어 세 개의 변수 X, Y, Z가 있다고 하자. X에 대한 Z의 영향을 통제한 후 X와 Y의 상관관계는 부분상관계수로 측정된다. 다시 말하자면 X와 Y의 부분상관계수란 두 변수 중 한 변수(예 X)만 Z의 영향을 통제한 후의 상관계수를 의미한다.

예제 10-2 **편상관계수**

어떤 연구자가 근로소득과 소비지출 간 상관관계에 대해 관심이 있다고 하자. 근로소득과 소비지출에 영향을 미칠 수 있는 제3의 변수로 개인의 자산규모를 들 수 있다. 자산규모의 영향을 통제했을 때 근로소득과 소비지출 간의 편상관계수를 구해보자.

SPSS에서 세 변수에 대한 자료를 입력한 후 편상관계수를 구하기 위한 절차는 다음과 같다. SPSS의 메뉴에서 [분석] → [상관분석] → [편상관]을 선택하면 다음과 같은 창이 나타난다.

그림 10-2 **편상관계수**

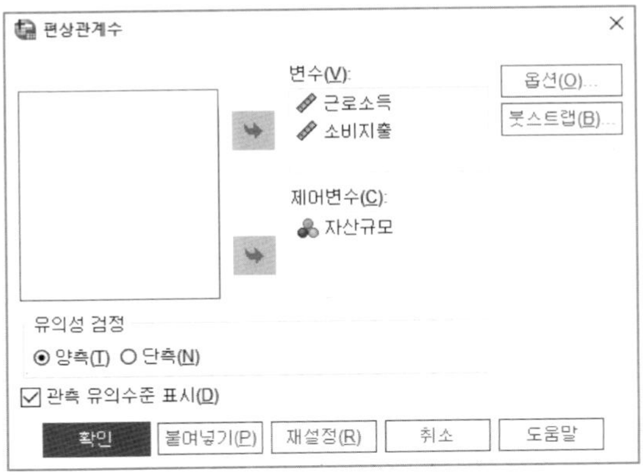

[그림 10-2]에서 오른쪽의 변수목록에 있는 변수들 중에서 상관관계를 분석하고자 하는 두 개의 변수인 '근로소득'과 '소비지출'을 [변수]의 칸으로 이동시킨다. 제3의 변수로 통제변수에 해당하는 '자산규모'는 [제어변수]의 칸으로 이동시킨다. 한 개의 변수를 통제하는 경우 1차 편상관계수이고 두 개의 변수를 통제하면 2차 편상관계수가 된다. [옵션]을 누르면 다음과 같은 창이 나타난다.

그림 10-3 **편상관계수: 옵션**

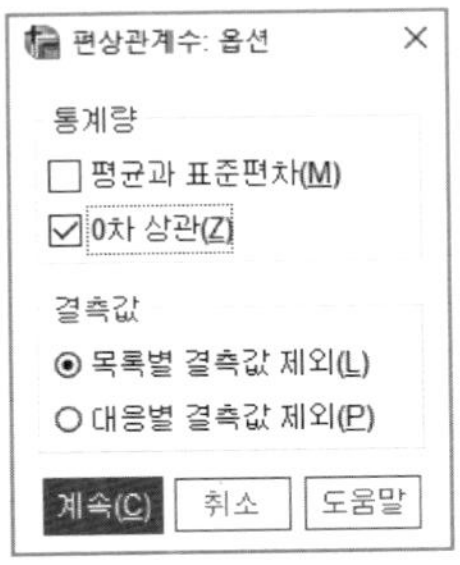

[그림 10-3]에서 피어슨 상관계수를 의미하는 [0차 상관](zero-order correlations)을 선택하면 편상관계수(1차 상관계수) 외에 피어슨 상관계수(0차 상관계수)를 구해서 서로 비교할 수 있다. [계속]을 누르고 [확인]을 누르면 분석결과가 나온다.

〈표 10-3〉 분석결과: 편상관계수

상관관계					
대조변수			근로소득	소비지출	자산규모
-지정않음-[a]	근로소득	상관관계	1.000	.814	.401
		유의확률(양측)	.	.000	.080
		자유도	0	18	18
	소비지출	상관관계	.814	1.000	.736
		유의확률(양측)	.000	.	.000
		자유도	18	0	18
	자산규모	상관관계	.401	.736	1.000
		유의확률(양측)	.080	.000	.
		자유도	18	18	0
자산규모	근로소득	상관관계	1.000	.837	
		유의확률(양측)	.	.000	
		자유도	0	17	
	소비지출	상관관계	.837	1.000	
		유의확률(양측)	.000	.	
		자유도	17	0	

a. 셀에 0차 (Pearson) 상관이 있습니다.

〈표 10-3〉의 결과를 보면 자산규모를 통제하지 않은 경우 근로소득과 소비지출 간 피어슨 상관계수는 .814, 유의확률(양측검정)은 .000이다. 그리고 자산규모를 통제한 경우 근로소득과 소비지출 간 편상관계수는 .837, 유의확률(양측검정)은 .000이다.

예제 10-3 **부분상관계수**

자산규모의 영향을 통제한 근로소득과 그러한 영향을 통제하지 않은 소비지출 간의 편상관계수를 구해보자.

SPSS의 메뉴에서 [분석] → [회귀분석] → [선형]을 선택하면 다음과 같은 창이 나온다.

[그림 10-4]에서 제3의 변수(자산규모)의 영향을 통제하지 않는 변수인 '소비지출'을 [종속변수]의 칸으로 이동시킨다. 제3의 변수(자산규모)의 영향을 통제하고자 하는 변수인 '근로소득'과 통제변수에 해당하는 '자산규모'를 [독립변수]의 칸으로 이동시킨다. 그

그림 10-4 선형회귀

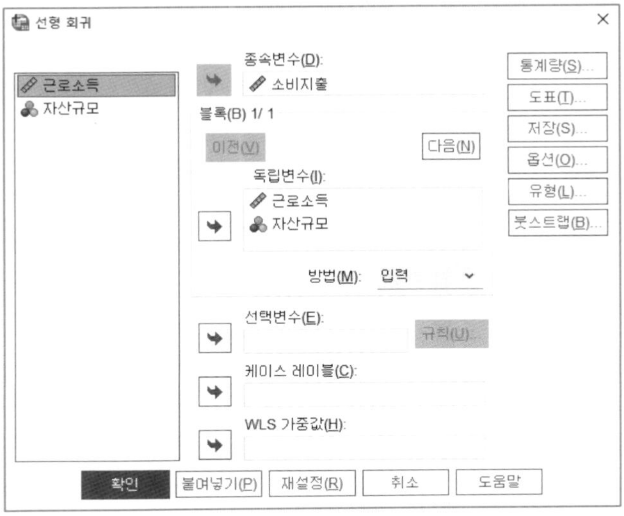

리고 [통계량]을 누르면 다음과 같은 창이 나타난다.

그림 10-5 선형회귀: 통계량

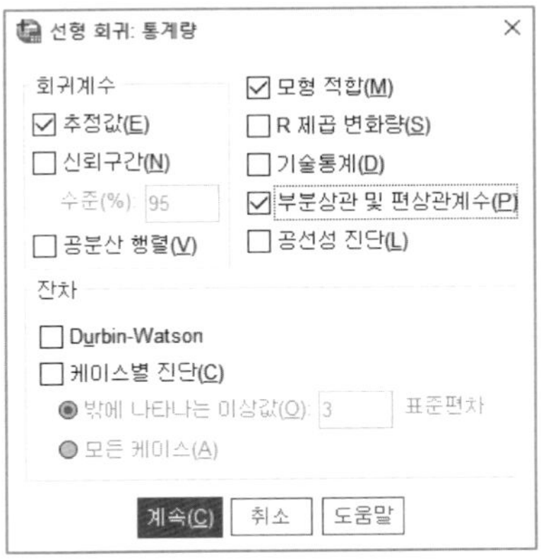

[그림 10-5]에서 [부분상관 및 편상관계수]를 선택한 후 [계속]을 누르고 [확인]을 누르면 분석결과가 나온다.

〈표 10-4〉는 회귀분석을 실시하는 경우에 얻을 수 있는 결과이다. 그러나 여기서는 상관계수에 초점을 두어 설명하고자 한다. 분석결과에서 0차 상관은 피어슨 상관계수를

〈표 10-4〉 회귀분석결과에 나타난 부분상관계수

계수[a]									
모형		비표준화 계수		표준화 계수	t	유의확률	상관계수		
		B	~~표준화오류~~ 표준오차	베타			0차	편상관	부분상관
1	(상수)	−3.434	6.752		−.509	.618			
	근로소득	.636	.101	.618	6.299	.000	.814	.837	.566
	자산규모	.026	.005	.488	4.977	.000	.736	.770	.447

a. 종속변수: 소비지출

의미한다. 소비지출과 근로소득의 피어슨 상관계수는 .814, 소비지출과 자산규모의 피어슨 상관계수는 .736임을 알 수 있다. 자산규모를 통제할 경우 소비지출과 근로소득의 편상관계수는 .837, 근로소득을 통제할 경우 소비지출과 자산규모의 편상관계수는 .770임을 알 수 있다. 소비지출과 근로소득(자산규모의 영향을 통제한 변수)의 부분상관계수는 .556, 소비지출과 자산규모(근로소득의 영향을 통제한 변수)의 부분상관계수는 .447임을 알 수 있다. 결론적으로 자산규모의 영향을 통제한 근로소득과 그러한 영향을 통제하지 않은 소비지출 간 부분상관계수는 .566이다.

4 이분형 변수와 연속형 변수 간의 상관계수: 점-이연 상관계수와 이연 상관계수

점-이연 상관계수(point-biserial correlation coefficient)와 이연 상관계수(biserial correlation coefficient)의 공통점은 이분형 변수와 연속형 변수 간 상관계수라는 점이다. 차이점은 점-이연 상관계수는 이산적 이분형 변수(discrete dichotomous variable)일 때 사용하는 반면 이연 상관계수는 연속적 이분형 변수(continuous dichotomous variable)일 때 사용한다는 점이다.

이산적 이분형 변수는 범주 간 연속성이 없다. 예를 들면 '생존 여부'라는 이분형 변수는 생존과 사망의 두 가지 값만을 취할 수 있고 두 범주 사이에 어떤 값도 존재하지 않는다. '성별'이라는 변수도 남자와 여자의 두 가지 값만을 취할 수 있고 두 범주 사이에 연속적인 값이 존재하지 않는다.

연속적 이분형 변수는 두 범주 간에 연속성이 존재한다. 예를 들면 어떤 시험의 '합격 여부'라는 이분형 변수는 어떤 점수의 기준에 의해 인위적으로 구분된 것이므로 연속성이 존재한다. 연속적 이분형 변수는 원래는 연속적인 변수였지만 인위적으로 두 개의 범주로 구분한 변수를 뜻한다.

점-이연 상관계수를 사용할 수 있는 예를 들자면 성별과 학업성취도 간 상관관계를 나타낼 때 사용할 수 있다. 이연 상관계수를 사용할 수 있는 예를 들자면 지적 장애 여부와 학업성취도 간의 상관관계를 나타낼 때 사용할 수 있다.

SPSS를 통해 점-이연 상관계수를 구하는 방법은 피어슨 상관계수를 구하는 절차와 같다. 피어슨 상관계수를 구할 때 이분형 변수의 값은 1과 0으로 변환시키면 된다. 그리고 동일 자료를 사용하면 점-이연 상관계수의 값은 피어슨 상관계수의 값과 일치하게 된다. 반면에 SPSS를 통해서는 이연 상관계수를 계산할 수 없다.

5 서열척도 변수 간 상관계수: 순위상관계수

서열척도로 측정된 변수에 대해서 피어슨 상관계수를 적용하면 부적절하므로 순위상관계수(rank correlation coefficient)를 적용해야 한다. 등간척도의 자료이지만 자료에 극단적인 값이 존재하거나 자료가 정규분포를 따르지 않는 경우 또는 변수 간 곡선적 관계가 존재하는 경우 두 변수의 수준을 서열척도로 변환하여 순위상관계수를 구할 수도 있다. 순위상관계수는 두 가지가 주로 이용된다. 하나는 스피어만의 순위상관계수(Spearman's rank correlation coefficient)이다. 스피어만의 순위상관계수는 r_s로 표기하여 피어슨 상관계수와 구분하기도 한다. 다른 하나는 켄달의 타우(Kendall's tau)이다. 표본이 작고 같은 순위에 여러 개의 관측치가 있으면 스피어만의 순위상관계수가 아니라 켄달의 타우(τ)를 사용해야 한다.[54]

1 스피어만의 순위상관계수

스피어만의 순위상관계수 검정(Spearman's rank correlation coefficient test)은 자료의 순위를 사용하는 비모수 검정으로 두 변수 사이의 관련성을 판단하는 데 사용된다. 두 변수 X와 Y의 관측치가 $(x_1, y_1), (x_2, y_2), \cdots, (x_n, y_n)$일 때, 변수 X와 Y의 값에 대해 각각 순위를 부여하면 원자료 (x_i, y_i)에 대응하는 순위자료 $(rank(x_i), rank(y_i))$를 얻는다. 여기서 같은 값의 관측치가 있을 때 이들의 평균 순위를 부여한다. 스피어만 순위상관계수는 다음과 같이 계산된다.

$$r_s = 1 - \frac{6\sum_{i=1}^{n}[rank(x_i) - rank(y_i)]^2}{n(n^2-1)} = 1 - \frac{6\sum_{i=1}^{n}d_i^2}{n(n^2-1)} \quad (10\text{-}5)$$

식 (10−5)에서 d_i^2은 순위 차이의 제곱이다. 표본이 작으면(n이 30 이하면) 임계치는 부록의 〈표 13〉에서 찾을 수 있다. 자료로부터 계산된 스피어만 순위상관계수의 절댓값이 임계치보다 크면 주어진 유의수준에 '두 변수 간 상관관계는 없다'는 귀무가설을 기각할 수 있다. 표본이 크면(n이 30을 초과하면) 근사적인 p−값을 통해 귀무가설을 검정하게 된다.

예제 10−4 **스피어만의 순위상관계수**

〈표 10−1〉의 자료에 대해 스피어만의 순위상관계수를 구하시오.

스피어만의 순위상관계수를 구하기 위해서 원자료를 순위로 변환한다. 타르와 니코틴의 함유량 순위를 각각 x_i, y_i라고 본다. 가장 작은 관측값에 순위 1을 부여하고 관측값이 동점이면 평균 순위를 부여한다. 이러한 과정을 통해 〈표 10−5〉를 작성한다.

〈표 10−5〉 브랜드별 타르와 니코틴 함유량

담배 브랜드	타르 함유량	타르 순위	니코틴 함유량	니코틴 순위	d_i
에쎄골든리프	3.0	5	0.30	5	0
에쎄 스페셜골드	3.5	6	0.40	6	0
에쎄순	1.0	3.5	0.10	3.5	0
에쎄순0.1	0.1	1	0.01	1	0
에쎄0.5	0.5	2	0.05	2	0
에쎄라이트	4.5	7	0.45	7	0
블랙잭 잭	6.0	10.5	0.60	10.5	0
블랙잭 블랙	9.0	12	0.90	12	0
클라우드나인	5.0	8,5	0.50	8.5	0
보헴시가NO.1	1.0	3.5	0.10	3.5	0
보헴시가NO.5	5.0	8.5	0.50	8.5	0
보헴시가NO.6	6.0	10.5	0.60	10.5	0

스피어만의 상관계수는 다음과 같이 계산된다.

$$r_s = 1 - \frac{6\sum_{i=1}^{n} d_i^2}{n(n^2-1)} = 1 - \frac{6(0)}{12(12^2-1)} = 1$$

표본이 작으므로 부록의 〈표 13〉을 이용하여 임계치를 찾는다. $n = 12$일 때 양측검정에서 유의수준이 .05인 경우(단측검정에서 유의수준이 .025인 경우) 임계치는 .591이다. 자료로부터 계산된 스피어만 상관계수의 값 1(절댓값도 1)은 임계치인 .591보다 크므로 유의수준 .05에서 상관관계가 없다는 귀무가설을 기각할 수 있다.

2 켄달의 순위상관계수

두 변수 X와 Y의 관측치가 $(x_1, y_1), (x_2, y_2), \cdots, (x_n, y_n)$일 때, 2개의 관측치 (x_i, y_i), (x_j, y_j)에 대해 $(x_j - x_i)(y_j - y_i) > 0$이면 두 개의 관측치는 부합쌍(concordant pairs)이라고, $(x_j - x_i)(y_j - y_i) < 0$이면 비부합쌍(discordant pairs)이라고 한다. 즉, $x_i > x_j$와 $y_i > y_j$가 동시에 성립하거나 $x_i < x_j$와 $y_i < y_j$가 동시에 성립하면 부합쌍인 것이다. 다시 말하자면 X 축과 Y 축이 있는 평면에서 점 (x_i, y_i)에 대해 점 (x_j, y_j)를 연결할 때 양의 기울기를 갖는 직선이 그려지면 두 점은 부합쌍이 되고 음의 기울기를 갖는 직선이 그려지면 두 점은 비부합쌍이 된다. 2차원 평면상에서 n개의 점 중에서 선택할 수 있는 두 개의 점에 대한 가능한 조합의 수는 $_nC_2 = n(n-1)/2$이다. 이러한 논리적 배경하에서 켄달의 순위상관계수 타우(τ)는 다음과 같이 정의된다.[64]

$$\tau = \frac{\text{부합쌍의 수} - \text{비부합쌍의 수}}{n(n-1)/2} \tag{10-6}$$

식 (10-6)에서 $n(n-1)/2$는 가능한 쌍의 수를 의미한다. 식 (10-6)은 경우에 따라 수정이 이루어진다. 타우-a는 같은 순위에 복수의 관측치가 있는 경우에도 식 (10-6)을 사용한다. 타우-b는 같은 순위에 복수의 관측치가 있는 경우 식 (10-6)을 수정한 공식을 사용한다. 타우-c는 두 변수가 서로 다른 관측치의 범위를 가지는 경우 사용하는데, 예를 들면 변수 X는 5점 척도를 사용하고 변수 Y는 10점 척도를 사용하는 경우를 들 수 있다. 타우-c도 식 (10-6)을 수정한 공식을 사용하는데 타우-b의 공식과 다르다.[83] 자료로부터 계산된 켄달의 순위상관계수의 절댓값이 임계치보다 크면 주어진 유의수준에서 '순위상관계수는 0'이라는 귀무가설을 기각할 수 있다.

예제 10-5 **스피어만의 순위상관계수와 켄달의 순위상관계수**

〈표 10-5〉의 자료를 이용하여 순위상관계수를 구하시오.

메뉴에서 [분석] → [상관분석] → [이변량 상관]을 선택하면 [그림 10-1]과 같은 창이 뜬다. 이 창에서 변수 '타르 순위'와 '니코틴 순위'를 [변수]의 칸으로 이동시킨다. [상관계수]에서 켄달의 순위상관계수에 속하는 [Kendall의 타우-b]와 스피어만의 순위상관계수를 뜻하는 [Spearman]을 선택한다. 그리고 [확인]을 누르면 다음과 같은 결과가 나타난다.

〈표 10-6〉 순위상관계수

상관관계				
			타르	니코틴
Kendall의 타우-b	타르	상관계수	1.000	1.000**
		유의확률 (양측)	.	.
		N	12	12
	니코틴	상관계수	1.000**	1.000
		유의확률 (양측)	.	.
		N	12	12
Spearman의 rho	타르	상관계수	1.000	1.000**
		유의확률 (양측)	.	.
		N	12	12
	니코틴	상관계수	1.000**	1.000
		유의확률 (양측)	.	.
		N	12	12

**. 상관관계가 0.01 수준에서 유의합니다(양측).

〈표 10-6〉을 보면 스피어만의 순위상관계수는 1.0으로 나타났고 유의수준 .01에서 통계적으로 유의한 결과가 나타났다. 마찬가지로 켄달의 타우도 1.0으로 나타났고 유의수준 .01 수준에서 통계적으로 유의한 결과가 나타났다. 여기서 사용된 자료는 표본 크기가 12로 매우 작고 같은 순위에 여러 개의 관측치가 있으므로 스피어만의 순위상관계수보다 켄달의 타우를 사용하는 것이 적절하다.

요약

- 공분산은 두 변수 간 선형관계의 존재 여부를 파악한다.
- 피어슨 상관계수는 두 변수 간 선형관계의 강도를 파악한다.
- 피어슨 상관계수를 사용하려면 변수가 등간척도 또는 비율척도일 것, 정규성 가정을 충족할 것, 두 변수 간 선형관계가 존재할 것이라는 전제조건을 충족시켜야 한다.
- 편상관계수는 두 변수에 대해서 제3의 변수의 영향을 통제한 상관계수이다.
- 부분상관계수는 한 변수에 대해서만 제3의 변수의 영향을 통제한 상관계수이다.
- 점-이연 상관계수는 이산적 이분형 변수와 연속형 변수 간 상관계수이다.
- 이연 상관계수는 연속적 이분형 변수와 연속형 변수 간 상관계수이다.
- 서열척도로 측정된 변수 간 상관관계는 스피어만의 순위상관계수 또는 켄달의 순위상관계수를 통해 구한다.

제11장

단순회귀분석

1. 개　요
2. 단순선형회귀분석
3. 단순회귀분석: SPSS의 활용

1 개 요

1 회귀분석의 종류

회귀분석이란 원인을 나타내는 독립변수가 결과를 나타내는 종속변수에 어떠한 영향을 미치는지 인과관계를 분석하는 방법이다. 회귀분석은 다양한 종류로 구분되는데 크게 선형회귀분석과 비선형회귀분석으로 구분할 수 있다. 선형회귀분석은 단순선형회귀분석(simple linear regression analysis)과 다중선형회귀분석(multiple linear regression analysis)으로 구분할 수 있다. 단순선형회귀분석(줄여서 단순회귀분석)은 독립변수가 한 개이고 종속변수가 한 개일 때 두 변수 간의 선형관계가 존재하는지 분석하는 방법이다. 다시 말해서 독립변수가 종속변수에 영향을 미치는지 그리고 영향을 미친다면 어떠한 영향력이 있는지 분석하는 방법이다. 다중선형회귀분석(줄여서 다중회귀분석)은 독립변수가 두 개 이상이고 종속변수가 한 개인 경우에 독립변수들과 종속변수 간에 선형관계가 존재하는지 분석하는 방법이다. 다시 말해서 독립변수들이 각각 종속변수에 어떠한 영향력을 미치는지 분석하는 방법이다. 단순회귀분석과 다중회귀분석에서 독립변수와 종속변수는 등간척도나 비율척도를 가져야 한다. 만약에 독립변수가 명목척도인 경우에 회귀분석을 사용하려면 명목척도로 측정된 독립변수를 가변수(dummy variable)로 변환한 후에 사용할 수 있다.

회귀분석에는 비선형 회귀분석(nonlinear regression analysis)의 일종인 로지스틱 회귀분석이 있다. 로지스틱 회귀분석은 다시 이항 로지스틱 회귀분석(binary logistic regression analysis)과 다항 로지스틱 회귀분석(multinomial logistic regression analysis)으로 구분될 수 있다. 이항 로지스틱 회귀분석은 종속변수가 2개의 범주로 이루어진 명목척도로 측정된 경우에 사용할 수 있는 방법이다. 반면에 다항 로지스틱 회귀분석은 종속변수가 3개 이상의 범주로 이루어진 명목척도로 측정된 경우에 사용할 수 있는 방법이다.

2 회귀분석의 특성

회귀분석은 개별 독립변수가 종속변수에 미치는 영향력이 존재하는지, 그리고 존재한다면 영향력이 얼마나 큰지 평가할 수 있다. 또한 독립변수들의 영향력을 비교할 수도 있고, 독립변수들의 상호작용효과도 추정할 수 있다. 그리고 독립변수의 값을 통해 종속변수의 값을 예측할 수 있는 장점도 가지고 있다.

2 단순선형회귀분석

1 모회귀모형

단순선형회귀분석에서 모집단을 대상으로 하는 모회귀모형은 다음과 같다.

$$y_i = \beta_0 + \beta_1 x_i + \epsilon_i,\ i = 1, 2, \cdots, N \tag{11-1}$$

식 (11−1)에서 y_i는 i번째 관측자료에 대한 종속변수의 값이다. x_i는 i번째 관측자료에 대한 독립변수의 값이다. β_0과 β_1은 회귀계수(regression coefficient)인데, 회귀분석에서는 추정의 대상이 되는 모수(parameter)가 된다. 구체적으로 β_0은 모회귀모형의 절편 계수(intercept coefficient)이다. 절편은 x가 0일 때 기대되는 y의 값을 의미한다. β_1은 모회귀모형의 기울기 계수(slope coefficient)이며 x가 한 단위 증가할 때 기대되는 y의 변화량을 의미한다. ϵ_i는 오차항이다. ϵ_i는 평균이 0, 분산이 σ^2인 정규분포를 따른다고 가정한다. N은 모집단의 크기를 나타낸다.

오차가 정규분포를 따른다는 가정하에서 주어진 x에 대해 y의 평균과 분산을 구하면 각각 다음과 같다.

$$E(y) = E(\beta_0 + \beta_1 x + \epsilon) = \beta_0 + \beta_1 x + E(\epsilon) = \beta_0 + \beta_1 x$$
$$Var(y) = Var(\beta_0 + \beta_1 x + \epsilon) = Var(\epsilon) = \sigma^2$$

위의 식에서 β_0과 β_1은 상수로 취급된다. 오차항 ϵ는 정규분포 $N(0, \sigma^2)$를 따른다고 가정하므로 y도 정규분포 $N(\beta_0 + \beta_1 x, \sigma^2)$을 따른다. ϵ_i는 무작위로 나타나는 확률변수이므로 y_i도 무작위로 나타나는 확률변수가 된다.

2 추정된 회귀모형

모회귀모형에서 회귀계수 β_0과 β_1은 모르기 때문에 표본 자료를 통해 추정해야 한다. 표본을 대상으로 하는 추정된 회귀모형은 다음과 같다.

$$\hat{y_i} = \hat{\beta_0} + \hat{\beta_1} x_i \text{ 또는 } \hat{y_i} = b_0 + b_1 x_i,\ i = 1, 2, \cdots, n \qquad (11-2)$$

식 (11-2)에서 $\hat{y_i}$(ˆ은 hat으로 읽으며 추정의 의미를 지님)은 y_i의 추정치를 의미한다. $\hat{\beta_0}(=b_0)$은 β_0의 추정량이고, $\hat{\beta_1}(=b_1)$은 β_1의 추정량이다. $\hat{\beta_0}$과 $\hat{\beta_1}$이 추정된 것이기 때문에 $\hat{y_i}$도 추정된 것을 의미한다.

3 최소제곱법

추정된 회귀모형이란 [그림 11-1]에 나타난 바와 같이 표본에 있는 여러 관측치를 지나가는 직선을 찾는 것이다. 그러한 직선 중에서도 전반적으로 관측치들과 가장 가깝게 지나는 직선을 찾는 것이다. 이는 잔차의 제곱합이 가장 작은 회귀선(회귀식)을 찾는 것과 같은 뜻이다. 표본으로부터 그러한 회귀선을 찾는다는 것은 표본으로부터 회귀계수를 추정한다는 의미이다.

그림 11-1 표본 자료를 지나는 회귀선과 잔차

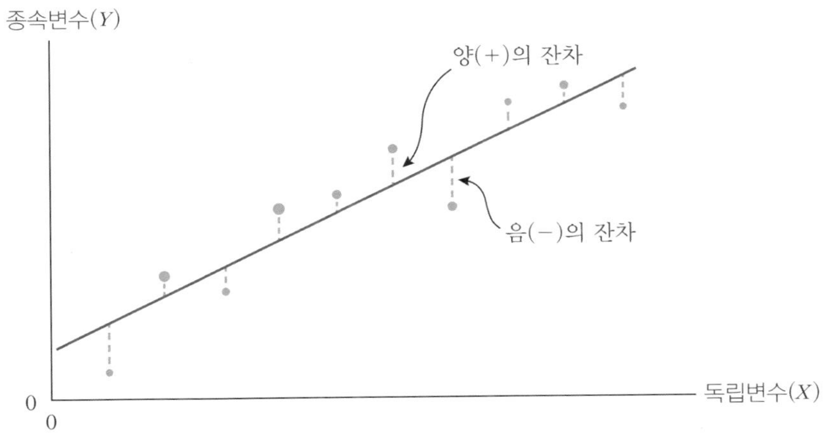

표본으로부터 회귀계수를 추정하는 방법 중에는 최소제곱법(least squares method)이 있다. 최소제곱법은 최소자승법이라고도 한다. 최소제곱법이란 표본의 모든 (x_i, y_i)에 대해 잔차 $e_i(=y_i-\hat{y_i}=y_i-\hat{\beta_0}-\hat{\beta_1}x_i)$의 제곱합을 최소로 하는 $\hat{\beta_0}$과 $\hat{\beta_1}$의 값을 찾는 방법이다. 즉, $\sum_{i=1}^{n} e_i^2 = \sum_{i=1}^{n}(y_i-\hat{\beta_0}-\hat{\beta_1}x_i)^2$을 최소로 만드는 $\hat{\beta_0}$과 $\hat{\beta_1}$을 구하는 것이다.

모회귀모형에서 표현되는 오차 $\epsilon_i(=y_i-\beta_0-\beta_1x_i)$와 추정된 회귀모형에서 도출되는 잔차 $e_i(= y_i - \widehat{\beta_0} - \widehat{\beta_1}x_i)$의 차이를 보면 잔차는 오차의 추정량이다. 잔차(e_i)는 x_i라는 특정한 값에서 관측된 y 값(y_i)과 추정된 y 값($\widehat{y_i}$) 간의 차이를 의미한다.

최소제곱법에 의한 β_0과 β_1의 추정량인 $\widehat{\beta_0}(= b_0)$과 $\widehat{\beta_1}(= b_1)$은 다음과 같이 계산된다.

$$b_1 = \frac{\sum_{i=1}^{n}(x_i - \overline{x})(y_i - \overline{y})}{\sum_{i=1}^{n}(x_i - \overline{x})^2} = \frac{S_{xy}}{S_x^2} \tag{11-3}$$

$$b_0 = \overline{y} - b_1\overline{x} \tag{11-4}$$

식 (11-3)에서 S_{xy}는 x와 y의 표본공분산이고 S_x^2는 x의 표본분산이다. 최소제곱법에 의해 구해진 회귀선은 다음과 같은 특성을 가진다. 첫째, 회귀선은 독립변수의 평균값과 종속변수의 평균값을 통과한다. 둘째, 회귀선에 대한 잔차의 합은 0이다. 즉, $\sum_{i=1}^{n}e_i = \sum_{i=1}^{n}(y_i - \hat{y_i}) = 0$이다. 셋째, 자료의 관측치를 지나는 모든 가능한 직선들 중에서 추정된 회귀선에 대해 잔차의 제곱합은 최소가 된다.

4 분산분석표

분산분석을 통해 전체 회귀모형의 통계적 유의성을 검정할 수 있다. 전체 회귀모형이 통계적으로 유의하다는 것은 해당 회귀모형이 인과관계를 규명하기에 유용하다는 것을 의미한다. 이는 독립변수의 영향력을 나타내는 회귀계수가 통계적으로 유의해야 한다는 것을 의미한다. 즉, $\beta_1 = 0$이라는 귀무가설을 기각하게 되면 회귀모형은 통계적으로 유의하다는 것을 의미한다. 이러한 귀무가설을 검정하려면 검정통계량 F의 도출과정에 대한 이해가 필요하다.

[그림 11-2]에 나타난 바와 같이 종속변수 관측치(y_i)와 종속변수 평균($\overline{y}$) 간의 편차를 나타내는 $(y_i - \overline{y})$는 식 (11-5)와 같이 두 가지로 분해할 수 있다.

$$y_i - \overline{y} = (y_i - \widehat{y_i}) + (\widehat{y_i} - \overline{y}) \tag{11-5}$$

여기서 잔차인 $e_i(= y_i - \widehat{y_i})$는 회귀선에 의해 설명되지 않는 변동(variation)이고, $(\widehat{y_i} - \overline{y})$는 회귀선에 의해 설명되는 변동이다.

그림 11-2 회귀선과 편차의 분해

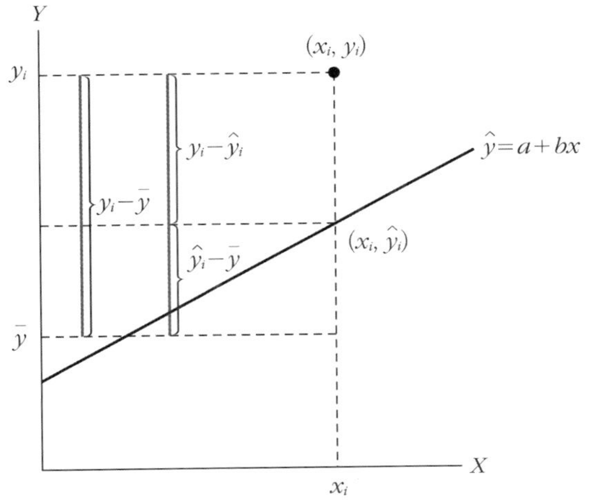

식 (11-5)의 양변을 제곱하고, 모든 i에 대해 합하면 다음과 같다.

$$\sum_{i=1}^{n}(y_i - \bar{y})^2 = \sum_{i=1}^{n}(y_i - \hat{y}_i)^2 + \sum_{i=1}^{n}(\hat{y}_i - \bar{y})^2 \tag{11-6}$$

식 (11-6)에서 $\sum_{i=1}^{n}(y_i - \bar{y})^2$은 총제곱합(total sum of squares), $\sum_{i=1}^{n}(y_i - \hat{y}_i)^2$은 잔차제곱합(residual sum of squares), $\sum_{i=1}^{n}(\hat{y}_i - \bar{y})^2$은 회귀제곱합(regression sum of squares)이라고 한다. 잔차제곱합은 오차제곱합(sum of squared estimate of errors: SSE)이라고도 한다. 총제곱합은 종속변수를 평균값으로 추정하는 경우에 나타나는 종속변수의 전체 변동이다. 잔차제곱합은 종속변수를 회귀식으로 추정하는 경우에 나타나는 종속변수의 설명되지 않는 변동이다. 회귀제곱합은 종속변수를 회귀식으로 추정하는 경우에 나타나는 종속변수의 설명되는 변동이다.

각각의 제곱합을 상응하는 자유도로 나눈 것을 평균제곱(mean squares)이라고 한다. 자유도는 '표본 크기－추정된 모수의 수' 또는 '표본 크기－제약조건의 수' 등으로 설명될 수 있다. 총제곱합의 자유도는 $n-1$, 잔차제곱합의 자유도는 $n-k$, 회귀제곱합의 자유도는 $k-1$이다. 여기서 n은 표본 크기, k는 회귀계수(절편 포함)의 수를 의미한다. 단순회귀모형에서는 독립변수가 한 개이고 절편이 한 개이므로 회귀계수의 수는 2가 된다. 단순회귀모형에서 잔차평균제곱은 잔차제곱합/(n−2), 회귀평균제곱은 회귀제곱합/1이 된다. 특히 잔차평균제곱(residual mean squares)은 오차(ϵ)의 분산인 σ^2의 추정량이 된다.

즉, 잔차평균제곱은 $\widehat{\sigma^2}$이다. 〈표 11-1〉에는 전체 회귀모형의 통계적 유의성을 검정할 수 있는 검정통계량 F의 도출과정이 나타나 있다.

〈표 11-1〉 분산분석표

변동의 근거	제곱합	자유도	평균제곱	F	유의확률
회귀	회귀제곱합	$k-1$	회귀평균제곱$=\dfrac{\text{회귀제곱합}}{k-1}$	$F=\dfrac{\text{회귀평균제곱}}{\text{잔차평균제곱}}$	
잔차	잔차제곱합	$n-k$	잔차평균제곱$=\dfrac{\text{잔차제곱합}}{n-k}$		
전체	총제곱합	$n-1$			

5 전체 회귀모형의 통계적 유의성 검정

단순회귀분석에서 전체 회귀모형의 통계적 유의성을 검정하는 것은 귀무가설($H_0 : \beta_1 = 0$)의 기각 여부를 결정하는 것이다. 여기서 대립가설은 $H_0 : \beta_1 \neq 0$이다. 귀무가설이 참이라는 가정하에 검정통계량 F는 분자의 자유도 $1(= k-1)$, 분모의 자유도 $n-2\,(= n-k)$를 갖는 F 분포를 따른다. 여기서 k는 회귀계수의 수(절편 포함)이고 n은 표본 크기이다. 이러한 귀무가설이 기각되려면 회귀제곱합이 상대적으로 커야(또는 잔차제곱합이 상대적으로 작아야) 한다. 이는 관측 자료로부터 계산된 F 값이 커서 유의확률(p-값)이 유의수준(α)보다 작다는 것을 의미한다.

다중회귀분석에서도 전체 회귀모형의 통계적 유의성 검정은 모든 독립변수들의 영향력은 없다는 귀무가설의 기각 여부를 결정하는 것이다. 예를 들어 독립변수가 세 개인 다중회귀모형의 경우 전체 회귀모형의 유의성 검정에 사용되는 귀무가설은 다음과 같다. $H_0 : \beta_1 = \beta_2 = \beta_3 = 0$. 여기서 검정통계량 F는 분자의 자유도 $k-1 = 3$, 분모의 자유도 $n-k = n-4$를 갖는 F 분포를 따르는데, 주어진 귀무가설이 기각되려면 역시 F 값이 커서 유의확률이 유의수준보다 작아야 한다.

독립변수가 한 개일 경우 전체 회귀모형의 통계적 유의성을 검정하는 F 검정과 개별 회귀계수의 통계적 유의성을 검정하는 t 검정은 같은 결과를 도출한다. 그러나 독립변수가 두 개 이상일 경우 F 검정과 t 검정은 같은 결과를 도출하지 않으며 전체 회귀모형의 통계적 유의성 검정은 F 검정에 의해서만 할 수 있다.

6 개별 회귀계수의 통계적 유의성 검정

(1) 회귀계수에 대한 검정

모회귀모형에서 절편을 나타내는 회귀계수와 기울기를 나타내는 회귀계수에 대한 가설은 각각 다음과 같다.

$$H_0 : \beta_0 = 0 \text{ 대 } H_a : \beta_0 \neq 0$$
$$H_0 : \beta_1 = 0 \text{ 대 } H_a : \beta_1 \neq 0$$

회귀계수 b_j가 정규분포를 따를 때, 다시 말하자면 $b_j \sim N(\beta_j, \sigma^2_{b_j})$일 때, $\sigma^2_{b_j}$의 값을 모른다면 모회귀계수에 대한 가설의 검정통계량으로 $t \left(= \dfrac{b_j - \beta_{j_0}}{S_{b_j}}\right)$를 사용한다. 여기서 β_{j_0}은 귀무가설이 주장하는 값이므로 귀무가설이 참일 때 기대할 수 있는 값이다. 검정통계량 t는 귀무가설이 참이라고 가정하는 경우, 자유도 '$n - k$'를 갖는 t 분포를 따른다. 여기서 k는 회귀계수의 수(절편 포함)이다. 단순회귀분석에서는 회귀계수가 2개이므로 검정통계량 t는 자유도가 $n - 2$인 t 분포를 따른다.

절편이 0이라는 귀무가설($H_0 : \beta_0 = 0$)에 대한 검정통계량은 $t = \dfrac{b_0}{S_{b_0}}$이다. 절편이 0이라는 것은 회귀선이 원점을 지난다는 것을 의미한다. 기울기가 0이라는 귀무가설($H_0 : \beta_1 = 0$)에 대한 검정통계량은 $t = \dfrac{b_1}{S_{b_1}}$이다. 기울기가 0이라는 것은 독립변수가 종속변수에 미치는 영향이 없다는 것을 의미한다. 표본 자료를 통해 계산된 검정통계량 t 값의 유의확률이 특정한 유의수준(예 $\alpha = .05$)보다 작으면 해당 귀무가설을 기각하게 된다. 일반적으로 표본 크기가 클수록 t-값의 유의확률은 작아진다.

(2) 회귀계수에 대한 점추정과 구간추정

모회귀모형($y_i = \beta_0 + \beta_1 x_i + \epsilon_i$)에서 회귀계수인 β_0과 β_1에 대해 최소제곱법으로 구한 점추정량(point estimator)은 각각 b_0과 b_1이 된다. 이들의 구체적 값은 점추정값(point estimate)이 된다. 신뢰구간의 공식은 '점추정값 ± 오차한계'이다. 이에 따라 신뢰수준 $(1 - \alpha) \times 100\%$에서 β_0과 β_1에 대한 신뢰구간은 다음과 같다.

$$\beta_0\text{에 대한 신뢰구간: } [b_0 - t_{\alpha/2} S_{b_0}, b_0 + t_{\alpha/2} S_{b_0}] \quad (11\text{-}7)$$

$$\beta_1\text{에 대한 신뢰구간: } [b_1 - t_{\alpha/2}S_{b_1}, b_1 + t_{\alpha/2}S_{b_1}] \quad (11\text{-}8)$$

식 (11-7)에서 S_{b_0}은 b_0의 추정된 표준오차이고, 식 (11-8)에서 S_{b_1}은 b_1의 추정된 표준오차이다. 그리고 t 분포의 자유도는 $n - 2$이다. 식 (11-8)에서 β_1에 대한 95% 신뢰구간이 0을 포함하면 이는 유의수준 5%에서 귀무가설($H_0 : \beta_1 = 0$)을 기각할 수 없다는 것을 뜻한다.

7 회귀모형의 적합도: 결정계수와 조정결정계수

결정계수(coefficient of determination: R^2)는 종속변수의 전체 변동 중에서 추정된 회귀선에 의해 설명되는 변동이 차지하는 비중을 나타낸다. 따라서 결정계수는 0과 1 사이의 값을 갖게 되고 1에 가까울수록 회귀모형의 설명력이 높다는 것을 의미한다. 결정계수는 회귀제곱합을 총제곱합으로 나눈 것으로 다음과 같이 정의된다.

$$R^2 = \frac{\text{회귀제곱합}}{\text{총제곱합}} = 1 - \frac{\text{잔차제곱합}}{\text{총제곱합}} \quad (11\text{-}9)$$

결정계수는 회귀선이 관측된 자료에 적합한 정도를 반영한다. 따라서 결정계수 값이 클수록 회귀선이 자료에 적합한 정도가 크다는 것을 의미한다. 단순회귀분석의 경우 독립변수와 종속변수 간의 상관계수(Pearson's correlation coefficient)를 제곱한 값이 결정계수의 값이 된다. 독립변수의 수가 많을수록 결정계수의 값은 증가한다. 이러한 문제점을 해결하기 위해 결정계수를 자유도로 조정해주는 조정결정계수(adjusted coefficient of determination: R_a^2 또는 $\overline{R^2}$로 표기함)가 사용된다. 조정결정계수는 다음과 같이 정의된다.

$$R_a^2 = 1 - \frac{[\text{잔차제곱합}/(n-k)]}{[\text{총제곱합}/(n-1)]} = 1 - \frac{\text{잔차평균제곱}}{\text{총평균제곱}} \quad (11\text{-}10)$$

3 단순회귀분석: SPSS의 활용

1 자료 입력

〈표 11-2〉에 나타난 바와 같이 종속변수와 독립변수가 각각 한 개씩 있고 표본 크기가 20인 자료를 입력한다. 종속변수인 매출액과 독립변수인 제작비의 측정단위는 각각 억 원이다.

〈표 11-2〉 자료

	매출액	제작비
1	45	38
2	106	53
3	125	44
4	139	53
5	200	45
6	326	124
7	344	156
8	348	234
9	350	72
10	435	155
11	501	157
12	568	169
13	600	231
14	723	190
15	823	324
16	934	447
17	1023	308
18	1176	490
19	1298	487
20	1305	504

2 실행 절차

SPSS의 메뉴에서 [분석] → [회귀분석] → [선형]을 선택하면 다음과 같은 창이 나온다.

그림 11-3 선형 회귀

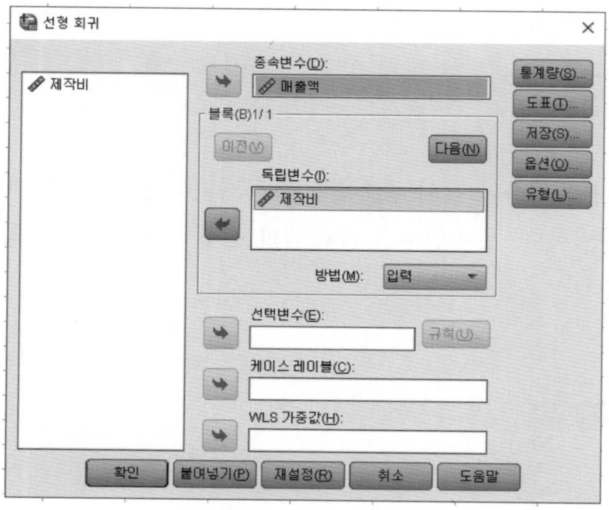

[그림 11-3]에서 왼쪽에 있는 '매출액'을 [종속변수]의 칸으로 이동시키고 '제작비'를 [독립변수]의 칸으로 옮긴다. 그리고 [통계량]을 누르면 다음과 같은 창이 나온다.

그림 11-4 선형 회귀: 통계량

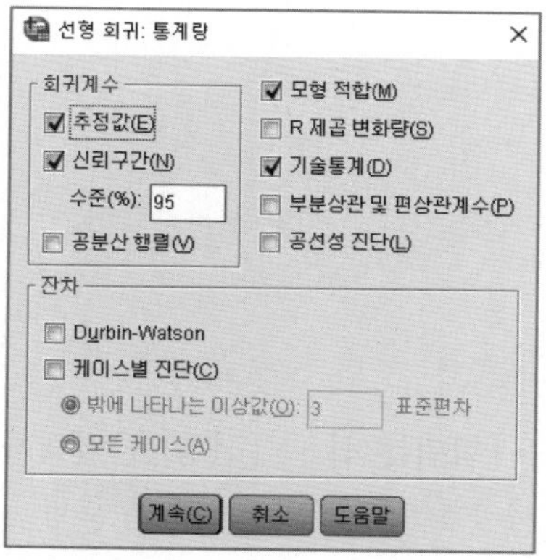

[그림 11-4]에는 [회귀계수]의 [추정값]과 [모형 적합]이 기본으로 설정되어 있는데, 추가적으로 [신뢰구간]과 [기술통계]를 선택한다. 그리고 [계속]을 누른 후 [그림 11-3]의 창으로 다시 돌아가서 [확인]을 누르면 분석결과가 나온다.

3 결과 해석

〈표 11-3〉 기술통계

기술통계량			
	평균	표준화 편차	N
매출액	568.45	404.339	20
제작비	214.05	160.911	20

〈표 11-3〉의 기술통계에 따르면 매출액의 평균은 약 568억 원이고 표준편차는 약 404억원으로 나타났다. 제작비의 평균은 약 214억 원이고 표준편차는 약 161억 원으로 나타났다. 각 변수의 표본 크기는 20으로 나타났다.

〈표 11-4〉 상관계수

상관계수			
		매출액	제작비
Pearson 상관	매출액	1.000	.954
	제작비	.954	1.000
유의확률(단측)	매출액	.	.000
	제작비	.000	.
N	매출액	20	20
	제작비	20	20

〈표 11-4〉에 의하면 매출액과 제작비의 상관계수는 0.954로 나타났다. 두 변수의 상관계수와 관련하여 귀무가설은 '두 변수 간의 상관계수는 0이다'로 해석해야 한다. 따라서 〈표 11-4〉에서 귀무가설은 '매출액과 제작비 간의 상관계수는 0이다'이고 대립가설은 '매출액과 제작비 간의 상관계수는 0이 아니다'로 해석할 수 있다. 이러한 귀무가설에 대한 검정통계량의 유의확률(단측검정)은 .000으로 나타났다. 따라서 유의수준 .05에서 매출액과 제작비 간의 상관관계가 없다는 귀무가설은 기각할 수 있다.

〈표 11-5〉 모형 적합도

모형 요약				
모형	R	R 제곱	수정된 R 제곱	추정값의 표준오차
1	.954[a]	.911	.906	124.099

a. 예측자: (상수), 제작비

〈표 11-5〉는 회귀모형의 적합도에 관한 결과를 보여주고 있다. 제작비와 매출액의 상관계수인 0.954를 제곱하면 결정계수 값이 된다. 결정계수 R^2은 .911(= 0.954^2)로 나타났다. 조정결정계수의 값은 0.906으로 결정계수의 값보다 작다는 것을 알 수 있다.

〈표 11-6〉 분산분석표: 전체 회귀모형의 통계적 유의성 검정

ANOVA[a]						
모형		제곱합	자유도	평균제곱	F	유의확률
1	회귀	2829103.651	1	2829103.651	183.702	.000[b]
	잔차	277209.299	18	15400.517		
	전체	3106312.950	19			

a. 종속변수: 매출액
b. 예측자: (상수), 제작비

〈표 11-6〉의 분산분석표에는 전체 회귀모형의 통계적 유의성 검정 결과가 나타나 있다. 회귀제곱합은 약 2829104, 잔차제곱합은 약 277209, 총제곱합은 약 3106313으로 나타났다. 회귀제곱합과 잔차제곱합을 더하면 총제곱합이 된다. 회귀제곱합을 자유도 1(=회귀계수의 수−1)로 나눈 회귀평균제곱은 2829104이다. 그리고 잔차제곱합을 자유도 18(=표본크기−회귀계수의 수=20−2)로 나눈 잔차평균제곱은 15401이다. 회귀평균제곱을 잔차평균제곱으로 나눈 F 값은 183.702로 나타났고 유의확률은 .000으로 나타났다. 따라서 유의수준 .05에서 제작비의 회귀계수가 0이라는 귀무가설을 기각할 수 있다. 즉, 전체 회귀모형은 유의수준 .05에서 통계적으로 유의하다.

〈표 11-7〉 개별 회귀계수의 통계적 유의성 검정

계수[a]								
모형		비표준화 계수		표준화 계수	t	유의확률	B에 대한 95.0% 신뢰구간	
		B	~~표준화 오류~~ (표준오차)	베타			하한	상한
1	(상수)	55.144	46.950		1.175	.255	−43.494	153.783
	제작비	2.398	.177	.954	13.554	.000	2.026	2.770

a. 종속변수: 매출액

〈표 11-7〉은 개별 회귀계수의 통계적 유의성 검정 결과인데 회귀분석의 핵심적인 결과에 해당한다. 이를 통해 절편(상수)의 회귀계수에 대한 추정치는 55.144이고, 종속변수(영화의 매출액)에 대한 독립변수(제작비)의 영향력을 나타내는 회귀계수에 대한 추정치는 2.398임을 알 수 있다. 따라서 추정된 회귀모형은 식 (11-11)과 같다.

$$\hat{y}_i = 55.144 + 2.398x_i \quad (11\text{-}11)$$

여기서 y는 매출액(측정 단위: 억 원)이고 x는 제작비(측정 단위: 억 원)이다. 직관적 이해를 위해서 추정된 회귀모형을 식 (11-12)와 같이 표현할 수도 있다.

$$\text{매출액} = 55.144 + 2.398 \times \text{제작비} \quad (11\text{-}12)$$

절편 회귀계수에 대한 귀무가설($H_0 : \beta_0 = 0$)의 검정통계량은 $t = \frac{b_0}{S_{b_0}}$이다. 〈표 11-7〉에 따르면, 추정된 절편인 b_0는 55.144, b_0의 표준오차인 S_{b_0}는 46.950으로 나타났다. 따라서 $t = \frac{b_0}{S_{b_0}} = \frac{55.144}{46.950} = 1.175$이다. 즉, 상수(절편)를 나타내는 회귀계수인 β_0에 대한 t 값은 1.175이다. 이러한 t 값의 유의확률은 0.255로 나타났다. 따라서 절편이 0이라는 귀무가설은 유의수준 .05에서 기각할 수 없다. 절편 회귀계수에 대한 95% 신뢰구간은 (−43.494, 153.783)으로 나타났다. 95% 신뢰구간에 0이 포함된다는 것은 유의수준 5%에서 β_0이 0이라는 귀무가설을 기각할 수 없다는 것과 같은 의미이다.

기울기 회귀계수에 대한 귀무가설($H_0 : \beta_1 = 0$)의 검정통계량은 $t = \frac{b_1}{S_{b_1}}$이다. 추정된 회귀계수인 b_1은 2.398, b_1의 표준오차인 S_{b_1}은 0.177로 나타났다. 따라서 $t = \frac{b_1}{S_{b_1}} = \frac{2.398}{0.177} = 13.554$이다. 즉, 독립변수인 제작비의 회귀계수($\beta_1$)에 대한 t 값은 13.554이다. 이러한 t 값의 유의확률은 0.000으로 나타났다. 따라서 β_1이 0이라는 귀무가설은 유의수준 0.05뿐만 아니라 유의수준 0.01에서도 기각할 수 있다. β_1에 대한 95% 신뢰구간은 (2.206, 2.770)으로 나타났다. 95% 신뢰구간에 0이 포함되지 않는 것은 유의수준 .05에서 β_1이 0이라는 귀무가설을 기각할 수 있는 것과 같은 의미를 지닌다. 이러한 신뢰구간의 가운데 해당하는 점이 2.398이다. 다시 말해서 β_1에 대한 점추정치는 2.398이고, β_1에 대한 구간추정치는 95% 신뢰구간인 (2.206, 2.770)이다.

요약

- 회귀분석은 크게 선형회귀분석과 비선형 회귀분석으로 구분한다.
- 선형회귀분석 중에서 단순회귀분석은 독립변수가 한 개이고 종속변수가 한 개인 경우 사용하고 다중회귀분석은 독립변수가 두 개 이상이고 종속변수가 한 개인 경우 사용한다.
- 비선형 회귀분석 중에서 이항 로지스틱 회귀분석은 종속변수가 2개의 범주인 경우 사용하고 다항 로지스틱 회귀분석은 종속변수가 3개 이상의 범주인 경우 사용한다.
- 회귀분석은 개별 독립변수가 종속변수에 미치는 영향력을 평가하고, 독립변수들의 영향력을 비교하고, 독립변수들의 상호작용효과를 추정하고, 독립변수의 값을 통해 종속변수의 값을 예측하는 데 사용한다.
- 모집단을 대상으로 하는 모회귀모형: $y_i = \beta_0 + \beta_1 x_i + \epsilon_i,\ i = 1, 2, \cdots, N$
  여기서 절편 계수(β_0)는 독립변수 값이 0일 때 기대되는 종속변수 값을 의미하고, 기울기 계수(β_1)는 독립변수 값이 한 단위 증가할 때 기대되는 종속변수 값의 변화량을 의미하고, 오차(ϵ_i)는 평균이 0, 분산이 σ^2인 정규분포를 따른다고 가정한다.
- 표본을 대상으로 하는 추정된 회귀모형: $\widehat{y_i} = \widehat{\beta_0} + \widehat{\beta_1} x_i,\ i = 1, 2, \cdots, n$
  여기서 $\widehat{\beta_0}(=b_0)$는 β_0의 추정량이고 $\widehat{\beta_1}(=b_1)$는 β_1의 추정량이다.
- 최소제곱법이란 표본으로부터 회귀계수를 추정하는 방법의 하나로 표본의 모든 (x_i, y_i)에 대해 잔차 $e_i(= y_i - \widehat{y_i})$의 제곱합을 최소로 하는 $\widehat{\beta_0}$과 $\widehat{\beta_1}$의 값을 찾는 방법이다. 여기서 잔차(e_i)는 x_i라는 특정한 값에서 관측된 y 값(y_i)과 추정된 y 값($\widehat{y_i}$) 간의 차이를 말한다.
- 총제곱합은 종속변수를 평균값으로 추정하는 경우 종속변수의 전체 변동이다. 잔차제곱합은 종속변수를 회귀식으로 추정하는 경우 종속변수의 설명되지 않는 변동이고, 회귀제곱합은 종속변수를 회귀식으로 추정하는 경우 종속변수의 설명되는 변동이다.
- 각각의 제곱합을 상응하는 자유도로 나눈 것을 평균제곱이라 하는데, 회귀평균제곱과 잔차평균제곱이 있다. 잔차평균제곱은 오차(ϵ)의 분산인 σ^2의 추정량이다.
- 전체 회귀모형의 통계적 유의성 검정은 모든 독립변수의 영향력이 없다는 귀무가설 ($H_0 : \beta_1 = 0$)의 검정이다. 자료를 통해 계산된 F 값이 커서 유의확률 값이 유의수준(α)보다 작으면 귀무가설을 기각하고 이는 전체 회귀모형이 통계적 유의하다는 의미가 된다.

- 개별 회귀계수의 통계적 유의성 검정은 절편을 나타내는 회귀계수가 0이라는 귀무가설($H_0 : \beta_0 = 0$)과 기울기를 나타내는 회귀계수가 0이라는 귀무가설($H_0 : \beta_1 = 0$)의 검정이다. 자료를 통해 계산된 검정통계량 t 값이 커서 유의확률이 유의수준보다 작으면 해당 귀무가설을 기각한다.
- 회귀계수인 β_0과 β_1에 대해 최소제곱법으로 구한 b_0과 b_1은 점추정량이고 이들의 구체적 값은 점추정값이다. 신뢰구간의 공식은 '점추정값 ± 오차한계'이다.
- β_0에 대한 $(1-\alpha) \times 100\%$ 신뢰구간: $[b_0 - t_{\alpha/2} S_{b_0}, b_0 + t_{\alpha/2} S_{b_0}]$
- β_1에 대한 $(1-\alpha) \times 100\%$ 신뢰구간: $[b_1 - t_{\alpha/2} S_{b_1}, b_1 + t_{\alpha/2} S_{b_1}]$
- 결정계수(R^2)는 종속변수의 전체 변동 중에서 추정된 회귀선에 의해 설명되는 변동이 차지하는 비중이고 '1 − 잔차제곱합/총제곱합'으로 계산한다.
- 조정결정계수(R_a^2 또는 $\overline{R^2}$)는 독립변수가 많을수록 결정계수가 커지는 문제를 해결하기 위해 결정계수를 자유도로 조정해 준 것으로 '1 − 잔차평균제곱/총평균제곱'으로 계산한다.

제12장

다중회귀분석

1 모회귀모형

다중선형회귀분석(줄여서 다중회귀분석)은 한 개의 종속변수와 여러 개의 독립변수들 사이의 선형적 인과관계를 분석한다. 다중회귀분석에서 모집단을 대상으로 하는 모회귀모형은 다음과 같다.

$$y_i = \beta_0 + \beta_1 x_{1i} + \beta_2 x_{2i} + \cdots + \beta_p x_{pi} + \epsilon_i,\ i = 1, 2, \cdots, N \tag{12-1}$$

식 (12-1)에서 y_i는 종속변수의 i번째 관측치이다. x_{1i}는 첫 번째 독립변수(x_1)의 i번째 관측치이다. x_{pi}는 p 번째 독립변수(x_p)의 i번째 관측치이다. β_0는 절편 계수이다. β_1은 x_1이 y에 미치는 효과를 나타내는 계수, β_p는 x_p가 y에 미치는 효과를 나타내는 계수이다. 오차항 ϵ_i는 정규분포 $N(0, \sigma^2)$을 따른다고 가정한다.

2 추정된 회귀모형

다중회귀분석에서 표본을 대상으로 하는 추정된 회귀모형은 다음과 같다.

$$\hat{y_i} = b_0 + b_1 x_{1i} + b_2 x_{2i} + \cdots + b_p x_{pi},\ i = 1, 2, \cdots, n \tag{12-2}$$

식 (12-2)에서 b_0, b_1, $\cdots$, b_p는 $\widehat{\beta_0}, \widehat{\beta_1}, \cdots, \widehat{\beta_p}$로 대체해도 된다. b_0은 모든 독립변수의 값이 0일 경우의 종속변수의 값을 뜻한다. b_1은 x_1을 제외한 다른 독립변수들이 변하지 않는다고 가정할 경우 x_1이 한 단위 증가할 때 y의 변화량이다. 마찬가지로 b_p는 x_p를 제외한 다른 독립변수들이 변하지 않는다고 가정할 경우 x_p가 한 단위 증가할 때 y의 변화량이다. 이러한 회귀계수들의 추정치를 얻는 방법도 단순회귀분석의 경우와 마찬가지로 최소제곱법을 사용한다. 최소제곱법을 사용하면 잔차의 제곱합인 $\sum_{i=1}^{n} e_i^2 = \sum_{i=1}^{n} (y_i - \hat{y_i})^2$을 최소로 만드는 회귀계수 추정치를 얻게 된다.

3 전체 회귀모형의 통계적 유의성 검정

다중회귀분석에서 전체 회귀모형의 통계적 유의성 검정은 종속변수와 p개의 독립변수 간의 선형적 관계에 대한 유의성을 전체적으로 검정하는 것이다. 전체 회귀모형의 통계적 유의성 검정에서 p개의 독립변수들이 있는 경우 귀무가설과 대립가설의 형태는 다음과 같다.

$$H_0 : \beta_1 = \beta_2 = \cdots = \beta_p = 0 \tag{12-3}$$

H_a: 최소한 하나의 β_j는 0이 아니다. $j = 1, 2, \cdots, p$ (12-4)

이러한 귀무가설을 기각할 수 없다는 것은 모든 p개의 독립변수들이 종속변수에 아무런 영향을 미치지 못한다는 것이다. 다시 말하자면 전체 회귀모형의 통계적 유의성 검정에서 귀무가설을 기각할 수 없다는 것은 회귀모형이 부적절하다는 것을 의미한다. 따라서 귀무가설이 기각되지 않는 경우 새로운 독립변수를 찾거나 독립변수들과 종속변수 간의 비선형관계의 가능성을 조사할 필요가 있다.

전체 회귀모형의 통계적 유의성 검정에서 검정통계량은 F인데, 이미 설명한 바와 같이 다음과 같이 정의된다.

$$F = \frac{\text{회귀제곱합} / (k-1)}{\text{잔차제곱합} / (n-k)} = \frac{\text{회귀평균제곱}}{\text{잔차평균제곱}} \tag{12-5}$$

귀무가설($H_0 : \beta_1 = \beta_2 = \cdots = \beta_p = 0$)이 진실이라는 가정하에 검정통계량 F는 자유도가 $(k-1)$과 $(n-k)$인 F 분포를 따른다. 여기서 k는 회귀계수의 수(절편 포함)이고 n은 표본 크기이다. 이러한 귀무가설이 기각되려면 회귀제곱합이 잔차제곱합에 비해 상대적으로 커야 한다. 다시 말하자면 모든 독립변수의 영향력이 없다는 귀무가설을 기각하려면 F 값이 커서 유의확률은 유의수준보다 작아야 한다.

4 개별 회귀계수의 통계적 유의성 검정

개별 회귀계수의 통계적 유의성 검정에서는 절편 회귀계수가 통계적으로 유의한지 검정하고 각 독립변수별로 기울기 회귀계수가 통계적으로 유의한지 검정하는 것이다. 예를 들어 독립변수가 2개인 다중회귀분석에서는 절편에 대한 귀무가설을 포함하여 모두 3개의 귀무가설에 대한 검정이 이루어진다. 양측검정을 하는 경우 다음과 같은 가설들을 설정한다.

$$H_0 : \beta_0 = 0 \text{ 대 } H_a : \beta_0 \neq 0 \tag{12-6}$$

$$H_0 : \beta_1 = 0 \text{ 대 } H_a : \beta_1 \neq 0 \tag{12-7}$$

$$H_0 : \beta_2 = 0 \text{ 대 } H_a : \beta_2 \neq 0 \tag{12-8}$$

식 (12-6)은 절편이 0이라는 귀무가설을 포함하고, 식 (12-7)은 x_1이 종속변수에 미치는 효과가 없다는 귀무가설을 포함하고, 식 (12-8)은 x_2가 종속변수에 미치는 효과가 없다는 귀무가설을 포함한다. 이러한 가설들에 대한 검정은 검정통계량 t를 사용한다. 검정통계량 t는 귀무가설이 참이라고 가정하는 경우, 자유도 '$n-k$'를 갖는 t-분포를 따른다. 여기서 k는 회귀계수(절편 포함)의 수이다. 독립변수가 2개인 회귀모형에서는 회귀계수가 3개이므로 검정통계량 t는 자유도가 $n-3$인 t-분포를 따른다. 표본 자료를 통해 계산된 t 값의 유의확률이 연구자가 설정한 유의수준보다 작으면 해당 귀무가설을 기각하게 된다. 개별 회귀계수의 통계적 유의성 검정을 위해서는 주로 t 검정을 사용하지만 F 검정을 사용할 수도 있다. 개별 회귀계수의 통계적 유의성 검정에 사용되는 검정통계량 F는 전체 회귀모형의 통계적 유의성 검정에 사용되는 검정통계량 F보다 복잡한 과정을 거쳐 계산된다.

5 회귀계수와 표준회귀계수의 차이

추정된 회귀모형에서 나타나는 회귀계수는 비표준회귀계수(unstandardized regression coefficient)로도 일컬어지는데, 통상 회귀계수로 일컬어진다. 표준회귀계수(standardized regression coefficient)는 회귀계수라는 용어 앞에 반드시 '표준'이라는 용어를 붙여서 두 유형의 회귀계수를 구분한다. 비표준회귀계수는 독립변수와 종속변수의 측정 단위에 따라 그 값이 달라진다. 예를 들면 독립변수가 소득이라고 하자. 여기서 소득의 측정 단위를 천 원으로 하는 경우의 회귀계수는 만 원으로 하는 경우의 회귀계수에 비해 10배 커지게 된다. 물론 어떤 측정 단위를 사용해도 분석결과의 해석은 본질적으로 같다. 반면에 표준회귀계수는 측정 단위의 영향을 받지 않는다. 비표준회귀계수는 종속변수에 대한 다른 독립변수의 영향을 통제했을 때 해당 독립변수의 측정단위가 한 단위 증가할 때 기대되는 종속변수의 변화량이다. 측정 단위에 근거한 독립변수 값으로 종속변수 값을 추정하거나 예측할 때에는 비표준회귀계수를 사용한다. 반면에 종속변수에 대한 독립변수들의 효과를 비교할 때에는 표준회귀계수를 사용한다. 표준회귀계수 외에도 개별 회귀계수의 통계적 유의성 검정에서 나타난 검정통계량 t의 절댓값 크기도 독립변수들의 상대적 중요성을 평가하는 데 사용될 수 있다. 따라서 t의 절댓값이 클수록 해당 독립변수의 중요성이 더 크다고 해석할 수 있다.[41]

〈표 12-1〉 회귀계수와 표준회귀계수의 비교

	회귀계수	표준회귀계수
도출 과정	변수의 측정값을 통해 계산함	변수의 측정값을 변환하여 만든 표준점수를 통해 계산함
범위	$-\infty$와 $+\infty$ 사이의 값	대체로 -1과 $+1$ 사이의 값
사용 목적	독립변수 값을 통해 종속변수 값을 추정하거나 예측할 때 이용함	독립변수들이 종속변수에 미치는 영향력의 크기를 비교함

선형회귀분석에서는 표준회귀계수 또는 t의 절댓값 크기를 이용하여 해당 변수의 효과 크기를 비교할 수 있다. 선형회귀분석에서 어떤 독립변수 X의 표준회귀계수는 비표준회귀계수 b에 해당 독립변수 X의 표준편차를 곱하고 종속변수 Y의 표준편차로 나누어 구한다. 즉, 표준회귀계수는 $b(S_x/S_y)$라는 공식을 통해 구할 수 있다.

6 가변수를 이용한 회귀분석

회귀분석에서 명목척도로 측정된 범주형 독립변수는 그대로 사용할 수 없다. 그러나 이러한 변수를 가변수로 변환시키면 회귀분석에서 독립변수로 활용할 수 있다. 가변수는 더미변수로 일컬어지기도 한다. 범주형 독립변수를 가변수로 만드는 방법에는 참조코딩(reference coding)과 효과코딩(effect coding) 등이 있다. 참조코딩은 범주형 독립변수를 0과 1의 값을 이용하여 가변수로 만드는 것이다. 반면에 효과코딩은 범주형 독립변수를 -1, 0, 1의 값을 이용하여 가변수로 만드는 것인데 범주의 수가 두 개이면 -1과 1의 값만을 이용한다. 참조코딩에서 참조집단(reference group: 비교의 기준이 되는 집단)의 가변수 값은 0이지만, 효과코딩에서 참조집단의 가변수 값은 −1이다. 대부분의 연구는 참조코딩을 사용한다.

1 참조코딩

범주의 수는 연구자의 주관적 판단에 따라 달라질 수 있다. 예를 들어 신문의 유형은 신문 내용의 범위에 따라 정치, 경제, 사회, 문화 등을 포괄적으로 다루는 종합일간신문과 특정 분야를 주로 다루는 전문일간신문의 두 범주로 구분할 수 있다. 더 세분화하면 전국종합일간신문, 지역종합일간신문, 경제일간신문. 기타전문일간신문의 네 범주로 구분할 수도 있다. 범주를 두 개로 구분하는 경우와 네 개로 구분하는 경우를 살펴보기로 하자.

범주를 두 개로 나누는 경우를 먼저 살펴보자. 종속변수 y를 신문사의 매출액, D는 종합일간신문사 또는 전문일간신문사를 나타내는 가변수라고 하자. 이러한 가변수에 대해 참조코딩을 하는 경우에 모회귀모형은 다음과 같다.

$$y_i = \beta_0 + \beta_1 D + \epsilon_i \tag{12-9}$$

〈표 12-2〉 가변수에 대한 참조코딩: 범주가 2개인 경우

신문사 유형	D
종합일간신문사(유형 A)	1
전문일간신문사(유형 B)	0

〈표 12-2〉에서 $D = 0$으로 코딩되는 집단은 참조집단이라고 한다. 참조집단은 기준집단이라고도 한다. 참조집단은 종속변수의 집단 간 평균 차이를 검증할 때 기준이 되는 집단이다. 참조코딩을 사용하면 참조집단의 종속변수 평균값과 다른 특정 집단의 종속변수 평균값이 얼마만큼 차이가 있고 그 차이가 통계적으로 유의한지를 검정할 수 있다. 〈표 12-2〉의 참조코딩을 적용하면 신문사 유형 A와 B에 대한 모회귀모형은 다음과 같다.

$$\text{유형 A: } y_i = \beta_0 + \beta_1 + \epsilon_i \tag{12-10}$$

$$\text{유형 B: } y_i = \beta_0 + \epsilon_i \tag{12-11}$$

식 (12−10)과 식 (12−11)을 통해 $\beta_0 + \beta_1$=유형 A의 매출액, β_0=유형 B의 매출액, β_1=유형 A와 B의 매출액 차이임을 알 수 있다.

범주형 독립변수의 범주가 k개인 경우 $k-1$개의 가변수가 필요하다. 예를 들어, 신문사 유형이라는 독립변수가 4개의 범주(전국종합일간신문사, 지역종합일간신문사, 경제일간신문사, 기타전문일간신문사)로 구분된 경우 3개의 가변수가 필요하다. 이런 경우에 참조코딩을 통해 가변수로 변환하면 〈표 12-3〉에 나타난 바와 같다.

〈표 12-3〉 **참조코딩: 범주가 4개인 경우**

신문사 유형	D_1	D_2	D_3
전국종합일간신문사(유형 가)	1	0	0
지역종합일간신문사(유형 나)	0	1	0
경제일간신문사(유형 다)	0	0	1
기타전문일간신문사(유형 라)	0	0	0

〈표 12-3〉과 같이 참조코딩을 하는 경우 참조집단은 '유형 라'가 되고 모회귀모형은 다음과 같다.

$$y_i = \beta_0 + \beta_1 D_1 + \beta_2 D_2 + \beta_3 D_3 + \epsilon_i \tag{12-12}$$

〈표 12-3〉의 참조코딩을 적용하면 네 개의 범주에 대한 회귀모형은 각각 다음과 같다.

유형 가: $y_i = \beta_0 + \beta_1 + \epsilon_i$ (12-13)

유형 나: $y_i = \beta_0 + \beta_2 + \epsilon_i$ (12-14)

유형 다: $y_i = \beta_0 + \beta_3 + \epsilon_i$ (12-15)

유형 라: $y_i = \beta_0 + \epsilon_i$ (12-16)

식 (12-13)에서 식 (12-16)까지 살펴보면 다음과 같은 정보를 얻게 된다. β_0=유형 라의 매출액, β_1=유형 라와 유형 가의 매출액 차이, β_2=유형 라와 유형 나의 매출액 차이, β_3=유형 라와 유형 다의 매출액 차이임을 알 수 있다.

2 효과코딩

신문사 유형(두 개의 범주)을 가변수로 변환할 때 참조코딩이 아니라 효과코딩을 이용하는 경우 모회귀모형은 다음과 같다.

$$y_i = \beta_0^* + \beta_1^* D^* + \epsilon_i \quad (12\text{-}17)$$

〈표 12-4〉 효과코딩: 범주가 2개인 경우

신문사 유형	D^*
종합일간신문사(유형 A)	−1
전문일간신문사(유형 B)	1

〈표 12-4〉의 효과코딩을 적용하면 유형 A와 B에 대한 모회귀모형은 각각 다음과 같다.

유형 A: $y_i = \beta_0^* - \beta_1^* + \epsilon_i$ (12-18)

유형 B: $y_i = \beta_0^* + \beta_1^* + \epsilon_i$ (12-19)

식 (12-18)과 (12-19)로부터 β_0^*=전체 평균 매출액(유형 A와 B를 포함), $2\beta_1^*$=유형 A와 B의 매출액 차이라는 것을 알 수 있다. 효과코딩도 범주형 독립변수의 범주가 k개인 경우 $k-1$개의 가변수가 필요하다. 4개의 범주(유형 가, 나, 다, 라)를 가진 독립변수를 가변수로 변환하고자 하면 〈표 12-5〉와 같이 효과코딩을 할 수 있다.

〈표 12-5〉 효과코딩: 범주가 4개인 경우

신문사 유형	D_1^*	D_2^*	D_3^*
전국종합일간신문사(유형 가)	1	0	0
지역종합일간신문사(유형 나)	0	1	0
경제일간신문사(유형 다)	0	0	1
기타전문일간신문사(유형 라)	−1	−1	−1

〈표 12-5〉와 같이 효과코딩을 하는 경우 참조집단은 '유형 라'이고 모회귀모형은 다음과 같다.

$$y_i = \beta_0^* + \beta_1^* D_1^* + \beta_2^* D_2^* + \beta_3^* D_3^* + \epsilon_i \quad (12\text{-}20)$$

〈표 12-5〉의 효과코딩을 적용하면 네 개의 신문사 유형에 대한 회귀모형은 각각 다음과 같다.

유형 가: $y_i = \beta_0^* + \beta_1^* + \epsilon_i$ (12-21)

유형 나: $y_i = \beta_0^* + \beta_2^* + \epsilon_i$ (12-22)

유형 다: $y_i = \beta_0^* + \beta_3^* + \epsilon_i$ (12-23)

유형 라: $y_i = \beta_0^* - \beta_1^* - \beta_2^* - \beta_3^* + \epsilon_i$ (12-24)

식 (12-21)에서 식 (12-24)까지 살펴보면 다음과 같은 정보를 얻는다. β_0^*=전체 평균 매출액(유형 가, 나, 다, 라를 모두 포함), β_1^*=전체 평균 매출액과 유형 가의 매출액 간 차이, β_2^*=전체 평균 매출액과 유형 나의 매출액 간 차이, β_3^*=전체 평균 매출액과 유형 다의 매출액 간 차이임을 알 수 있다.

7 회귀분석에서의 상호작용효과

두 개의 독립변수가 있는 회귀모형을 가정하자. 하나의 독립변수는 가변수 D로 신문사 유형을 나타내는데 〈표 12-2〉와 같이 참조코딩(유형 A는 1로, 유형 B는 0으로 측정)을 이용한다. 다른 하나는 비율척도의 독립변수 x_1로 발행부수를 나타낸다. 이 경우 두 독립변수 간의 상호작용효과(interaction effect)를 고려하지 않은 모회귀모형은 다음과 같다.

$$y = \beta_0 + \beta_1 x_1 + \beta_2 D + \epsilon \quad (12\text{-}25)$$

반면에 두 독립변수 간의 상호작용효과를 고려하는 모회귀모형은 다음과 같다.

$$y = \beta_0 + \beta_1 x_1 + \beta_2 D + \beta_3 (x_1 D) + \epsilon \quad (12\text{-}26)$$

상호작용효과를 고려하는 경우에 유형 A와 B에 대한 모회귀모형은 각각 다음과 같다.

유형 A: $y = (\beta_0 + \beta_2) + (\beta_1 + \beta_3) x_1 + \epsilon$ (12-27)

유형 B: $y = \beta_0 + \beta_1 x_1 + \epsilon$ (12-28)

β_2는 두 유형에 대한 절편의 차이를 나타낸다. 그리고 β_3은 x_1과 D의 상호작용효과를 의미하며 두 유형에 대한 기울기의 차이를 나타낸다. 상호작용은 교호작용이라고도 한

다. β_3이 0이라는 귀무가설을 검정하는 것은 x_1과 D의 상호작용효과가 없다는 귀무가설을 검정하는 것과 같다. 식 (12-26)에서 상호작용효과가 나타난다면 유형 A와 B의 y(매출액)가 x_1(발행부수)에 따라 다르다는 것을 의미한다. 일반적으로 상호작용효과를 고려하는 회귀모형이 그렇지 않은 회귀모형에 비해 보다 정교한 결과를 도출할 수 있다.

[그림 12-1]은 β_0, β_1, β_2가 각각 양수라고 가정할 때 β_3의 값에 따라 상호작용의 유무와 방향이 결정된다는 것을 보여준다. (a)는 β_3의 값이 0이어서 상호작용효과가 없는 경우를 나타낸다. (b)는 상호작용효과가 있는 경우인데 β_3의 값이 양수이기 때문에 x_1의 값이 증가하면서 유형 A와 B 간에 종속변수(y) 값의 격차가 커지고 있다. (c)도 상호작용효과가 있는 경우인데 β_3의 값이 음수이기 때문에 x_1의 값이 증가하면서 유형 A와 B 간에 종속변수 값의 격차가 좁혀지고 있다.

그림 12-1 상호작용효과의 유무와 방향

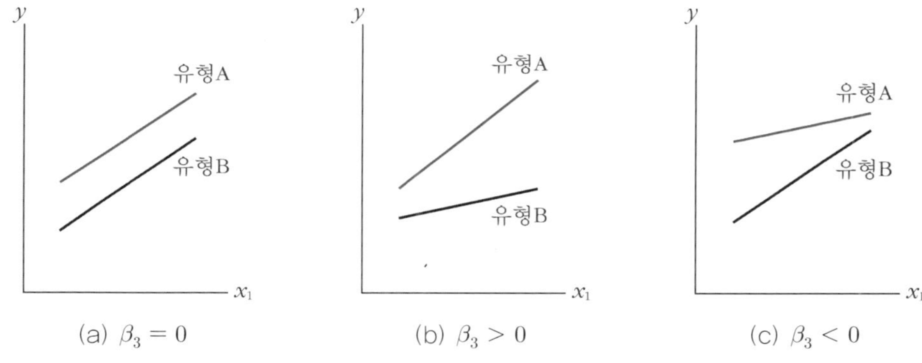

상호작용효과와 조절효과는 넓은 의미에서 같다고 볼 수 있지만 가설의 진술에 있어서 차이가 있다. 예를 들면 상호작용효과에 대한 대립가설은 '신문사 유형과 발행부수는 매출액(종속변수)에 대해 상호작용효과가 있다'의 형태로 진술하는 반면, 조절효과에 대한 대립가설은 '신문사 유형은 발행부수와 매출액(종속변수) 간의 관계를 조절한다'의 형태로 진술한다. 즉, 상호작용효과는 두 독립변수를 동등하게 취급하는 반면, 조절효과는 두 독립변수 중에서 한 변수를 조절변수로 취급한다.

분산분석의 경우에도 상호작용효과의 해석은 회귀분석의 경우와 유사하다. 이원분산분석에서 개별 독립변수(요인)의 값(처리 수준)에 따라서 종속변수의 평균값이 통계적으로 유의하게 차이가 나면 그 독립변수는 종속변수에 주효과(main effect)가 있는 것이다. 그리고 한 독립변수의 값에 따른 종속변수의 평균값이 다른 독립변수의 값에 따라 다르다면, 두 독립변수는 종속변수에 상호작용효과가 있는 것이다.

예제 12-1 **상호작용효과를 고려하는 모회귀모형**

독립변수는 x_1과 x_2가 있다고 하자. 두 독립변수 간의 상호작용효과를 고려하는 모회귀모형과 고려하지 않는 모회귀모형을 각각 쓰시오.

독립변수 간의 상호작용효과를 고려하지 않은 모회귀모형은 다음과 같다.

$$y = \beta_0 + \beta_1 x_1 + \beta_2 x_2 + \epsilon$$

두 독립변수 간의 상호작용효과를 고려하는 모회귀모형은 다음과 같다.

$$y = \beta_0 + \beta_1 x_1 + \beta_2 x_2 + \beta_3 x_1 x_2 + \epsilon$$

8 독립변수의 선택방법

1 독립변수의 추가와 제거

독립변수 x_1만 있는 경우 추정된 회귀모형은 다음과 같다.

$$\hat{y} = b_0 + b_1 x_1 \tag{12-29}$$

독립변수 x_1만 있는 회귀모형의 잔차제곱합을 $SSE(x_1)$라고 하자. 독립변수 x_2가 추가되는 경우 추정된 회귀모형은 다음과 같다.

$$\hat{y} = b_0 + b_1 x_1 + b_2 x_2 \tag{12-30}$$

독립변수 x_1과 x_2가 있는 회귀모형의 잔차제곱합을 $SSE(x_1, x_2)$라고 하자. 독립변수 x_2가 추가되면 잔차제곱합은 줄어든다. 즉, 다음과 같은 부등식이 성립한다.

$$SSE(x_1) > SSE(x_1, x_2) \tag{12-31}$$

독립변수 x_2가 추가되는 경우 회귀제곱합 SSR의 증가분과 잔차제곱합 SSE의 감소분은 같다. 이는 다음과 같은 식으로 표현할 수 있다.

$$SSR(x_1, x_2) - SSR(x_1) = SSE(x_1) - SSE(x_1, x_2) \tag{12-32}$$

독립변수 x_2의 추가로 인한 잔차제곱합의 감소분이 통계적으로 유의한 것인지 검정하는 것은 독립변수 x_2의 추가로 인한 회귀제곱합의 증가분이 통계적으로 유의한 것인지 검정하는 것과 같다. 이러한 검정은 귀무가설($H_0 : \beta_2 = 0$)을 검정하는 것과 같다. 이러한 검정을 위한 통계량 F는 다음과 같다.

$$F = \frac{[SSR(x_1, x_2) - SSR(x_1)]/1}{SSE(x_1, x_2)/(n-k)} = \frac{[SSE(x_1) - SSE(x_1, x_2)]/1}{SSE(x_1, x_2)/(n-k)} \tag{12-33}$$

검정통계량 F의 분자는 추가된 변수 한 개로 인한 회귀제곱합 증가분 또는 잔차제곱합 감소분을 의미한다. 여기서 1은 새로 추가된 독립변수의 개수를 뜻한다. 검정통계량 F의 분모는 독립변수들을 모두 포함하는 경우의 잔차평균제곱(residual mean square)을 뜻한다. 여기서 n은 표본크기, k는 회귀계수의 수(절편 포함)를 의미한다. 독립변수의 수가 2개이므로 k는 3이 된다.

표본으로부터 계산된 F 값에 대응하는 p-값이 연구자가 정한 유의수준보다 작으면 귀무가설을 기각한다. 즉, p-값 $< \alpha$이면 독립변수 x_2의 추가는 통계적으로 유의한 것이다. 독립변수의 선택방법 중에서 대다수 방법은 단계별로 추가하거나 제거할 독립변수를 선택하는 기준으로 식 (12-33)의 검정통계량 F를 사용한다. 추가하거나 제거할 독립변수의 회귀계수가 0이라는 귀무가설을 기각하는 조건은 p-값 $< \alpha$이다. p-값 $< \alpha$인 경우 추가할 변수의 후보가 되고, p-값 $> \alpha$인 경우 제거할 변수의 후보가 된다.

두 개 이상의 독립변수를 동시에 추가할 때 회귀제곱합의 증가분이나 잔차제곱합의 감소분이 통계적으로 유의한가를 살펴볼 수도 있다. 예를 들어 독립변수 2개(x_1, x_2)가 있는 회귀모형에서 다른 독립변수 2개(x_3, x_4)를 추가하는 것이 통계적으로 유의한지 검정하려면 식 (12-33)과 맥락을 같이 하는 다음과 같은 검정통계량 F를 사용할 수 있다.

$$F = \frac{[SSE(x_1, x_2) - SSE(x_1, x_2, x_3, x_4)]/(\text{추가된 변수의 개수})}{SSE(x_1, x_2, x_3, x_4)/(n-k)}$$

$$= \frac{[SSE(x_1, x_2) - SSE(x_1, x_2, x_3, x_4)]/2}{SSE(x_1, x_2, x_3, x_4)/(n-5)}$$

여기서 자료로부터 계산된 검정통계량 F의 p-값이 유의수준 α보다 작으면 추가된 변수들(x_3, x_4)은 유의수준 α에서 통계적으로 유의하다는 것을 의미한다.

2 독립변수의 선택방법

회귀모형에서 독립변수의 수가 많을수록 대체로 설명력은 높아지고 간결성은 떨어진다. 따라서 적절한 독립변수들을 선택하는 것은 중요한 문제다. 통계적 관점에서 독립변수의 선택방법은 대체로 다음과 같은 네 가지로 분류할 수 있다. 첫째, 동시선택방법(simultaneous selection method)으로 연구자가 지정한 독립변수들을 동시에 모두 투입하는 것이다. 이 방법은 종속변수를 설명하는 정도와 무관하게 연구자가 지정한 모든 독립변수를 회귀모형에 포함하는 것이다. 따라서 이 방법은 여러 독립변수가 통제된 상태에서 특정 독립변수의 영향력을 파악하거나 이론적으로 근거가 있는 가설의 기각 여부를 검정하는 데 사용된다.

둘째, 단계선택방법(stepwise selection method)을 들 수 있다. 이 방법은 여러 단계를 거쳐 최종 회귀모형을 선택한다. 첫 단계에서 연구자가 선택한 모든 독립변수 중에 어느 변수를 제거할지 결정하게 된다. 각 독립변수에 대해 식 (12-33)의 검정통계량 F를 계산하고 그에 따른 p-값을 계산한다. 연구자는 변수를 제거하는 기준이 되는 유의수준 α를 선택할 수 있는데, 이를 제거 기준 p-값(p-value to leave)이라고 한다. 모형에 있는 어떤 독립변수의 p-값이 제거 기준 p-값보다 크면, p-값이 가장 큰 독립변수를 제거한다. 그리고 다시 같은 방식으로 독립변수의 제거 단계를 밟는다. 모형에 제거할 변수가 없게 되면 모형에 독립변수를 추가하는 절차를 밟는다. 연구자는 변수를 추가하는 기준이 되는 유의수준 α를 산정할 수 있는데, 이를 진입 기준 p-값(p-value to enter)이라고 한다. 추가할 독립변수 중에 p-값이 가장 작은 변수를 선택하여 그 변수의 p-값이 진입 기준 p-값보다 작으면 모형에 추가한다. 더 제거하거나 추가할 독립변수가 없을 때까지 제거와 추가의 단계들을 반복하게 되면 최종적으로 회귀모형에는 통계적으로 유의한 독립변수들만을 포함하게 된다. 정리하자면 어떤 변수의 F-값의 유의확률(p-값)이 진입 기준 p-값(SPSS에서 기본설정은 .05)보다 작으면 회귀모형에 독립변수가 진입되고, 기존에 포함된 독립변수라도 새로운 독립변수의 진입에 따라 그 변수의 p-값이 제거 기준 p-값(SPSS에서 기본설정은 .10)보다 크면 회귀모형에서 제거된다. [그림 12-2]에는 SPSS의 단

그림 12-2 단계적 회귀 방법

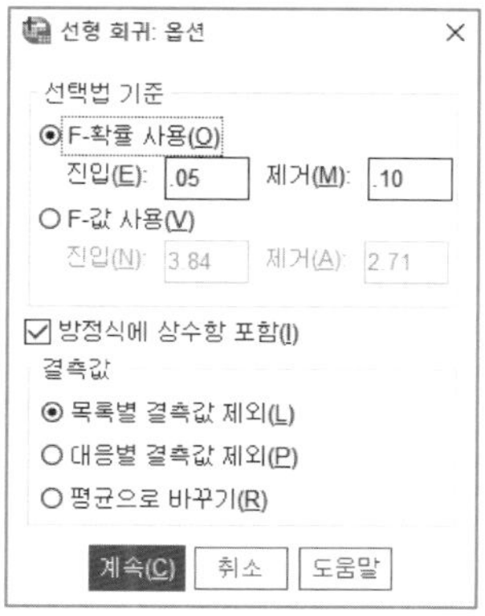

계적 회귀 방법에서 사용되는 진입 기준 p-값과 제거 기준 p-값의 기본설정이 나타나 있다.

셋째, 후진제거방법(backward elimination method)을 들 수 있다. 이 방법은 변수제거방법으로도 불린다. 독립변수가 모두 투입된 상태에서 종속변수를 설명하는 정도가 가장 낮은 독립변수부터 하나씩 제거하는데, 어떤 변수의 유의확률이 제거 기준 p-값보다 큰 경우에만 제거한다. 단계선택방법과는 달리 후진제거방법에서는 이미 제거된 독립변수는 최종모형에 진입되지 않는다.

넷째, 전진선택방법(forward selection method)을 들 수 있다. 이 방법은 변수추가방법으로도 불린다. 종속변수를 설명하는 정도가 가장 높은 독립변수부터 하나씩 추가되는데, 어떤 변수의 유의확률이 진입 기준 p-값보다 작은 경우에만 추가된다. 단계선택방법과는 달리 전진선택방법에서는 이미 진입한 독립변수는 최종모형에서 제거되지 않는다.

독립변수의 선택방법 네 가지 중에서 동시선택방법이 가장 자주 사용된다. 이 방법은 연구자가 고려하는 모든 독립변수의 효과를 살펴볼 수 있다. 그러나 통계적으로 유의한 독립변수들만을 최종 회귀모형에 선정하기 위해서는 주로 단계선택방법을 사용한다. 후진제거방법이나 전진선택방법은 현실적으로 거의 사용되지 않는다. 이 외에도 이론적 근거와 이론적 중요성에 따라서 독립변수들을 순서대로 투입하여 추가적으로 투입된 독립변수들의 순수한 설명력을 탐색하는 위계적 회귀분석도 있다.

9 회귀분석결과의 해석

추정된 회귀모형이 '$\hat{y}_i = b_0 + b_1x_{1i} + b_2x_{2i} + \cdots + b_px_{pi}$'인 경우 분석결과의 해석은 다음과 같이 이루어진다. 절편(b_0)은 분석에서 사용된 모든 독립변수가 0의 값을 가지는 경우의 종속변수의 값으로 해석한다. 그러나 모든 독립변수의 값이 0인 경우가 현실적으로 존재하지 않는다면 절편의 해석은 큰 의미가 없다. b_1은 x_1을 제외한 다른 모든 독립변수가 변하지 않는다고 가정할 때 독립변수 x_1이 한 단위 증가할 때 종속변수 y가 몇 단위 변화하는가를 나타낸다. 예를 들어 b_1이 3이라면 'x_1을 제외한 다른 모든 독립변수가 변하지 않는다고 가정할 때 독립변수 x_1이 한 단위 증가할 때 종속변수 y는 세 단위 증가한다'고 해석한다. 다른 독립변수에 대한 해석도 동일한 논리를 따른다.

자연로그를 취한 값을 변수로 사용하는 회귀분석의 경우 회귀계수 b_1의 해석은 다음과 같다.[75] 첫째, 추정된 회귀모형이 '$y = b_0 + b_1\ln(x)$'인 경우, x가 1% 증가할 때 y는 $0.01 \times b_1$만큼 변화한다고 해석한다. 또는 x가 100% 변화할 때 y는 b_1만큼 변화한다고 해석한다. 둘째, 추정된 회귀모형이 '$\ln(y) = b_0 + b_1x$'인 경우, x가 한 단위 증가할 때 y는 $(e^{b_1} - 1)100\%$ 변화한다고 해석한다. 셋째, '$\ln(y) = b_0 + b_1\ln(x)$'인 경우, x가 1% 증가할 때 y는 b_1% 변화한다고 해석한다. 이 경우에 b_1은 x의 % 변화율에 대한 y의 % 변화율을 의미하고 탄력성(elasticity)으로 해석되기도 한다. 예를 들면 y가 수요량이고 x가 가격인 경우 b_1은 수요의 가격 탄력성이 된다.

10 다중공선성

1 다중공선성의 정의

다중공선성(multicollinearity)은 다중회귀모형에서 둘 이상의 독립변수 간의 높은 상관관계를 의미한다. 다중회귀분석에서는 단순회귀분석에서 나타나지 않는 다중공선성 문제가 나타날 수 있으므로 유의해야 한다.

2 다중공선성의 영향

독립변수 간에 상관관계가 존재하면 그 독립변수들이 종속변수에 미치는 효과가 실제보다 약하게 나타나서 해당 회귀계수들이 통계적으로 유의하지 않게 나타날 수 있다. 따라서 다중공선성이 높으면 종속변수에 대한 해당 독립변수의 영향력은 과소평가된다.

3 다중공선성의 진단

독립변수 간의 높은 상관관계는 높은 공선성을 암시한다. 그러나 공선성을 객관적으로 진단하려면 공차(tolerance)와 분산확대인자(variance inflation factor: VIF)를 보아야 한다. 이 두 지표는 한 독립변수가 다른 모든 독립변수에 의해 설명되는 정도를 의미한다. 변수 i의 공차는 '$1 - R_i^2$'로 정의된다. 여기서 R_i^2은 독립변수 i의 분산 중 다른 독립변수들에 의해 설명되는 정도를 의미한다. R_i^2은 독립변수 i를 종속변수로 설정하고 나머지 다른 독립변수들을 다시 독립변수들로 설정하여 회귀분석을 한 경우의 R^2에 해당한다. 어떤 변수의 공차 값이 작다는 것은 그 독립변수의 분산 중 다른 독립변수들에 의해 설명되는 부분이 크다는 의미이므로 공선성이 높은 것을 뜻한다. 변수 i의 분산확대인자(VIF)는 식 (12-34)와 같이 공차의 역수로 정의된다.

$$VIF_i = \frac{1}{1 - R_i^2} \tag{12-34}$$

분산확대인자가 10 이상인(공차가 0.1 이하인) 독립변수가 존재하면 높은 다중공선성으로 인한 심각한 문제가 나타난다. 분산확대인자는 분산팽창인자로 일컬어지기도 한다.

4 다중공선성 문제의 해결

다중공선성 문제를 해결하는 방법은 몇 가지가 있다.[21, 37] 첫째, 다중공선성이 높은 독립변수들 중 하나만 남기고 나머지를 회귀분석에서 제외하는 것이다. 이와 유사한 방법으로는 독립변수의 선택방법 중에서 단계선택방법을 사용하여 설명력이 높은 독립변수들만 회귀모형에 포함하는 것을 들 수 있다. 둘째, 주성분분석을 이용하는 방법이 있다. 다중공선성이 높은 독립변수들을 대상으로 주성분분석을 실시하여 하나의 주성분을 추출하는 것이다. 이러한 주성분은 회귀분석에서 다중공선성이 높은 여러 독립변수 대신에 하나의 독립변수로 사용된다. 셋째, 패널 자료(횡단면-시계열 자료)를 사용하는 횡단면-시계열 회귀분석을 통해 다중공선성 문제를 완화시킬 수 있다. 횡단면-시계열 회귀분석은 황단면 자료를 사용하는 통상적인 회귀분석(최소제곱법)과 다른 분석방법이다.

11 회귀분석의 가정

선형회귀분석을 적절하게 수행하려면 다중공선성의 문제가 있는지 확인해야 할 뿐만 아니라 선형회귀분석의 전제조건(가정)을 충족시켜야 한다. 따라서 회귀분석을 실행하는 초기 단계에서 가정의 검토가 선행되어야 한다. 이러한 가정에는 선형성(linearity)에 대한 가정과 오차에 대한 몇 가지 가정들이 있다. 선형성 가정과 오차에 대한 가정(정규성, 등분산성, 그리고 독립성)을 검토하는 경우에 자주 이용되는 방법이 잔차분석(residual analysis)이다.

1 잔차와 잔차분석의 개요

회귀모형에서 i번째 자료의 잔차(residual)는 종속변수의 관측치 y_i와 추정치 $\hat{y_i}$의 차이를 나타내는데 e_i로 표기한다. 다시 말해서 잔차는 추정된 회귀식으로부터 관측치가 얼마나 떨어져 있는가를 나타낸다.

$$e_i = y_i - \hat{y_i} \tag{12-35}$$

잔차는 오차에 대한 추정치이다. 즉, $e_i = \hat{\epsilon_i}$이다. 잔차의 합은 0, 잔차의 평균은 0, 잔차의 분산은 평균제곱오차(mean square error: MSE)이다. 평균제곱오차는 잔차평균제곱이라고도 한다. 잔차를 변형시킨 것으로 스튜던트화 잔차(studentized residual), 표준화 잔차(standardized residual) 등이 있다. 스튜던트화 잔차는 잔차를 t-분포를 따르는 통계량으로 만든 것이다. (비표준화) 잔차 대신에 표준화 잔차가 자주 사용된다. 왜냐하면 잔차의 크기는 종속변수의 측정 단위에 의해 영향을 받는 반면 표준화 잔차는 그러한 영향을 받지 않기 때문이다. 표준화 잔차는 잔차의 값에서 잔차의 평균을 뺀 후에 잔차의 표준편차로 나눈 것이다. 최소제곱법에서 잔차의 평균은 0이므로 표준화 잔차는 잔차의 값을 잔차의 표준편차로 나눈 값이 된다. 즉, 표준화 잔차는 잔차를 평균제곱오차의 제곱근으로 나눈 값으로 다음과 같이 정의된다.

$$Z_i = \frac{e_i}{\sqrt{MSE}} \tag{12-36}$$

2 선형성에 대한 가정

(1) 선형성의 의미

선형성에 대한 가정은 독립변수와 종속변수 사이에 선형관계가 존재한다는 것을 의미한다. 독립변수와 종속변수 간에 선형관계가 존재한다는 것은 독립변수 값의 변화에 따른 종속변수 값의 변화가 일정해야 한다는 것을 의미한다. 선형회귀분석이 독립변수와 종속변수 간 선형관계를 전제로 하는 것과 마찬가지로 피어슨 상관계수도 두 변수 간의 선형관계를 전제로 한다. 즉, 피어슨 상관계수와 선형회귀분석은 선형성을 전제로 한다. 독립변수와 종속변수 간의 관계가 선형성을 벗어나면 선형회귀분석 대신에 비선형회귀분석을 사용하거나 다른 분석 기법을 찾아야 한다.

(2) 선형성의 검토

독립변수를 수평축에 설정하고 표준화 잔차를 수직축에 설정하여 산점도를 작성했을 때 수직축의 평균 0을 중심으로 표준화 잔차가 무작위로 분포되어 있으면 오차의 선형성 가정이 충족되는 것으로 판단한다. 선형성의 가정이 충족되지 않으면 선형회귀모형이 부적절하므로 변수변환을 통해 선형성의 가정을 만족시켜야 한다. 이러한 경우에도 선형성의 가정이 충족되지 않으면 가중회귀분석, 비선형회귀분석 등을 이용해야 한다.

① 자료 입력과 실행 절차

독립변수와 종속변수 사이에 선형관계가 존재하는지 검토하기 위해 〈표 12-6〉에 있는 자료를 입력한다. 여기서 매출액은 종속변수이고 제작비는 독립변수이다.

〈표 12-6〉 자료: 제작비와 매출액

매출액	45	106	125	139	200	326	344	348	350	435
제작비	38	53	44	53	45	124	156	203	72	155
매출액	501	568	600	723	823	934	1023	1176	1298	1305
제작비	157	169	231	190	324	447	308	490	487	504

SPSS의 메뉴에서 [분석] → [회귀분석] → [선형]을 선택한다. [선형 회귀] 대화상자에서 '매출액'을 종속변수의 칸으로 이동시키고 '제작비'를 독립변수의 칸으로 이동시킨 후 [저장]을 선택한다. [선형 회귀: 저장]의 창에서 잔차 메뉴에 있는 [표준화]를 선택하고 [계속]을 누른다. 다시 [선형 회귀] 대화상자에서 [확인]을 누른다. 이렇게 하면 자료의 [입력창]에 표준화 잔차를 나타내는 'ZRE_1'이라는 새로운 변수가 생성된다.

그리고 메뉴에서 [그래프] → [레거시 대화상자] → [산점도/점도표]를 선택한다. [산점도/점도표] 창에서 [단순 산점도]를 누른 후에 [정의]를 누른다. [단순 산점도] 창에서 Y축에 'Standardized Residual'(표준화잔차)을 이동시키고 X축에 독립변수인 '제작비'를 이동시킨 후에 [확인]을 누른다. 그러면 [그림 12-3]과 같은 분석결과가 나타난다.

② 결과 해석

[그림 12-3]에는 독립변수인 '제작비'와 표준화 잔차 간의 산점도가 나타나 있다. 산점도에서 표준화 잔차가 0을 중심으로 무작위하게 분포되어 있으므로 선형성의 가정이 충족된다고 볼 수 있다.

그림 12-3 선형성 검토: 독립변수와 표준화 잔차 간의 산점도

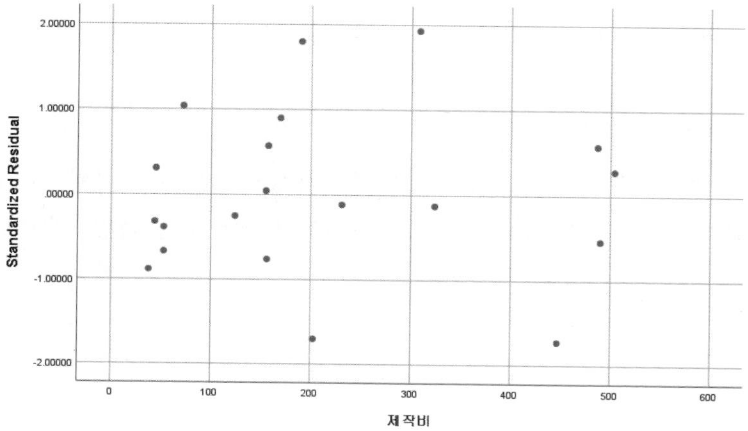

3 오차에 대한 가정의 개요

회귀분석은 모회귀모형의 오차항인 ϵ_i가 서로 독립이고, 평균이 0이고, 분산이 σ^2인 정규분포를 따른다는 가정하에서 회귀모형의 모수를 추정하는 것이다. 이와 같은 오차에 대한 가정은 전체 회귀모형의 통계적 유의성을 판단하는 검정($F-$검정), 개별 회귀계수의 통계적 유의성을 판단하는 검정($t-$검정), 회귀계수의 신뢰구간 추정 등에 대한 이론적 전제가 된다. 오차에 대한 가정을 만족시키지 않는 경우 회귀분석을 통해 도출된 모수의 추정치는 신뢰할 수 없다.

회귀분석의 전제조건인 오차에 대한 가정은 다음과 같이 세분화할 수 있다. 첫째, 오차는 평균이 0인 정규분포를 따른다. 이를 오차의 정규성(normality) 가정이라고 한다. 둘째, 오차의 분산은 독립변수의 모든 값에 걸쳐서 일정하다. 이를 오차의 등분산성(homoscedasticity) 가정이라고 한다. 셋째, 오차는 서로 독립적이다. 종속변수 예측치의 변화에 따라 오차가 무작위적 패턴을 보이면 오차의 독립성 가정은 충족된다. 예를 들어 종속변수의 예측치가 커짐에 따라 오차가 계속 커지는 패턴을 보인다든가 또는 계속 작아지는 패턴을 보이면 오차의 독립성 가정은 충족되지 않는다.

4 오차에 대한 가정 1: 정규성

(1) 정규성의 의미

회귀분석을 통해 회귀계수를 추정하는 경우 오차는 정규분포를 따른다는 정규성 가정을 전제로 한다. 따라서 오차가 정규분포를 따르지 않는 경우 회귀분석을 통해 도출된 신뢰구간과 유의확률이 부적절하게 나타난다. 그러나 표본이 크면 오차가 정규분포를 따르지 않아도 중심극한정리에 의해 정규성 가정을 충족하지 않아서 생기는 문제들을 완화할 수 있다. 그러나 표본이 작으면 오차가 정규분포를 따르지 않는 경우 심각한 문제가 생길 수 있다.

회귀식을 통해 추정된 오차는 잔차이므로 잔차는 오차에 대한 정보를 제공한다. 잔차분석을 통해 오차에 대한 가정들의 충족 여부를 판단한다. 오차의 정규성 가정의 충족 여부는 잔차의 분포를 조사함으로써 이루어지는데, 다음과 같은 세 가지 방법이 있다. 즉, 잔차의 히스토그램이나 정규확률도표를 통해 주관적으로(시각적으로) 판단하는 방법, 왜도와 첨도를 통해 판단하는 방법, 정규성에 대한 가설검정을 통해 객관적으로 검정하는 방법이 있다.

(2) 정규성의 검토 1: 표준화 잔차의 히스토그램과 정규확률도표

① 실행 절차

〈표 12-6〉의 자료를 사용한다. SPSS의 메뉴에서 [분석] → [회귀분석] → [선형]을 선택한다. 종속변수와 독립변수를 이동시킨 후 오른쪽 메뉴에서 [도표]를 선택한다. [선형회귀: 도표] 창에서 표준화 잔차 도표에 해당하는 [히스토그램]과 [정규확률도표]를 선택하고 [계속]을 누른다. 그리고 [선형 회귀] 창으로 돌아와서 [확인]을 누르면 [그림 12-4]와 [그림 12-5]의 결과를 얻는다.

② 결과 해석: 표준화 잔차의 히스토그램

[그림 12-4]의 표준화 잔차의 히스토그램은 표준화 잔차의 분포를 나타낸 것이다. 히스토그램에서 수평축은 표준화 잔차의 값을 나타내고 수직축은 표준화 잔차의 빈도를 나타낸다. 표준화 잔차가 0을 중심으로 좌우대칭이고 0에 가까울수록 집중되어 있다면 정규분포를 따르는 단서로 간주할 수 있다. 예를 들면 표준화 잔차가 −2에서 +2 사이에 전체 분포의 95% 정도가 분포되는 것은 정규분포를 따르는 단서로 간주할 수 있다. 표준화 잔차의 히스토그램에 정규분포곡선을 함께 표시하여 표준화 잔차의 분포가 정규분포와 얼마나 유사한지 검토할 수 있다. 표준화 잔차의 분포가 정규분포와 매우 유사할 때는 오차의 정규성을 판단하기 쉽다. 그러나 표준화 잔차의 분포가 [그림 12-4]와 같이

그림 12-4 표준화 잔차의 히스토그램

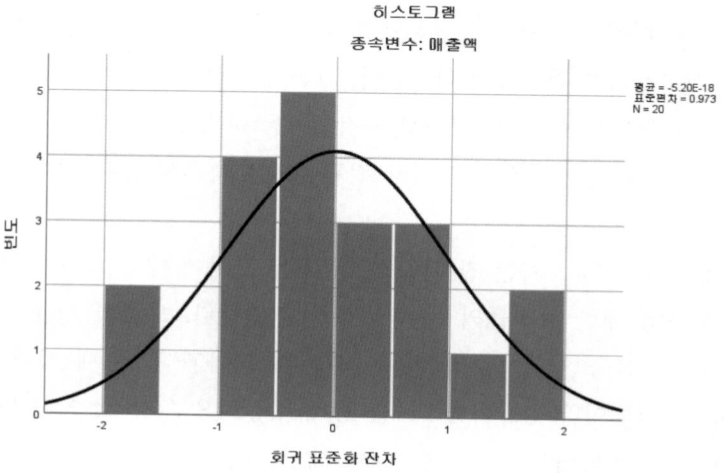

나타나면 연구자에 따라 판단이 달라질 수 있다. 이러한 주관적 판단은 표준화 잔차의 히스토그램을 통한 정규성 판단의 단점이다.

③ 결과 해석: 잔차의 정규확률도표

표준화 잔차의 정규확률도표(정규 P-P 도표)는 표준화 잔차의 히스토그램과 마찬가지로 잔차가 정규분포를 따르는지 보는 방법이다. 표준화 잔차의 정규확률도표는 실제 잔차의 누적분포를 정규분포의 누적분포와 비교하는 방법이다. 정규확률도표에서 정규분포의 누적분포는 기울기 45도의 대각선으로 나타나고 실제 잔차의 누적분포는 대각선 주변의 점들로 나타난다. 점들의 분포가 대각선에 가까우면 오차의 정규성 가정을 충족한다고 간주한다.

그림 12-5 표준화 잔차의 정규확률도표(정규 P-P 도표)

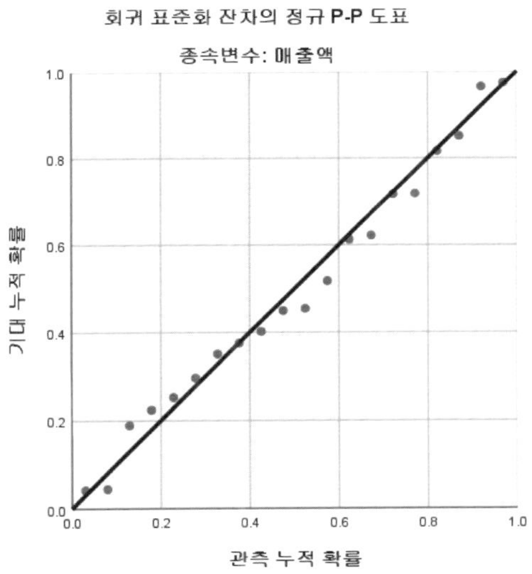

[그림 12-5]와 같은 모양의 정규확률도표가 나타나면 잔차가 정규분포를 크게 벗어나지 않은 것으로 보고 정규성을 충족시킨다고 볼 수 있다. 그러나 사람에 따라 주관적 판단이 다를 수 있다. 표준화 잔차의 히스토그램을 통한 정규성 가정의 검토와 마찬가지로 표준화 잔차의 정규확률도표를 통한 정규성 가정의 검토도 주관적 판단이라는 단점을 갖는다.

(3) 정규성의 검토 2: 왜도와 첨도

왜도는 자료들의 분포가 평균에 대해 비대칭인 정도를 나타낸다. [그림 12-6]의 (a)에 나타난 바와 같이 자료의 분포에서 왼쪽으로 긴 꼬리를 갖게 되면 왜도는 음수가 된다. (b)에 나타난 바와 같이 평균을 중심으로 자료가 좌우대칭이면 왜도는 0이 된다. (c)에 나타난 바와 같이 오른쪽으로 긴 꼬리를 갖게 되면 왜도는 양수가 된다. 일부 문헌에서 왜도와 관련하여 평균과 중앙값의 관계, 또는 평균, 중앙값, 최빈값(mode)의 관계에 대해 정형화된 규칙성을 설명하고 있다, 예를 들면 음의 왜도를 갖는 분포에서 평균이 중앙값보다 크다든가, 반대로 중앙값이 평균보다 크다고 설명하고 있다. 그러나 이러한 정형화된 규칙은 근거가 없다.[90]

그림 12-6 **자료의 분포와 왜도**

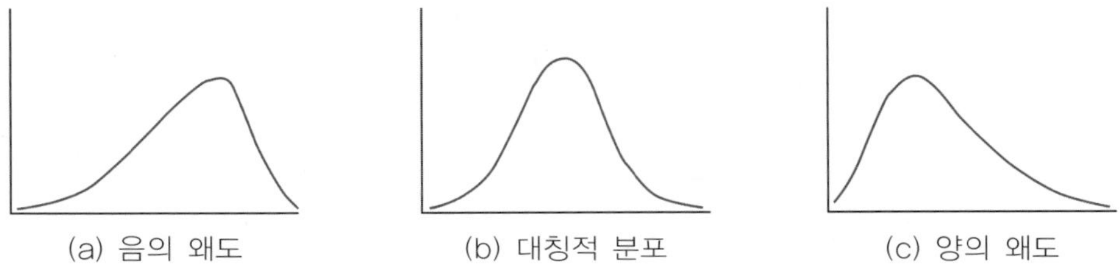

첨도란 분포의 뾰족한 정도를 정규분포와 비교하여 나타낸 것이다. SPSS에서 양(+)의 첨도는 정규분포보다 중심 부분이 더 뾰족하고 음(-)의 첨도는 덜 뾰족한 것을 의미한다. 첨도의 값이 크다는 것은 자료들이 평균 근처에 밀집되어 있음을 의미한다.

그림 12-7 **자료의 분포와 첨도**

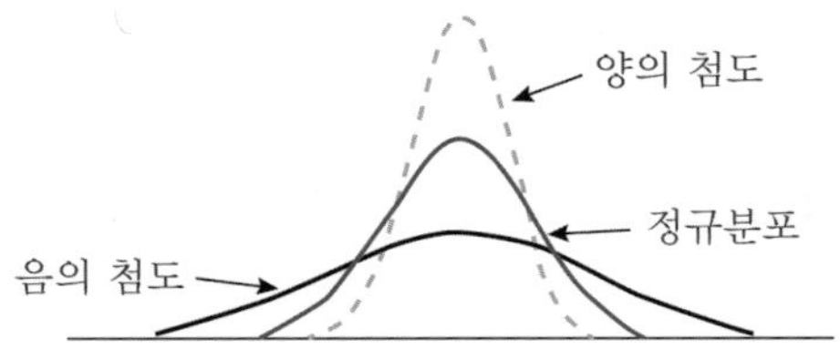

표준화 잔차의 왜도와 첨도의 값이 모두 0이면 정규분포와 일치한다. 그리고 표준화 잔차의 왜도와 첨도의 절댓값이 2보다 작으면 정규분포에서 크게 벗어나지 않았다고 판

단한다.[32]

① 실행 절차

〈표 12-6〉의 자료를 사용한다. SPSS의 메뉴에서 [분석] → [회귀분석] → [선형]을 선택한 다음 종속변수와 독립변수를 이동시킨 후 오른쪽 메뉴에서 [저장]을 선택한다. [선형 회귀: 저장] 창에서 잔차 메뉴에 있는 [표준화]를 선택하고 [계속]을 누른다. 다시 [선형 회귀] 창으로 돌아와서 [확인]을 누른다. 표준화 잔차의 왜도와 첨도를 구하기 위해서는 메뉴에서 [분석] → [기술통계량] → [기술통계]를 선택한다. [기술통계] 창에서 [변수]에 'standardized residual'를 투입한 후 [옵션]을 누른다. [기술통계: 옵션] 창에서 [첨도]와 [왜도]를 체크하고 [계속]을 누른다. 다시 [기술통계] 창으로 돌아가서 [확인]을 누르면 〈표 12-7〉과 같은 결과가 나타난다.

② 결과 해석

〈표 12-7〉의 결과를 보면 왜도는 .225이고 첨도는 .081로 나타났다. 왜도는 0에 가까워 대칭분포에 가깝다. 첨도는 양수 값을 가지므로 정규분포에 비해 약간 더 뾰족한 모양을 가진다. 결론적으로 왜도와 첨도 모두 절댓값이 2보다 작아서 오차는 정규분포에서 크게 벗어나지 않았다고 판단한다.

〈표 12-7〉 표준화 잔차의 기술통계량: 왜도와 첨도

기술통계량									
	N	최소값	최대값	평균	표준편차	왜도		첨도	
	통계량	통계량	통계량	통계량	통계량	통계량	표준오차	통계량	표준오차
Standardized Residual	20	−1.7269	1.93055	.0000000	.9733285	.225	.512	.081	.992
유효 N(목록별)	20								

(4) 정규성의 검토 3: 정규성 가설의 검정

오차의 정규성을 검정하는 세 번째 방법은 다음과 같은 가설을 검정하는 것이다.

H_0: 오차는 정규분포를 따른다.

H_1: 오차는 정규분포를 따르지 않는다.

이러한 귀무가설을 기각할 수 없게 되면 오차의 정규성 가정은 충족된다. 이러한 가설을 검정하는 방법으로 두 가지를 들 수 있다. 하나는 콜모고로프-스미르노프 검정(Kolmogorov-Smirnov test)인데, 자료의 가장 작은 값부터 가장 큰 값까지의 누적상대빈도가 이론적 정규분포에서의 누적상대빈도와 얼마나 다른가를 검정하는 방법이다. 다른 하나는 샤피로-윌크 검정(Shapiro-Wilk test)인데, 자료 값들과 표준정규점수와의 상관관계를 검정하는 방법이다. 이러한 두 가지 검정에서 유의확률이 .05보다 클 때 정규성 가정을 만족한다고 볼 수 있다. 콜모고로프-스미르노프 검정보다 샤피로-윌크 검정이 검정력이 더 우수하다. 따라서 두 검정 결과가 불일치할 경우 샤피로-윌크 검정 결과에 따른다.[76]

① 실행 절차

〈표 12-6〉의 자료를 사용한다. SPSS의 메뉴에서 [분석] → [회귀분석] → [선형]을 선택한 다음 종속변수와 독립변수를 이동시킨 후 오른쪽 메뉴에서 [저장]을 선택한다. [선형 회귀: 저장]의 창에서 잔차 메뉴에 있는 [표준화]를 선택한 후에 [계속]을 누르면 [입력창]에 표준화 잔차(standardized residual)를 나타내는 'ZRE_1'이라는 새로운 변수가 생성된다. 다음으로 메뉴에서 [분석] → [기술통계량] → [데이터 탐색]을 선택한다. [데이터 탐색] 창에서 'standardized residual'을 [종속변수]에 투입하고 [도표]를 클릭한다. [데이터 탐색: 도표] 창에서 [검정과 함께 정규성도표]를 체크한 다음 [계속]을 클릭한다. 마지막으로 [데이터 탐색] 창으로 돌아가 [확인]을 누르면 〈표 12-8〉과 같은 결과가 나타난다.

② 결과 해석

연구자가 고려하고 있는 유의수준(α)보다 콜모고로프-스미르노프 검정이나 샤피로-윌크 검정의 유의확률(p)이 크면 '표준화 잔차는 정규분포를 따른다'는 귀무가설을 그 유의수준에서 기각할 수 없다.

〈표 12-8〉 **콜모고로프-스미르노프 검정과 샤피로-윌크 검정**

정규성 검정						
	Kolmogorov-Smirnov[a]			Shapiro-Wilk		
	통계량	자유도	유의확률	통계량	자유도	유의확률
Standardized Residual	.096	20	.200*	.970	20	.756

*. 이것은 참 유의성의 하한입니다.
a. Lilliefors 유의확률 수정

〈표 12-8〉의 결과를 보면 콜모고로프-스미르노프 검정의 유의확률은 .200이고 샤피로-윌크 검정의 유의확률은 .756으로 나타나서 모두 .05보다 크다. 따라서 유의수준 .05에서 '표준화 잔차들이 정규분포를 따른다'는 귀무가설을 기각할 수 없다. 즉, 잔차는 정규분포를 따르는 것으로 간주할 수 있고 오차의 정규성 가정은 충족되는 것으로 본다. 오차의 정규성 가정이 충족되지 않는 경우 통상적인 회귀분석(최소제곱법) 대신에 로버스트 회귀분석(robust regression analysis) 등의 방법을 이용해야 한다.

5 오차에 대한 가정 2: 등분산성

(1) 등분산성의 의미

오차의 등분산성(homoscedasticity)이란 독립변수 관측치의 모든 구간에서 오차의 분산은 동일하다는 의미이다. 이는 추정된 회귀선을 중심으로 한 종속변수 y 값의 분산은 독립변수 관측치의 모든 구간에서 같다는 것을 의미하기도 한다. 독립변수 관측치의 구간에서 오차의 분산이 동일하지 않은 경우는 이분산성(heteroscedasticity)이라고 한다.

잔차의 등분산성을 시각적으로 판단하기 위해서 잔차를 나타내는 산점도를 이용할 수 있다. 잔차를 나타내는 산점도는 독립변수 값 x에 대응하는 잔차도(residual plot)나 종속변수 예측치 $\hat{y}$에 대응하는 잔차도로 살펴볼 수 있다.

독립변수 값 x에 대응하는 잔차도는 독립변수를 수평축에 설정하고 그에 대응하는 잔차의 값을 수직축에 설정한 그래프다. [그림 12-8]의 (a)를 보면 독립변수 관측치의 모든 구간에서 오차의 추정치인 잔차(종속변수의 관측치와 추정치의 차이: $e = y - \hat{y}$)의 크기가 거의 같게 나타나므로 오차의 등분산성이 충족되는 것으로 볼 수 있다. 반면에 (b)에서는 독립변수 값이 클수록 잔차가 증가하는 형태를 보여서 등분산성이 충족되지 않는다.

그림 12-8 독립변수 값 x에 대응하는 잔차도: 등분산성과 이분산성

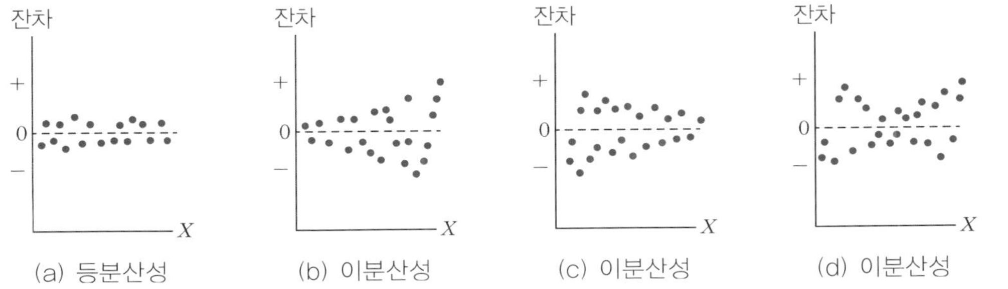

(c)에서는 독립변수 값이 클수록 잔차가 감소하는 형태를 보여서 등분산성이 충족되지 않는다. (d)에서는 독립변수 값이 커짐에 따라 잔차가 작아지다가 증가하는 형태를 보여서 역시 등분산성이 충족되지 않는다.

종속변수 예측치 $\hat{y}$에 대응하는 잔차도는 종속변수 예측치 $\hat{y}$를 수평축에 설정하고 그에 대응하는 잔차의 값을 수직축에 설정한 그래프다. 독립변수가 하나인 단순회귀분석에서는 독립변수 값 x에 대응하는 잔차도와 종속변수 예측치 $\hat{y}$에 대응하는 잔차도는 모두 동일한 패턴을 공유한다. 그러나 독립변수가 두 개 이상인 다중회귀분석의 경우 종속변수 예측치 $\hat{y}$에 대응하는 잔차도가 더 유용하다.

SPSS는 종속변수의 표준화 예측값을 수평축에 놓고 표준화 잔차를 수직축에 놓은 산점도를 제공한다. 이러한 산점도에서 표준화 잔차가 평균 0을 중심으로 무작위로 분포되어서 특정 패턴을 나타내지 않으면 등분산성이 충족된다. 구체적으로 표준화 잔차의 범위가 ±2를 벗어나지 않으면 등분산성을 충족시킨다고 볼 수 있다.[9]

(2) 등분산성의 검토

① 실행 절차

〈표 12-6〉의 자료를 사용한다. 메뉴에서 [분석] → [회귀분석] → [선형]을 선택한 다음 종속변수와 독립변수를 이동시킨 후 [도표]를 누른다. [선형 회귀: 도표] 창에서 오른쪽에 있는 산점도의 [Y]에 '*ZRESID'(표준화 잔차)를 이동시키고, [X]에 '*ZPRED'(종속변수의 표준화 예측값)를 이동시킨 후 [계속]을 누른다. 그리고 [선형 회귀] 창으로 돌아가 [확인]을 누르면 [그림 12-9]와 같은 결과가 나타난다.

② 결과 해석

[그림 12-9]는 '표준화 예측값'(표준화된 종속변수의 예측치)과 '표준화 잔차' 간의 산점도이다. 이러한 산점도에서 표준화 잔차가 0을 중심으로 무작위로 분포되어 있어서 특정 패턴이 나타나지 않고 있으며 표준화 잔차의 범위가 ±2를 벗어나지 않으므로 등분산성을 충족한다고 볼 수 있다. 산점도에서 점들이 점차적으로 넓어지거나 줄어드는 등 특정한 패턴을 보이는 경우 등분산성 가정은 충족되지 않는데, [그림 12-9]에서는 그런 패턴이 나타나지 않고 있다.

그림 12-9 표준화 예측값과 표준화 잔차의 산점도

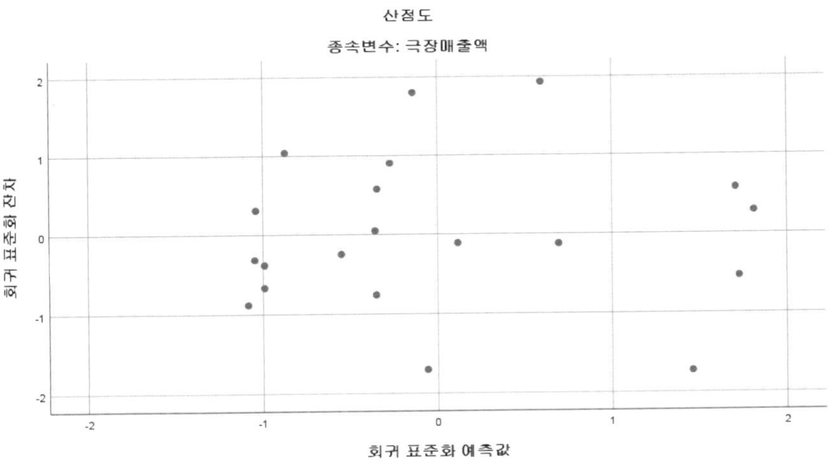

(3) 등분산성이 위배되는 경우의 대응책

등분산성의 가정이 위배되는 경우에는 전통적 회귀분석방법(최소제곱법)을 사용하되 변수를 변환시키는 방법이나 가중최소제곱법(weighted least square: WLS)을 이용하는 것이 바람직하다.

① 변수의 변환

등분산성 가정이 위배되는 경우 변수변환(variable transformation)을 통해 이분산성을 완화시킬 수 있다. 예를 들면 잔차의 분산이 종속변수 Y의 값과 비례하는 경우 회귀모형에서 좌변(종속변수의 위치)에 Y 대신에 $\sqrt{Y}$를 사용하는 방법, 잔차의 표준편차가 종속변수 Y의 값과 비례하는 경우 Y 대신에 $\log Y$를 사용하는 방법, 잔차의 표준편차가 Y^2의 값과 비례하는 경우 Y 대신에 $1/Y$를 사용하는 방법 등이 있다.[21]

② 가중최소제곱법의 사용

종속변수의 분산이 독립변수 값의 크기와 관련되면 가중최소제곱법을 고려할 수 있다. 가중최소제곱법은 등분산성을 만족시키기 위해 종속변수와 독립변수를 변환하여 분석하는 것이다. 이 방법은 분산이 큰 종속변수 영역에 가중치를 적게 할당하고 분산이 작은 종속변수 영역에 가중치를 높게 할당하는 것이다. SPSS의 메뉴에서 [분석] → [회귀분석] → [가중추정]을 선택하면 가중최소제곱 회귀분석을 할 수 있다.

6 오차에 대한 가정 3: 독립성

(1) 독립성의 의미

오차의 독립성은 오차들이 서로 상관이 없다는 의미이다. 독립성의 위반은 시계열 자료(time series data)나 지리적 연관성을 지닌 자료를 사용하는 경우에 주로 나타난다. 시간의 흐름에 따라 측정되는 시계열 자료는 어떤 시점의 종속변수 값이 이전 시점의 종속변수 값과 연관되는 경우가 많다. 이 경우에 자기상관(autocorrelation) 또는 계열상관(serial correlation)이 존재한다고 한다. t 시점의 종속변수 값이 $t-1$ 시점의 종속변수 값과 연관되면 1차 자기상관이 있는 것이고 t 시점의 종속변수 값이 $t-2$ 시점의 종속변수 값과 연관되면 2차 자기상관이 있는 것이다. 자기상관이 존재하면 오차의 독립성 가정이 충족되지 않는다. 1차 자기상관이 있는 경우 t 시점의 오차 ϵ_t는 $t-1$ 시점의 오차 ϵ_{t-1}와 관련이 있다.

독립성 가정이 위배되는 경우에 통상적인 회귀분석을 사용하게 되면 전체 회귀모형에 대한 통계적 유의성 검정(F-검정)과 개별 회귀계수에 대한 통계적 유의성 검정(t-검정)에 오류가 생긴다. 예를 들면 회귀계수에 대한 신뢰구간의 폭이 실제보다 작게 나타나서 실제로는 통계적으로 유의하지 않은 회귀계수가 통계적으로 유의하게 나타날 수 있다.

(2) 독립성에 대한 가설의 검정

오차의 독립성 검정은 시간 순서에 따라 잔차를 표시한 후 시간에 따라 잔차에 어떤 경향이 나타나는가를 보는 것이다. 이미 설명한 바와 같이 시간에 따라 잔차 간의 상관관계가 나타나는 것을 자기상관이라고 한다. 독립변수가 시계열 자료인 경우 독립변수(또는 시간)와 잔차 간의 산점도를 작성했을 때 점들이 무작위로 분포되어 있으면 오차의 독립성 가정이 충족된다. 그러나 점들이 체계적인 형태로 분포되어 있으면 자기상관이 존재한다고 볼 수 있다.

[그림 12-10]에서 (a)는 잔차의 자기상관이 없는 경우를 나타내므로 오차의 독립성 가정이 충족된다. (b)는 양(+)의 자기상관을 보여주고 있으므로 오차의 독립성 가정이 충족되지 않는다. 양의 자기상관에서는 한 시점의 양의 잔차 값이 다음 시점의 양의 잔차와 연결되고 이러한 패턴이 다소 지속된다. 그리고 한 시점의 음의 잔차 값이 다음 시점의 음의 잔차와 연결되고 이러한 패턴이 다소 지속되는 것도 양의 자기상관을 의미한다. (c)는 음(-)의 자기상관을 보여주고 있으므로 오차의 독립성 가정이 충족되지 않는다.

한 시점의 양의 잔차가 다음 시점의 음의 잔차와 연결되고 그 다음 시점에는 다시 양의 잔차와 연결되는 패턴은 음의 자기상관을 의미한다.

그림 12-10 오차의 독립성의 충족과 위배

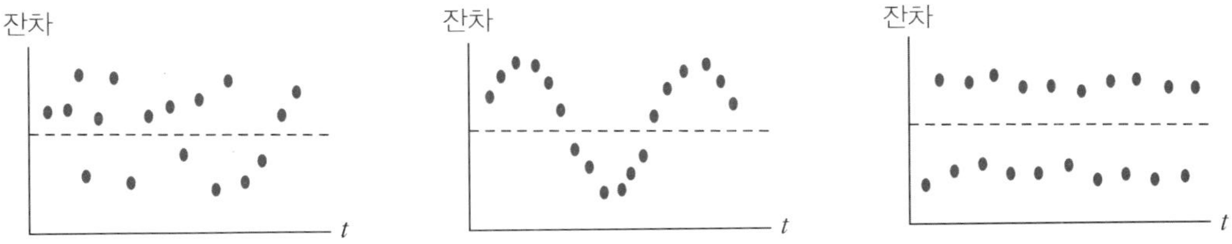

(a) 잔차가 독립적인 경우 (b) 양의 자기상관 (c) 음의 자기상관

오차의 독립성에 관한 가설은 다음과 같이 잔차의 자기상관에 관한 가설로 대체될 수 있다.

H_0: 잔차들은 자기상관이 없다.

H_1: 잔차들은 자기상관이 있다.

잔차의 자기상관을 검정하는 방법으로 더빈-왓슨(Durbin-Watson) 검정이 사용된다. 더빈-왓슨의 검정통계량은 다음과 같다.

$$d = \frac{\sum_{i=2}^{n}(e_i - e_{i-1})^2}{\sum_{i=1}^{n}e_i^2} \tag{12-37}$$

더빈-왓슨 검정은 근접한 잔차 간의 자기상관계수인 제1차 자기상관계수(first-order autocorrelation coefficient)에 대한 유의성을 판단한다. 더빈-왓슨의 통계량 d의 값은 0 ~ 4 사이에 존재한다. 통계량 d가 2에 가까우면 여러 관측치에 걸쳐서 e_i와 e_{i-1} 사이에 자기상관이 없다는 것을 의미한다. 통계량 d가 0에 가까우면 양(+)의 자기상관이 존재하고, 4에 가까우면 음(-)의 자기상관이 존재한다. 그 이유는 연속된 잔차값이 서로 밀접하게 연관되어 양의 자기상관이 존재하면 $(e_i - e_{i-1})$의 값이 작아서 d의 값이 작아지는 반면 연속된 잔차값이 멀리 떨어져서 음의 자기상관이 존재하면 $(e_i - e_{i-1})$의 값이 커져서 d의 값이 커지기 때문이다.

〈표 12-9〉에 나타난 바와 같이 통계량 d의 값이 d_U와 $4-d_U$의 사이에 있으면 잔차들은 독립인 것으로 판단하고, d_L보다 작거나 $4-d_L$보다 큰 경우에는 잔차 간에 자기상관이 존재하는 것으로 판단하고, 그 외의 범위에 있으면 불확실로 판정한다.

〈표 12-9〉 더빈-왓슨 통계량의 판정

더빈-왓슨 통계량 d의 값	판정
$d_U < d < 4-d_U$	독립
$d_L \leq d \leq d_U$ 또는 $4-d_U \leq d \leq 4-d_L$	불확실
$d < d_L$ 또는 $4-d_L < d$	자기상관 존재

'잔차들은 자기상관이 없다'는 귀무가설의 기각 여부를 가릴 수 있는 임계치는 독립변수의 수, 유의수준, 표본 크기를 고려하여 결정된다. 검정통계량 d의 임계치 (d_L, d_U)는 부록의 〈표 8-1〉에 제시되어 있다. 이 표는 유의수준 .05에서 표본 크기가 n이고 독립변수의 수가 k일 때 해당하는 d_L과 d_U 값을 보여준다. 해당하는 n이 없으면 분석에 사용된 n에 근접하면서 큰 값을 사용해야 한다.

(3) 독립성의 검토

① 실행 절차

〈표 12-10〉은 국가를 대상으로 연도별로 가처분소득(단위: 십억 달러)과 특정서비스의 매출액(단위: 백만 달러)의 관계를 나타낸 가상의 자료이다. 이 자료를 이용하여 회귀분석과 함께 오차의 독립성 검정을 해보기로 한다.

〈표 12-10〉 자료: 소득과 매출액의 관계

	연도	가처분소득	매출액
1	1995	102	99
2	1996	100	98
3	1997	98	95
4	1998	106	97
5	1999	111	102
6	2000	119	104
7	2001	122	107
8	2002	125	109
9	2003	128	111
10	2004	131	113
11	2005	134	116
12	2006	140	123
13	2007	143	125
14	2008	142	123
15	2009	140	121
16	2010	137	115
17	2011	148	120
18	2012	155	141
19	2013	160	146
20	2014	163	148
21	2015	164	150
22	2016	168	155
23	2017	172	160
24	2018	175	164
25	2019	179	169

SPSS에서 더빈-왓슨 검정을 위한 입력 절차는 다음과 같다. 메뉴에서 [분석] → [회귀분석] → [선형]을 선택한 다음 '매출액'을 종속변수로 이동시키고 '가처분소득'을 독립변수로 이동시킨 후 [저장]을 선택한다. [선형 회귀: 저장] 창에서 잔차 메뉴에 있는 [표준화]를 선택하고 [계속]을 누른다. 다시 [선형 회귀] 창으로 돌아가서 [통계량]을 누른다. [선형 회귀: 통계량] 창에서 [Durbin-Watson]을 체크한 후 [계속]을 누른다. 다시 [선형 회귀] 창으로 돌아가서 [확인]을 누른다.

시간에 따른 표준화 잔차의 패턴을 보기 위해서 메뉴에서 [그래프] → [레거시 대화상자] → [산점도/점도표]를 선택한 후 [단순산점도]를 선택하고 [정의]를 누른다. [단순산점도] 대화상자에서 Y축에 'standardized residual'을 보내고 X축에 '연도'를 보낸 후 [확인]을 누르면 [그림 12-11]과 같은 결과가 나타난다.

② 결과 해석

[그림 12-11]은 시간에 따른 표준화 잔차의 패턴을 나타내는데, 잔차가 독립적이지 않고 양(+)의 자기상관을 나타내는 패턴을 보인다.

그림 12-11 시간에 따른 표준화 잔차의 패턴

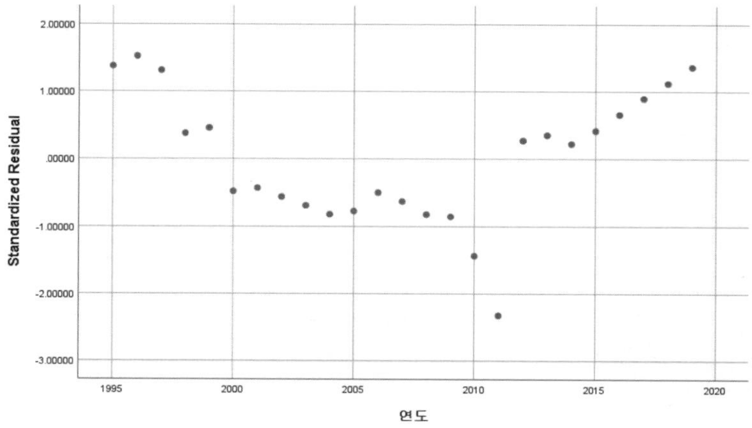

〈표 12-10〉의 자료를 가지고 통상적인 회귀분석을 한 결과 〈표 12-11〉에 나타난 바와 같이 더빈-왓슨 통계량 d의 값이 0.440으로 나타났다. 부록의 〈표 8-1〉에 있는 더빈-왓슨 검정통계량의 임계치를 보면 유의수준 .05에서 표본 크기(n)가 25이고 독립변수의 수(k)가 1개일 때 임계치의 하한값($d_L = 1.288$)과 임계치의 상한값($d_U = 1.454$)이 나타나 있다. 즉, $d(=0.440) < d_L(=1.288)$이므로 자기상관이 있다. 그리고 더빈-왓슨 통계량 d의 값이 0에 가까우므로 양의 자기상관을 나타낸다.

〈표 12-11〉 모형 요약: 더빈-왓슨 통계량

모형 요약[b]					
모형	R	R 제곱	수정된 R 제곱	추정값의 표준오차	Durbin-Watson
1	.971[a]	.942	.939	5.645	.440

a. 예측자: (상수), 가처분소득
b. 종속변수: 매출액

〈표 12-12〉는 독립성의 가정이 위배되었음에도 불구하고 통상적 회귀분석(최소제곱법)을 수행하여 나타난 결과이다. 여기서 나타난 t-값의 절댓값은 실제보다 크게 나타난 것이며 유의확률은 실제보다 작게 나타난 것이다.

〈표 12-12〉 분석결과: 추정된 회귀계수와 t-값 및 유의확률

계수[a]						
모형		비표준화 계수		표준화 계수	t	유의확률
		B	표준화 오류	베타		
1	(상수)	−1.592	6.618		−.241	.812
	가처분소득	.910	.047	.971	19.326	.000

a. 종속변수: 매출액

통상적인 회귀분석(최소제곱법)에 의해 추정된 회귀모형은 다음과 같다.

$$\hat{y_t} = -1.592 + .910\,x_t \tag{12-38}$$

(4) 독립성이 위배되는 경우의 대응책

유의한 자기상관이 있다면 종속변수에 대해 시간에 따른 효과를 미치는 독립변수가 있는지 확인하는 것도 필요하다. 그러한 변수가 발견되지 않으면 시점을 측정하는 시간 변수를 추가하여 자기상관을 줄일 수 있다. 시간 변수의 예를 들자면 첫 번째 시점은 1, 두 번째 시점은 2, 그리고 같은 방식으로 t 번째 시점은 t로 측정하는 독립변수를 들 수 있다. 그러나 잔차의 자기상관 문제를 해결하는 대표적 대응책으로는 코크란-오컷(Cochrane-Orcutt) 추정방법이 있다. 자기상관(계열상관)의 문제를 극복하기 위해 제1차 자기상관계수[AR(1)] 및 더 높은 계수의 자기회귀 계획들을 사용할 수 있는 코크란-오컷 추정방법을 통해 회귀모형의 모수를 추정할 수 있다.[23] 코크란-오컷 추정방법을 수행하기 위해서는 SPSS에서 명령문(syntax)을 사용해야 한다.

① 코크란-오컷 추정방법의 실행 절차

메뉴에서 [파일] → [새파일] → [명령문]을 지정한다. 그리고 〈표 12-13〉과 같은 명령어를 입력한 후에 [실행] → [모두]를 선택한다.

〈표 12-13〉 코크란-오컷 추정방법의 명령문

```
AREG VARIABES=dependent series name WITH independent series names
/METHOD=CO
/RHO=0
/MXITER=20
```

〈표 12-13〉에서 AREG는 자기회귀절차(AutoREGression procedure)의 약어이며, 1계 자기회귀 AR(1)을 갖는 회귀모형을 추정하는 명령어이다. AREG에는 Cochrane-Orcutt(CO), Prais-Winsten(PW), Maximum-likelihood(ML) 기법이 제공된다. 그중에서 Cochrane-Orcutt(CO) 방법은 자기상관을 제거하도록 회귀방정식을 변환한 후에 회귀분석을 다시 수행하는 것이다. METHOD는 CO, PW, ML 중에서 하나를 선택하는 것이다. 선택방법에 따라서 추정된 회귀계수가 조금씩 달라진다. RHO는 ρ의 초기값을 의미한다. 이것을 생략하면 SPSS는 $\rho = 0$으로 인식한다. MXITER는 반복(ITERation)의 최대값(MaX)인 최대반복수를 의미한다. 이것을 생략하면 SPSS는 10회를 반복한다. 이러한 명령어를 실행하면 자기상관계수, 모형적합도, ANOVA, 회귀계수에 대한 결과가 나온다.

② 코크란-오컷 추정방법의 실행 예시

〈표 12-10〉의 자료를 바탕으로 코크란-오컷(Cochrane-Orcutt) 추정방법을 실행해 보자. 메뉴에서 [파일] → [새파일] → [명령문]을 지정한 후에 〈표 12-14〉와 같은 명령어를 입력한 후에 메뉴에서 [실행] → [모두]를 선택한다.

〈표 12-14〉 코크란-오컷 추정방법의 명령문: 예시

```
AREG VARIABES=매출액 WITH 가처분소득
/METHOD=CO
/RHO=0
/MXITER=20
```

분석결과는 〈표 12-15〉부터 〈표 12-17〉까지 나타나고 있다.

〈표 12-15〉 분석결과: 자기상관계수

자기상관계수	
Rho(AR1)	표준오차
.731	.145

Cochrane-Orcutt 추정 방법이 사용되었습니다.

〈표 12-15〉는 잔차 간의 상관계수를 의미하는 자기상관계수(보다 구체적으로는 제1차 자기상관계수) 추정치가 0.731로 나타났다.

〈표 12-16〉 분석결과: 모형적합도와 더빈-왓슨 통계량 값

모형 적합 요약				
R	R 제곱	수정된 R 제곱	추정값의 표준오차	Durbin-Watson
.910	.827	.811	3.567	1.729

Cochrane-Orcutt 추정 방법이 사용되었습니다.

〈표 12-16〉에서 더빈-왓슨 통계량 값은 1.727로 나타나서 $d_U = 1.454$보다 크고 $4 - d_U = 2.546$보다 작다. 즉, $d_U < d < 4 - d_U$이므로 잔차들은 독립적인 것으로 판단한다. 따라서 '자기상관은 없다($\rho = 0$)'는 귀무가설을 유의수준 .05에서 기각할 수 없다. 즉, 잔차의 자기상관이 없는 것으로 나타난 것은 코크란-오컷 추정방법을 통해 잔차의 자기상관 문제가 시정되었다는 것을 의미한다.

〈표 12-17〉 분석결과: 코크란-오컷 추정 방법으로 추정된 회귀계수

회귀계수					
	비표준화 계수		표준화 계수	t	유의확률
	B	표준오차	베타		
가처분소득	1.029	.103	.910	10.028	.000
(상수)	-19.597	15.498		-1.264	.220

Cochrane-Orcutt 추정 방법이 사용되었습니다.

〈표 12-15〉와 〈표 12-17〉에 나타난 정보를 이용하여 코크란-오컷 방법으로 추정된 회귀모형을 명시적으로 나타내면 다음과 같다.

$$\hat{y_t} = -19.597 + 1.029\,x_t,\ e_t = .731\,e_{t-1} + \nu_t \quad (12\text{-}39)$$

여기서 .731은 〈표 12-15〉에 나타난 자기상관계수이며, ν_t는 독립성을 만족시키는 무작위오차이다. 코크란-오컷 방법으로 추정된 회귀모형을 나타내는 식 (12-39)를 보면 통상적인 회귀모형(최소제곱법)으로 추정된 회귀모형을 나타내는 식 (12-38)과 다르다는 것을 알 수 있다.

12 SPSS의 활용

1 자료 입력

〈표 12-18〉에는 영화의 극장매출액과 5개의 독립변수들 간의 관계를 알아보기 위한 가상의 자료가 부분적으로 나타나 있다. 종속변수는 영화의 '극장매출액'이고 극장매출액의 측정단위는 억 원이다. 독립변수들은 다음과 같이 측정되었다. 첫째, 영화 '제작비'의 측정단위는 억 원이다. 둘째, 영화의 배급 특성을 나타내는 '메이저배급사'는 가변수로 측정하였다. 배급사의 매출액 점유율이 10% 이상인 경우 메이저 배급사로 간주하고 1로 측정, 그렇지 않으면 0으로 측정하였다. 셋째, 영화의 상영 특성을 나타내는 '스크린 수'는 개봉하는 주의 상영 스크린 수로 측정하였다. 넷째, 영화에 대한 평론가의 평가를 나타내는 '평론가평점'은 1점에서 10점까지의 범위를 가진다. 점수가 높을수록 평론가의 평가가 긍정적이라는 것을 나타낸다. 다섯째, 영화에 대한 네티즌의 평가를 나타내는 '네티즌평점'도 1점에서 10점까지의 범위를 가진다. 점수가 높을수록 네티즌의 평가가 긍정적이라는 것을 나타낸다.

〈표 12-18〉 다중회귀분석을 위한 자료

	극장매출액	제작비	메이저배급사	스크린수	평론가평점	네티즌평점
1	45	38	0	19	2.3	2.5
2	65	45	0	23	3.4	3.1
3	74	46	0	23	2.3	2.3
4	85	48	0	48	3.5	2.0
5	98	51	0	54	2.7	2.5
⋮						
100	1198	406	1	2321	8.6	9.7

2 실행 절차

SPSS의 메뉴에서 [분석] → [회귀분석] → [선형]을 선택하면 [그림 12-12]와 같은 창이 뜬다.

그림 12-12 선형 회귀

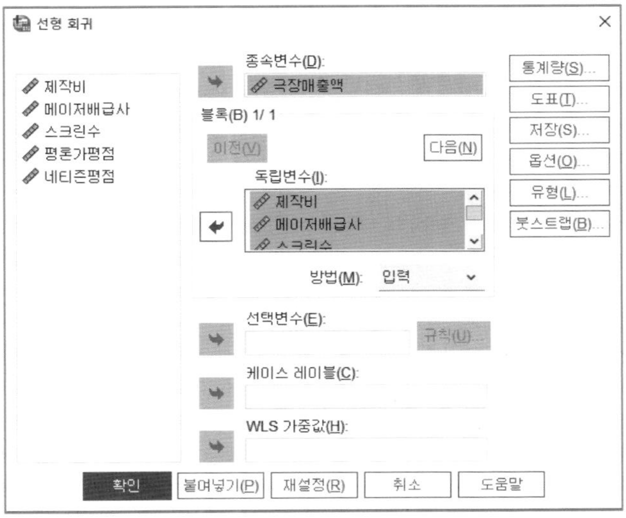

[그림 12-12]와 같은 [선형 회귀] 창에서 왼쪽에 있는 종속변수 '극장매출액'을 [종속변수]의 칸으로 이동시키고, 5개의 독립변수를 [독립변수]의 칸으로 이동시킨다. 그리고 오른쪽 상단에 있는 [통계량]을 누르면 [그림 12-13]과 같은 창이 나온다.

그림 12-13 선형 회귀: 통계량

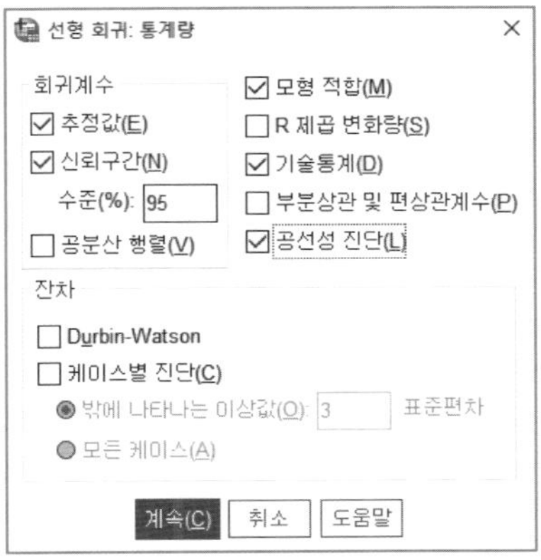

[그림 12-13]에는 [회귀계수]의 [추정값]과 [모형 적합]이 기본설정으로 되어 있다. 추가적으로 [신뢰구간], [기술통계], [공선성 진단]을 선택한다. 그리고 [계속]을 누른 후 [그림 12-12]의 창으로 돌아가서 [확인]을 누르면 분석결과가 나타난다.

3 결과 해석

〈표 12-19〉 기술통계

기술통계량			
	평균	표준화 편차	N
극장매출액	448.92	295.981	100
제작비	259.66	125.753	100
메이저배급사	.54	.501	100
스크린수	701.72	641.896	100
평론가평점	5.739	1.9580	100
네티즌평점	5.918	2.1756	100

〈표 12-19〉는 회귀분석에서 사용된 종속변수와 독립변수들의 표본평균과 표본표준편차를 보여준다. 종속변수인 '극장매출액'의 표본평균은 약 449억 원이고 표본표준편차는 약 296억 원으로 나타났다. '제작비'의 표본평균은 약 260억 원으로 나타났다. 가변수인 '메이저배급사'의 표본평균은 .54로 나타났다. 이는 분석대상인 영화 100편의 54%가 메이저배급사를 통해 배급되었다는 것을 의미한다. '스크린수'의 표본평균은 약 702개, '평론가평점'의 표본평균은 약 5.7점, '네티즌평점'의 표본평균은 약 5.9점으로 나타났다.

〈표 12-20〉 변수 간 상관계수

상관계수							
		극장매출액	제작비	메이저배급사	스크린수	평론가평점	네티즌평점
Pearson 상관	극장매출액	1.000	.898	.263	.979	.933	.893
	제작비	.898	1.000	.328	.853	.867	.888
	메이저배급사	.263	.328	1.000	.232	.258	.240
	스크린수	.979	.853	.232	1.000	.889	.848
	평론가평점	.933	.867	.258	.889	1.000	.841
	네티즌평점	.893	.888	.240	.848	.841	1.000
유의확률 (단측)	극장매출액	.	.000	.004	.000	.000	.000
	제작비	.000	.	.000	.000	.000	.000
	메이저배급사	.004	.000	.	.010	.005	.008
	스크린수	.000	.000	.010	.	.000	.000
	평론가평점	.000	.000	.005	.000	.	.000
	네티즌평점	.000	.000	.008	.000	.000	.

N	극장매출액	100	100	100	100	100	100
	제작비	100	100	100	100	100	100
	메이저배급사	100	100	100	100	100	100
	스크린수	100	100	100	100	100	100
	평론가평점	100	100	100	100	100	100
	네티즌평점	100	100	100	100	100	100

〈표 12-20〉은 변수 간의 피어슨 상관계수, 유의확률(변수 간의 상관계수는 0이라는 귀무가설의 검정에 대한 p-값), 그리고 표본 크기를 보여준다. 독립변수 간의 상관계수를 보면 '스크린수'와 '평론가평점' 간의 상관계수는 0.889로 높게 나타났다. 이렇게 높은 상관계수는 다중공선성을 의심해 볼 수 있는 단서를 제공한다. 독립변수 간의 상관계수에 대한 유의확률(단측검정)은 모두 .05보다 작으므로 유의수준 .05에서 양(+)의 상관계수는 모두 통계적으로 유의하다.

〈표 12-21〉 모형 적합도

모형 요약				
모형	R	R 제곱	수정된 R 제곱	추정값의 표준오차
1	.992[a]	.984	.984	37.907

a. 예측자: (상수), 네티즌평점, 메이저배급사, 평론가평점, 스크린수, 제작비

〈표 12-21〉은 회귀모형의 적합도에 대한 결과를 보여준다. 회귀모형의 설명력을 나타내는 결정계수 R^2는 .984로 나타났다. 조정결정계수(R_a^2)도 .984로 나타났는데, 소수점 이하 자릿수를 늘리면 결정계수보다 낮은 수치로 나타날 것이다.

〈표 12-22〉 전체 회귀모형의 통계적 유의성 검정

ANOVA[a]						
모형		제곱합	자유도	평균제곱	F	유의확률
1	회귀	8537775.465	5	1707555.093	1188.331	.000[b]
	잔차	135071.895	94	1436.935		
	전체	8672847.360	99			

a. 종속변수: 극장매출액
b. 예측자: (상수), 네티즌평점, 메이저배급사, 평론가평점, 스크린수, 제작비

〈표 12-22〉는 전체 회귀모형의 통계적 유의성 검정 결과를 보여준다. 회귀평균제곱

을 잔차평균제곱으로 나눈 F 값은 1183.331로 나타났고, 이에 대응하는 유의확률은 .000으로 나타났다. 따라서 유의수준 .05뿐만 아니라 유의수준 .01에서도 다섯 개 독립변수의 회귀계수가 모두 0이라는 귀무가설을 기각할 수 있다. 즉, 유의수준 .05뿐만 아니라 유의수준 .01에서도 회귀모형은 전반적으로 유용하다.

〈표 12-23〉 개별 회귀계수의 통계적 유의성 검정

계수[a]								
모형		비표준화 계수		표준화 계수	t	유의확률	공선성 통계량	
		B	~~표준화 오류~~ (표준오차)	베타			공차	VIF
1	(상수)	−76.286	19.237		−3.966	.000		
	제작비	.182	.078	.077	2.323	.022	.149	6.704
	메이저배급사	6.356	8.122	.011	.783	.436	.877	1.140
	스크린수	.291	.014	.631	20.221	.000	.170	5.886
	평론가평점	31.439	4.808	.208	6.539	.000	.164	6.105
	네티즌평점	15.159	4.163	.111	3.642	.000	.177	5.651

a. 종속변수: 극장매출액

〈표 12-23〉은 개별 회귀계수의 통계적 유의성 검정 결과를 나타낸다. 이러한 결과를 통해 추정된 회귀모형을 알 수 있다. 상수는 절편을 의미한다. 절편의 회귀계수에 대한 추정치는 −76.286이고, 유의확률은 .000으로 나타났다. 절편이 0이라는 귀무가설에 대한 유의확률(양측검정)이 .000이므로 절편 −76.286은 유의수준 .05에서 통계적으로 유의하다.

〈표 12-23〉에 나타난 유의확률은 모두 양측검정에서의 유의확률을 의미한다. 따라서 연구자가 방향성이 있는 대립가설을 설정하였고 추정된 회귀계수의 부호도 대립가설의 방향과 일치하면 해당 유의확률을 2로 나눠야 한다. 반으로 줄어든 유의확률은 단측검정에서의 유의확률을 의미한다.

영화의 극장매출액(이하 매출액)에 대한 제작비의 영향력을 나타내는 회귀계수에 대한 추정치는 .182로 나타났으며 양측검정의 유의확률은 .022로 나타나서 단측검정의 유의확률은 .011이 된다. 따라서 유의수준 .05에서 제작비는 영화의 매출액에 통계적으로 유의한 영향을 미치는 독립변수로 본다. 독립변수(제작비)의 회귀계수(β_1)에 대한 t 값은 2.323으로 나타났다. 이러한 t-값이 어떻게 계산되었는지 살펴보자. 귀무가설($H_0 : \beta_1 = 0$)에 대한 검정통계량은 $t = \dfrac{b_1}{S_{b_1}}$이다. 추정된 회귀계수인 b_1은 .182, b_1의 표준오차인 S_{b_1}은

.078로 나타났다. 따라서 $t = \frac{b_1}{S_{b_1}} = \frac{.182}{.078} = 2.323$이다. 이러한 t 값의 유의확률(양측검정)은 .022로 나타났다. 따라서 β_1이 0이라는 귀무가설은 유의수준 .05에서 기각할 수 있다. 더 나아가 연구자가 대립가설을 $\beta_1 > 0$이라고 설정했다면 단측검정의 유의확률은 .011이 된다. 즉, 단측검정의 유의확률은 양측검정의 유의확률 .022를 2로 나눈 .011이 된다. 〈표 12-23〉에는 '표준오차'가 '표준화 오류'로 번역되었는데 관행에 어긋나는 번역이므로 표준오차라는 용어를 사용하도록 한다.

영화의 매출액에 대한 메이저배급사 유무의 영향력을 나타내는 회귀계수 추정치는 6.356, 양측검정의 유의확률은 .436으로 나타났다. 따라서 단측검정의 유의확률은 .218이 된다. 결론적으로 유의수준 .05에서 메이저배급사 유무는 영화의 매출액에 영향을 미치지 못하는 것으로 본다. 영화의 매출액에 대한 스크린 수의 영향력을 나타내는 회귀계수는 .291로 추정되고, 유의확률(양측검정)이 .000으로 나타났다. 단측검정의 유의확률은 .000이 된다. 따라서 유의수준 .05에서 스크린 수는 영화의 매출액에 통계적으로 유의한 영향을 미치는 독립변수로 본다. 영화의 매출액에 대한 평론가 평점의 영향력을 나타내는 회귀계수는 31.439로 추정되고, 유의확률(양측검정)은 .000으로 나타났다. 단측검정의 유의확률은 .000이 된다. 따라서 유의수준 .05에서 평론가평점은 영화의 매출액에 통계적으로 유의한 영향을 미친다고 본다. 영화의 매출액에 대한 네티즌 평점의 영향력을 나타내는 회귀계수는 15.159로 추정되고, 유의확률(양측검정)은 .000으로 나타났다. 단측검정의 유의확률은 .000이 된다. 따라서 유의수준 .05에서 네티즌의 평점은 영화의 매출액에 통계적으로 유의한 영향을 미친다.

추정된 회귀모형은 다음과 같다.

$$\hat{y}_i = -76.286 + .182\,x_{1i} + 6.356\,x_{2i} + .291\,x_{3i} + 31.439\,x_{4i} + 15.159\,x_{5i}$$

여기서 y는 매출액(측정 단위: 억 원)이고 x_1은 제작비(측정 단위: 억 원)이다. x_2는 가변수인 메이저배급사 유무를 나타낸다. x_3는 스크린 수, x_4는 평론가의 평점, x_5는 네티즌의 평점을 나타낸다. 추정된 회귀모형에서 절편의 추정치인 −76.286의 의미를 살펴보면, 모든 다섯 개의 독립변수가 0의 값을 가지는 경우 영화의 매출액이 −76.282억 원으로 추정된다는 것이다. 이는 현실적으로 일어날 수 있는 상황이 아니므로 해석에 있어서 중요한 의미를 지니지 못한다. 다만 현실적으로 가능한 범위 내의 자료를 바탕으로 회귀선을 추정하는 과정에서 절편이 추정된 것이다. 추정된 회귀모형에서 회귀계수 .182는 제작비가 매출액에 미치는 영향력을 나타낸다. 즉, 제작비가 한 단위(1억 원) 증가하는 경우 매출액은 .182 단위(.182억 원=1820만 원) 증가하는 것으로 추정된다. 메이저배급사 유무라는 변수는 유의수준 .05에서 매출액에 미치는 영향력이 없는 것으로 나타났다. 그러나 추정된 회귀모형에는 그 변수를 포함시켜야 한다. 왜냐하면 〈표 12-23〉에 나타난 모든 회귀계수 추정치들은 독립변수 다섯 개가 모두 회귀모형에 포함된다는 전제하에 산출되었기 때문이다. 만약에 회귀모형에 메이저배급사라는 변수가 포함되지 않았다면 다른 회귀계수 추정치들도 모두 변하게 된다. 스크린 수와 매출액의 인과관계는 추정된 회귀계수 .291에 나타나 있다. 스크린 수가 한 단위 증가하면 매출액은 .291 단위 증가하는 것으로 추정되고 있다. 이를 자연스럽게 해석하자면, 영화개봉 주에 스크린 수가 1개 더 많아지면 영화의 매출액은 2910만 원(.291억 원) 증가하는 것으로 예측된다. 평론가의 평점이 1점 증가하면 매출액은 31억 4390만 원 증가하고, 네티즌의 평점이 1점 증가하면 매출액은 15억 1590만 원 증가하는 것으로 추정된다.

영화의 매출액에 대한 독립변수의 영향력을 비교하기 위해 표준회귀계수를 살펴보면, 스크린 수, 평론가 평점, 네티즌 평점, 제작비의 순서로 영향력이 높은 것으로 나타났다. 표준회귀계수와 더불어 t-값의 절댓값 크기도 독립변수의 영향력을 비교하는 데 사용된다. t-값의 절댓값 크기에 근거한 결과도 표준회귀계수에 의한 상대적 영향력을 비교한 결과와 부합한다.

〈표 12-24〉 **다중공선성의 검토**

공선성 진단[a]										
모형	차원	고유값	상태지수	분산비율						
				(상수)	제작비	메이저배급사	스크린수	평론가평점	네티즌평점
1	1	5.288	1.000	.00	.00	.01	.00	.00	.00
	2	.398	3.647	.00	.00	.79	.03	.00	.00
	3	.252	4.580	.07	.00	.15	.13	.00	.00
	4	.034	12.442	.19	.43	.02	.45	.01	.05
	5	.016	18.080	.00	.24	.02	.03	.27	.77
	6	.012	21.328	.74	.33	.01	.35	.71	.18

a. 종속변수: 극장매출액

〈표 12-23〉의 공선성 통계량과 〈표 12-24〉는 다중공선성의 진단 결과를 보여준다. 〈표 12-23〉에서 개별 독립변수의 분산확대인자(VIF)를 보면 모두 10 이하로 나타나서 다중공선성의 문제가 심각한 것으로 보이지 않는다. 〈표 12-24〉에서 상태지수(condition index)는 30을 넘는 경우가 없으므로 분산비율을 살펴볼 필요가 없다. 따라서 상태지수를 통해서도 다중공선성의 문제는 심각하지 않다.

요약

- 다중회귀분석의 모회귀모형: $y_i = \beta_0 + \beta_1 x_{1i} + \beta_2 x_{2i} + \cdots + \beta_p x_{pi} + \epsilon_i,\ i = 1, 2, \cdots, N$
- 다중회귀분석의 추정된 회귀모형: $\hat{y}_i = b_0 + b_1 x_{1i} + b_2 x_{2i} + \cdots + b_p x_{pi},\ i = 1, 2, \cdots, n$
- 다중회귀분석에서 전체 회귀모형의 통계적 유의성 검정은 모든 독립변수는 종속변수에 영향을 미치지 않는다는 귀무가설을 검정하는 것이다.
- 다중회귀분석에서 개별 회귀계수의 통계적 유의성 검정은 절편 회귀계수와 각 독립변수별 기울기 회귀계수가 통계적으로 유의한지 검정하는 것이다.
- 추정된 회귀모형에서 나타나는 회귀계수는 비표준회귀계수이다. 비표준회귀계수는 독립변수와 종속변수의 측정단위에 따라 그 값이 달라지고, 독립변수 값을 통해 종속변수 값을 추정할 때 사용한다. 반면에 표준회귀계수는 측정단위의 영향을 받지 않고, 독립변수들이 종속변수에 미치는 영향력의 크기를 비교할 때 사용한다.
- 회귀분석에서 범주형 독립변수는 그대로 사용할 수 없으므로 가변수로 변환시킨다. 범주형 독립변수를 가변수로 만드는 방법에는 참조코딩과 효과코딩이 있다. 참조코딩은 범주형 독립변수를 0과 1의 값을 이용하여 가변수로 만든다. 효과코딩은 범주형 독립변수를 −1, 0, 1의 값을 이용하여 가변수로 만드는데, 범주의 수가 두 개이면 −1과 1의 값만을 이용한다.
- 상호작용효과를 고려하는 회귀모형이 그렇지 않은 회귀모형에 비해 보다 정교한 결과를 도출할 수 있다.
- 회귀모형에서 독립변수의 선택방법은 동시선택방법, 단계선택방법, 후진제거방법, 전진선택방법 등이 있다. 모든 독립변수의 효과를 살펴보려면 동시선택방법을 선택하고 통계적으로 유의한 독립변수들만을 최종 회귀모형에 선정하기 위해서는 단계선택방법을 선택한다.
- 절편(b_0)은 분석에서 사용된 모든 독립변수가 0의 값을 가지는 경우의 종속변수의 값으로 해석한다. 첫 번째 독립변수의 회귀계수 b_1은 x_1을 제외한 다른 모든 독립변수가 변하지 않는다고 가정할 때 독립변수 x_1이 한 단위 증가할 때 종속변수 y가 몇 단위 변화하는가를 나타낸다. 다른 독립변수의 회귀계수에 대한 해석도 동일한 논리를 따른다.
- 다중공선성은 둘 이상의 독립변수 간의 높은 상관관계를 의미한다. 다중공선성이 높으면 종속변수에 대한 해당 독립변수의 영향력은 과소평가된다. 다중공선성의 진단은 분산확대인자로 한다. 분산확대인자가 10 이상인 독립변수가 존재하면 다중공선성으로 인한 심각한 문제

가 나타난다. 다중공선성 문제를 해결하는 방법에는 다중공선성이 높은 독립변수들 중 하나만 남기고 나머지를 회귀분석에서 제외하는 방법, 주성분분석을 이용하는 방법, 횡단면-시계열 회귀분석을 사용하는 방법 등이 있다.

- 선형회귀분석을 수행하려면 다중공선성을 점검하고 선형회귀분석의 전제조건(가정)을 충족시켜야 한다. 이러한 가정에는 선형성에 대한 가정과 오차에 대한 가정(정규성, 등분산성, 그리고 독립성)이 있다. 선형성이란 독립변수와 종속변수 사이에 선형관계가 존재한다는 것을 의미한다. 오차의 정규성이란 오차는 평균이 0인 정규분포를 따른다는 것이다. 오차의 등분산성이란 오차의 분산은 독립변수의 모든 값에 걸쳐서 일정하다는 것이다. 오차의 독립성이란 오차는 종속변수 예측치의 변화에 따라 오차가 무작위적 패턴을 보이는 것을 말한다.

제13장

이항 로지스틱회귀분석

1. 로지스틱회귀분석의 개요
2. 이항 로지스틱회귀모형
3. 회귀계수의 해석
4. 로지스틱회귀모형의 추정: 최대우도법과 우도함수
5. 로지스틱회귀분석에서의 가설검정
6. 모형의 적합도
7. SPSS의 활용

1 로지스틱회귀분석의 개요

분류모형은 자료가 여러 집단으로 나누어진 상황에서 각 집단이 구분되는 특성을 파악하는 모형이고 연구대상이 특정 집단에 속할 확률을 추정한다. 분류모형과 관련된 분석으로는 로지스틱회귀분석, 판별분석 등을 들 수 있다.

1 로지스틱회귀분석의 유형

로지스틱회귀분석(logistic regression analysis)은 종속변수가 범주를 구분하는 경우에 사용하는 회귀분석이다. 로지스틱회귀분석은 세 가지로 구분할 수 있다. 이항(binomial) 로지스틱회귀분석은 종속변수의 범주가 2개인 경우(종속변수가 이항변수인 경우) 이항분포에 기초하여 분석하는 방법이다. 다항(multinomial) 로지스틱회귀분석은 종속변수의 범주가 3개 이상인 경우 사용한다. 순서형(ordinal) 로지스틱회귀분석은 종속변수가 서열척도로 측정된 경우 사용한다.

2 이항 로지스틱회귀분석의 사용 목적

이항 로지스틱회귀분석은 종속변수가 2개의 값을 갖는 경우에 인과관계를 분석하는 것이다. 예를 들자면 왜 어떤 시민은 선거에 참여하고 다른 사람은 그렇지 않은가? 왜 어떤 사람은 특정 질병이 생기고 다른 사람은 그렇지 않은가? 왜 어떤 사람은 새로운 미디어를 채택하고 다른 사람은 그렇지 않은가? 왜 어떤 기업은 성공하고 다른 기업은 실패하는가? 등과 같은 연구문제는 이항 로지스틱회귀분석을 통해 답을 구할 수 있다. 즉, 이항 로지스틱회귀분석은 종속변수가 선거참여 여부, 질병발생 여부, 뉴미디어의 채택 여부, 기업의 성공 여부 등과 같은 두 개의 범주로 구분되는 이항변수일 때 그러한 결과에 영향을 미치는 독립변수들의 영향력을 추정한다.

3 로그에 대한 이해

a가 1이 아닌 양수일 때, x와 y 사이에 $x = a^y$의 관계가 있으면, y는 a를 밑(base)으로 하는 x의 로그라 하고, $\log_a x = y$로 표현한다. 밑이 10인 로그(logarithm: log)를 상용로

그(common logarithm)라고 하고, 밑이 e인 로그를 자연로그(natural logarithm)라고 한다. e는 자연 상수(natural constant)로서 약 2.718의 값을 가지는 무리수(분수로 표현될 수 없는 수)이다. $\log_e x$는 $\ln x$로 표기하기도 한다. 로그의 주요 성질은 $\log_a 1 = 0$, $\log_a a = 1$ 등을 들 수 있다.

4 승산에 대한 이해

승산(odds)이란 어떤 사건이 발생할 확률인 p와 발생하지 않을 확률인 $1 - p$의 비율을 의미한다. 승산은 승수로 일컬어지기도 한다. 승산은 다음과 같이 정의된다.

$$\text{승산} = \frac{p}{1-p} \tag{13-1}$$

예를 들면 취업할 승산이 3이라는 의미는 취업할 확률이 0.75이고 취업하지 못할 확률이 0.25일 경우를 말한다.

2 이항 로지스틱회귀모형

이항 로지스틱회귀분석은 독립변수들의 효과를 분석하기 위해서 어떤 사건이 발생한 경우($y = 1$로 측정)와 발생하지 않은 경우($y = 0$으로 측정)를 예측하기보다는 사건이 발생할 확률을 예측한다. 종속변수의 값은 0과 1로 나타나고 확률의 예측값은 0과 1 사이의 값을 갖는다. 독립변수가 하나만 존재하는 이항 로지스틱회귀모형을 가정하면 독립변수 x와 '$y = 1$일 확률'의 관계는 전형적으로 [그림 13-1]과 같은 모양으로 나타난다. 그림에서 독립변수 x가 커짐에 따라 y=1일 확률은 증가하는 형태를 보이는데 x와 추정된 확률의 관계는 S자의 비선형 관계를 보인다. 그러나 실제 관측치인 y의 값은 0 또는 1이기 때문에 점선에 위치하게 된다.

그림 13-1 독립변수 x와 확률의 관계

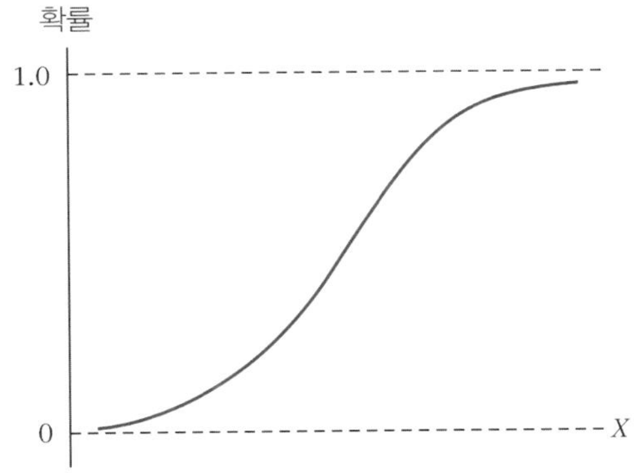

독립변수가 여러 개 있을 경우 모집단을 대상으로 하는 이항 로지스틱회귀모형은 다음과 같다.

$$\ln\left(\frac{p}{1-p}\right) = \beta_0 + \beta_1 x_1 + \beta_2 x_2 + \cdots + \beta_p x_p \tag{13-2}$$

식 (13-2)에서 확률 p는 종속변수가 하나의 범주에 속할 확률(y가 1의 값을 취할 확률)을 의미하고 $1-p$는 종속변수가 다른 범주에 속할 확률(y가 0의 값을 취할 확률)을 의미한다. 승산인 $\frac{p}{1-p}$에 자연로그를 취한 $\ln\left(\frac{p}{1-p}\right)$은 로짓(logit)이라 부른다. 따라서 로지스틱회귀분석은 로짓분석(logit analysis)이라고도 한다. ln은 자연로그(natural log)의 기호이고, $\log_e$와 같은 의미를 지닌다. 따라서 식 (13-2)는 $y=1$일 확률의 로짓에 대한 모형이다. 확률을 승산으로 변환시키고, 그 승산에 자연로그를 취하여 만든 로짓을 왼쪽의 종속변수 자리에 놓는 이유 중의 하나는 로짓의 범위가 무제한이기 때문이다. 선형회귀분석에서 종속변수 예측치의 범위는 $-\infty$에서 ∞가 된다. 그러나 범주형 종속변수는 어떤 사건이 일어날 경우와 일어나지 않을 경우로 나누어지기 때문에 독립변수의 값에 따라 종속변수 값이 자유롭게 변할 수 없고 0 또는 1로 제한된다. 또한 독립변수와 범주형 종속변수는 선형관계를 가지고 있지 않아 선형회귀분석을 사용할 수 없다. 선형회귀분석에서는 독립변수와 종속변수 간 선형관계를 가정하지만 로지스틱회귀분석에서 독립변수와 로짓 간 선형 관계를 가정한다. 그리고 로지스틱회귀분석에서는 특정 사건(특정 범주)이 발생할 확률을 추정한다.

식 (13-2)와 같은 로지스틱회귀모형의 특징은 다음과 같다. 첫째, 종속변수가 로짓(logit)의 형태를 갖는다. 둘째, 모회귀모형임에도 불구하고 오차항이 없다. 셋째, 비선형

회귀모형이다. 즉, 종속변수와 독립변수 간에 선형관계가 가정되지 않고 대신에 로짓과 독립변수 간에 선형관계가 가정된다. 식 (13-2)를 정리하면 다음과 같다.

$$\frac{p}{1-p} = e^{\beta_0 + \beta_1 x_1 + \beta_2 x_2 + \cdots + \beta_p x_p} \tag{13-3}$$

식 (13-3)을 p에 대해서 정리하면 다음과 같다.

$$p = \frac{1}{1 + \exp[-(\beta_0 + \beta_1 x_1 + \beta_2 x_2 + \cdots + \beta_p x_p)]} \tag{13-4}$$

모집단을 대상으로 하는 로지스틱회귀모형인 식 (13-2)를 표본을 대상으로 하는 추정된 로지스틱회귀모형으로 바꾸면 다음과 같다.

$$\ln\left(\frac{\hat{p}}{1-\hat{p}}\right) = b_0 + b_1 x_1 + b_2 x_2 + \cdots + b_p x_p \tag{13-5}$$

3 회귀계수의 해석

1 상수항 b_0의 해석

로지스틱회귀분석에서 회귀계수의 해석은 상수항과 독립변수의 회귀계수로 구분하여 이루어진다. 상수항 b_0의 해석은 개별적으로 이루어지는 것이 아니라 다른 회귀계수들과 결합하여 간접적으로 이루어진다. 식 (13-6)에 따르면 $b_0 + b_1 x_1 + b_2 x_2 + \cdots + b_p x_p = 0$을 만족시키는 독립변수 값은 $p = 0.5$가 되게 하는 값이다.

$$\ln\left(\frac{p}{1-p}\right) = 0 \rightarrow e^{\ln\left(\frac{p}{1-p}\right)} = e^0 \rightarrow \frac{p}{1-p} = 1 \rightarrow p = 0.5 \tag{13-6}$$

2 독립변수의 영향력을 나타내는 회귀계수 b_i의 해석

독립변수의 영향력을 나타내는 회귀계수 b_i의 해석은 직접적으로 이루어지는 것이 아니라 e^{b_i}를 통해 간접적으로 이루어진다. e^{b_i}는 x_i를 제외한 다른 독립변수들이 변하지 않는다고 가정할 경우 독립변수 x_i가 한 단위 증가할 때 '승산의 증가 배수'를 의미한다. 즉, x_i가 한 단위 증가함에 따라 승산은 e^{b_i}배 증가한다고 해석한다. $b_i = 0$일 때 $e^{b_i} = 1$이므로 x_i가 변해도 승산은 변하지 않는다. e^{b_i}는 승산비(odds ratio)라고 하는데, $\exp(b_i)$로 표기하기도 한다.

3 회귀계수의 해석: 응용

독립변수가 한 개일 때 회귀계수의 해석을 어떻게 하는지 알아보기 위해 다음과 같은 가정을 하자. 종속변수 Y는 취업 여부를 나타내는 이항변수라고 하자. 즉, 취업의 경우 Y는 1의 값을 갖고 미취업의 경우 Y는 0의 값을 갖는다. 독립변수 X는 학점(졸업평점평균)을 나타내고 측정단위는 1점이라고 하자. 독립변수가 한 개일 때 추정된 로지스틱회귀모형은 다음과 같다.

$$\ln\left(\frac{\hat{p}}{1-\hat{p}}\right) = b_0 + b_1 X \qquad (13\text{-}7)$$

식 (13-7)을 재정리하면 다음과 같다.

$$\hat{p} = \frac{1}{1 + \exp[-(b_0 + b_1 X)]} \qquad (13\text{-}8)$$

여기서 회귀계수의 해석은 두 가지로 구분된다. 첫째, 상수항 b_0의 해석은 다른 회귀계수와 결합하여 이루어진다. $b_0 + b_1 X = 0$을 만족시키는 X(학점)는 p(취업할 확률)$=0.5$를 만족시키는 X이다. 예를 들어, $b_0 = -1.2$이고 $b_1 = 0.6$으로 추정되었다면, $-1.2 + 0.6X = 0$을 성립시키는 X는 2이고, 학점이 2이면 취업할 확률은 0.5가 된다. 따라서 학점이 2보다 작으면 취업할 확률은 0.5보다 작아지고 학점이 2보다 크면 취업할 확률은 0.5보다 커진다.

둘째, 독립변수의 영향력을 나타내는 b_1의 해석은 승산비(odds ratio)(e^{b_i})을 통해 이루어진다. 여기서 핵심적인 개념은 승산비와 승산의 변화 비율이다. 승산비는 승산의 증가 배수를 의미하고, 승산의 변화 비율(변화 백분율)은 승산의 증가량을 의미한다. 그리고 승산비에서 1을 뺀 값은 승산의 변화 비율이 된다. 예를 들어 $b_1 = 0.6$으로 추정되었다면, '승산비'인 $e^{b_1} = e^{0.6} = 1.82$는 X(학점)가 한 단위(1점) 증가할 경우 '승산의 증가 배수'이다. 즉, 학점이 1점 증가하면 취업할 승산은 1.82배 증가한다. 학점이 두 단위 증가하면(즉, 학점이 2점 증가하면) 취업할 승산은 $e^{2b_1} = e^{2(0.6)} = e^{1.2} = 3.32$배 증가한다. 여기서 $3.64(= 1.82 \times 2)$배 증가하는 것이 아니라는 것에 유의해야 한다.

추정된 로지스틱회귀모형이 다음과 같다고 하자.

$$\ln\left(\frac{\hat{p}}{1-\hat{p}}\right) = -6 + 2X \tag{13-9}$$

식 (13-9)에 따르면 $b_0 = -6$이고 $b_1 = 2$인 경우 학점이 3점일 때 $\ln\left(\frac{\hat{p}}{1-\hat{p}}\right) = -6 + 2 \times 3 = 0$이 되므로 승산은 1이 되고 $\hat{p} = 1/2$이 된다. 즉, 학점이 3점일 때 취업할 확률이 0.5가 된다. 학점이 1점 증가할 때마다 취업할 승산이 7.389($= e^{b_1} = 2.718^2$)배 증가한다. 학점이 3점인 상태에서 1점 증가하여 4점이 됐다면 이 때 취업할 승산은 7.389가 된다. 학점이 4점일 때 취업할 확률을 구하려면 학점이 4점일 때의 승산($\frac{p}{1-p} = 7.389$)을 p에 대해 풀면 된다. 즉, 학점이 4점일 때 $p = 0.881$이고 취업할 확률은 88.1%이다.

독립변수가 한 단위 증가할 때 승산의 변화 백분율은 $[\exp(b_1) - 1] \times 100\%$로 계산된다. b_1이 2라면, 학점이 1점 증가할 때 취업할 승산의 변화비율은 683.9%가 된다. 왜냐하면 $[\exp(2) - 1] \times 100\% = (7.389 - 1) \times 100\% = 683.9\%$이기 때문이다. b_1이 0이라면, $\exp(0) = 2.718^0 = 1$이 되어 X가 한 단위 증가할 때 승산에는 변화가 없다. b_1이 -0.4라면 $\exp(-0.4) = 2.718^{-0.4} = 0.670$이 되어 승산은 0.67배 증가하고 승산의 변화비율은 $-33\%[= (0.67 - 1) \times 100\%]$이다. 간단하게 해석하자면 $b_1 > 0$이면 독립변수 X는 취업할 확률에 긍정적으로 영향을 미치고, $b_1 = 0$이면 X는 취업할 확률에 영향을 미치지 못하고, $b_1 < 0$이면 X는 취업할 확률에 부정적으로 영향을 미친다고 해석할 수 있다.

예제 13-1 **추정된 로지스틱 회귀모형의 해석**

추정된 로지스틱 회귀모형이 다음과 같다고 하자.

$$\ln(\frac{P}{1-P}) = -9 + 3X$$

여기서 P는 뉴미디어를 채택할 확률이다. X는 소득(측정단위는 백만원)이다. 그리고 절편과 독립변수는 유의수준 .05에서 통계적으로 유의하다고 하자. (a) 소득이 백만 원 증가할 경우 어떤 해석이 가능한가? (b) 뉴미디어를 채택할 확률을 0.5로 만드는 소득은 얼마인가?

문제 (a)는 회귀계수 3을 간접적으로 해석하는 문제이다. 소득이 백만 원 증가할 경우 뉴미디어를 채택할 승수의 증가 배수는 exp(3)이라고 하면 된다. 문제 (b)는 회귀계수 −9를 간접적으로 해석하는 문제이다. $P = 0.5$이면 $\ln(\frac{0.5}{1-0.5}) = \ln 1 = 0$이다. $0 = -9 + 3X$를 만족시키는 X는 3이다. 따라서 뉴미디어를 채택할 확률을 0.5로 만드는 소득은 3백만 원이다.

4 로지스틱회귀모형의 추정: 최대우도법과 우도함수

회귀계수의 추정에 있어서 선형회귀분석과 로지스틱회귀분석은 차이가 있다. 선형회귀분석에서는 최소제곱법을 통해 잔차를 최소화시키는 값을 찾지만, 로지스틱회귀분석에서는 최대우도법(maximum-likelihood method: MLE)을 통해 사건이 일어날 가능성(likelihood)을 최대화시키는 값을 찾는다. 최대우도법을 이용하기 위해서는 우도함수(likelihood function)를 설정하고, 이 우도함수를 최대화하는 모수 추정치를 구한다. 로지스틱회귀분석에서 우도함수(L)는 다음과 같다.

$$L = \Pi\,[p_i^{Y_i}(1-p_i)^{1-Y_i}] \tag{13-10}$$

식 (13-10)에서 Y_i는 개별 사례(i)의 관측치, p_i는 로지스틱 모형을 통해 예측된 확률, Π는 각 개별 케이스(i)의 $[p_i^{Y_i}(1-p_i)^{1-Y_i}]$의 값을 모두 곱한다는 기호이다. 우도함수를 최대화하려면 각 케이스의 $[p_i^{Y_i}(1-p_i)^{1-Y_i}]$를 최대화해야 한다. 이는 관측치 Y_i가 1인 경우에 예측치 p_i는 1에 가까운 값을 가져야 하고, 관측치 Y_i가 0인 경우 예측치 p_i는 0에 가까운 값을 가져야 하는 것을 의미한다. 우도함수의 값은 독립변수 값에 따라 종속변수를 예측할 수 있는 확률로 $0 \le L \le 1$의 값을 가진다. 우도함수의 값이 1에 가까울수록 로지스틱회귀모형의 설명력이 높다.

우도함수에 자연로그(ln)를 취하면 로그우도함수($\ln L$)가 되며 다음과 같다.

$$\ln L = \sum[Y_i \ln p_i + (1-Y_i)\ln(1-p_i)] \quad (13\text{-}11)$$

로그우도함수($\ln L$) 값이 χ^2 분포를 따르게 하도록 -2를 곱하면 -2로그우도함수($-2\ln L$: $-2LL$)가 된다. -2로그우도함수 값은 0과 ∞ 사이에 있으며 0에 가까울수록 모형의 설명력(적합도)이 높은 것이다.

5 로지스틱회귀분석에서의 가설검정

1 전체 로지스틱회귀모형의 통계적 유의성 검정

로지스틱회귀분석은 선형회귀분석과 마찬가지로 전체 로지스틱회귀모형의 통계적 유의성 검정과 개별 로지스틱 회귀계수에 대한 통계적 유의성 검정을 한다. 전체 로지스틱회귀모형의 통계적 유의성 검정은 우도비(likelihood ratio)라는 통계량을 이용한다. 우도비는 모형에 변수가 추가되거나 제거될 때 모형적합도의 변화량을 나타내며 축소모형(reduced model)과 완전모형(full moddel) 간의 -2LL($= -2\ln L$) 값의 차이로 표현된다. 완전모형은 모든 독립변수가 포함된 모형을 뜻하며, 축소모형은 완전모형에서 일부 또는 모든 독립변수가 제거된 모형을 뜻한다.

$$\text{우도비} = -2LL_{\text{축소모형}} - (-2LL_{\text{완전모형}}) \quad (13\text{-}12)$$

표본이 충분히 클 때 우도비는 자유도 k를 갖는 카이제곱 분포를 따른다. 여기서 k는 축소모형과 완전모형 간의 모수 개수의 차이를 뜻한다. 우도비를 통계량으로 하는 카이제곱 검정은 "완전모형으로부터 제거된 변수의 회귀계수는 0이다"라는 귀무가설을 검정한다. 예를 들어 완전모형은 독립변수 x_1, x_2, x_3, x_4를 갖고 있고 축소모형은 x_1과 x_2 변수가 제거되고 x_3과 x_4를 갖고 있다면, 우도비를 통계량으로 하는 카이제곱 검정은 "x_1과 x_2의 회귀계수는 0이다"라는 귀무가설을 검정하게 된다. 그리고 모든 변수가 포함된 완전모형과 모든 변수가 제거된(상수항만 남은) 축소모형 간의 우도비를 검정통계량으로 하는 카이제곱 검정은 전체 로지스틱회귀모형의 통계적 유의성을 검정하는 것이 된다.

〈표 13-1〉 **전체 로지스틱회귀모형의 통계적 유의성 검정**

모형 계수의 총괄 검정				
		카이제곱	자유도	유의확률
1 단계	단계	37.175	4	.000
	블록	37.175	4	.000
	모형	37.175	4	.000

〈표 13-1〉은 종속변수(취업 여부)에 영향을 미치는 독립변수들이 4개(성별, 성적, 토익 점수, 자격증의 수)인 경우에 분석된 결과를 나타낸다. 기저모형(절편만 포함)과 분석모형(네 개의 독립변수들을 모두 포함)에 대한 정보를 나타내고 있는데, 단계(step), 블록(block), 모형(model)에 대해 각각 카이제곱 값이 나타나 있다.

'모형'의 카이제곱 값은 '상수(절편)만을 포함한 모형'과 '독립변수 4개가 모두 포함된 모형' 간의 −2LL 차이를 나타내며, '모든 독립변수의 회귀계수가 0'이라는 가설을 검정한다. 이를 통해 전체 로지스틱회귀모형의 통계적 유의성 검정이 이루어진다. '모형'의 카이제곱 통계량은 완전모형의 모수 개수인 5개(절편+4개 독립변수들의 회귀계수)와 축소모형의 모수 개수인 1개(절편)의 차이인 4를 자유도로 갖는 카이제곱 분포를 따른다.

'모형'의 카이제곱 값 37.175는 축소모형(절편만 있음)의 $-2\ln L$ 값과 완전모형(절편과 4개의 독립변수들을 포함)의 $-2\ln L$ 값의 차이를 의미한다. 자료로부터 계산된 카이제곱 값인 37.175는 9.49(유의수준 .05이고 자유도가 4인 경우 χ^2의 임계치)보다 커서 유의수준 .05에서 '모든 독립변수들의 회귀계수는 0'이라는 귀무가설을 기각할 수 있다. 즉, 유의수준 .05에서 독립변수들 중 적어도 하나는 0이 아닌 회귀계수를 가지므로 전체 로지스틱회귀모형은 통계적으로 유의하다. 이와 같은 귀무가설의 기각은 유의확률(.000)이 유의수준(.05)보다 작다는 것에 의해서도 확인된다.

'블록'의 카이제곱은 블록을 지정하여 모형을 구축할 때 연속된 블록 간의 −2LL 차이를 나타낸다. 몇 개의 독립변수들을 하나의 블록으로 묶어 모형에 포함시키고 또 다른 독립변수들을 추가 블록으로 지정하여 모형에 진입시켰을 경우 '블록'의 카이제곱은 이

들 블록 간의 −2LL 차이(변화량)를 나타낸다. 여기서는 하나의 블록만을 사용하여 변수를 모형에 포함시켰기 때문에 '블록'의 카이제곱과 '모형'의 카이제곱이 동일한 값을 갖는다.

'단계'의 카이제곱은 변수선택방법을 이용하여 단계별로 모형을 구축했을 때 연속된 단계 간의 −2LL 차이를 나타낸다. 이는 마지막 단계에서 추가된 독립변수들에 대한 회귀계수가 0이라는 귀무가설을 검정한다. 여기서는 '입력'(동시입력) 방식을 사용하여 모든 변수들을 동시에 모형에 포함시켰기 때문에 '단계'의 카이제곱과 '모형'의 카이제곱이 동일한 값을 갖는다.

2 개별 회귀계수에 대한 통계적 유의성 검정

개별 독립변수에 대한 연구가설(대립가설)의 형태는 회귀분석의 유형에 따라 달라진다. 예를 들면 선형회귀분석에서 연구가설은 '특정 독립변수(X_i)는 종속변수(Y)에 긍정적 영향을 미칠 것이다'로 설정하는 반면 이항 로지스틱 회귀분석에서 연구가설은 '특정 독립변수(X_i)는 종속변수(Y)가 1일 확률에 긍정적 영향을 미칠 것이다'로 설정된다. 여기서 종속변수가 1일 확률은 맥락에 맞게 서술해야 한다. 예를 들면 종속변수가 '취업 여부'이고 종속변수의 값이 1이면 취업을 의미하고 0이면 미취업을 의미한다면 '종속변수가 1일 확률'은 '취업 확률'로 바꿔 서술해야 한다.

개별 회귀계수에 대한 통계적 유의성 검정은 주로 두 가지 방법(검정통계량 Wald의 사용 또는 우도비 검정)을 사용한다. 첫째, 식 (13−13)에 나타난 바와 같이 검정통계량 Wald는 회귀계수를 표준오차로 나눈 값을 제곱한 것으로 자유도 1인 카이제곱 분포를 따른다. 자료로부터 계산된 χ^2 값(Wald 값)이 임계치 χ^2 값보다 크면 해당 독립변수가 통계적으로 유의하게 종속변수에 영향을 미친다고 판단한다.

$$Wald = \left(\frac{b}{S.E.}\right)^2 \sim \chi^2 \tag{13-13}$$

〈표 13−2〉를 보면 통계량 Wald를 사용하여 개별 회귀계수에 대한 통계적 유의성 검정이 이루어진 것을 확인할 수 있다. 독립변수 '성적'과 '토익점수'는 유의수준 .05에서 통계적으로 유의하다는 것을 알 수 있다.

〈표 13-2〉 개별 회귀계수의 통계적 유의성 검정

방정식의 변수									
		B	S.E.	Wald	자유도	유의확률	Exp(B)	EXP(B)에 대한 95% 신뢰구간	
								하한	상한
1 단계[a]	성별(1)	1.054	.652	2.618	1	.106	2.870	.800	10.297
	성적	2.464	.649	14.404	1	.000	11.752	3.292	41.950
	토익점수	.009	.003	8.795	1	.003	1.009	1.003	1.015
	자격증 수	.268	.166	2.622	1	.105	1.308	.945	1.809
	상수항	−13.026	3.127	17.357	1	.000	.000		

a. 변수가 1: 성별, 성적, 토익점수, 자격증수 단계에 입력되었습니다.

둘째, 우도비 검정(log likelihood ratio test)을 통해서 '개별 독립변수의 회귀계수가 0'이라는 귀무가설을 검정할 수 있다. 어떤 변수를 포함하지 않은 모형과 포함한 모형의 $-2LL(=-2\ln L)$ 차이를 구하여 이 차이가 자유도 1을 갖는 χ^2 검정에서 유의한지 판단하기 위해 우도비 검정을 실시할 수 있다. 여기서 자유도는 두 모형의 모수의 수 차이와 같다. 즉, 어떤 모형에 해당 독립변수를 추가한 모형의 $-2LL$이 3.84($\alpha = 0.05, df = 1$일 때 χ^2의 임계치) 이상으로 줄었다면 그 독립변수는 통계적으로 유의하게 종속변수에 영향을 미친다고 할 수 있다. 왜냐하면 $-2LL$이 작을수록 모형의 설명력이 높기 때문이다.

우도비 검정은 한 모형이 다른 모형의 특수한 경우에 해당하는 내포(nested) 관계일 때 두 모형을 비교하여 복잡한 모형이 단순한 모형보다 나은지 확인하는 데 사용된다. 이 검정은 두 모형의 로그 우도 차이에 기반을 둔다. 반면에 Wald 검정은 모형의 모수가 귀무가설에서 주장하는 값과 유의하게 다른지 검정하는 데 사용된다. 우도비 검정은 Wald 검정보다 더 정확하고 정규성 가정이 위배되는 경우에도 강건한 편이다. Wald 검정에서는 유의하지 않은 결과가 나타났으나 우도비 검정에서는 유의한 결과가 나타나면 우도비 검정을 수용하는 것이 좋다.[66]

특정 변수를 별도의 블록으로 지정하기 위해서는 [이분형 로지스틱] 창에서 첫 번째 블록에 특정 변수를 제외한 모든 독립변수를 할당하고 두 번째 블록에 그 특정 변수를 포함한 모든 독립변수를 지정한다. 예를 들면 [그림 13-2]에서 [블록(B)1/2]에서 독립변수 3개(성별, 성적, 자격증 수)만 할당하고 특정 독립변수 1개(토익점수)를 제외하였다. 그리고 [그림 13-3]의 [블록(B)2/2]에서 독립변수 4개를 모두 할당한 후에 [확인]을 누르면 〈표 13-3〉과 같은 결과가 나타난다.

그림 13-2 첫 번째 블록: 3개의 독립변수

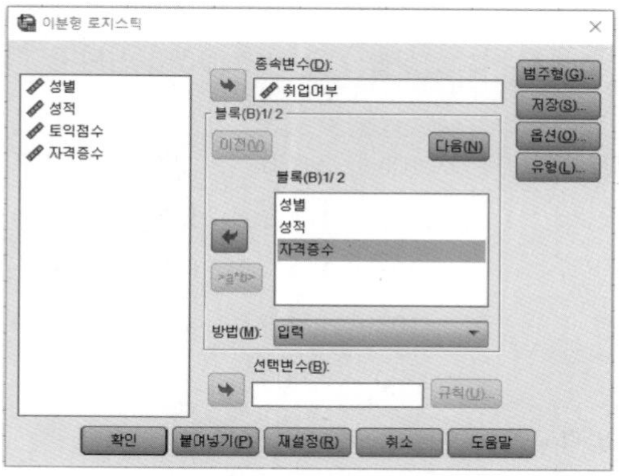

그림 13-3 두 번째 블록: 4개의 독립변수

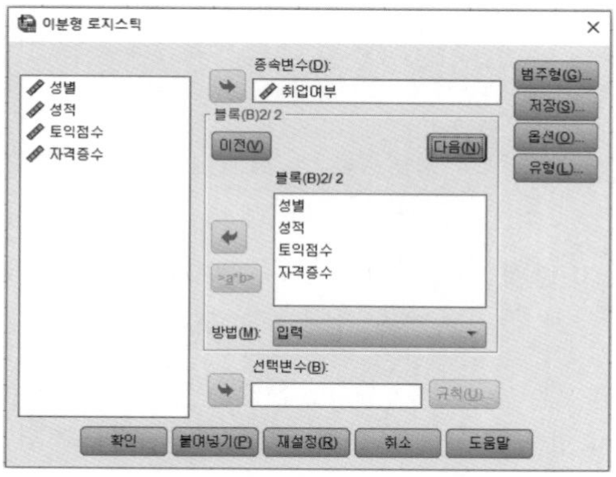

〈표 13-3〉에 나타난 '블록'의 카이제곱은 블록을 지정하여 모형을 구축할 때 연속된 블록 간의 −2LL 차이를 나타낸다. '블록'의 카이제곱 값 11.621은 3개의 독립변수들(성별, 성적, 자격증 수)을 첫 번째 블록으로 묶어 모형에 포함시키고 4개의 독립변수들(성별, 성적, 자격증 수, 토익점수)을 두 번째 블록으로 묶어 모형에 포함시켰을 경우에 두 블록 간의 −2LL 차이를 나타낸다. 이러한 카이제곱 값의 유의확률은 .001이므로 유의수준 .05에서 '토익점수의 회귀계수는 0'이라는 귀무가설을 기각할 수 있다. 즉, 토익점수가 취업여부(종속변수)에 통계적으로 유의한 영향을 미친다고 볼 수 있다.

〈표 13-3〉 회귀계수의 유의성 검정: 첫째 블록에서 독립변수(토익점수)를 제거한 경우

모형 계수의 총괄 검정				
		카이제곱	자유도	유의확률
1 단계	단계	11.621	1	.001
	블록	11.621	1	.001
	모형	37.175	4	.000

추가적인 예를 들기 위해 제시된 〈표 13-4〉에 나타난 '블록'의 카이제곱 값 2.803은 3개 독립변수(성별, 성적, 토익점수)를 첫 번째 블록으로 묶어 모형에 포함시키고 4개 독립변수(성별, 성적, 자격증 수, 토익점수)를 두 번째 블록으로 묶어 모형에 포함시킬 경우에 블록 간의 −2LL 차이를 나타낸다. 이러한 카이제곱 값의 유의확률은 .094이므로 유의수준 .05에서 '자격증수의 회귀계수는 0'이라는 귀무가설을 기각할 수 없다. 즉, 자격증 수는 취업여부에 통계적으로 유의한 영향을 미친다고 볼 수 없다.

〈표 13-4〉 회귀계수의 유의성 검정: 첫째 블록에서 독립변수(자격증 수)를 제거한 경우

모형 계수의 총괄 검정				
		카이제곱	자유도	유의확률
1 단계	단계	2.803	1	.094
	블록	2.803	1	.094
	모형	37.175	4	.000

6 모형의 적합도

1 유사 R^2

로지스틱회귀분석은 선형회귀분석에서 사용하는 결정계수와 유사한 R^2을 이용한다. 로그우도함수를 이용해 계산한 결정계수를 유사 R^2(pseudo R^2)이라 한다. 유사 R^2으로 콕스(Cox)와 스넬(Snell)의 R^2과 나겔케르케(Nagelkerke)의 R^2이 자주 사용된다.[47, 69] 콕스와 스넬의 R^2의 문제점은 예측 확률이 0 또는 1에 가까울 때 로지스틱 회귀모형의 적합도를 과소평가하는 경향이 있다는 것이다. 이러한 문제점을 교정하기 위해 개발된 것이 나겔케르케의 R^2이다. 선형회귀분석에서 R^2은 종속변수의 총분산 중 회귀모형에 의해 설명된 분산의 비중이라고 해석되는 반면 유사 R^2은 그렇게 해석하기 어렵다.

2 호스머-렘쇼 검정

추정된 로지스틱회귀모형의 적합도는 사건 발생에 대한 관측빈도(실제 자료에 의해 관측된 빈도)와 예측빈도(추정된 로지스틱회귀모형에 의해 예측된 빈도) 간의 적합도를 평가하는 것이다. 이러한 적합도는 호스머-렘쇼(Hosmer-Lemeshow) 검정을 통해 평가할 수 있다. 호스머-렘쇼 검정은 로지스틱회귀모형에 의한 사건발생 예측확률을 토대로 케이스들을 10개의 유사집단으로 분할한 후에 사건발생의 관측빈도와 예측빈도가 일치하는 정도와 사건 미발생의 관측빈도와 기대빈도가 일치하는 정도를 평가한다. 카이제곱 값은 관측빈도와 예측빈도 간의 차이에 의해 계산되며 '집단의 개수 − 2'를 자유도로 갖는 카이제곱 분포를 따른다. 관측빈도와 예측빈도 간의 차이가 클수록 카이제곱 값은 커진다. 예를 들어 〈표 13-5〉에서 호스머-렘쇼 검정의 카이제곱 값은 4.286이고 유의확률은

0.830으로 나타났다. 따라서 '관측빈도와 예측빈도는 일치한다'는 귀무가설을 유의수준 .05에서 기각할 수 없다. 따라서 모형의 적합도는 적절한 수준으로 판단할 수 있다.

〈표 13-5〉 호스머-렘쇼 검정의 예

Hosmer와 Lemeshow 검정			
단계	카이제곱	자유도	유의확률
1	4.286	8	.830

3 분류표

추정된 로지스틱회귀모형은 사건 발생의 케이스(예 취업이 된 케이스)와 사건 미발생의 케이스(예 취업이 되지 않은 케이스)를 정확하게 분류할수록 예측력이 높아진다. 로지스틱 회귀분석을 통해 도출된 예측확률을 이용하여 케이스를 두 집단 중의 하나로 분류한 후에 실제로 관측된 집단의 분류와 비교하여 모형의 예측력을 평가할 수 있다.

〈표 13-6〉 분류표

분류표[a]					
관측됨			예측		
			취업		분류정확 %
			0	1	
1 단계	취업	0	12	10	54.5
		1	5	73	93.6
	전체 퍼센트				85.0

a. 절단값은 .500입니다.

〈표 13-6〉의 분류표(classification table)는 이항변수 y의 관측치와 예측치를 분류한 표이다. 여기서 y는 취업의 경우 1로 측정하고 미취업의 경우 0으로 측정했다. 주어진 절단값(확률 .500)을 기준으로 어떤 케이스의 추정된 확률이 절단값보다 클 경우 예측치 $\hat{y}$는 1이 된다. 추정된 확률이 절단값보다 작은 경우 예측치 $\hat{y}$는 0이 된다. 〈표 13-6〉은 예측된 취업할 확률이 절단값 .500 이상인 케이스들을 취업집단으로 분류할 때 실제로 관측된 집단과 로지스틱회귀모형에 의해 예측된 집단을 보여준다. 관측자료에 나타난 취업자 78명 중에 73명을 취업으로 예측하여 93.6%의 분류정확도가 나왔고, 관측자료에 나타난 미취업자 22명 중에 12명을 미취업으로 예측하여 54.5%의 분류정확도가 나왔다. 전체적으로 분류정확도는 85.0%가 된다.

7 SPSS의 활용

1 자료 입력

이분형 로지스틱회귀분석을 위한 자료는 〈표 13-7〉과 같다. 독립변수들은 성별, 성적, 토익점수, 자격증 수를 나타내고 모두 4개이다. '성별'은 여성의 경우 0, 남성의 경우 1로 측정했다. '성적'은 대학교의 졸업평점평균으로 측정했다. '토익점수'는 10점에서 990점 사이에 존재한다. '자격증 수'는 취득한 자격증의 수를 나타낸다. 종속변수는 2개의 범주를 나타내는 명목척도의 변수로서 '취업여부'인데, 미취업의 경우는 0, 취업의 경우는 1로 측정했다. 표본 크기는 100명이다.

〈표 13-7〉 이분형 로지스틱회귀분석을 위한 자료

	성별	성적	토익점수	자격증수	취업여부
1	0	4.2	890	1	1
2	1	2.9	610	2	1
3	0	3.4	890	3	1
4	1	2.7	580	0	0
		⋮			
100	0	2.3	780	0	1

2 실행 절차

SPSS의 메뉴에서 [분석] → [회귀분석] → [이분형 로지스틱]을 선택하면 [그림 13-4]와 같은 창이 뜬다.

그림 13-4 이분형 로지스틱

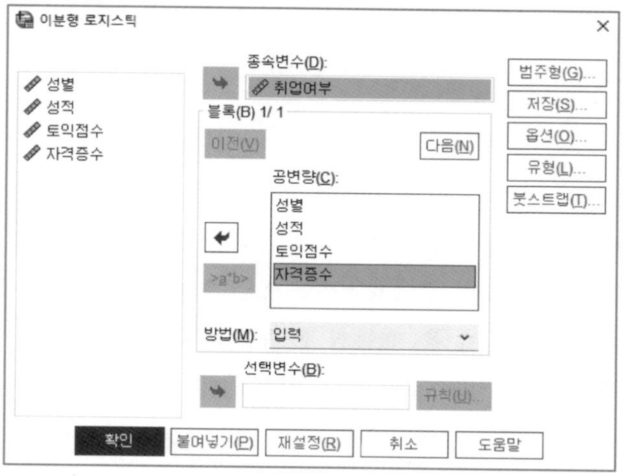

종속변수인 '취업여부'는 종속변수의 칸으로 이동시키고, 네 개의 독립변수(성별, 성적, 토익점수, 자격증 수)는 [블록]의 칸으로 이동시킨다. [방법]에서 [입력]이란 모든 독립변수를 동시에 모형에 입력하는 것인데, 기본으로 설정되어 있다. 그리고 [범주형]을 누르면 [그림 13-5]와 같은 창이 나온다.

그림 13-5 로지스틱 회귀: 범주형 변수 정의

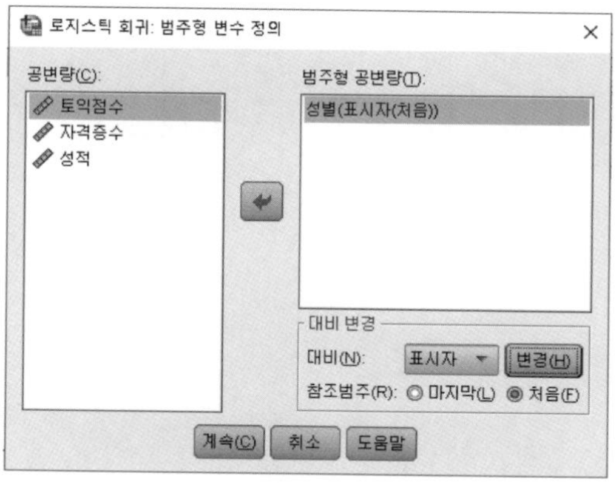

[그림 13-5]의 [공변량]의 칸에 나열된 독립변수들 중에서 범주형 변수인 '성별'은 [범주형 공변량]의 칸으로 이동시킨다. 공변량(covariate) 중에서 문자형 변수는 자동으로 범주형 공변량으로 분류된다. 연구자는 [참조범주](reference category)를 변경할 수 있다.

예를 들면 여성을 0으로 측정하고 남성을 1로 측정한 성별의 경우, 성별의 [참조범주]를 [처음]으로 하는 경우 0으로 측정된 범주(여성)가 참조범주가 된다. 이렇게 하면 성별의 회귀계수는 여자 집단을 참조범주(비교 기준)로 하는 남자 집단의 효과를 나타낸다. 일반적으로 0과 1로 측정된 더미변수의 경우 0으로 측정된 범주를 참조범주로 해석하는 것이 편하다. [그림 13-5]의 [참조범주]에서 [처음]을 선택하고 그 위의 [변경]을 누른다. 그리고 [계속]을 눌러서 [그림 13-4]로 돌아가서 [저장]을 누르면 [그림 13-6]과 같은 창이 뜬다.

그림 13-6 로지스틱 회귀: 저장

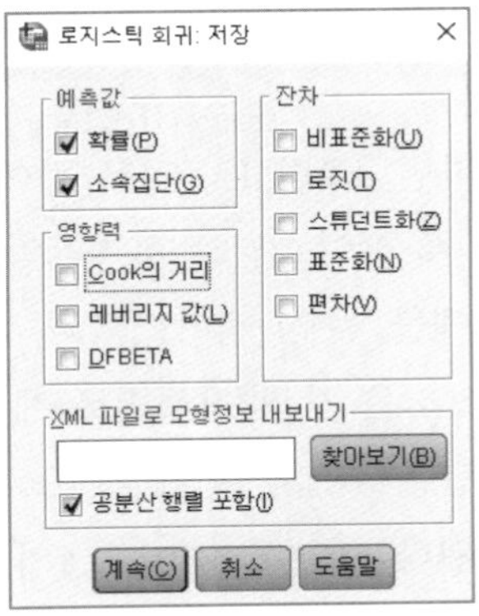

[그림 13-6]을 보면 [데이터 보기] 창에 새로운 변수로 저장할 수 있는 선택 사항이 있다. [예측값]은 모형으로 예측한 값을 저장하는 것을 의미한다. [예측값]에 있는 [확률]과 [소속집단]을 선택한다. [확률]을 선택하면 각 케이스별 사건이 발생할 예측확률이 저장된다. [소속집단]을 선택하면 로지스틱회귀모형에 의해 각 케이스가 어떠한 집단에 속할 것인지를 예측한 집단이 저장된다.

그림 13-7 데이터 보기 창: 예측된 확률(PRE_1)과 예측된 소속집단(PGR_1)의 저장

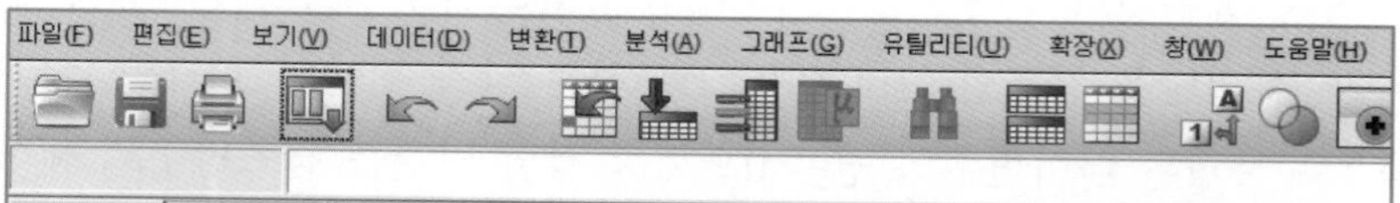

	성별	성적	토익점수	자격증수	취업여부	PRE_1	PGR_1
1	0	4.2	890	1	1	.99636	1
2	1	2.9	610	2	1	.77005	1
3	0	3.4	890	3	1	.98490	1
4	1	2.7	580	0	0	.47729	0
⋮							
98	0	2.5	550	0	0	.12914	0
99	0	2.4	570	3	1	.23681	0
100	0	2.3	780	0	1	.41863	0

[확률]과 [소속집단]을 선택하면 [그림 13-7]과 같이 [데이터 보기] 창에 새로운 변수 두 개가 추가된다. 'PRE_1'은 각 케이스별로 로지스틱회귀모형에 의해 예측된 취업할 확률(Y=1일 확률)을 나타낸다. 예를 들면 케이스 1과 4의 예측된 취업할 확률은 각각 .99636, .47729로 나타났다. 'PGR_1'은 각 케이스별로 예측된 소속집단을 나타낸다. 예를 들면 케이스 1의 예측된 소속집단은 취업 집단(Y=1)으로 나타났는데, 이는 예측된 취업할 확률이 0.5보다 큰 것과 관련된다. 반면에 케이스 4의 예측된 소속집단은 미취업 집단(Y=0)으로 나타났는데, 이는 예측된 취업할 확률이 0.5보다 작은 것과 관련된다.

[그림 13-6]에서 [계속]을 눌러서 [그림 13-4]로 돌아가 [옵션]을 누르면 [그림 13-8]과 같은 창이 뜬다. [그림 13-8]의 [단계선택에 대한 확률]에서는 모형에 변수의 진입이나 변수의 제거에 대한 기준이 되는 확률을 각각 지정할 수 있다. 해당 변수의 유의확률 값이 진입 기준 값보다 작으면 모형에 그 변수는 포함되고, 그 유의확률 값이 제거 기준 값보다 크면 모형에서 제거된다. 진입 기준 값은 제거 기준 값보다 작아야 한다. 기본 설정은 진입의 경우 .05이고 제거의 경우 .10이다. [분류 분리점]에서는 각 케이스를 분류하기 위한 분리점을 지정한다. 기본설정은 0.5로 지정되어 있다. [최대반복계산]은 모형 분석이 종결되기 전에 계산을 반복할 수 있는 최대 횟수를 의미한다. 기본 설정 값은 20으로 되어 있다. [모형에 상수 포함]에서는 모형에 상수항을 포함시킬 것인지의 여부를 지정할 수 있는데, 이러한 옵션을 선택하지 않으면 상수항은 0이 된다. 기본 설정은 [모형에 상수 포함]을 선택하는 것이다.

그림 13-8 로지스틱 회귀: 옵션

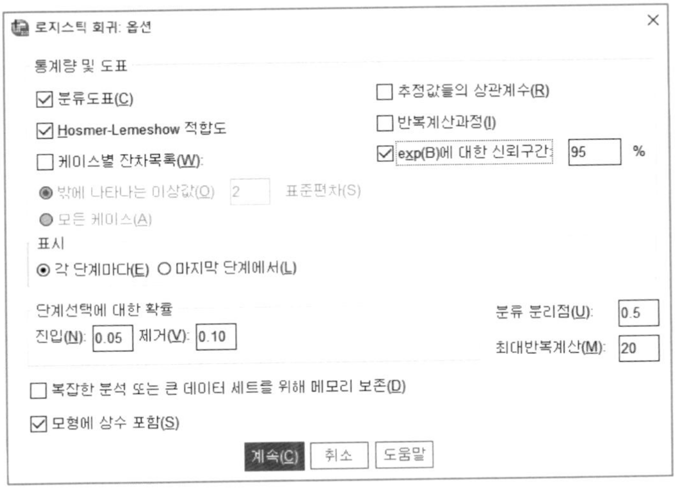

추가적으로 [분류도표], [Hosmer-Lemeshow 적합도], [exp(B)에 대한 신뢰구간]을 선택한다. [분류도표](classification plots)란 예측된 확률값의 히스토그램인데 잘못 추정된 케이스를 도표를 통해 알 수 있다. [Hosmer-Lemeshow 적합도]는 '관측빈도와 예측빈도는 일치한다'는 귀무가설을 검정하기 위해 자료에 나타난 관측빈도와 추정된 로지스틱 회귀모형에 의한 예측빈도 간의 차이를 나타내는 검정 통계량인 카이제곱을 이용한다. [exp(B)에 대한 신뢰구간]은 승산비에 대한 신뢰구간을 구해주는데, 기본설정은 95% 신뢰구간이다. [그림 13-8]에서 [계속]을 누르고 [확인]을 누르면 분석결과가 나온다.

3 결과 해석

(1) 기초 정보

〈표 13-8〉의 '반복계산과정'을 보면 독립변수는 없고 상수항만 있는 기저모형의 −2 로그우도($-2\ln L$; −2LL) 값이 105.382로 나타나 있다.

〈표 13-8〉 **반복계산과정: 0 단계**

반복계산과정[a,b,c]			
반복		-2 로그 우도	계수
			상수항
0 단계	1	105.756	1.120
	2	105.382	1.260
	3	105.382	1.266
	4	105.382	1.266

a. 모형에 상수항이 있습니다.
b. 초기 -2 로그 우도: 105.382
c. 모수 추정값이 .001보다 작게 변경되어 계산반복수 4에서 추정을 종료하였습니다.

〈표 13-9〉에는 독립변수는 없고 상수항만 있는 기저모형을 이용하여 종속변수값(취업과 미취업)의 실제치와 예측치를 비교한 것이 나타나 있다. 기저모형은 다음과 같다.

$$\ln\left(\frac{\hat{p}}{1-\hat{p}}\right) = b_0 \tag{13-14}$$

〈표 13-9〉 **분류표**

분류표[a,b]					
	관측됨		예측		
			취업여부		분류정확 %
			0	1	
0 단계	취업여부	0	0	22	.0
		1	0	78	100.0
	전체 퍼센트				78.0

a. 모형에 상수항이 있습니다.
b. 절단값은 .500입니다.

〈표 13-9〉에서 관측치를 보면 실제 미취업 사례의 수는 22이고, 취업 사례의 수는 78로 나타나서 취업한 사례가 더 많다. 예측치를 보면 100명 모두 취업한 것으로 나타나고 있다. 독립변수가 없는 경우 정확한 예측이 불가능하므로 모두 0으로(미취업한 것으로) 예측하는 것보다 모두 1로(취업한 것으로) 예측하는 것이 상대적으로 적중률이 높아지기 때문에 이와 같은 결과가 나타난 것이다.

〈표 13-10〉 회귀모형(기저모형)에 포함된 변수

방정식의 변수							
		B	S.E.	Wald	자유도	유의확률	Exp(B)
0 단계	상수항	1.266	.241	27.489	1	.000	3.545

〈표 13-10〉에는 기저모형의 상수항에 대한 추정치와 통계치가 나타나 있다. 상수항에 해당하는 회귀계수(b_0)는 1.266, 표준오차(standard error: S.E.)는 .241, Wald 값은 27.489, 자유도는 1, 유의확률은 .000로 나타났다. 여기서 유의확률은 양측검정을 가정하고 산출된 값이다. 상수항에 대한 단측검정을 한다면 상수항의 유의확률은 1/2로 줄어들게 된다. 〈표 13-10〉의 결과는 독립변수들이 포함되지 않은 상태에서 산출된 것이므로 큰 의미를 부여할 필요는 없다.

〈표 13-11〉 회귀모형(기저모형)에 포함되지 않은 변수

방정식에 없는 변수					
			점수	자유도	유의확률
0 단계	변수	성별(1)	2.098	1	.148
		성적	20.960	1	.000
		토익점수	12.248	1	.000
		자격증수	.118	1	.731
	전체 통계량		31.249	4	.000

〈표 13-11〉에는 기저모형에 포함되지 않은 변수들에 대한 통계치가 나타나 있다. 점수(score)는 기저모형에 포함되지 않은 변수 중에서 분석모형에 포함시켜야 할 변수를 선택하는 기준으로 사용된다. 점수의 값이 클수록 유의확률이 낮아져서 회귀모형에 포함될 경우 통계적으로 유의하게 종속변수에 영향을 미칠 가능성이 커지게 된다. '성적'과 '토익점수'는 점수가 높고 유의확률이 낮아서 분석모형에 포함해야 할 변수임을 알 수 있다. 그러나 독립변수 간의 다중공선성이 크게 나타나면 〈표 13-11〉에서 나타난 유의확률은 최종 결과에서 높아져서 통계적으로 유의하지 않은 변수로 드러날 수도 있다.

(2) 전체 로지스틱회귀모형의 통계적 유의성 검정

〈표 13-12〉에는 단계, 블록, 모형에 대한 정보가 나타나 있다. 여기서는 전체 로지스틱회귀모형의 통계적 유의성 검정의 결과를 나타내는 '모형'의 결과에 초점을 맞추기로 한다.

〈표 13-12〉 모형 계수의 총괄검정(omnibus test)

모형 계수의 총괄 검정				
		카이제곱	자유도	유의확률
1 단계	단계	37.175	4	.000
	블록	37.175	4	.000
	모형	37.175	4	.000

'모형'의 카이제곱 값은 상수항만 포함한 모형과 모든 독립변수들이 포함된 모형 간의 −2LL 차이를 나타내며, '모든 독립변수의 회귀계수가 0'이라는 가설을 검정한다. '모형'의 카이제곱 통계량은 완전모형의 모수 개수인 5개와 축소모형의 모수 개수인 1개의 차이인 4를 자유도로 갖는 카이제곱 분포를 따른다. '모형'에 나타난 카이제곱 값 37.175는 기저모형(절편만 포함)의 −2로그우도 값과 분석모형(절편과 4개의 독립변수를 모두 포함)의 −2로그우도 값의 차이를 의미한다. 자료로부터 계산된 카이제곱 값인 37.175는 9.49(유의수준 .05이고 자유도가 4인 경우 χ^2의 임계치)보다 커서 유의수준 .05에서 '모든 독립변수의 회귀계수는 0'이라는 귀무가설을 기각할 수 있다. 즉, 유의수준 .05에서 독립변수들 중 적어도 하나는 0이 아닌 회귀계수를 가지므로 추정된 로지스틱회귀모형은 통계적으로 유의하다.

(3) 개별 회귀계수의 통계적 유의성 검정

〈표 13-13〉에는 각 독립변수에 대한 통계치가 나타나 있다. B는 각 독립변수에 대응되는 회귀계수 추정치(b_i)이며 S.E.는 표준오차이다. Wald 값이 클수록 유의확률이 작아져서 해당 독립변수가 종속변수에 통계적으로 유의한 영향을 미칠 가능성이 커진다. 성

〈표 13-13〉 회귀모형(방정식)의 개별 변수에 대한 검정

방정식의 변수									
		B	S.E.	Wald	자유도	유의확률	Exp(B)	EXP(B)에 대한 95% 신뢰구간	
								하한	상한
1 단계[a]	성별(1)	1.054	.652	2.618	1	.106	2.870	.800	10.297
	성적	2.464	.649	14.404	1	.000	11.752	3.292	41.950
	토익점수	.009	.003	8.795	1	.003	1.009	1.003	1.015
	자격증수	.268	.166	2.622	1	.105	1.308	.945	1.809
	상수항	−13.026	3.127	17.357	1	.000	.000		

a. 변수가 1: 성별, 성적, 토익점수, 자격증수 단계에 입력되었습니다.

적과 토익점수의 유의확률은 각각 .05보다 작아서 통계적으로 유의한 변수임을 알 수 있다.

Exp(B)의 값은 $\exp(b_i) = e^{b_i} = (2.718)^{b_i}$ 공식에 의해 계산된다. 예를 들어 성적이라는 독립변수에 대응되는 회귀계수는 2.464로 추정되었다. 따라서 성적의 승산비는 $\exp(b_i) = \exp(2.464) = e^{2.464} = (2.718)^{2.464} = 11.752$이다. 따라서 다른 모든 독립변수들이 불변일 때 성적이 1점(한 단위) 증가하면 취업할 승산은 11.752배 증가한다. 다시 말하자면 다른 모든 독립변수들이 불변일 때 성적이 1점 증가하면 취업할 승산은 1075.2%[$= (11.752 - 1) \times 100\%$] 증가한다. 그리고 토익점수의 승산비는 1.009이다. 토익점수가 1점(한 단위) 증가할 때마다 취업할 승산은 1.009배 증가한다. 다시 말하자면 토익점수가 1점 증가할 때마다 취업할 승산은 0.9%[$= (1.009 - 1) \times 100\%$] 증가한다.

〈표 13-13〉의 결과를 토대로 추정된 로지스틱회귀모형은 다음과 같다.

$$\ln\left(\frac{\hat{p}}{1-\hat{p}}\right) = -13.026 + 1.054(\text{성별}) + 2.464(\text{성적}) + .009(\text{토익점수}) + .268(\text{자격증수})$$

여기서 $\hat{p}$는 추정된 취업 확률이다. 성별이 남자(성별=1), 성적이 4.0, 토익점수가 800, 자격증 수가 3개인 사람의 취업할 확률을 추정하면 다음과 같다.

$$\log_e\left(\frac{\hat{p}}{1-\hat{p}}\right) = -13.026 + 1.054 \times 1 + 2.464 \times 4.0 + .009 \times 800 + .268 \times 3 = 5.858$$

$$\frac{\hat{p}}{1-\hat{p}} = e^{5.858} = 2.718^{5.858} = 350.02$$

$$\hat{p} = .997$$

즉, 그 사람은 추정된 취업할 확률 $\hat{p}$가 .997로 0.5보다 커서 취업할 것으로 예측된다. 어떤 독립변수의 승산비에 대한 신뢰구간은 대응되는 로지스틱 회귀계수의 신뢰구간과 관련된다. 회귀계수(b_i)가 통계적으로 유의하지 않으면(회귀계수의 신뢰구간이 0을 포함하면) 승산비[$\exp(b_i)$]의 신뢰구간은 1을 포함한다. 승산비가 1이라는 것은 승산의 변화비율이 0%라는 것을 의미한다. 〈표 13-13〉의 'Exp(B)에 대한 95% 신뢰구간'에서 승산비에 대한 95% 신뢰구간을 확인할 수 있다. 예를 들면 '성별'에 대한 승산비의 95% 신뢰구간은 (.800, 10.297)이다. 승산비의 신뢰구간에 1이 포함된 것은 '성별'의 회귀계수가 유의수준 .05에서 통계적으로 유의하지 않다는 결과와 부합한다. 그리고 '성적'에 대한 승산비의 95% 신뢰구간은 (3.292, 41.950)이다. 여기서 승산비의 신뢰구간에 1이 포함되지 않은 것은 '성적'의 회귀계수가 유의수준 .05에서 통계적으로 유의하다는 결과와 부합한다.

(4) 모형적합도

−2로그우도는 모형의 적합도를 나타내는데 그 값이 낮을수록 적합도가 높다. −2로그우도가 0인 경우 적합도는 완벽하다. 〈표 13−14〉에는 −2로그우도가 68.206으로 나타났다. 이 값은 분석모형의 오차를 의미하는데, 분석모형이 자료를 설명할 수 없는 정도를 뜻한다. 이 값은 분석모형의 −2로그우도와 포화모형의−2로그우도의 차이에 의해 계산된다. 포화모형이란 모형이 자료를 완전히 설명하여 오차가 0인 모형으로 −2로그우도 값은 0이다.

〈표 13−14〉 **모형 요약**

모형 요약			
단계	−2 로그 우도	Cox와 Snell의 R−제곱	Nagelkerke R−제곱
1	68.206[a]	.310	.477

a. 모수 추정값이 .001보다 작게 변경되어 계산반복수 6에서 추정을 종료하였습니다.

콕스와 스넬의 R^2과 나겔케르케의 R^2은 유사 R^2인데 각각 .310과 .477로 나타나 있다.

〈표 13−15〉 **호스머와 렘쇼 검정**

Hosmer와 Lemeshow 검정			
단계	카이제곱	자유도	유의확률
1	4.286	8	.830

〈표 13−15〉에서 호스머와 렘쇼 검정의 카이제곱 값은 로지스틱회귀모형의 적합도를 나타낸다. 이 값은 종속변수의 실제 관측치와 로지스틱회귀모형에 의한 예측치 간의 일치도를 나타내는데, 그 값이 작을수록 모형의 적합도는 높다. $\chi^2 = 4.286$에 대응하는 유의확률은 0.830이다. 따라서 '관측치와 예측치는 일치한다'는 귀무가설을 유의수준 .05에서 기각할 수 없다. 따라서 모형의 적합도는 받아들일 만한 수준이다.

〈표 13-16〉 분류표

분류표[a]					
	관측됨		예측		
			취업		분류정확 %
			0	1	
1 단계	취업	0	12	10	54.5
		1	5	73	93.6
	전체 퍼센트				85.0

a. 절단값은 .500입니다.

〈표 13-16〉의 분류표에는 독립변수의 값에 의해 취업과 미취업을 예측할 수 있는 확률이 나타나 있다. 분석결과 실제로 취업한 사람 78명 중 73명을 취업한 것으로 예측하여 93.6%의 분류정확도가 나왔고, 실제로 미취업한 사람 22명 중 12명을 미취업한 것

그림 13-9 관측된 집단과 예측 확률

```
            Step number: 1

            Observed Groups and Predicted Probabilities

         16+                                                                                                    +
           I                                                                                                    I
           I                                                                                                    I
F          I                                                                                                    I
R        12+                                                                                                    +
E          I                                                                                                    I
Q          I                                                                                                    I
U          I                                                                                                 1  I
E         8+                                                                                                 111+
N          I                                                                                                1111I
C          I                                                                                               11111I
Y          I                                                                                           1   11111I
          4+                                                                                           1   11111+
           I                                                                           1   1  1  1     1   11111I
           I                     1              1                 1            1 1    11 111  1 11   111   11111I
           I  0    0   0     0 100     00  0   01  10    0   1    0  11 1    1 010    000011  0 10   01111111111I
Predicted   ---------+---------+---------+---------+---------+---------+---------+---------+---------+----------
  Prob:    0        .1        .2        .3        .4        .5        .6        .7        .8        .9         1
  Group:    0000000000000000000000000000000000000000000000000011111111111111111111111111111111111111111111111111

          Predicted Probability is of Membership for 1
          The Cut Value is .50
          Symbols: 0-0
                   1-1
          Each Symbol Represents 1 Case.
```

으로 예측하여 54.5%의 분류정확도가 나왔다. 전체적으로 분류정확도는 85.0%가 된다. 소속집단(취업 집단과 미취업 집단)을 결정하는 절단값(cut value)은 기본으로 설정된 0.5를 사용하고 있다. 이는 각 사례에 대해서 독립변수의 값을 적용해 취업할 확률이 0.5 이상으로 예측되면 취업한 것으로 판정한다는 의미이다.

[그림 13-9]에서는 종속변수의 실제값과 예측확률이 나타나고 있다. 그래프의 가로축 위에 있는 히스토그램에서 0과 1은 종속변수의 실제값을 나타낸다. 가로축 아래에 있는 값은 로지스틱회귀분석을 이용하여 예측된 확률값을 나타낸 것이다. 가장 아래에 있는 "Each Symbol Represents 1 Case"라는 문장은 가로축 위에 있는 하나의 숫자(0 또는 1)가 1명(케이스 한 개)을 나타낸다는 의미이다. 절단값이 .50인데, 이는 예측된 확률이 0.5 이상이면 1로, 0.5 미만이면 0으로 예측된다는 뜻이다. 예를 들어 가로축 바로 위를 보면 확률이 0.5보다 작은 구간에 1(실제 관측치가 1인 케이스)이 5개가 있다. 이는 실제로 취업된 케이스이나 로지스틱회귀분석을 이용하여 취업할 확률이 0.5에 못 미쳐서 미취업으로 예측된 케이스가 5개임을 의미한다.

요약

- 분류모형은 자료가 여러 집단으로 나누어진 상황에서 각 집단이 구분되는 특성을 파악하는 모형이고 특정 집단에 속할 확률을 제공한다. 로지스틱회귀분석은 분류모형의 일종이다.
- 로지스틱회귀분석의 유형은 여러 가지가 있다. 이항 로지스틱회귀분석은 종속변수의 범주가 2개인 경우, 다항 로지스틱회귀분석은 종속변수의 범주가 3개 이상인 경우, 순서형 로지스틱회귀분석은 종속변수가 서열척도로 측정된 경우에 각각 사용한다.
- 승산이란 어떤 사건이 발생할 확률 p를 발생하지 않을 확률 '$1-p$'로 나눈 값이다.
- 모집단을 대상으로 하는 이항 로지스틱회귀모형: $\ln\left(\frac{p}{1-p}\right) = \beta_0 + \beta_1 x_1 + \beta_2 x_2 + \cdots + \beta_p x_p$
- 표본을 대상으로 하는 추정된 로지스틱회귀모형: $\ln\left(\frac{\hat{p}}{1-\hat{p}}\right) = b_0 + b_1 x_1 + b_2 x_2 + \cdots + b_p x_p$
- 상수항 b_0의 해석은 다른 회귀계수들과 결합하여 이루어진다. 즉, $b_0 + b_1 x_1 + b_2 x_2 + \cdots + b_p x_p = 0$을 만족시키는 독립변수 값들은 $p=0.5$가 되는 값으로 해석한다.
- 독립변수의 영향력을 나타내는 회귀계수 b_i의 해석은 e^{b_i}를 통해 간접적으로 이루어진다. 즉, e^{b_i}는 x_i를 제외한 다른 독립변수들이 변하지 않는다고 가정할 경우 독립변수 x_i가 한 단위 증가할 때 '승산의 증가 배수'를 나타낸다고 해석한다.
- 회귀계수의 추정에 있어서 선형회귀분석과 로지스틱회귀분석은 차이가 있다. 선형회귀분석은 최소제곱법을 통해 잔차를 최소화하는 회귀계수를 추정하는 반면, 로지스틱회귀분석에서는 최대우도법을 통해 사건이 일어날 가능성을 최대화하는 회귀계수를 찾는다.
- 전체 로지스틱회귀모형의 통계적 유의성 검정은 우도비라는 통계량을 이용한다. 우도비는 모형에 변수가 추가되거나 제거될 때 모형적합도의 변화량을 나타낸다. 전체 로지스틱회귀모형의 통계적 유의성 검정은 모든 변수가 포함된 완전모형과 모든 변수가 제거된(상수항만 남은) 축소모형 간의 우도비를 검정통계량을 한다.
- 개별 회귀계수에 대한 통계적 유의성 검정은 주로 두 가지 방법(검정통계량 Wald의 사용 또는 우도비 검정)을 사용한다.
- 추정된 로지스틱회귀모형의 적합도는 유사 R^2, 호스머-렘쇼 검정, 분류표의 분류정확도의 세 가지 방법을 통해 파악할 수 있다. 유사 R^2은 콕스와 스넬의 R^2과 나겔케르케의 R^2을

자주 사용한다. 호스머-렘쇼 검정은 사건 발생에 대한 관측빈도와 예측빈도 간의 적합도를 평가한다. 분류표는 이항변수 y의 실제 관측치와 추정된 로지스틱회귀모형에 의한 예측치를 분류하는데, 이를 통해 분류정확도를 계산한다.

제14장

판별분석

1. 판별분석의 개요
2. 판별분석의 절차
3. SPSS의 활용

1 판별분석의 개요

판별분석(discriminant analysis)이란 소속집단이 알려진 연구대상으로부터 공통으로 측정할 수 있는 변수들을 이용하여 두 개 이상의 집단을 잘 분류할 수 있는 판별함수를 만든 후에 이를 바탕으로 소속집단을 모르는 새로운 개체에 대해서도 어떤 집단에 소속될지 예측하는 방법이다. 판별분석에서 집단 분류를 나타내는 종속변수는 명목 척도로 측정되어야 한다. 그리고 집단 분류를 설명할 수 있는 독립변수들은 등간척도 또는 비율척도로 측정되어야 한다. 군집분석의 경우 연구대상들이 몇 개의 집단으로 분류되고 어떤 집단에 속하는지는 분석결과를 도출한 이후에야 알 수 있다. 반면에 판별분석의 경우 분석 이전에 자료를 통해 연구대상들이 몇 개의 집단으로 분류되고 어떤 집단에 속하는지 알 수 있다.

판별분석의 목적은 두 개 이상 집단의 차이를 설명하기 위한 독립변수의 결합을 추정하는 것이다. 다시 말하자면 연구대상의 소속집단을 정확하게 분류할 확률을 최대화하는 독립변수들의 선형함수 혹은 이차함수를 추정하는 것이다.[15] 14장에서는 선형함수에 초점을 맞추고자 한다. 일반적으로 독립변수가 p개일 때 표준화된 계수를 사용하는 선형 판별함수는 다음과 같다.

$$Z = k_1X_1 + k_2X_2 + \cdots + k_pX_p \tag{14-1}$$

식 (14-1)에서 X_i는 i번째 독립변수이고, k_i는 독립변수 X_i의 판별계수(discriminant coefficient)이다. 판별함수를 추정하는 과정에서 집단을 판별하는 데 기여도가 높은 변수들을 찾아낼 수 있다. 또한 판별분석의 결과를 이용하여 소속 집단을 알 수 없는 새로운 개체를 어느 집단에 할당할 것인가를 결정할 수 있다.

판별분석이 활용될 수 있는 예를 들자면 금융기관에서 개인에게 대출 심사를 하는 경우를 들 수 있다. 금융기관은 과거의 고객 자료를 통해 고객들의 채무 이행 여부와 함께 자산, 교육수준, 직업 등의 특성을 바탕으로 채무 이행 여부에 대한 판별함수를 만들 수 있다. 그리고 이를 바탕으로 채무를 잘 이행할 집단과 그렇지 않을 집단으로 구분하여 대출 심사에 활용할 수 있다. 금융기관에서 기업에게 대출 심사를 하는 경우에도 비슷한 방식을 적용할 수 있다. 기업에 관한 재무 정보를 이용하여 부실 기업과 건전 기업을 판별할 수 있는 판별함수를 만들어서 대출 심사에 활용할 수 있다. 판별분석을 활용한 연구 사례를 살펴보면 기업을 건전 기업과 부실 기업으로 구분한 후에 독립변수

(판별변수)로 6개의 재무비율을 사용하여 판별분석을 실시한 연구가 있다.[7] 그리고 청소년의 도박 중독과 관련하여 청소년을 비중독 집단과 중독위험 집단으로 구분한 후에 판별변수로 비합리적 도박신념, 충동성, 스마트폰 중독을 사용하여 판별분석을 실시한 연구가 있다.[4]

2 판별분석의 절차

1 독립변수의 선택

소속집단을 구분할 수 있는 변별력이 높은 변수의 선택을 위해서는 우선 많은 변수를 고려한 후에 그중 적절한 변수를 선택할 수 있다. 그러나 독립변수의 수가 많아지면 다중공선성 문제가 발생할 수 있으므로 독립변수 간 상관관계가 높지 않은 변수들을 선택해야 한다. 고려하고 있는 독립변수의 수가 매우 많으면 판별분석 전에 t-검정이나 F-검정을 통해 집단 간 차이가 통계적으로 유의한 독립변수들을 선별하기도 한다.

독립변수의 입력방법으로는 모든 독립변수를 한 번에 판별함수에 넣는 방법과 독립변수를 통계적 유의성에 따라 판별함수에 선택적으로 넣는 방법이 있다. 후자의 방법인 단계선택법은 다중공선성 문제를 완화시킨다.

2 판별함수의 추정

판별분석에서는 사전에 소속 집단이 알려진 연구대상에 대해 판별 오류가 최소가 되도록 하는 독립변수들의 선형함수를 추정한다. 즉, 판별함수 값의 분포가 집단 내 분산에 비교하여 집단 간 분산이 가장 크게 되도록 판별계수를 추정한다. 선형판별함수를 추정하기 위한 전제조건은 집단별로 독립변수들은 다변량 정규분포를 따른다는 것과 집단별로 독립변수들의 분산-공분산 행렬(줄여서 공분산 행렬이라고 함)은 동일하다는 것을 들 수 있다.[13]

집단을 구분하는 가변수와 독립변수 간의 정준상관분석(canonical correlation analysis)을 하면 정준판별함수계수를 구할 수 있다. 정준상관분석을 이용한 판별함수를 정준판별함수(canonical discriminant function)라고 한다. SPSS는 정준판별함수와 정준판별함수의 값(판별점수)을 제공해 준다. 판별함수의 개수는 독립변수의 수 또는 '집단의 수 −1' 중에서

작은 값이 된다.[3, 5]

3 분류방법

판별분석의 목적 중의 하나는 새로운 개체(연구대상)를 기존에 알려진 집단 중의 하나에 배정하는 것이다. 새로운 연구대상을 어느 집단에 속하는지 분류하는 방법은 각 집단의 판별함수의 평균과 새로운 개체의 판별함수값을 비교함으로써 이루어진다.[5] 주로 사용되는 분류방법으로는 판별함수에 의해 계산되는 분류점(cutoff point)을 이용하는 방법, 분류함수의 계수를 이용하는 방법 등이 있다.

(1) 판별함수에 의한 분류점을 이용하는 방법

분류점을 이용하는 방법은 두 집단을 구분하는 분류점을 기준으로 새로운 개체를 분류하는 방법이다. 한 개의 독립변수 X를 이용하여 두 집단으로 분류하는 경우를 가정하자. X에 대한 두 집단의 분포가 크게 중복될수록 X는 두 집단을 판별하는 능력이 낮은 것이며, X에 대한 두 집단의 분포가 멀리 떨어져 있을수록 X는 두 집단을 판별하는 능력이 높은 것이다. 두 집단에 대한 분포의 분산이 서로 같다면 집단을 구분하는 분류점(cutoff point)은 집단 1에 대한 X의 중심과 집단 2에 대한 X의 중심을 평균한 값이 된다.[21]

여러 독립변수를 사용하고 집단이 2개인 경우 분류점을 기준으로 분류하는 절차는 다음과 같다. 우선 판별함수를 이용하여 집단별로 판별함수값(판별점수)의 중심을 구한다. $\overline{Y_1}$은 집단 1의 중심을, $\overline{Y_2}$는 집단 2의 중심이라고 하자. 다음 단계에서 $\overline{Y_1}$와 $\overline{Y_2}$의 평균을 두 집단의 분류점(Y_c)으로 정한다. 두 집단의 표본 크기가 같으면 분류점은 $\overline{Y_1}$와 $\overline{Y_2}$의 산술평균이 되고, 두 집단의 표본 크기가 다르면 분류점은 표본 크기를 가중치로 삼은 가중평균이 된다. 최종 단계에서 새로운 개체에 대한 판별함수값을 구한 후 이를 근거로 소속 집단을 할당한다. 집단 1의 중심이 집단 2의 중심보다 작은 경우($\overline{Y_1} < \overline{Y_2}$인 경우), 새로운 개체의 판별함수값 Y_i를 계산한 후에 $Y_i \le Y_c$이면 집단 1로 분류하고 $Y_i > Y_c$이면 집단 2로 분류한다.[6]

여러 독립변수를 사용하고 집단이 3개인 경우 분류점을 기준으로 분류하는 절차는 다음과 같다. 우선 집단 1과 2의 판별함수값의 평균 $\overline{Y_{12}}$을 구하고, 집단 2와 3의 판별점수 평균 $\overline{Y_{23}}$을 구한다. 집단 1의 중심이 집단 2의 중심보다 작고 집단 2의 중심이 집단 3의 중심보다 작다고 가정하면($\overline{Y_1} < \overline{Y_2} < \overline{Y_3}$인 경우) 분류방법은 다음과 같다. 새로운 개체의 판별점수가 $\overline{Y_{12}}$보다 작으면 집단 1에 배정하고, $\overline{Y_{12}}$와 $\overline{Y_{23}}$의 사이에 있으면 집단 2에 배정하고, $\overline{Y_{23}}$보다 크면 집단 3에 배정한다.[6]

(2) 분류함수의 계수를 이용하는 방법

집단이 2개인 경우 판별함수에서 분류점을 이용하여 집단을 간단하게 분류할 수 있으나 여러 집단의 경우 집단별 분류함수를 이용하여 소속집단을 예측할 수 있다. 이 방법은 새로운 개체의 독립변수 값을 사용하여 집단별 분류함수의 값을 구한 후 이 중에서 가장 큰 점수가 나오는 분류함수의 집단을 새로운 개체의 소속집단으로 할당하는 것이다. 여러 집단 간 중복을 최소화하면서 구분하는 것이 판별함수이고 새로운 관측치를 특정 집단으로 분류하기 위한 최적의 규칙이 분류함수이다. 집단의 수가 k이면 분류만을 목적으로 하는 분류함수의 수는 판별함수와는 달리 k가 된다.[15]

4 평균 벡터 검정

집단 간 모든 독립변수의 평균 벡터가 같은가에 대한 검정은 윌크스의 람다(Wilks' lambda)를 사용하여 검정한다. 윌크스 람다 값은 판별함수 값의 집단 내 변량을 총변량을 나눈 값으로 0과 1 사이의 값을 가진다. 윌크스의 람다 값은 0에 가까울수록 집단 내 변량은 작고 집단 간 변량은 크다는 것을 나타내므로 집단 간에 평균 차이가 있음을 의미한다.

5 개별 독립변수의 기여도 검정

집단 간 평균 벡터가 다르면, 어느 독립변수가 집단 간 평균 차이를 설명하는지 검정할 수 있다. 독립변수의 판별능력을 확인하기 위해 구조행렬(structure matrix)의 판별적재치(discriminant loading)를 사용할 수 있다. 판별적재치란 판별점수(discriminant score)와 개별 변수 간 상관계수이다. 이는 주성분분석에서 다루는 요인적재치와 같은 개념이다. 주성분분석에서 요인적재치는 주성분점수와 개별 변수 간 상관계수이다. 구조행렬(structure matrix)에서 각 판별함수별로 높은 적재치를 지닌 변수가 판별능력이 높은 변수이다.[40] 독립변수가 집단을 효과적으로 분류하는 판별력을 갖기 위해서는 판별적재치가 .40 이상이어야 한다. 판별적재치는 개별 변수가 집단 간 차이의 설명에 기여한 정도를 평가하는 데 있어서 표준화된 판별계수보다 유용성이 더 크다.[6]

6 판별함수의 정확도 평가: 분류표와 적중률

판별함수의 평가를 위해 분류표(confusion matrix)를 이용한다. 분류표는 기존에 알려진 소속 집단과 판별함수에 의해 분류된 소속 집단 사이의 교차표이다. 분류표를 통해 판별함수의 정확도를 나타내는 적중률(hit ratio)을 계산할 수 있다. 적중률은 전체 개체 중에서 정확하게 예측된 개체의 비율을 나타낸다. 어떤 자료를 사용하여 판별함수를 도출한 후 그 판별함수를 이용하여 같은 자료에 있는 개체들을 분류한 뒤 적중률을 계산하면 적중률은 과대평가되는 경향이 있다. 따라서 원칙적으로 적중률은 판별함수의 도출과정에서 사용되지 않은 개체들에 대해 적중률을 계산하는 것이 바람직하다.[6]

각 집단에 속하는 표본이 크면 판별함수의 추정에 사용되는 실행표본과 적중률의 계산에 사용되는 검증표본의 두 그룹으로 전체 표본을 나누는 것이 필요하다. 따라서 사전에 실행표본과 검증표본을 무작위로 나누어야 한다. 실행표본을 이용하여 판별함수를 도출하고, 이러한 판별함수를 사용하여 검증표본에 있는 개체들의 판별점수를 구한다. 이러한 판별점수를 근거로 개체들을 각 집단에 배정하게 되는데, 이는 판별함수가 예측하는 소속 집단이 된다. 그리고 예측된 소속 집단과 검증표본의 실제 소속 집단을 사용하여 적중률을 계산한다.[6]

3 SPSS의 활용

1 연구문제

연구문제는 '세 개의 독립변수가 기업의 건전기업 여부를 잘 판별하는가'로 설정해보자, 즉, X_1(기업의 성장성을 나타내는 재무비율로 %로 측정), X_2(기업의 수익성을 나타내는 재무비율로 %로 측정), X_3(기업의 안정성을 나타내는 재무비율로 %로 측정)이 건전기업 여부를 얼마나 잘 판별하는지 알아보고자 한다.

2 자료 입력

〈표 14-1〉 자료

	집단	x1	x2	x3
1	1	10.00	13.00	2.10
2	1	11.00	14.00	2.50
3	1	13.00	15.00	5.00
⋮				
34	2	1.00	2.00	1.00
35	2	1.50	3.00	2.00
36	2	1.90	4.00	1.00

판별분석을 위한 자료의 입력은 〈표 14-1〉에 나타난 바와 같이 집단의 구분을 나타내는 변수('집단'의 값이 1이면 건전기업, 2이면 부실기업)와 독립변수(X_1, X_2, X_3)의 값을 입력한다.

3 실행 절차

SPSS의 메뉴에서 [분석] → [분류분석] → [판별분석]을 선택하면 [그림 14-1]과 같은 창이 뜬다. 이 창에서 독립변수들을 [독립변수]의 칸으로 이동시키고 '집단'을 [집단변수]의 칸으로 이동시킨다. 집단변수를 이동시킨 후에 [범위지정]을 눌러서 최소값을 1(건전기업을 의미), 최대값을 2(부실기업을 의미)로 입력한다. 그리고 [단계선택법 사용]을 선택한다. [독립변수를 모두 입력]을 선택하면 선택된 독립변수를 한 번에 투입하여 분석하게 된다. 이 경우에는 판별력이 약한 독립변수도 포함될 수 있다. 반면에 [단계선택법 사용]을 선택하면 독립변수의 통계적 유의성에 따라 하나씩 투입하여 분석이 진행되고 단계별로 선택되는 독립변수의 기여도를 알 수 있다.

그림 14-1 판별분석 창

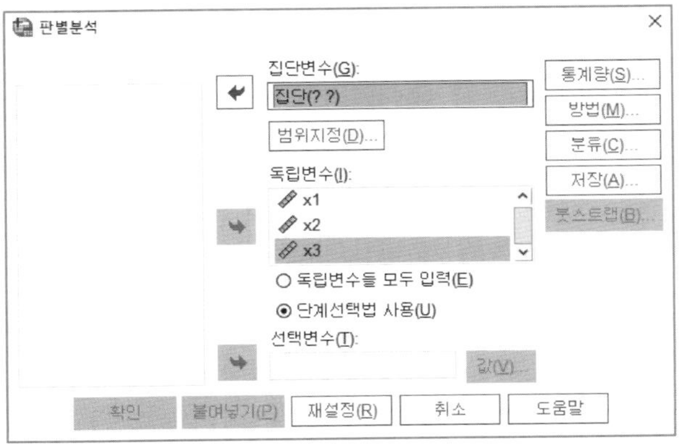

[그림 14-1]에서 [통계량]을 누르면 [그림 14-2]와 같은 창이 뜬다. 여기서 [기술통계]의 [평균], [일변량분산분석], [Box의 M]을 선택한다. [평균]을 선택하면 독립변수(집단별, 전체)에 대한 평균과 표준편차를 알 수 있다. [일변량분산분석]을 선택하면 집단 평균의 동질성에 대한 검정 결과를 얻을 수 있다. [Box의 M]을 선택하면 집단 간 공분산이 동일하다는 가정에 대한 검정 결과를 얻을 수 있다. [함수의 계수]에서 [Fisher의 방법]과 [비표준화]를 선택한다. [Fisher의 방법]을 선택하면 Fisher가 제시한 분류함수의 계수를 얻을 수 있고, [비표준화]를 선택하면 비표준화된 판별함수의 계수를 얻을 수 있다. [행렬]에서 [개별-집단 공분산 행렬]을 선택한다. [집단-내 상관행렬]을 선택한다면 모든 집단에 대한 개별 공분산의 평균을 구하여 집단 내 통합 상관행렬을 얻을 수 있다. [집단-내 공분산행렬]을 선택한다면 모든 집단에 대해 개별 공분산행렬을 얻을 수 있다. 그리고 [개별-집단 공분산 행렬]을 선택하면 각 집단에 대해 공분산행렬을 얻을 수 있다.

그림 14-2 판별분석: 통계량

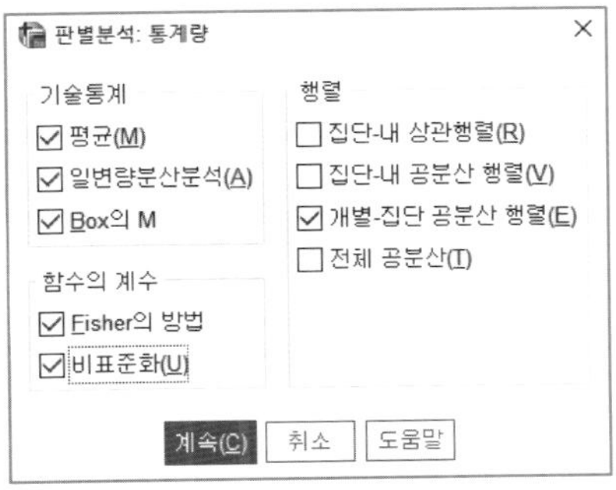

[그림 14-2]에서 [계속]을 눌러서 [그림 14-1]의 창으로 돌아간 후에 [방법]을 누른다. 그러면 [그림 14-3]과 같은 창이 뜬다. 여기서 [방법]의 [Wilks의 람다]를 선택한다. [Wilks의 람다]를 선택하면 람다 통계량에 의한 단계선택법을 선택한 것이 된다. 이는 단계마다 전체적으로 람다 값을 최소화할 변수가 입력되는 것으로 가장 중요한 변수를 먼저 판별함수에 투입하는 방법에 의한 결과를 얻을 수 있다. [기준]의 [F-값 사용]에서 [진입]은 3.84, [제거]는 2.71을 선택한다. 이는 기본으로 설정된 값이다. [F-확률 사용]을 선택하면 기본으로 설정된 값이 [진입]은 .05이고, [제거]는 .10이다. [F-값 사용]을 선택하면 독립변수의 진입 및 제거의 기준으로 F 값을 결정하는 것이 되는 반면 [F-확률 사용]을 선택하면 독립변수의 진입 및 제거의 기준으로 F 값의 유의확률 값을 결정하는 것이 된다. [표시]에서는 [단계요약]을 선택한다. [단계요약]을 선택하면 단계별로 통계량이 요약된 결과를 얻을 수 있다.

그림 14-3 **판별분석: 단계선택법**

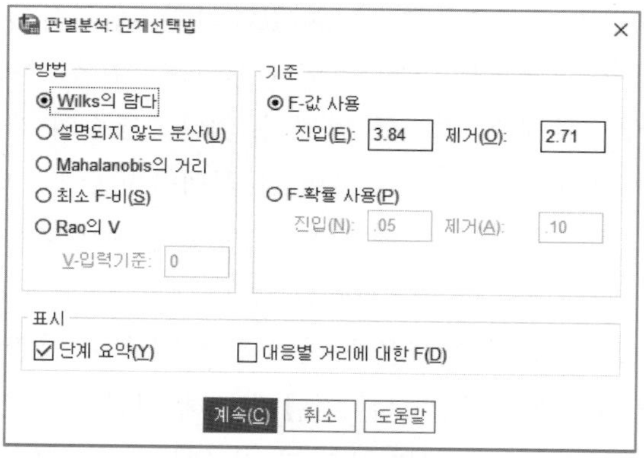

[그림 14-3]에서 [계속]을 눌러서 [그림 14-1]의 창으로 돌아간 후에 [분류]를 누른다. 그러면 [그림 14-4]와 같은 창이 뜬다. 여기서 [사전확률]과 관련하여 [모든 집단이 동일]을 선택한다. [모든 집단이 동일]을 선택하면 표본에서 차지하는 각 집단의 비율과 모집단에서 차지하는 각 집단의 비율이 같다고 가정하는 것이다. 표본에서 각 집단의 크기가 다르면 [집단 크기로 계산]을 선택하여 집단 크기에 따라 사전확률을 지정하는 것이 바람직하다. [집단 크기로 계산]을 선택하면 각 집단이 표본에서 차지하는 비율로 사전확률을 추정하여 판별분석에 적용하게 된다. [표시]에서 [각 케이스에 대한 결과]와 [요약표]를 선택한다. [각 케이스에 대한 결과]를 선택하면 케이스별로 실제 집단, 예측 집단, 사후확률, 판별점수 등을 얻을 수 있다. [요약표]를 선택하면 판별분석을 기초로

실제 및 예측 집단을 나타낸 교차표인 '혼돈행렬'을 얻을 수 있다. 혼돈행렬에서는 정확하게 할당된 케이스의 수와 그렇지 않은 케이스 수가 나타난다. 그리고 [공분산 행렬 사용]에서 [집단-내]를 선택한다.

그림 14-4 판별분석: 분류

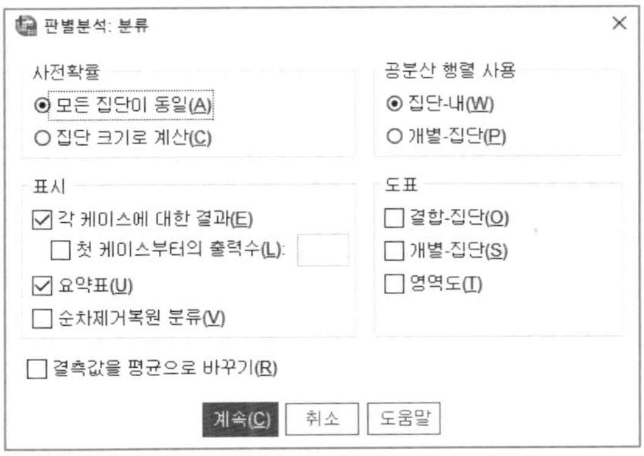

[그림 14-4]에서 [계속]을 눌러서 [그림 14-1]의 창으로 돌아간 후에 [저장]을 누른다. 그러면 [그림 14-5]와 같은 창이 뜬다.

그림 14-5 판별분석: 저장

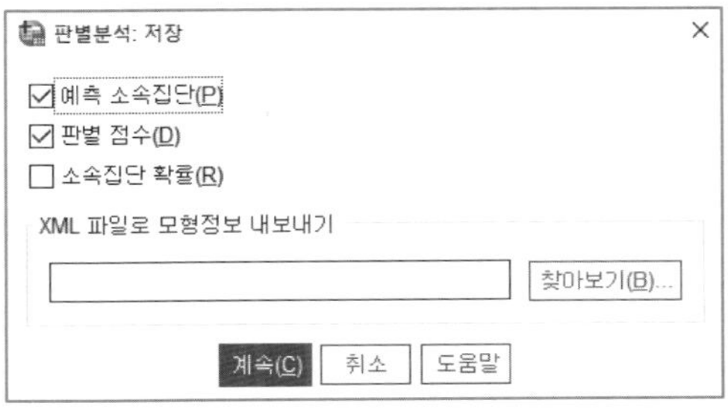

[그림 14-5]에서 [예측 소속집단]과 [판별점수]를 선택한다. [예측 소속집단]을 선택하면 자료파일에 예측된 집단을 나타내는 변수명과 해당 변수의 값이 생성되고 저장된다. [판별점수]를 선택하면 자료파일에 판별점수를 나타내는 변수명과 해당 변수의 값이 생성되고 저장된다. [그림 14-5]에서 [계속]을 누른 후 [그림 14-1]의 창에 있는 [확인]을 누르면 판별분석의 결과가 나온다.

4 결과 해석

(1) 집단별 기술통계

〈표 14-2〉 집단별 기술통계

집단통계량					
집단		평균	표준화 편차	유효 N(목록별)	
				가중되지 않음	가중됨
1	x1	8.6111	2.06195	18	18.000
	x2	10.3056	2.37102	18	18.000
	x3	7.4722	2.31664	18	18.000
2	x1	2.9944	1.24072	18	18.000
	x2	3.7778	1.69967	18	18.000
	x3	2.6667	1.41421	18	18.000
전체	x1	5.8028	3.30528	36	36.000
	x2	7.0417	3.88472	36	36.000
	x3	5.0694	3.08488	36	36.000

〈표 14-2〉에는 집단별로 독립변수의 평균과 표준편차가 나타나 있다. 그리고 집단을 합친 전체 표본에 대해서도 독립변수의 평균과 표준편차가 나타나 있다.

(2) 집단 평균의 동질성에 대한 검정

〈표 14-3〉 집단 평균의 동질성에 대한 검정

집단평균의 동질성에 대한 검정					
	Wilks의 람다	F	자유도1	자유도2	유의확률
x1	.257	98.056	1	34	.000
x2	.274	90.124	1	34	.000
x3	.376	56.426	1	34	.000

〈표 14-3〉에서 제시된 윌크스의 람다 값은 집단 내 변량을 총변량을 나눈 값으로 0과 1 사이의 값을 가진다. 윌크스의 람다 값은 0에 가까울수록 집단 내 변량은 작고 집단 간 변량은 크다는 의미이므로 집단 간에 크다는 것을 의미한다. F 값이 크면 집단 간 변량이 크다는 것을 의미한다. 따라서 윌크스의 람다 값이 작다는 것은 F 값이 크다는

것과 연계된다. 3개의 독립변수 중에서 X_1의 람다 값은 .257로 가장 작고 F 값은 98.056으로 가장 큰 것으로 나타났다. 독립변수 X_1, X_2, X_3은 각각 F 값의 유의확률이 .05보다 작아서 유의수준 .05에서 집단 간에 각 독립변수의 평균은 유의한 차이가 있는 것으로 나타났다.

(3) 집단별 공분산행렬

〈표 14-4〉 집단별 공분산행렬

공분산 행렬				
집단		x1	x2	x3
1	x1	4.252	.361	.606
	x2	.361	5.622	1.730
	x3	.606	1.730	5.367
2	x1	1.539	.693	.916
	x2	.693	2.889	.686
	x3	.916	.686	2.000

판별분석은 각 집단의 공분산 행렬(분산-공분산 행렬)이 동일하다는 가정에 근거한다. 각 집단의 공분산 행렬이 서로 같다는 가정을 검정하기에 앞서 두 집단의 공분산 행렬이 유사한 정도는 〈표 14-4〉에 나타난 집단별 공분산 행렬을 통해서 직관적으로 파악할 수 있다. 두 집단의 공분산 행렬이 유사한지 여부에 대한 직관적인 판단은 연구자에 따라 다를 수 있으므로 객관적인 검정인 Box의 검정이 필요하다.

(4) 공분산 행렬의 동일성에 대한 Box의 검정

〈표 14-5〉 Box의 검정

검정 결과		
Box의 M		7.319
F	근사법	2.284
	자유도1	3
	자유도2	208080.000
	유의확률	.077

모집단 공분산 행렬이 동일하다는 영가설을 검정합니다.

각 집단 간 공분산 행렬이 동일하다는 가정을 객관적으로 검정하기 위해 공분산 행렬의 동일성에 대한 Box의 검정이 필요하다. 〈표 14-5〉에서 Box의 M은 7.319이고 유의확률이 .05보다 크므로 집단 간 공분산 행렬이 동일하다는 영가설을 기각할 수 없다. 집단 간 공분산 행렬이 동일하다는 영가설이 기각되면, 선형 판별함수가 아니라 2차 판별함수(quadratic discriminant function)를 고려할 수도 있다.[13]

(5) 단계선택법에 따른 입력/제거된 변수

〈표 14-6〉 단계선택법에 따른 결과

입력/제거된 변수[a,b,c,d]									
단계	입력된	Wilks의 람다							
		통계량	자유도1	자유도2	자유도3	정확한 F			
						통계량	자유도1	자유도2	유의확률
1	x1	.257	1	1	34.000	98.056	1	34.000	.000
2	x2	.172	2	1	34.000	79.415	2	33.000	.000

각 단계에서 전체 Wilks의 람다를 최소화하는 변수가 입력됩니다.
a. 최대 단계 수는 6입니다.
b. 입력에 대한 최소 부분 F는 3.84입니다.
c. 제거에 대한 최대 부분 F는 2.71입니다.
d. F 수준, 공차 또는 VIN 부족으로 계산을 더 수행할 수 없습니다.

〈표 14-6〉을 보면 단계선택법에 의해 진입된 변수는 X_1과 X_2이고 제거된 변수는 X_3이다. 여기서는 단계선택법 중에서 윌크스의 람다 방식을 지정했다. 이는 전체적으로 윌크스의 람다 값을 최소화하는 변수를 투입하는 방식이다. 세 가지 변수 중에서 X_1과 X_2에 대한 F 값이 각각 98.056($p = .000$), 79.415($p = .000$)로 통계적으로 유의하게 나타났다.

(6) 정준 판별함수의 요약

〈표 14-7〉 판별함수의 고유값

고유값				
함수	고유값	분산의 %	누적 %	정준 상관
1	4.813[a]	100.0	100.0	.910

a. 첫 번째 1 정준 판별함수가 분석에 사용되었습니다.

판별함수의 수는 '집단의 수−1'과 '독립변수의 수' 중에서 작은 값이 된다. 여기서는 집단의 수가 2개이고 판별분석에 최종적으로 사용된 독립변수의 수가 2개이므로 판별함수는 1개가 도출됐다.

〈표 14-7〉에서 판별함수의 고유값은 4.813으로 나타났다. 고유값은 집단 간 분산을 집단 내 분산으로 나눈 비율이다. 여러 개의 고유값이 있는 경우 그 상대적 크기는 각각의 판별함수가 총분산을 어느 정도 설명하는가를 나타낸다. 따라서 고유값이 클수록 판별함수의 기여도가 크다. 정준상관계수는 고유값과 비슷한 의미로 판별점수와 집단 간의 관련 정도를 나타내므로 그 값이 클수록 판별력은 우수하다.[3]

〈표 14-8〉 판별함수: 윌크스의 람다

Wilks의 람다				
함수의 검정	Wilks의 람다	카이제곱	자유도	유의확률
1	.172	58.083	2	.000

〈표 14-8〉은 판별함수에 대한 정보로 윌크스의 람다 값을 제시하고 있다. 그리고 카이제곱 값을 이용하여 판별함수의 유의성을 검정한 결과를 제시하고 있다. 여기서 영가설은 모든 독립변수들의 평균 벡터는 집단 간에 같다는 것이다. 유의확률이 .05보다 작으므로 유의수준 .05에서 영가설은 기각되었다. 〈표 14-3〉의 결과(집단 간 개별 변수 평균의 동질성에 대한 검정의 결과) 이전에 〈표 14-8〉의 결과(집단 간 평균 벡터에 대한 검정의 결과)를 먼저 해석하는 것이 적절하다.

(7) 표준화된 판별함수

〈표 14-9〉 표준화된 판별함수의 계수

표준화 정준 판별함수 계수	
	함수
	1
x1	.678
x2	.640

각 판별변수의 측정단위가 서로 다를 수 있으므로 표준화 정준 판별함수가 유용하게 사용될 수 있다. 〈표 14-9〉를 보면 표준화된 정준 판별함수는 다음과 같다.

$$\text{표준화된 판별함수: } Z = .678X_1 + .640X_2 \quad (14\text{-}2)$$

(8) 구조행렬

구조행렬에는 판별함수와 독립변수 간의 상관계수를 나타내는 판별적재치(discriminant loading)가 나타나 있다. 판별적재치는 각각의 독립변수들이 집단 판별에 미치는 상대적 기여도를 나타낸다. 〈표 14-10〉을 보면 변수 X_1과 판별함수 간의 상관계수는 .774인데, 이 값은 변수 X_1이 집단 판별에 기여하는 정도를 보여준다. X_1은 X_2보다 집단 판별에 기여하는 정도가 높다.

〈표 14-10〉 구조행렬

구조행렬	
	함수
	1
x1	.774
x2	.742
x3[a]	.353

판별변수와 표준화 정준 판별함수 간의 집단-내 통합 상관행렬.
변수는 함수 내 상관행렬의 절대값 크기순으로 정렬되어 있습니다.
a. 이 변수는 분석에 사용되지 않습니다.

(9) 비표준화 판별함수

〈표 14-11〉 판별함수의 계수

정준 판별함수 계수	
	함수
	1
x1	.398
x2	.310
(상수)	−4.498

비표준화 계수

〈표 14-11〉을 보면 비표준화 판별함수는 다음과 같다.

비표준화 판별함수: $Y = -4.498 + .398X_1 + .310X_2$ (14-3)

표준화 판별함수에는 절편(상수)이 없는 반면 비표준화 판별함수에는 절편이 있다.

비표준화 계수는 변수의 상대적 기여도를 판단하는 데 사용할 수 없다. 이러한 비표준화 판별함수에 표본에 있는 X_1과 X_2의 관측치를 대입하면 케이스별로 판별점수의 값이 도출된다.

[그림 14-5]에서 [판별점수]를 선택했다면 [데이터 보기] 창에 판별점수를 나타내는 변수명과 해당 변수의 값이 자동으로 생성되고 저장된다. 만약에 판별점수를 직접 계산하고 싶다면 SPSS의 메뉴에서 [변환] → [변수 계산]을 선택한 후에 [목표변수]에 'Y'를 넣고 [숫자 표현식]에 '−4.498+.398 * x1+.310 * x2'를 기입하면 [데이터 보기] 창에 판별점수를 나타내는 Y의 값이 계산되어 저장된다.

(10) 판별함수의 집단 중심값

〈표 14-12〉에는 집단 평균에 의해 평가된 비표준화 정준판별함수의 집단 중심(centroid) 값이 제시되어 있다. 집단 1(건전 기업)의 평균 판별점수는 2.132, 집단 2(부실 기업)의 평균 판별점수는 −2.132이다. 분류기준은 두 집단 중심값의 평균으로 0이다. 따라서 어떤 개체(연구대상)의 판별함수값(판별점수)이 0보다 크면 건전 기업, 작으면 부실 기업으로 분류한다.

〈표 14-12〉 판별함수의 집단 중심값

함수의 집단 중심값	
집단	함수
	1
1	2.132
2	−2.132

표준화하지 않은 정준 판별함수가 집단 평균에 대해 계산되었습니다.

(11) 집단에 대한 사전확률

〈표 14-13〉 집단에 대한 사전확률

집단	사전확률	분석에 사용된 케이스	
		가중되지 않음	가중됨
1	.500	18	18.000
2	.500	18	18.000
전체	1.000	36	36.000

〈표 14-13〉을 보면 집단 1(건전 기업)과 집단 2(부실 기업)의 사전확률은 .500으로 서로 같다.

(12) 분류함수 계수

〈표 14-14〉에는 집단별로 분류함수의 계수가 나타나 있다. 집단의 수가 2개이므로 분류함수는 2개이다.

〈표 14-14〉 분류함수의 계수

분류 함수 계수		
	집단	
	1	2
x1	2.592	.893
x2	2.101	.777
(상수)	−22.677	−3.498

Fisher의 선형 판별함수

$$\text{건전기업 집단의 분류함수: } -22.677 + 2.592X_1 + 2.101X_2 \quad (14\text{-}4)$$

$$\text{부실기업 집단의 분류함수: } -3.498 + .893X_1 + .777X_2 \quad (14\text{-}5)$$

소속집단을 알 수 없는 새로운 개체에 대해 소속집단을 예측할 경우에 분류함수를 사용할 수 있다. 예를 들어 새로운 개체의 X_1의 값은 5이고 X_2의 값은 13이라고 하자. 이 경우에 집단 1(건전기업 집단)의 분류함수 값은 17.61이고 집단 2(부실기업 집단)의 분류함수 값은 11.07이 된다. 이 중에서 가장 큰 점수가 나오는 분류함수의 집단에 새로운 개체를 할당하게 된다. 따라서 해당 개체는 집단 1에 할당된다.

(13) 분류 결과

〈표 14-15〉 분류 결과

분류 결과[a]					
		집단	예측 소속집단		전체
			1	2	
원래값	빈도	1	17	1	18
		2	0	18	18
	%	1	94.4	5.6	100.0
		2	.0	100.0	100.0

a. 원래의 집단 케이스 중 97.2%이(가) 올바로 분류되었습니다.

〈표 14-15〉는 표본에 있는 연구대상에 대해 소속 집단을 분류한 결과이다. 건전기업의 경우 18개 중에서 17개가 정확히 분류되었고 부실기업의 경우 18개 모두가 정확히 분류되었다. 전체적으로 97.2%의 적중률을 보인다.

자료를 보면 실제 소속집단이 집단 1인데 예측 소속집단이 집단 2로 틀리게 분류된 케이스는 변수 X_1의 값은 5이고 변수 X_2의 값은 8이다. 이 개체에 대해 판별함수의 분류점을 이용하여 분류한 결과와 분류함수의 계수를 이용하여 분류한 결과가 어떻게 나타나는지 살펴보자. 먼저 판별함수를 통한 분류점에 의한 분류 결과의 과정을 살펴보기로 한다. 〈표 14-12〉의 결과에 따라 집단 1의 중심(2.132)과 집단 2의 중심(−2.132)의 평균인 0이 두 집단의 분류점이 된다. 〈표 14-11〉의 결과를 이용하여 이 개체의 판별함수값을 구해보자. 이 개체의 독립변수 값을 판별함수($-4.498 + .398X_1 + .310X_2$)에 대입하면 판별함수값은 −0.03이 된다. 판별함수값이 분류점보다 작고, 집단 1의 중심이 집단 2의 중심보다 크므로 판별함수값 −0.03을 가진 개체는 집단 2로 분류되었다.

다음으로 분류함수를 통한 분류 결과의 과정을 살펴보기로 한다. 〈표 14-14〉의 결과를 이용하면 집단 1의 분류함수는 $-22.677 + 2.592X_1 + 2.101X_2$이고 집단 2의 분류함수는 $-3.498 + .893X_1 + .777X_2$이다. 여기에 해당 개체의 독립변수들의 값을 대입하면 집단 1의 분류함수값은 7.09이고 집단 2의 분류함수값은 7.18이다. 따라서 해당 개체는 분류함수값이 높게 나온 집단 2에 분류되었다.

요약

- 판별분석은 소속집단이 알려진 개체로부터 변수들을 이용하여 두 개 이상의 집단을 잘 분류하는 판별함수를 만든 후에 이를 바탕으로 소속집단을 모르는 새로운 개체에 대해서도 어떤 집단에 소속될지 예측하는 방법이다. 판별분석의 목적은 개체의 소속집단을 정확하게 분류할 확률을 최대화하는 독립변수들의 함수를 추정하는 것이다.
- 판별분석의 절차는 독립변수의 선택, 판별함수의 추정, 분류방법의 선택, 평균 벡터 검정, 개별 독립변수의 기여도 검정, 판별함수의 정확도 평가 등을 따른다.
- 독립변수의 선택: 소속집단을 구분할 수 있는 변별력이 높은 변수의 선택을 위해서 많은 변수를 고려해야 하고 상관관계가 높지 않은 변수들을 선택해야 한다.
- 판별함수의 추정: 소속집단이 알려진 연구대상에 대해 판별 오류가 최소가 되도록 하는 독립변수들의 선형함수를 추정한다.
- 분류방법: 새로운 개체가 어느 집단에 속하는지 분류하는 방법은 판별함수에 의해 계산되는 분류점을 이용하는 방법, 분류함수의 계수를 이용하는 방법 등이 있다. 판별함수의 수는 '집단의 수−1'과 '독립변수의 수' 중에서 적은 수이고, 분류함수의 수는 집단의 수와 같다.
- 평균 벡터 검정: 집단 간 모든 독립변수의 평균 벡터가 동일한가에 대한 검정으로 윌크스의 람다를 사용하여 검정한다.
- 개별 변수의 기여도 검정: 집단 간 평균 벡터가 다르면, 어느 독립변수가 집단 간 평균 차이를 잘 설명하는지 개별 독립변수의 기여도를 검정할 수 있다. 독립변수의 판별능력을 확인하기 위해 구조행렬의 판별적재치를 사용할 수 있다. 판별적재치는 판별함수와 독립변수 간의 상관계수를 나타낸다. 각 판별함수별로 높은 판별적재치를 지닌 독립변수가 집단 판별의 기여도가 높은 변수이다.
- 판별함수의 정확도 평가: 분류표는 기존에 알려진 소속집단과 판별함수에 의해 분류된 소속집단 사이의 교차표이다. 분류표를 통해 판별함수의 정확도를 나타내는 적중률을 계산할 수 있다.

제15장

공분산분석

1. 공분산분석의 개요
2. 공분산분석의 모형
3. 공분산분석의 가정
4. 공분산분석의 주요 개념
5. 공분산분석 결과의 해석
6. SPSS의 활용

1 공분산분석의 개요

1 분산분석과 공분산분석의 비교

공분산분석(covariance analysis: ANCOVA)은 분산분석을 확장시킨 방법이다. 공분산분석은 분산분석과 마찬가지로 요인이 종속변수에 미치는 효과에 초점을 두면서 분산분석과는 다르게 공변수(coavariate)가 종속변수에 미치는 효과도 고려한다. 공변수는 공변량이라고도 한다. 공분산분석은 분산분석에서 공변수를 추가로 투입해서 공변수가 종속변수에 미치는 효과를 통제하기 때문에 분산분석에 비해 요인이 종속변수에 미치는 효과를 보다 순수하게 파악할 수 있다. 공분산분석은 한 개 이상의 공변수를 통제하면서 요인의 값(수준)에 의해 구분된 집단에 따라 종속변수의 평균 차이가 있는지를 분석한다. 공분산분석은 요인의 효과를 확인하는 분산분석에 추가적으로 회귀분석을 통해 공변수가 종속변수에 미치는 효과를 통제하기 때문에 분산분석과 회귀분석의 결합으로 볼 수 있다.[56]

분산분석은 종속변수의 변량(variation)을 요인에 의해 설명된 변량과 요인으로 설명되지 않는 오차 변량으로 구분하여 분석한다. 실험연구의 경우 요인의 의해 설명된 변량은 처치효과 또는 처리효과(treatment effect)에 의해 설명된 변량이라고 한다. 반면에 공분산분석은 요인에 의해 설명된 변량, 공변수에 의해 설명된 변량, 그리고 오차로 간주하는 변량으로 구분하여 분석한다. 공변수가 없었다면 오차의 일부분으로 취급될 체계적 변량을 확인하는 것이 바로 공변수이다. 따라서 공분산분석은 분산분석보다 오차로 취급되는 변량이 작아서 요인이 종속변수에 미치는 효과에 대한 유의성 검정의 정확도가 더 높아진다. 분산분석에서 요인의 효과가 포착되지 않은 경우에도 공분산분석에서 요인의 효과가 포착될 수 있다[10, 56]

공분산분석에서는 분산분석과 마찬가지로 요인은 명목척도로 측정되어야 하고 종속변수는 등간척도나 비율척도로 측정되어야 한다. 그리고 공변수는 등간척도나 비율척도로 측정되어야 한다. 공분산분석은 한 개의 종속변수, 한 개 이상의 요인, 한 개 이상의 공변수를 허용한다.

2 공분산분석의 가설

공분산분석의 가설 형태는 분산분석의 가설 형태와 약간 다르다. 분산분석에서 일반적으로 귀무가설은 '집단에 따라 종속변수 평균에 차이가 없다'는 것이고 대립가설은 '집단에 따라 종속변수 평균에 차이가 있다'는 것이다. 반면에 공분산분석에서 일반적으로 귀무가설은 '공변수를 통제하는 경우(공변수의 효과를 제거하는 경우), 집단에 따라 종속변수 평균에 차이가 없다'는 것이고 대립가설은 '공변수를 통제하는 경우(공변수의 효과를 제거하는 경우), 집단에 따라 종속변수 평균에 차이가 있다'는 것이다.[28]

3 공분산분석의 활용

심리학, 교육학 등 여러 분야에서 공분산분석은 자주 활용된다. 예를 들면 교육학 분야에서 학생의 개인적 특성(예 지능지수, 동기 등)과 같이 학업성과에 영향을 미칠 수 있는 변수의 효과를 통제하면서 교육방법의 유형이 학업성과에 미치는 효과를 분석하고자 하는 경우 공분산분석을 사용할 수 있다. 특히 실험연구에서 공분산분석은 자주 활용되고 있다. 실험 연구에서 피험자의 개인적 특성이 종속변수에 영향을 미치는 경우가 많으므로 개인적 특성의 변수를 공변량으로 설정하여 그 효과를 통제하면서 집단 간 평균 차이를 분석할 수 있다. 실험연구에서는 개인적 특성을 비롯한 많은 혼란변수(confounding variables)의 값이 실험집단과 통제집단에 서로 비슷하게 분포되도록 무작위배치를 한다. 그러나 무작위배치 후에도 실험집단과 통제집단 간의 사전검사 점수는 차이가 날 수 있다. 이러한 사전검사 점수의 차이를 통제하면서 요인이 종속변수에 미치는 효과를 분석하는 경우 공분산분석은 적절하게 활용될 수 있다. 종속변수에 영향을 미칠 수 있는 혼란변수를 고려한다면 공분산분석은 분산분석보다 우월한 방법이다.[56]

2 공분산분석의 모형

한 개의 요인과 한 개의 공변수가 있는 경우 모집단을 대상으로 한 공분산분석의 모형은 다음과 같다.

$$Y_{ij} = \mu + \alpha_i + \beta(X_{ij} - \overline{X}) + \epsilon_{ij} \qquad (15\text{-}1)$$

식 (15-1)에서 Y_{ij}는 i번째 집단의 j번째 사례의 종속변수 값이다. μ는 모집단 내의 여러 집단을 포함하는 경우의 종속변수의 모평균이다. $\alpha_i(=\mu_i - \mu)$는 요인의 수준에 따른 효과로 i번째 집단의 효과인데, 실험설계의 경우 처치효과로 표현하기도 한다. 각 집단의 효과를 모두 더하면 0이 된다. X_{ij}는 i번째 집단의 j번째 사례의 공변수 값이고, $\overline{X}$는 공변수 평균이다. β는 공변수의 효과를 나타내는 비표준회귀계수이다. ϵ_{ij}는 i번째 집단의 j번째 사례의 오차이다. 분산분석 모형과 마찬가지로 공분산분석 모형에서도 오차는 평균이 0이고 분산이 σ^2인 정규분포로부터 독립적으로 추출되었다고 가정한다.

식 (15-1)의 공분산분석 모형은 분산분석 모형에 공변수를 추가한 모형이다. 따라서 공분산분석 모형과 분산분석 모형의 차이점은 $\beta(X_{ij} - \overline{X})$ 부분이다. 회귀계수 β는 여러 집단(예 실험집단과 통제집단)의 회귀계수 값을 통합하여 추정한 값으로 집단이 달라도 같은 회귀계수 값을 갖는다고 가정한다. 이같이 여러 집단의 회귀계수가 같다는 가정은 회귀계수의 동일성(homogeneity of regression slope) 가정이라고 한다. 만일 회귀계수가 집단별로 같지 않다면 통합된 회귀계수를 사용할 수 없으므로 공분산분석 모형을 사용할 수 없다.[20] 식 (15-1)의 양변에서 공변수 부분을 빼면 다음과 같다.

$$Y_{ij} - \beta(X_{ij} - \overline{X}) = \mu + \alpha_i + \epsilon_{ij} \qquad (15\text{-}2)$$

식 (15-2)의 좌변은 종속변수가 공변수의 효과에 대해 조정된 것이다. 분산분석의 모형($Y_{ij} = \mu + \alpha_i + \epsilon_{ij}$)과 비교해보면 분산분석에서는 조정되지 않은(unadjusted) Y_{ij}가 사용되는 반면 공분산분석에서는 조정된(adjusted) Y_{ij}가 사용된다.

3 공분산분석의 가정

공분산분석을 사용하기 위한 전제조건 또는 가정은 분산분석의 가정(독립성, 정규성, 등분산성) 외에 회귀계수의 동일성, 공변수에 대한 가정 등이 추가된다. 따라서 공분산분석 모형에만 적용되는 회귀계수의 동일성 가정과 공변수에 대한 가정에 대해 살펴보기로 한다.

1 회귀계수의 동일성 가정

회귀계수의 동일성 가정은 공변수와 종속변수 간의 관계를 나타내는 회귀계수가 집단(요인의 수준)별로 같아야 한다는 것이다. 이러한 가정으로 인해 식 (15-1)에서 회귀계수 β는 통합된(pooled) 회귀계수이고 집단의 구분을 나타내는 하첨자가 없다. 이러한 가정의 충족 여부는 집단별로 공변수와 종속변수 간의 관계를 나타내는 회귀계수가 같은지 확인함으로써 직접적으로 검토할 수 있다. 간접적으로 검토하는 방법은 요인과 공변수 간의 상호작용항의 통계적 유의성을 확인하는 것이다. 상호작용항이 통계적으로 유의하면 공변수와 종속변수 간의 관계가 집단에 따라 달라진다는 것을 의미한다. 따라서 회귀계수의 동일성 가정이 충족되려면 상호작용항이 통계적으로 유의하지 않아야 한다.[20, 56]

2 공변수에 대한 가정

공분산분석 모형에서는 공변수 값의 범위가 집단별로 같다는 가정을 충족해야 한다. 공변수의 범위가 집단별로 다르더라도 공변수의 효과 크기가 집단별로 0.05×표준편차에서 0.25×표준편차까지의 범위이면 그러한 가정을 충족시키는 것으로 본다. 공변수의 효과 크기가 0.05×표준편차 미만이면 공분산분석은 불필요한 반면 공변수의 효과 크기가 0.25×표준편차 이상이면 각 집단에서 공변수 값이 너무 작거나 큰 관측치를 제거해 볼 수 있다. 이렇게 해도 공변수의 효과 크기가 집단 간에 차이가 크다면 공분산분석은 부적절하다.[20]

4 공분산분석의 주요 개념

1 공변수의 선택 조건

공분산분석에 사용될 수 있는 공변수의 조건으로 상관관계와 관련된 것은 다음과 같다.[56] 첫째, 공변수는 종속변수와 상관관계가 있어야 한다. 공변수와 종속변수 간의 상관관계가 높으면 종속변수의 변량 중에서 공변수가 설명하는 부분이 커지고 오차의 분산이 줄어서 공분산분석 모형의 설명력이 높아진다. 그러나 공변수와 종속변수 간의 상관계수가 어느 정도여야 하는가에 대해서는 연구자에 따라 0.3 이상[20], 0.4 이상[56], 0.6 이상[10] 등 다양한 견해를 보인다. 둘째, 두 개 이상의 공변수가 공분산분석에 사용되는 경우 공변수 간 상관관계는 낮아야 한다. 독립변수 간 상관관계가 높으면 공선성 문제를 야기하여 분석결과의 편향과 불안정성을 초래하기 때문이다. 셋째, 공변수와 요인 간 상관관계는 낮아야 한다. 공변수와 요인 간 상관관계가 높으면 공선성 문제를 야기할 뿐만 아니라 공변수의 효과와 요인의 효과가 섞여서 요인의 효과가 불명확해진다. 따라서 공변수와 요인 간 상관관계는 없는 것이 가장 이상적이고 그 상관관계는 낮을수록 공분산분석의 해석에 있어서 편향을 줄여준다.

2 조정평균

공분산분석은 공변수의 영향을 통계적으로 조정한 후 집단 간 종속변수의 평균 차이를 검정한다. 공변수의 영향을 통계적으로 조정한 후 얻은 평균은 조정평균(adjusted mean) 또는 추정된 한계평균(estimated marginal mean: EMM)이라고 한다. 조정평균은 공변수의 특정 값(주로 공변수의 평균값)으로 공변수를 통제했을 때의 종속변수의 평균을 뜻한다. 공분산분석에서 조정평균은 일반적인 기술통계에서 나타나는 평균과 다르다. 공분산분석에서는 조정평균을 중심으로 결과를 해석해야 한다.[20] 분산분석을 실시한 후 사후 검정의 일 대 일 비교에서 평균값은 각 집단별 종속변수의 평균값이다. 그러나 공분산분석을 실시한 후 사후 검정의 일 대 일 비교에서 평균값은 공변수가 평균값을 가졌다고 가정한 후 계산된 집단별 종속변수의 조정평균 값이다.[8]

5 공분산분석 결과의 해석

분산분석과 마찬가지로 전체 공분산분석 모형에 대한 통계적 유의성 검정은 F-검정을 통해 이루어진다. 공분산분석에서 F-검정이 통계적으로 유의하면 공변수를 고려할 때 최소한 두 집단 간의 차이가 있다고 본다.

분산분석과 마찬가지로 공분산분석에서 독립변수(요인과 공변수)의 효과 크기는 부분 에타 제곱(partial η^2)으로 측정한다. 부분 에타 제곱은 효과 제곱합을 총제곱합으로 나눈 것이다. 부분 에타 제곱이 0.01 정도면 효과 크기가 작은 것으로, 0.06 정도면 중간 정도로, 0.14 이상이면 큰 것으로 판단한다.[28]

그리고 일 대 일 비교를 통해 두 집단 간의 평균 차이가 통계적으로 유의한가를 검정할 수 있다. 두 집단 간의 평균 차이에 대한 효과 크기는 코헨의 d(Cohen's d), 헤지스의 g(Hedges' g) 등에 의해 측정된다.[45, 60] 일반적으로 헤지스의 g가 선호되는데 다음과 같이 계산된다.

$$g = \frac{\overline{Y_1^{'}} - \overline{Y_2^{'}}}{\sqrt{\frac{(n_1-1)S_1^2 + (n_2-1)S_2^2}{n_1+n_2-2}}} \tag{15-3}$$

식 (15-3)에서 $\overline{Y_1^{'}}$, $\overline{Y_2^{'}}$는 집단 1과 집단 2의 조정평균으로 공변수 값을 통제했을 때의 평균이다. n_1, n_2는 각각 집단 1과 집단 2의 표본 크기이다. 그리고 S_1^2, S_2^2은 각각 집단 1과 집단 2의 조정 전(공변수 값을 통제하지 않았을 때) 종속변수의 분산이다. 헤지스의 g가 .20이면 효과 크기는 작다고, .50이면 중간 정도로, .80 이상이면 크다고 판단한다.[20, 44]

공분산분석의 결과를 보고할 때 각 집단의 종속변수 평균치를 보여주는 그래프는 집단 간 차이에 대한 직관적 이해를 높여준다. 수직축에 종속변수의 평균치와 수평축에 집단을 나타내는 그래프를 사용할 수도 있고, 집단별로 종속변수의 다섯 가지 특성을 요약한 상자도표를 사용할 수도 있다.[56]

6 SPSS의 활용

1 자료 입력

어떤 사람들을 대상으로 공부시간의 영향을 통제하면서 요인(교재유형)과 종속변수(점수) 간의 인과관계를 분석하고자 한다. 공분산분석을 실행하려면 등간척도 이상의 종속변수와 공변수(공변량) 그리고 명목척도의 요인이 있어야 한다. 통제변수에 해당하는 공변수(공변량)는 한 개 이상을 설정한다. 여기서는 〈표 15-1〉에 나타난 바와 같이 종속변수는 점수, 공변수는 공부시간, 요인은 교재유형으로 각각 설정하여 공분산분석을 실행하고자 한다.

〈표 15-1〉 자료

	교재유형	공부시간	점수
1	1	170	80
2	1	190	85
3	1	185	82
⋮			
16	3	175	52
17	3	220	58
18	3	160	53

2 회귀계수의 동일성 가정의 검토

회귀계수의 동일성 가정이 충족되려면 요인과 공변수 간의 상호작용항은 통계적으로 유의하지 않아야 한다.

(1) 분석 절차

SPSS의 메뉴에서 [분석] → [일반선형모형] → [일변량]을 선택하면 [그림 15-1]과 같은 창이 뜬다. 이 창에서 종속변수인 '점수'를 [종속변수]의 칸으로, 집단을 구분하는 요인에 해당하는 '교재유형'을 [고정요인]의 칸으로, 통제하고자 하는 변수인 '공부시간'을 [공변량]의 칸으로 각각 이동시킨다. 선택 메뉴인 [모형]을 누르면 [그림 15-2]와 같은 창이 나타난다.

그림 15-1 일변량 분석

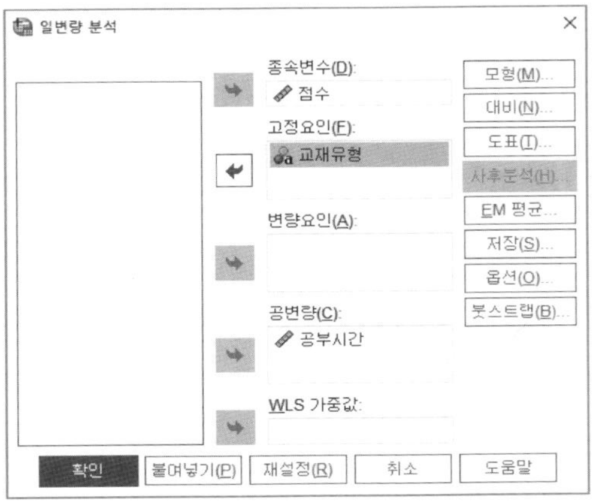

그림 15-2 일변량: 모형

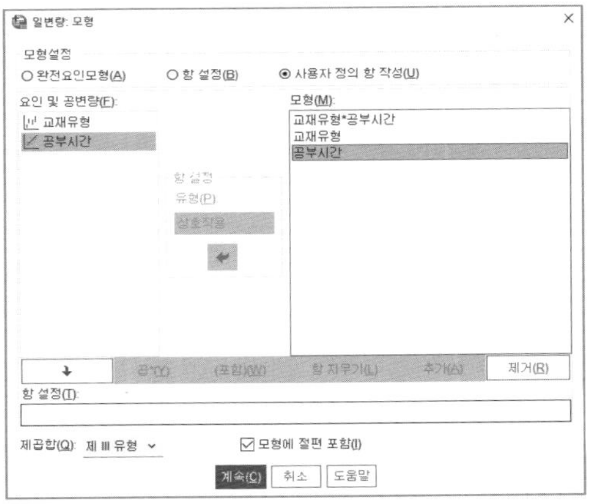

〈그림 15-2〉의 [모형설정]에서 [완전요인모형]이 기본으로 설정되어 있으나 [사용자 정의 항 작성]을 선택한다. 우선 연구자는 상호작용항을 만들어야 한다. [요인 및 공변량]의 칸에 있는 '교재유형'에 대해 화살표 버튼(↓)을 눌러서 [항 설정]의 칸으로 옮긴 후에 곱하기 버튼(곱*(Y))을 누르고 '공부시간'에 대해 화살표 버튼(↓)을 눌러서 [항 설정]의 칸으로 옮기면 상호작용항인 '교재유형 * 공부시간'이 생성된다. 이 상호작용항을 [모형]의 칸으로 이동시키기 위해 추가 버튼(추가(A))을 누른다. 그리고 '교재유형'은

화살표 버튼을 눌러서 [항 설정]의 칸으로 옮긴 후에 추가 버튼을 눌러서 [모형]의 칸으로 이동시킨다. '공부시간'도 같은 방식으로 이동시킨다. [계속]을 누른 후에 [확인]을 누르면 분석결과가 출력된다.

(2) 결과 해석

〈표 15-2〉는 회귀계수의 동일성 가정에 대한 검정 결과를 포함하고 있다. 요인(교재유형), 공변수(공부시간), 요인과 공변수의 상호작용항(교재유형 * 공부시간)이 포함된 모형에서 상호작용의 효과가 통계적으로 유의하지 않아야 회귀계수의 동일성 가정이 충족된다. 상호작용항인 교육방법 * 공부시간의 유의확률이 .177이다. 따라서 유의수준 .05에서 회귀계수의 동일성 가정은 충족되는 것으로 해석한다.

〈표 15-2〉 개체 간 효과 검정

종속변수: 점수					
원인	제Ⅲ유형 제곱합	자유도	평균제곱	F	유의확률
수정된 모형	4575.417[a]	5	915.083	93.788	.000
절편	454.702	1	454.702	46.603	.000
교재유형 * 공부시간	39.202	2	19.601	2.009	.177
교재유형	189.957	2	94.978	9.734	.003
공부시간	117.838	1	117.838	12.077	.005
추정값[오차 ?]	117.083	12	9.757		
전체	77273.000	18			
수정된 합계	4692.500	17			

a. R 제곱=.975 (수정된 R 제곱=.965)

3 공변수에 대한 가정의 검토

공분산분석을 하려면 공변수 값의 범위가 집단별로 같다는 가정을 충족해야 한다. 그러나 공변수의 범위가 집단별로 다르더라도 공변수의 효과 크기가 집단별로 0.05×표준편차에서 0.25×표준편차까지의 범위이면 해당 가정이 충족된다고 할 수 있다. 공변수에 대한 집단 간 효과 크기의 검토는 집단이 두 개인 경우 한 번의 집단비교로 끝나지만 집단이 세 개인 경우 세 번의 집단비교(집단 1과 2, 집단 1과 3, 집단 2와 3)가 필요하다. 공분산분석을 활용한 기존 연구를 보면 공변수에 대한 가정의 검토는 회귀계수의 동일성 가정의 검토에 비해 잘 다루어지지 않는 편이다.

(1) 분석 절차

메뉴에서 [분석] → [평균비교] → [평균분석]을 선택하면 [그림 15-3]의 창이 뜬다. [평균분석] 창에서 공변량인 '공부시간'를 [종속변수]의 칸으로, 요인에 해당하는 '교재유형'을 [독립변수]의 칸으로 각각 이동시킨다. 그리고 [옵션]을 누르면 [그림 15-4]의 창이 나타난다.

그림 15-3 평균분석

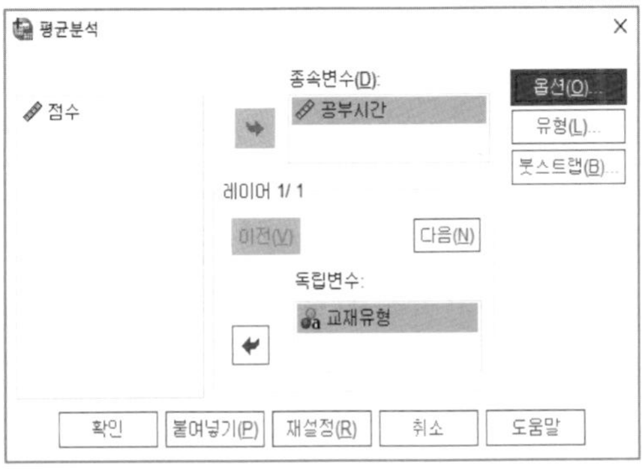

그림 15-4 평균분석: 옵션

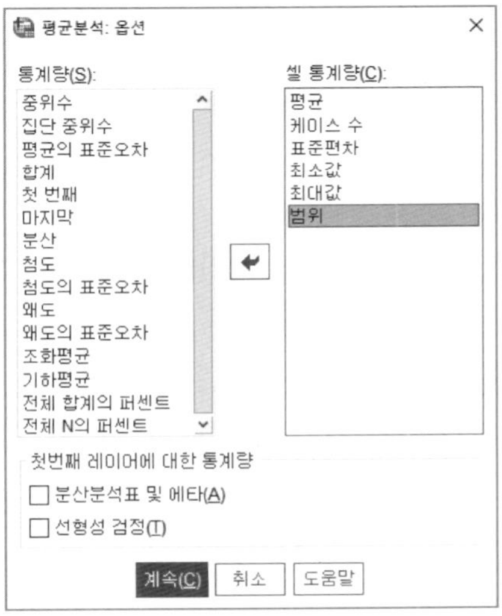

[그림 15-4]에서 [셀 통계량]의 칸에는 기본으로 설정된 통계량(평균, 케이스 수, 표준편차)이 있다. 추가적으로 [통계량]의 칸에 있는 '최소값', '최대값', '범위'를 [셀 통계량]의 칸으로 옮긴다. 그리고 [계속]을 누른 후에 [확인]을 누르면 결과가 나온다.

(2) 결과 해석

〈표 15-3〉에서 집단별(교재유형별) 공변수(공부시간)의 범위를 보면 교재유형 1, 2, 3의 집단은 각각 70, 60, 70의 범위를 갖고 있어서 집단별로 범위가 모두 같지는 않다. 따라서 공변수의 효과 크기가 집단별로 0.05×표준편차에서 0.25×표준편차까지의 범위에 있는지 검토해야 한다.

〈표 15-3〉 공변수(공부시간)의 집단별(교재유형별) 평균, 표준편차, 범위

공부시간						
교재유형	평균	N	표준편차	최소값	최대값	범위
1	180.83	6	23.752	150	220	70
2	179.17	6	22.454	150	210	60
3	176.67	6	24.427	150	220	70
전체	178.89	18	22.199	150	220	70

집단 1과 집단 2 간의 평균 차이는 1.66이고 집단 1의 표준편차는 23.752이고 집단 2의 표준편차는 22.454이다. 따라서 공변수(공부시간)의 효과 크기는 집단 1을 기준으로 하면 0.070(=1.66/23.752)이고 집단 2를 기준으로 하면 0.074(=1.66/22.454)이다. 집단 1과 집단 3 간의 평균 차이는 4.16이고 집단 1의 표준편차는 23.752이고 집단 3의 표준편차는 24.427이다. 따라서 공부시간의 효과 크기는 집단 1을 기준으로 하면 0.175(=4.16/23.752)이고 집단 3을 기준으로 하면 0.170(=4.16/24.427)이다. 집단 2와 집단 3 간의 평균 차이는 2.50인데, 공부시간의 효과 크기는 집단 2를 기준으로 하면 0.111이고 집단 3을 기준으로 하면 0.102이다. 요약하자면 공변수의 효과 크기가 집단별로 0.05×표준편차에서 0.25×표준편차까지의 범위이므로 자료는 공변수에 대한 가정을 충족한다고 본다.

4 정규성 가정의 검토

(1) 분석 절차

메뉴에서 [분석] → [일반선형모형] → [일변량]을 선택한다. [그림 15-5]와 같은 창이 뜨면 종속변수의 칸에 '점수'를, [고정요인]의 칸에 '교재유형'을, [공변량]의 칸에 '공부시간'을 이동시킨다. [모형]을 누르면 [그림 15-6]과 같은 창이 나타난다. 이 창에서 [완전요인모형]은 기본으로 설정되어 있으나 [사용자 정의 항 작성]을 선택한다. 회귀계수의 동일성 가정을 검정할 때 사용된 상호작용항(교재유형*공부시간)은 [제거] 버튼을 눌러서 삭제한 후 [계속]을 누른다.

그림 15-5 일변량 분석

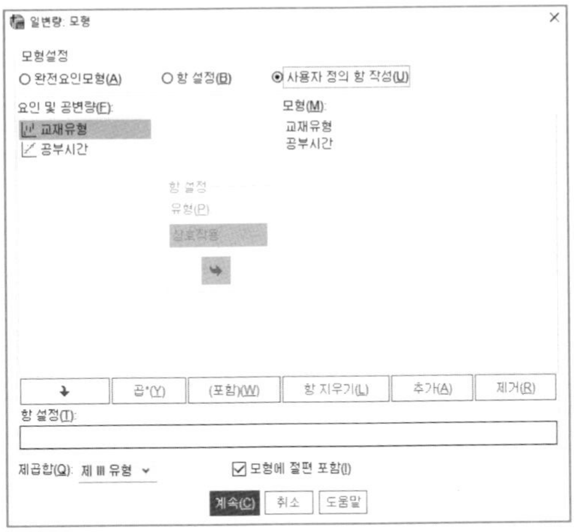

그림 15-6 일변량: 분석

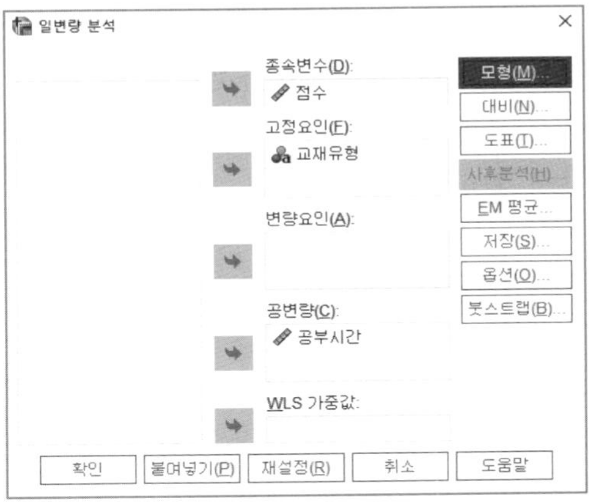

[그림 15-5]에서 [저장]을 누른 후 [비표준화 잔차]를 체크한다. [계속]을 누르고 [확인]을 누르면 [데이터 보기] 창에 새롭게 생성된 비표준화 잔차(RES_1)의 값이 생성된 것을 확인할 수 있다.

메뉴에서 [분석] → [기술통계량] → [데이터 탐색]을 선택한다. [그림 15-7]의 창에서는 [종속변수]의 칸에 종속변수의 비표준화 잔차(점수의 잔차)를 이동시킨다. 그리고 [도표]를 누르면 [그림 15-8]의 창이 뜬다. 이 창에서 [검정과 함께 정규성도표]를 선택한 후에 [계속]을 누르고 [확인]을 누르면 결과가 나온다.

그림 15-7 데이터 탐색

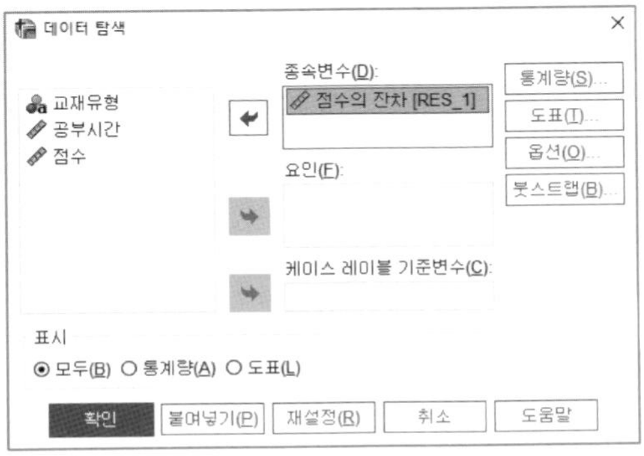

그림 15-8 데이터 탐색: 도표

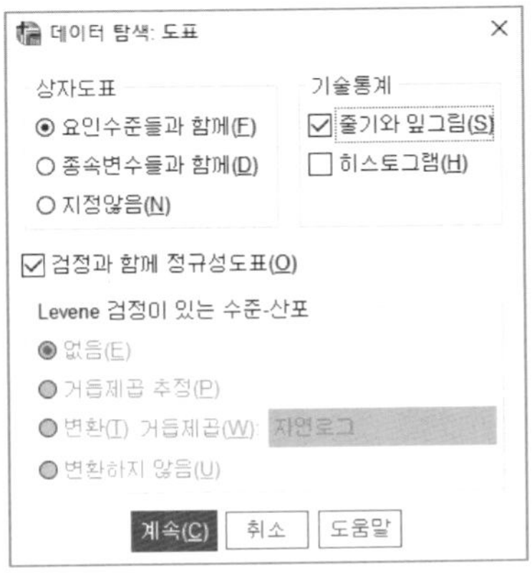

(2) 결과 해석

[그림 15-9]에 나타난 바와 같이 종속변수(점수)의 잔차의 정규 Q-Q 도표를 보면 정규성을 벗어나지 않는 것으로 보인다. 그러나 이는 시각적이고 주관적 판단이므로 보다 정확한 정규성 검정의 결과가 필요하다. 따라서 〈표 15-5〉의 정규성 검정의 결과를 보는 것이 필요하다.

그림 15-9 종속변수(점수) 잔차의 정규 Q-Q 도표

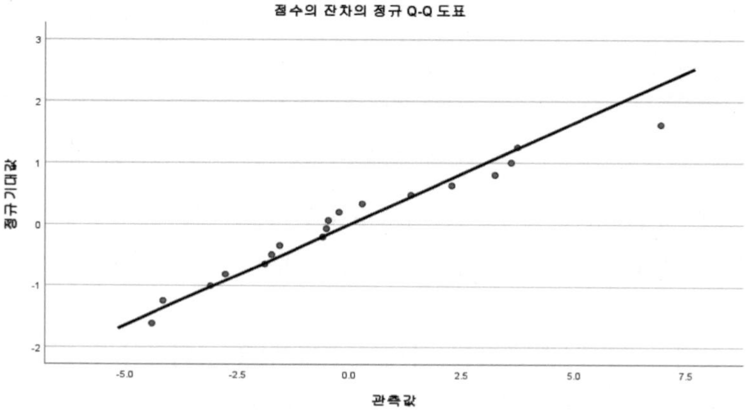

〈표 15-4〉에서 표본 크기가 작을 때 이용하는 샤피로-윌크(Shapiro-Wilk) 정규성 검정 결과를 보면 유의확률이 .552로 나타나서 유의수준 .05에서 정규성 가정을 위배하지 않는 것으로 나타났다. 여기서 정규성은 종속변수 자료의 정규성이 아니라 종속변수의 잔차에 대한 정규성이다.

〈표 15-4〉 정규성 검정

정규성 검정						
	Kolmogorov-Smirnov[a]			Shapiro-Wilk		
	통계	자유도	CTT 유의확률	통계	자유도	CTT 유의확률
점수의 잔차	.142	18	.200*	.957	18	.552

*. 이것은 참 유의성의 하한입니다.
a. Lilliefors 유의확률 수정

5 등분산성 가정의 검토

(1) 분석 절차

오차의 등분산성 검정은 분산분석에서 실시하는 등분산성 검정과 마찬가지로 르빈(Levene)의 검정을 이용하면 된다. 메뉴에서 [분석] → [일반선형모형] → [일변량]을 선택한다. 그리고 [옵션]을 누른 후 [동질성 검정]을 체크한다. 그리고 [계속]을 누른 후에 [확인]을 누르면 분석결과가 나타난다.

(2) 결과 해석

〈표 15-5〉에 나타난 바와 같이 르빈의 검정에서 유의확률이 .096으로 나타났다. 따라서 유의수준 .05에서 집단별(교재유형별)로 오차의 분산이 같다는 영가설을 기각할 수 없다. 즉, 자료는 등분산성 가정을 충족한다.

〈표 15-5〉 등분산성에 대한 Levene의 검정

오차 분산의 동일성에 대한 Levene의 검정[a]			
종속변수: 점수			
거짓	자유도1	자유도2	유의확률
2.750	2	15	.096

여러 집단에서 종속변수의 오차 분산이 동일한 영가설을 검정합니다.
a. Design: 절편+교재유형+공부시간

6 공분산분석

(1) 분석 절차

메뉴에서 [분석] → [일반선형모형] → [일변량]을 선택하면 [그림 15-5]와 같은 창이 나타난다. 이 창에서 종속변수인 '점수'를 [종속변수]의 칸으로, '교재유형'을 [고정요인]의 칸으로, '공부시간'을 [공변량]의 칸으로 각각 이동시킨다. 그리고 [EM 평균]을 누르면 [그림 15-10]과 같은 창이 뜬다. 이 창에서 [요인 및 요인 상호작용]의 칸에 있는 요인(교재유형)을 [평균 표시 기준]의 칸으로 이동시킨다. 그리고 [주효과 비교]를 선택하고 [신뢰구간 수정]에서 [Sidak]을 선택한다. 그리고 [계속]을 눌러서 [그림 15-5]의 창으로 돌아간 후 [옵션]을 누르면 [그림 15-11]의 창이 뜬다. 이 창에서 [기술통계량]과 [효과크기 추정값]을 선택한다. 그리고 [계속]을 누르고 [확인]을 누르면 분석결과가 나타난다.

그림 15-10 **일변량: 추정 주변 평균**

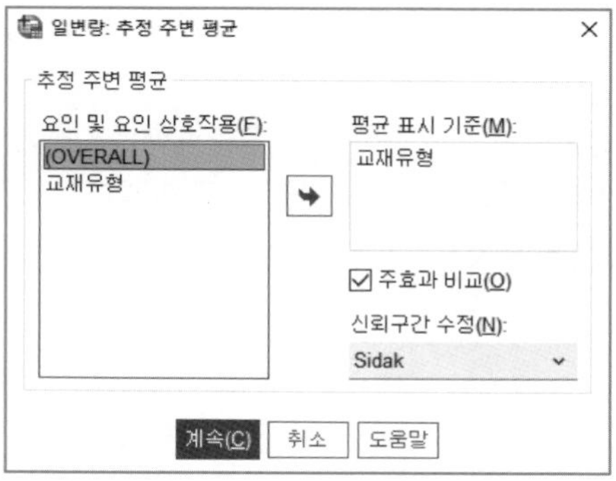

그림 15-11 **일변량: 옵션**

(2) 공분산분석 결과의 해석

〈표 15-6〉을 보면 교재 유형 1의 집단은 점수 평균이 85.67, 교재 유형 2의 집단은 점수 평균이 52.17, 교재 유형 3의 집단은 점수 평균이 52.67로 나타났다. 그리고 집단별 표본 크기는 모두 같음을 알 수 있다.

〈표 15-6〉 **기술통계**

종속변수: 점수			
교재유형	평균	표준편차	N
1	85.67	4.033	6
2	52.17	4.997	6
3	52.67	3.559	6
전체	63.50	16.614	18

〈표 15-7〉의 공분산분석 결과에서 요인(교재유형)의 효과와 공분산(공부시간)의 효과는 통계적으로 유의하게 나타났다. 따라서 같은 자료를 분석하는 경우 공분산분석의 오차 제곱합은 분산분석의 오차 제곱합에 비해 작을 것이다. 왜냐면 분산분석과 달리 공분산분석에서는 종속변수의 집단 내 분산의 일부가 공변수에 의해 설명되기 때문이다.

〈표 15-7〉 공분산분석의 결과: 개체 간 효과 검정

개체-간 효과 검정						
종속변수: 점수						
원인	제Ⅲ유형 제곱합	자유도	평균제곱	F	유의확률	부분 에타 제곱
수정된 모형	4536.215[a]	3	1512.072	135.452	.000	.967
절편	466.220	1	466.220	41.764	.000	.749
교재유형	4317.061	2	2158.531	193.361	.000	.965
공부시간	113.215	1	113.215	10.142	.007	.420
~~추정값~~[오차]	156.285	14	11.163			
전체	77273.000	18				
수정된 합계	4692.500	17				

a. R 제곱=.967 (수정된 R 제곱=.960)

〈표 15-7〉의 결과를 보면 전체 공분산모형의 통계적 유의성 검정에 대한 F-값은 135.452(p=.000)으로 나타나서 전체 모형은 통계적으로 유의함을 알 수 있다. 교재유형과 공부시간은 유의확률이 각각 .000과 .007로 나타나서 유의수준 .05에서 통계적으로 유의하게 점수에 영향을 미친다. 요인(교재유형)과 공변수(공부시간)에 대한 효과의 크기인 부분 에타 제곱은 각각 .965와 .420이다. 이는 모두 큰 효과를 의미한다. 조정결정계수의 값이 .960으로, 자유도를 고려할 때 이 모형은 점수 분산의 96.0%를 설명한다.

〈표 15-8〉 공분산분석의 결과: 추정된 한계평균

추정값				
종속변수: 점수				
교재유형	평균	표준오차	95% 신뢰구간	
			하한	상한
1	85.440[a]	1.366	82.510	88.369
2	52.134[a]	1.364	49.209	55.060
3	52.926[a]	1.366	49.995	55.857

a. 모형에 나타나는 공변량은 다음 값에 대해 계산됩니다.: 공부시간=178.89.

〈표 15-8〉에 나타난 바와 같이 공분산분석에서는 집단별 차이를 비교하기 위해 추정된 한계평균(EMM)을 이용한다. 추정된 한계평균이란 공변수의 특정 값(주로 평균)으로 공변수를 통제했을 때의 종속변수의 평균값이다. 각 교재유형별 집단에서 공부시간을 전체평균값인 178.89로 통제했을 때, 교재유형 1, 2, 3 집단의 점수 평균은 각각 85.440, 52.134, 52.926이다. 이러한 추정된 한계평균은 〈표 15-6〉의 기술통계에 나타난 집단별 평균 점수(공부시간을 통제하지 않을 때의 평균 점수)와 차이가 난다.

〈표 15-9〉 대응별 비교

대응별 비교						
종속변수: 점수						
(I) 교재유형	(J) 교재유형	평균차이(I−J)	표준오차	유의확률[b]	차이에 대한 95% 신뢰구간[b]	
					하한	상한
1	2	33.306*	1.930	.000	28.077	38.534
	3	32.514*	1.935	.000	27.272	37.756
2	1	−33.306*	1.930	.000	−38.534	−28.077
	3	−.792	1.931	.970	−6.023	4.440
3	1	−32.514*	1.935	.000	−37.756	−27.272
	2	.792	1.931	.970	−4.440	6.023

추정 주변 평균을 기준으로
*. 평균차이는 .05 수준에서 유의합니다.
b. 다중비교를 위한 수정: Sidak

〈표 15-9〉의 대응별 비교(일 대 일 비교)에서 집단 간 평균 점수의 차이에 대한 통계적 유의성을 살펴볼 수 있다. 대응별 비교에서도 추정된 한계평균을 사용한다. 교재유형 1과 2의 평균 점수 차이는 33.306점이며 유의수준 .05에서 통계적으로 유의하다(p = .000). 교재유형 1과 3의 평균 점수 차이는 32.514이며 유의수준 .05에서 통계적으로 유의하다(p = .000). 그러나 교재유형 2와 3의 평균 점수 차이는 유의수준 .05에서 통계적으로 유의하지 않다. 이는 평균 점수 차이에 대한 95% 신뢰구간인 (−6.023, 4.440)에 0이 포함되는 것을 통해서도 알 수 있다.

추정된 한계평균과 표준편차의 값을 헤지스의 g 공식에 대입하면 집단 1과 집단 2 간의 효과 크기는 다음과 같다.

$$g = \frac{\overline{Y_1'} - \overline{Y_2'}}{\sqrt{\frac{(n_1-1)S_1^2 + (n_2-1)S_2^2}{n_1+n_2-2}}} = \frac{85.440 - 52.134}{\sqrt{\frac{5(4.033)^2 + 5(4.997)^2}{10}}} = 7.335$$

집단 1과 집단 3 간의 효과 크기는 다음과 같다.

$$g = \frac{\overline{Y_1'} - \overline{Y_3'}}{\sqrt{\frac{(n_1-1)S_1^2 + (n_3-1)S_3^2}{n_1+n_3-2}}} = \frac{85.440 - 52.926}{\sqrt{\frac{5(4.033)^2 + 5(3.559)^2}{10}}} = 8.550$$

집단 2와 집단 3 간의 효과 크기는 다음과 같다.

$$g = \frac{\overline{Y_2'} - \overline{Y_3'}}{\sqrt{\frac{(n_2-1)S_2^2 + (n_3-1)S_3^2}{n_2+n_3-2}}} = \frac{52.134 - 52.926}{\sqrt{\frac{5(4.997)^2 + 5(3.559)^2}{10}}} = -0.183$$

헤지스의 g는 코헨의 d에 자유도를 고려한 것으로 작은 효과 크기, 중간 효과 크기, 큰 효과 크기의 기준은 각각 0.2, 0.5, 0.8이다.[44] 이러한 기준에 따르면 교재유형 1과 2 간의 효과 크기와 교재유형 1과 3 간의 효과 크기는 크다고 볼 수 있다. 반면에 교재유형 2과 3 간의 효과 크기는 작은 크기에도 못 미치는데, 이러한 결과는 대응별 비교에서 집단 2와 3의 차이가 통계적으로 유의하지 않은 결과와 맥락을 공유한다.

요약

- 공분산분석은 분산분석에서 공변수를 추가로 투입해서 공변수가 종속변수에 미치는 효과를 통제하기 때문에 분산분석에 비해 요인이 종속변수에 미치는 효과를 보다 순수하게 파악할 수 있다. 공분산분석은 요인에 의해 설명된 변량, 공변수에 의해 설명된 변량, 그리고 오차로 간주하는 변량으로 구분하여 분석한다. 공분산분석을 실시하면 분산분석을 실시하는 경우보다 오차로 취급되는 변량이 작아서 요인이 종속변수에 미치는 효과에 대한 유의성 검정의 정확도가 더 높아진다.
- 공분산분석에서 귀무가설은 '공변수를 통제하는 경우, 집단에 따라 종속변수 평균에 차이가 없다'는 것이다.
- 한 개의 요인과 한 개의 공변수가 있는 경우 모집단을 대상으로 한 공분산분석의 모형: $Y_{ij} = \mu + \alpha_i + \beta(X_{ij} - \overline{X}) + \epsilon_{ij}$
- Y_{ij}는 종속변수 값, μ는 여러 집단을 포함하는 경우 종속변수의 모평균, α_i는 i번째 집단의 효과, X_{ij}는 공변수 값, $\overline{X}$는 공변수 평균, ϵ_{ij}는 오차이다. 회귀계수 β는 여러 집단의 회귀계수 값을 통합하여 추정한 값으로 집단이 달라도 같은 회귀계수 값을 갖는다고 가정한다. 이를 회귀계수의 동일성 가정이라고 한다.
- 공분산분석을 사용하기 위한 전제조건은 분산분석의 가정(독립성, 정규성, 등분산성) 외에 회귀계수의 동일성, 공변수에 대한 가정 등이 추가된다. 회귀계수의 동일성 가정은 공변수와 종속변수 간의 관계를 나타내는 회귀계수가 집단별로 같아야 한다는 것이다. 공변수에 대한 가정은 공변수 값의 범위가 집단별로 같다는 가정이다.
- 공변수의 선택 조건은 세 가지가 있다. 첫째, 공변수는 종속변수와 상관관계가 있어야 한다. 둘째, 두 개 이상의 공변수가 공분산분석에 사용되는 경우 공변수 간 상관관계는 낮아야 한다. 셋째, 공변수와 요인 간 상관관계는 낮아야 한다.
- 공분산분석에서는 공변수의 영향을 조정한 후 집단 간 종속변수의 평균 차이를 검정한다. 공변수의 영향을 조정한 후 얻은 평균은 조정평균이라고 한다. 조정평균은 공변수의 특정 값(주로 공변수의 평균값)으로 공변수를 통제했을 때의 종속변수 평균값을 뜻한다.
- 분산분석과 마찬가지로 전체 공분산분석 모형에 대한 통계적 유의성 검정은 F-검정을 통해 이루어진다.
- 분산분석과 마찬가지로 공분산분석에서 독립변수(요인과 공변수)의 효과 크기는 부분 에타

제곱으로 측정한다.

- 일 대 일 비교를 통해 두 집단 간의 평균 차이가 통계적으로 유의한가를 검정할 수 있다. 두 집단 간의 평균 차이에 대한 효과 크기는 헤지스의 g에 의해 측정된다.

제16장

다변량분산분석

1. 다변량분산분석의 개요
2. 다변량분산분석의 절차
3. SPSS의 활용

1 다변량분산분석의 개요

다변량분산분석(multivariate analysis of variance: MANOVA)은 종속변수가 여러 개 있는 경우의 분산분석이다. 분산분석(ANOVA)은 종속변수가 한 개이므로 단일변량(univariate) 검정의 일종이고 다변량분산분석은 여러 개의 종속변수를 동시에 사용하므로 다변량(multivariate) 검정의 일종이다. 다변량분산분석은 요인이 여러 개인 경우에도 사용할 수 있다. 다변량분산분석에서는 분산분석과 마찬가지로 요인(독립변수)은 명목척도로 측정되어야 하고 종속변수는 등간척도 또는 비율척도로 측정되어야 한다. 다변량분산분석에서는 여러 종속변수를 동시에 고려하기 때문에 종속변수들의 선형조합(linear combination)이 실질적인 종속변수가 되는 셈이다. 분산분석의 귀무가설은 모평균이 집단별로 같다는 것이지만, 다변량분산분석의 귀무가설은 선형조합을 이루는 종속변수들의 평균 벡터가 집단별로 같다는 것이다.[48]

다변량분산분석을 활용할 수 있는 경우는 다양하다. 예를 들자면, 여러 산업에 속한 기업들의 경영 성과를 비교 분석하기 위해 한 개의 요인(산업 유형)이 기업의 여러 재무비율에 어떠한 영향을 미치는지 분석하는 경우에 사용할 수 있다. 다른 예를 들자면 두 개의 요인(성별과 직업)이 세 개의 종속변수(텔레비전 시청시간, 신문열독시간, 소셜미디어 이용시간)에 어떠한 영향을 미치는지 분석하는 데 사용할 수도 있고, 두 개의 요인(성별과 직업)이 두 개의 종속변수(특정 후보 지지도, 특정 정당 지지도)에 어떠한 영향을 미치는지 분석하는 데 사용할 수도 있다.

2 다변량분산분석의 절차

다변량분산분석의 절차는 다음과 같다. 첫째, 종속변수 간의 상관관계를 조사한다. 종속변수 간 상관관계가 존재하면 다변량분산분석을 한다. 둘째, 다변량분산분석의 가정을 검토한다. 셋째, 다변량분산분석의 귀무가설을 검정한다. 여기서 귀무가설은 집단별로 종속변수의 평균 벡터 간에 차이가 없다는 것이다. 넷째, 다변량분산분석의 귀무가설을 기각할 수 없으면 분석은 종료된다. 그러나 귀무가설이 기각되면 추가 분석으로 각 종속변수별로 분산분석을 하고 판별분석을 할 수 있다.

1 종속변수 간 상관관계

여러 종속변수들이 상관관계를 가지고 어떤 주제나 구성개념(construct)을 이루는 경우 각 종속변수별로 여러 번의 분산분석을 하는 대신에 한 번의 다변량분산분석을 하는 것이 적절하다. 왜냐하면 다변량분산분석은 종속변수 간 상관관계를 고려하기 때문에 분산분석보다 검정력이 더 높기 때문이다.[48] 검정력(statistical power)이란 대립가설이 참일 경우 대립가설을 채택할 확률이다. 달리 표현하자면 검정력은 '1 – 제2종 오류의 확률'을 의미한다. 예를 들어 검정력이 90%이면 대립가설이 참인데도 귀무가설을 채택할 확률(제2종 오류)의 확률은 10%이다. 종속변수 간 상관관계가 없다면 다변량분산분석을 실시할 필요가 없다. 왜냐하면 종속변수 간 상관관계가 없다면 각 종속변수마다 일변량 분산분석을 여러 번 실시하는 것과 다변량분산분석은 같은 결과를 도출하기 때문이다.[11, 54]

종속변수 간에 상관관계가 있는 경우에 독립적으로 각 종속변수에 대해 여러 번 분산분석을 실행하는 것보다 다변량분산분석을 실행하는 것이 적절하다. 그 이유는 다음과 같다.[48] 첫째, 종속변수가 여러 개 있는 경우에 각 종속변수마다 별도로 분산분석을 여러 번 실시하면, 여러 차례 분석함으로써 생기는 제1종 오류가 커진다. 반면에 다변량분산분석은 한 번의 분석을 통해 제1종 오류가 상승하는 것을 통제할 수 있다. 둘째, 다변량분산분석은 종속변수 간의 공분산을 고려하는데, 이러한 공분산에 대한 분석은 개별적 분산분석에서 고려되지 않는다. 예를 들면 두 개의 종속변수인 기업의 성장성과 수익성을 다루는 분석이 있다면 이 둘 간의 공분산을 고려하는 다변량분산분석이 공분산을 고려하지 않은 분산분석에 비해 강력한 검정이 된다. 종속변수가 여러 개 있는 경우에 개별 종속변수마다 분산분석을 실행하면, 종속변수 간 관계를 분석에 포함할 수 없어 중요한 정보를 잃게 된다. 셋째, 분산분석의 결과와 다변량분산분석의 결과는 다를 수 있다. 예를 들면 개별 종속변수에 대한 분산분석에서 귀무가설을 기각하면서 동시에 다변량분산분석에서 귀무가설을 기각하지 않는 결과가 나올 수 있다. 개별 종속변수에서 모평균의 집단별 차이가 존재해도, 이것이 선형결합 관계의 종속변수들에서 모평균의 집단별 차이가 존재한다는 것을 의미하는 것은 아니기 때문이다. 역의 관계도 존재한다. 역으로 다변량분산분석에서 귀무가설을 기각하면서 동시에 개별 분산분석에서 귀무가설을 기각할 수 없는 결과가 나올 수도 있다.

다변량분산분석을 하면 개별 종속변수가 아니라 종속변수들의 선형결합이 실질적인 종속변수가 되기 때문에 선형결합에서 어떤 개별 종속변수에 어떤 가중치를 줄 것인가가 중요한 문제가 된다. 이러한 가중치는 요인의 수준이 다른 집단을 최대한으로 분리하려는 목적으로 선택된다. 이러한 선택 기준에 의해 종속변수들의 선형결합이 만들어진다. 이러한 선형결합은 추가적으로 실시하는 판별분석에서 판별함수에 해당한다.[48]

2 다변량분산분석의 가정

분산분석의 전제조건(가정)은 독립성, 정규성, 등분산성이다. 이와 유사한 맥락에서 다변량분산분석의 가정은 독립성, 다변량 정규성, 공분산 행렬의 동질성이다. 여기서는 다변량 정규성과 공분산 행렬의 동질성에 대해 자세히 설명하고자 한다.

(1) 다변량 정규성의 가정 검토

분산분석에서는 오차 또는 종속변수가 정규분포를 따른다고 가정한다. 다변량분산분석에서는 오차 또는 종속변수의 벡터가 다변량 정규분포를 따른다고 가정한다. 그러나 각 종속변수의 정규성이 충족되어도 모든 종속변수의 다변량 정규성이 충족되는 것은 아니다. 다변량 정규성의 가정은 SPSS를 통해 검정할 수 없다.[54] 그러나 표본 크기가 작거나 집단별 표본 크기가 다른 경우를 제외하면 다변량분산분석은 다변량 정규성 가정이 충족되지 않아도 강건한 편이다.[48]

(2) 공분산 행렬의 동질성 가정의 검토

분산분석의 등분산성 가정은 다변량분산분석의 공분산행렬의 동질성 가정과 유사하다. 분산분석에서는 집단별로 오차 또는 종속변수의 분산이 같다고 가정한다. 다변량분산분석에서는 집단별로 각 종속변수의 분산이 같고 동시에 종속변수 간의 공분산이 모든 집단에서 동일하다고 가정한다. 이와 같은 가정에 대한 검정은 공분산 행렬의 동질성 검정(Box's test of equality of covariance matrices)이라고 한다.

공분산행렬이 동질적이면 Box 검정에서 유의하지 않은 결과가 나와야 한다. 그러나 표본 크기가 크면 공분산행렬이 거의 동질적이어도 Box 검정에서 유의한 값이 나올 수 있다. 집단별로 표본 크기가 같은 경우 다변량분산분석은 강건하므로 Box 검정의 결과를 무시할 수 있다. 집단별로 표본 크기가 다른 경우 Box 검정의 유의수준은 $\alpha = .05$가 아니라 $\alpha = .001$을 기준으로 하는 것이 통상적이다. 이러한 이유로 인해 공분산 행렬의 동질성 가정이 위배되어도 다변량분산분석을 실행하기도 한다.[48, 54]

3 다변량분산분석의 귀무가설 검정

(1) 귀무가설의 형태

요인은 한 개가 있고 요인의 수준은 j개인 경우 분산분석에서 귀무가설은 'j개 집단의 종속변수 평균이 모두 같다'는 것으로 다음과 같이 표현한다.

$$H_0 : \mu_1 = \mu_2 = \cdots = \mu_j$$

요인은 한 개가 있고 요인의 수준은 j개인 경우 다변량분산분석에서 귀무가설은 'j개 집단의 종속변수 평균 벡터가 모두 같다'는 것으로 다음과 같이 표현한다.

$$H_0 : \begin{pmatrix} \mu_{11} \\ \mu_{21} \\ \vdots \\ \mu_{p1} \end{pmatrix} = \begin{pmatrix} \mu_{12} \\ \mu_{22} \\ \vdots \\ \mu_{p2} \end{pmatrix} = \cdots = \begin{pmatrix} \mu_{1j} \\ \mu_{2j} \\ \vdots \\ \mu_{pj} \end{pmatrix}$$

위의 식에서 첫 번째 열벡터는 요인의 수준 1(집단 1)에서의 종속변수들(종속변수의 수는 p개)의 모평균을 의미한다. 다변량분산분석을 이해하기 위해서는 행렬(matrix)에 대한 주요 개념을 알아야 한다, 행렬은 가로(행)와 세로(열)로 배열된 수치들이다. 행렬은 행의 수와 열의 수로 표시한다. 예를 들면 3×2 행렬은 행이 3개이고 열이 2개인 행렬이다. 행과 열의 수가 같은 행렬을 정방행렬(square matrix)이라고 하는데, 정방행렬에는 대각선상에 위치한 주대각선 원소와 그 외에 위치한 비대각선 원소가 있다. 주대각선 원소가 모두 1이고 비대각선 원소가 모두 0인 행렬을 단위행렬(identity matrix)이라 한다. 행렬에서 행이 하나만 있는 경우 행벡터(row vector)라 하고 열이 하나만 있는 경우 열벡터(column vector)라 한다.

(2) 다변량분산분석의 검정통계량

다변량분산분석에서는 대체로 4개의 다변량 검정 통계량(필라이의 트레이스, 윌크스의 람다, 호텔링의 트레이스, 로이의 최대근)의 값과 유의확률을 제시한다. 필라이의 트레이스(Pillai's trace)는 식 (16-1)을 통해 계산한다.[73] 트레이스(trace)란 식 (16-1)의 도출과정과 관련된 것인데 정방행렬에서 주대각선 원소의 합을 뜻한다. 다변량분산분석의 종속변수들을 판별분석에서 독립변수들로 설정하면 판별함수가 도출되는데, 판별함수의 수는 '집단의 수-1'과 '독립변수의 수' 중에서 작은 값이 된다. s는 판별함수의 수를 의미한다. λ_i(λ는 '람다'로 읽음)는 i번째 판별함수의 고유값(eigenvalue)을 뜻한다. 고유값이란 각 판별함수의 상대적인 설명력의 크기를 의미한다. 필라이의 트레이스는 판별함수의 분산 중 설명되는 부분의 비율을 합한 것이다. 이는 모형제곱합을 총제곱합으로 나눈 것으로 결정계수와 같은 개념이다. 필라이의 트레이스의 값을 변환시키면 F 분포를 사용할 수 있다.[54]

$$V = \sum_{i=1}^{s} \frac{\lambda_i}{1+\lambda_i} \tag{16-1}$$

윌크스의 람다(Wilks' lambda)는 각 변량의 '설명되지 않은 분산'을 곱한 값으로 식 (16−2)와 같이 계산한다. 식 (16−2)에서 Π는 뒤에 나오는 숫자들을 모두 곱하라는 표시이다. 윌크스의 람다는 전체 분산 중에서 검정하고자 하는 요인에 의해 설명되지 않는 분산의 비중을 나타내므로 그 값은 작아야 통계적으로 유의한 결과가 된다. 윌크스의 람다도 분산의 비율이기 때문에 검정통계량 F의 값을 사용할 수 있다. 따라서 윌크스의 람다의 통계적 유의성은 F 값에 의해 평가할 수 있다.

$$\Lambda = \prod_{i=1}^{s} \frac{1}{1+\lambda_i} \tag{16-2}$$

호텔링의 트레이스(Hotelling's trace)는 모든 고유값을 합한 것으로 식 (16−3)과 같이 계산한다.[62, 67] 이 통계량은 분산분석의 F 비에 해당하는 값이다.

$$U = \sum_{i=1}^{s} \lambda_i \tag{16-3}$$

로이의 최대근(Roy's largest root)은 고유값이 가장 큰(집단 간의 차이를 가장 잘 설명하는) 판별함수의 고유값을 나타내며 식 (16−4)와 같이 계산한다. 판별함수는 집단 간의 차이를 최대화시키는 선형조합이다.

$$\Theta = \lambda_{max} \tag{16-4}$$

(3) 검정통계량의 선택

적절한 검정통계량은 검정력이 크고 다변량분산분석의 가정이 위배되어도 강건한 결과를 나타내는 것이다. 기존 연구에 의하면 표본이 크지 않다면 네 가지 검정통계량들의 검정력이 비슷하다.[70, 71, 72, 82] 그리고 집단 간 차이가 첫 번째 판별함수에 의해 상당 부분 설명된다면 로이의 최대근의 검정력이 가장 크다. 또한 집단 간 차이가 다수의 판별함수에 의해 설명된다면 필라이 트레이스의 검정력이 가장 크다. 다변량 정규성 가정이 위배되어도 네 가지 검정통계량은 모두 강건한 편이다.[54] 그리고 공분산 행렬의 동질성 가정이 위배되는 경우 필라이 트레이스가 선호된다.[48]

4 추가적 분석

다변량분산분석을 통해 집단을 구분하는 요인이 종속변수들에 미치는 영향 여부만 알 수 있다. 즉, 다변량분산분석만으로는 두 가지를 알 수 없다. 하나는 어떤 집단 간에 차이가 있는지 알 수 없다는 것이다. 이러한 집단 간 차이를 알기 위해서는 추가적으로 분산분석과 사후검정(일 대 일 비교)을 할 수 있다. 다른 하나는 집단을 구분하는 요인이 개별 종속변수에 미치는 영향력을 알 수 없다. 이러한 영향력을 알기 위해서는 추가적으로 판별분석을 해야 한다.[29]

(1) 분산분석

다변량분산분석에서 귀무가설을 기각하면 추가적인 분석으로 종속변수별로 분산분석을 하는 것이 적절하다. 분산분석과 다변량분산분석의 초점은 서로 다르다. 다변량분산분석은 종속변수의 선형결합에 대해 집단 간 차이를 보는 것이다. 그러나 분산분석은 각 종속변수를 선형결합이 아닌 독립적인 개별 변수로 취급한다. 따라서 두 결과는 다르다. SPSS에서 다변량분산분석을 실시하면 자동적으로 종속변수별로 분산분석의 결과를 제시해 준다.

(2) 판별분석

다변량분산분석에서 귀무가설이 기각되면 추가적인 분석으로 종속변수 간의 관계를 살펴보기 위해 판별분석을 할 수 있다. 다변량분산분석은 종속변수의 선형조합이 집단에 따라 차이가 있는지 검정하는 방법인데, 판별분석은 그러한 선형조합을 보다 세밀하게 분석한다. 판별분석은 다변량분산분석을 반대 순서로 하는 것이다. 다변량분산분석은 집단을 구분하는 변수로 종속변수들을 예측하는 반면 추가 분석으로 하는 판별분석은 종속변수(판별분석에서는 이 변수들이 독립변수로 설정됨)로 집단을 예측한다. 다변량분산분석은 집단의 차이를 가장 잘 나타내는 종속변수의 선형결합을 찾는데 이러한 선형결합은 판별분석에서 판별함수가 된다. 다변량분산분석 후에 SPSS를 통해 추가적으로 판별분석을 하는 경우 독립변수의 칸에는 다변량분산분석의 종속변수들을 입력하고 종속변수의 칸에는 다변량분산분석의 독립변수를 입력해야 한다.

3 SPSS의 활용

1 가설 설정과 자료 입력

어떤 대학교의 졸업생을 대상으로 요인(응답자의 소속계열)과 종속변수(교양과목의 성적, 전공과목의 성적) 간의 인과관계를 분석하고자 한다. 연구가설(대립가설)은 '소속계열이 교양과목 성적과 전공과목 성적에 영향을 미친다'로 설정하고자 한다. 〈표 16-1〉에 나타난 바와 같이 요인(소속계열)의 수준(값)은 사회계열, 이공계열, 상경계열이고 각각 1, 2, 3으로 측정한다. 두 개의 종속변수는 각각 평균평점(GPA)으로 측정한다.

〈표 16-1〉 자료

	소속계열	교양성적	전공성적
1	1	4.12	4.21
2	1	3.97	3.87
3	1	3.89	4.01
⋮			
58	3	3.95	3.59
59	3	4.00	3.79
60	3	4.07	3.89

2 분석 절차

메뉴에서 [분석] → [일반선형모형] → [다변량]을 선택한다. [그림 16-1]의 창이 나타나면 종속변수인 '교양성적'과 '전공성적'을 [종속변수]의 칸으로 이동시킨다. 요인인 '소속계열'은 [고정요인]의 칸으로 이동시킨다. 집단이 세 개 이상이므로 [사후분석]을 선택한다.

그림 16-1 **다변량**

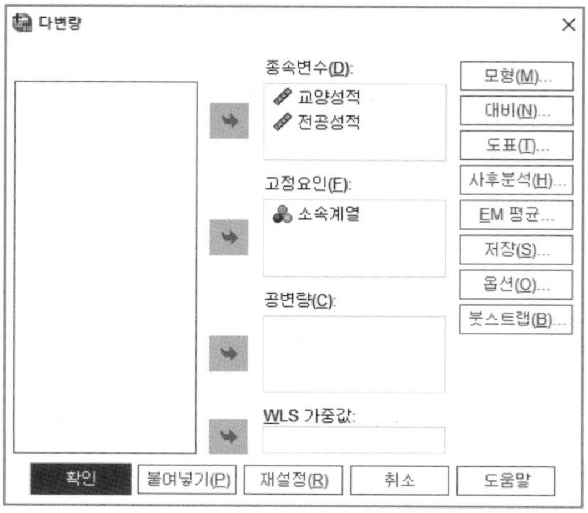

[그림 16-1]에서 [사후분석]을 선택하면 [그림 16-2]의 창이 나타난다. 요인인 '소속계열'을 [요인]의 칸에서 [사후검정변수]의 칸으로 이동시킨다. [등분산을 가정함]에서 [Scheffe]를 선택하고 [등분산성을 가정하지 않음]에서 [Games-Howell]을 선택한다.

그림 16-2 **다변량: 관측평균의 사후분석 다중비교**

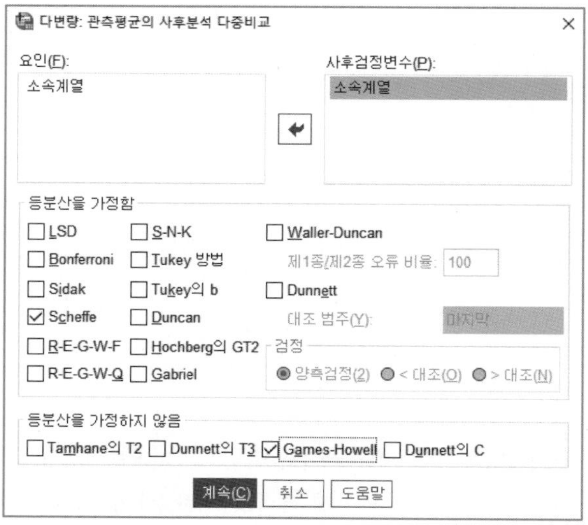

[그림 16-2]에서 [계속]을 누른 후 [그림 16-1]의 창으로 돌아가서 [옵션]을 선택하면 [그림 16-3]의 창이 나타난다. [그림 16-3]에서 [기술통계량], [효과크기 추정값], [동질성 검정]을 체크한다. [계속]을 누른 후에 [확인]을 누르면 분석결과가 나타난다.

그림 16-3 **다변량: 옵션**

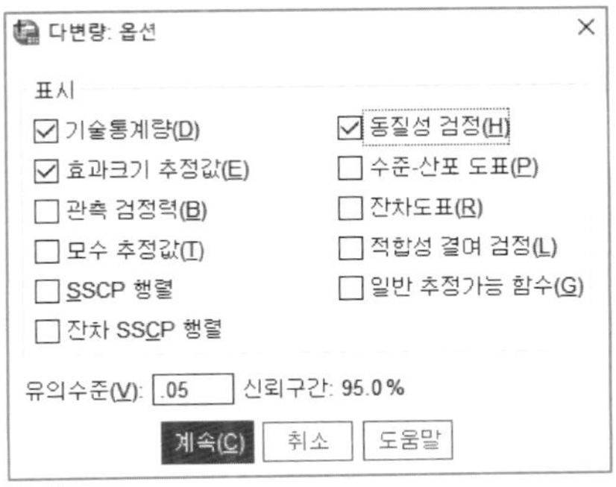

3 결과 해석

(1) 가정의 검토

〈표 16-2〉에는 공분산 행렬의 동질성에 대한 Box 검정 결과가 제시되어 있다. Box의 M은 9.738로 나타났다. 이에 대응하는 F 값은 1.541이고 유의확률은 .160으로 .05보다 크다. 따라서 집단별로 공분산행렬은 같다는 가정을 충족시킨다.

〈표 16-2〉 공분산 행렬의 동일성 검정

공분산 행렬의 동일성에 대한 Box의 검정[a]	
Box의 M	9.738
거짓	1.541
자유도1	6
자유도2	80975.077
유의확률	.160

여러 집단에서 종속변수의 관측 공분산행렬이 동일한 영가설을 검정합니다.
a. Design: 절편 + 소속계열

(2) 기술통계

〈표 16-3〉의 기술통계량에는 집단별(소속계열별)로 종속변수의 평균, 표준편차, 사례 수가 제시되어 있다. 교양성적의 평균값은 집단 3(상경계열)이 가장 크고 전공성적의 평균값은 집단 1(사회계열)이 가장 크다. 사례 수를 보면 각 집단별로 20명이라는 것을 알 수 있다.

〈표 16-3〉 기술통계

기술통계량				
	소속계열	평균	표준편차	N
교양성적	1	3.2985	.57434	20
	2	3.2145	.48246	20
	3	3.3675	.48438	20
	전체	3.2935	.51061	60
전공성적	1	3.3295	.38459	20
	2	3.2085	.32513	20
	3	3.3225	.33477	20
	전체	3.2868	.34770	60

(3) 귀무가설의 검정

다변량분산분석의 모형도 선형모형이므로 회귀분석의 모형과 마찬가지로 절편에 대한 결과가 제시되지만 다변량분산분석의 결과 해석에서는 중요하지 않다. 여기서 실행한 다변량분산분석의 목적은 학생들의 소속계열에 따라 두 가지 종류의 성적에 차이가 있는가를 보는 것이다. 〈표 16-4〉에서 집단을 구분하는 요인인 '소속계열' 부분을 보면 네 가지 다변량 검정통계량의 값이 나타나 있다. 이러한 검정통계량 값은 F-값으로 변환되어 나타나고 있는데, 유의확률을 살펴보는 것이 중요하다. 필라이의 트레이스, 윌크스의의 람다, 호텔링의 트레이스, 로이의 최대근은 모두 유의수준 .05에서 통계적으로 유의하다. 따라서 학생들의 소속계열에 따라 두 가지 종류의 성적(교양성적, 전공성적)에 차이가 없다는 귀무가설은 유의수준 .05에서 기각된다.

〈표 16-4〉 다변량분산분석의 결과

다변량 검정[a]							
효과		값	거짓(F)	가설 자유도	오차 자유도	유의확률	부분 에타 제곱
절편	Pillai의 트레이스	.990	2719.833[b]	2.000	56.000	.000	.990
	Wilks의 람다	.010	2719.833[b]	2.000	56.000	.000	.990
	Hotelling의 트레이스	97.137	2719.833[b]	2.000	56.000	.000	.990
	Roy의 최대근	97.137	2719.833[b]	2.000	56.000	.000	.990
소속계열	Pillai의 트레이스	.287	4.772	4.000	114.000	.001	.143
	Wilks의 람다	.722	4.964[b]	4.000	112.000	.001	.151
	Hotelling의 트레이스	.374	5.148	4.000	110.000	.001	.158
	Roy의 최대근	.340	9.697[c]	2.000	57.000	.000	.254

a. Design: 절편＋소속계열
b. 정확한 통계량
c. 해당 유의수준에서 하한값을 발생하는 통계량은 *F*에서 상한값입니다.

(4) 추가 분석: 분산분석

다변량분산분석의 결과에 따르면 소속계열은 성적에 유의한 효과를 미치는 것으로 나타났다. 그러나 어떠한 종류의 성적이 소속계열에 따라 어떻게 차이가 나는지는 알 수 없다. 이에 대한 해결책은 분산분석과 판별분석을 통해 보다 상세하게 차이를 파악하는 것이다.

〈표 16-5〉에는 각 종속변수에 대해 오차 분산의 동질성에 대한 르빈의 검정 결과를 보여주는데, 각 종속변수에 대해 일원분산분석을 시행했기 때문에 나온 결과이다. 평균을 기준으로 한 르빈의 검정을 보면 종속변수 각각에 대해 유의확률이 .05보다 크다. 따라서 각 종속변수에 대해 등분산성 가정(집단별로 오차항의 분산은 같다는 가정)이 충족됨을 알 수 있다.

〈표 16-5〉 일변량분산분석: 오차 분산의 동일성에 대한 가정의 검정

오차 분산의 동일성에 대한 Levene의 검정[a]					
		Levene 통계량	자유도1	자유도2	유의확률
교양성적	평균을 기준으로 합니다.	.826	2	57	.443
	중위수를 기준으로 합니다.	.307	2	57	.737
	자유도를 수정한 상태에서 중위수를 기준으로 합니다.	.307	2	47.557	.737
	절삭평균을 기준으로 합니다.	.736	2	57	.483
전공성적	평균을 기준으로 합니다.	3.081	2	57	.054
	중위수를 기준으로 합니다.	2.833	2	57	.067
	자유도를 수정한 상태에서 중위수를 기준으로 합니다.	2.833	2	56.357	.067
	절삭평균을 기준으로 합니다.	3.090	2	57	.053

여러 집단에서 종속변수의 오차 분산이 동일한 영가설을 검정합니다.
a. Design: 절편＋소속계열

〈표 16-6〉 일변량분산분석: 종속변수별 일원분산분석

개체-간 효과 검정							
원인	종속변수	제Ⅲ유형 제곱합	자유도	평균제곱	~~거짓~~(F)	유의확률	부분 에타 제곱
수정된 모형	교양성적	.882[a]	2	.441	1.661	.199	.055
	전공성적	.416[b]	2	.208	1.487	.235	.050
절편	교양성적	679.192	1	679.192	2556.568	.000	.978
	전공성적	709.397	1	709.397	5073.711	.000	.989
소속계열	교양성적	.882	2	.441	1.661	.199	.055
	전공성적	.416	2	.208	1.487	.235	.050
~~추정값~~(오차)	교양성적	15.143	57	.266			
	전공성적	7.970	57	.140			
전체	교양성적	695.217	60				
	전공성적	717.783	60				
수정된 합계	교양성적	16.025	59				
	전공성적	8.386	59				

a. R 제곱=.055 (수정된 R 제곱=.022)
b. R 제곱=.050 (수정된 R 제곱=.016)

〈표 16-6〉에는 각 종속변수에 대한 분산분석의 결과가 나타나 있다. 소속계열 행에 있는 각 종속변수의 F 값과 유의확률은 각 종속변수를 별도로 분석했을 경우의 분산분

석결과와 일치한다. 결과를 보면 소속계열에 따른 교양성적의 차이는 통계적으로 유의하지 않다(p = .199). 그리고 소속계열에 따른 전공성적의 차이도 통계적으로 유의하지 않다(p = .235). 다변량분산분석의 결과에 따르면 소속계열에 따라 성적의 차이가 있었으나 일변량분산분석의 결과에 따르면 소속계열에 따른 성적의 차이가 없다. 두 검정의 결과가 다른 이유는 다변량분산분석의 경우 종속변수 간의 상관관계를 고려하기 때문이다. 분산분석의 결과에 따르면 소속계열에 따라 교양성적의 차이가 없고, 소속계열에 따라 전공성적의 차이도 없다. 따라서 사후검정은 할 필요가 없다.

(5) 추가 분석: 판별분석

① 분석 절차

다변량분산분석은 집단에 따라 종속변수의 선형결합에 있어서 차이가 있는지 검정하는 방법이고, 판별분석은 그러한 변수의 선형조합을 자세하게 분석하는 방법이다. 다변량분산분석 후에 하는 판별분석은 다변량분산분석의 종속변수들이 집단을 어떻게 판별하는지 알기 위해 시행하는 것이다.

추가적으로 실시하는 판별분석은 다변량분산분석과 반대 방향으로 하게 된다. 다변량분산분석은 집단을 구분하는 변수에 따라 종속변수의 값이 다른가를 검정하는 반면 추가적으로 실시하는 판별분석은 종속변수(다변량분산분석에서는 종속변수이면서 판별분석에서는 독립변수임)에 따라 소속 집단을 예측한다. 메뉴에서 [분석] → [분류분석] → [판별분석]을 선택하면 [그림 16-4]와 같은 창이 뜬다.

그림 16-4 판별분석

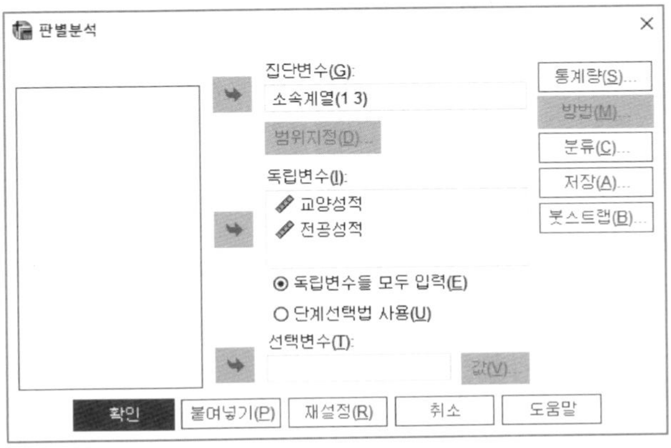

[그림 16-4]의 왼쪽에 있는 변수 목록에서 집단을 구분하는 '소속계열'을 [집단변수]의 칸으로 이동시킨다. [범위지정]이 활성화되면 최소값을 1로, 최대값을 3으로 지정한다. 그리고 [계속]을 누른 후에 변수 목록에서 '교양성적'과 '전공성적'을 [독립변수]의 칸으로 이동시킨다. 다변량분산분석에서는 종속변수들을 모두 동시에 분석한다. 이러한 종속변수들은 추가적으로 실시하는 판별분석에서는 독립변수들이 된다. 따라서 [단계선택법] 대신에 [독립변수들 모두 입력]을 선택한다.

[그림 16-4]에서 [통계량]을 선택하면 [그림 16-5]와 같은 창이 뜬다. 이 창의 [기술통계]에 있는 [평균], [일변량분산분석], [Box의 M]은 다변량분산분석의 출력결과에 나타나기 때문에 다시 선택할 필요가 없다. [행렬]에서 [개별-집단 공분산 행렬]을 선택하면 각 집단별로 종속변수 간의 공분산을 파악할 수 있다. [함수의 계수]에서는 [비표준화]를 선택한다.

그림 16-5 **판별분석: 통계량**

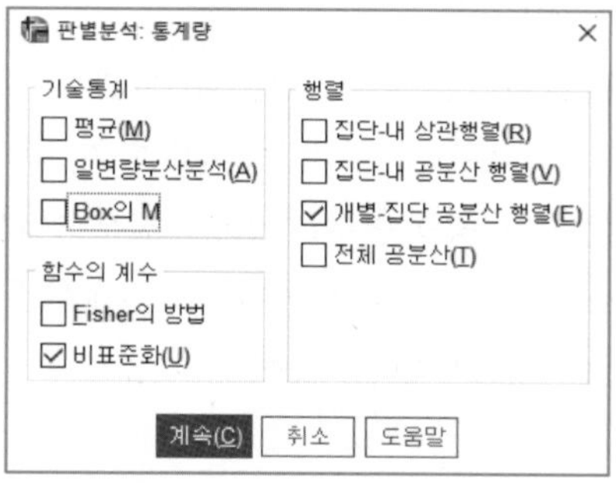

[그림 16-5]에서 [계속]을 눌러서 [그림 16-4]의 창으로 돌아간 후 [분류]를 누르면 [그림 16-6]과 같은 창이 뜬다. 분석을 위해 사전확률을 지정해야 한다. 각 집단의 크기가 다른 경우에는 [집단 크기로 계산]을 선택하지만 여기서는 각 집단의 크기가 같으므로 [시전확률]에서 [모든 집단이 동일]을 선택한다. [표시]에서는 [요약표]를 선택하고 [도표]에서는 [결합-집단]을 선택한다.

그림 16-6 판별분석: 분류

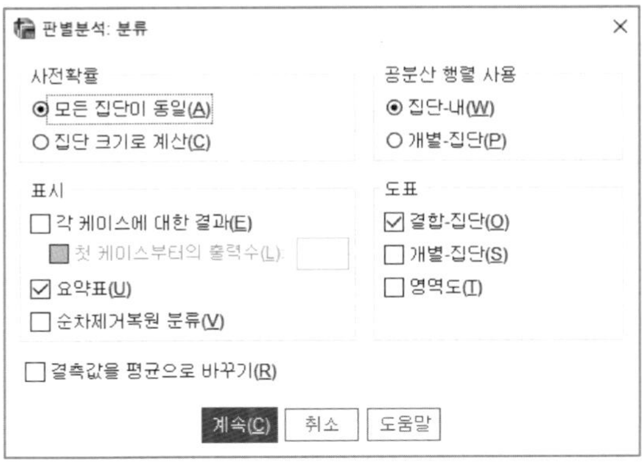

② 결과 해석

집단별 공분산 행렬(분산-공분산 행렬)을 통해서 집단별로 종속변수 간의 관계가 어떠한지 파악할 수 있다. 〈표 16-7〉을 보면 집단 간에 종속변수 간의 관계가 크게 다르지는 않은 것으로 나타났다.

〈표 16-7〉 집단별 분산-공분산 행렬

공분산 행렬			
소속계열		교양성적	전공성적
1	교양성적	.330	.227
	전공성적	.227	.200
2	교양성적	.233	.121
	전공성적	.121	.108
3	교양성적	.235	.151
	전공성적	.151	.112

집단별 공분산행렬의 대각선에 있는 값은 집단별 종속변수의 분산이고 비대각선에 있는 값은 집단별 종속변수 간의 공분산이다. 예를 들면 〈표 16-7〉에서 소속계열 1(사회계열) 집단의 경우 공분산 행렬은 다음과 같다는 것을 알 수 있다.

$$\begin{pmatrix} .330 & 227 \\ .227 & .220 \end{pmatrix}$$

여기서 .330은 종속변수인 '교양성적'의 분산이고 .220은 종속변수인 '전공성적'의 분산이다. 그리고 .227는 종속변수인 '교양성적'과 종속변수인 '전공성적' 간의 공분산이다. 공분산 값의 부호가 양(+)이면 두 종속변수 간의 관계가 정적인 관계임을 의미한다. 즉, 한 종속변수의 값이 크면 다른 종속변수의 값도 큰 관계를 의미한다.

〈표 16-8〉에는 판별함수별로 고유값이 나타나 있다. '분산의 %'는 개별 고유값을 합하여 전체 설명력을 구한 후에 개별 고유값이 차지하는 비중을 계산한 것이다. '분산의 %'를 보면, 첫 번째 판별함수는 분산의 90.9%를 설명하고, 두 번째 판별함수는 분산의 9.1%를 설명하고 있다. 판별함수의 고유값은 설명력의 상대적 크기를 보여준다. 판별함수 1은 판별함수 2에 비해 설명력이 10배 정도 크다.

〈표 16-8〉 **고유값**

고유값				
함수	고유값	분산의 %	누적 %	정준 상관
1	.340[a]	90.9	90.9	.504
2	.034[a]	9.1	100.0	.182

a. 첫 번째 2 정준 판별함수가 분석에 사용되었습니다.

〈표 16-8〉에 나타난 고유값을 통해 네 가지 다변량 검정통계량의 값을 계산하면 식 (16-5)부터 식 (16-8)까지 나타난 바와 같다. 이는 〈표 16-4〉에 나타난 SPSS의 다변량 분산분석결과와 일치한다.

$$\text{필라이의 트레이스: } \sum_{i=1}^{2} \frac{\lambda_i}{1+\lambda_i} = \frac{.340}{1+.340} + \frac{.034}{1+.034} = .287 \quad (16\text{-}5)$$

$$\text{윌크스의 람다: } \prod_{i=1}^{2} \frac{1}{1+\lambda_i} = \left(\frac{1}{1+.340}\right)\left(\frac{1}{1+.034}\right) = .722 \quad (16\text{-}6)$$

$$\text{호텔링의 트레이스: } \sum_{i=1}^{2} \lambda_i = .340 + .034 = .374 \quad (16\text{-}7)$$

$$\text{로이의 최대근: } \lambda_{\max} = .340 \quad (16\text{-}8)$$

판별함수의 통계적 유의성의 검정은 윌크스 람다의 값을 카이제곱의 값으로 변환함으로써 실행된다. 〈표 16-9〉의 '함수의 검정'에서 '1−2'의 의미는 두 판별함수 전체에 대한 유의성의 검정을 나타낸다. '2'의 의미는 첫 번째 판별함수를 제외한 후 두 번째 판별함수에 대한 유의성 검정을 나타낸다. 두 판별함수를 모두 검정한 결과를 보면 윌크스 람다 값은 .722, 윌크스 람다와 관련된 카이제곱의 값은 18.442, 유의확률은 .001로 나타났다. 두 번째 판별함수만을 검정하는 경우에는 유의하지 않은 결과가 나타났다 (p = .169).

〈표 16-9〉 윌크스의 람다

Wilks의 람다				
함수의 검정	Wilks의 람다	카이제곱	자유도	유의확률
1−2	.722	18.442	4	.001
2	.967	1.895	1	.169

〈표 16-10〉에는 표준정준판별함수의 계수가 제시되고 있는데, 회귀분석의 표준회귀계수와 유사한 의미를 지닌다. 〈표 16-10〉에서 교양성적과 전공성적은 두 번째 판별함수보다 첫 번째 판별함수에서 더 중요한 변수라는 것을 알 수 있다. 왜냐면 첫 번째 판별함수에 있는 계수들의 절댓값이 상대적으로 크기 때문이다. 그리고 첫 번째 판별함수에 미치는 두 변수의 영향은 서로 반대 방향으로 작용한다는 것을 알 수 있다.

〈표 16-10〉 표준정준판별함수의 계수

표준화 정준 판별함수 계수		
	함수	
	1	2
교양성적	1.918	.481
전공성적	−1.897	.555

〈표 16-11〉의 구조행렬에서 제시된 값은 각 변수가 판별함수에 상대적으로 기여하는 정도를 나타낸다. 첫 번째 판별함수(함수 1)에서 '전공성적'의 계수는 음수(−.243)이고 '교양성적'의 계수는 양수(.281)이므로 두 변수는 첫 번째 판별함수에 반대로 작용한다. 따라서 첫 번째 판별함수가 전공성적과 교양성적을 보다 잘 판별한다고 할 수 있다.

〈표 16-11〉 구조행렬

구조행렬		
	함수	
	1	2
전공성적	−.243	.970*
교양성적	.281	.960*

판별변수와 표준화 정준 판별함수 간의 집단-내 통합 상관행렬.
변수는 함수 내 상관행렬의 절대값 크기순으로 정렬되어 있습니다.
*. 각 변수와 임의의 판별함수 간의 가장 큰 절대 상관행렬

〈표 16-12〉에는 판별함수의 집단별 중심(centroid)이 나타나 있다. 판별함수에 의해 판별되는 집단을 찾으려면 판별함수의 집단별 중심을 파악해야 한다. 특히 집단별 중심값의 부호를 파악해야 한다.

〈표 16-12〉 판별함수의 집단별 중심값

함수의 집단 중심값		
	함수	
소속계열	1	2
1	.164	.249
2	−.764	−.080
3	.600	−.170

표준화하지 않은 정준 판별함수가 집단 평균에 대해 계산되었습니다.

〈표 16-12〉와 함께 [그림 16-7]의 결합-집단 도표를 살펴보는 것도 유용하다. [그림 16-7]에서 제시된 집단별(소속계열별) 중심값(사각형으로 표시됨)을 가로축에서 보면 집단 2와 집단 3 사이의 거리가 멀어서 첫 번째 판별함수(함수 1)가 이 두 집단을 잘 판별하는 것을 알 수 있다. 집단별 중심값을 세로축에서 보면 집단 1과 집단 3 간의 거리가 다소 떨어져 있어서 두 번째 판별함수(함수 2)가 이 두 집단을 판별하지만 판별하는 정도가 크지는 않다. 여기서는 〈표 16-9〉의 결과에 따라 판별함수 각각이 집단을 판별하는 것이 아니라 두 판별함수의 조합으로 집단으로 판별한다고 해석한다.

그림 16-7 결합-집단 도표

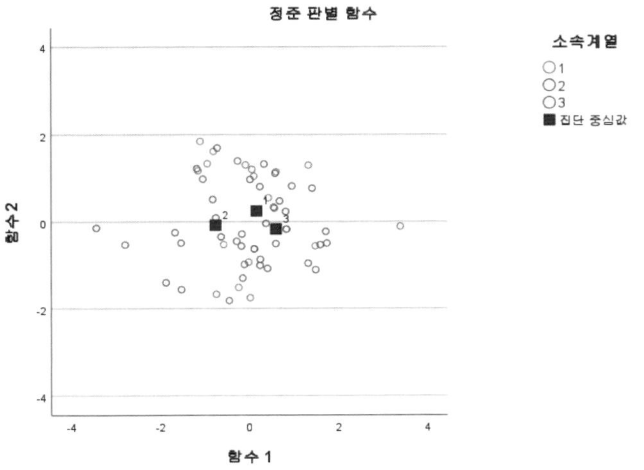

다변량분산분석을 실시한 후 추가적으로 판별분석의 결과를 정리하면 다음과 같다. 다변량분산분석을 실시한 후 추가적으로 판별분석을 실시한 결과 판별함수 2개가 도출되었다. 첫 번째 판별함수는 분산의 90.9%를 설명했고, 두 번째 판별함수는 분산의 9.1%를 설명했다. 두 판별함수를 모두 검정한 결과를 보면 $\Lambda = .722$, $\chi^2(1) = 18.442$, 유의확률은 .001로 나타났다. 두 번째 판별함수를 검정하는 경우에는 유의하지 않은 결과가 나타났다($p = .169$). 판별함수 도표에 의하면 첫 번째 판별함수가 집단 2(이공계열)와 집단 3(상경계열)을 잘 판별하고 두 번째 판별함수는 집단 1(사회계열)과 집단 3(상경계열)을 약간 판별하는 것으로 나타났다.

다변량분산분석의 결과를 전체적으로 정리하면 다음과 같다. 첫째, 다변량분산분석의 결과에 따르면 학생들의 소속계열에 따라 두 가지 종류의 성적(교양성적, 전공성적)에 차이가 없다는 귀무가설은 유의수준 .05에서 기각되었다. 즉, 소속계열에 따라 두 종류의 성적에 차이가 있었다. 둘째, 추가적으로 실시한 분산분석에 따르면 소속계열에 따라 교양성적의 차이가 없고 소속계열에 따라 전공성적의 차이도 없었다. 이같이 다변량분산분석과 분산분석의 결과가 다른 것은 다변량분산분석은 종속변수 간의 상관관계를 고려하므로 집단 간 차이를 분산분석보다 잘 파악하기 때문이다. 셋째, 추가적으로 실시한 판별분석에서는 교양성적과 전공성적을 독립변수로 설정하여 소속계열을 예측했다. 판별분석의 결과 판별함수 2개가 도출되었다. 첫 번째 판별함수가 이공계열과 상경계열을 잘 판별하고 두 번째 판별함수는 사회계열과 상경계열을 약간 판별하는 것으로 나타났다.

요약

- 다변량분산분석은 종속변수가 여러 개 있는 경우의 분산분석으로 종속변수들의 선형조합을 고려한다.
- 다변량분산분석의 절차는 종속변수 간 상관관계 조사, 다변량분산분석의 가정 검토, 귀무가설의 검정, 귀무가설이 기각되는 경우 추가적인 분석 등으로 진행된다.
- 첫째, 종속변수 간의 상관관계를 조사한 후 상관관계가 존재하면 다변량분산분석을 한다. 상관관계가 없으면 다변량분산분석은 불필요하다. 종속변수 간에 상관관계가 있는 경우 독립적으로 각 종속변수에 대해 여러 번 분산분석을 실행하는 것보다 다변량분산분석을 실행하는 것이 적절하다.
- 둘째, 다변량분산분석의 전제조건을 검토한다. 다변량분산분석의 전제조건은 독립성, 다변량정규성, 공분산 행렬의 동질성이다. 다변량 정규성이란 오차 또는 종속변수의 벡터가 다변량정규분포를 따른다고 가정하는 것이다. 공분산 행렬의 동질성이란 집단별로 각 종속변수의 분산이 같고 동시에 종속변수 간의 공분산이 모든 집단에서 동일하다고 가정하는 것이다. 이러한 가정에 대한 검정은 공분산 행렬의 동질성 검정을 통해 이루어진다.
- 셋째, 다변량분산분석의 귀무가설을 검정한다. 여기서 귀무가설은 집단별로 종속변수의 평균벡터 간에 차이가 없다는 것이다. 이러한 귀무가설의 기각 여부를 판단하기 위해 4개의 검정통계량(필라이의 트레이스, 윌크스의 람다, 호텔링의 트레이스, 로이의 최대근)이 주로 사용되는데 그중 적절한 것을 선택한다. 다변량 정규성 가정이 위배되는 경우 네 가지 검정통계량은 모두 강건한 편이다. 공분산 행렬의 동질성 가정이 위배되는 경우 필라이 트레이스가 선호된다.
- 넷째, 다변량분산분석의 귀무가설을 기각할 수 없으면 분석은 종결된다. 그러나 귀무가설이 기각되면 추가적인 분석을 할 수 있다. 다변량분산분석을 통해서 요인이 종속변수들에 영향을 주는지 여부만 알 수 있고 두 가지를 알 수 없다. 하나는 어떤 집단 간에 차이가 있는지 알 수 없는 것이다. 집단 간 차이를 알기 위해서는 추가적으로 분산분석과 사후검정을 할 수 있다. 다른 하나는 집단을 구분하는 독립변수(요인)가 개별 종속변수에 미치는 영향력을 알 수 없다. 이를 알기 위해 추가적으로 판별분석을 할 수 있다. 추가적으로 하는 판별분석은 종속변수(판별분석에서는 이 변수들이 독립변수로 설정됨)로 집단을 예측하는 것이다. 다변량분산분석은 집단의 차이를 가장 잘 나타내는 종속변수의 선형결합을 찾는데 이러한 선형결합은 판별분석에서 판별함수가 된다.

제17장

요인분석

1. 요인분석의 개요
2. 요인분석의 유형
3. 요인분석의 사용 목적
4. 요인분석의 원리와 요인분석모형
5. 요인분석의 절차
6. 요인분석과 관련된 주요 개념
7. 요인분석의 사례
8. SPSS의 활용

1 요인분석의 개요

요인분석(factor analysis)이란 상관관계가 높은 측정변수들(observed variables)끼리 묶어서 측정변수의 수보다 적은 요인(factor)으로 축약하는 분석을 말한다. 요인분석은 여러 종류의 연구문제에 대한 답을 제공할 수 있다. 예를 들면 어떤 상품을 구매하는 이유를 15개의 설문 항목으로 조사한 경우 이러한 설문 항목(측정변수)들을 4개의 요인으로 단순화하여 구매 이유를 축약할 수 있다. 요인분석을 통해서 시민이 정치인에 대해 평가하는 많은 측정 항목들을 능력 차원과 도덕성 차원과 같은 소수의 요인으로 축약할 수도 있다. 그리고 새로운 미디어가 도입되는 시기에 그러한 미디어를 이용하는 다양한 동기에 대한 설문 항목들을 보다 적은 수의 요인으로 간결하게 표현할 수 있다.

요인분석에서 상관관계가 높은 측정변수들은 같은 요인에 소속되고 요인 간 상관관계는 없거나 낮게 된다. 따라서 요인은 측정변수들의 상호의존관계를 나타내는 새로운 변수라고 볼 수 있다. 요인이란 추상적인 현상을 측정하는 설문 문항에 내재하는 구성개념(construct) 혹은 잠재변수(latent variable)이기 때문에 직접적으로 관측할 수 없다.

요인분석에서 사용되는 변수는 등간척도나 비율척도를 가져야 한다. 그리고 요인분석에서는 측정변수 간에 독립변수와 종속변수의 구분이 없다. 요인분석을 통해 다수의 측정변수에 대한 정보가 소수의 요인으로 축약되면 자료의 구조를 보다 쉽게 이해할 수 있다. 또한 요인분석을 통해 얻은 요인은 회귀분석 등의 추가적인 분석에서 변수로 활용될 수 있다.

요인분석에서 의미하는 요인은 분산분석에서 의미하는 요인과 다른 의미를 갖는다. 분산분석에서 요인은 명목척도로 측정된 하나의 변수를 의미하는 반면 요인분석에서 요인은 등간척도나 비율척도로 측정된 여러 변수의 결합으로 표현될 수 있다. 요인분석이 회귀분석 등과 같은 인과분석과 다른 점은 독립변수와 종속변수의 구분이 없이 변수간 상호의존관계를 분석하는 것이다.

측정변수 간의 상관관계가 나타나는 원인은 두 가지 중의 하나인데, 측정변수 간의 인과관계가 있거나 요인이 동시에 측정변수들에 미치는 영향이 있기 때문이다. 요인분석을 사용하기 위한 전제조건은 측정변수 간의 인과관계가 아니라 요인이 측정변수에 영향을 미친다는 것이다.[18] [그림 17-1]에서 화살표의 방향은 인과관계의 방향을 의미한다. 요인분석에서는 요인이 측정변수(Xi로 표시)에 영향을 미친다는 가정을 한다. 요인분석에서 측정변수의 변동(변량)은 두 가지에 기인한다. 하나는 요인의 영향을 받아 측정변수의 값이 변하는 것이고 다른 하나는 요인으로 포착이 되지 않는 원인에 의해 측정변수의 값이 변하는 것이다. 요인으로 설명할 수 없는 변동 부분은 오차로 취급된다. 요인 간에는 상관관계가 있을 수도 있고 없을 수도 있다.

그림 17-1 요인과 측정변수 간 인과관계

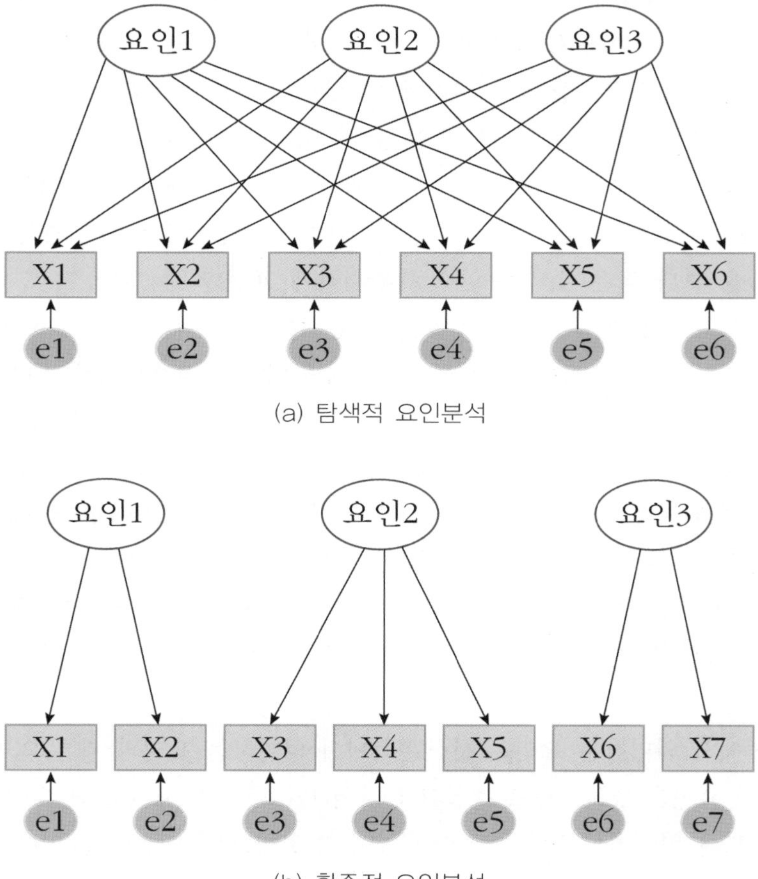

2 요인분석의 유형

요인분석은 분석의 목적에 따라 탐색적 요인분석(exploratory factor analysis)과 확증적(확인적) 요인분석(confirmatory factor analysis)으로 구분할 수 있다. 탐색적 요인분석은 측정변수(설문문항)와 요인(구성개념, 잠재변수)의 관계에 대한 이론적 배경이나 기존 연구가 없는 상태에서 그 관계를 탐색하는 방법이다. 따라서 모든 측정변수가 모든 요인으로부터 영향을 받는다는 가정하에 탐색이 이루어진다. [그림 17-1] (a)에 이런 가정이 표현되어 있다.

확증적 요인분석은 측정변수와 요인의 관계에 대한 이론적 배경이나 기존 연구가 존재하는 상태에서 그 관계를 확인하는 방법이다. 확증적 요인분석은 선행 연구에 근거하여 특정 측정변수는 특정 요인으로부터 영향을 받는다는 가정을 한다. 그리고 이러한 가정에 기초한 요인모형이 자료와 부합하는지를 확인한다. [그림 17-1] (b)의 확증적 요인분석에서 특정 측정변수들이 특정 요인과 관련되어 있음을 알 수 있다.

탐색적 요인분석은 제약 조건이 있다. 첫째, 연구자는 모든 요인이 서로 상관관계가 없는 경우나 모든 요인이 서로 상관관계가 있는 경우로 가정해야 한다. 즉, 일부분의 요인 사이에만 상관관계가 있거나 없다고 가정할 수 없다. 둘째, 분석에서 사용되는 모든 측정변수는 모든 요인에 적재된다고 가정해야 한다. 즉, 어떤 측정변수를 특정 요인에 배정하거나 다른 요인으로부터 배제할 수 없다.

탐색적 요인분석에서는 연구자가 측정변수의 내용을 살펴보고 각 요인의 명칭을 적절하게 만들어야 한다. 반면에 확증적 요인분석에서는 연구자가 기존 연구를 통해 이미 요인의 기존 명칭을 아는 상태에서 요인분석을 하게 된다. 탐색적 요인분석은 SPSS를 통해 분석을 할 수 있다. 반면에 확증적 요인분석은 주로 AMOS 등의 통계프로그램을 통해 구조방정식모형을 분석하는 과정에서 측정모형의 검증에 사용된다. 6절에 있는 [그림 17-5]는 구조방정식모형과 요인분석의 관계를 이해하는 데 있어서 도움이 된다.

〈표 17-1〉 탐색적 요인분석과 확증적 요인분석의 차이

	탐색적 요인분석	확증적 요인분석
선행 연구 여부	선행 연구가 없는 경우 가설이나 이론을 만들 때 사용함	선행 연구가 있는 경우 가설이나 이론을 검증할 때 사용함
요인의 수	분석을 통해서 요인의 수를 확인	분석 이전에 요인의 수를 알고 있음
분석의 성격	측정변수에 영향을 미치는 요인을 탐색	요인에 의해 영향을 받는 측정변수를 확인
요인과 측정변수 간 관계	모든 측정변수는 모든 요인의 영향을 받음	특정 측정변수는 특정 요인의 영향만 받음

3 요인분석의 사용 목적

요인분석을 사용하는 목적은 다음과 같다. 첫째, 변수 간 관계의 파악이다. 요인분석은 변수 간의 관계에 대한 사전 지식이 없을 때 이러한 변수 간 관계를 조사하고 변수들에 대해 동시에 영향을 미치는 요인을 밝혀내서 변수들의 구조를 파악하고자 한다. 둘째, 자료의 축약이다. 조사에 사용된 측정문항(측정변수) 간의 높은 상관관계가 존재하면 그러한 측정문항들은 하나의 요인으로 묶어지게 된다. 요인분석은 다수의 측정문항이 가지고 있는 정보의 손실을 최소화하면서 소수의 요인으로 축약함으로써 자료의 복잡성을 감소시킨다. 셋째, 측정도구의 개발이다. 요인분석은 측정 도구의 개발에도 많이 사용되고 있다. 직접 관측이 불가능한 사회적, 심리적 현상에 대한 측정은 여러 문항을 통해 이루어진다. 예를 들어 '지각된 서비스 품질(perceived service quality)'이나 '소비자 충성도'라는 구성개념을 측정하려면 관련된 선행연구를 통해 그 개념을 측정할 수 있는 다수의 문항을 추려낸 후에 설문 조사를 하게 된다. 이러한 조사 자료를 바탕으로 문항(측정변수)들이 어떠한 요인에 속하는지 판단하게 된다. 측정 문항과 요인의 연계가 기존 연구결과와 부합하는지 확인하여 측정도구의 타당성을 검정할 수 있다. 이러한 타당성의 검정은 주로 확증적 요인분석에서 이루어진다. 기존 연구와 달리 어떤 측정 문항이 특정 요인에 포함되지 않으면 그러한 측정 문항은 제거할 수 있다. 넷째, 가설의 검정이다. 요인분석은 가설 검정의 기능도 수행한다. 예를 들면 어떤 구성개념이 세 가지 차원으로 구성된다는 가설과 두 가지 차원으로 구성된다는 가설이 대립하고 있다면 요인분석을 통해 어떤 가설을 채택할 수 있는지 살펴볼 수 있다. 다섯째, 새로운 변수의 생성이다. 요인분석은 다른 통계분석에서 적절하게 사용할 수 있는 새로운 변수를 만들 수 있다. 예를 들어 회귀분석을 실시할 때 일부 독립변수 간에 다중공선성 문제가 심각한 것으로 드러났다면 그러한 독립변수들을 하나의 요인으로 축소한 후에 그런 변수들을 대신하여 해당 요인을 새로운 변수로 사용할 수 있다. 그리고 다중공선성 문제와는 무관하게 요인분석을 통해 얻은 요인점수는 회귀분석 등의 추가적인 분석에서 변수로 사용될 수 있다.

4 요인분석의 원리와 요인분석모형

요인분석은 p개의 측정변수 $X_1, \cdots, X_p$를 p개 이하인 m개의 요인 $F_1, \cdots, F_m$으로 축

소하는 방법이다. 요인분석에서 상관행렬(correlation matrix)을 이용하여 분석하는 경우에 모든 측정변수(대문자로 표기)를 평균이 0이고 분산이 1이 되도록 표준화시킨 후 분석이 이루어진다. 여기서 표준화된 변수(소문자로 표기)는 $x_1, \cdots, x_p$로 표기되고 $x_i = (X_i - \overline{X_i})/S_{X_i}$이다. 반면에 공분산행렬(covariance matrix)을 이용하여 분석하는 경우에 모든 측정변수는 평균이 0이 되고 분산의 크기는 그대로 유지되도록 변수를 변환한다. 표준화된 변수를 사용한 요인분석모형은 다음과 같다.[21]

$$
\begin{aligned}
x_1 &= l_{11}F_1 + l_{12}F_2 + \cdots + l_{1m}F_m + \epsilon_1 \\
x_2 &= l_{21}F_1 + l_{22}F_2 + \cdots + l_{2m}F_m + \epsilon_2 \\
&\vdots \\
x_p &= l_{p1}F_1 + l_{p2}F_2 + \cdots + l_{pm}F_m + \epsilon_p
\end{aligned}
$$

이러한 요인분석모형의 특징은 다음과 같다. 첫째, $F_1, F_2, \cdots, F_m$은 공통요인(common factor)이며, 평균이 0이고 분산이 1이라고 가정한다. 둘째, l_{ij}는 측정변수 x_i에 영향을 미치는 공통요인 F_j의 영향력을 표현한 수치로서, i번째 측정변수에 대한 j번째 공통요인의 요인적재치(factor loading)를 뜻한다. 요인적재치는 요인부하량으로 불리기도 한다. 셋째, 공통요인의 수(m)는 측정변수의 수(p) 이하이다. 넷째, 측정변수의 값은 공통요인의 선형결합과 오차로 이루어져 있다. 다섯째, ϵ_1, ... , ϵ_p는 공통요인으로 설명할 수 없는 각 측정변수의 고유한 특성을 나타낸다.

측정변수의 분산은 '공통요인에 의해 설명되는 부분'과 '공통요인에 의해 설명되지 않는 부분'으로 구분된다. 요인분석모형에서 행의 방향으로 요인적재치를 제곱하여 합한 값($l_{i1}^2 + l_{i2}^2 + \cdots + l_{im}^2$)은 측정변수 x_i의 공통성인데, 이는 x_i의 분산 중 m개의 요인들에 의해 설명되는 부분이다. 즉, 공통성(communality)이란 측정변수의 분산 중에서 요인들에 의해 설명될 수 있는 분산이 차지하는 비중을 뜻한다.

5 요인분석의 절차

1 연구 목적에 따른 요인분석 유형의 선택

요인분석은 이미 설명한 바와 같이 탐색적 요인분석과 확증적 요인분석으로 구분된다. 탐색적 요인분석은 연구모형에 대한 사전적 지식이나 이론적 배경이 없는 상태에서 요인을 추출하는 반면 확증적 요인분석은 연구모형에 대한 선행연구가 있는 상태에서 출발한다. 여기서는 탐색적 요인분석에 초점을 맞추어 설명하기로 한다.

2 자료의 적절성 검토

요인분석을 사용하기 위한 자료의 적절성 검토는 두 가지로 구분할 수 있다. 첫째, 한 요인(구성개념)을 측정하기 위해서는 단일문항을 사용하지 말아야 한다는 것이다. 둘째, 자료가 요인분석에 적합한 상관관계를 가져야 한다는 것이다.

(1) 다문항 측정변수의 사용

요인분석은 다문항 측정변수를 사용해야 한다. 다문항 측정변수는 하나의 구성개념을 나타내기 위한 여러 개의 측정변수를 뜻한다. 요인분석에서 단일문항으로 측정한 변수를 다문항 측정변수와 함께 사용하는 것은 부적절하다.[33]

(2) 상관관계가 있는 측정변수들의 사용

요인분석은 상관관계가 있는 측정변수들을 사용해야 한다. SPSS와 같은 프로그램을 통해 측정변수 간 상관행렬을 도출할 수 있다. 상관행렬은 측정변수 간의 상관계수를 행렬 형태로 나타낸다. 예를 들면 〈표 17-2〉에는 다섯 개의 측정변수 간의 상관계수를 나타내는 상관행렬이 제시되고 있다. 요인분석에 적합한 상관관계를 가진 자료인지 판단하기 위해 상관행렬과 관련된 세 가지 방법을 사용할 수 있다.

〈표 17-2〉 상관행렬

		변수 1	변수 2	변수 3	변수 4	변수 5
상관관계	변수 1	1.000	−.561	.964	−.500	.980
	변수 2	−.561	1.000	−.535	.780	−.512
	변수 3	.964	−.535	1.000	−.484	.964
	변수 4	−.500	.780	−.484	1.000	−.432
	변수 5	.980	−.512	.964	−.432	1.000
유의확률 (단측)	변수 1		.000	.000	.000	.000
	변수 2	.000		.000	.000	.000
	변수 3	.000	.000		.000	.000
	변수 4	.000	.000	.000		.000
	변수 5	.000	.000	.000	.000	

① 상관계수의 통계적 유의성 검토

변수 간의 상관계수가 전반적으로 낮으면 요인분석에 적합한 자료가 아니다. 〈표 17-2〉의 상관행렬을 보면 모든 상관계수의 유의확률도 유의수준 0.05보다 작아서 요인분석에 적합한 자료라는 단서를 제공한다. 그러나 이러한 관찰만으로는 요인분석에 적합한 자료인지 충분히 판단하기 어렵다.

② 바틀렛의 구형성 검정

자료가 요인분석에 적합한지 여부는 바틀렛의 구형성 검정(Bartlett's test of sphericity)을 통해서도 판단할 수 있다. 바틀렛의 구형성 검정은 '변수 간의 상관계수는 모두 0이다'라는 귀무가설을 검정한다. 이러한 귀무가설은 '모상관행렬은 단위행렬이다'로 표현할 수 있다. 단위행렬에서 대각선상의 모든 원소는 1이고 그 이외의 원소는 0이므로 단위행렬은 모든 변수 간의 상관관계가 없음을 의미한다. 만일 모든 상관계수가 0이라면 모든 변수 간에 관련성이 전혀 없다는 의미이므로 요인분석은 의미가 없게 된다. 바틀렛의 구형성 검정에서 유의확률이 연구자가 정한 유의수준보다 작으면 해당 유의수준에서 모든 변수 간에 상관관계가 없다는 귀무가설을 기각할 수 있으므로 요인분석을 할 수 있는 최소한의 조건을 만족시키는 것이다. 예를 들면 〈표 17-3〉의 바틀렛의 구형성 검정에서 유의확률이 .000으로 나타났으므로 귀무가설을 기각할 수 있다. 따라서 주어진 자료는 요인분석에 적합한 상관관계를 가진 자료라는 최소한의 조건을 만족시킨 것이다.

〈표 17-3〉 KMO와 Bartlett의 검정

표본 적절성의 Kaiser-Meyer-Olkin 측도		.780
Bartlett의 구형성 검정	근사 카이제곱	421.728
	자유도	10
	유의확률	.000

③ KMO의 표본 적절성 측도

바틀릿의 구형성 검정을 통해 변수 간에 유의한 상관관계가 존재한다는 결과를 얻었어도, 이러한 상관관계가 변수들의 공통요인에 의한 것인지 아니면 다른 원인에 의한 것인지에 대한 판단이 필요하다. 만일 상관관계가 다른 원인에 기인한 것이라면 요인분석을 통해 공통요인을 찾을 수 없다. KMO의 표본 적절성 측도(Kaiser-Meyer-Olkin measure of sampling adequacy)는 상관계수 중 공통요인의 비중이 어느 정도인지를 보여주는 도구이다. KMO 측도는 다음과 같은 식에 의해 계산된다.

$$KMO = \frac{\text{상관계수 제곱의 합}}{\text{상관계수 제곱의 합} + \text{편상관계수 제곱의 합}} \qquad (17\text{-}1)$$

KMO 값이 1에 가깝다는 것은 편상관계수가 상관계수에 비해 작다는 것을 의미한다. 두 변수 간 편상관계수는 두 변수에 동시에 영향을 미칠 수 있는 다른 변수의 영향을 제거(통제)한 상태에서의 상관계수를 의미한다. 따라서 편상관계수가 상관계수에 비해 작아질수록 두 변수 간의 상관관계는 둘 간의 순수한 관계보다는 다른 변수와의 관계를 통해서 설명이 잘 된다는 것을 나타낸다. 이는 분석에 포함된 변수들이 서로 관련성이 크다는 것을 뜻한다. 이같이 변수 간 관련성이 크면 요인분석을 통해 공통요인을 추출하기 쉽다. KMO 측도 값이 0.5 이상이면 표본 자료가 요인분석에 사용될 수 있는 것으로 판단한다.[63] 〈표 17-3〉에는 KMO 측정치가 0.780으로 나타나서 주어진 자료는 요인분석에 사용될 수 있는 것으로 판단한다. 탐색적 요인분석을 사용한 연구들은 표본 자료의 적절성을 나타내는 근거로 주로 바틀릿의 구형성 검정의 결과와 KMO의 표본 적절성 측도를 사용한다.

3 요인의 추출

(1) 요인추출방법의 선정

요인분석의 요인추출 단계에서는 요인적재치와 공통성을 찾는다. 요인추출방법으로는 주성분분석법(principal component method), 주축요인법(principal axis factor method), 최대우도법(maximum likelihood method) 등이 있다. 요인추출방법에 따라서 서로 다른 결과가 도출될 수 있다.

① 주성분분석법

주성분분석(principle component analysis)은 상관관계가 높은 여러 개의 측정변수들을 독립된(상관관계가 없는) 하나 이상의 새로운 변수로 만드는데 이러한 새로운 변수를 주성분(principle component)이라 한다. 주성분분석은 회귀분석에서 나타나는 다중공선성 문제를 극복하는 방법으로도 사용된다. 예를 들어 회귀모형에서 설정한 여러 개의 독립변수들 중에 3개의 독립변수들이 서로 높은 상관관계를 가지게 되어 다중공선성 문제가 심각하다고 가정하자. 이 경우에 이들 3개의 독립변수들을 묶어서 새로운 하나의 변수로 만들면 다중공선성 문제가 완화된다.

주성분분석법을 이용하여 초기요인(주성분)을 추출하는 경우, 요인적재치는 측정변수와 공통요인 간의 상관계수가 된다. 주성분분석법은 주성분 간에 상관관계가 없다는 가정하에 측정변수들의 전체분산을 최대한 설명할 수 있도록 주성분을 추출한다. SPSS에서 주성분분석법으로 요인을 추출하면 분석결과에서 요인은 성분(component)이라는 용어로 표현된다.

② 주축요인법과 최대우도법

주축요인법과 최대우도법을 사용하면 주성분분석법에 비해 측정변수들의 전체 분산에 대한 설명 비율은 작아질 수 있다. 그리고 최대우도법은 측정변수들의 다변량 정규분포의 가정이 충족될 경우에 타당한 방법이다. 주축요인법과 최대우도법에서는 최종 결과를 얻기 위해 반복적인 계산을 하는데, 이 과정에서 공통성의 추정값이 1을 넘는 헤이우드(Heywood) 상황이 발생할 수 있다. 이런 상황이 발생하면 공통요인의 수나 측정변수의 선정을 재검토하거나 요인추출방법으로 주성분분석법을 이용해야 한다.[21]

(2) 변수의 공통성 검토

변수의 공통성이란 추출된 요인들이 개별 변수를 얼마나 잘 설명하는가를 의미한다. 공통성은 0에서 1 사이의 값을 갖는다. 공통성이 1이라는 것은 공통요인들이 변수의 분산을 완벽하게 설명한다는 뜻이다. 반면에 공통성이 0이라는 것은 공통요인들이 변수의 분산을 전혀 설명하지 못한다는 뜻이다. 〈표 17-4〉의 (a)에 나타난 바와 같이 주성분분석법을 이용할 때 공통성의 초기값이 모두 1인 이유는 초기에 변수의 수와 같은 수의 요인들로 분석을 시작하고 이 요인들이 각 변수의 분산을 모두 설명해 주기 때문이다. 그러나 최종적으로 추출된 요인의 수는 감소하므로 공통성도 줄어든다. 그러나 〈표 4〉의 (b)와 같이 다른 종류의 요인추출방법을 사용하게 되면 공통성의 초기값은 1이 아니다.[21]

〈표 17-4〉 **공통성**

(a) 요인추출방법: 주성분분석법

	초기	추출
변수 1	1.000	.984
변수 2	1.000	.884
변수 3	1.000	.972
변수 4	1.000	.900
변수 5	1.000	.985

추출 방법: 주성분 분석

(b) 요인추출방법: 주축요인법

	초기	추출
변수 1	.970	.981
변수 2	.648	.786
변수 3	.940	.946
변수 4	.645	.779
변수 5	.970	.986

추출 방법: 주축요인추출

어떤 변수의 공통성은 그 변수와 추출된 요인들 간의 요인적재치를 제곱한 것을 모두 합한 값이다. 예를 들어 〈표 17-4〉 (b)에서 변수 1의 공통성은 0.981인데 이는 〈표 17-5〉의 요인행렬에 나타난 변수 1과 요인 1 간의 요인적재치 .961을 제곱한 값과 변수 1과 요인 2 간의 요인적재치 .238을 제곱한 값을 합한 것이다. 요인분석의 목적은 원자료의 정보 손실을 최소화하면서 자료를 축소하는 것인데, 이는 공통성이 높아야 한다는 것을 뜻한다. 각 변수의 공통성 값이 0.30 이상이면 요인분석의 적용은 적절하다고 판단한다.[21] 일부 연구자의 경우 공통성의 값이 0.5 이하이면 그 문항을 제거한 후 다시 요인분석을 하도록 권장하기도 한다.[33]

요인행렬은 요인과 변수 간의 관련성을 보이는 요인적재치의 행렬이다. 〈표 17-5〉에 나타난 요인적재치를 보면 변수 1, 2, 3은 요인 2에 비해 요인 1과 밀접한 관계를 보인다. 그러나 변수 4와 변수 5는 특정 요인과의 관련성이 명확하지 않다. 따라서 요인의 회전을 통해 명확한 해석이 가능한지 살펴봐야 한다.

〈표 17-5〉 요인행렬

	요인	
	1	2
변수 1	.961	.238
변수 2	.941	.318
변수 3	.940	.249
변수 4	−.714	.526
변수 5	−.663	.583
추출 방법: 주축 요인추출		

4 요인의 수 결정

요인추출방법을 정한 다음에는 추출할 요인의 수를 결정해야 한다. 추출할 요인의 수를 결정하는 기준은 주로 고유값과 요인에 의해 설명된 분산을 사용한다. 그리고 요인의 수와 관련하여 선행 연구나 논리적 근거가 있으면 그것도 참고할 수 있다.

(1) 고유값

고유값(eigenvalue)은 표준화된 변수 하나에 담겨진 정보의 양(분산)을 1이라고 했을 때 하나의 요인에 의해 설명되는 변수들의 분산을 모두 합한 값이다. 즉, 고유값이란 변수들에 대한 해당 요인의 설명력을 뜻한다. 어떤 요인의 고유값이 1이라는 것은 그 요인이 변수 1개 정도의 정보를 가진다는 것을 뜻한다. 하나의 요인이 하나의 변수보다 정보의 양이 작으면 자료를 축약하고자 하는 요인분석의 의미가 없다. 고유값을 기준으로 요인을 추출할 경우 일반적으로 고유값이 1 이상인 요인들만 추출한다. 어떤 요인의 고유값은 그 요인과 변수 간의 요인적재치를 제곱해서 이를 합한 값이다.

〈표 17-6〉 공통성과 고유값의 개념적 차이

	공통성	고유값
공통점	공통요인의 설명력	
차이점	개별 변수에 대한 여러 요인의 설명력	여러 변수에 대한 개별 요인의 설명력

〈표 17-7〉에서 요인 1의 초기 고유값은 3.724이다. 요인 2의 초기 고유값은 1.001이다. 따라서 고유값이 1 이상인 기준을 사용하면 모두 2개의 요인이 추출된다.

〈표 17-7〉 초기 고유값과 회전 제곱합 적재치

요인	초기 고유값			추출 제곱합 적재량			회전 제곱합 적재량		
	전체	% 분산	누적 %	전체	% 분산	누적 %	전체	% 분산	누적 %
1	3.724	74.473	74.473	3.643	72.862	72.862	2.789	55.783	55.783
2	1.001	20.017	94.490	.835	16.705	89.567	1.689	33.785	89.567
3	.217	4.346	98.836						
4	.041	.818	99.654						
5	.017	.346	100.000						

설명된 총분산 / 추출 방법: 주축요인추출

(2) 요인에 의해 설명된 분산의 누적 비율

고유값뿐만 아니라 '변수들의 전체분산 중 요인들에 의해 설명된 분산의 누적 비율'도 요인의 수를 결정하는 데 사용된다. 이러한 누적 비율을 고려하는 이유는 자료의 축약 과정에서 정보의 손실이 크다면 요인분석의 의미가 퇴색되기 때문이다. 〈표 17-7〉을 보면 각 요인에 의해 설명된 분산의 비율(% 분산)은 요인의 회전 이후에 변하게 된다. 회전 후에 요인 1은 5개 변수들이 가진 총분산 중 55.783%를 설명하고, 요인 2는 33.785%를 설명한다. 회전 후에 고유값이 1 이상인 두 요인에 의해 설명되는 누적분산의 비율은 89.567%이다. 이는 변수들의 전체분산 중 요인들에 의해 설명된 분산의 누적 비율은 50~60% 정도는 되어야 한다는 조건을 만족시킨다.[2, 55]

(3) 스크리 도표

스크리 검사(scree test)는 고유값의 크기를 그래프에 나타낸 도형에 근거하여 적절한 요인의 수를 결정하는 것이다.[43] 수직축에 고유값과 수평축에 요인의 수를 나타낸 스크리 도표(scree plot)에서는 요인의 수가 증가하면서 고유값이 감소하는 모습을 나타낸다. [그림 17-2]에서 두 번째 요인부터 완만한 경사가 시작된다. 따라서 요인의 수를 2개로 정하는 것이 적절하다. 다시 말하자면, 스크리 도표에서 고유값이 갑자기 떨어지면서 완만한 경사가 시작하는 곳 주변에서 요인의 수를 결정한다. 스크리 도표에 의해 요인의 수를 결정하는 것은 시각적 조사를 통한 직관적 이해를 얻을 수 있으나 주관적 판단이 개입된다. 그리고 이 방법은 도형의 모양이 애매하게 나타나면 적용하기 어렵다.

그림 17-2 스크리 도표

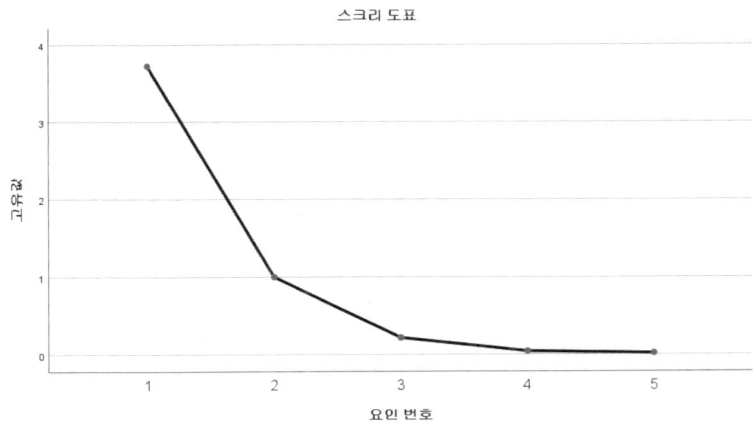

5 요인의 회전

요인의 추출에서 나타난 요인을 쉽게 해석할 수 있으면 요인회전(factor rotation)은 불필요하다. 그러나 요인의 해석이 쉽지 않으면 요인을 회전시킨다. 요인회전을 하면 쉽게 설명될 수 있는 회전된 요인(rotated factor)을 얻게 된다. 요인회전을 하는 목적은 성분행렬(주성분석법의 경우) 또는 요인행렬(다른 요인추출방법을 사용하는 경우)의 구조를 단순화시키는 것이다. 단순한 구조란 각 요인은 몇 개의 변수에 대해서만 높은 요인적재치를 보이면서 각 변수는 하나의 요인에 대해서만 높은 요인적재치를 보이는 것이다. 따라서

그림 17-3 직교회전과 사각회전의 차이

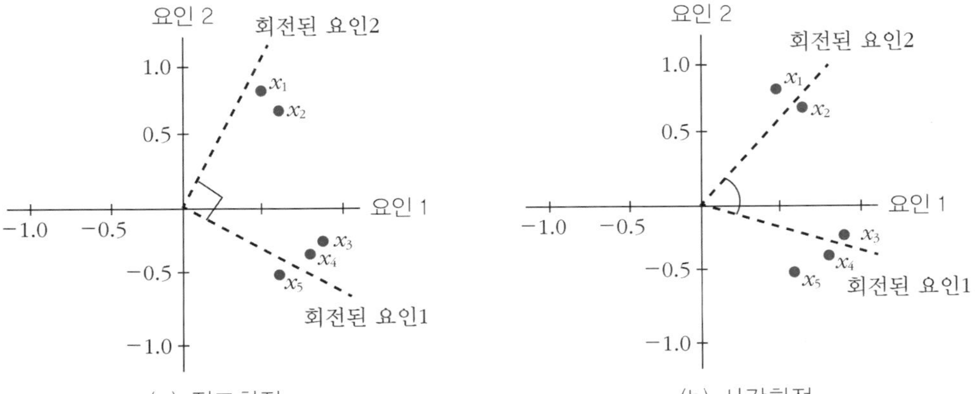

요인회전은 한 요인에 속하는 변수들의 요인적재치는 높게 만들고 나머지 요인들에 속하는 변수들의 요인적재치는 낮게 만들어서 요인의 해석을 용이하게 한다. 요인회전은 요인 간 상관관계가 없다고 가정하는 직교회전(orthogonal rotation)과 요인 간 상관관계가 있다고 가정하는 사각회전(oblique rotation)으로 구분된다.

(1) 직교회전

직교회전은 요인 간에 직교(직각)을 유지하면서 한 요인에 속하는 변수들의 요인적재치는 높게 만들고 나머지 요인에 속하는 변수들의 요인적재치는 낮게 만든다. 요인 간 직교 관계는 요인 간 독립적 관계를 뜻한다. 직교회전에서 요인 간 상관계수는 0이 된다. 따라서 직교회전은 요인 간 관계가 독립적이라고 가정하는 경우에 사용한다. 직교회전을 해도 공통성의 값은 변하지 않는다. 직교회전의 방법은 배리맥스(varimax), 쿼티맥스(quartimax), 이퀴맥스(equimax) 등이 있다.

배리맥스 방식은 각 요인에 대해 요인적재치가 높은 변수의 수를 최소화하여 요인의 해석을 단순하게 만든다. 쿼티맥스 방식은 각 변수를 설명하는 데 필요한 요인의 수를 최소화하여 변수의 해석을 단순하게 만든다. 이퀴맥스 방식은 요인을 단순화시키는 배리맥스 방법과 변수를 단순화시키는 쿼티맥스 방법을 절충한 방법이다. 직교회전에서 구한 요인적재치는 요인과 변수 간의 상관계수인 동시에 표준화된 회귀계수가 된다.

(2) 사각회전

사각(斜角)회전은 비직교회전(non-orthogonal rotation)으로 불리기도 한다. 요인 간에 직각을 유지하지 않는 상태에서 한 요인에 속하는 변수들의 요인적재치는 높게 만들고 나머지 요인들에 속하는 변수들의 요인적재치는 낮게 만드는 방법이다. 사각회전을 적용하면 공통성이 변할 수 있다. 사각회전을 하면 요인 간에 상관관계가 존재한다. 추출된 요인들이 독립적 관계라고 판단하기 어려운 경우 사각회전이 적절하다. 사각회전은 요인구조의 단순한 해석에 큰 비중을 둔 것이다. 사각회전은 요인 해석을 쉽게 만드는 장점이 있으나 요인 간 상관관계를 설명해야 하는 단점이 있다.

사각회전의 방법으로는 직접 오블리민(Direct Oblimin), 프로맥스(Promax) 등이 있다. 직접 오블리민의 경우 델타 값을 지정해야 한다. 델타 값은 요인 간의 사각의 정도를 통제하는 역할을 한다. SPSS에서 델타 값 0은 기본으로 설정된 값이다. 델타 값이 음수이면 요인 간 상관관계가 낮아지고 양수이면 요인 간 상관관계가 높아진다. 델타 값은 −9999와 0.8 사이의 값을 가져야 한다. 프로맥스의 경우 카파 값을 지정해야 한다. SPSS에서 카파 값 4는 기본으로 설정된 값인데, 대체로 분석에 적절한 해를 도출해 준다.[61]

카파 값이 높을수록 요인 간의 상관관계는 높아지지만 요인적재치의 구조는 단순해진다. 최적의 카파 값은 요인 간에 낮은 상관관계를 갖게 하면서 단순한 구조를 주는 것이다.

사각회전의 결과 요인 간 상관관계가 존재하는데, 주성분분석법으로 요인을 추출한 경우에는 성분 상관행렬을 통해서 확인할 수 있고 다른 방법으로 요인을 추출한 경우에는 요인 상관행렬을 통해서 확인할 수 있다. 사각회전 방법을 사용하는 경우 패턴행렬(pattern matrix)과 구조행렬(structure matrix) 두 가지가 제시된다. 패턴행렬의 요인적재치는 표준회귀계수로 각 요인이 특정 변수에 미치는 영향력을 나타낸다. 구조행렬의 요인적재치는 요인과 변수 간의 상관계수를 나타낸다. 구조행렬표의 각 열에 있는 각 요인적재치를 제곱한 값을 모두 더하면 해당 요인의 고유값이 되고, 구조행렬표의 각 행에 있는 각 요인적재치를 제곱한 값을 모두 더하면 해당 변수의 공통성이 된다. 사각회전을 하면, 패턴행렬과 구조행렬은 달라지는 반면에 직교회전의 경우 패턴행렬과 구조행렬은 동일하다. 직교회전의 경우 출력결과에는 패턴행렬과 구조행렬이 나타나지 않으며 〈표 17-8〉과 같은 회전된 요인행렬(요인추출 방법이 주성분분석인 경우는 회전된 성분행렬)로 나타난다.

〈표 17-8〉 회전된 요인행렬

회전된 요인행렬[a]		
	요인	
	1	2
변수 5	.960	−.254
변수 1	.933	−.332
변수 3	.922	−.311
변수 4	−.232	.852
변수 2	−.306	.832

추출 방법: 주축 요인추출
회전 방법: 카이저 정규화가 있는 베리멕스

a. 3 반복계산에서 요인회전이 수렴되었습니다.

6 요인의 해석

요인분석의 해석은 요인회전 후의 결과를 중심으로 해석한다. 직교회전을 한 경우에는 '회전된 성분행렬'(요인추출 방법이 주성분분석법인 경우) 또는 '회전된 요인행렬'(요인추출 방법이 주축요인법이나 최대우도법인 경우)을 중심으로 해석한다. 사각회전을 한 경우에는 '패턴행렬'과 '구조행렬'을 중심으로 해석한다.

연구자는 요인을 회전시킨 후 요인적재치를 분석해야 한다. 요인분석에서 '회전되지 않은 요인적재치'가 아니라 '회전된 요인적재치'를 기준으로 해석해야 한다. 연구자는 '회전된 요인적재치'의 크기를 통해 각 측정변수가 어떤 요인에 속하는지를 판단한다. 일반적으로 '회전된 요인적재치'가 0.5 이상이면 해당 요인에 속한다고 판단한다.

공통성은 개별 변수 x_i의 분산 중에서 요인들에 의해 설명되는 부분으로 해석된다. 반면에 변수들의 전체분산 중 개별 요인에 의해 설명되는 부분은 '회전 제곱합 적재값'(SPSS의 경우)이다. 고유값과 개별 요인에 의해 설명되는 분산(explained variance)을 혼동하지 말아야 한다. 고유값은 요인회전의 이전 단계에서 계산되는 것이며 회전된 요인과 1 대 1로 대응되지 않는다. 따라서 요인구조와 함께 제시되어야 할 결과는 각 요인에 의해 설명되는 분산(회전 제곱합 적재량)이다. 회전 제곱합 적재량은 〈표 17-7〉에 나타나 있다. 요인구조는 직교회전의 경우 회전된 요인행렬 또는 회전된 성분행렬에 의해 나타나고 사각회전의 경우 패턴행렬과 구조행렬에 의해 나타난다.

탐색적 요인분석을 통해 요인을 추출하면 각 요인에 명칭과 의미를 부여해야 한다. 같은 요인에 높게 적재된 변수들은 서로 높은 상관관계를 가진다. 따라서 연구자는 요인적재치가 높은 변수들이 공유하는 특징을 찾아서 요인별로 명칭을 부여해야 한다.

요인분석의 불확정성 문제(indetermination problem)란 요인추출 방법, 공통요인의 수, 요인회전 방법 등에 따라 요인분석의 결과가 달라지는 것을 말한다. 이는 요인분석의 태생적인 문제점이기도 하다. 따라서 연구자는 요인추출방법, 요인회전방법 등을 다르게 적용했을 때 나타나는 결과들을 비교하는 것이 필요하다.[21]

요인분석의 적절성은 잔차행렬(residual matrix)의 검토를 통해서 이루어질 수 있다. 요인분석으로부터 추출한 공통요인을 바탕으로 변수 간 상관관계를 재생할 수 있다. 여기서 잔차는 실제로 관측된 상관계수와 재연된(재생된) 상관계수(reproduced correlation coefficient)의 차이를 뜻한다.

〈표 17-9〉에는 재연된 상관계수의 행렬과 잔차의 행렬이 나타나 있다. 재연된 상관계수 행렬의 대각 요소들은 각 변수의 공통성을 나타낸다. 잔차의 행렬에서 절댓값이 .05보다 큰 잔차의 개수와 그러한 잔차의 비율은 주석에 나타난다. 이러한 비율이 낮으면 요인분석이 적절하게 이루어지고 있음을 의미한다. 〈표 17-2〉의 상관행렬을 보면 실제로 관측된 상관계수 값이 나타나고 있다. 예를 들어 변수 1과 변수 2의 실제 상관계수는 −.561이다. 〈표 17-9〉를 보면 변수 1과 변수 2의 재연된 상관계수는 −.562으로 나타나고 있다. 이 둘 간의 차이인 잔차는 .001이다. 변수 3과 변수 5의 잔차는 −6.290E−5로 나타나고 있다. 여기서 E−5는 E 앞의 숫자인 −6.290에 10^{-5}을 곱하라는 의미이다. 따

라서 −6.290E−5는 −0.0000629를 뜻한다.

〈표 17-9〉 재연된 상관계수

재연된 상관계수						
		변수 1	변수 2	변수 3	변수 4	변수 5
재연된 상관계수	변수 1	.981[a]	−.562	.963	−.499	.980
	변수 2	−.562	.786[a]	−.541	.780	−.505
	변수 3	.963	−.541	.946[a]	−.478	.964
	변수 4	−.499	.780	−.478	.779[a]	−.439
	변수 5	.980	−.505	.964	−.439	.986[a]
잔차[b]	변수 1		.001	.001	−.001	.000
	변수 2	.001		.006	.000	−.007
	변수 3	.001	.006		−.006	−6.290E−5
	변수 4	−.001	.000	−.006		.006
	변수 5	.000	−.007	−6.290E−5	.006	

추출 방법: 주축요인추출

a. 재연된 공통성
b. 관측된 상관계수와 재연된 상관계수 간의 잔차가 계산되었습니다. 절대값이 0.05보다 큰 0 (0.0%) 비중복 잔차가 있습니다.

회전을 통해 요인이 잘 추출되었는지 확인하는 방법으로 요인을 축으로 한 도표에 요인적재치를 좌표로 사용하여 변수들의 위치를 확인할 수 있다. 요인이 2개 추출됐다면

그림 17-4 회전된 요인 공간에서의 요인도표

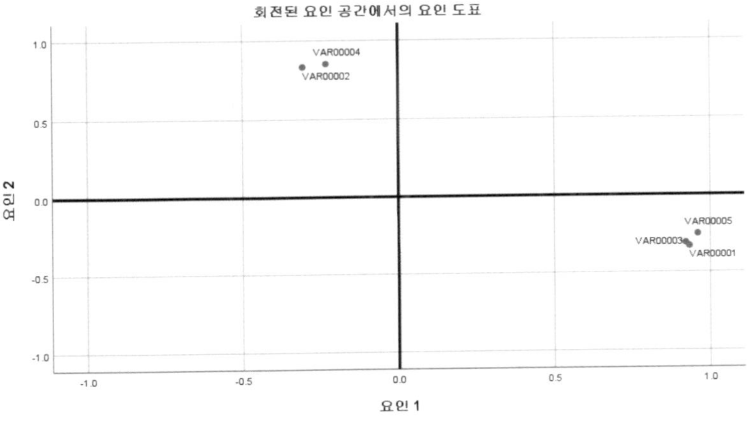

축이 2개인 2차원 요인 공간에서 변수들의 위치를 확인할 수 있고 요인이 3개가 추출됐다면 축이 3개인 3차원 요인 공간에서 변수들의 위치를 확인할 수 있다. 예를 들면 2개의 요인이 잘 추출될수록 2차원 요인 공간에서 변수들은 두 축의 끝으로 뭉치게 된다. [그림 17-4]에서 변수들은 요인 1의 끝부분과 요인 2의 끝부분에 두 개의 집단을 이루고 있어서 요인의 해석을 간결하게 할 수 있다.

측정의 타당성을 높이기 위해서 일부 측정문항(측정변수)을 제거할 수 있다. 예를 들면 모든 요인에 대해 요인적재치의 절댓값이 0.4 이하인 측정변수, 서로 다른 요인에 유사한 크기의 요인적재치를 보이는 측정변수, 원래 의도한 개념(요인)에 속하지 못하는 측정변수 등은 제거할 수 있다.[33]

7 요인점수

필요한 경우에 요인점수(factor score)를 산출하여 추가적인 분석에 사용할 수 있다. 요인점수란 하나의 요인에 속하는 여러 측정변수의 값들을 새로운 하나의 변수값(요인값)으로 표현한 것이다. 응답자에 따라 측정변수들의 값이 다르므로 요인점수의 값도 다르게 된다. 요인추출방법이 주성분분석법인 경우 요인점수의 정확한 값을 계산할 수 있다. 그러나 다른 요인추출방법을 사용하는 경우에는 추정을 통해서 요인점수를 구한다. 따라서 요인점수를 후속 연구에 사용하는 경우에는 주성분분석법을 이용한 요인추출이 권장된다.

SPSS에서 요인점수를 산출하는 방법은 세 가지를 들 수 있다. 첫째, 회귀분석 방법을 들 수 있다. 회귀분석 방법으로 계산된 요인점수는 평균이 0이고 표준편차는 1이 되거나(주성분분석을 사용하는 경우) 요인과 측정변수 간의 상관계수를 제곱한 것을 합한 값이 된다(주축요인법을 사용하는 경우). 회귀분석 방법은 세 가지 방법 중에서 요인점수와 해당 요인 간에 가장 큰 상관관계를 갖는 장점을 지닌다. 둘째, 바틀릿(Bartlett) 요인점수를 들 수 있다. 이 방법은 요인점수에 대한 불편추정치(unbiased estimates)를 제공한다는 장점을 지닌다. 셋째, 앤더슨-로빈슨(Anderson-Robinson) 요인점수를 들 수 있다. 이 방법으로 산출된 요인점수는 평균이 0이고 표준편차가 1이 된다. 세 가지 방법 모두 평균이 0인 요인점수를 산출한다. 주성분분석으로 요인을 추출한 경우 세 가지 방법은 모두 같은 요인점수를 산출하고 추정값이 아닌 정확한 값을 계산한다.

SPSS를 사용하는 경우 요인분석 과정에서 요인점수를 [데이터 보기] 창에 새로운 변수로 저장하는 기능을 활용하는 것이 편리하다. 그러나 요인분석의 결과로 산출되는 요인점수 계수(factor score coefficient)를 이용하여 변수들의 선형결합형태로 요인점수를 직

〈표 17-10〉 성분점수 계수행렬

	성분	
	1	2
변수 1	.368	.084
변수 2	.147	.574
변수 3	.376	.103
변수 4	.202	.630
변수 5	.403	.147

추출 방법: 주성분 분석.
회전 방법: 카이저 정규화가 있는 베리멕스.

접 계산할 수도 있다. 주성분분석으로 요인을 추출한 후에 요인점수의 추정방법으로 회귀분석 방법을 사용하여 도출한 성분점수 계수행렬은 〈표 17-10〉에 나타나 있다. 이러한 성분점수 계수행렬 정보를 이용하면 요인 1의 요인점수는 식 (17-2)에 의해 계산되고 요인 2의 요인점수는 식 (17-3)에 의해 계산된다. 여기서 x_i는 표준화된 변수의 값이다. 즉, 요인점수는 표준화된 변수의 선형결합으로 표현된다.

$$\text{요인 1의 점수} = .368x_1 + .147x_2 + .376x_3 + .202x_4 + .403x_5 \quad (17\text{-}2)$$

$$\text{요인 2의 점수} = .084x_1 + .574x_2 + .103x_3 + .630x_4 + .147x_5 \quad (17\text{-}3)$$

8 요인분석의 고려 사항

요인분석에서 필수적으로 고려할 사항은 〈표 17-11〉에 나타나 있다.

〈표 17-11〉 요인분석에서 고려할 사항

단계별 고려 사항	세부 내용
자료의 적절성	– 바틀릿의 구형성 검정 결과 유의확률이 유의수준보다 작을 것 – KMO의 표본 적절성 측도 값은 0.5 이상일 것
변수의 공통성	– 각 변수의 공통성 값이 0.30 이상일 것
요인의 수	– 고유값이 1 이상인 요인들을 추출할 것 – 추출된 요인들의 누적된 설명분산은 50% 이상일 것 – 스크리 도표를 참고할 것

요인의 회전	- 직교회전의 경우, 회전된 요인행렬(주성분분석법의 경우 회전된 성분행렬)에 있는 요인적재치는 요인과 변수 간의 상관계수인 동시에 표준화된 회귀계수임 - 사각회전의 경우, 패턴행렬의 요인적재치는 표준화된 회귀계수이고 구조행렬의 요인적재치는 요인과 변수 간의 상관계수임
요인의 해석	- 직교회전을 한 경우에는 '회전된 성분행렬'(주성분분석법) 또는 '회전된 요인행렬'(주축요인법이나 최대우도법)을 중심으로 해석 - 사각회전을 한 경우에는 '패턴행렬'과 '구조행렬'을 중심으로 해석 - 요인적재치가 0.5 이상이면 특정 요인에 속한다고 판단 - 각 요인에 의해 설명되는 분산(회전 제곱합 적재량)을 제시 - 요인적재치가 높은 변수들이 공유하는 특징을 통해 요인명을 작성

6 요인분석과 관련된 주요 개념

1 구조방정식모형의 분석

[그림 17-5]는 구조방정식 모형의 예를 보여주고 있다. 여기서 요인 1을 반영하는 3개의 측정변수가 있고 각 측정변수의 오차(원 안의 e로 표시함)가 있다. 마찬가지로 요인 2를 반영하는 2개의 측정변수가 있고 각 측정변수의 오차가 있다. 그리고 요인 3을 반영하는 4개의 측정변수가 있고 각 측정변수의 오차가 있다. 요인과 측정변수들의 관계를 나타내는 것은 측정모형(measurement model)이다. 반면에 요인들 간의 관계를 나타내는 것은 구조모형(structural model)인데, 그 관계가 점선으로 처리된 원 안에 포착되고 있다. 구조방정식모형에서는 측정변수와 잠재변수(요인)의 관계를 분석하는 측정모형과 잠재변수 간의 관계를 분석하는 구조모형을 동시에 분석한다. [그림 17-5]에서 측정변수는 사각형으로 표시되고 요인은 타원형으로 표시되고 있다. 확증적 요인분석은 구조방정식모형에서 측정모형의 분석에 해당한다.

그림 17-5 구조방정식모형의 예: 측정모형과 구조모형

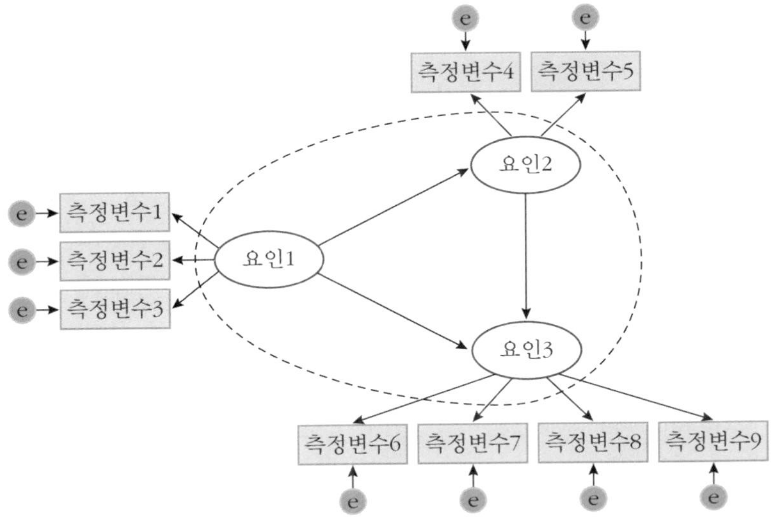

2 수렴타당성과 판별타당성

어떤 변수의 측정 도구는 두 종류의 타당성을 통해 평가할 수 있다. 하나는 수렴타당성(convergent validity)인데, 이는 측정도구(예 설문문항들)가 측정하기로 한 개념과 관련성을 갖는 정도를 의미한다. 다른 하나는 판별타당성(discriminant validity)인데, 이는 측정도구가 측정하지 않기로 되어 있는 다른 개념과 관련성을 갖지 않는 정도를 의미한다. 대체로 수렴타당성과 판별타당성은 여러 변수를 대상으로 하여 동시에 평가한다. 같은 개념을 측정하는 변수들끼리 관련성이 높을수록 수렴타당성은 높아지고 그런 변수들이 다른 개념을 측정하는 변수들과 관련성이 낮을수록 판별타당성은 높아진다.

예를 들어 품질만족도와 가격만족도를 측정하기 위해 각각 네 개의 문항을 만들었다고 가정하자. 이 경우에 높은 수렴타당성을 가지기 위해서는 품질만족도를 측정하는 문항들은 서로 간에 높은 상관관계를 가져야 하고 가격만족도를 측정하는 문항들도 서로 간에 높은 상관관계를 가져야 한다. 반면에 높은 판별타당성을 가지기 위해서는 품질만족도를 측정하는 문항들과 가격만족도를 측정하는 문항들은 서로 상관관계가 없거나 작아야 한다. 이를 달리 표현하자면 하나의 요인에 속하는 측정변수들이 그 요인에 대해 높은 요인적재치를 가질 때 높은 수렴타당성을 갖고 다른 요인에 대해서는 낮은 요인적재치를 보일 때 높은 판별타당성을 갖는다는 볼 수 있다.

3 반영적 지표와 형성적 지표

반영적 지표(reflective indicator)는 잠재변수가 측정변수의 원인이라고 가정한다. 즉, 측정변수가 잠재변수를 반영한다고 가정한다. 지능이나 성격과 같은 개념은 반영적 지표에 해당한다. 반영적 지표의 경우 잠재변수의 영향으로 인해 측정변수의 값이 변할 수 있기 때문에 측정변수들 사이에 상관관계가 높을 수 있으며 측정변수의 변화가 잠재변수인 개념을 변화시키지 않는다는 특징이 있다. 반영적 지표에서 동일한 구성개념을 반영하는 측정변수들 간에는 내적 일관성이 기대되므로 내적 일관성 신뢰도를 검토해야 한다. 그리고 요인분석을 통해 반영적 지표의 타당성을 검토할 필요가 있다.[24]

형성적 지표(formative indicators)는 측정변수가 잠재변수를 형성하는 원인이라고 가정한다. 형성적 지표의 예로는 사회경제적 지위(socio-economic status: SES)와 같은 지표(index)를 들 수 있다. 사회경제적 지위는 교육수준, 직업, 수입 등의 영향을 받으므로 교육수준, 직업, 수입 등 측정변수의 변화에 의해 잠재변수인 사회경제적 지위가 변화된다. 형성적 지표의 경우 잠재변수에 의해 공통적으로 영향을 받아 측정변수의 값이 변하는 것이 아니므로 측정변수 간 높은 상관관계와 내적 일관성을 필요로 하지 않는다. 따라서 형성적 지표를 이루는 측정변수들은 내적 일관성 차원의 신뢰도 또는 요인분석의 대상이 되지 않는다. 형성적 지표에서 측정변수의 추가 또는 제거는 잠재변수에 해당하는 개념의 변화로 이어지는 특징을 가진다. 그리고 형성적 지표는 주로 주관적 판정에 의해 측정변수를 선정한다. 요인분석에서는 형성적 지표가 아니라 반영적 지표를 이루는 측정변수들을 전제조건으로 한다.[24]

7 요인분석의 사례

1 탐색적 요인분석의 사례

탐색적 요인분석을 활용한 연구[16]에서 연구문제는 'OTT 플랫폼 선택에 영향을 미치는 이용자들의 휴리스틱 요인은 무엇인가?'로 설정했다. 그리고 선행 연구와 인터뷰 내용을 토대로 42개의 문항을 구성하고, 각 문항에 대해 리커트 5점 척도로 측정했다. 요인분석에 적합한 항목의 선별을 위해 상관분석을 실시한 후 42개의 문항 중에 34개의 문항을 최종 분석에 활용했다. KMO 측도는 0.961로 나타났고 바틀릿의 구형성 검정 통계치는 유의수준 .01에서 유의하게 나타나 자료는 요인분석에 적합한 것으로 나타났다. 그리고 요인적재치 0.4 이상을 기준으로 요인은 4개를 추출하였다. 4개 요인의 총분산 설명력은 55.15%로 나타났다. 주요 분석결과는 〈표 17-12〉에 나타난 바와 같다.

〈표 17-12〉 탐색적 요인분석 결과

요인명	문항	문항 내용	요인적재치	고유값	분산(%)	누적분산(%)	신뢰도계수
대표성 휴리스틱	1	주변에서 얘기를 많이 해서	.746	5.60	16.98	–	.92
	⋮	⋮	⋮				
	12	기존 이용자들의 만족도가 가장 높을 것 같아서	.438				
기능/감정 휴리스틱	13	다양한 콘텐츠를 접할 수 있을 것 같아서	.635	5.00	15.15	32.12	.91
	⋮	⋮	⋮				
	22	유용한 정보를 얻을 수 있을 것 같아서	.444				
편의성 휴리스틱	23	이용료가 가장 저렴할 것 같아서	.660	4.37	13.23	43.35	.85
	⋮	⋮	⋮				
	28	새로운 기능이 많을 것 같아서	.467				
콘텐츠 휴리스틱	29	내가 좋아할 만한 콘텐츠가 가장 많을 것 같아서	.735	3.24	9.80	55.15	.82
	⋮	⋮	⋮				
	33	나에게 맞는 콘텐츠를 가장 잘 추천해줄 것 같아서	.442				

2 확증적 요인분석의 사례

〈표 17-13〉은 구조방정식모형을 활용한 연구[17]에서 사용된 요인(잠재변수)과 측정변수 중에서 일부를 나타낸 것이다. 이 연구에서는 기존 연구에서 다룬 5개의 구성개념을 인터넷 포털서비스의 맥락에 맞게 설문 문항을 수정하였으며 확증적 요인분석의 과정에서 일부 설문 문항을 최종 결과에서 제외했다.

〈표 17-13〉 포털의 지각된 서비스 품질의 측정 항목

구성개념	개념적 정의	측정변수(설문문항)
유형성	사이트가 외형적으로 잘 되었다고 인식하는 정도	(a1) 내용이 풍부 (a2) 사이트 구성이 잘되어 있음 (a3) 검색이 용이* (a4) 포털 이용이 쉬움*
신뢰성	약속된 서비스를 신뢰할 수 있고 정확하게 수행하는 정도	(b1) 서비스가 오류없이 한번에 시행* (b2) 정보 및 서비스가 적시에 갱신 (b3) 정보 및 서비스가 정확 (b4) 이용자와의 약속을 지킴*
반응성	이용자에게 신속한 서비스를 제공하고 돕고자 하는 정도	(c1) 이용자의 요구에 대해 신속하게 응답 (c2) 응답내용이 충실 (c3) 포털 내에서 이용자들이 쉽게 교류* (c4) 다양한 사이트와 링크되어 있음*
확신성	이용자에게 신뢰와 확신감을 느끼게 하는 정도	(d1) 신뢰할 수 있는 시스템을 갖춤 (d2) 거래할 때 안전 (d3) 고객정보를 철저하게 보호 (d4) 외부침입으로부터 보안을 유지*
공감성	개별적 이용자에게 제공하는 배려의 정도	(e1) 자발적으로 이용자를 도움 (e2) 이용자의 욕구를 알고 있음 (e3) 여러 통로로 이용자의 제안을 받아들임 (e4) 맞춤형 서비스를 제공*

* 최종분석에서 제외된 항목

8 SPSS의 활용

1 자료 입력

요인분석을 하려면 측정변수를 표준화시켜야 한다. 변수의 표준화는 메뉴에서 [분석] → [기술통계량] → [기술통계]를 선택한 후에 변수를 오른쪽으로 이동시킨 후에 [표준화 값을 변수로 저장]을 선택한다. 〈표 17-14〉의 자료에서 다섯 개의 측정변수는 모두 7점 척도의 리커트 척도를 사용했기 때문에 표준화시킨 변수를 사용한 경우나 원자료의 변수를 사용한 경우에 같은 분석결과가 나온다.

〈표 17-14〉 자료

변수 1	변수 2	변수 3	변수 4	변수 5
1	4	1	3	1
⋮	⋮	⋮	⋮	⋮
7	2	7	1	7

2 실행 절차

요인분석을 실행하기 위해서는 메뉴에서 [분석] → [차원축소] → [요인분석]을 선택한다. [그림 17-6]과 같은 창이 열리면, [기술통계], [요인추출], [요인회전], [점수](요인점수의 계산과 저장방법) 그리고 [옵션](요인적재치를 표시하는 형식 등을 선택)을 지정할 수 있다. [그림 17-6]의 변수 목록의 칸에 있는 변수 중에서 요인분석에 사용될 변수를 화살표 버튼을 이용하여 [변수]의 칸으로 이동시킨다.

그림 17-6 요인분석

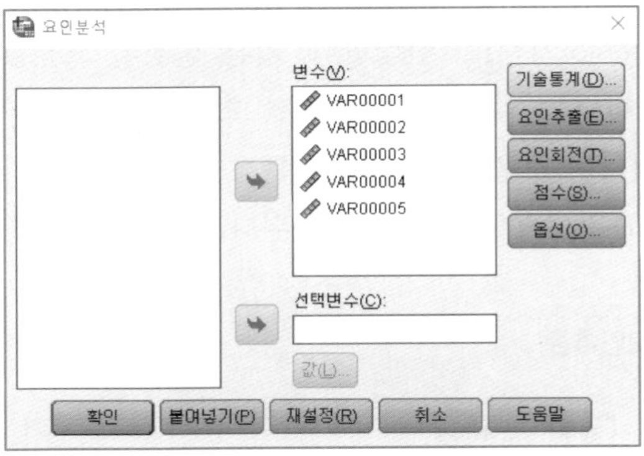

(1) 기술통계

[그림 17-6]에서 [기술통계]를 클릭하면 [그림 17-7]과 같은 창이 뜬다. 이 창에 있는 [통계량]에서 [일변량 기술통계], [초기해법](각 변수의 초기 공통성, 각 요인의 초기 고유값과 설명된 분산의 퍼센트 등을 표시함)을 선택한다. [상관행렬]에서 [계수], [유의수준], [KMO와 Bartlett의 구형성 검정], [재연된 상관행렬]을 선택한다.

그림 17-7 **요인분석: 기술통계**

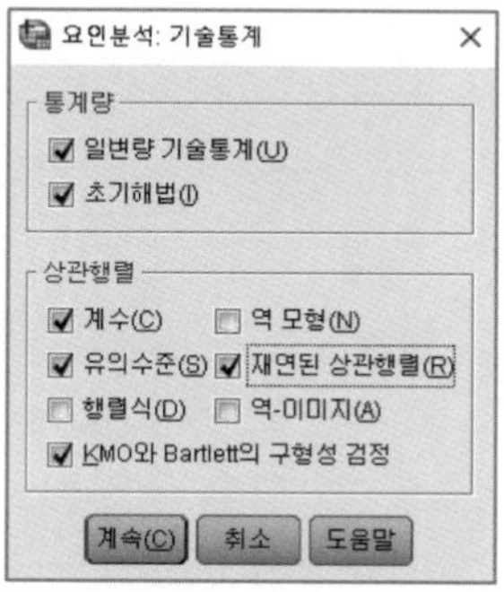

(2) 요인추출

[그림 17-7]에서 [계속]을 눌러서 [그림 17-6]의 창으로 돌아간 후 [요인추출]을 누르면 [그림 17-8]과 같은 창이 뜬다. [방법]은 요인추출의 방법을 의미하는데, 주성분(분석법), 최대우도(법), 주축요인 추출(법)의 세 가지 중에서 하나를 선택할 수 있다. 이 중에서 [주축요인 추출]을 선택한다. [분석]에서는 [상관행렬]을 선택한다. [추출]에서는 요인의 추출 기준인 [고유값 기준]을 선택한다. 기본 설정된 고유값 기준 1은 고유값이 1 이상이면 요인을 추출한다는 의미이다. [고정된 요인 수]는 연구자가 선행 연구를 통해 몇 개의 요인이 적절하다는 것을 알고 있거나 특정 목적을 위해 지정하는 요인의 수이다. 이러한 요인의 수는 고유값에 관계없이 추출된다. 예를 들면 연구자가 원하는 요인의

그림 17-8 **요인분석: 요인추출**

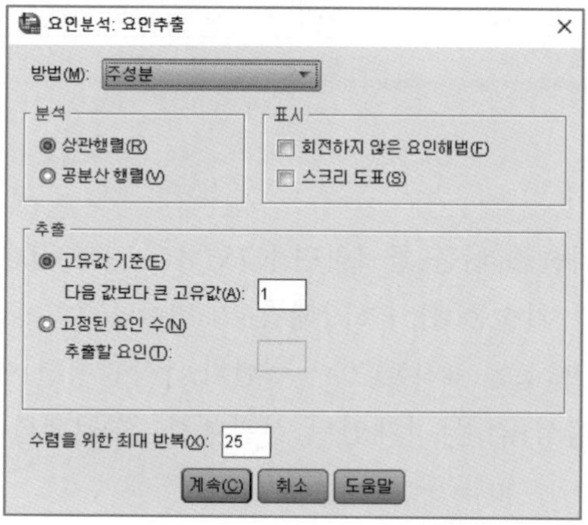

수가 4라면 [고정된 요인 수]를 선택하고 [추출할 요인]의 우측 칸에 4를 입력한다. [표시]에서는 [스크리 도표]를 선택한다. [수렴을 위한 최대 반복]에서 기본설정값은 25인데, 이는 요인추출에 대해 최대 25회의 반복계산을 수행할 수 있다는 의미이다. 변수와 요인이 많은 경우 최댓값을 높여서 별도로 지정할 수 있다.

(3) 요인회전

[그림 17-8]에서 [계속]을 눌러서 [그림 17-6]의 창으로 돌아간 후 [요인회전]을 누르면 [그림 17-9]와 같은 창이 뜬다. [방법]은 요인회전 방법을 의미하는데, 직교회전인 [베리멕스], [쿼티멕스], [이쿼멕스]가 있고 사각회전인 [직접 오블리민]과 [프로멕스]가 있다. 이 중에서 하나를 선택한다. [표시]에서는 [회전 해법](직교회전을 선택한 경우 회전된 요인행렬과 요인회전 시 사용한 요인 변환행렬이 표시되고 사각회전을 선택한 경우 패턴 행렬, 구조 행렬, 요인 상관행렬이 표시됨)과 [적재량 도표](회전된 공간에서의 요인 도표가 표시됨)를 선택한다. [수렴을 위한 최대 반복]에서 기본설정값은 25인데, 이는 요인회전에 대해 최대 25회의 반복계산을 수행할 수 있다는 의미이다.

그림 17-9 **요인분석: 요인회전**

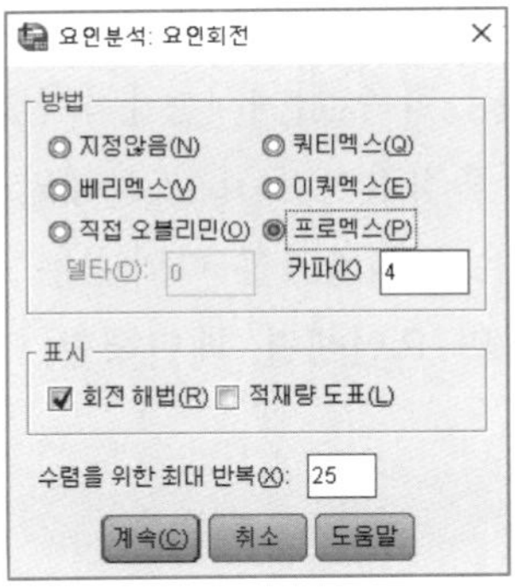

(4) 요인점수

[그림 17-9]에서 [계속]을 눌러서 [그림 17-6]의 창으로 돌아간 후 [요인점수]를 누르면 [그림 17-10]과 같은 창이 뜬다. 이 창에서는 추가적인 분석에 변수로 사용할 수 있는 요인점수를 추정하고 저장하는 기능을 제공한다. 요인점수를 추정하는 방법에는 [회귀], [Bartlett], [Anderson-Rubin] 세 가지가 있는데 이 세가지 방법은 모두 요인점수의 평균을 0으로 만든다. 세 가지 방법 중에서 [회귀] 방법은 회귀분석을 통해 요인점수

를 추정하는 방법이다. [변수로 저장]을 선택하면 [데이터 보기] 창에 각 요인에 대한 요인점수를 새로운 변수로 저장하게 된다. 요인이 3개가 있다면 요인점수를 나타내는 변수도 3개가 되고 변수명은 'FAC1_1', 'FAC2_1', 'FAC3_1'으로 각각 나타난다. [요인점수 계수행렬 표시]를 선택하면 요인점수를 얻기 위해 각 측정변수에 곱해지는 계수인 요인점수 계수의 행렬을 얻을 수 있다.

그림 17-10 **요인분석: 요인점수**

(5) 옵 션

[그림 17-10]에서 [계속]을 눌러서 [그림 17-6]의 창으로 돌아간 후 [옵션]을 선택하면 [그림 17-11]의 창이 뜬다. [결측값]에서는 [목록별 결측값 제외]가 기본설정으로 되어 있는데, 모든 변수에 대해 측정값이 유효한 사례만을 사용하여 요인분석을 실행한다는 의미이다. [계수표시형식]은 분석결과를 나타내는 표를 쉽게 보기 위한 것이다. 예를 들어 [크기순 정렬]을 선택하면 요인행렬, 패턴행렬, 구조행렬 등을 표시할 때 요인별

그림 17-11 **요인분석: 옵션**

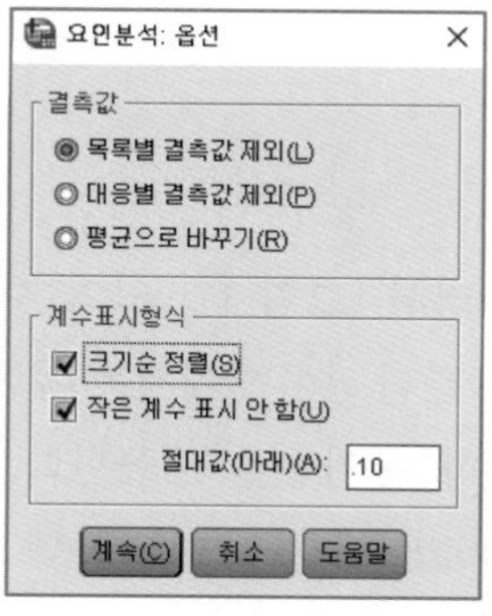

로 변수들이 집단화되고 요인적재값의 크기에 따라 순차적으로 정렬된다. [작은 계수 표시 안 함]을 선택하면 요인적재치의 절댓값이 연구자가 지정한 값보다 작은 경우에 출력되지 않는다. 기본으로 설정된 값은 0.10이다. 설정값을 바꾸려면 0과 1 사이의 수를 입력해야 한다.

3 결과의 해석

〈표 17-15〉의 기술통계 표에는 각 측정변수의 평균, 표준편차, 그리고 분석수(표본 크기)가 나타나 있다. 예를 들어 변수 1의 경우 평균은 3.58, 표준편차는 1.862, 표본 크기는 60으로 나타나 있다.

〈표 17-15〉 기술통계

기술통계량			
	평균	표준편차	분석수
변수 1	3.58	1.862	60
변수 2	3.62	1.519	60
변수 3	4.00	1.795	60
변수 4	3.58	1.465	60
변수 5	4.42	1.862	60

〈표 17-16〉을 보면 바틀렛의 구형성 검정의 결과가 있는데, 유의확률은 .000이다. 따라서 유의수준 0.01에서도 측정변수들 간의 모든 상관계수가 0이라는 영가설을 기각할 수 있다. 이는 자료가 요인분석에 적합하다는 단서를 부분적으로 제공하고 있는 것이다. 그리고 KMO 측도가 0.780이므로 최소 기준인 0.5 이상을 만족하고 있다. 카이저(Kaiser, 1974)의 기준에 따르면, '보통' 수준에 해당한다. 이러한 결과는 자료가 요인분석에 적합하다는 근거를 추가하고 있다.

〈표 17-16〉 KMO와 바틀렛의 검정

KMO와 Bartlett의 검정		
표본 적절성의 Kaiser-Meyer-Olkin 측도		.780
Bartlett의 구형성 검정	근사 카이제곱	421.728
	자유도	10
	유의확률	.000

〈표 17-17〉을 보면 각 변수의 공통성은 0.786 ~ 0.986의 범위에 있으므로 공통성의 기준인 0.30 이상을 만족하고 있다.

〈표 17-17〉 공통성

공통성		
	초기	추출
변수 1	.970	.981
변수 2	.648	.786
변수 3	.940	.946
변수 4	.645	.779
변수 5	.970	.986

추출 방법: 주축요인추출

〈표 17-18〉을 보면 요인 1의 초기 고유값은 3.724이고 요인 2의 초기 고유값은 1.001이다. 따라서 고유값이 1 이상인 요인은 2개가 추출되었다. 회전 후에 요인 1의 5개 측정변수에 대한 설명력은 55.783%이고 요인 2의 5개 측정변수에 대한 설명력은 33.785%이다. 이 두 요인은 측정변수 5개의 전체분산 중에서 누적적으로 89.567%를 설명할 수 있다. 따라서 누적된 설명 분산이 50% 이상이어야 한다는 기준을 만족시킨다.

〈표 17-18〉 초기 고유값과 회전 제곱합 적재치

설명된 총분산									
	초기 고유값			추출 제곱합 적재량			회전 제곱합 적재량		
요인	전체	% 분산	누적 %	전체	% 분산	누적 %	전체	% 분산	누적 %
1	3.724	74.473	74.473	3.643	72.862	72.862	2.789	55.783	55.783
2	1.001	20.017	94.490	.835	16.705	89.567	1.689	33.785	89.567
3	.217	4.346	98.836						
4	.041	.818	99.654						
5	.017	.346	100.000						

추출 방법: 주축요인추출

[그림 17-12]의 스크리 도표를 보면 갑자기 기울기가 완만해지기 시작해지는 지점은 요인의 수가 2인 지점이다. 고유값을 통해 요인의 수는 2개가 적절한 것으로 나타난 결과와 마찬가지로 스크리 도표를 통해서도 요인의 수는 2개가 적절한 것으로 판단할 수 있다.

그림 17-12 스크리 도표

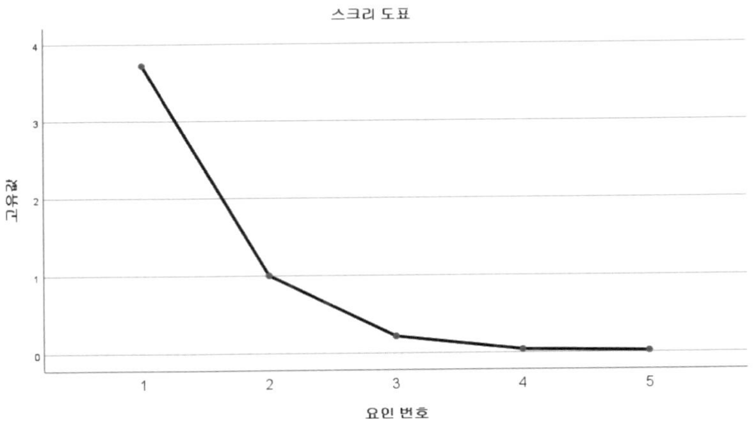

〈표 17-19〉의 회전된 요인행렬을 보면 요인은 두 개가 도출되었다. 요인적재치의 절댓값이 0.5 이상인 값을 기준으로 보면 요인 1은 변수 1, 변수 3, 변수 5에 영향을 미치는 것으로 나타난다. 그리고 요인 2는 변수 2와 변수 4에 영향을 미치는 것으로 나타난다. 즉 변수 1, 변수 3, 변수 5는 요인 1에 속하고 변수 2와 변수 4는 요인 2에 속한다.

〈표 17-19〉 회전된 요인행렬

회전된 요인행렬[a]		
	요인	
	1	2
변수 5	.960	−.254
변수 1	.933	−.332
변수 3	.922	−.311
변수 4	−.232	.852
변수 2	−.306	.832

추출 방법: 주축 요인추출
회전 방법: 카이저 정규화가 있는 베리멕스

a. 3 반복계산에서 요인회전이 수렴되었습니다.

[그림 17-13]의 2차원 요인 도표에서 나타난 바와 같이 변수 1, 변수 3, 변수 5는 요인 1의 끝부분(1.0 근처)에서 한 그룹을 이루고 있고, 변수 2와 변수 4는 요인 2의 끝부분(1.0 근처)에서 다른 한 그룹을 이루고 있다. 변수 1, 3, 5가 요인 1에 속하고 변수 2와

4가 요인 2에 속한다는 요인 도표의 결과는 〈표 17-19〉에서 도출된 결과와 같다.

그림 17-13 회전된 요인 공간에서의 요인 도표

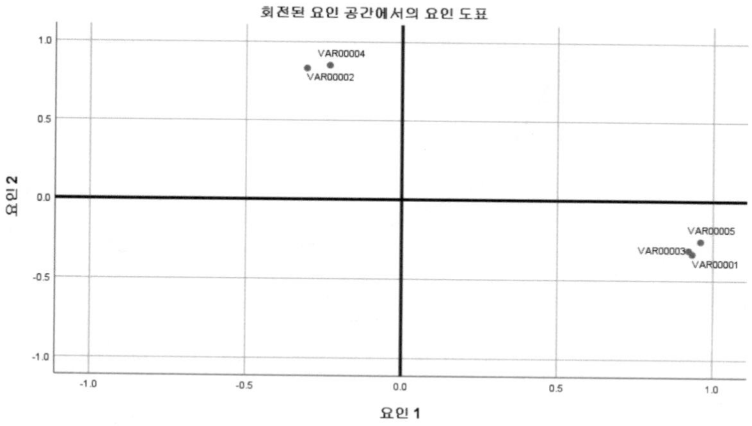

〈표 17-20〉의 요인점수 계수의 행렬에 근거하면 요인점수는 다음과 같이 추정한다.

요인 1의 요인점수$=.289x_1 + .171x_2 + .106x_3 + .144x_4 + .724x_5$

요인 2의 요인점수$=-.274x_1 + .539x_2 - .055x_3 + .512x_4 + .565x_5$

여기서 $x_1, \ldots, x_5$는 각각 원래의 측정변수를 표준화한 변수이다. 위의 두 식에 의해 추정된 요인점수는 [그림 17-14]에 나타난 바와 같이 새로운 변수로 저장된다.

〈표 17-20〉 요인점수 계수행렬

요인점수 계수행렬		
	요인	
	1	2
VAR00001	.289	−.274
VAR00002	.171	.539
VAR00003	.106	−.055
VAR00004	.144	.512
VAR00005	.724	.565

추출 방법: 주축 요인추출
회전 방법: 카이저 정규화가 있는 베리멕스
요인점수화 방법: 회귀

[그림 17-14]를 보면 'FAC1_1'은 요인 1의 요인점수 값을 나타내는 변수이고 'FAC2_1'은 요인 2의 요인점수 값을 나타내는 변수이다. 이 변수들은 [그림 17-10]에서 [변수로 저장]을 선택했고 [방법]은 [회귀]를 선택했기 때문에 자동적으로 [데이터 보기] 창에 저장된 것이다.

그림 17-14 요인점수의 저장: 새로운 변수의 설정

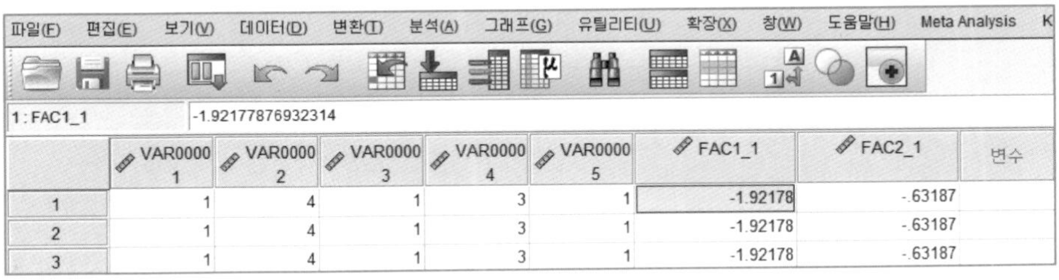

4 결과의 제시

요인분석의 결과를 적절하게 제시하려면 자료의 적절성(바틀릿 검정의 결과와 KMO 측도), 변수의 공통성(공통성 값의 기준을 설명), 요인의 수(요인의 수 결정 근거로 고유값 기준을 설명), 요인의 회전방법(요인 간 관계에 대한 가정을 설명하고 직교회전 또는 사각회전인지 설명), 요인의 명칭, 요인분석의 최종 결과(요인분석의 결과를 요약한 표)를 제시하는 것이 바람직하다. 요인분석의 결과를 요약하는 표는 〈표 17-21〉과 같은 형태를 고려할 수 있다.

〈표 17-21〉 요인분석의 결과

문항(변수)	요인	
	요인 1	요인 2
변수 5	**.960**	−.254
변수 1	**.933**	−.332
변수 3	**.922**	−.311
변수 4	−.232	**.852**
변수 2	−.306	**.832**
초기 고유값	3.724	1.001
설명 변량	55.78%	33.79%
누적 변량	55.78%	89.57%

고유값 > 1.0. 베리맥스 회전

〈표 17-21〉에 나타난 바와 같이 요인적재치 0.5를 기준으로 할 때 변수 5, 변수 3, 변수 1은 요인 1을 반영하는 반면 변수 4와 변수 2는 요인 2를 반영하고 있다.

요약

- 요인분석이란 상관관계가 높은 측정변수들끼리 묶어서 측정변수의 수보다 적은 요인으로 축약하는 것이다.
- 요인분석에서 상관관계가 높은 측정변수들은 같은 요인에 소속되고 요인 간 상관관계는 없거나 낮게 된다.
- 측정변수 간의 상관관계가 나타나는 원인은 측정변수 간의 인과관계가 있거나 요인이 동시에 측정변수들에 영향을 미치기 때문이다. 요인분석을 사용하기 위한 전제조건은 후자에 해당한다.
- 요인분석의 유형은 두 가지로 구분된다. 탐색적 요인분석은 선행 연구가 없는 경우 분석을 통해서 요인의 수를 확인하는 것으로 모든 측정변수는 모든 요인의 영향을 받는다고 가정한다. 확증적 요인분석은 선행 연구가 있어서 분석 이전에 요인의 수를 알고 있는 경우에 사용하는 것으로 특정 측정변수는 특정 요인의 영향만 받는다고 가정한다.
- 요인분석을 사용하는 목적은 변수 간 관계의 파악, 자료의 축약, 측정도구의 개발, 요인 구조와 관련된 가설의 검정, 새로운 변수의 생성 등을 들 수 있다.
- 요인분석의 절차는 요인분석 유형의 선택, 자료의 적절성 검토, 요인의 추출, 요인의 수 결정, 요인의 회전, 요인의 해석 등을 거친다.
- 요인분석 유형의 선택이란 선행연구의 여부에 따라 탐색적 요인분석 또는 확증적 요인분석을 선택하는 것이다.
- 자료의 적절성 검토에서 고려할 것은 다문항 측정변수를 사용해야 한다는 것과 상관관계가 있는 측정변수들을 사용해야 한다는 것이다.
- 상관관계를 가진 자료인지 판단하기 위해 세 가지 방법(변수 간 상관계수의 통계적 유의성 검토, 바틀렛의 구형성 검정, KMO의 표본 적절성 측도)을 사용할 수 있다. 이 중에서 KMO의 측도가 가장 선호되는 방법이며 KMO 측도 값이 0.5 이상이면 자료가 요인분석에 적절하다고 판단한다.
- 요인의 추출을 위해서는 주성분분석법, 주축요인법, 최대우도법 등의 요인추출방법을 선택할 수 있다. 이 단계에서 변수의 공통성을 검토한다. 변수의 공통성이란 개별 변수에 대한 여러 요인의 설명력을 뜻하는데, 공통성 값은 0.30 이상이 요구된다.
- 요인의 수를 결정하는 기준은 주로 고유값과 요인에 의해 설명된 분산을 사용한다. 고유값이

란 여러 변수에 개별 요인의 설명력을 뜻하는데, 고유값이 1 이상인 요인을 추출한다. 그리고 변수들의 전체분산 중 요인들에 의해 설명된 분산의 비율은 50% 이상이어야 한다.

- 요인의 회전은 한 요인에 속하는 변수들의 요인적재치는 높이고 나머지 요인들에 속하는 변수들의 요인적재치는 낮추어 요인의 해석을 쉽게 만든다. 요인회전은 요인 간 상관관계가 없다고 가정하는 직교회전과 요인 간 상관관계가 있다고 가정하는 사각회전으로 구분한다.
- 요인분석의 해석은 요인회전 후의 결과를 중심으로 한다. 직교회전을 한 경우에는 회전된 성분행렬(주성분분석법을 사용한 경우) 또는 회전된 요인행렬(주축요인법이나 최대우도법을 사용한 경우)을 중심으로 해석한다. 사각회전을 한 경우에는 패턴행렬과 구조행렬을 중심으로 해석한다. 회전된 요인적재치가 0.5 이상이면 특정 요인에 속한다고 판단한다. 그리고 탐색적 요인분석을 통해 요인을 추출한 경우 요인적재치가 높은 변수들이 공유하는 특징을 찾아서 요인명을 작성한다.

제18장

군집분석

1 군집분석의 개요

군집분석(cluster analysis)이란 여러 연구대상(사례)에 대해서 두 개 이상의 변수들을 이용하여 유사한 특성을 가진 몇 개의 집단으로 분류하는 통계적 방법이다. 여기서 집단은 군집이라고 한다. 요인분석은 유사한 측정변수들을 묶어서 같은 요인에 포함하는 방법이지만 군집분석은 유사한 사례들을 묶어서 같은 군집에 포함하는 방법이다. 군집분석의 목적은 연구대상을 두 개 이상의 유형으로 분류하는 것이다. 예를 들면, 소비자들의 다양한 특성에 근거하여 소비자 유형의 분류를 시도할 수 있으며 기업의 다양한 특성에 근거하여 기업 유형의 분류를 시도할 수 있다. 그리고 군집분석은 많은 사례를 소수의 군집으로 축소함으로써 자료를 축약할 수 있다.

군집분석의 적용 분야는 다양하다. 예를 들면, 생물학의 분류학(taxology)에서는 군집분석을 통해 생물들의 다양한 특성에 근거하여 여러 군집으로 분류할 수 있다. 마케팅 분야에서는 소비자를 대상으로 과거에 유사한 구매 패턴을 보였던 소비자 유형을 분류하여 시장세분화에 따른 마케팅 전략을 세울 수 있다. 미디어 연구 분야에서는 유사한 미디어 이용행태를 보이는 이용자들을 군집으로 묶어서 미디어 이용자의 유형 분류를 할 수 있다. 경영학 분야에서는 기업들의 전략적 행태를 변수로 설정하고 기업들을 대상으로 군집분석을 하여 유사한 전략들을 구사하는 기업군을 몇 개로 분류할 수 있다. 군집분석은 이용자, 기업, 사회, 국가, 사회 현상 등을 분석대상으로 삼아서 유사한 특성의 개체를 같은 군집에 소속시킨다.

2 군집분석의 절차

군집분석의 절차는 군집화변수(clustering variable)의 결정, 군집화 절차(clustring procedure) 또는 군집분석 방법의 선택, 비유사성(거리) 측정의 선택, 군집 수의 결정, 군집 해(clustering solution)의 타당성 검토와 해석이라는 다섯 단계를 거친다. 군집분석 방법의 선택에 따라 거리 측정 수단과 군집의 수에 대한 결정은 크게 제약을 받는다.

1 군집화변수의 결정

군집분석의 첫 번째 절차는 군집화변수를 결정하는 것이다. 군집화변수란 연구대상을 집단으로 분류할 때 기준이 되는 변수다. 예를 들면 군집분석을 통해 커피전문점의 소비자 시장을 세분화하려는 경우 맛과 가격이라는 두 개의 군집화변수를 선택할 수 있고, 이에 더하여 편리함에 관한 변수를 추가할 수도 있고 커피전문점의 사용 용도에 관한 변수를 추가할 수도 있다. 군집화변수의 선택에 따라 군집분석의 결과가 달라지므로 군집화변수의 결정은 매우 중요하다.

군집화변수를 선택할 때 고려할 사항은 다음과 같다.[77] 첫째, 군집화변수는 군집 간 차이를 충분히 나타내야 한다. 즉, 군집의 차별화를 크게 나타내는 변수가 바람직한 군집화변수이다. 둘째, 군집화변수의 수와 표본 크기의 관계가 적절해야 한다. 군집화변수가 많으면 표본도 커야 한다, 각 군집의 규모가 같은 경우 표본 크기는 군집화변수의 수보다 10배 이상이어야 한다는 주장도 있으나 군집화변수의 수와 표본 크기의 관계에 대한 합의된 견해는 아직 없다. 셋째, 군집화변수 간 상관관계가 높지 않아야 한다. 군집화변수 간 상관관계가 높으면 적절한 군집을 도출하기 어렵다. 군집화변수 간 상관계수가 0.9 이상이 되면 이러한 변수들이 나타내는 특성이 군집화 과정에서 과다하게 반영된다. 넷째, 이론적 근거가 있고 현실적 상황을 잘 반영하는 군집화변수의 사용이 바람직하다.

군집분석을 실시하려면 군집화변수를 표준화시켜야 한다. 즉, 원래의 측정변수를 평균이 0이고 표준편차가 1인 표준화된 변수로 변환시킨 후에 군집분석을 실시해야 한다. 이는 요인분석을 실시할 때 원래의 측정변수를 표준화된 변수로 변환시킨 후에 하는 것과 유사하다. 변수들이 서로 다른 측정 단위로 측정되어 있다면, 큰 값을 갖는 변수가 작은 값을 갖는 변수에 비해 연구대상 간의 비유사성을 나타내는 거리의 측정에 더 큰 영향을 미친다. 이러한 문제를 방지하기 위해 변수의 표준화가 필요한 것이다. SPSS에서는 표준화 점수인 Z점수를 비롯한 다양한 표준화 방법을 제시하고 있다. 표준화 점수의 절대치가 2 또는 3이 넘는 경우 이상치로 의심해 볼 수 있다. 이상치를 갖는 사례는 군집분석의 결과를 왜곡할 수 있다. 따라서 군집화변수의 이상치에 대한 사전조사가 필요하다.

2 군집화 절차의 선택

일반적으로 군집화 절차는 군집 내 분산을 최소화하고 군집 간 거리를 최대화하는 원칙을 따른다. 군집화 절차는 계층적 군집방법(hierachical clustering method), 분리(partitioning) 군집방법, 이단계(two-step) 군집방법 등이 있다.

(1) 계층적 군집방법

① 병합 군집화와 분할 군집화

계층적 군집방법은 병합 군집화(agglomerative clustering)와 분할 군집화(divisive clustering)로 구분된다. 병합 군집화를 이용하면 각 연구대상이 하나의 군집으로 시작되고 유사한 연구대상들이 묶여서 새로운 군집을 형성하면서 군집의 수가 줄어든다. 병합 군집화에서 군집이 형성되면 그 군집은 분리될 수 없다. 분할 군집화를 이용하면 모든 연구대상을 포함한 하나의 군집으로 시작되고 가장 이질적인 연구대상을 분할시키면서 군집의 수가 늘어난다. 계층적 군집방법은 주로 병합 군집화를 사용한다.

② 연결 알고리즘

연결 알고리즘(linkage algorithms)은 새롭게 형성된 군집과 다른 군집 간의 거리를 정의한다. 연결 알고리즘은 군집 간의 거리로 표현되는데, SPSS에서는 '군집방법'이라고 표현된다. 계층적 군집방법에서 자주 사용되는 연결 알고리즘은 다음과 같다. 첫째, 집단-간 연결법(average linkage between-groups method)을 들 수 있다. 이 방법에서는 두 군집에 속하는 연구대상들의 거리를 모두 계산하여 평균한 값을 두 군집 사이의 거리로 정의한다. [그림 18-1]에서 각 사례를 연결한 거리의 개수는 모두 6개다. 이들 6개 거리의 평균값이 두 군집 간의 거리가 된다. 집단-간 연결법은 비가중산술평균 방법(unweighted pair-group method using arithmetic average: UPGMA)이라고도 한다.

그림 18-1 집단-간 연결법

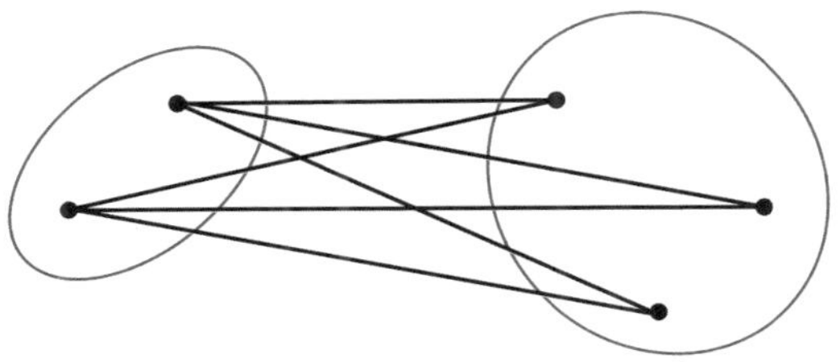

둘째, 집단-내 연결법(average linkage within-groups method)을 들 수 있다. 이 방법에서는 합쳐지는 군집에 속하는 대상들의 거리를 모두 계산하여 평균한 값을 두 군집의 사이의 거리로 정의된다. 이러한 거리가 최소가 되는 군집들을 선택하는 방법이 바로 집단-내 연결법이다. [그림 18-2]에는 두 사례를 묶고 있는 기존의 군집과 이 군집에 합쳐질 수 있는 사례 A와 사례 B가 있다. 기존의 군집이 사례 A와 합칠 수 있는 경우에는 그림 (a)에 나타난 3개 거리의 평균이 계산된다. 기존의 군집이 사례 B와 합칠 수 있는 경우에는 그림 (b)에 나타난 3개 거리의 평균이 계산된다. 이러한 두 가지 평균값을 비교한 후 작은 값을 가진 것이 집단-내 연결법에서 사용되는 거리가 된다.

그림 18-2 집단-내 연결법

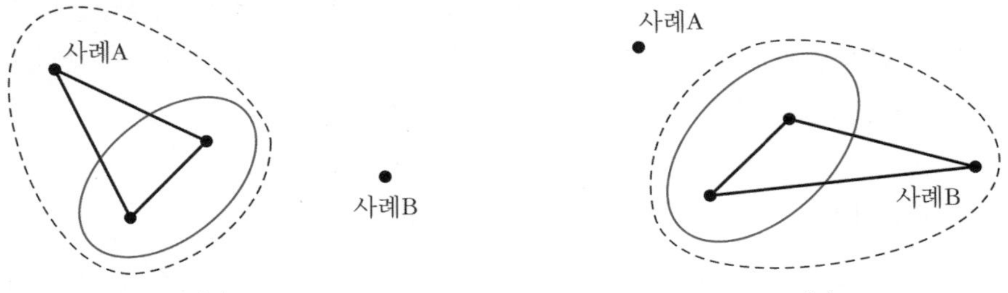

셋째, 최근접 이웃 방법(nearest-neighbor method: single linkage)을 들 수 있다. 이 방법에서는 두 군집 내의 연구대상 간의 거리 중에서 가장 짧은 거리를 두 군집 사이의 거리로 정의한다.

넷째, 가장 먼 이웃 방법(furthest-neighbor method; compete linkage)이 있다. 이 방법에서는 두 군집에 속하는 연구대상 간의 거리 중에서 가장 먼 거리를 두 군집 사이의 거리로 정의한다.

다섯째, 중심 방법(centroid method; centroid linkage)이 있다. 어떤 군집에서 모든 변수에 대한 평균값을 계산한 것이 그 군집의 중심(centroid)이다. 중심 방법에서 두 군집 간의 거리는 두 중심 간의 거리로 정의한다.

여섯째, 중앙값 방법(median method)이 있다. 중심 방법에서 두 개의 군집이 합쳐져서 군집의 중심을 다시 계산할 때 큰 군집이 작은 군집보다 큰 가중치를 갖는다. 반면에 중앙값 방법을 사용하게 되면, 합쳐지는 두 군집은 중심의 계산에 있어서 각 군집에 속한 연구대상의 수와 무관하게 동등한 가중치를 가지게 된다. 따라서 두 군집이 합쳐지면서 군집의 특성에 미치는 효과에 있어서 작은 군집과 큰 군집은 같은 영향을 미친다.

일곱째, 와드 방법(Ward's linkage)이 있다. 이 방법은 군집이 합쳐지면서 생기는 군집 내 분산의 증가가 최소화되는 군집을 선택한다. 와드 방법은 군집 내 분산을 최소로 증가시키는 순서로 군집을 묶어나가는 방법이므로 분산방법(variance method)이라고도 한다.

일반적으로 와드 방법은 유클리디안 거리 또는 유클리디안 제곱 거리와 함께 사용된다.[77]

연결 알고리즘의 선택에 따라 군집 간 거리 측정 방식이 달라지고 군집분석의 해가 다르게 나타날 수 있다. 어떠한 연결 알고리즘을 사용해야 한다는 규정은 없으나 집단-간 연결법 또는 와드 방법이 주로 사용된다.

(2) 분리 군집방법: k-평균 군집분석

분리(partitioning) 군집방법은 군집의 수를 결정한 후에 연구대상을 각 초기 군집에 무작위로 배치한다. 그리고 군집 내 분산을 최소화하기 위해 연구대상들을 다시 재할당한다. 분리 방법에서는 연구대상의 소속군집이 군집화 과정에서 변하기 때문에 계층적 구조를 형성하지 않는다. 분리 방법에는 k-평균(k-means) 군집분석, k-중앙값(k-median) 군집분석 등이 있다. 전자는 군집의 평균을 기준으로 군집 내 분산을 최소화하는 반면 후자는 군집 중앙값으로부터의 절대 편차(absolute deviation)를 최소화한다.[77]

k-평균 군집분석의 군집화 절차는 다음과 같다. 우선 연구자가 군집의 수 k를 선택하면 한 개의 연구대상만 포함된 k개의 군집이 구성되고, 이 값들이 각각 초기 군집의 중심이 된다. 그리고 k 개의 군집 중심에서 가장 가까운 한 개의 연구대상을 해당 군집에 소속시키게 되고 연구대상이 추가된 군집은 중심을 다시 계산하게 된다. 이러한 과정은 최적의 군집이 나올 때까지 반복된다. 계층적 군집분석과 달리 k-평균 군집분석에서는 연구대상의 소속군집이 군집화의 과정에서 변할 수 있다.

(3) 이단계 군집방법

이단계 군집분석(two-step cluster analysis)은 계층적 군집분석과 k-평균 군집분석을 혼합한 방법이다. 군집화 절차의 첫째 단계에서 k-평균 군집분석과 유사한 방식을 따르고 둘째 단계에서 계층적 군집분석의 병합 군집화와 유사한 방식을 따른다. 이단계 군집분석에서는 두 단계를 거쳐서 군집의 수가 통계적 기준에 의해 결정된다. 군집화 절차의 첫 번째 단계에서 모든 연구대상은 예비군집들(preclusters)에 할당된다. 예비군집의 수가 많게 되면 예비군집 내의 연구대상은 보다 동질적으로 구성된다. 군집화 절차의 두 번째 단계에서는 계층적 군집분석에서 사용되는 병합 군집화 절차를 다소 수정한 방식으로 하위 군집들을 합친다.

이단계 군집분석의 장점은 다음과 같다. 첫째, 범주형 변수와 연속형 변수를 동시에 다룰 수 있다. k-평균 군집분석은 오직 연속형 변수만을 다룬다. 그리고 계층적 군집분석은 모두 범주형 변수이거나 모두 연속형 변수여야 한다. 둘째, 통계적 기준에 따라 군집의 수를 결정한다. 셋째, 실루엣 계수(silhouette coefficient)를 통해 전반적인 적합도를 알 수 있다. 실루엣 계수는 SPSS에서 응집 및 분리의 실루엣 척도(silhouette measure of cohesion and separation)라고 한다. 실루엣 계수는 모든 연구대상 간의 평균 거리에 근거하여 계산되는데, −1에서 1까지의 범위를 갖는다. 실루엣 계수가 0.2 미만이면 자료가 군집구조를 나타내는 측면에서 나쁜(poor) 수준, 0.2에서 0.5까지의 범위에 있으면 보통(fair) 수준, 0.5 초과이면 좋은(good) 수준이다.

(4) 세 가지 군집방법의 비교

세 가지 군집방법을 표본 크기, 군집화변수, 결과 해석의 측면에서 살펴보면 〈표 18−1〉에 나타난 바와 같다. 계층적 군집분석에서는 군집화를 위해 모든 연구대상 간의 거리를 측정해야 한다. 따라서 표본이 크면 근접행렬(proximity matrix)과 덴드로그램(dendrogram)이 커져서 지면의 한계를 벗어날 수 있다. 따라서 표본이 작은 경우 계층적 군집분석이 적절하다. 반면에 k−평균 군집분석과 2단계 군집분석은 표본이 큰 경우에도 적용할 수 있다. 군집화변수의 활용 측면에서는 이단계 군집분석은 연속형 변수와 범주형 변수를 동시에 사용할 수 있는 장점이 있다. 결과 해석의 측면에서 계층적 군집분석은 덴드로그램을 통해 결과에 대한 직관적 이해에 큰 도움을 주지만 연구대상이 많으면 혼란을 초래할 수 있다. 반면에 k−평균 군집분석은 초기값의 영향에 따라 결과가 달라질 수 있고 2단계 군집분석은 자료 파일의 사례가 배열된 순서에 따라 결과가 달라질 수 있다.

〈표 18−1〉 세 가지 군집방법의 비교

	계층적 군집방법 (계층적 군집분석)	분리 방법: k−평균 군집분석	2단계 군집방법 (2단계 군집분석)
표본 크기	표본이 작은 경우 적절	표본이 큰 경우에도 적절	표본이 큰 경우에 적절
군집화변수	모두 연속형 변수이거나 모두 범주형 변수	연속형 변수	연속형 변수와 범주형 변수의 혼재
결과 해석	연구대상이 많은 경우 결과의 해석이 곤란함	초기 값에 따라 결과가 변할 수 있음	자료 파일에 있는 사례의 순서에 따라 결과가 변할 수 있음

3 거리 측정 수단의 선택

(1) 계층적 군집분석

군집분석은 같은 군집에 속한 두 연구대상 간의 거리는 짧아야 하고 다른 군집에 속한 두 연구대상 간의 거리는 길어야 한다는 원칙을 통해 연구대상을 분류한다. 여기서 거리는 두 연구대상의 비유사성을 의미한다. 즉, 거리가 멀수록 비유사성이 증가한다. 거리는 다양하게 정의되고 측정된다. 군집분석에서 자주 사용하는 거리의 측도는 유클리디안 거리(Euclidian distance), 제곱 유클리디안 거리(squared Euclidian distance), 민코우스키 거리(Minkowski distance) 등을 들 수 있다. 유클리디안 거리는 다차원 공간에서 최단거리를 의미한다. [그림 18-3]에 나타난 바와 같이 2차원상에 두 점이 있는 경우 유클리디안 거리는 $\sqrt{(X_1 - X_2)^2 + (Y_1 - Y_2)^2}$ 으로 정의된다. 유클리디안 거리는 2차원에 적용하면 피타고라스 정리에 의해 두 지점 사이의 최단 거리가 된다.

그림 18-3 유클리디안 거리

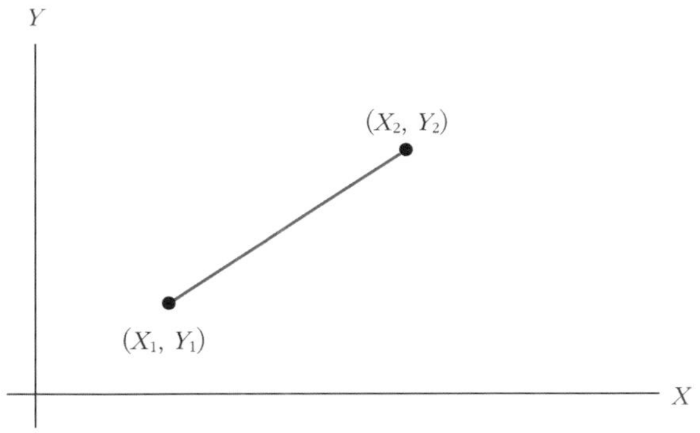

유클리디안 거리는 3차원의 경우로 확장되어 정의될 수 있는데, 예를 들면 3차원상의 한 점 (3, 7, 9)과 다른 점 (6, 11, 5) 사이의 유클리디안 거리는 $6.4(=\sqrt{(3-6)^2+(7-11)^2+(9-5)^2})$이다. 유클리디안 거리는 n차원으로 일반화될 수 있다. n개의 변수로 구성된 두 점, $(X_{11}, X_{21}, \cdots, X_{n1})$과 $(X_{12}, X_{22}, \cdots, X_{n2})$가 있을 경우 유클리디안 거리는 $\sqrt{(X_{11}-X_{12})^2+\ldots+(X_{n1}-X_{n2})^2}$ 이다. 제곱 유클리디안 거리는 유클리디안 거리를 제곱한 것이다. 유클리디안 거리 또는 제곱 유클리디안 거리는 연속형 변수에만 적용할 수 있다. 명목척도를 갖는 범주형 변수에 적용이 가능한 거리도 있는가 하면 이항변수에 특화된 거리도 있다.

계층적 군집분석에서 네 가지 연결 알고리즘(집단-간 연결법, 집단-내 연결법, 최근접 이웃 방법, 가장 먼 이웃 방법) 중 하나를 선택하면 두 사례 간 거리의 측정 방식은 어떤 것을 사용하여도 무방하다. 그러나 세 가지 연결 알고리즘(중심 방법, 중앙값 방법, 와드 방법) 중 하나를 선택하면 두 사례 간 거리의 측정 방식은 유클리디안 거리 또는 제곱 유클리디안 거리를 사용해야 한다.

(2) k-평균 군집분석

k-평균 군집분석의 경우 두 대상 간의 유클리디언 거리에 근거한다. 따라서 SPSS에서 k-평균 군집분석을 사용하면 거리 척도의 선택 사항이 없다.

(3) 이단계 군집분석

이단계 군집분석의 경우 확률 분포에 근거하는 거리 측정 수단을 사용한다. 이러한 측정 수단을 사용하면 두 대상 간의 거리는 두 대상이 합칠 때 우도 값(likelihood value)의 감소 측면에서 정의된다.[77]

4 군집 수의 결정

(1) 계층적 군집분석

계층적 군집분석에서는 몇 가지 기준을 참고한 후에 적절한 군집의 수를 결정해야 한다. 계층적 군집분석에서 군집의 수를 결정하는 기준으로 대체로 두 가지를 참고할 수 있다. 하나는 덴드로그램이다. 이는 연구대상들이 군집화되어 가는 과정을 시각적으로 나타내는 도표로서 새로운 군집이 형성되는 군집화 단계별로 두 군집 간의 거리를 제공한다.

다른 하나는 분산비기준(variance ratio criterion: VRC)이다.[42] 연구대상이 n이고 군집의 수가 k일 때 VRC는 다음과 같이 정의된다.

$$VRC_k = [SS_B/(k-1)]/[SS_W/(n-k)] \tag{18-1}$$

식 (18-1)에서 SS_B는 군집 간 제곱합이고 SS_W는 군집 내 제곱합이다. 분산비기준은 일원분산분석의 F 값과 유사하다. 적절한 군집의 수를 결정하기 위해서는 분산비기준을 최대화시키는 군집 수 k를 선택해야 한다. 그러나 일반적으로 군집의 수가 늘어나면 분산비기준은 감소한다. 따라서 각 군집의 해(solution)에 대해 VRC 값의 차이인 w_k를 계산해야 한다.

$$w_k = (VRC_{k+1} - VRC_k) - (VRC_k - VRC_{k-1}) \tag{18-2}$$

식 (18-2)의 w_k를 최소화시키는 k가 최적의 군집 수가 된다. 여러 상황에서 분산비기준이 적절한 군집의 수를 도출하였다는 실증 연구가 있다.[68] 그러나 VRC_{k-1}는 군집의 수가 한 개인 경우에 정의되지 않기 때문에 통계량 w_k를 사용하는 경우 최소 군집의 수는 3이 된다. 이러한 제약은 VRC를 기준으로 군집의 수를 결정하는 방법의 단점이 된다. VRC를 계산하기 위해서는 군집화변수를 종속변수로 하고 소속군집을 요인으로 하는 분산분석을 여러 번 실시해야 한다. 최적의 군집 수 k에 대한 VRC는 일련의 분산분석에서 나오는 F-값을 통해 도출하게 된다. SPSS에서 k-평균 방법을 사용할 때 군집화변수에 대한 분산분석을 할 수 있는 기능이 있으므로 이를 이용하면 VRC의 계산이 쉽다.[77]

군집의 수 결정은 덴드로그램이나 분산비기준 외에도 이론적 근거, 선험적 정보 등에 의존한다. 무엇보다 군집분석의 결과는 해석이 쉽고 의미가 있어야 한다. 간결한 해석을 위해서 군집의 수는 적어야 하지만 군집 세분화에 따른 실무적 이용을 위해서 군집의 수는 다소 많아야 한다. 따라서 이러한 두 가지 고려 사항을 절충해야 한다.[77]

(2) k-평균 군집분석

k-평균 군집분석의 경우 계층적 군집분석과는 달리 연구자가 군집의 수에 대한 사전 정보를 갖고 군집의 수를 선택해야 한다. k-평균에서 k는 군집의 수를 의미한다. 군집 수의 결정에 있어서 계층적 군집분석과 k-평균 군집분석의 차이점은 요인 수의 결정에 있어서 탐색적 요인분석과 확증적 요인분석의 차이점과 유사하다. k-평균 군집분석은 군집의 수를 결정하는 데 있어서 주로 군집의 수에 관한 사전 정보를 이용하지만 계층적 군집분석의 결과도 활용할 수 있다. 예를 들어 계층적 군집분석을 한 후에 덴드로그램이나 VRC의 계산을 통해 군집의 수를 결정한 후 이를 근거로 k-평균 군집분석을 실시할 수 있다.

(3) 이단계 군집분석

이단계 군집분석에서는 AIC(Akaike's information Criterion) 또는 BIC(Bayes Information

Criterion)에 근거한 통계적 기준에 따라 군집의 수가 자동적으로 결정된다.

5 군집 해의 타당성 검토와 해석

(1) 군집 해의 안정성

군집분석의 결과를 해석하기 전에 군집 해(clustering solution)의 안정성(stability)을 검토해야 한다. 안정성이란 같은 자료를 가지고 서로 다른 군집분석방법, 연결 알고리즘, 거리 측정 수단 등을 사용해도 군집 결과가 거의 변하지 않는 것을 의미한다. 계층적 군집분석의 경우 연결 알고리즘과 거리 측정 방식이 변경됨에 따라 분석결과가 달라질 수 있다. 이러한 문제점은 요인분석에서 나타나는 불확정성의 문제점과 유사하다. 따라서 바람직한 분석결과를 도출하려면 여러 가지의 연결 알고리즘과 거리 측정 방식을 사용하여 결과를 비교하는 것이 필요하다. k-평균 군집분석의 경우 결과는 초기의 분리에 의존한다. 따라서 군집 해의 안정성을 검증하기 위해서는 자료의 순서를 달리하여 여러 번 분석해야 한다. 마찬가지로 이단계 군집분석의 경우에도 결과는 자료 파일에 있는 연구대상의 배열 순서에 따라 변할 수 있다. 따라서 연구대상의 배열 순서를 무작위로 배치한 후 분석해야 한다. 군집 해의 안정성을 검토하기 위해 계층적 군집분석을 한 후에 k-평균 군집분석을 하여 연구대상의 소속군집이 변했는지 살펴보는 것도 필요하다. 경험의 법칙(rule of thumb)에 따르면, 분석방법을 달리할 때 연구대상의 소속군집이 20% 이상 변하면 군집화변수나 군집의 수를 재고해야 한다.[77]

(2) 군집의 차별화

연구자는 최종 군집의 중심을 살펴보고 군집이 서로 차별화되어 있는지 확인해야 한다. 이러한 검토는 분산분석을 통해 군집별로 군집화변수의 평균을 비교하면 된다.

(3) 군집 해의 해석

군집 해의 해석을 위해서는 각 사례가 속한 소속군집을 확인하고 군집별 특성을 설명해야 한다. 군집별로 군집화변수의 평균을 파악하는 것이 필요하다. 군집화변수 외에 준거변수(criterion variable), 인구통계적 변수 등을 이용하여 각 군집의 특성을 파악하는 것도 도움이 된다.[77] 군집별 특성이 밝혀지면 이에 근거하여 각 군집에 대해 명칭을 부여해야 한다.

3 계층적 군집분석의 실행: SPSS의 활용

1 변수의 표준화

커피전문점의 이용 동기를 맛, 가격, 편리함의 세 가지로 정하고 각각 7점 리커트 척도로 측정한 후 이러한 동기들을 군집화변수로 설정하기로 하자. 〈표 18-2〉에 나타난 바와 같이 표본 크기는 10명이다. 여기서 표본 크기는 실제로 군집분석에 사용되는 경우에 비해 매우 작다. 〈표 18-2〉에서 연구자는 맛, 가격, 편리의 세 가지 측정변수에 대한 원래 값만 입력한다. 그러나 군집분석에서는 군집화변수의 표준화가 필요하다. 표준화된 변수의 값은 통계프로그램의 기능을 이용하여 원래의 측정변수를 변환함으로써 얻게 된다. SPSS의 메뉴에서 [분석] → [기술통계량] → [기술통계]를 선택한 후 원래의 측정변수들을 [변수]의 칸으로 이동시킨 후 [표준화 값을 변수로 저장]을 선택한다. 그리고 [확인]을 누르면 〈표 18-2〉에 나타난 바와 같이 표준화된 변수(Z맛, Z가격, Z편리)가 [데이터 보기] 창에 생성된다. 이러한 방법 외에도 계층적 군집분석의 경우 SPSS의 선택 메뉴인 [방법]을 클릭한 후에 [값변환]에서 표준화된 변수로 변환시키는 방법이 있다.

〈표 18-2〉 자료

소비자	맛	가격	편리	Z맛	Z가격	Z편리
1	6	2	1	.90	-.94	-1.05
2	7	2	1	1.33	-.94	-1.05
3	7	3	2	1.33	-.44	-.57
4	6	4	2	.90	.05	-.57
5	2	7	3	-.82	1.53	-.10
6	2	6	3	-.82	1.04	-.10
7	3	7	2	-.39	1.53	-.57
8	1	3	5	-1.24	-.44	.86
9	2	2	6	-.82	-.94	1.33
10	3	3	7	-.39	-.44	1.81

2 계층적 군집분석

메뉴에서 [분석] → [분류분석] → [계층적 군집]을 선택하면 [그림 18-4]와 같은 창이 열린다. 이 창에서 표준화된 군집화변수들을 [변수]의 칸으로 이동시킨다. [케이스 레이블 기준변수]는 명목척도를 가진 변수의 값(예 〈표 18-2〉의 '소비자' 변수의 값)을 사용하여 케이스를 구별할 때 사용한다. [군집 기준]은 기본으로 설정된 [케이스]를 선택한다. [군집 기준]을 [변수]로 변경하면 연관된 변수들의 군집을 형성하여 요인분석과 유사해지므로 유의해야 한다. [표시]에서 기본으로 설정된 [통계량]과 [도표]를 선택한다. [통계량]을 선택하면 '군집화 일정표'가 분석결과에 나타난다. [도표]를 선택하면 '고드름 도표'가 분석결과에 나타난다.

그림 18-4 계층적 군집분석

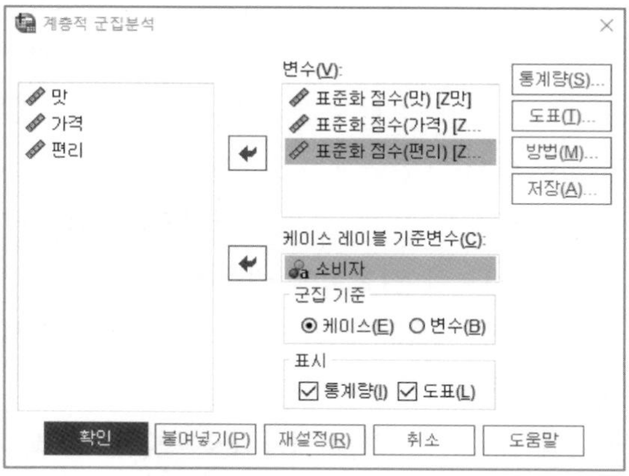

3 계층적 군집분석: 통계량

[그림 18-4]에서 [통계량]을 누르면 [그림 18-5]와 같은 창이 나타난다. 기본으로 설정된 [군집화 일정표]를 선택한다. 군집화 일정표의 계수는 각 단계에서의 군집 내 제곱합을 의미한다. 그리고 [근접행렬]을 선택한다. 근접행렬은 사례 간의 거리(비유사성) 행렬이다. [소속군집]에서는 기본으로 설정된 [지정않음]을 선택한다. 계층적 군집분석에서는 소속군집을 미리 지정하지 않는 것이 일반적이다. [단일 해법]을 선택하는 경우, 원하는 군집 수를 입력하면 분석결과에서 지정한 군집의 수에 따른 사례별 소속군집이 나타난다. [해법 범위]를 선택하는 경우, 최소 군집 수와 최대 군집 수의 값을 입력하면 분석결과에서 최소 군집 수, 최대 군집 수, 그리고 그 사이에 있는 군집 수에 따른 사례별 소속군집이 나타난다. [계속]을 누르면 [그림 18-4]의 창으로 돌아간다.

그림 18-5 계층적 군집분석: 통계량

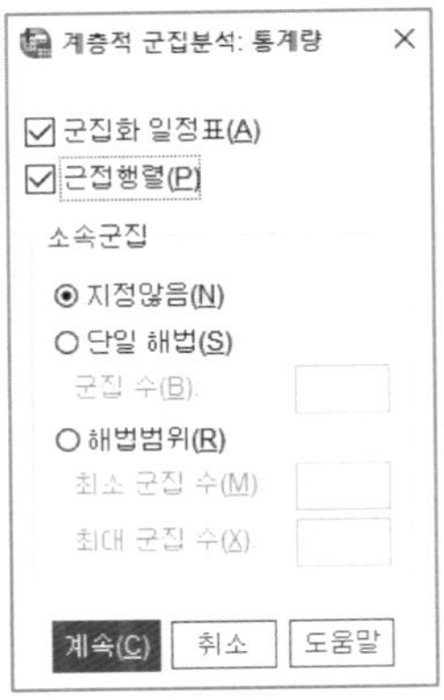

4 계층적 군집분석: 도표

[그림 18-4]에서 [도표]를 눌러서 [그림 18-6]의 창이 나타나면 [덴드로그램]을 선택한다. 덴드로그램은 군집화 과정을 시각적으로 보여주는 도표이다. [고드름] 도표는 기본으로 설정되어 있다. [계속]을 눌러서 [그림 18-4]의 창으로 이동한다.

그림 18-6 계층적 군집분석: 도표

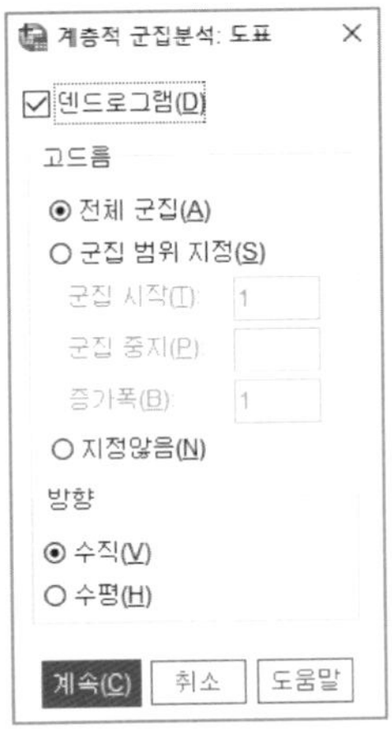

5 계층적 군집분석: 방법

[그림 18-4]에서 [방법]을 누르면 [그림 18-7]의 창이 나타난다. 연결 알고리즘을 의미하는 [군집방법]은 [집단-간 연결]을 선택한다. 참고로 [군집방법]에는 [집단-간 연결], [집단-내 연결], [최근접 이웃], [가장 먼 이웃], [중심값 군집화], [중위수 군집화], [Ward의 방법]의 7가지 선택항목이 존재한다. [측도]는 거리 측정 수단을 의미한다. [구간]은 등간척도나 비율척도의 변수의 경우에 사용한다. [구간]에는 유클리디안 거리, 제곱 유클리디안 거리, Minkowski 등의 선택항목이 존재한다. [빈도]는 명목척도의 변수에 사용한다. [빈도]에는 카이제곱 측도와 파이제곱 측도의 선택항목이 존재한다. [이분형]은 이항 변수의 경우에 사용한다. [이분형]에는 제곱 유클리디안 거리 등의 선택항목이 존재한다. [측도]의 [구간]에서 기본으로 설정된 [제곱 유클리디안 거리]를 선택한다.

그림 18-7 계층적 군집분석: 방법

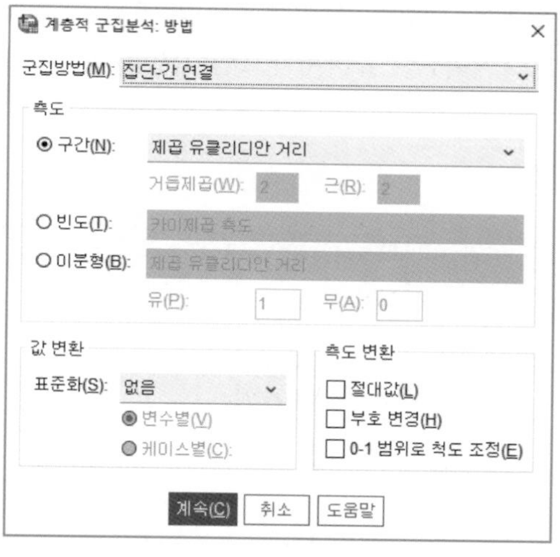

[값 변환]은 군집화변수의 값을 변환시키는 기능이다. [값 변환]에서 [표준화]는 [없음]을 선택하는데, 이미 모든 군집화변수를 표준화된 변수로 만들었기 때문이다. 자료를 입력할 때 변수 값을 표준화하지 않았으나 변수 값을 표준화할 경우 [표준화]의 여러 선택항목 중에서 [Z점수]를 선택한다. 이 경우에 [변수별] 또는 [케이스별]로 선택할 수 있으나 일반적으로 [변수별]을 선택한다. [측도 변환]에서는 아무것도 선택하지 않는다. 참고로 [측도 변환]에는 [절대값](거리의 절댓값), [부호 변경](비유사성을 유사성, 유사성

을 비유사성으로 변환함), [0−1 범위로 척도 조정](거리의 기존 범위를 0과 1 사이의 범위로 재조정함)의 세 가지 선택항목이 있다. [계속]을 누르면 [그림 18−4]의 창으로 돌아간다.

6 계층적 군집분석: 저장

[그림 18−4]에서 [저장]을 누르면 [그림 18−8]의 창이 뜬다. [소속군집]에서 [지정않음]을 선택한다. 이는 연구대상의 소속군집을 지정하지 않는다는 뜻이다. 분석결과를 보고 군집의 수를 결정한 후에 [단일 해법]을 선택하고 [군집 수]의 값을 입력하면 각 사례(연구대상)의 소속군집은 [데이터 보기] 창에 저장된다. [해법 범위]를 선택하는 경우 연구자가 [최소 군집 수]와 [최대 군집 수]를 지정하면 군집 수에 따른 각 사례의 소속군집은 [데이터 보기] 창에 저장된다. [계속]을 누른 후 [확인]을 누르면 분석결과가 나타난다.

그림 18-8 계층적 군집분석: 저장

4 계층적 군집분석: 분석결과의 해석

1 근접행렬

근접행렬은 연구대상(케이스) 간 거리의 행렬을 나타낸다. 근접행렬에서 대각선상의 모든 주대각 요소의 값은 자신과의 거리이므로 0이 된다. 그리고 대각선을 중심으로 대칭행렬의 모습을 갖는다. 근접행렬의 계수는 거리를 나타내므로 계수가 클수록 비유사성이 큰 것이다. 〈표 18−3〉의 근접행렬을 보면 연구대상 1과 2는 가장 가깝고 연구대상

2와 5는 가장 멀다.

〈표 18-3〉 근접행렬

케이스	제곱 유클리디안 거리									
	1	2	3	4	5	6	7	8	9	10
1	.000	.184	.655	1.203	9.951	7.756	7.981	8.481	8.627	10.082
2	.184	.000	.471	1.387	11.608	9.413	9.270	10.506	10.283	11.371
3	.655	.471	.000	.428	8.731	7.024	6.847	8.671	8.481	8.627
4	1.203	1.387	.428	.000	5.367	4.148	3.852	6.891	7.557	7.582
5	9.951	11.608	8.731	5.367	.000	.244	.411	4.996	8.143	7.723
6	7.756	9.413	7.024	4.148	.244	.000	.655	3.288	5.948	6.016
7	7.981	9.270	6.847	3.852	.411	.655	.000	6.684	9.918	9.584
8	8.481	10.506	8.671	6.891	4.996	3.288	6.684	.000	.655	1.645
9	8.627	10.283	8.481	7.557	8.143	5.948	9.918	.655	.000	.655
10	10.082	11.371	8.627	7.582	7.723	6.016	9.584	1.645	.655	.000

2 군집화 일정표

군집화 일정표는 연구대상들이 군집화되는 과정을 보인다. 병합 군집화를 사용하는 경우 군집화 일정표의 계수는 각 단계에서의 군집 내 제곱합을 의미한다. 〈표 18-4〉의 군집화 일정표를 보면 1단계에서 사례 1과 사례 2가 한 군집으로 묶인다. 2단계에서는

〈표 18-4〉 군집화 일정표

단계	결합 군집		계수	처음 나타나는 군집의 단계		다음 단계
	군집 1	군집 2		군집 1	군집 2	
1	1	2	.184	0	0	6
2	5	6	.244	0	0	4
3	3	4	.428	0	0	6
4	5	7	.533	2	0	8
5	9	10	.655	0	0	7
6	1	3	.929	1	3	9
7	8	9	1.150	0	5	8
8	5	8	6.922	4	7	9
9	1	5	8.296	6	8	0

사례 5와 사례 6이 다른 한 군집으로 묶인다. 3단계에서는 사례 3과 사례 4가 또 다른 군집으로 묶인다. 4단계에서 사례 5와 7이 묶인다. 이미 사례 5와 6이 한 군집으로 묶인 상태이므로 사례 5, 6, 7은 같은 군집에 속한 것이다.

군집화 일정표의 계수를 보면 7단계에서 8단계로 가는 과정에서 계수가 급격하게 상승했다. 이처럼 계수의 값이 급격하게 상승하는 단계는 최종 군집의 결정에 있어서 중요한 단서를 준다. 그러나 대부분의 군집분석결과에서 2개의 군집 해에서 1개의 군집 해로 이동할 때 거리는 급격하게 늘어난다. 따라서 이 경우에 급격하게 거리가 늘어나도 군집의 수를 결정하는 단서로 볼 수 없다.

3 덴드로그램

사례들이 군집화되어 가는 과정을 시각적으로 나타내는 도표로는 고드름 도표(icicle plot)와 덴드로그램이 있다. 고드름 도표와 달리 덴드로그램은 각 단계에서 새로운 군집이 형성될 때 두 군집 간의 거리를 알 수 있는 장점이 있다. 따라서 덴드로그램이 주로 사용된다.

그림 18-9 덴드로그램

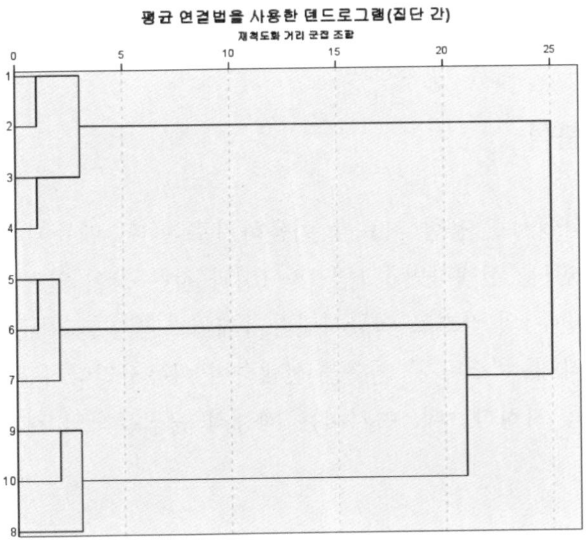

덴드로그램에는 군집이 결합될 때의 거리가 원래의 거리값이 아닌 1~25 사이의 값으로 조정된 값으로 나타난다. 따라서 덴드로그램에서 실제 거리는 알 수 없으나 군집 간 거리의 상대적 차이는 알 수 있다. 덴드로그램에서 연속된 두 단계에서 군집 간 거리가 급격히 멀어지면 그 단계에서부터 군집 간 비유사성은 크게 증가한다. 군집 간의 거리가 급격히 멀어지기 직전 단계에서 최종 군집의 수를 결정할 수 있다. [그림 18-9]의 덴드로그램에서 급격하게 거리가 길어지는 구간을 가로질러 자르게 되면 최종 군집의 수는 3개가 적절하다. 군집분석에서 덴드로그램을 통해 군집의 수를 결정하는 것은 요인분석에서 스크리 도표(scree plot)를 통해 요인의 수를 결정하는 것과 유사하다.

4 군집명의 부여

군집별로 군집화변수의 평균값을 살펴보면서 각 군집의 특성을 파악하여 군집의 이름을 짓는 것이 일반적이다. 예를 들면 커피전문점 이용의 동기를 나타내는 세 가지 군집화변수 중에서 맛 변수가 높은 군집은 맛 추구 군집, 가격 변수가 높은 군집은 가격 중시 군집, 편리 변수가 높은 군집은 편리 추구 군집으로 군집명을 부여할 수 있다.

5 k-평균 군집분석의 실행: SPSS의 활용

1 k-평균 군집분석

계층적 군집분석에서 사용한 자료를 이용하기로 한다. 메뉴에서 [분석] → [분류분석] → [k-평균 군집]을 선택하면 [그림 18-10]과 같은 창이 열린다. 이 창에서 표준화된 군집화변수는 [변수]의 칸으로 이동시킨다. [케이스 레이블 기준변수]에는 사례의 번호 또는 명칭을 나타내는 '소비자' 변수를 선택하여 이동시킨다. [군집 수]에는 연구자가 선택한 군집의 수를 지정하는데, 여기서는 계층적 군집분석의 결과인 3을 넣는다.

그림 18-10 k-평균 군집분석

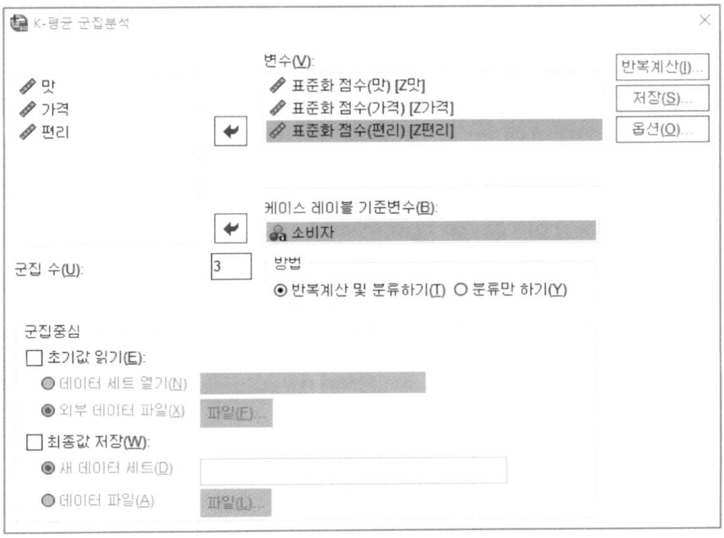

2 k-평균 군집분석: 반복계산

[그림 18-10]에서 선택 메뉴인 [반복계산]을 누르면 [그림 18-11]과 같은 창이 나타난다. [최대반복계산]은 군집중심을 새로 고치기 위한 최대반복계산의 수를 의미하는데, 기본으로 설정된 10을 선택한다. [수렴기준]은 기본으로 설정된 0을 선택한다. [계속]을 눌러서 [그림 18-10]의 창으로 간다.

그림 18-11 k-평균 군집분석: 반복계산

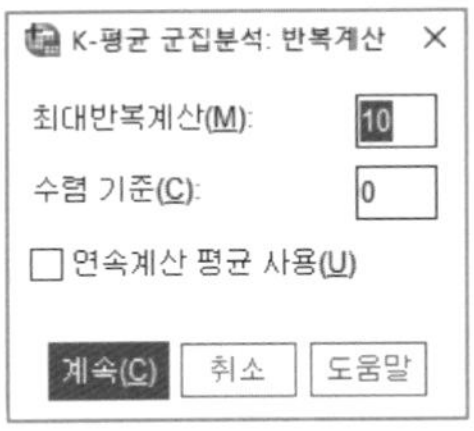

3 k-평균 군집분석: 저장

[그림 18-10]에서 [저장]을 누르면 [그림 18-12]와 같은 창이 나타난다. 여기서 [소속군집]과 [군집중심으로부터의 거리]를 선택한다. [소속군집]을 선택하면 각 사례의 소속군집은 [데이터 보기] 창에 새로운 변수로 저장된다. [군집중심으로부터의 거리]를 선택하면 각 사례가 소속군집의 중심으로부터 떨어져 있는 거리는 [데이터 보기] 창에 새로운 변수로 저장된다. [계속]을 눌러서 [그림 18-10]의 창으로 간다.

그림 18-12 k-평균 군집분석: 저장

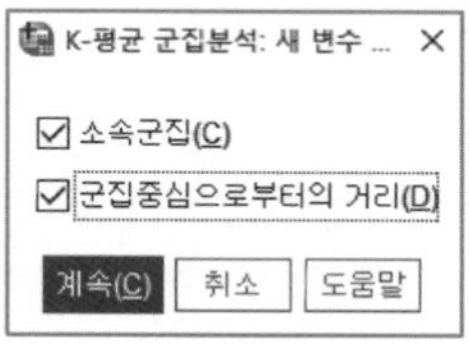

4 k-평균 군집분석: 옵션

[그림 18-10]에서 [옵션]을 누르면 [그림 18-13]과 같은 창이 나타난다. [통계량]에서는 기본으로 설정된 [군집중심 초기값]을 선택한다. 군집중심 초기값이란 각 군집에 대한 초기 중심을 나타내는 변수들의 평균값을 의미한다. 그리고 [분산분석표]를 선택한다. 분산분석표에는 각 군집화변수에 대한 군집 간 차이를 나타내는 F 검정의 결과가

그림 18-13 k-평균 군집분석: 옵션

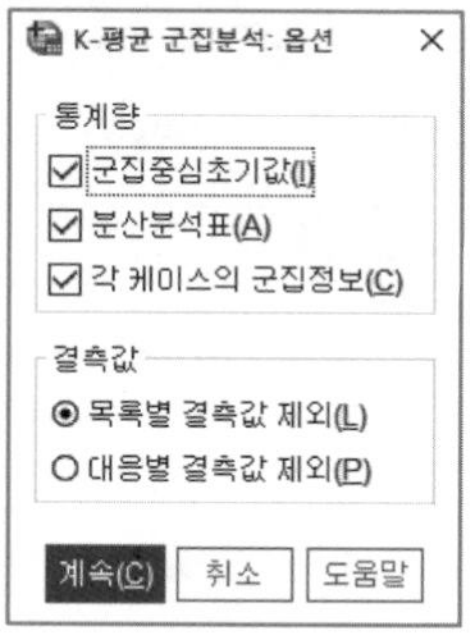

나타난다. 그러나 여기서 선택한 분산분석표에서 F 검정은 기술통계의 목적으로만 사용될 수 있으며 군집 간에 군집화변수의 평균이 같다는 귀무가설을 검정하는 목적으로는 사용될 수 없다. [각 케이스의 군집정보]를 선택하면 각 사례의 소속군집을 나타내는 표와 최종 군집 중심 간 거리를 나타내는 표를 얻을 수 있다. [계속]을 누르고 [확인]을 누르면 분석결과가 나타난다.

6 k-평균 군집분석: 분석결과의 해석

1 군집의 수 결정

k-평균 군집분석에서는 기존 연구나 정보에 의해 군집의 수를 군집분석 이전에 결정하게 된다. 여기서는 계층적 군집분석의 결과를 바탕으로 군집의 수를 3으로 정했다.

2 초기 군집 중심

〈표 18-5〉를 보면 3개의 초기 군집이 지정되었음을 알 수 있다. 〈표 18-2〉의 자료와 〈표 18-5〉의 군집 1의 군집 중심 초기값을 비교해서 보면 소비자 5(사례 5)가 지정되었음을 알 수 있다. 소비자 5의 경우 맛의 표준화된 변수의 값은 −0.82, 가격의 표준화된 변수의 값은 1.53, 편리의 표준화된 변수의 값은 −.10이다. 마찬가지로 군집 2와 군집 3의 초기값은 각각 소비자 2와 소비자 9임을 알 수 있다.

〈표 18-5〉 군집중심 초기값

	군집		
	1	2	3
표준화 점수(맛)	−.82	1.33	−.82
표준화 점수(가격)	1.53	−.94	−.94
표준화 점수(편리)	−.10	−1.05	1.33

3 소속군집

〈표 18-6〉에 나타난 [데이터 보기] 창을 보면 소속군집(QCL_1)과 군집 중심으로부터의 거리(QCL_2)를 나타내는 변수의 값이 저장되어 있음을 확인할 수 있다. 소속군집을 보면 소비자 1, 2, 3, 4는 군집 2에 속하고, 소비자 5, 6, 7은 군집 1에 속하며, 소비자 8, 9, 10은 군집 3에 속한다는 것을 알 수 있다. 소비자 1은 소속군집(군집 2)의 중심으로부터의 거리가 0.49인 것으로 나타났다. 소비자 2도 소속군집의 중심으로부터의 거리가 소비자 1과 같게 나타났다. 소비자 10은 소속군집(군집 3)의 중심으로부터의 거리가 0.66인 것으로 나타났다.

〈표 18-6〉 데이터 보기 창에 나타난 소속군집과 군집 중심으로부터의 거리

소비자	맛	가격	편리	Z맛	Z가격	Z편리	QCL_1	QCL_2
1	6	2	1	.90	-.94	-1.05	2	.49
2	7	2	1	1.33	-.94	-1.05	2	.49
3	7	3	2	1.33	-.44	-.57	2	.34
4	6	4	2	.90	.05	-.57	2	.70
5	2	7	3	-.82	1.53	-.10	1	.27
6	2	6	3	-.82	1.04	-.10	1	.39
7	3	7	2	-.39	1.53	-.57	1	.46
8	1	3	5	-1.24	-.44	.86	3	.66
9	2	2	6	-.82	-.94	1.33	3	.33
10	3	3	7	-.39	-.44	1.81	3	.66

4 최종 군집 중심

〈표 18-7〉에 나타난 바와 같이 최종적으로 만들어진 군집의 중심 값은 〈표 18-5〉에 나타난 초기의 군집 중심값과 다름을 알 수 있다.

〈표 18-7〉 최종 군집 중심

	군집		
	1	2	3
표준화 점수(맛)	-.67	1.12	-.82
표준화 점수(가격)	1.37	-.57	-.61
표준화 점수(편리)	-.25	-.81	1.33

5 최종 군집 중심 간 거리

〈표 18-8〉의 최종 군집 중심 간 거리를 보면 군집 1과 군집 3은 가장 가깝고 유사성이 가장 높다. 반면에 군집 2과 군집 3은 가장 멀리 떨어져 있고 비유사성이 가장 높다.

〈표 18-8〉 최종 군집 중심 간 거리

군집	1	2	3
1		2.692	2.539
2	2.692		2.886
3	2.539	2.886	

6 분산분석

군집을 결정할 때 중요한 역할을 하는 변수가 무엇인지 이해하기 위해 분산분석을 이용할 수 있다. 분산분석표는 군집 간의 차이를 구별하는 데 있어서 어떤 군집화변수가 더 기여하는지 판단할 수 있는 단서를 준다. 어떤 변수의 *F*값에 대한 유의확률이 유의수준보다 낮다는 것은 군집 간 해당 변수의 평균 차이가 통계적으로 유의하다는 것이고 그 변수가 군집을 구별할 때 중요한 역할을 한다는 것이다. 〈표 18-9〉의 분산분석표에서 유의확률은 모두 .000으로 나타나서 세 개의 군집화변수는 군집을 결정할 때 거의 비슷하게 중요한 역할을 하는 것으로 판단할 수 있다.

〈표 18-9〉 분산분석표(ANOVA)

ANOVA						
	군집		오차		F	유의확률
	평균제곱	자유도	평균제곱	자유도		
표준화 점수(맛)	4.163	2	.096	7	43.177	.000
표준화 점수(가격)	4.002	2	.142	7	28.129	.000
표준화 점수(편리)	4.083	2	.119	7	34.300	.000

다른 군집의 여러 케이스 간 차이를 최대화하기 위해 군집을 선택했으므로 F 검정은 기술통계를 목적으로만 사용되어야 합니다. 이 경우 관측 유의수준은 수정되지 않으므로 군집평균이 동일하다는 가설을 검정하는 것으로 해석될 수 없습니다.

7 이단계 군집분석의 실행: SPSS의 활용

커피전문점 이용 동기를 나타내는 군집화변수에 '편리'라는 변수를 삭제하고 커피전문점을 주로 어떠한 용도로 사용하는가를 묻는 범주형 변수 '용도'를 추가했다고 가정하자. '용도'는 공부/업무(1로 측정), 만남(2로 측정), 휴식(3으로 측정)의 세 가지로 구분했다고 가정하자. 연속형 변수(맛, 가격)와 함께 범주형 변수(용도)를 사용하는 경우 이단계 군집분석을 사용해야 한다. 소비자 20명을 대상으로 이용동기를 나타내는 세 가지 변수(맛, 가격, 용도)를 기반으로 시장세분화를 위한 이단계 군집분석의 결과를 살펴보자.

1 이단계 군집분석

메뉴에서 [분석] → [분류분석] → [이단계 군집]을 선택하면 [그림 18-14]와 같은 창이 열린다. 이 창에서 명목척도의 변수인 '용도'는 [범주형 변수]의 칸으로 이동시키고, 등간척도의 변수인 '맛'과 '가격'은 [연속형 변수]의 칸으로 이동시킨다. [연속형 변수의 빈도]에서 자동적으로 2개의 변수('맛'과 '가격')가 [표준화될 예정임]으로 표시된다. 이러한 기능으로 인해 이단계 군집분석에서는 분석 이전에 변수를 표준화시키지 않아도 된다. [거리 측도]는 기본으로 설정된 [로그 우도]를 선택한다. 로그 우도(log-likelihood)는 범주형 변수와 연속형 변수에 사용될 수 있으나 유클리디안 거리는 연속형 변수에만 사용될 수 있다. 따라서 범주형 변수와 연속형 변수를 모두 사용하는 경우 로그-우도를 사용해야 한다. [군집 수]는 기본으로 설정된 [자동 결정]과 [최대값] 15를 선택한다. 이단계 군집분석의 장점 중의 하나는 BIC 또는 AIC에 근거하여 군집의 수를 자동적으로 결정하는 것이다. [군집 기준]은 기본으로 설정된 [Schwartz 베이지안 기준(BIC)]을 선택한다. 그러나 군집 해의 안정성을 검증하기 위해 BIC에 근거한 결과와 AIC에 근거한 결과를 비교해 볼 수 있다.

그림 18-14 이단계 군집

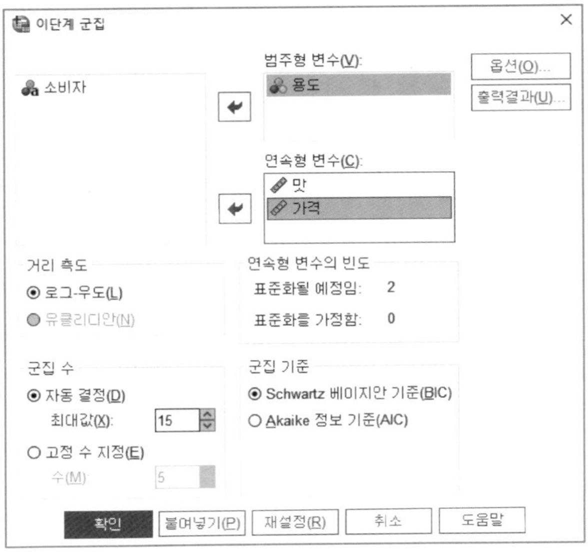

2 이단계 군집: 옵션

[그림 18-14]에서 [옵션]을 누르면 [그림 18-15]와 같은 창이 나타난다. 이 창에서는 기본으로 설정된 값을 사용한다. [계속]을 누르면 [그림 18-14]의 창으로 간다.

그림 18-15 이단계 군집: 옵션

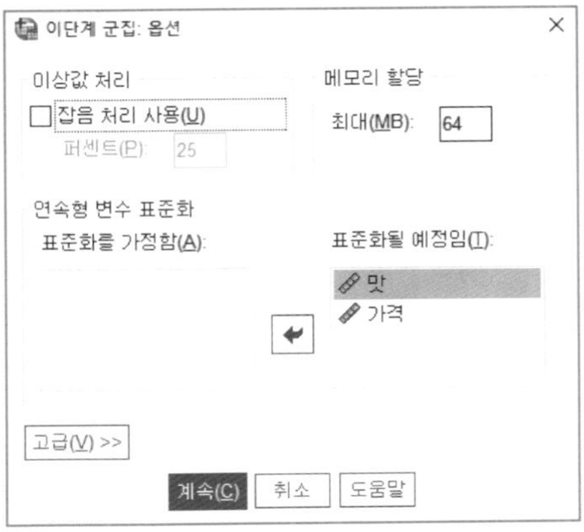

3 이단계 군집: 출력결과

[그림 18-14]에서 [출력결과]를 누르면 [그림 18-16]과 같은 창이 나온다. [피벗표]를 선택한다. 이것을 선택하면 자동군집 표가 출력되어 군집 수가 감소하면서 나타나는 BIC와 BIC의 변화량을 알 수 있다. 그리고 [피벗표]를 선택하면 군집 프로파일이 나타나는데, 연속형 변수의 경우 군집별로 변수의 평균과 표준편차가 나타나고 범주형 변수의 경우 군집별로 변수의 빈도가 나타난다. 기본으로 설정된 [모형 뷰어의 차트 및 표]를 선택한다. [변수]의 칸에 있는 '소비자'를 [평가 필드]의 칸으로 이동시킨다. [소속군집 변수 작성]을 선택하면 [데이터 보기] 창에서 각 사례의 소속군집을 나타내는 변수가 생성된다. [계속]을 누른 후 [확인]을 누르면 분석결과를 얻는다.

그림 18-16 이단계 군집: 출력결과

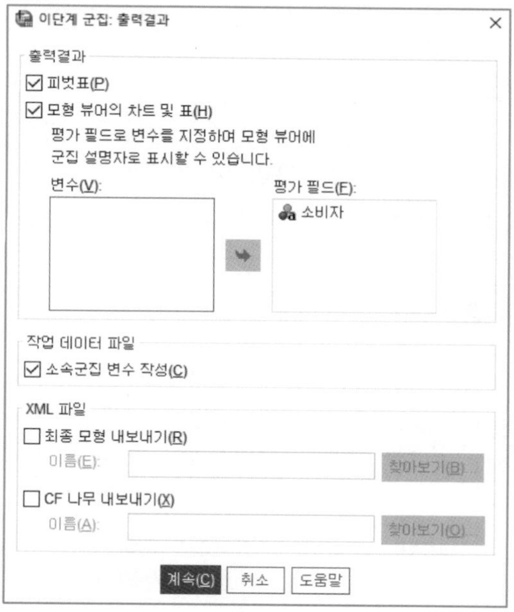

8 이단계 군집분석: 분석결과의 해석

1 최종 군집의 분포

〈표 18-10〉에 나타난 바와 같이 군집 1은 7명의 소비자로 이루어졌고 조사 대상의 35%가 소속되어 있다. 그리고 군집 2는 8명의 소비자(조사 대상의 40%), 군집 3은 5명의 소비자(조사 대상의 25%)로 이루어져 있다.

〈표 18-10〉 군집 분포

		N	결합된 %	전체 중 %
군집	1	7	35.0%	35.0%
	2	8	40.0%	40.0%
	3	5	25.0%	25.0%
	결합됨	20	100.0%	100.0%
전체		20		100.0%

2 최종 군집의 프로파일

연속형 변수의 경우 〈표 18-11〉에 나타난 바와 같이 군집별 중심값이 나타난다. 군집 1은 맛의 평균이 6.00으로 세 군집 중에 가장 높아서 맛을 중시하는 집단으로 볼 수 있다. 반면에 군집 2는 가격의 평균이 5.50으로 세 군집 중에 가장 높아서 가격에 관한 관심이 높은 집단으로 볼 수 있다. 군집 3의 경우 맛에 대한 평균은 세 군집 중에서 가장 낮고 가격에 대한 평균은 중간 정도의 수준이다.

〈표 18-11〉 연속형 변수의 중심값

		맛		가격	
		평균	표준편차	평균	표준편차
군집	1	6.00	1.826	2.43	1.718
	2	3.13	1.885	5.50	1.927
	3	2.20	.837	3.40	.548
	결합됨	3.90	2.269	3.90	2.075

범주형 변수의 경우 〈표 18-12〉에 나타난 바와 같이 군집별로 빈도가 나타난다. 군집 1에는 커피전문점의 용도가 1(공부/업무)인 소비자가 7명이 있다. 군집 2에는 용도 2(만남)의 소비자가 8명이 있으며 군집 3에는 용도 3(휴식)의 소비자가 5명이 있다.

〈표 18-12〉 범주형 변수의 군집별 빈도

		1		2		3	
		빈도	퍼센트	빈도	퍼센트	빈도	퍼센트
군집	1	7	100.0%	0	0.0%	0	0.0%
	2	0	0.0%	8	100.0%	0	0.0%
	3	0	0.0%	0	0.0%	5	100.0%
	결합됨	7	100.0%	8	100.0%	5	100.0%

3 소속군집

〈표 18-13〉의 [데이터 보기] 창에는 소속군집('TSC_'로 시작) 변수의 값이 저장되어 있다. 소속군집을 보면 소비자 1, 11, 13, 14, 17, 2, 3은 군집 1에 속한다. 나머지 소비자들도 소속된 군집을 확인할 수 있다.

〈표 18-13〉 데이터 보기 창에 나타난 소속군집

	소비자	맛	가격	용도	TSC_1664
1	1	6	2	1	1
2	11	7	1	1	1
3	13	7	1	1	1
4	14	6	2	1	1
5	17	2	6	1	1
6	2	7	2	1	1
7	3	7	3	1	1
8	12	6	2	2	2
9	15	1	7	2	2
10	16	2	7	2	2
11	19	3	4	2	2
12	4	6	4	2	2
13	5	2	7	2	2
14	6	2	6	2	2
15	7	3	7	2	2
16	10	3	4	3	3
17	18	3	4	3	3
18	20	2	3	3	3
19	8	1	3	3	3
20	9	2	3	3	3

4 군집의 수와 군집의 품질

이단계 군집분석에서 군집의 수는 자동적으로 결정된다. [그림 18-17]에 나타난 바와 같이 군집의 수는 3으로 나타났다. 그리고 군집의 품질은 '좋음'으로 나타났다.

그림 18-17 모형 요약과 군집 품질

모형 요약

알고리즘	이단계
입력	3
군집	3

군집 품질

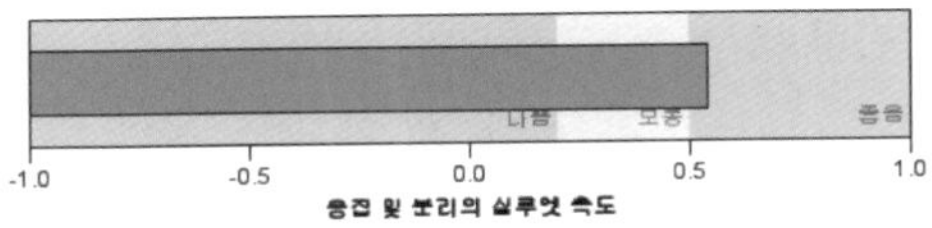

군집 평가 알고리즘의 일종인 '실루엣 계수'는 '응집 및 분리의 실루엣 척도'라고 일컬어지기도 하는데, −1에서 1까지 범위를 갖는다. 실루엣 계수의 값이 0.2 미만이면 자료가 군집구조를 표현하는 데 있어서 나쁜 수준, 0.2와 0.5 사이면 보통 수준, 0.5 이상이면 좋은 수준을 뜻한다. 실루엣 계수를 고려하면 군집의 수가 3인 경우 가장 적절하다. 군집의 수가 3인 경우 실루엣 계수는 0.5 이상으로 나타나서 자료가 군집구조를 나타내는 적합도에 있어서 좋은 수준임을 알 수 있다.

요약

- 군집분석이란 여러 연구대상에 대해서 두 개 이상의 변수들을 이용하여 유사한 특성을 가진 몇 개의 집단으로 분류하는 통계적 방법이다.
- 군집분석의 절차는 군집화변수의 결정, 군집화 절차(군집분석 방법)의 선택, 거리 측정의 선택, 군집 수의 결정, 군집 해의 타당성 검토와 해석이라는 단계를 거친다
- 군집화변수를 결정할 때 군집 간 차이를 충분히 나타낼 것, 이론적 근거가 있고 현실적 상황을 반영할 것, 군집화변수 간의 상관관계가 높지 않을 것, 군집화변수가 많으면 표본도 클 것 등의 사항을 고려해야 한다.
- 군집화 절차는 계층적 군집방법, 분리 군집방법, 이단계 군집방법 등이 있다. 계층적 군집방법에서 연결 알고리즘(군집 간 거리)은 집단 간 연결법, 집단 내 연결법, 최근접 이웃 방법, 가장 먼 이웃 방법, 중심 방법, 중앙값 방법, 와드 방법 등이 있다. 이 중에서 집단-간 연결법 또는 와드 방법이 주로 사용된다. 계층적 군집방법은 군집화변수가 모두 연속형 변수이거나 모두 범주형 변수일 때 사용하고 연구대상이 많은 경우 결과의 해석이 곤란하다.
  분리 군집방법에는 k-평균 군집분석, k-중앙값 군집분석 등이 있다. k-평균 군집분석은 군집화변수가 연속형 변수일 때 사용하고 초기 값에 따라 결과가 변할 수 있다. 이단계 군집방법은 계층적 군집분석과 k-평균 군집분석을 혼합한 방법이다. 2단계 군집방법은 연속형 변수와 범주형 변수가 혼재할 때 사용할 수 있고 자료 파일에 있는 사례의 순서에 따라 결과가 변할 수 있다.
- 거리 측정 수단(연구대상 간 거리)의 선택은 군집분석 방법에 따라 차이가 있다. 계층적 군집분석에서 네 가지 연결 알고리즘(집단 간 연결법, 집단 내 연결법, 최근접 이웃 방법, 가장 먼 이웃 방법) 중 하나를 선택하면 거리 측정 수단에 제약이 없으나 세 가지 연결 알고리즘(중심 방법, 중앙값 방법, 와드 방법) 중 하나를 선택하면 거리 측정은 유클리디안 거리 또는 제곱 유클리디안 거리를 사용해야 한다. k-평균 군집분석은 두 대상 간의 유클리디언 거리에 근거한다. 이단계 군집분석은 확률분포에 근거하는 거리 측정을 사용한다.
- 군집 수의 결정도 군집분석 방법에 따라 차이가 있다. 계층적 군집분석은 군집의 수를 결정하는 기준으로 덴드로그램이나 분산비기준을 선택할 수 있다. k-평균 군집분석은 사전 정보에 근거하여 군집의 수를 결정한다. 이단계 군집분석은 AIC 또는 BIC에 근거한 기준에 따라 군집의 수를 결정한다.

- 군집분석의 결과를 해석하기 전에 군집 해의 안정성을 검토하고 군집이 서로 차별화되어 있는지 확인해야 한다. 군집 해의 해석을 위해서는 각 사례가 속한 소속군집을 확인하고 군집별 특성을 설명해야 한다.

제19장

비모수적 방법

1. 비모수적 방법의 개요
2. 분포의 중앙값에 대한 검정
3. 특정 분포와 일치 여부의 검정: 단일 표본 콜모고로프-스미르노프 검정
4. 범주형 자료의 분석

1 비모수적 방법의 개요

비모수적 방법(nonparametric method)의 특징은 다음과 같다. 첫째, 비모수적 방법은 모집단의 분포에 대한 가정으로부터 자유로운 편이다. t-검정, 분산분석, 회귀분석 등과 같은 모수적 방법(parametric method)에서는 모집단이 정규분포 등과 같은 특정한 분포를 따른다는 가정을 전제로 한다. 이러한 분포들은 모수(parameter)에 의해 분포의 특성이 결정된다. 반면에 대부분의 비모수적 방법은 모집단의 분포에 대한 가정으로부터 자유로운 편이다. 그러나 중앙값과 같은 모수에 기초하는 비모수적 검정도 있다. 둘째, 비모수적 방법은 표본 크기가 작은 경우에도 사용할 수 있다. 중심극한정리에 의하면 표본이 크면 모집단이 정규분포를 따르지 않더라도 표본평균의 분포는 정규분포를 따른다. 따라서 표본이 크면 정규성 가정이 충족되지 않아도 모수적 방법을 사용할 수 있는 경우가 많다. 그러나 정규성 가정이 충족되지 않으면서 표본이 작은 경우에 모수적 방법을 사용하는 것은 부적절하고 대신에 비모수적 방법을 사용할 수 있다. 셋째, 비모수적 방법은 분석에 사용되는 자료가 비계량형(nonmetric) 척도(명목척도나 서열척도)일 때 사용할 수 있다. 모수적 방법은 분석에 사용되는 자료가 계량형(metric) 척도(등간척도나 비율척도)로 측정된 경우 사용하지만 비모수적 방법은 계량형 척도의 자료를 수집할 수 없을 때 사용할 수 있다.

정리하자면 비모수적 방법은 대체로 모집단의 분포에 대한 가정으로부터 자유로운 점, 표본 크기가 작은 경우에 사용할 수 있는 점, 측정한 자료의 수준이 명목척도나 서열척도일 때 사용할 수 있는 점 등의 특성을 가진다. 즉, 비모수적 방법은 모수적 방법이 적용되기 어렵거나 불가능한 경우에 활용될 수 있다. 그러나 비모수적 방법은 비계량형 척도의 자료를 사용하므로 모수적 방법에 비해 통계적 분석으로부터 도출해 낼 수 있는 정보에 한계가 있다.

2 분포의 중앙값에 대한 검정

비모수적 방법은 모수적 방법과 달리 모수에 대한 추정이나 검정을 하지 않는 방법으로 오해할 수 있다. 그러나 비모수적 방법 중에서 모집단의 분포에서 중앙값과 같은 모수에 대한 검정 방법들이 존재한다. 〈표 19-1〉에 나타난 모수적 방법은 모집단의 평균에 대한 검정에 사용되는 반면 비모수적 방법은 모집단의 중앙값에 대한 검정에 사용된다.

〈표 19-1〉 모수적 방법과 비모수적 방법의 비교

적용 대상	모수적 방법	비모수적 방법
두 개의 대응 표본	t 검정	부호검정 또는 윌콕슨 부호순위 검정
두 개의 독립 표본	t 검정	맨-휘트니의 U 검정
세 개 이상의 독립 표본	분산분석	크러스칼-월리스 검정

1 대응 2-표본 비모수적 검정: 부호검정

(1) 개 요

두 번 반복된 측정치가 있는 경우 2개의 대응표본 검정(related 2-sample test)을 사용하고 k번 반복된 측정치가 있는 경우 k개의 대응표본 검정을 사용한다. 2개의 대응표본에 대한 비모수적 검정은 짝으로 이루어진 자료 간에 중앙값의 차이가 통계적으로 유의한가를 보는 검정이다. 이러한 검정은 두 변수의 분포를 비교하는 것으로 일반적으로 첫 번째 측정(또는 사전 측정)과 두 번째 측정(또는 사후 측정)을 비교하는 반복측정에서 많이 사용되며 모수적 검정에 속하는 대응 표본 t-검정의 비모수적 검정 버전이다. 그러나 2개의 대응표본에 대한 비모수적 검정은 모평균을 검정하는 것이 아니라 중앙값(중위수)을 검정하는 방법이다.

대응 2-표본 비모수적 검정에 속하는 부호검정(sign test)은 자료의 값을 양수 또는 음수 부호로 변환한 후에 부호의 빈도가 크게 다른지 보는 검정이다. 부호검정의 기본 원리는 대응 표본에서 첫째 자료와 둘째 자료가 같은 중앙값을 가진 경우 양수 부호의 수와 음수 부호의 수가 거의 같아야 한다는 것이다. 부호검정에서 귀무가설은 짝으로 이루어진 자료의 첫째 값과 둘째 값의 차이가 없다는 주장이고 대립가설은 차이가 있다는 주장인데 전형적으로 다음과 같다.

H_0: 대응 표본의 중앙값 차이는 없다.

H_a: 대응 표본의 중앙값 차이는 있다.

부호검정의 절차는 다음과 같다. 첫째, 짝으로 이루어진 자료의 첫 번째 값과 두 번째 값의 차이의 부호를 기록하고 차이가 0인 자료는 검정에서 제외한다. 둘째, 양수 및 음수 부호의 총수는 n으로 설정한다. 셋째, n이 25 이하이면 검정통계량 x를 사용한다. 여기서 x는 두 부호(양수 또는 음수)의 빈도 중에서 낮은 빈도를 의미한다. 그러나 n이 25를 초과하면 식 (19-1)과 같은 검정통계량 Z를 사용한다.

$$Z = \frac{(x + 0.5) - (n/2)}{(\sqrt{n}/2)} \tag{19-1}$$

넷째, 검정통계량 x를 사용하는 경우 부록의 〈표 9〉에 있는 부호검정의 임계치를 찾는다. 검정통계량 Z를 사용하는 경우 부록의 〈표 4〉에 있는 표준정규분포표에서 임계치를 찾는다. 마지막으로 자료로부터 계산된 검정통계량 값이 임계치보다 작으면 귀무가설을 기각한다. 일반적으로 모수적 방법의 경우 자료로부터 계산된 검정통계량 값이 임계치보다 크면 귀무가설을 기각한다. 그러나 부호검정의 경우 자료로부터 계산된 검정통계량 값이 임계치보다 작으면 귀무가설을 기각한다는 점에 유의해야 한다.

n이 25를 초과하면 검정통계량 Z를 사용하는 것은 이항분포에 대한 정규분포 근사가 $np \geq 5$이고 $n(1-p) \geq 5$일 때 허용된다는 것에 근거한다. 음수 부호와 양수 부호의 두 가지 범주에 대한 이항분포에서 $p = 1/2$을 가정하는 경우 평균은 $np = n/2$이고 표준편차는 $\sqrt{np(1-p)} = \sqrt{n/4} = \sqrt{n}/2$이다. 따라서 $Z = \frac{x-\mu}{\sigma} = \frac{x-(n/2)}{\sqrt{n}/2}$이다. 그리고 여기서 x는 이산확률변수인데 연속확률분포인 표준정규분포를 사용하기 때문에 연속성에 대한 보정으로 x를 $x + 0.5$로 대체한다.[86]

(2) 검정통계량의 계산을 통한 부호검정

페이스북과 인스타그램을 모두 사용하는 이용자들을 대상으로 사용시간(측정단위: 분)을 조사한 자료는 〈표 19-2〉와 같다. 유의수준 .05에서 부호검정을 사용하여 두 유형의 소셜미디어 이용시간이 같은지 여부를 검정해 보자.

〈표 19-2〉 대응 표본의 원자료

케이스	페이스북 이용시간	인스타그램 이용시간
1	20	9
2	21	12
3	24	8
4	29	11
5	31	19
6	39	5

7	18	15
8	19	13
9	12	13
10	5	16

귀무가설과 대립가설은 다음과 같이 설정한다.

H_0: 페이스북 이용시간과 인스타그램 이용시간의 중앙값 차이는 없다.

H_a: 페이스북 이용시간과 인스타그램 이용시간의 중앙값 차이는 있다.

〈표 19-3〉 부호검정을 위한 자료의 재구성

케이스	페이스북 이용시간	인스타그램 이용시간	차이(d_i)의 부호
1	20	9	+
2	21	12	+
3	24	8	+
4	29	11	+
5	31	19	+
6	39	5	+
7	18	15	+
8	19	13	+
9	12	13	−
10	5	16	−

검정통계량을 직접 계산하는 경우 부호검정의 절차는 다음과 같다. 첫째, 짝으로 이루어진 자료의 첫 번째 값과 두 번째 값의 차이의 부호를 기록한다. 부호검정은 양의 부호와 음의 부호가 거의 같은가 여부를 검정하는 것이다. 〈표 19-3〉에는 8개의 양의 부호와 2개의 음의 부호가 있으며 차이가 0인 경우는 없다. 둘째, n(양수 및 음수 부호의 총수)은 10으로 한다. 셋째, n이 25 이하이므로 검정통계량 x(두 부호의 빈도 중 낮은 수치)를 사용한다. 자료로부터 계산된 x는 2이다. 넷째, 검정통계량 x를 사용하므로 부록의 〈표 9〉에서 부호검정의 임계치를 찾는다. $n = 10$이고 유의수준 .05(양측 검정)인 경우 임계치는 1이다. 다섯째, 자료로부터 계산된 검정통계량 값 2는 임계치 1보다 크므로 귀무가설을 기각할 수 없다.

(3) SPSS를 활용한 부호검정

① 분석 절차

메뉴에서 [분석] → [비모수 검정] → [레거시 대화상자] → [2-대응표본]을 선택하면 [그림 19-1]과 같은 창이 나타난다. 이 창에서 분석하고자 하는 변수인 '페이스북'과 '인스타그램'을 [검정대응]의 칸으로 이동시킨다. [검정 유형]에서 [부호]를 선택한다. 그리고 [확인]을 누르면 분석결과가 나타난다.

그림 19-1 2-대응 표본 비모수 검정

② 결과 해석

〈표 19-4〉에 나타난 바와 같이 부호검정은 모든 케이스에 대해 두 변수 간 차이를 계산하고 그 차이를 양수, 음수, 또는 0인 수로 분류한다. 부호검정은 차이의 크기를 고려하지 않는다.

〈표 19-4〉 부호검정: 빈도

빈도		
		N
인스타그램 – 페이스북	음수차이[a]	8
	양수차이[b]	2
	등순위[c]	0
	전체	10

a. 인스타그램 < 페이스북
b. 인스타그램 > 페이스북
c. 인스타그램 = 페이스북

〈표 19-5〉를 보면 유의확률이 .109로 나타나서 유의수준 .05에서 '페이스북 이용시간과 인스타그램 이용시간의 중앙값 차이는 없다'는 귀무가설을 기각할 수 없다.

〈표 19-5〉 부호검정: 검정 통계량

검정 통계량[a]	
	인스타그램-페이스북
정확 유의확률 (양측)	.109[b]

a. 부호검정
b. 이항분포를 사용함.

2 대응 2-표본 비모수적 검정: 윌콕슨 부호순위 검정

(1) 개 요

윌콕슨 부호순위 검정(Wilcoxon signed-rank test)도 부호검정과 마찬가지로 모수적 방법인 대응표본 t-검정을 대체할 수 있으며 대응 표본의 중앙값 차이가 있는지 검정한다. 부호검정은 짝을 이루는 자료에서 차이의 부호만을 고려하는 반면 윌콕슨 부호순위 검정은 차이의 부호뿐만 아니라 차이의 크기까지 고려한다. 윌콕슨 부호순위 검정에서 가설은 부호검정의 가설과 마찬가지로 다음과 같다.

H_0: 대응 표본의 중앙값 차이는 없다.
H_a: 대응 표본의 중앙값 차이는 있다.

검정통계량을 직접 계산하는 경우 윌콕슨 부호순위 검정의 절차는 다음과 같다. 첫째, 짝으로 이루어진 자료의 첫 번째 값과 두 번째 값의 차이 d를 기록하고 차이가 0인 자료는 제외한다. 둘째, 양수 및 음수 부호의 총수는 n으로 설정한다. 셋째, d의 부호는 무시하고 d의 절댓값이 가장 작은 것에 순위 1을 부여하고 다음으로 작은 값에 순위 2를 부여한다. 이러한 절차를 계속한다. d의 절댓값이 같은 케이스가 둘 이상이면 순위는 평균을 사용한다. 예를 들면 d의 절댓값이 7인 경우가 모두 3개이고 순위가 2, 3, 4에 해당하면 해당 순위들의 평균인 3을 부여한다. 넷째, 세 번째 단계에서 무시된 부호를 넣는다. 다섯째, W^+(양의 부호를 가진 순위의 합)와 W^-(음의 부호를 가진 순위의 합의 절댓값)를 계산한 후에 작은 값을 검정통계량 W로 한다. n이 30 이하이면 검정통계량은 W를 사용한다. n이 30보다 크면 식 (19-2)와 같은 검정통계량 Z를 사용한다.

$$Z = [W - \frac{n(n+1)}{4}] / \sqrt{\frac{n(n+1)(2n+1)}{24}} \quad (19-2)$$

여섯째, 임계치를 구한다. n이 30 이하이면 임계치 W는 부록의 〈표 10〉에 있는 윌콕슨 부호순위 검정의 임계치에서 구한다. n이 30 초과이면 임계치 Z는 부록의 〈표 4〉에 있는 표준정규분포표에서 구한다. 마지막으로, 자료로부터 계산된 검정통계량 값이 임계치보다 작으면 귀무가설을 기각한다. 부호검정과 마찬가지로 윌콕슨 부호순위 검정에서도 자료로부터 계산된 검정통계량 값이 임계치보다 작은 경우에 귀무가설을 기각한다는 점에 유의해야 한다. 대응표본의 중앙값 차이가 클수록 양의 부호순위와 음의 부호순위가 크게 달라져서 자료로부터 계산된 검정통계량 W의 값이 작아지고 이는 귀무가설을 기각할 가능성을 높이게 된다.

(2) 검정통계량의 계산을 통한 윌콕슨 부호순위 검정

자료는 부호검정에서 사용된 〈표 19-2〉의 자료를 사용하고 가설도 부호검정의 가설과 같다. 검정통계량의 계산은 〈표 19-6〉에 기초한다. 〈표 19-6〉에서 W^+(양의 부호를 가진 순위를 모두 합한 것)=48.5이고, W^-(음의 부호를 가진 순위를 모두 합한 것의 절댓값)=6.5이므로 검정통계량 W는 6.5가 된다.

〈표 19-6〉 윌콕슨 부호순위 검정을 위한 자료의 재구성

케이스	페이스북 이용시간	인스타그램 이용시간	d(차이)	$\|d\|$의 순위	부호순위
1	20	9	11	5.5	5.5
2	21	12	9	4	4
3	24	8	16	8	8
4	29	11	18	9	9
5	31	19	12	7	7
6	39	5	34	10	10
7	18	15	3	2	2
8	19	13	6	3	3
9	12	13	−1	1	−1
10	5	16	−11	5.5	−5.5

윌콕슨 부호순위 검정표에 따르면 유의수준 .05에서 $n=10$일 경우 양측검정의 임계값은 8이 된다. 그리고 유의수준 .05에서 $n=10$일 경우 단측검정의 임계치는 10이 된다.

유의수준 .05에서 양측검정일 경우 자료로부터 계산된 검정통계량 값(=6.5)이 임계치(=8)보다 작으므로 귀무가설을 기각할 수 있다. 따라서 유의수준 0.05에서 두 모바일 SNS의 사용시간의 중앙값은 차이가 없다는 귀무가설을 기각할 수 있다.

(3) SPSS의 활용

① 분석 절차

메뉴에서 [분석] → [비모수 검정] → [레거시 대화상자] → [2-대응표본]을 선택하면 [그림 19-2]와 같은 창이 나타난다.

그림 19-2 2-대응 표본 비모수검정

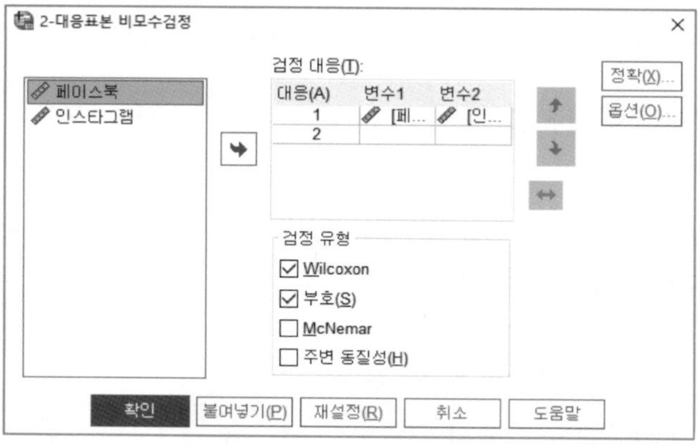

[그림 19-2]에서 분석하고자 하는 변수인 '페이스북'과 '인스타그램'을 [검정대응]의 칸으로 이동시킨다. [검정 유형]에서 두 가지 검정법을 비교하기 위해 [Wilcoxon]과 [부호]를 선택한다. 여기서 [Wilcoxon]은 '윌콕슨 부호순위 검정'을 의미하고 [부호]는 '부호검정'을 의미한다. 그리고 [확인]을 누르면 분석결과가 나온다.

② 결과 해석

〈표 19-7〉을 보면, 〈표 19-6〉의 경우와는 달리 순서를 반대로 하여 (인스타그램-페이스북)을 계산하고 있다. 따라서 음의 순위의 합이 48.5로 나타나고, 양의 순위의 합은 6.5로 나타나 있다. 등순위의 케이스는 0으로 나타났다.

〈표 19-7〉 윌콕슨 부호순위 검정: 순위

순위				
		N	평균 순위	순위합
인스타그램 – 페이스북	음의 순위	8^a	6.06	48.50
	양의 순위	2^b	3.25	6.50
	등순위	0^c		
	전체	10		

a. 인스타그램 < 페이스북
b. 인스타그램 > 페이스북
c. 인스타그램 = 페이스북

〈표 19-8〉을 보면 검정통계량 Z의 값은 -2.142이고 근사 유의확률(양측검정)은 .032로 나타나서 유의수준 .05에서 귀무가설을 기각할 수 있다. 즉, 유의수준 .05에서 페이스북 이용시간과 인스타그램 이용시간은 차이가 있다고 본다.

〈표 19-8〉 윌콕슨 부호순위 검정: 검정 통계량

검정 통계량[a]	
	인스타그램–페이스북
Z	-2.142^b
근사 유의확률 (양측)	.032

a. Wilcoxon 부호순위 검정
b. 양의 순위를 기준으로.

같은 자료를 사용하고 같은 가설을 설정했으나 윌콕슨 부호순위 검정의 결과는 부호검정의 결과와 다르다. 이런 차이는 윌콕슨 부호순위 검정이 부호검정에 비해 검정력이 높은 점에 기인한다. 부호검정은 차이의 크기를 고려하지 않는다. 반면에 윌콕슨 부호순위 검정은 차이의 크기를 고려하기 때문에 중앙값의 차이를 감지하는 검정력이 상대적으로 높다.

3 독립 2-표본 비모수적 검정: 맨-휘트니의 U 검정

(1) 개 요

모수적 방법에 속하는 독립 표본 t-검정은 자료가 정규분포를 따른다는 가정하에 수행하지만 비모수적 방법은 정규분포의 가정이 불필요하다. 따라서 표본이 작거나 자료가 정규분포를 따르지 않을 때 독립 2-표본 비모수적 검정을 사용할 수 있다. 맨-휘트니의 U 검정(Mann-Whitney U test)은 2개의 독립적 집단의 평균을 비교하기 위한 t-검정의 비모수적 버전으로 2개의 독립적 집단의 중앙값을 비교한다. 두 집단의 중앙값이 같다는 주장은 크게 보면 두 집단의 분포가 같다는 주장으로 확대할 수도 있다. 맨-휘트니 U 검정에서 가설은 다음과 같다.

H_0 : 두 집단의 중앙값은 같다.

H_a: 두 집단의 중앙값은 같지 않다.

맨-휘트니 U 검정에서 검정통계량을 계산하려면 표본 A의 관측치와 표본 B의 관측치를 섞어서 순위를 부여한 후 표본 A의 순위 합과 표본 B의 순위 합을 비교해야 한다. 관측치가 같은 경우 평균 순위를 사용한다. 검정통계량을 얻기 위해서는 식 (19-3)과 식 (19-4)를 계산해야 한다.

$$U_1 = R_1 - n_1(n_1 + 1)/2 \quad (19\text{-}3)$$

$$U_2 = R_2 - n_2(n_2 + 1)/2 \quad (19\text{-}4)$$

식 (19-3)과 식 (19-4)에서 R_1 = 표본 A의 순위 합, n_1 = 표본 A의 표본 크기, R_2 = 표본 B의 순위 합, n_2 = 표본 B의 표본 크기이다. 자료로부터 계산된 맨-휘트니 U 검정의 검정통계량은 U_1과 U_2 중에서 작은 값이다. 그리고 자료로부터 계산된 검정통계량 값이 부록의 〈표 11〉에 있는 맨-휘트니 U 검정의 임계치 이하이면 귀무가설을 기각한다. 부호검정과 윌콕슨 부호순위 검정의 경우와 마찬가지로 맨-휘트니 U 검정에서도 자료로부터 계산된 검정통계량 값이 임계치보다 작은 경우에 귀무가설을 기각한다는 점에 유의해야 한다.

(2) 검정통계량의 계산을 통한 맨-휘트니의 U 검정

〈표 19-9〉 두 독립 표본의 자료: 점수

남성	여성
90	95
80	85
70	80
50	75

40	70
35	67
32	65
31	64
30	62
29	61

〈표 19-9〉의 자료에 대해 남자 집단과 여자 집단의 점수 중앙값이 같은지 분석하고자 한다면 가설은 다음과 같다.

H_0 : 남자 집단과 여자 집단의 점수 중앙값은 같다.

H_a: 남자 집단과 여자 집단의 점수 중앙값은 같지 않다.

〈표 19-9〉의 원자료를 맨-휘트니의 U 검정을 위해 〈표 19-10〉과 같이 재구성한 후 검정통계량을 계산한다.

〈표 19-10〉 맨-휘트니의 U 검정을 위한 자료의 재구성(괄호 안은 순위)

남성	여성
90(19)	95(20)
80(16.5)	85(18)
70(13.5)	80(16.5)
50(7)	75(15)
40(6)	70(13.5)
35(5)	67(12)
32(4)	65(11)
31(3)	64(10)
30(2)	62(9)
29(1)	61(8)
$n_1 = 10$	$n_2 = 10$
$R_1 = 77$	$R_2 = 133$

〈표 19-10〉의 자료를 바탕으로 U_1과 U_2를 계산하면 다음과 같다.

$$U_1 = R_1 - n_1(n_1 + 1)/2 = 77 - (10)(11)/2 = 22$$

$$U_2 = R_2 - n_2(n_2+1)/2 = 133 - (10)(11)/2 = 78$$

맨-휘트니 U 검정의 검정통계량은 U_1과 U_2 중에서 작은 값이므로 22가 된다. 자료로부터 계산된 검정통계량 값은 22이고, 부록의 〈표 11〉에서 확인한 맨-휘트니의 U 검정의 임계치는 23이다. 자료로부터 계산된 검정통계량 값은 임계치 이하에 해당하므로 유의수준 .05에서 귀무가설을 기각한다. 즉, 유의수준 .05에서 남자 집단과 여자 집단의 점수 중앙값은 같지 않다고 판단한다.

(3) SPSS의 활용

검정통계량의 계산을 통한 맨-휘트니 U 검정에서 설정한 가설을 사용하기로 하자. 그리고 〈표 19-9〉에 나오는 자료를 사용하지만 SPSS에 입력하는 자료는 〈표 19-11〉과 같다. '성별'이라는 변수에서 남자는 1로, 여자는 2로 측정했다.

〈표 19-11〉 맨-휘트니의 U 검정: SPSS 입력 자료

	성별	점수
1	1	90
2	1	80
3	1	70
4	1	50
5	1	40
6	1	35
7	1	32
8	1	31
9	1	30
10	1	29
11	2	95
12	2	85
13	2	80
14	2	75
15	2	70
16	2	67
17	2	65
18	2	64
19	2	62
20	2	61

① 분석 절차

메뉴에서 [분석] → [비모수 검정] → [레거시 대화상자] → [2-독립표본]을 선택하면 [그림 19-3]과 같은 창이 나타난다.

그림 19-3 2-독립 표본 비모수검정

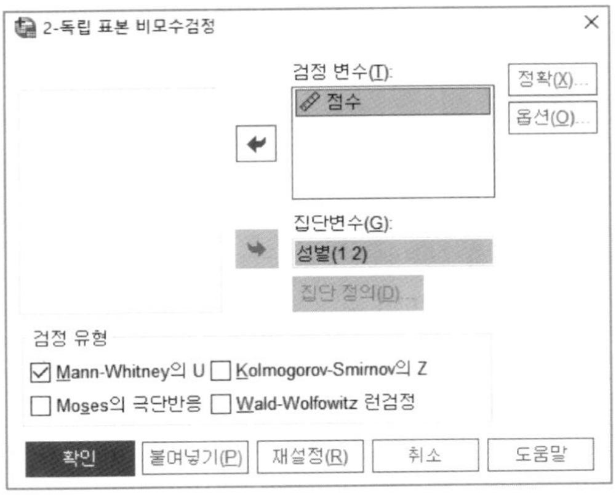

[그림 19-3]에서 분석하고자 하는 변수인 '점수'를 [검정변수]의 칸으로 이동시킨다. [집단변수]에는 '성별'을 투입하고 [집단 정의] 창에는 남성을 의미하는 1과 여성을 의미하는 2를 입력한다. 그리고 [검정 유형]에서 [Mann-Whitney의 U]를 선택한 후 [확인]을 누르면 분석결과가 나타난다.

② 결과 해석

〈표 19-12〉를 보면 남성 집단(성별=1)의 순위합은 77이고 여성 집단(성별=2)의 순위합은 133이다.

〈표 19-12〉 맨-휘트니의 U 검정: 순위

순위				
	성별	N	평균 순위	순위합
점수	1	10	7.70	77.00
	2	10	13.30	133.00
	전체	20		

〈표 19-13〉에 나타난 검정통계량을 보면 맨-휘트니의 U는 22.000이고 정확한 유의확률은 .035로 나타났다. 두 표본의 표본 크기가 각각 10 이상이면 정규분포근사를 이용하여 검정통계량 Z를 사용할 수 있다. 검정통계량 Z는 −2.118이고 근사 유의확률은 .034로 나타났다. 검정통계량 U를 사용하든 검정통계량 Z를 사용하든 유의확률이 .05보다 작으므로 유의수준 .05에서 귀무가설(남성 집단과 여성 집단의 중앙값은 같다)은 기각된다.

〈표 19-13〉 맨-휘트니의 U 검정: 검정 통계량

검정 통계량[a]	
	점수
Mann-Whitney의 U	22.000
Wilcoxon의 W	77.000
Z	-2.118
근사 유의확률 (양측)	.034
정확 유의확률 [2 * (단측 유의확률)]	.035[b]

a. 집단변수: 성별
b. 등순위에 대해 수정된 사항이 없습니다.

4 독립 k 표본 비모수적 검정: 크러스칼-월리스 검정

(1) 개 요

k개(3개 이상)의 독립 표본 비모수적 검정은 k개의 독립 표본이 동일한 중앙값을 갖는 모집단으로부터 추출된 것인지 검정한다. 이 방법은 k개의 독립 집단의 평균을 비교하기 위한 일원 분산분석(one-way ANOVA)의 비모수적 버전이다. 분산분석은 정규성 가정을 충족해야 사용할 수 있지만 크러스칼-월리스 검정(Kruskal-Wallis test)은 정규성 가정을 충족하지 않아도 사용할 수 있다. 크러스칼-월리스 검정에서 가설은 다음과 같다.

H_0: 각 집단의 중앙값은 모두 같다.
H_a: 각 집단의 중앙값은 모두 같지는 않다.

크러스칼-월리스 검정은 식 (19-5)와 같은 통계량 H를 사용한다.

$$H = \frac{12}{n_T(n_T+1)}\sum_{i=1}^{k}\frac{R_i^2}{n_i} - 3(n_T+1) \qquad (19\text{-}5)$$

식 (19-5)에서 n_i은 표본 i의 표본 크기이다. k는 집단(표본)의 수이다. n_T는 k개의 집단을 합한 전체 표본의 크기이다. R_i은 표본 i의 순위 합계이다. 검정통계량 H는 귀무가설이 참이라는 가정하에서 점근적으로 자유도 $(k-1)$의 카이제곱분포를 따른다.

크러스칼-월리스 검정을 할 때 각 표본 크기가 5 이상이면 카이제곱 분포로 근사할 수 있는 검정통계량 H를 계산해야 한다.[86] 검정통계량 H는 각 집단의 순위 합계의 분산을 고려한다. 순위가 집단들 사이에 고르게 분포되면 H는 작은 값이 되고 순위가 집단들 사이에 불균형적으로 분포되면 H는 큰 값이 된다. 따라서 검정통계량 H의 값의 클수록 귀무가설을 기각할 가능성이 높다.

(2) 검정통계량 계산을 통한 크러스칼-월리스 검정

세 개의 반에서 학생들의 점수 중앙값이 모두 같은지 여부를 검정하려면 가설은 다음과 같다.

H_0: 각 반의 점수의 중앙값은 모두 같다.

H_a: 각 반의 점수의 중앙값은 모두 같지는 않다.

〈표 19-14〉와 같은 자료가 있는 경우 세 개의 반(집단)에서 점수 분포의 중심이 같은지 여부를 판단하기 위해 크러스칼-월리스 검정을 사용할 수 있다.

〈표 19-14〉 크러스칼-월리스 검정: 원자료

1반	2반	3반
90	95	11
80	85	21
70	80	24
50	75	15
40	70	18
35	67	19
32	65	24
31	64	26
30	62	28
29	61	29

표본들을 모두 합친 후에 관측치에 따라 순위를 부여한다. 관측치가 동점인 경우 평균 순위를 부여한다. 이러한 계산 과정은 〈표 19-15〉에 나타나 있다.

〈표 19-15〉 크러스칼-윌리스 검정을 위한 자료의 재구성(괄호 안은 순위)

1반	2반	3반
90(29)	95(30)	11(1)
80(26.5)	85(28)	21(5)
70(23.5)	80(26.5)	24(6.5)
50(17)	75(25)	15(2)
40(16)	70(23.5)	18(3)
35(15)	67(22)	19(4)
32(14)	65(21)	24(6.5)
31(13)	64(20)	26(8)
30(12)	62(19)	28(9)
29(10.5)	61(18)	29(10.5)
$n_1 = 10$	$n_2 = 10$	$n_3 = 10$
$R_1 = 176.5$	$R_2 = 233$	$R_3 = 55.5$

각 표본에 대해 순위 합계와 표본 크기를 측정한 후 검정통계량 H를 계산하면 다음과 같다.

$$H = \frac{12}{n_T(n_T+1)}(\frac{R_1^2}{n_1} + \frac{R_2^2}{n_2} + \frac{R_3^2}{n_3}) - 3(n_T + 1)$$

$$= \frac{12}{30(30+1)}[\frac{(176.5)^2}{10} + \frac{(233)^2}{10} + \frac{(55.5)^2}{10}] - 3(30 + 1) = 21.2$$

크러스칼-윌리스 검정의 핵심은 자료로부터 계산된 검정통계량 H가 카이제곱분포의 임계치보다 크면 귀무가설을 기각하는 것이다. 자료로부터 계산된 검정통계량 H는 21.2이고, 유의수준 .05에서 자유도 2를 가진 카이제곱분포에서 임계치는 5.991이다. 따라서 유의수준 .05에서 3개의 표본이 같은 중앙값을 가진 모집단에서 나왔다는 귀무가설을 기각할 만한 충분한 증거가 있다.

(3) SPSS의 활용

〈표 19-14〉의 원자료 형태는 SPSS의 자료 입력 형태와 약간 차이가 있다. 〈표 19-16〉에 나타난 바와 같이 SPSS에 자료를 입력한다. 자료에는 세 개의 반에서 각각 10명의 학생이 있고 학생들의 점수가 나타나 있다.

〈표 19-16〉 크러스칼-월리스 검정: 자료

	반	점수
1	1	90
	⋮	
11	2	95
	⋮	
21	3	11
	⋮	
30	3	29

① 분석 절차

메뉴에서 [분석] → [비모수 검정] → [레거시 대화상자] → [K-독립표본]을 선택하면 [그림 19-4]와 같은 창이 나타난다.

그림 19-4 K-독립 표본 비모수검정

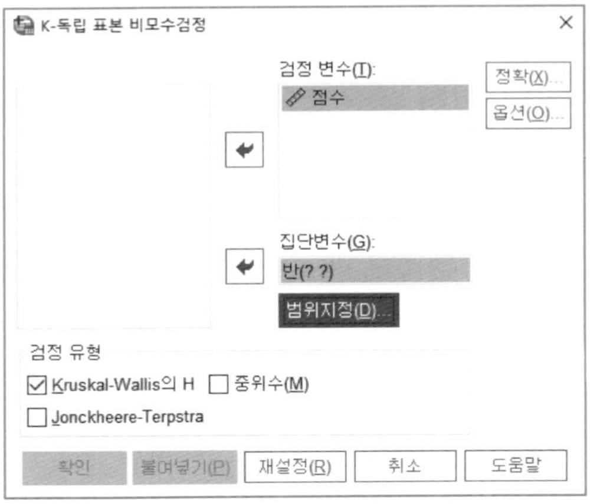

[그림 19-4]에서 [검정 유형]에 [Kruskal-Wallis의 H]를 선택한다. 그리고 '점수'를 [검정 변수]의 칸으로 이동시킨다. [집단변수]의 칸에는 '반'을 투입하고 [범위지정]을 누르면 [그림 19-5]와 같은 창이 뜬다.

그림 19-5 집단변수의 범위

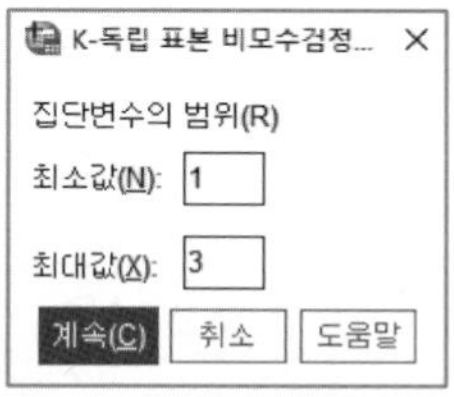

[그림 19-5]에서 세 개의 집단(반)을 구분하는 1, 2, 3 중에서 [최소값]은 1로, [최대값]은 3으로 입력한다. 그리고 [계속]을 누른 후 [확인]을 누르면 분석결과가 나타난다.

② 결과 해석

〈표 19-17〉을 보면 각 반의 표본 크기는 10, 1반 점수의 평균 순위는 17.65, 2반 점수의 평균 순위는 23.30, 3반 점수의 평균 순위는 5.55임을 알 수 있다. 이러한 차이가 통계적으로 유의한 차이인지 검정하기 위해서는 〈표 19-18〉을 보아야 알 수 있다.

〈표 19-17〉 크러스칼-월리스 검정: 순위

순위			
	반	N	평균 순위
점수	1	10	17.65
	2	10	23.30
	3	10	5.55
	전체	30	

〈표 19-18〉을 보면 Kruskal-Wallis의 H 값은 21.240이고 근사 유의확률이 .000으로 나타나서 유의수준 .05에서 귀무가설(각 반 점수의 중앙값은 같다)을 기각할 수 있다.

〈표 19-18〉 크러스칼-월리스 검정: 검정 통계량

검정 통계량[a,b]	
	점수
Kruskal-Wallis의 H	21.240
자유도	2
근사 유의확률	.000

a. Kruskal Wallis 검정
b. 집단변수: 반

3 특정 분포와 일치 여부의 검정: 단일 표본 콜모고로프-스미르노프 검정

1 개 요

단일표본 콜모고로프-스미르노프 검정(one-sample Kolmogorov-Smirnov test: K-S test)은 주어진 자료의 분포가 특정 분포와 일치하는가를 검정한다. 다시 말하자면 이 검정은 자료의 누적분포함수와 귀무가설에서 주장하는 분포를 따르는 누적분포함수 간 최대 차이의 절댓값에 근거하여 자료가 귀무가설에서 주장하는 분포를 따르는지 검정한다. SPSS에는 비교 대상이 되는 분포로 정규분포, 균일분포(uniform distribution), 포아송분포(Poisson distribution), 지수분포(exponential distribution)가 있다.

2 SPSS의 활용을 통한 콜모고로프-스미르노프 검정

20명을 대상으로 조사한 결과 어떤 과목의 점수가 〈표 19-19〉과 같다고 하자.

〈표 19-19〉 콜모고로프-스미르노프 검정: 자료

7, 21, 32, 37, 40, 42, 44, 47, 49, 50, 51, 52, 57, 61, 67, 69, 72, 77, 82, 99

자료의 분포가 정규분포를 따르는지 알고 싶다면 다음과 같은 가설을 설정한다.

H_0: 점수는 정규분포를 따른다.
H_a: 점수는 정규분포를 따르지 않는다.

자료의 분포가 균일분포를 따르는지 알고 싶다면 다음과 같은 가설을 설정한다.

H_0: 점수는 균일분포를 따른다.
H_a: 점수는 균일분포를 따르지 않는다.

(1) 분석 절차

메뉴에서 [분석] → [비모수검정] → [레거시 대화상자] → [1-표본 K-S]를 선택하면 [그림 19-6]과 같은 창이 나타난다.

그림 19-6 **단일표본 콜모고로프-스미르노프 검정**

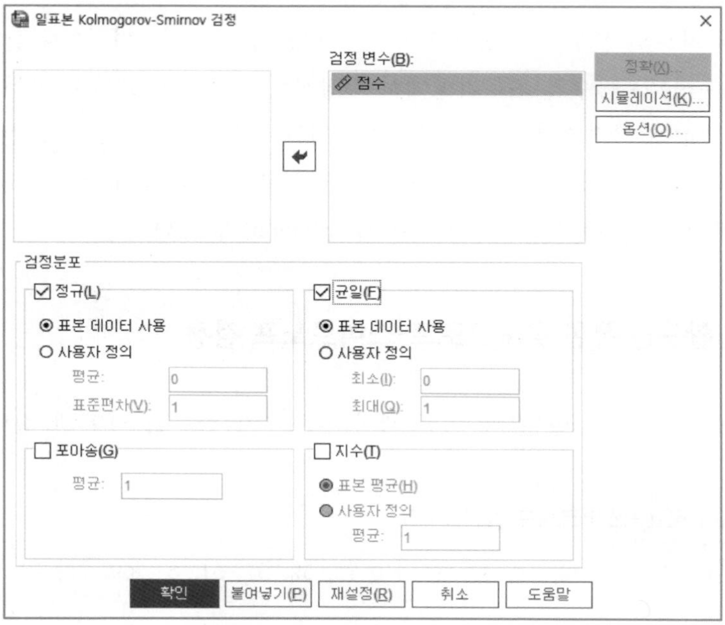

[그림 19-6]의 변수목록에 있는 '점수'를 [검정 변수]의 칸으로 이동시킨다. '점수'라는 변수의 값이 정규분포를 따르는지 검정하려면 [검정분포]에서 [정규]를 선택한다. 추가적으로 균일분포, 포아송분포, 지수분포를 따르는지 검정하려면 [균일], [포아송], [지수]를 선택한다. 여기서는 정규분포와 균일분포에 한정해서 분석하기로 한다. [확인]을 누르면 분석결과가 나온다.

(2) 결과 해석

① 자료가 정규분포를 따른다는 귀무가설의 검정

〈표 19-20〉은 주어진 자료가 정규분포를 따르는지 검정한 결과이다. 표본 크기는 20이다. 그리고 정규분포의 평균은 52.80, 표준편차는 21.397로 나타났다. 다시 말해서

자료의 분포가 정규분포를 따르는지 비교하는 것인데, 비교대상인 정규분포의 평균이 52.80이고 표준편차가 21.397이라는 것이다. 단일 표본 콜모고로프-스미르노프 검정의 통계량 값은 자료의 누적분포함수와 정규분포의 누적분포함수 간 최대 차이의 절댓값을 통해 계산되는데 .115로 나타났고 근사 유의확률(양측)은 .200으로 나타났다. 따라서 유의수준 .05에서 귀무가설(점수는 정규분포를 따른다)을 기각할 수 없다. 즉, 유의수준 .05에서 점수는 정규분포를 따른다고 볼 수 있다.

〈표 19-20〉 단일표본 콜모고로프-스미르노프 검정: 정규분포

일표본 Kolmogorov-Smirnov 검정			
			점수
N			20
정규 모수[a,b]	평균		52.80
	표준편차		21.397
최대극단차이	절대값		.115
	양수		.115
	음수		-.080
검정 통계량			.115
근사 유의확률 (양측)[c]			.200d
Monte Carlo 유의확률 (양측)[e]	유의확률		.685
	99% 신뢰구간	하한	.673
		상한	.697

a. 검정 분포가 정규입니다.
b. 데이터로부터 계산.
c. Lilliefors 유의확률 수정
d. 이것은 하한입니다.
e. 난수 시작값이 2000000인 Monte Carlo 표본 10000개를 기준으로 하는 Lilliefors 방법입니다.

② 자료가 균일분포를 따른다는 귀무가설의 검정

〈표 19-21〉은 자료가 균일분포를 따르는지 검정한 결과이다. 균일분포는 폐구간 [a, b]에서 일정한 확률밀도함수를 가지는 분포를 의미한다. 〈표 19-21〉에서 균일분포의 모수를 보면 최솟값 7, 최댓값 99로 나타났다. 다시 말해서 자료의 분포가 균일분포를 따르는지 비교하는 것인데, 비교 대상인 균일분포의 최솟값은 7이고 최댓값은 99라는 것이다. 단일 표본 콜모고로프-스미르노프 검정의 통계량은 .176으로 나타났고 유의확률은 .514로 나타났다. 따라서 유의수준 .05에서 귀무가설을 기각할 수 없다. 즉, 유의수준 .05에서 점수는 균일분포를 따른다고 볼 수 있다.

〈표 19-21〉 단일표본 콜모고로프-스미르노프 검정: 균일분포

일표본 Kolmogorov-Smirnov 검정 2			
			점수
N			20
균일 모수[a,b]	최소값		7
	최대값		99
최대극단차이	절대값		.176
	양수		.143
	음수		-.176
검정 통계량			.176
Monte Carlo 유의확률 (양측)[c]	유의확률		.514
	99% 신뢰구간	하한	.501
		상한	.527

a. 검정 분포가 균일입니다.
b. 데이터로부터 계산.
c. 난수 시작값이 2000000인 Monte Carlo 표본 10000개를 기준으로 하는 Lilliefors 방법입니다.

4 범주형 자료의 분석

범주형 자료는 명목척도로 측정되기 때문에 정규분포를 가정하는 모수적 방법을 적용할 수 없다. 범주형 자료이므로 통계량으로 평균이나 분산을 사용할 수 없고 빈도를 사용한다. 범주형 자료의 분석은 각 범주에 기대하는 빈도가 나타나는지, 범주 간에 독립적인 관계가 있는지 등을 검정하게 된다. 범주형 자료는 분할표(contingency table)로 표현되는 경우가 일반적이다. 분할표는 전체 자료를 여러 범주로 구분한 후 범주별로 빈도를 나타낸 것이다.

1 적합도 검정: 카이제곱 검정

(1) 적합도 검정의 개요

범주형 자료의 분포에 대한 특성을 표현하는 가설의 검정은 적합도 검정(test of goodness-of-fit)이라고 한다. 범주형 자료가 특정한 분포를 따를 것이라는 귀무가설이

참이라면 각 범주에 대한 기대빈도(expected frequency)가 존재한다. 그리고 표본으로부터 각 범주에 대한 관측빈도(observed frequency)를 측정한다. 이러한 기대빈도와 관측빈도를 비교하여 가설을 검정하는 것이 적합도 검정이다. 즉, 적합도 검정은 어떤 변수의 관측빈도가 기대빈도와 일치하는지 검정하는 것이다. 적합도 검정은 관측된 자료가 귀무가설에서 주장하는 특정 분포를 따르는지 보는 것이므로 가설의 일반적 형태는 다음과 같다.

H_0: 자료의 분포는 특정한 분포를 따른다.

H_1: 자료의 분포는 특정한 분포를 따르지 않는다.

범주형 변수 X는 J개의 범주로 이루어졌다고 하자. 관측빈도는 O_j로 표기하고 기대빈도는 E_j로 표기한다. 여기서 j는 1에서 J까지 값을 갖는다.

〈표 19-22〉 적합도 검정에 대한 자료

범주	1	2	…	J
관측빈도	O_1	O_2	…	O_J
기대빈도	E_1	E_2	…	E_J

〈표 19-22〉와 같은 자료에 대한 적합도 검정에서 검정통계량은 관측빈도와 기대빈도 간에 일치하는 정도와 관련되는데 다음과 같다.

$$\chi^2 = \sum_{j=1}^{J} \frac{(O_j - E_j)^2}{E_j} \tag{19-6}$$

J개의 모든 범주에 대해 관측빈도와 기대빈도가 일치하는 경우(모든 i에 대해 $O_j = E_j$인 경우), 검정통계량 카이제곱 값은 0이 된다. 따라서 카이제곱 값이 클수록 귀무가설을 기각할 가능성이 커진다. 귀무가설이 참이라는 가정하에서 검정통계량은 근사적으로 자유도 $J-1$의 χ^2 분포를 따른다. 자료로부터 계산된 검정통계량 값이 자유도 $J-1$의 χ^2 분포의 임계치보다 크면 해당 유의수준에서 귀무가설을 기각한다. 적합도 검정은 두 가지 가정을 전제로 한다. 하나는 관측치들이 서로 독립적이어야 한다는 것이다. 다른 하나는 기대빈도에 관한 조건이다. 범주가 두 개이면 각 범주의 기대빈도는 5 이상이어야 한다. 그리고 범주가 3개 이상이면 각 범주의 기대빈도는 1 이상이어야 하고 모든 범주의 기대빈도 중 80% 이상은 5 이상이어야 한다는 것이다.[80, 91]

(2) 검정통계량 계산을 통한 적합도 검정

주사위를 48번 던져서 〈표 19-23〉의 자료를 얻었을 때 주사위 눈이 균등하게 나온 것이라고 주장할 수 있는지 분석하기로 하자.

〈표 19-23〉 적합도 검정: 자료 1

범주	1	2	3	4	5	6	합계
관측빈도(O_j)	4	7	8	13	11	5	48
기대빈도(E_j)	8	8	8	8	8	8	48

이러한 경우에 가설은 다음과 같다.

H_0: 6개의 주사위 눈이 나올 확률(비율 또는 빈도)은 모두 같다.

H_a: 6개의 주사위 눈이 나올 확률(비율 또는 빈도)은 모두가 같지는 않다.

이러한 가설에 대한 검정의 절차는 다음과 같다. 첫째, 자료로부터 검정통계량 값을 구한다. 자료로부터 계산된 검정통계량 값은 다음과 같다.

$$\chi^2 = \sum_{j=1}^{6} \frac{(O_j - E_j)^2}{E_j} = \frac{(4-8)^2}{8} + \cdots + \frac{(5-8)^2}{8} = 7.5$$

둘째, 주어진 유의수준에서 검정통계량의 임계치를 구한다. 유의수준 .05에서 자유도 5를 갖는 카이제곱의 임계치는 11.07이다. 여기서 자유도는 범주의 수에서 1을 뺀 값이 된다. 셋째, 자료로부터 계산된 검정통계량이 임계치보다 크면 귀무가설을 기각한다. 자료로부터 계산된 검정통계량 값(7.5)이 임계치(11.07)보다 작으므로 유의수준 .05에서 귀무가설을 기각할 수 없다. 따라서 유의수준 .05에서 6개의 주사위 눈이 나올 확률은 모두 같다고 본다.

(3) SPSS의 활용: 적합도 검정(범주별로 같은 비율인가를 검정)

성인을 대상으로 영화의 장르 몇 가지를 제시하고 가장 선호하는 장르를 조사한 결과는 〈표 19-24〉와 같다고 하자. 이러한 자료에 따르면 각 장르를 가장 선호하는 사람들의 비율이 같다고 할 수 있는가?

〈표 19-24〉 적합도 검정: 자료 2

선호 장르					합계
액션	코미디	드라마	범죄	판타지	
90	65	55	45	45	300

주어진 연구문제는 다음과 같은 가설로 대체할 수 있다.

H_0: 각 장르를 선호하는 사람의 비율은 같다.

H_a: 각 장르를 선호하는 사람의 비율은 같지 않다.

적합도 검정을 하는 경우 원자료를 이용할 수도 있고 케이스의 가중치를 이용할 수도 있다. 여기서는 두 가지 방법을 모두 살펴보고자 한다.

① 원자료를 이용하는 방법

〈표 19-25〉는 300명을 대상으로 선호 장르의 응답을 코딩한 원래 자료의 일부를 보여주고 있다. '선호장르'라는 변수는 5개의 범주를 갖고 있는데, 액션은 1, 코미디는 2, 드라마는 3, 범죄는 4, 판타지는 5로 측정하였다.

〈표 19-25〉 적합도 검정: SPSS 입력 자료(원자료)

	선호장르
1	1
2	1
3	1
⋮	
298	5
299	5
300	5

메뉴에서 [분석] → [비모수검정] → [레거시 대화상자] → [카이제곱]을 선택하면 [그림 19-7]과 같은 창이 나타난다. 이 창에서 변수 '선호장르'를 [검정 변수]의 칸으로 이동시킨다. [기대범위]는 기본으로 설정된 [데이터로부터 얻기]를 선택한다. 귀무가설은 각 범주의 빈도가 동일하다는 것을 의미하므로 [기대값]에는 기본으로 설정된 [모든 범주가 동일]을 선택한다.

그림 19-7 **카이제곱 검정**

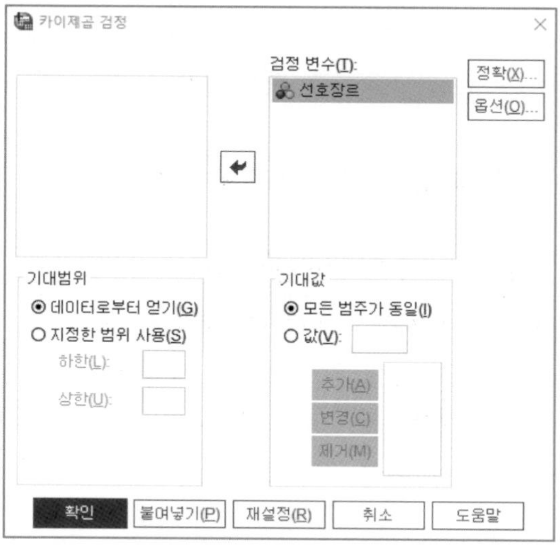

[그림 19-7]의 오른쪽 위에 [정확]이라는 버튼이 있는 경우 [정확]을 누르면 [그림 19-8]과 같은 정확검정 대화상자가 나타나는데, [정확검정]을 선택하거나 기본으로 설정된 [점근적 검정]을 선택한다. 이어서 [계속]을 누른 후에 [확인]을 누르면 분석결과가 나온다. '정확한 검정'을 이용하려면 SPSS의 모든 기능이 있는 통계프로그램을 설치하거나 정확 검정(exact test)을 설치한 경우에만 사용할 수 있다.

그림 19-8 **정확한 검정**

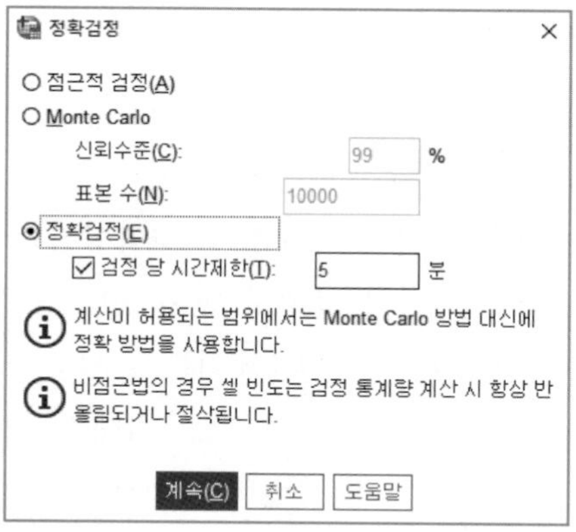

〈표 19-26〉에는 다섯 장르에 대한 선호의 관측빈도와 기대빈도, 그리고 잔차가 제시

되어 있다. 관측빈도는 자료로부터 관측된 빈도이다. 기대빈도는 귀무가설(각 장르를 선호하는 소비자의 비율이 같다)이 참일 때 기대할 수 있는 빈도이다. 여기서 잔차는 관측빈도에서 기대빈도를 뺀 값을 의미한다.

〈표 19-26〉 적합도 검정: 빈도분석

선호장르			
	관측빈도	기대빈도	잔차
1	90	60.0	30.0
2	65	60.0	5.0
3	55	60.0	−5.0
4	45	60.0	−15.0
5	45	60.0	−15.0
전체	300		

〈표 19−27〉에 나타난 바와 같이 χ^2은 23.333, 근사 유의확률은 .000이므로 유의수준 .05에서 귀무가설은 기각된다. 따라서 유의수준 .05에서 각 장르를 선호하는 소비자의 비율은 모두 같다고 볼 수 없다.

〈표 19-27〉 적합도 검정: 검정 통계량

검정 통계량	
	선호장르
카이제곱	23.333[a]
자유도	4
근사 유의확률	.000

a. 0개의 셀 (0.0%)은(는) 5보다 작은 기대빈도를 가집니다. 기대 빈도 셀 값 중 최소값은 60.0입니다.

② 케이스의 가중치를 이용하는 방법

〈표 19−25〉의 원자료를 〈표 19−28〉과 같이 데이터 보기 창에 입력해야 케이스의 가중치를 이용하는 방법을 사용할 수 있다.

〈표 19-28〉 적합도 검정: SPSS 입력 자료(가중치 이용)

	선호장르	응답자수
1	1	90
2	2	65
3	3	55
4	4	45
5	5	45

메뉴에서 [데이터] → [가중 케이스]를 선택하면 [그림 19-9]와 같은 [가중 케이스] 창이 나타난다. 이 창에서 [가중 케이스 지정]을 선택하고 [빈도 변수]의 칸으로 '응답자수'를 이동시킨다. 그리고 [확인]을 누른 후에 [분석] → [비모수검정] → [레거시 대화상자] → [카이제곱]을 선택한다. 그리고 '원자료를 이용하는 방법'에서 했던 절차를 따르면 〈표 19-27〉과 같은 분석결과가 나온다.

그림 19-9 가중 케이스

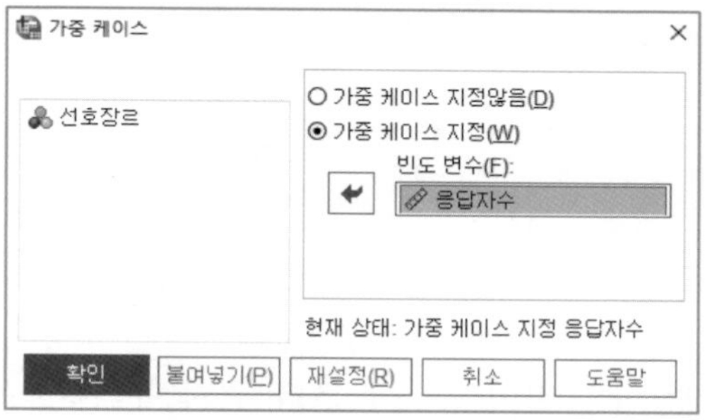

(4) SPSS의 활용: 적합도 검정(귀무가설의 변경)

〈표 19-28〉의 자료를 사용하면서 다음과 같이 가설을 변경하는 경우를 살펴보자.

H_0: 액션을 선호하는 비율은 각각의 다른 장르를 선호하는 비율의 2배이다.

H_1: 액션을 선호하는 비율은 각각의 다른 장르를 선호하는 비율의 2배가 아니다.

메뉴에서 [분석] → [비모수검정] → [레거시 대화상자] → [카이제곱]을 선택하면 [그림 19-10]의 창이 뜬다. [기대값]에서 [값]을 선택하고 100을 입력한 후 [추가]를 누른다. 이어서 50, 50, 50, 50을 추가적으로 입력한다. 이는 선호장르 1, 2, 3, 4, 5에 대해 기대빈도가 각각 100, 50, 50, 50, 50이라는 것을 의미한다. 그리고 [확인]을 누르면 분석결과가 나온다.

그림 19-10 적합도 검정: 가설의 변경

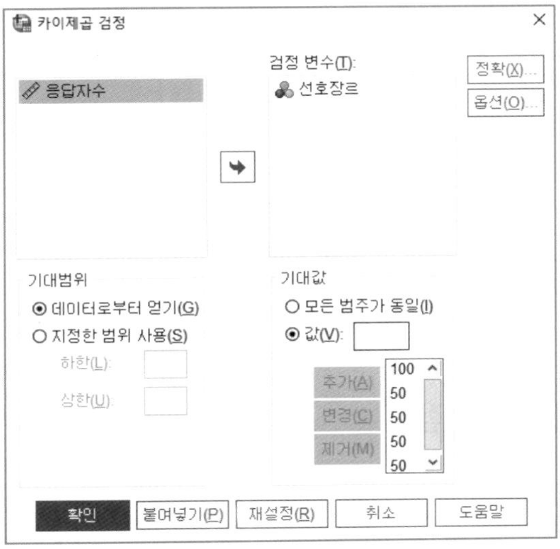

〈표 19-29〉의 결과를 보면 선호 장르에 대한 관측빈도와 기대빈도, 그리고 잔차가 나타나 있다. 여기서 잔차는 관측빈도에서 기대빈도를 뺀 값이다.

〈표 19-29〉 적합도 검정: 빈도

선호장르			
	관측빈도	기대빈도	잔차
1	90	100.0	−10.0
2	65	50.0	15.0
3	55	50.0	5.0
4	45	50.0	−5.0
5	45	50.0	−5.0
전체	300		

〈표 19-30〉의 결과를 보면 자료로부터 계산된 χ^2값은 7.000, 근사 유의확률은 .136으로 나타났다. 이러한 카이제곱 검정은 대표본을 전제로 하는 것이다. 따라서 표본이 충분히 크지 못한 경우 정확하지 않은 유의확률 값을 제공할 수 있다. 표본이 작은 경우 활용 가능한 것이 카이제곱 정확 검정(exact test)이다. 본 예제의 경우 표본크기가 300으로 충분히 크기 때문에 근사 유의확률을 사용해도 무방하다. 근사 유의확률이 .05보다 크므로 유의수준 .05에서 귀무가설을 기각할 수 없다. 즉, 유의수준 .05에서 액션을 선호

하는 비율은 다른 장르를 선호하는 비율의 두 배라고 본다.

〈표 19-30〉 적합도 검정: 검정 통계량

검정 통계량	
	선호장르
카이제곱	7.000[a]
자유도	4
근사 유의확률	.136

a. 0개의 셀 (0.0%)은(는) 5보다 작은 기대빈도를 가집니다. 기대 빈도 셀 값 중 최소값은 50.0입니다.

2 독립성 검정: 카이제곱 검정

(1) 개 요

사건 A와 B에 대해 P(A∩B)=P(A)×P(B)이면 두 사건은 독립적이라고 한다. 즉, 사건 A와 B가 독립적이라는 것은 사건 A는 사건 B가 일어날 확률에 영향을 미치지 않고 사건 B도 사건 A가 일어날 확률에 영향을 미치지 않는다는 의미이다.

독립성 검정(independence test)은 두 범주형 변수의 관계가 독립적인지 아닌지 검정하는 방법이다. 독립성 검정은 한 변수를 다루는 1차원의 적합도 검정을 두 변수를 다루는 2차원으로 확장한 것이다. 두 범주형 변수 간의 독립성 또는 연관성을 살펴보기 위해서는 2차원 분할표를 작성해야 한다. 2차원 분할표는 교차표라고 한다. 2차원 분할표에서 행의 변수과 열의 변수 간의 독립성 또는 연관성을 검정하는 기본적인 방법은 카이제곱 검정이다. 대표본의 경우 독립성 검정을 위한 검정통계량은 다음과 같다.

$$\chi^2 = \sum_{i=1}^{r}\sum_{j=1}^{c}\frac{(O_{ij} - E_{ij})^2}{E_{ij}} \tag{19-7}$$

식 (19-7)에서 χ^2은 자유도가 $(r-1)(c-1)$인 카이제곱 분포를 따른다. r은 행(row)에 있는 변수의 범주의 수이고 c는 열(column)에 있는 변수의 범주의 수이다. O_{ij}는 i번째 행과 j번째 열에 있는 칸(cell)의 관측빈도, E_{ij}는 i번째 행과 j번째 열에 있는 칸의 기대빈도다. 대표본의 경우 카이제곱은 자유도가 $(r-1)(c-1)$인 카이제곱 분포를 근사적으로 따른다. 근사가 타당하려면 모든 칸에서 기대빈도가 1 이상이고 대다수의 칸(80% 이상)에 5 이상이어야 한다는 견해가 있다.[39] 소표본의 경우 정확 검정 방법을 적용한다.

분할표의 많은 칸에서 기대빈도가 5보다 작으면 대표본을 전제로 하는 카이제곱 분포의 근사 p-값과 소표본을 전제로 하는 정확 검정의 정확 p-값은 차이가 크게 날 수 있다.[9]

(2) 검정통계량 계산을 통한 독립성 검정

〈표 19-31〉의 자료를 바탕으로 특정 질병의 감염 여부와 혈액형이 독립적인지 또는 연관성이 있는지 분석하려면 다음과 같은 가설을 설정해야 한다.

H_0: 특정 질병의 감염 여부와 혈액형은 독립적이다.

H_a: 특정 질병의 감염 여부와 혈액형은 독립적이지 않다.

〈표 19-31〉 독립성 검정의 자료: 특정 질병의 감염 여부와 혈액형에 따른 분할표

		혈액형				합계
		A형	B형	AB형	O형	
감염 여부	미감염	320	250	90	340	1,000
	감염	380	260	100	260	1,000
합계		700	510	190	600	2,000

독립성 검정의 절차는 다음과 같다. 첫째, 자료로부터 검정통계량 값을 계산해야 한다. 이를 위해서는 귀무가설이 참일 경우에 기대할 수 있는 기대빈도를 계산해야 한다. 기대빈도를 계산하기 위해서는 독립성의 정의인 P(A∩B)=P(A)×P(B)를 이용해야 한다. 행 변수의 첫 번째 범주인 '미감염'과 열 변수의 첫 번째 범주인 'A형'이 교차하는 칸에서 기대할 수 있는 확률은 (1000/2000)×(700/2000)이다. 즉, P(미감염∩A형)=P(미감염)×P(A형)이다. 이 기대확률은 하나의 케이스(사례)에 대해 기대할 수 있는 확률이다. 표본 크기인 2,000을 기대확률에 곱하면 (미감염, A형) 칸의 기대빈도가 된다. 같은 원리를 이용하여 나머지 칸에서도 기대빈도를 계산하면 다음과 같다.

$$E_{11} = \frac{1000}{2000} \times \frac{700}{2000} \times 2000 = 350, \quad E_{12} = \frac{1000}{2000} \times \frac{510}{2000} \times 2000 = 255,$$

$$E_{13} = \frac{1000}{2000} \times \frac{190}{2000} \times 2000 = 95, \quad E_{14} = \frac{1000}{2000} \times \frac{600}{2000} \times 2000 = 300$$

$$\cdots \qquad E_{24} = \frac{1000}{2000} \times \frac{600}{2000} \times 2000 = 300$$

관측된 자료인 관측빈도와 독립성의 가정하에 계산된 기대빈도를 근거로 검정통계량

을 계산하면 다음과 같다.

$$\chi^2 = \sum_{i=1}^{2}\sum_{j=1}^{4}\frac{(O_{ij}-E_{ij})^2}{E_{ij}} = \frac{(320-350)^2}{350} + \cdots + \frac{(260-300)^2}{300} = 16.53$$

둘째, 임계치를 카이제곱분포표를 통해 구해야 한다. 유의수준 .05에서 자유도 3 $[=(r-1)(c-1)=(2-1)(4-1)]$의 카이제곱 통계량의 임계치는 7.81이다. 셋째, 자료로부터 계산된 검정통계량은 임계치보다 크므로 유의수준 .05에서 귀무가설은 기각될 수 있다. 결론적으로 유의수준 .05에서 질병의 감염 여부와 혈액형은 독립적이지 않으므로 연관성이 있다고 본다.

(3) SPSS의 활용: 독립성 검정

〈표 19-32〉는 300명을 대상으로 조사한 '성별'과 '선호장르'에 대한 자료를 입력한 것이다. 변수 '성별'의 경우 남자는 1로 측정하고 여자는 2로 측정하였다. 변수 '선호장르'의 경우 액션은 1, 코미디는 2, 드라마는 3, 범죄는 4, 판타지는 5로 측정하였다.

〈표 19-32〉 독립성 검정: SPSS 입력 자료(원자료)

	성별	선호장르
1	1	1
2	1	1
3	1	1
⋮		
298	2	5
299	2	5
300	2	5

성별과 선호 장르가 독립적인지 아닌지 검정하기 위한 가설은 다음과 같이 설정한다.

H_0: 성별과 선호 장르는 독립적이다.

H_a: 성별과 선호 장르는 독립적이지 않다.

SPSS를 이용한 독립성 검정은 적합도 검정과 마찬가지로 원자료를 이용하는 방법과 케이스의 가중치를 이용하는 방법이 있다.

① 원자료를 이용하는 방법

〈표 19-32〉에 나타난 바와 같은 원자료를 이용하려면 메뉴에서 [분석] → [기술통계량] → [교차분석]을 선택한다. 그러면 [그림 19-11]과 같은 창이 나온다.

그림 19-11 교차분석

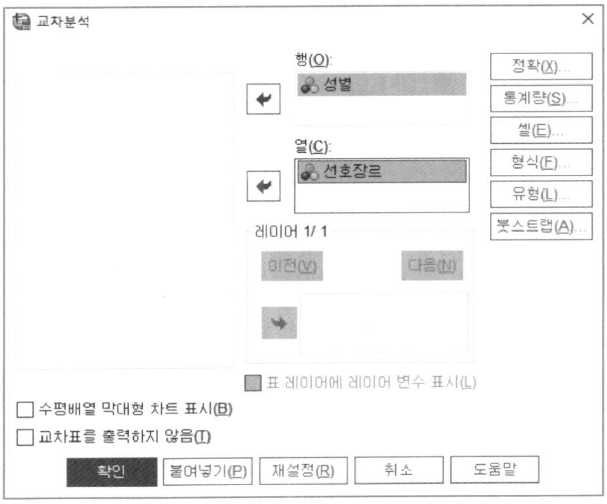

[그림 19-11]에서 분석할 변수를 [행]의 칸과 [열]의 칸으로 각각 이동시킨다. '정확 검정' 기능이 있는 SPSS 버전의 경우 [정확]을 누르고 기본으로 설정된 [점근적 검정]을 선택한다. 그리고 [계속]을 누른다. '정확 검정' 기능이 없는 경우 곧바로 [통계량]을 누르면 [그림 19-12]와 같은 창이 나온다.

그림 19-12 **교차분석: 통계량**

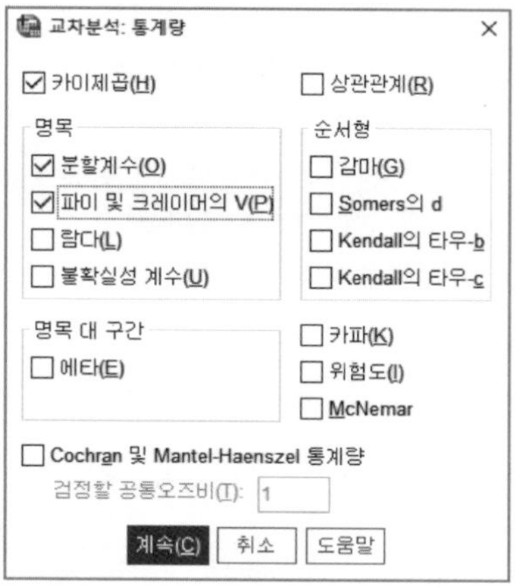

[그림 19-12]에서 [카이제곱]을 선택하고, [명목](명목척도로 측정된 변수 간 연관성 분석)의 아래에 있는 [분할계수]와 [파이 및 크레이머의 V]를 선택한다. 그리고 [계속]을 누른 후에 [그림 19-11]의 창으로 돌아가서 [셀]을 누르면 [그림 19-13]과 같은 창이 나타난다.

그림 19-13 **교차분석: 셀 표시**

[그림 19-13]에서 [관측빈도]와 [기대빈도]를 선택한다. 그리고 [계속]을 누른 후

[형식]을 누르면 [그림 19-14]의 창이 나타난다.

그림 19-14 교차분석: 표 형식

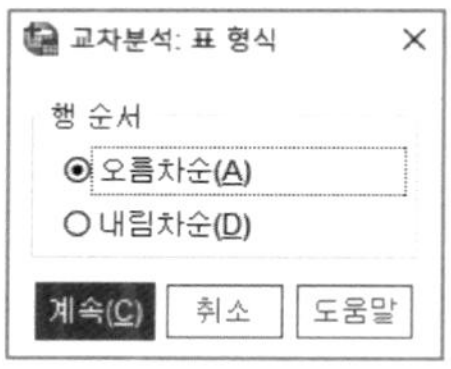

[그림 19-14]에서 기본으로 설정된 [오름차순]을 선택한다. 그리고 [계속]을 누른 후 [확인]을 누르면 분석결과가 나온다. 〈표 19-33〉의 결과에는 변수 '성별'과 변수 '선호장르'의 교차 칸에 빈도(관측빈도를 의미함)와 기대빈도가 나타나 있다.

〈표 19-33〉 **독립성 검정: 교차표**

성별 * 선호장르 교차표								
			선호장르					전체
			1	2	3	4	5	
성별	1	빈도	55	25	15	30	20	145
		기대빈도	43.5	31.4	26.6	21.8	21.8	145.0
	2	빈도	35	40	40	15	25	155
		기대빈도	46.5	33.6	28.4	23.3	23.3	155.0
전체		빈도	90	65	55	45	45	300
		기대빈도	90.0	65.0	55.0	45.0	45.0	300.0

카이제곱 검정통계량은 피어슨 카이제곱, 우도비(likelihood ratio) 카이제곱 등이 있는데 검정통계량의 계산 방법이 다르다. 여기서는 피어슨 카이제곱 검정통계량을 다루기로 한다.

〈표 19-34〉 **독립성 검정: 카이제곱 검정**

카이제곱 검정			
	값	자유도	근사 유의확률 (양측검정)
Pearson 카이제곱	24.519[a]	4	.000
우도비	25.086	4	.000
선형 대 선형결합	.917	1	.338
유효 케이스 수	300		

a. 0 셀 (0.0%)은(는) 5보다 작은 기대 빈도를 가지는 셀입니다. 최소 기대빈도는 21.75입니다.

〈표 19-34〉에는 χ^2이 24.519, 근사 유의확률이 .000으로 나타났다. 따라서 유의수준 .05뿐만 아니라 유의수준 .01에서도 '성별과 선호장르는 독립적'이라는 귀무가설은 기각된다. 따라서 유의수준 .01에서 성별과 장르는 연관성이 있다고 본다. 여기서 자유도는 (행 변수의 범주 수−1)(열 변수의 범주 수−1) = (2−1)(5−1) = 4이다.

〈표 19-35〉 **독립성 검정: 효과 크기**

대칭적 측도			
		값	근사 유의확률
명목척도 대 명목척도	파이	.286	.000
	Cramer의 V	.286	.000
	분할계수	.275	.000
유효 케이스 수		300	

〈표 19-35〉에는 효과 크기(effect size)가 나타나 있다. 파이는 2 × 2 분할표(교차표) 경우의 효과 크기를 나타내므로 본 예제와는 관련이 없다. Cramer의 V와 분할계수(contingency coefficient)의 경우 그 값이 클수록 두 변수 간의 연관성이 크다(효과가 크다)는 것을 의미한다. 두 변수 간의 연관성이 있다는 것은 두 변수 간의 독립성이 없다는 것이다. Cramer의 V는 Cramer의 파이(Phi)라고도 하고 다음과 같이 계산된다.

$$V = \sqrt{\frac{\chi^2}{n(a-1)}} \tag{19-8}$$

식 (19-8)에서 a는 행에 있는 변수의 범주 수와 열에 있는 변수의 범주 수 중 작은 값이다. 본 예제의 경우 행(성별)의 범주는 2개이고 열(선호 장르)의 범주는 5개이므로 a는 2가 된다. 〈표 19-34〉에서 $\chi^2 = 24.519$이므로 Cramer의 V는 $\sqrt{\frac{24.519}{300(2-1)}} = .286$이다. 이 값은 〈표 19-35〉의 Cramer의 V 값과 일치한다. a가 2인 경우 Cramer의 V가 .30이면, a가 3인 경우 Cramer의 V가 .21이면, a가 4인 경우 Cramer의 V가 .17이면 각각 중간 정도의 효과 크기로 본다.[25] 여기서 2×5 분할표가 사용되었으므로 a는 2이고 Cramer의 V 값인 .286은 효과 크기가 중간보다 조금 낮은 것으로 볼 수 있다.

분할계수의 공식은 다음과 같다.

$$C = \sqrt{\frac{\chi^2}{n + \chi^2}} \tag{19-9}$$

〈표 19-34〉에서 $\chi^2 = 24.519$이고 분할계수의 값은 $C = \sqrt{24.519/(300 + 24.519)} = .275$ 이다. 이 값은 〈표 19-35〉의 분할계수 값과 일치한다. 두 변수가 완전히 독립적이어서 각 칸의 관측빈도와 기대빈도가 모두 일치하는 경우에 분할계수는 0이 된다. 반면 분할계수의 최대치는 $\sqrt{(a-1)/a}$ 이다. 여기서 a는 행 변수의 범주의 수와 열 변수의 범주의 수 중 작은 값이다. 본 예제의 경우 행 변수(성별)의 범주가 2개로 작은 값이다. 따라서 분할계수의 최대치를 계산하면 $\sqrt{(2-1)/2} = .707$이다. 본 예제의 경우 분할계수는 .275로 최소치 0과 최대치 .707 사이에 있으며 두 변수의 연관성은 중간보다 낮은 정도라고 할 수 있다.

② 케이스의 가중치를 이용하는 방법

〈표 19-32〉와 같은 원자료를 〈표 19-36〉과 같은 케이스의 가중치를 이용한 자료로 재구성하여 데이터 보기 창에 입력한다.

〈표 19-36〉 독립성 검정: SPSS 입력 자료(가중치 이용)

	성별	선호장르	응답자수
1	1	1	55
2	1	2	25
3	1	3	15
4	1	4	30
5	1	5	20
6	2	1	35
7	2	2	40
8	2	3	40
9	2	4	15
10	2	5	25

메뉴에서 [데이터] → [가중 케이스]를 선택하면 [그림 19-15]와 같은 창이 나타난다. 이 창에서 [가중 케이스 지정]을 선택하고 [빈도 변수]의 칸으로 변수 '응답자 수'를

이동시킨다. 그리고 [확인]을 누른다.

그림 19-15 가중 케이스

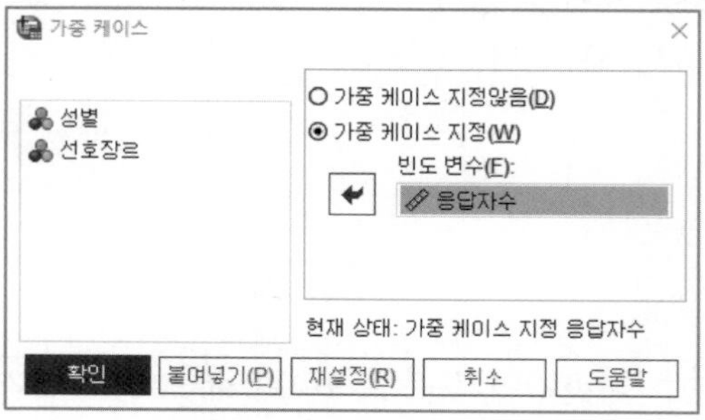

메뉴에서 [분석] → [기술통계량] → [교차분석]을 선택하면 이후의 절차는 '원자료를 이용하는 방법'에서 설명한 바와 같다. 그리고 케이스의 가중치를 이용한 결과는 원자료를 이용한 결과인 〈표 19-33〉, 〈표 19-34〉, 그리고 〈표 19-35〉에 나타난 바와 같다.

요약

- 비모수적 방법은 모집단의 분포에 대한 가정으로부터 자유로운 점, 표본 크기가 작은 경우에 사용할 수 있는 점, 측정한 자료의 수준이 명목척도나 서열척도일 때 사용할 수 있는 점 등의 특성을 가진다.
- 분포의 중앙값에 대한 검정을 하는 비모수적 방법은 세분화된다. 첫째, 두 대응 표본 간 중앙값 차이가 있는지 검정하는 방법으로 부호검정과 윌콕슨 부호순위 검정이 있다. 이는 두 대응 표본 간 평균값 차이가 있는지 검정하는 t 검정의 비모수적 버전이다. 둘째, 두 독립 표본 간 중앙값 차이가 있는지 검정하는 방법으로 맨-휘트니의 U 검정이 있다. 이는 두 독립 표본 간 평균값 차이가 있는지 검정하는 t 검정의 비모수적 버전이다. 셋째, 세 개 이상의 독립 표본 간 중앙값 차이가 있는지 검정하는 방법으로 크러스칼-윌리스 검정이 있다. 이는 세 개 이상의 집단(독립 표본) 간 평균값 차이가 있는지 검정하는 분산분석의 비모수적 버전이다.
- 주어진 자료의 분포가 특정 분포와 일치하는가를 검정하는 방법으로 단일표본 콜모고로프-스미르노프 검정이 있다. 귀무가설은 '자료의 분포가 특정한 분포(예 정규분포)를 따른다'는 형태를 가진다. SPSS에는 비교 대상이 되는 특정 분포로 정규분포, 균일분포, 포아송분포, 지수분포가 있다.
- 범주형 자료를 분석하는 비모수적 방법도 존재한다. 범주형 자료는 통계량으로 평균이나 분산이 아닌 빈도를 사용한다. 범주형 자료의 분석에서는 범주별로 나타나는 실제 빈도(관측빈도)와 귀무가설에서 주장하는 빈도(기대빈도)의 차이를 기준으로 검정한다. 구체적으로 각 범주에 기대하는 빈도가 나타나는지, 범주 간에 독립적인 관계가 있는지 등을 검정하게 된다. 각 범주에 기대하는 빈도가 나타나는지 검정하는 방법은 적합도 검정이다. 적합도 검정에서 귀무가설은 '자료의 분포가 특정한 분포(연구자가 구체적으로 설정한 분포)를 따른다'는 형태를 가진다. 범주 간에 독립적인 관계가 있는지 검정하는 방법은 독립성 검정이다. 독립성 검정에서 귀무가설은 '범주형 변수 A와 범주형 변수 B의 관계는 독립적이다'라는 형태를 가진다. 독립성 검정은 한 변수를 다루는 1차원의 적합도 검정을 두 변수를 다루는 2차원으로 확장한 것이다.

제20장

붓스트랩 방법의 이해

1. 붓스트랩 방법의 개요
2. 붓스트랩 방법의 활용: 상관계수
3. 붓스트랩 방법의 활용: 두 독립 표본의 평균 비교
4. 붓스트랩 방법의 활용: 회귀분석

1 붓스트랩 방법의 개요

붓스트랩(bootstrap) 방법은 1970년대에 고안되었다.[52] 모수적 방법의 전제조건(가정)이 충족되지 않는 경우 비모수적 방법의 일종인 붓스트랩 방법을 사용할 수 있다. 붓스트랩 방법의 기본 원리는 모집단에 대한 추론은 표본에서 재추출한 자료로부터 표본에 대한 추론을 수행하여 이루어질 수 있다는 것이다. 모집단을 알 수 없는 경우 모수에 대한 표본 통계의 실제 오차는 알 수 없다. 그러나 원래 표본(original sample)에서 재추출된 표본인 붓스트랩 표본(bootstrap sample)에서 모집단은 원래 표본이 되고 이러한 원래 표본에 대한 정보는 알 수 있다. 따라서 재표본 자료로부터 원래 표본에 대해 추론한 결과의 품질을 측정할 수 있다. 그리고 붓스트랩 방법은 컴퓨터의 빠른 계산능력을 십분 활용하는 대표적 방법이다.

모수에 대한 붓스트랩 신뢰구간을 추정하는 방법은 다음과 같다. 단계 1은 모집단에서 원래 표본(표본 크기는 n)을 추출하는 것이다. 단계 2는 원래 표본과 대체할 수 있는 크기 n의 붓스트랩 표본을 추출하는 것이다. 여기서 표본추출은 복원추출법(sampling with replacement)으로 한다. 모집단의 모든 원소가 표본으로 뽑힐 확률이 같은 단순임의추출법(simple random sampling)에는 추출한 원소를 다시 모집단에 포함시키는 복원추출법과 추출된 원소를 다시 모집단에 넣지 않는 비복원추출법(sampling without replacement)이 있다. 예를 들어 {1,2,3}으로 구성된 모집단으로부터 표본크기가 2인 표본을 임의로 추출할 때 비복원 추출법을 사용하면 가능한 표본은 {1,2}, {1, 3}, {2,3}의 세 가지가 된다. 이 경우에 복원추출법을 사용하면 가능한 표본은 {1,1}, {1,2}, {1,3}, {2,1}, {2,2}, {2,3}, {3,1}, {3,2}, {3,3}의 아홉 가지가 된다. 현실적으로 비복원추출법을 주로 사용하지만 붓스트랩 방법에서는 복원추출법을 사용한다. 단계 3은 단계 2에서 추출된 재표본에서 통계치(예 회귀계수)를 계산하는 것이다. 단계 4는 단계 2와 단계 3을 총 k번(재표본의 추출 횟수)에 걸쳐 수행하는 것이다. 단계 5는 단계 2에서 단계 4를 거쳐 산출된 k개의 통계치를 가장 작은 값부터 시작하여 정렬하는 것이다. 마지막 단계는 k를 10,000으로 정했을 때 95% 신뢰구간의 하한선을 단계 5에서 얻은 통계치의 분포에서 250번째 통계치로 정하고 95% 신뢰구간의 상한선을 단계 5에서 얻은 통계치의 분포에서 9750번째 통계치로 정하는 것이다. 이 방법은 붓스트랩 신뢰구간을 계산하는 백분위수(percentile) 방법이다.[31, 57]

붓스트래핑(bootstraping)은 원래 표본의 자료로부터 복원추출을 통해 도출된 다수의 무작위 표본을 사용하여 가설을 검정하거나 계수를 추정하는 방법이다. 다시 말하자면 붓스트래핑은 재표본추출 방법을 활용하여 표본 추정치(sample estimates)의 정확도를 알 수 있는 근거(편향, 분산, 신뢰구간, 예측오차 등)를 제공한다.[53] 붓스트래핑을 사용하면 거의 모든 통계량의 표집분포(sampling distribution)를 추정할 수 있다.[88]

붓스트랩 방법의 장점은 여러 가지가 있다.[49] 첫째, 붓스트랩 방법은 가설검정과 추정을 위한 비모수적 방법으로 표본의 통계량이 정규분포, t 분포 등을 따른다는 가정에 기반하지 않는다. 예를 들면 붓스트랩 방법을 활용하면 선형회귀분석에서 오차의 정규성 가정을 충족하지 못할 때 회귀계수에 대한 검정 및 신뢰구간 추정을 할 수 있다. 회귀계수의 통계적 유의성은 붓스트랩 신뢰구간 내에 0이 포함되어 있는지 아닌지로 판단한다. 만약 95% 붓스트랩 신뢰구간 내에 0이 포함되지 않으면 유의수준 .05에서 해당 회귀계수는 통계적으로 유의한 것으로 판단한다. 둘째, 붓스트랩 방법은 간결하다. 백분위수, 비율, 승산비, 상관계수 등과 같은 추정량에 대한 표준오차 및 신뢰구간의 추정치를 간단하게 도출할 수 있다. 붓스트랩 방법을 통해 얻은 신뢰구간은 정규성 가정하에서 표본분산을 사용하여 얻은 신뢰구간보다 정확하다. 셋째, 붓스트랩 방법은 모집단의 분포에 대한 가정이 불필요하므로 추정량의 종류와 관계없이 일관된 추론 방법을 제공한다. 붓스트랩 방법은 전통적 방법에 비해 통계적 검정력이 강해서 전통적 방법을 사용했을 때 포착되지 않은 통계적 유의성을 포착할 수 있다. 넷째, 붓스트랩 방법은 표본 크기가 충분하지 않은 경우에도 사용할 수 있다.

붓스트랩 방법의 단점은 분석할 때마다 결과가 조금씩 달라진다는 점이다. 붓스트랩 방법의 초기 단계는 컴퓨터의 임의수 생성(random number generation)에 의존한다. 따라서 초기 수를 정하지 않는 경우 붓스트랩 결과는 임의 변동을 한다. 그리고 붓스트랩 신뢰구간은 자료의 무작위 재표본추출에 의해 계산되므로 분석할 때마다 붓스트랩 신뢰구간의 값이 달라진다는 단점이 있다.[30]

붓스트랩 신뢰구간을 추정하는 방법으로 백분위수 방법 외에도 편향수정(bias-corrected) 방법이 있다. 편향수정 방법은 붓스트랩 추정치 분포의 비대칭성을 더 엄격하게 반영해서 신뢰구간의 상한과 하한을 결정한다. 따라서 추정치의 분포가 비대칭일 때 편향수정 방법은 더 정확한 결과를 낳는다.[53] 붓스트랩 결과를 보고할 때에는 계수의 추정치, 표준오차, 붓스트랩 표본의 수, 신뢰구간의 추정방법, 신뢰구간의 하한과 상한을 제시하는 것이 바람직하다. SPSS에서 붓스트랩 방법을 활용할 수 있는 통계기법으로는 t-검정, 상관분석, 일원분산분석, 회귀분석, 로지스틱회귀분석, 선형혼합모형(linear mixed models) 등을 들 수 있다.

2 붓스트랩 방법의 활용: 상관계수

1 자료 입력

〈표 20-1〉에는 40명에 대한 신장과 체중이라는 두 변수에 대한 정보가 입력되어 있다. 이 자료를 이용하여 상관계수를 구하고 붓스트랩 신뢰구간을 구하기로 하자.

〈표 20-1〉 자료

	신장	체중
1	170.7	70.1
2	161.0	63.2
⋮		
39	178.1	79.0
40	173.3	74.0

2 분석 절차: SPSS의 활용

여기서는 붓스트랩 방법을 통한 상관계수의 추정에 대해 설명하고자 한다. 메뉴에서 [분석] → [상관분석] → [이변량 상관계수]를 선택하면 [그림 20-1]의 [이변량 상관계수] 창이 나온다. 이 창에서 두 변수를 [변수]의 칸으로 이동시키고 [붓스트랩]을 누르면 [그림 20-2]의 [붓스트랩] 창이 나타난다. 이 창에서 [붓스트랩 수행]을 선택한다. 그리고 [표본의 수]에서 1000이 기본설정 값이지만 5,000(또는 10,000)을 넣는다. [신뢰구간]에서 [편향수정가속(BCa)](bias corrected accelerated)을 선택한다. 그리고 [표본추출]에서 [단순]을 선택한 후 [계속]을 누르고 [이변량 상관계수] 창에서 [확인]을 누르면 분석결과를 얻는다.

그림 20-1 이변량 상관계수

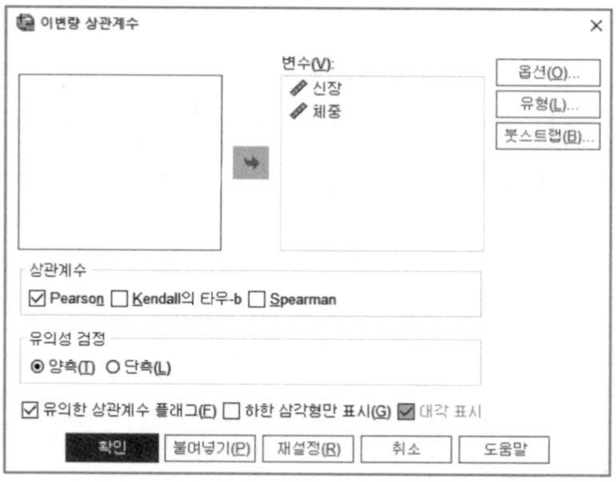

그림 20-2 붓스트랩

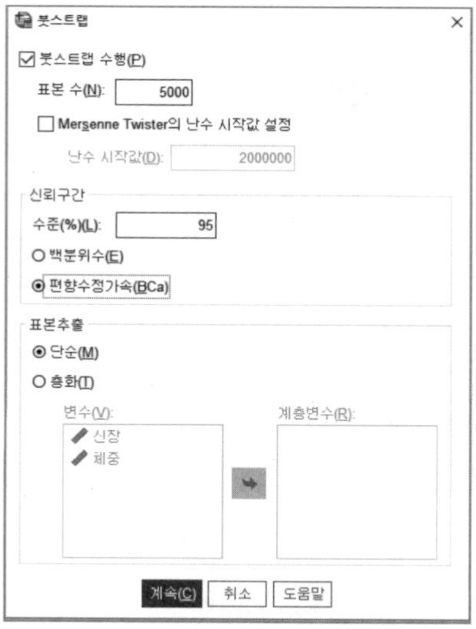

3 결과 해석

〈표 20-2〉는 붓스트랩 지정 사항을 보여준다. 붓스트랩 방법에서 사용된 표본추출은 단순임의표집으로 이는 기본으로 설정된 방법이다. 표본의 수는 연구자가 지정한 5000으로 되었다. 여기서 표본의 수는 표본 크기가 아니라 표본의 개수라는 것을 유념해야 한다. 그리고 표본은 복원추출법에 의한 붓스트랩 표본을 의미한다. 신뢰구간 유형은 기본으로 설정된 백분위수 방법이 아니라 편향수정가속 방법으로 나타나 있다.

〈표 20-2〉 붓스트랩 지정 사항: 상관계수

표본추출 방법	단순
표본 수	5000
신뢰구간 수준	95.0%
신뢰구간 유형	편향수정가속(BCa)

〈표 20-3〉에는 두 변수 간 상관관계의 결과를 보여준다. 두 변수 간 상관계수는 .872이고 상관계수의 유의확률(양측검정)은 .000으로 나타나서 유의수준 .05에서 통계적으로 유의함을 알 수 있다. 표본 크기는 40으로 되어 있다. 상관계수에 대한 붓스트랩 편향은 −.001이고 표준오차는 .032로 나타났다. 상관계수에 대한 95% 붓스트랩 신뢰구간은

(.789, .923)이다. 95% 붓스트랩 신뢰구간에 0이 포함되어 있지 않다. 이러한 결과는 유의수준 .05에서 상관계수의 점추정치가 통계적으로 유의하다는 결과와 부합한다. 이러한 붓스트랩 신뢰구간은 자료의 재표본추출에 의해 계산되므로 분석할 때마다 신뢰구간의 값은 약간 달라진다.

〈표 20-3〉 붓스트랩 결과: 상관계수

상관관계				신장	체중
신장	Pearson 상관			1	.872**
	유의확률 (양측)				.000
	N			40	40
	붓스트랩[b]	편향		0	−.001
		표준오차		0	.032
		BCa 95% 신뢰구간	하한	.	.789
			상한	.	.923
체중	Pearson 상관			.872**	1
	유의확률 (양측)			.000	
	N			40	40
	붓스트랩[b]	편향		−.001	0
		표준오차		.032	0
		BCa 95% 신뢰구간	하한	.789	.
			상한	.923	.

**. 상관관계가 0.01 수준에서 유의합니다(양측).
b. 특별한 표기가 되어 있지 않으면 붓스트랩 결과는 5000개 붓스트랩 표본을(를) 기반으로 합니다.

3 붓스트랩 방법의 활용: 두 독립 표본의 평균 비교

1 자료 입력

여기서는 붓스트랩 방법을 통한 두 독립 표본의 평균 비교에 대해 설명하고자 한다. 50명으로 이루어진 남성 집단(집단 1)의 평균 인터넷이용 시간은 299분이고 50명으로 이루어진 여성 집단(집단 2)의 평균 인터넷이용 시간은 318분이라고 하자. 여기서 인터넷이용 시간의 변수명은 '이용시간'이고 집단을 구분하는 변수명은 '성별'로 설정되어 있다. 이러한 집단 간 모평균의 차이가 통계적으로 유의한지 붓스트랩 방법을 통해 검정해보자.

〈표 20-4〉 자료

	성별	이용시간
1	1	21
2	2	29
⋮		
99	1	596
100	2	608

2 분석 절차: SPSS의 활용

SPSS의 메뉴에서 [분석] → [평균 비교] → [독립표본 T 검정]을 선택한다. [독립표본 T 검정] 창에서 [검정변수]의 칸에 변수 '이용시간'을 넣고, [집단변수]의 칸에 변수 '성별'을 넣는다. '성별'에 대한 [집단 정의] 창에서 [집단 1]의 칸에 1을 넣고, [집단 2]의 칸에 2를 넣은 후 [계속]을 누른다. 그리고 [독립표본 T 검정] 창에서 [붓스트랩]을 누른다. [붓스트랩] 창에서 [붓스트랩 수행]을 선택하고 [표본의 수]에 5000을 넣는다. 그리고 [신뢰구간]에서 기본으로 설정된 [백분위수]를 선택한다. [계속]을 누르고 [독립표본 T 검정] 창에서 [확인]을 누르면 분석결과가 나타난다.

3 결과 해석

〈표 20-5〉는 붓스트랩 지정 사항이다. 붓스트랩 방법에서 사용된 표본추출은 단순임의표집이고 표본의 수는 연구자가 지정한 5000이다. 여기서 표본은 복원추출에 의한 붓스트랩 표본을 의미한다. 신뢰구간 유형은 기본으로 설정된 백분위수 방법이다.

〈표 20-5〉 붓스트랩 지정 사항: 두 독립표본 검정

붓스트랩 지정 사항	
표본추출 방법	단순
표본 수	5000
신뢰구간 수준	95.0%
신뢰구간 유형	백분위수

〈표 20-6〉의 독립표본 검정은 정규성 가정이 충족되는 경우에 사용할 수 있는 모수적 방법에 의한 검정 결과를 보여 준다. 등분산성 검정의 결과 유의확률이 .914로 나타나서 유의수준 .05에서 귀무가설(두 집단 간의 오차항의 분산이 같다)을 기각할 수 없으므로 등분산성 가정이 충족되는 것으로 본다. 등분산성을 가정하는 경우 t-값이 -.688로 나타났으며 이에 대한 유의확률(양측검정)은 .493이다. 따라서 유의수준 .05에서 두 집단 간에 평균 인터넷이용 시간의 차이는 없는 것으로 판단한다. 이러한 결과는 두 모평균의 차이에 대한 95% 신뢰구간인 (-74.452, 36.132)에 0이 포함되는 것을 통해서도 확인할 수 있다.

〈표 20-6〉 독립표본 검정: 모수적 방법

독립표본 검정										
		Levene의 등분산 검정		평균의 동일성에 대한 T 검정						
		F	유의확률	t	자유도	유의확률 (양측)	평균 차이	표준오차 차이	차이의 95% 신뢰구간	
									하한	상한
이용시간	등분산을 가정함	.012	.914	-.688	98	.493	-19.160	27.862	-74.452	36.132
	등분산을 가정하지 않음			-.688	98.000	.493	-19.160	27.862	-74.452	36.132

〈표 20-7〉은 정규성 가정이 충족되지 않는 경우에도 사용할 수 있는 붓스트랩을 통한 비모수적 방법의 결과를 보여준다. 등분산성 여부와 관계없이 양측 검정의 유의확률은 .495로 나타났다. 따라서 유의수준 .05에서 두 집단의 이용시간 차이는 없는 것으로 본다. 이러한 결과는 두 모평균의 차이에 대한 붓스트랩 95% 신뢰구간인 (-73.757, 37.114)에 0이 포함되는 것을 통해서도 알 수 있다.

〈표 20-7〉 독립표본 검정: 붓스트랩 방법을 통한 비모수적 방법

독립표본 검정의 붓스트랩							
		평균차이	붓스트랩[a]				
			편향	표준오차	유의확률(양측)	95% 신뢰구간	
						하한	상한
이용시간	등분산을 가정함	-19.160	-.338	28.123	.495	-73.757	37.114
	등분산을 가정하지 않음	-19.160	-.338	28.123	.496	-73.757	37.114

a. 특별한 표기가 되어 있지 않으면 붓스트랩 결과는 5000개 붓스트랩 표본을(를) 기반으로 합니다.

4 붓스트랩 방법의 활용: 회귀분석

여기서는 붓스트랩 방법을 통한 회귀분석에 대해 설명하고자 한다. 회귀분석에서 붓스트랩 방법을 사용하면 오차항의 정규성 가정이 충족되지 않는 경우에도 회귀계수에 대한 신뢰구간과 유의확률을 제시할 수 있다. 여기서는 12장의 회귀분석에서 사용했던 〈표 12-18〉의 자료를 다시 사용하고자 한다.

1 분석 절차: SPSS의 활용

메뉴에서 [분석] → [회귀분석] → [선형]을 선택한다. [선형회귀] 창에서 종속변수와 독립변수들을 이동시키고, [붓스트랩]을 누른다. [붓스트랩] 창에서 [붓스트랩 수행]을 체크하고 [표본의 수]에 5000을 넣고 [신뢰구간]에서 [백분위수]를 선택한 후 [계속]을 누른다. [선형회귀] 창에서 [확인]을 누르면 분석결과가 나온다.

2 결과 해석

〈표 20-8〉은 정규성 가정이 충족되는 경우에 사용되는 회귀분석결과를 보여준다. 종속변수는 극장매출액이고, 독립변수는 모두 5개인데 '메이저배급사'를 제외한 변수들은 유의수준 .05에서 모두 통계적으로 유의하다.

〈표 20-8〉 선형회귀분석의 결과: 모수적 방법

계수[a]						
모형		비표준화 계수		표준화 계수	t	유의확률
		B	표준화 오류	베타		
1	(상수)	−76.286	19.237		−3.966	.000
	제작비	.182	.078	.077	2.323	.022
	메이저배급사	6.356	8.122	.011	.783	.436
	스크린수	.291	.014	.631	20.221	.000
	평론가평점	31.439	4.808	.208	6.539	.000
	네티즌평점	15.159	4.163	.111	3.642	.000

a. 종속변수: 극장매출액

〈표 20-9〉는 붓스트랩 방법을 통한 회귀분석의 결과이다. 〈표 20-8〉의 모수적 방법과 비교하면 회귀계수의 크기는 서로 같으나 유의확률은 약간 다르다는 것을 알 수 있다. 예를 들면, 제작비가 극장매출액에 미치는 영향을 나타내는 회귀계수의 추정치는 .010으로 〈표 20-8〉의 결과와 〈표 20-9〉의 결과가 서로 같다. 그러나 유의확률은 전자의 경우 .022이고 후자의 경우 .010으로 약간의 차이가 난다.

〈표 20-9〉 선형회귀분석의 결과: 붓스트랩 방법을 통한 비모수적 방법

계수의 붓스트랩							
모형		B	붓스트랩[a]				
			편향	표준화 오류	유의확률(양측)	95% 신뢰구간	
						하한	상한
1	(상수)	−76.286	1.689	30.471	.026	−133.598	−15.443
	제작비	.182	−.001	.068	.010	.051	.323
	메이저배급사	6.356	−.075	7.561	.426	−8.910	20.434
	스크린수	.291	.000	.026	.000	.242	.341
	평론가평점	31.439	−.549	9.639	.003	11.984	48.976
	네티즌평점	15.159	.231	4.764	.003	5.412	24.231

a. 특별한 표기가 되어 있지 않으면 붓스트랩 결과는 5000개 붓스트랩 표본을(를) 기반으로 합니다.

요약

- 모수적 방법의 전제조건이 충족되지 않는 경우 비모수적 방법인 붓스트랩 방법(붓스트래핑)을 사용할 수 있다.
- 모수에 대한 추론은 표본에서 재추출한 자료로부터 표본에 대한 추론을 수행하여 이루어질 수 있다는 것이 붓스트랩 방법의 기본 원리이다. 원래 표본에서 재추출된 표본(붓스트랩 표본)에서 모집단은 원래 표본이 된다. 그리고 재추출된 표본으로부터 원래 표본에 대해 추론한 결과의 품질을 측정할 수 있다.
- 붓스트랩 방법은 재표본추출 방법을 활용하여 표본 추정치의 정확도를 알 수 있는 근거(편향, 분산, 신뢰구간, 예측오차 등)를 제공한다
- 붓스트랩 방법의 장점은 표본의 통계량이 정규분포, t 분포 등을 따른다는 가정에 기반하지 않는다는 점, 붓스트랩 신뢰구간은 정규성 가정하에서 표본분산을 사용하여 얻은 신뢰구간보다 정확하다는 점, 통계적 검정력이 강해서 전통적 방법을 사용했을 때 포착되지 않은 통계적 유의성을 드러낼 수 있는 점, 표본 크기가 충분하지 않은 경우에도 이용할 수 있는 점 등이 있다.
- 붓스트랩 방법의 단점은 분석할 때마다 분석결과가 조금씩 달라질 수 있다는 것이다.
- 붓스트랩 신뢰구간을 추정하는 방법으로 백분위수 방법과 편향수정 방법이 있다.
- 붓스트랩 결과를 보고할 때에는 계수의 추정치, 표준오차, 붓스트랩 표본의 수, 신뢰구간의 추정방법, 신뢰구간의 하한과 상한을 제시하는 것이 바람직하다.
- SPSS에서 붓스트랩 방법을 활용할 수 있는 통계기법으로는 t-검정, 상관분석, 일원분산분석, 회귀분석, 로지스틱회귀분석, 선형혼합모형 등이 있다.

제21장

붓스트랩 방법의 활용: 조절효과 분석

1. 조절변수와 조절효과
2. 조절효과의 모형
3. 조절효과의 유형
4. 조절효과 분석의 절차
5. PROCESS에 의한 분석방법

1 조절변수와 조절효과

조절변수(moderator; moderating variable)는 독립변수와 종속변수 간 관계의 방향과 크기에 영향을 주는 변수를 뜻한다. 조절효과(moderating effect)란 조절변수의 값에 따라 독립변수와 종속변수 간 관계의 방향 또는(그리고) 크기가 달라지는 것을 뜻한다. 조절변수는 시간이 흘러도 속성이 변하지 않는 변수나 맥락적 상황을 나타내는 변수로 설정하는 경우가 많다. 그리고 조절변수도 종속변수에 영향을 미치는 독립변수이기 때문에 조절변수인 독립변수와 조절변수가 아닌 독립변수를 구분하기 위해 조절변수가 아닌 독립변수는 초점예측변수(focal predictor)라고도 한다. 따라서 조절효과의 분석은 '연구의 맥락적 상황이 변하거나 연구 대상의 속성이 변함에 따라'(조절변수의 값이 변함에 따라) '초점예측변수가 종속변수에 미치는 효과'(독립변수와 종속변수 간의 인과관계)가 달라지는가를 본다.

2 조절효과의 모형

1 조절효과의 개념적 모형

조절효과의 모형은 개념적 모형과 통계적 모형으로 구분할 수 있다.[14] [그림 21-1]과 같은 조절효과의 개념적 모형은 변수 간의 인과관계에 대한 직관적 이해에 도움을 준다. 예를 들면 고용불안정과 우울 간의 관계는 가족지원(가족 차원의 지원 정도)에 따라 달라질 수 있다는 것을 알 수 있다.

그림 21-1 조절효과의 개념적 모형

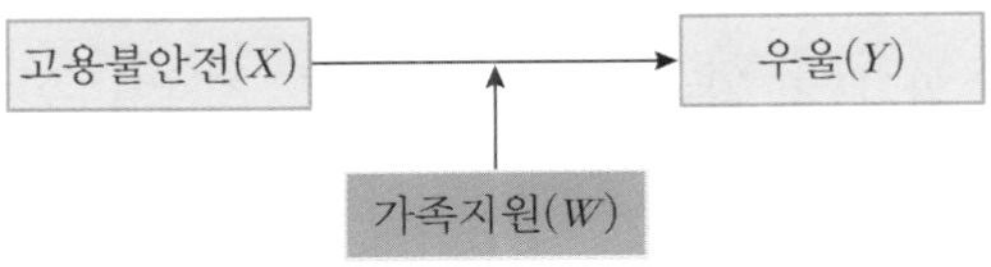

2 조절효과의 통계적 모형

[그림 21-2]와 같은 조절효과의 통계적 모형은 회귀분석을 실시할 때 회귀계수(b_1, b_2, b_3 등)를 통해 각 변수가 종속변수에 미치는 효과의 방향과 크기를 이해하는 데 있어서 유용하다. [그림 21-2]의 통계적 모형은 상호작용항(변수 X와 변수 W를 곱하여 만든 XW)을 포함하고 있다. 조절효과를 고려하는 모형은 상호작용항을 포함하기 때문에 상호작용효과모형(interaction effect model) 또는 승법효과모형(multiplicative effect model)이라고도 한다. 반면에 조절효과를 고려하지 않는 모형은 상호작용항이 없기 때문에 가법효과모형(additive effect model)이라고 한다.

그림 21-2 조절효과의 통계적 모형

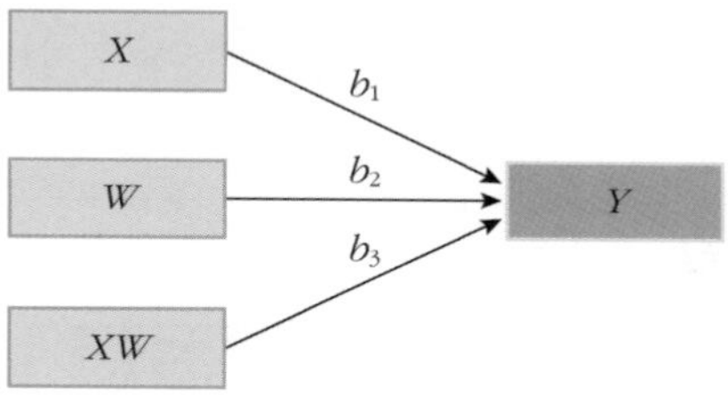

[그림 21-2]에 나타난 조절효과의 통계적 모형을 회귀식으로 나타내면 식 (21-1)과 같고 이 식을 다시 정리하면 식 (21-2)와 같다.

$$\hat{Y} = b_0 + b_1X + b_2W + b_3XW \tag{21-1}$$

$$\hat{Y} = b_0 + (b_1 + b_3W)X + b_2W \tag{21-2}$$

식 (21-2)를 보면 X가 Y에 미치는 효과는 $(b_1 + b_3W)$이다. 이 효과는 W의 값에 따라 달라진다. 따라서 $(b_1 + b_3W)$는 조건부효과(conditional effect)가 된다. 즉, X가 Y에 미치는 효과는 조절변수인 W의 값에 따라 달라진다. 식 (21-2)는 다음과 같이 정리할 수 있다.

$$\hat{Y} = (b_0 + b_2W) + (b_1 + b_3W)X \tag{21-3}$$

식 (21-3)에서 조절변수 W의 값이 정해지면 $(b_0 + b_2 W)$는 절편(intercept)이 되고 $(b_1 + b_3 W)$는 기울기(slope)가 된다. 조절변수의 값에 따라 기울기(X가 Y에 미치는 효과)가 어떻게 변하는지 알아보기 위해 몇 가지 조절변수 값을 식 (21-3)에 대입한다. 주로 조절변수의 표준편차를 이용한 세 가지 값(평균보다 표준편차만큼 작은 값, 평균, 평균보다 표준편차만큼 큰 값)을 대입한다. 이 외에도 조절변수의 백분위수에서 세 가지 값을 대입하기도 한다.

3 조절효과의 유형

연속형 조절변수의 경우 조절효과의 유형은 세 가지로 분류할 수 있다.[14, 46] 첫째, 강화효과(enhancing effect)를 들 수 있다. 이는 조절변수의 값이 커질수록 독립변수가 종속변수에 미치는 효과가 더 커지는 것을 의미한다. 즉, 조절변수가 독립변수와 종속변수 간의 관계를 강화하는 역할을 한다. 이는 식 (21-1)에서 b_1,b_2,b_3가 모두 양의 부호이거나 모두 음의 부호일 때 해당한다. 둘째, 완화효과(buffering effect)를 들 수 있다. 이는 조절변수의 값이 커질수록 독립변수가 종속변수에 미치는 효과가 더 작아지는 것을 의미한다. 즉, 조절변수가 독립변수와 종속변수 간의 관계를 완화하는 역할을 한다. 이는 식 (21-1)에서 b_1과 b_3의 부호가 반대될 때 해당한다. 셋째, 방해효과(interference effect)를 들 수 있다. 이는 독립변수와 조절변수는 종속변수에 같은 방향으로 영향을 미치지만(b_1과 b_2는 동일한 부호를 가지지만) 상호작용효과는 반대 방향으로 영향을 미치는 경우(b_3는 b_1 및 b_2와 다른 부호를 가지는 경우)에 해당한다. 평균중심화(mean-centering) 여부에 따라 b_2의 부호가 달라질 수 있으므로 조절효과를 분석할 경우 평균중심화를 하고 회귀분석을 실행해야 한다.

범주형 조절변수의 경우 조절효과의 유형은 두 가지로 분류할 수 있다.[14] 하나는 존재효과(existence effect)이다. 이는 독립변수의 효과가 조절변수의 어떤 범주에서는 효과가 있고 다른 범주에서는 효과가 없는 것을 의미한다. 다른 하나는 경쟁효과(competing effect)이다. 이는 독립변수의 효과가 조절변수의 어떤 범주에서는 양(+)의 효과가 있고 다른 범주에서는 음(-)의 효과가 있는 것을 의미한다.

4 조절효과 분석의 절차

1 조절변수의 선정

조절변수는 학문적 관점 또는 실무적 관점에서 의미가 있어야 한다. 어떤 연구에서 독립변수와 종속변수 간 인과관계가 나타나고 다른 연구에서는 그런 인과관계가 나타나지 않는다면 학문적 관점에서 조절변수의 역할을 조사할 필요가 있다. 조절변수로는 주로 선천적 속성(예 성별), 안정적 특성(예 성격), 잘 변하지 않는 맥락적 환경 등을 설정한다.[14]

2 조절효과에 대한 가설의 설정

조절효과에 대한 가설은 방향성이 없는 가설보다 방향성이 있는 가설로 설정하는 것이 바람직하다. 다시 말하자면 조절변수의 역할이 독립변수와 종속변수 간의 관계를 양의 방향으로 변화시키는지 또는 음의 방향으로 변화시키는지 구체적 가설을 설정해야 한다. 예를 들면 '조절변수는 독립변수와 종속변수 간의 관계를 조절할 것이다'라는 방향성이 없는 가설보다 '조절변수가 커질수록 독립변수가 종속변수에 미치는 효과는 커질 것이다(또는 작아질 것이다)'라는 방향성이 있는 가설이 적절하다.

3 조절효과 분석 방법의 선택

조절효과는 회귀분석과 구조방정식모형(structural equation model)에 의해 분석할 수 있다. 회귀분석에 의한 조절효과는 SPSS나 PROCESS에 의해 분석할 수 있다. 이러한 프로그램을 사용하는 경우 여러 항목으로 측정된 요인은 단일변수의 값(예 요인점수)으로 만들어야 한다. 구조방정식모형에 의한 조절효과 분석은 AMOS 등에 의해 분석할 수 있다. SPSS를 사용하는 경우 두 가지 변수 투입 방법 중에서 하나를 선택해야 한다. 동시 투입(simultaneous entry)은 독립변수, 조절변수, 상호작용항을 일시에 모두 투입하는 것이다. 위계적 투입(hierachical entry)은 블록(block)을 지정하여 단계적으로 투입하는 것이다. 위계적 투입을 실시하는 경우 독립변수와 조절변수를 첫 번째 블록으로 먼저 투입하고 상호작용항은 두 번째 블록으로 투입한다. 위계적 투입으로 회귀분석을 하는 것을 위계적 회귀분석(hierachical regression analysis)이라고 한다. 동시 투입이나 위계적 투입이나 모두 동일한 상호작용항의 계수를 산출하므로 큰 차이가 없다. 그러나 위계적 회귀분석은 상호작용항이 없는 모형과 상호작용항이 있는 모형 간의 회귀계수의 크기를 비교할 수 있는 장점이 있다. SPSS에서 위계적 투입을 하는 경우 독립변수 박스에 먼저 평균중심화한 독립변수와 평균중심화한 조절변수를 넣는다. 그리고 [다음] 단추를 눌러 [독립변수] 박스에 평균중심화한 상호작용항을 넣으면 블록이 추가된다.

4 조절효과의 통계적 유의성 검정

조절효과의 통계적 유의성을 검정하는 방법은 총체적 검정(omnibus test)이라고 하는데 두 가지 접근이 가능하다. 하나는 t-검정으로 회귀식에 상호작용항의 계수가 통계적으로 유의한지 검정한다. 다른 하나는 F-검정으로 상호작용항이 있는 회귀모형의 R^2과 상호작용항이 없는 회귀모형의 R^2의 차이가 통계적으로 유의한지 검정한다.

상호작용항의 계수가 통계적으로 유의하면 상호작용효과(조절효과)를 보다 자세히 살펴보기 위해 두 가지 방법을 사용할 수 있다. 하나는 조절변수의 특정 값을 기준으로 조절효과를 보는 것이다. 조절변수의 특정값을 선택하는 방법으로는 백분위(percentile)를 기준으로 하는 방법(조절변수의 값 중에서 16번째, 50번째, 84번째에 해당하는 백분위를 기준으로 함)과 표준편차를 기준으로 하는 방법(조절변수의 값 중에서 '평균보다 표준편차만큼 작은 값', '평균', '평균보다 표준편차만큼 큰 값'을 기준으로 함)이 있다. 다른 하나는 유의영역 접근법(region of significance approach)으로 조절변수의 전체 영역 중에서 조절효과가 통계적으로 유의하게 나타나는 영역을 확인하는 것이다. 이 방법은 존슨-네이먼 기법(Johnson-Neyman technique)이라고 한다.

조절효과 분석을 할 때 평균중심화를 고려해야 한다. 평균중심화는 변수의 값 x_i를 $(x_i - \overline{x})$로 변경하는 것이다. 따라서 평균중심화를 위해서는 변수의 평균에 대한 정보가 필요하다. 평균중심화가 필수적인 것은 아니지만 바람직한 경우가 많다. 독립변수, 조절변수, 통제변수가 모두 연속형 변수인 경우 이 변수들에 대해 평균중심화를 한다. 종속변수는 평균중심화를 하지 않아도 되지만, 통제변수가 연속형 변수인 경우에는 종속변수도 평균중심화를 하는 것이 권장된다. 상호작용항도 평균중심화를 한 변수들을 통해 만든다. 예를 들면 평균중심화한 독립변수 $(x_i - \overline{x})$와 평균중심화한 조절변수 $(w_i - \overline{w})$를 곱하여 상호작용항을 만든다.

식 (21-1) '$\hat{Y} = b_0 + b_1X + b_2W + b_3XW$'을 해석할 때 평균중심화 여부에 따라 회귀계수의 해석이 다르다. 평균중심화를 하지 않는 경우, b_1은 $W = 0$일 때 Y에 대한 X의 효과를 의미하고 b_2는 $X = 0$일 때 Y에 대한 W의 효과를 의미한다. 반면에 평균중심화를 하는 경우, b_1은 W가 평균값일 때 Y에 대한 X의 효과를 의미하고 b_2는 X가 평균값일 때 Y에 대한 W의 효과를 의미한다. 다시 말하자면 b_1은 W가 평균값일 때 X가 한 단위 차이가 나는 두 사례의 Y값 차이를 의미하고 b_2는 X가 평균값일 때 W가 한 단위 차이가 나는 두 사례(연구대상) 간의 Y값 차이를 의미한다. 그리고 b_3의 해석은 다음과 같다. W가 한 단위 증가할 때 X가 Y에 미치는 효과는 b_3만큼 '변화'하는 것으로 해석한다. b_3가 양수이면 변화는 증가하는 것으로 해석하고 b_3가 음수이면 변화는 감소하는 것으로 해석한다.

〈표 21-1〉 SPSS를 통한 회귀분석결과: 동시투입의 경우

계수[a]							
모형		비표준화 계수		표준화 계수	t	유의확률
		B	표준화 오류	베타		
1	(상수)	3.530	.140		25.178	.000
	고용불안정(평균중심화)	.404	.070	.427	5.812	.000
	가족지원(평균중심화)	−.551	.063	−.646	−8.722	.000
	우울×가족지원(평균중심화)	−.095	.035	−.191	−2.681	.011

a. 종속변수: 우울

식 (21−1)을 사용하여 독립변수, 조절변수, 상호작용항 변수들을 평균중심화하고 종속변수는 평균중심화하지 않은 경우의 분석결과가 〈표 21−1〉과 같다고 하자. b_1=.404는 조절변수인 '가족지원'이 평균값(3.68)일 때 우울에 대한 '고용불안정'의 효과를 의미한다. 즉, '가족지원'이 평균일 때 '고용불안정'의 정도가 1점이 높아지면 '우울' 정도는 .404점 높아진다. b_2=−.551은 '고용불안정'이 평균값(4.75)일 때 '우울'에 대한 '가족지원'의 효과를 의미한다. 즉, '고용불안정'이 평균일 때 '가족지원'의 정도가 1점 높아지면 '우울' 정도는 .551점 낮아진다. b_3는 −.095이다. 따라서 '가족지원'이 한 단위(1점) 증가할 때 고용불안정이 우울에 미치는 효과는 .095만큼 감소하는 것으로 볼 수 있다.

5 PROCESS에 의한 분석방법

1 PROCESS 매크로의 설치 방법

조절효과분석을 할 때 보다 자세한 분석을 위해서는 PROCESS macro를 이용하는 것이 바람직하다. 헤이즈(Andrew Hayes)는 붓스트래핑(bootstraping)을 사용하여 조절효과와 매개효과를 검정할 수 있는 소프트웨어인 PROCESS macro를 개발하여 무료로 보급하고 있다. PROCESS macro는 두 가지 방식으로 실행할 수 있다. 하나는 메뉴방식인데, 대화상자 방식(dialog box mode)이라고도 한다. 이 방식은 자주 사용되는 모형의 번호를 지정하여 이용하는 방식이다. 다른 하나는 명령문 방식(syntax mode)이다. 이는 연구자가 명령문을 작성해서 실행하는 방식이어서 대화상자 방식에서 제공되지 않는 선택사항을 이용할 수 있고 다양한 모형을 사용할 수 있다. 특히 사용자 정의 모형(custom models)은 명령문 방식에서만 사용할 수 있다. PROCESS macro에는 총 92가지의 모형이 있는데, 이러한 모형에 속하지 않는 모형을 분석하는 경우와 모형을 변경(인과경로의 추가 또는 삭제)하는 경우에는 사용자 정의 모형을 이용해야 한다.

PROCESS macro를 사용하기 위해서는 특정 사이트(https://www.processmacro.org)를 방문하여 압축파일을 다운로드한 후에 이를 풀어서 사용해야 한다. 이러한 압축파일에는 대화상자 메뉴를 사용하는 경우의 실행파일인 process.spd와 명령문의 사용을 가능하게 하는 process.sps가 저장되어 있다. 대화상자의 실행파일인 process.spd를 SPSS에 설치하기 위해서는 SPSS의 메뉴에서 [확장(X)](Extension) → [유틸리티(T)](Utilities) → [사용자 정의 대화 상자 설치](Install Custom Dialog) → process v4.1 for SPSS → Custom dialog builder file → process.spd의 선택 절차를 따라야 한다. 여기서 v4.1과 같은 버전명은 시기에 따라 변한다. process.spd를 설치한 이후, 대화상자(dialog box)를 이용하려면 SPSS의 [분석] → [회귀분석]을 선택한 후에 [회귀분석]에 설치되어 있는 [PROCESS v4.1 by Andrew F. Hayes]를 클릭하여 분석을 실행하면 된다.

2 PROCESS 매크로의 주요 메뉴

대화상자의 주요 메뉴는 다음과 같다.[27] 첫째, 모형번호(model number)가 있다. PROCESS에서 사용할 수 있는 모형번호는 1에서 92까지이다. 그러나 이 모형들을 모두 분석할 수 있는 것은 아니다. PROCESS에서 사용할 수 있는 주요 모형(조절효과, 매개효과,

또는 두 효과가 혼합된 모형) 및 모형번호는 부록의 〈표 14〉에서 확인할 수 있다. 둘째, 신뢰구간이 있다. 신뢰구간을 추정하기 위한 유의수준을 지정할 수 있는데, 기본 설정값은 95% 신뢰수준이다. 셋째, 붓스트랩 표본의 수(number of bootstrap samples)가 있다. 붓스트랩 표본 수를 지정할 수 있는데, 기본 설정값은 5000이고 최대 50000까지 가능하다. 넷째 모형 계수의 붓스트랩 추론(bootstrap inference for model coefficients)이 있다. PROCESS에서는 모든 회귀계수에 대해 최소자승법(OLS)에 의한 신뢰구간을 제공한다. 'Bootstrap results for regression model parameters'의 옵션을 사용하면 최소자승법에 의한 신뢰구간과 붓스트랩 신뢰구간이 함께 제시된다. 다섯째, 변수의 지정이 있다. [Y variable]에는 종속변수를 지정한다. [X variable]에는 독립변수를 지정한다. [Mediator(s) M]에는 매개변수를 지정하는데 최대 10개의 매개변수까지 가능하다. [Covariate(s)]에는 공변량을 지정한다. [Moderator variable W]에는 조절변수를 지정한다. [Moderator variable Z]에는 두 번째 조절변수를 지정한다. PROCESS에서는 조절변수를 W와 Z로 표기한다.

옵션에는 다음과 같은 주요 선택사항이 있다.[27] 첫째, [Show covariance matrix for regression coefficients]를 선택하면 회귀계수들에 대한 분산-공분산 행렬을 얻을 수 있다. 둘째, [Generate code for visualizing interactions]을 선택하면 상호작용효과(조절효과)의 결과를 그래프로 그리기 위한 코드를 얻을 수 있다. 셋째, [Effect size]를 선택하면 조절변수를 도입하지 않은 매개모형에서 *X*가 *Y*에 미치는 영향에 관한 완전 표준화된 직접효과, 간접효과, 총효과를 확인할 수 있다. 넷째, [Standardized coefficients]를 선택하면 표준화된 회귀계수를 얻을 수 있는데 매개효과모형의 분석에서만 사용된다. 다섯째, [Mean center for construction of products]를 선택하면 상호작용효과를 추정하기 위한 모형에서 상호작용항(*XW*)을 구성하는 독립변수 *X*와 조절변수 *W*를 평균중심화할 수 있다.

기타 옵션으로는 [probe interaction]이 있다. 이것을 선택하면 조절효과가 유의한 경우 조절변수의 어떤 값에서 독립변수(*X*)의 조건부효과가 유의한지 분석할 수 있다. [conditioning value]는 조절변수의 특정값을 선택하여 *X*의 조건부효과의 통계적 유의성을 확인할 수 있는 옵션인데, 3개의 백분위 수준(조절변수의 값 중에서 16, 50, 84 백분위 값)에서 할 수도 있고 평균을 중심으로 세 수준(조절변수의 '평균-표준편차', 평균, '평균+표준편차')에서 할 수도 있다. 그리고 [Johnson-Neyman output]을 선택하면 조절변수의 전체 구간에서 *X*의 조건부효과가 통계적으로 유의하지 않은 영역과 통계적으로 유의한 영역을 확인할 수 있다.

3 PROCESS를 활용한 조절효과 분석

(1) 자료 입력

〈표 21-2〉에서 Y는 종속변수, X는 독립변수, W는 조절변수를 의미하는데, 각각 원자료를 사용한 것이다. Y_MC, X_MC, W_MC는 각각 Y, X, W를 평균중심화한 변수를 의미한다. 그리고 int_MC는 'X_MC'와 'W_MC'를 곱한 것이다.

〈표 21-2〉 자료

	Y	X	W	불안정_지원	Y_MC	X_MC	W_MC	Int_MC
1	1	1	5	5	-2.65	-3.75	1.32	-4.95
2	1	1	5	5	-2.65	-3.75	1.32	-4.95
⋮								
39	1	7	6	42	-2.65	2.25	2.32	5.22
40	3	7	5	35	-.65	2.25	1.32	2.97

(2) 실행 절차

SPSS의 메뉴에서 [분석] → [회귀분석] → [PROCESS v4.1 by Andrew F. Hayes]를 선택한다. [그림 21-3]과 같은 [PROCESS_v4.1]의 창이 나타나면 종속변수는 [Y variable]의 칸으로, 독립변수는 [X Variable]의 칸으로, 조절변수는 [Moderator variable W]의 칸으로 이동시킨다. 모형 번호(Model number)는 1로 선택하고 붓스트랩 표본의 수는 기본으로 설정된 5000으로 선택한다. 그리고 [Bootstrap inference for model coefficients]를 선택한다. [Options]을 누르면 [그림 21-4]의 창이 나온다.

그림 21-3 프로세스 창

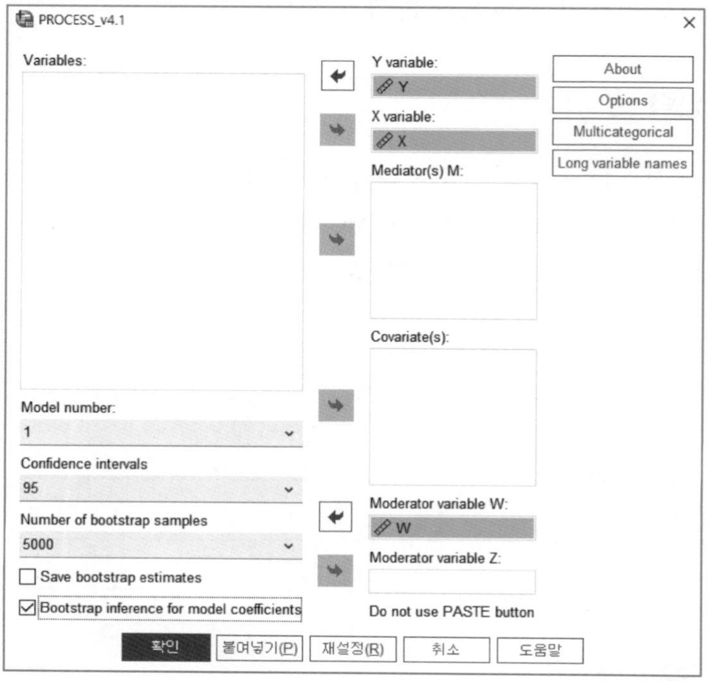

[그림 21-4]의 창에 나타난 바와 같이 선택을 한다. 독립변수, 조절변수, 상호작용변수의 평균중심화를 위해 [Mean center for construction of products]에서 [All variables that define products]를 선택한다. 조건부효과를 확인하기 위해 조절변수의 특정값은 [-SD, Mean, +1SD]를 선택한다. 그리고 조건부효과의 유의성 영역(region of significance)을 확인하기 위해 [Johnson-Neyman output]을 선택한다. 그리고 [계속]을 눌러서 [그림 21-3]의 창으로 다시 돌아가서 [확인]을 누르면 〈표 21-2〉의 분석결과가 나온다.

그림 21-4 프로세스 옵션 창

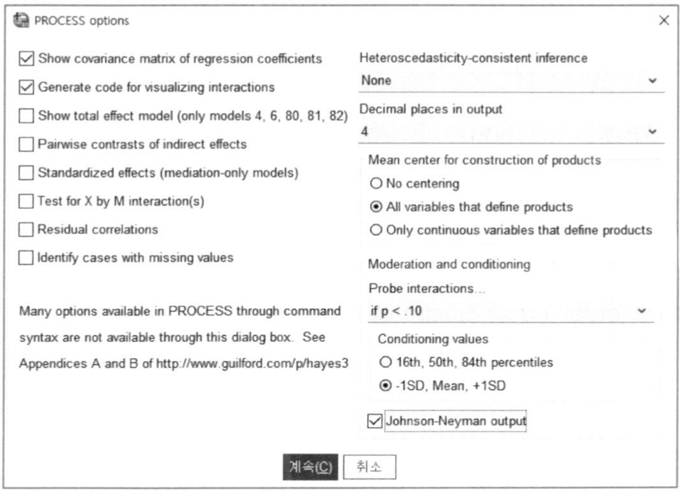

(3) 결과 해석

〈표 21-3〉 PROCESS를 통한 조절효과의 검정 결과

Y : Y
X : X
W : W

Sample
Size: 40

****

OUTCOME VARIABLE:
Y

ⓐ Model Summary

R	**R-sq**	MSE	F	df1	df2	p
.9062	**.8212**	.7108	55.1092	3.0000	36.0000	.0000

ⓑ Model

	coeff	se	t	p	LLCI	ULCI
constant	**3.5332**(= b_0)	.1402	25.1953	.0000	3.2488	3.8177
X	**.4047**(= b_1)	.0696	5.8180	.0000	.2636	.5458
W	**-.5510**(= b_2)	.0632	-8.7217	.0000	-.6791	-.4229
Int_1	**-.0948**(= b_3)	.0354	-2.6814	.0110	-.1666	-.0231

Product terms key:
Int_1 : X x W

Covariance matrix of regression parameter estimates:

	constant	X	W	Int_1
constant	.0197	-.0001	-.0004	.0015
X	-.0001	.0048	.0012	-.0001
W	-.0004	.0012	.0040	-.0003
Int_1	.0015	-.0001	-.0003	.0013

Test(s) of highest order unconditional interaction(s):

	R2-chng	F	df1	df2	p
X*W	.0357	7.1902	1.0000	36.0000	.0110

Focal predict: X (X)
Mod var: W (W)

ⓒ Conditional effects of the focal predictor at values of the moderator(s):

W	Effect	se	t	p	LLCI	ULCI
-2.2462	.6178	.1079	5.7233	.0000	.3988	.8367
.0000	.4047	.0696	5.8180	.0000	.2636	.5458
2.2462	.1917	.1032	1.8578	.0714	-.0176	.4010

ⓓ Moderator value(s) defining Johnson-Neyman significance region(s):

Value	% below	% above
2.1268	72.5000	27.5000

Conditional effect of focal predictor at values of the moderator:

W	Effect	se	t	p	LLCI	ULCI
-2.6750	.6584	.1199	5.4897	.0000	.4152	.9017
-2.3750	.6300	.1115	5.6520	.0000	.4039	.8560
-2.0750	.6015	.1034	5.8187	.0000	.3919	.8112
-1.7750	.5731	.0958	5.9827	.0000	.3788	.7673
-1.4750	.5446	.0888	6.1317	.0000	.3645	.7248
-1.1750	.5162	.0826	6.2466	.0000	.3486	.6838
-.8750	.4877	.0774	6.3007	.0000	.3307	.6447
-.5750	.4593	.0734	6.2609	.0000	.3105	.6080
-.2750	.4308	.0707	6.0956	.0000	.2875	.5742
.0250	.4024	.0695	5.7868	.0000	.2613	.5434
.3250	.3739	.0700	5.3421	.0000	.2320	.5159
.6250	.3455	.0720	4.7959	.0000	.1994	.4916

.9250	.3170	.0755	4.1976	.0002	.1638	.4702
1.2250	.2886	.0803	3.5949	.0010	.1258	.4514
1.5250	.2601	.0861	3.0220	.0046	.0855	.4347
1.8250	.2317	.0927	2.4983	.0172	.0436	.4197
2.1250	.2032	.1001	2.0307	.0497	.0003	.4062
2.1268	.2031	.1001	2.0281	.0500	.0000	.4061
2.4250	.1748	.1080	1.6189	.1142	-.0442	.3937
2.7250	.1463	.1163	1.2584	.2164	-.0895	.3821
3.0250	.1179	.1249	.9434	.3518	-.1355	.3713
3.3250	.0894	.1339	.6679	.5085	-.1821	.3610

Data for visualizing the conditional effect of the focal predictor:
Paste text below into a SPSS syntax window and execute to produce plot.

ⓔ

```
DATA LIST FREE/
   X            W             Y             .
BEGIN DATA.
     -2.0223     -2.2462      3.5216
        .0000     -2.2462      4.7709
      2.0223     -2.2462      6.0202
     -2.0223       .0000      2.7147
        .0000       .0000      3.5332
      2.0223       .0000      4.3517
     -2.0223      2.2462      1.9079
        .0000      2.2462      2.2956
      2.0223      2.2462      2.6833
END DATA.
GRAPH/SCATTERPLOT=
 X          WITH       Y           BY          W
```

*********** BOOTSTRAP RESULTS FOR REGRESSION MODEL PARAMETERS **********

ⓕ OUTCOME VARIABLE:
Y

	Coeff	BootMean	BootSE	BootLLCI	BootULCI
constant	3.5332	3.5339	.1647	3.2170	3.8519
X	.4047	.4096	.0720	.2612	.5492
W	-.5510	-.5467	.0723	-.6827	-.3971
Int_1	-.0948	-.0934	.0390	-.1679	-.0139

```
******************** ANALYSIS NOTES AND ERRORS ********************

Level of confidence for all confidence intervals in output:
  95.0000

Number of bootstrap samples for percentile bootstrap confidence intervals:
  5000

W values in conditional tables are the mean and +/- SD from the mean.

NOTE: The following variables were mean centered prior to analysis:
          W          X
```

〈표 21-2〉의 결과에서 박스 ⓐ를 보면 모형적합도를 나타내는 결정계수 R-sq(R^2)는 .8212로 나타났다. 그리고 박스 ⓑ를 보면, SPSS에 의한 결과와 같다는 것을 알 수 있다. 독립변수 X(고용불안정)의 회귀계수 추정치(b_1)는 .4047이고 유의확률(양측검정)이 .0000이므로 유의수준 .05에서 통계적으로 유의함을 알 수 있다. 이러한 통계적 유의성은 모회귀계수(β_1)에 대한 95% 신뢰구간인 (.2636, .5458)에 0이 포함되지 않은 것과 부합한다. 조절변수 W(가족지원)의 회귀계수 추정치(b_2)는 −.5510이고 유의확률이 .0000이므로 유의수준 .05에서 통계적으로 유의하다. 이러한 통계적 유의성은 모회귀계수(β_2)에 대한 95% 신뢰구간인 (−.6791, −.4229)에 0이 포함되지 않은 것을 통해서도 알 수 있다. X와 W의 상호작용항(int_1)은 변수 X의 값과 변수 W의 값을 곱해서 얻어진다. 이러한 상호작용항의 회귀계수 추정치(b_3)는 −.0948이고 양측검정의 유의확률이 .0110이다. 참고로 단측검정의 유의확률은 .0055이 된다. 따라서 조절효과는 유의수준 .05에서 통계적으로 유의하다. 이러한 통계적 유의성은 모회귀계수(β_3)에 대한 95% 신뢰구간인 (−.1666, −.0231)에 0이 포함되지 않은 것과 부합한다.

상호작용항의 회귀계수가 유의수준 .05에서 통계적으로 유의한 것으로 나타났다는 총체적 검정의 결과는 조절변수의 어떤 수준에서 조절효과가 있는가에 대한 정보를 제공하지는 않는다. 이러한 단점을 보완하기 위해 조절변수 W의 특정 값에서 조건부효과 검정(conditional effect test)을 한다. 박스 ⓒ를 보면, 조절변수(가족지원)의 값에 따라 독립변수(고용불안정)와 종속변수(우울) 간의 관계가 어떻게 변하는지 알아보기 위해 조절변수 값을 평균보다 표준편차만큼 작은 값($W = -2.2462$), 평균값($W = 0$), 평균보다 표준편차만큼 큰 값($W = 2.2462$)으로 설정한 결과가 있다. 여기서 평균값이 0으로 나타난 것은 독립변수와 조절변수를 평균중심화했기 때문이다. 조절변수 값이 평균보다 표준편차만큼 작은 경우에 고용불안정이 우울에 미치는 효과는 .6178이고 유의수준 .05에서 통계적으로 유의하다. 이러한 통계적 유의성은 이러한 효과가 0이라는 영가설에 대한 p-값이 .0000으로 나타난 것을 통해서도 알 수 있고 이러한 효과에 대한 95% 신뢰구간인 (.3988, .8367)에 0이 포함되지 않은 것을 통해서도 알 수 있다. 조절변수 값이 평균인 경우 고용불안정이 우울에 미치는 효과는 .4047이고 유의수준 .05에서 통계적으로 유의하다. 그러나 조절변수 값이 평균보다 표준편차만큼 큰 경우 고용불안정이 우울에 미치는 효과는 유의수준 .05에서 통계적으로 유의하지 않다. 종합적으로 해석하자면 가족지원의 수준이 증가하면 고용불안정이 우울에 미치는 효과가 줄어들고 있음을 알 수 있다.

조절효과를 그래프로 표현하기 위해서는 다음과 같은 절차를 밟는다. 첫째, 분석결과의 박스 ⓔ에서 "DATA LIST FREE/"부터 마지막까지 블록지정한 다음 마우스 오른쪽을 눌러 복사한다. 둘째, SPSS 메뉴에서 [파일] → [새로 만들기] → [명령문]을 선택한다, 셋째, [그림 21-5]와 같은 [명령문]의 대화창에서 전체를 블록지정하고 위에 있는 [선택 실행] 아이콘(▶)을 누르면 [그림 21-6]과 같은 그래프 결과가 나온다.

그림 21-5 명령문 대화창

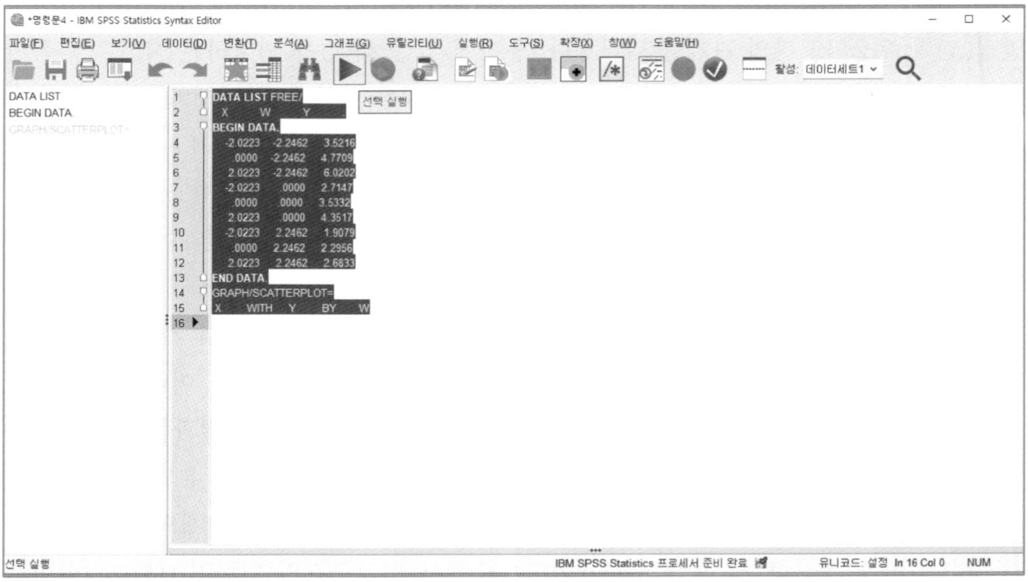

그림 21-6 세 가지 조절변수의 값에 따른 독립변수의 효과

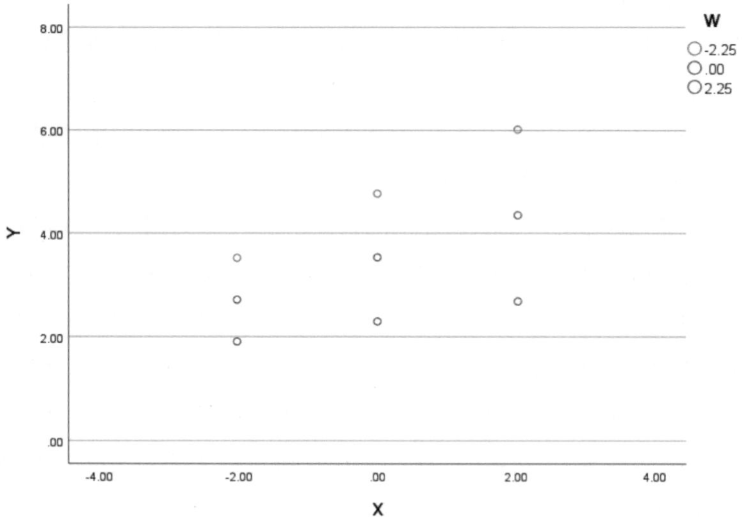

[그림 21-6]은 3개의 우상향 직선을 보여준다. 위에 있는 세 점을 연결하는 직선은 조절변수(가족지원)의 값이 평균보다 표준편차만큼 낮은 수준일 때($W = -2.25$), 고용불안정(X)과 우울(Y) 간의 관계를 나타낸다. 중간에 있는 세 점을 연결하는 직선은 가족지원이 평균일 때($W = 0$), 고용불안정과 우울 간의 관계를 나타낸다. 아래에 있는 세 점을 연결하는 직선은 가족지원이 평균보다 표준편차만큼 높은 수준일 때($W = 2.25$), 고용불안정과 우울 간의 관계를 나타내는데 통계적으로 유의하지 않다. 이러한 세 가지 직선들을 통해서 대체로 가족지원이 정도가 높아지면 고용불안정과 우울의 관계에 미치는 가족지원의 조절효과(기울기)가 낮아짐을 알 수 있다.

[그림 21-6]은 조절변수(가족지원)에 대해 표준편차를 기준으로 세 가지 특정 값을 설정한 후 독립변수(고용불안정)의 조건부효과를 나타내는 그래프이다. 이러한 그래프보다 자세한 분석은 존슨-네이먼 기법(Johnson-Neyman technique)의 결과를 통해 알 수 있다. 〈표 21-2〉의 박스ⓓ 에서 존슨-네이먼 기법에 의한 조절변수의 유의영역은 (평균중심화된) 조절변수의 최솟값(-2.6750)에서 최댓값(3.3250) 사이의 22개의 값을 대상으로 유의영역을 계산한다. 이러한 22개의 값 중에서 신뢰구간의 하한값(LLCI)과 상한값(ULCI) 사이에 0이 없으면 유의영역으로 간주하는데, 조절변수의 값이 2.1268 이하인 영역에서만 신뢰구간에 0이 포함되지 않는다. 이는 표본의 72.5%가 유의영역에 해당한다는 것을 의미한다. 박스 ⓓ에 있는 'focal predictor'는 조절변수가 아닌 독립변수인 X(고용불안정)를 의미한다.

박스 ⓕ에서 붓스트랩 방법에 의한 회귀계수 추정치와 붓스트랩 95% 신뢰구간을 볼 수 있다. 붓스트랩 방법을 사용하는 경우 추정된 회귀모형은 식 (21-4)와 같다.

$$\hat{Y} = 3.5332 + .4047X - .5510W - .0948XW \tag{21-4}$$

여기서 X, W, XW, Y는 평균중심화한 변수를 사용했다. 절편 β_0에 대한 95% 붓스트랩 신뢰구간은 (3.2170, 3.8519)이다. 회귀계수 β_1에 대한 95% 붓스트랩 신뢰구간은 (.2612, .5492)이다. 회귀계수 β_2에 대한 95% 붓스트랩 신뢰구간은 (−.6827, −.3971)이다. 상호작용항의 회귀계수 β_3에 대한 95% 붓스트랩 신뢰구간은 (−.1679, −.0139)이다. 붓스트랩 방법을 사용하지 않은 경우와 비교할 때 통계적 유의성에 대한 주요 결과는 변동이 없고 회귀계수 추정치와 신뢰구간에 약간 차이가 있다.

붓스트랩 방법을 통한 조절효과의 분석결과를 보고할 때 분석에 사용된 프로그램을 기술해야 한다. 그리고 자료에 대해서는 원점수를 이용했는지 또는 평균중심화를 사용했는지 기술한다. 연구가설이 채택되는 경우 그 의미를 기술해야 한다. 그리고 효과를 설명할 때 회귀계수가 비표준회귀계수인지 표준회귀계수인지 기술해야 한다. 조절효과를 분석할 때 PROCESS를 사용하는 경우 분석결과의 모든 회귀계수는 비표준회귀계수라는 것을 유념해야 한다.

요약

- 조절변수는 독립변수와 종속변수 간 관계의 방향과 크기에 영향을 주는 변수를 뜻한다. 조절효과란 조절변수의 값에 따라 독립변수와 종속변수 간의 관계의 방향 또는(그리고) 크기가 달라지는 것을 뜻한다.
- 조절효과의 모형은 개념적 모형과 통계적 모형으로 구분할 수 있다. 조절효과의 개념적 모형은 변수 간의 인과관계에 대한 직관적 이해에 도움을 준다. 조절효과의 통계적 모형은 상호작용항을 포함하며 회귀분석을 실시할 때 회귀계수를 통해 각 변수가 종속변수에 미치는 효과의 방향과 크기를 이해하는 데 유용하다.
- 연속형 조절변수의 경우 조절효과의 유형은 강화효과, 완화효과, 방해효과로 분류할 수 있다. 범주형 조절변수의 경우 조절효과의 유형은 존재효과와 경쟁효과로 분류할 수 있다.
- 조절효과 분석의 절차는 조절변수의 선정, 조절효과에 대한 가설의 설정, 조절효과 분석 방법의 선택, 조절효과의 통계적 유의성 검정 등을 거친다.
- 조절변수는 학문적 관점 또는 실무적 관점에서 의미가 있어야 한다. 조절변수로는 선천적 속성, 안정적 특성, 잘 변하지 않는 맥락적 환경 등이 선정된다.
- 조절효과에 대한 가설은 방향성이 있는 가설로 설정하는 것이 바람직하다.
- 조절효과는 회귀분석과 구조방정식모형에 의해 분석할 수 있다. 회귀분석에 의해 조절효과를 분석하는 경우 여러 항목으로 측정된 요인은 단일변수의 값(요인점수)으로 만들어야 한다.
- 조절효과의 통계적 유의성을 검정하는 방법은 두 가지 접근이 가능하다. 하나는 t-검정으로 회귀식에 상호작용항의 계수가 통계적으로 유의한지 검정한다. 다른 하나는 F-검정으로 상호작용항이 있는 회귀모형의 R^2과 상호작용항이 없는 회귀모형의 R^2의 차이가 통계적으로 유의한지 검정한다. 상호작용항의 계수가 통계적으로 유의하면 조절효과를 자세히 살펴보기 위해 두 가지 방법을 사용할 수 있다. 하나는 조절변수의 특정 값을 기준으로 조절효과를 보는 것이다. 조절변수의 특정값을 선택하는 방법으로는 백분위를 기준으로 하는 방법과 표준편차를 기준으로 하는 방법이 있다. 다른 하나는 유의영역 접근법으로 조절변수의 전체 영역 중에서 조절효과가 통계적으로 유의하게 나타나는 영역을 확인하는 것이다.
- 조절효과 분석을 할 때 평균중심화를 고려해야 한다. 평균중심화 여부에 따라 회귀계수의 해석은 다르다.

제22장

붓스트랩 방법의 활용: 매개효과 분석

1. 매개변수와 매개효과
2. 매개모형의 유형
3. 매개효과 분석에서 고려할 사항
4. 매개효과 분석 방법
5. 헤이즈의 방법에 의한 단일매개 모형의 분석: PROCESS의 활용
6. 헤이즈의 방법에 의한 다중독립 모형의 분석: PROCESS의 활용
7. 다양한 유형의 매개효과 분석

1 매개변수와 매개효과

매개변수(mediator; mediating variable)란 독립변수가 종속변수에 영향을 미치는 관계에 있어서 중간의 역할을 하는 변수이다. [그림 22-1]은 총효과 모형을 나타내고, [그림 22-2]는 매개효과 모형을 나타낸다. 여기서 독립변수는 X, 종속변수는 Y, 매개변수는 M으로 표기되어 있다. 독립변수(X)가 종속변수(Y)에 미치는 영향력의 크기는 독립변수가 직접적으로 종속변수에 미치는 영향력의 크기인 직접효과(direct effect)와 독립변수가 매개변수(M)를 통해 간접적으로 종속변수에 미치는 영향력의 크기인 간접효과(indirect effect)로 구분한다. 직접효과와 간접효과의 합은 총효과(total effect)라고 한다.

그림 22-1 총효과 모형

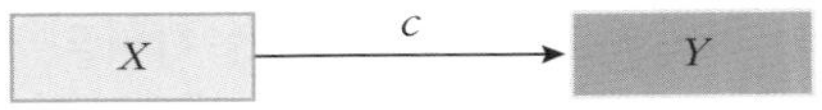

그림 22-2 매개효과 모형

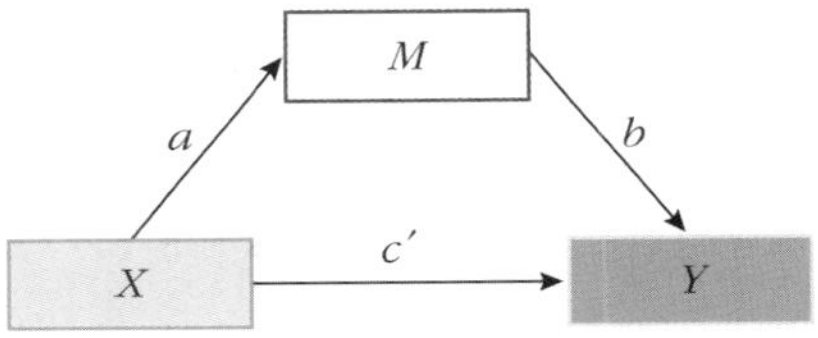

과거에는 독립변수가 종속변수에 직접적으로 영향을 미치면서 매개변수를 통해 간접적으로 영향을 미치는 경우의 매개변수를 부분매개변수라고 하였다. 그리고 독립변수가 종속변수에 직접적으로 영향을 미치는 않지만 매개변수를 통해 간접적으로 영향을 미치는 경우의 매개변수를 완전매개변수라고 하였다.[19] 이와 같은 완전매개와 부분매개의 개념은 총효과가 통계적으로 유의하다는 가정에 근거한다. 그러나 총효과가 없는 경우에도 간접효과가 존재하는 경우가 있다.[58] 이에 따라 완전매개와 부분매개 대신에 다음과 같은 개념이 제시되고 있다.[90] 첫째, 보충매개(complementary mediation)는 매개효과(ab)와 직접효과(c')가 모두 존재하고 방향이 일치하는 경우에 해당한다. [그림 22-2]에서 a와 b를 곱한 것은 매개효과(mediating effect)이고 c'은 직접효과를 나타낸다. 둘째, 경쟁매개(competitive mediation)는 매개효과(ab)와 직접효과(c')가 모두 존재하고 방향이 불일치하는 것을 말한다. 셋째, 간접효과만 있는 매개(indirect-only mediation)는 매개효과는 있으나 직접효과가 없는 것을 말한다. 넷째, 직접효과만 있는 비매개(direct-only mediation)는 매개효과는 없고 직접효과만 있는 것을 말한다. 다섯째, 무효과 비매개(no-effect nonmediation)는 매개효과와 직접효과가 모두 없는 것을 말한다.

매개효과가 있다는 것은 독립변수가 매개변수에 영향을 주고 매개변수가 종속변수에 영향을 주는 간접효과가 통계적으로 유의함을 의미한다. 예를 들면 나이가 체중에 영향을 주고 체중이 혈당에 영향을 준다면, 체중은 매개효과가 있는 것이다. 매개효과 분석은 매개변수가 효과가 통계적으로 유의한가를 검정하는 것이다. 매개효과 분석은 기존 연구를 통합하는 도구로서의 역할도 한다.[14] 예를 들면, $A \rightarrow B \rightarrow C$의 인과관계를 분석한 선행 연구와 $D \rightarrow B$의 인과관계를 분석한 선행 연구가 존재하는 경우 이러한 두 연구를 통합하여 A와 D가 B에 동시에 영향을 주고 B는 C에 영향을 주는 인과관계가 존재하는지 매개효과 분석을 할 수 있다.

2 매개모형의 유형

매개효과 모형 또는 매개모형에는 다양한 유형이 있는데 대표적인 유형을 들자면 다음과 같다.[14] 첫째, 단일매개모형(single mediator model)을 들 수 있다. 이는 하나의 독립변수와 하나의 종속변수 사이에 하나의 매개변수만 있는 모형으로 [그림 22-3]에 나타난 바와 같다.

그림 22-3 단일매개모형

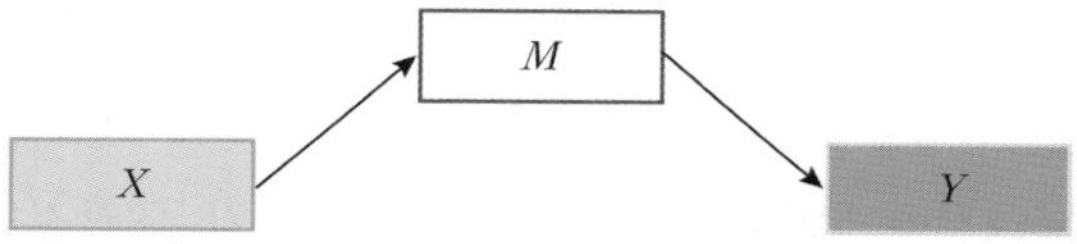

둘째, 다중매개모형(multiple mediator model)을 들 수 있다. 이는 독립변수와 종속변수 사이에 여러 개의 매개변수가 있는 모형이다. 다중매개모형은 다시 평행(parallel) 다중매개모형과 연속(serial) 다중매개모형으로 구분된다.

그림 22-4 평행 다중매개모형

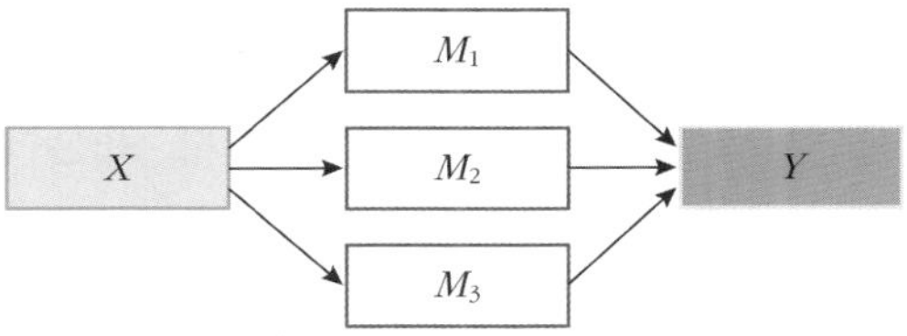

그림 22-5 연속 다중매개모형

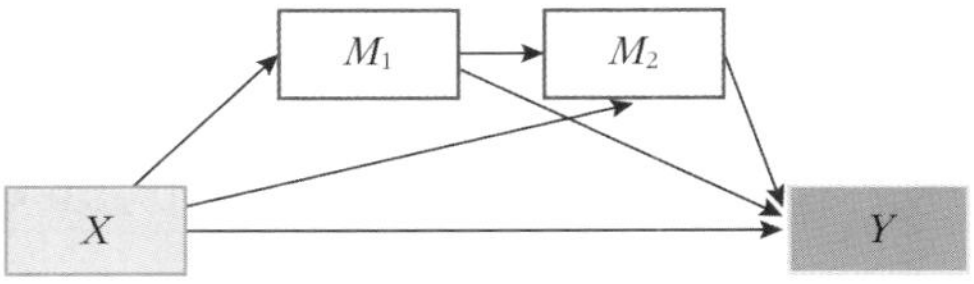

셋째, 다중독립모형(multiple X model)을 들 수 있다, 이는 독립변수가 두 개 이상 있는 모형이다. 넷째, 다중종속모형(multiple Y model)을 들 수 있다. 이는 종속변수가 두 개 이상 있는 모형이다. 이 외에도 다양한 매개모형이 존재한다.

그림 22-6 다중독립모형

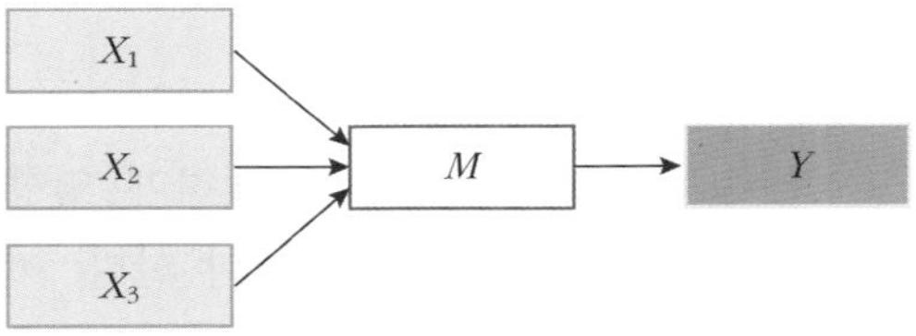

그림 22-7 다중종속모형

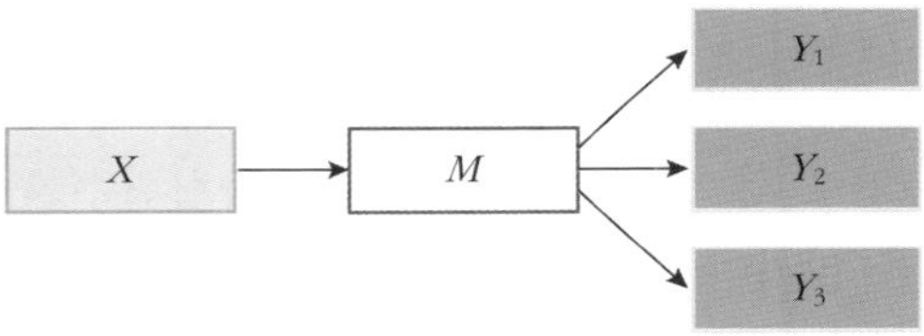

3 매개효과 분석에서 고려할 사항

매개효과가 존재하기 위한 전제조건으로 독립변수와 종속변수 간에 통계적으로 유의한 관계를 주장하는 연구자도 있으나 일반적인 견해는 독립변수와 종속변수 간에 유의적인 관계가 없어도 매개효과가 있을 수 있다는 것이다. 그리고 매개변수는 독립변수와 종속변수 간의 관계를 설명하는데 있어서 이론적 근거가 있어야 한다. 그러나 이론적 근거가 부족해도 A가 B에 영향을 준다는 선행연구와 B가 C에 영향을 준다는 선행연구가 있다면 변수 B의 매개효과를 검정할 수 있는 근거가 될 수 있다.[14]

4 매개효과 분석 방법

매개효과 분석은 회귀분석 또는 구조방정식모형 분석을 통해 이뤄질 수 있다. 표본이 크고 여러 항목으로 측정된 변수가 사용된 경우 구조방정식모형 분석이 적절하다. 반면에 표본이 작고 단일 항목으로 측정된 변수가 사용되는 경우 붓스트랩 방법을 활용하는 회귀분석이 적절하다.[14] 회귀분석에 의해 매개효과를 분석하는 방법은 선행 분석방법의 문제점을 보완하는 방향으로 발전되어 왔다. 구체적으로 배런과 케니(Baron & Kenny)의 방법, 소벨 검정(Sobel test)의 방법, 붓스트랩 방법을 활용한 헤이즈(Hayes)의 방법으로 진화되었다. [그림 22-1]의 총효과 모형과 [그림 22-2]의 매개효과 모형을 통해 매개효과 분석의 세 가지 방법을 설명하고 비교하고자 한다.

1 배런과 케니의 방법

배런과 케니의 방법은 세 번의 회귀분석을 통해 매개효과를 검정한다.[36] 첫째, [그림 22-1]의 총효과 모형에서는 독립변수(X)가 종속변수(Y)에 통계적으로 유의하게 영향을 미쳐야 한다. 즉 '$\widehat{Y} =$ 절편$_1 + cX$'의 회귀식에서 c가 통계적으로 유의해야 한다. 여기서 c의 값은 총효과를 나타낸다. 둘째, [그림 22-2]의 매개효과 모형에서는 독립변수(X)가 매개변수(M)에 통계적으로 유의하게 영향을 미쳐야 한다. 즉, '$\widehat{M} =$ 절편$_2 + aX$'의 회귀식에서 a가 통계적으로 유의해야 한다. 셋째, [그림 22-2]의 매개효과 모형에서 독립변수(X)와 매개변수(M)가 함께 종속변수(Y)에 영향을 미치는 회귀식($\widehat{Y} =$절편$_3 + bM + c'X$)에서 b는 통계적으로 유의하고 c'는 c보다 작아야 한다. 여기서 c'의 값은 직접효과를 나타낸다. 다시 말하자면, 독립변수와 매개변수가 있는 회귀모형에서 나타난 독립변수의 효과(표준회귀계수)는 독립변수만 있는 회귀모형에서 나타난 독립변수의 효과(표준회귀계수)보다 작아야 한다.

이러한 세 번의 회귀분석을 통해 얻은 회귀계수 a와 b가 통계적으로 유의하고 c'가 통계적으로 유의하지 않으면 완전매개로 판단하고, 회귀계수 a, b, c'가 모두 통계적으로 유의하면 부분매개로 판단한다. 즉, 배런과 케니의 방법에 따르면 완전매개모형은 총효과가 간접효과(ab)로만 이루어진 경우를 말하고 부분매개모형은 총효과가 간접효과(ab)와 직접효과(c')로 이루어진 경우를 말한다.

그러나 배런과 케니의 방법은 다음과 같은 문제점을 갖는다.[58] 첫째, 배런과 케니의 방법은 매개효과(간접효과)가 통계적으로 유의한지 직접적으로 검정하는 것이 아니고, 여러 검정 결과를 토대로 간접적으로 매개효과에 대한 판단을 내리는 것이다. 둘째, 이 방법은 세 개의 가설을 순차적으로 검정해서 매개효과에 대한 판단을 내리기 때문에 오류의 가능성이 높다. 이는 검정해야 할 가설의 수가 많을수록 제1종 오류의 가능성이 상승하기 때문이다. 따라서 간접효과가 있을 때 그것을 탐지할 능력이 낮아진다. 셋째, 독립변수가 종속변수에 통계적으로 유의한 영향을 미쳐야 한다는 조건(총효과가 통계적으로 유의해야 한다는 조건)을 만족시켜야 매개효과를 검정할 수 있다는 배런과 케니의 방법은 부적절하다. 예를 들어 X와 Y 사이를 매개하는 변수가 두 개가 있는 경우 한 매개변수를 통한 매개효과는 양(+)의 효과이고 다른 매개변수를 통한 매개효과는 음(−)의 효과이면 두 효과가 상쇄되어 Y에 대한 X의 총효과는 유의하지 않을 수 있다. 이러한 문제점들로 인해 연구결과의 타당성 측면에서 배런과 케니의 방법은 피하는 것이 바람직하다.

2 소벨 검정의 방법

배런과 케니의 방법과는 달리 소벨 검정은 간접적으로 매개효과를 검정하는 것이 아니라 직접적으로 그 효과의 크기를 산출하고 통계적으로 유의성을 검정한다.[79] 소벨 검정은 [그림 22-1]의 총효과모형은 고려하지 않고 [그림 22-2]의 매개효과 모형만을 추정한다. [그림 22-2]에 있는 독립변수(X)가 매개변수(M)에 영향을 미치는 회귀모형에서 회귀계수 a와 함께 a의 표준오차인 SE_a를 얻는다. 그리고 독립변수(X)와 매개변수(M)가 종속변수(Y)에 영향을 미치는 회귀모형에서 회귀계수 b와 함께 b의 표준오차인 SE_b를 얻는다.

소벨 검정은 a와 b의 곱으로 매개효과를 정의하고 귀무가설($H_0 : ab = 0$)에 대한 검정을 하는 것이다. 소벨 검정에서 사용되는 검정통계량은 다음과 같다.

$$z = \frac{ab}{\sqrt{a^2 SE_b^2 + b^2 SE_a^2}} \qquad (22\text{-}1)$$

자료로부터 계산된 z의 절댓값이 1.96 이상이면 유의수준 .05에서 매개효과는 통계적으로 유의적인 것으로 판단한다

소벨 검정을 위한 계산기를 얻기 위해서 구글에서 'Soper's Sobel calculator'라는 검색어를 입력하면 [그림 22-8]의 소벨 검정 계산기가 나오는 사이트가 나온다. 이 사이트에 a, SE_a, b, SE_b의 값을 각각 넣으면 검정통계량 z의 값과 유의확률이 나타난다. 이 계산기에서 z의 절댓값은 1.96 이상이고 유의확률은 .05 이하이면 간접효과가 없다는 귀

무가설($H_0 : ab = 0$)을 기각한다.

그림 22-8 소벨 검정 계산기

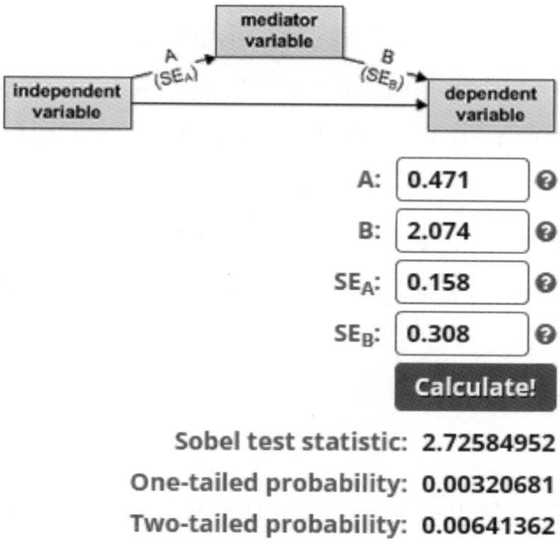

소벨 검정의 방법도 문제점이 존재한다. 소벨 검정은 매개효과의 통계적 유의성을 검정할 때 ab 값의 분포가 정규분포를 따른다는 가정을 전제로 한다. 그러나 매개효과의 분포는 비대칭 분포를 보이는 경향이 있다. 즉 a와 b는 각각 정규분포를 따르더라도 ab의 분포는 정규분포를 따르지 않을 수 있다는 것이다.[74] 소벨 검정의 이러한 문제점을 보완하는 방법으로 붓스트랩 방법을 활용한 헤이즈의 방법이 사용된다.

3 헤이즈의 방법

전통적으로 사용되었던 배런과 케니의 방법과 소벨 검정에서 한계점이 발견되면서 붓스트래핑(bootstrapping)을 활용하는 헤이즈의 방법이 등장했다.[58, 59] 이 방법은 소벨 검정과 마찬가지로 [그림 22-1]의 총효과모형은 고려하지 않고 [그림 22-2]의 매개효과 모형만을 추정한다. 즉, 다음과 같은 두 개의 회귀식을 추정한다.

$$\widehat{M} = \text{절편}_2 + aX \tag{22-2}$$

$$\widehat{Y} = \text{절편}_3 + bM + c'X \tag{22-3}$$

매개효과 분석을 위해 식 (22-2)와 식 (22-3)에서 얻은 a와 b의 값을 토대로 Sobel 검정이 아닌 붓스트래핑을 통해 ab의 통계적 유의성을 판단한다.

5 헤이즈의 방법에 의한 단일매개모형의 분석: PROCESS의 활용

매개효과 분석에서 붓스트랩 방법을 활용하려면 PROCESS라는 프로그램을 사용해야 한다. PROCESS의 장점은 간접효과를 변수별로 모두 분해하기 때문에 각 변수의 매개효과를 개별적으로 검정할 수 있다는 점이다.[26]

1 실행 절차

[그림 22-2]의 매개효과모형에서 독립변수는 나이, 매개변수는 체중, 종속변수는 혈당으로 설정하기로 하자. 그리고 [그림 22-9]와 같은 PROCESS 대화창에서 다음과 같이 종속변수(Y variable)의 칸에 '혈당', 독립변수(X variable)의 칸에 '나이', 매개변수(mediator M)의 칸에 ,'체중'을 넣는다. 그리고 모형 번호(Model number)는 4로 설정한다.

그림 22-9 PROCESS 대화창

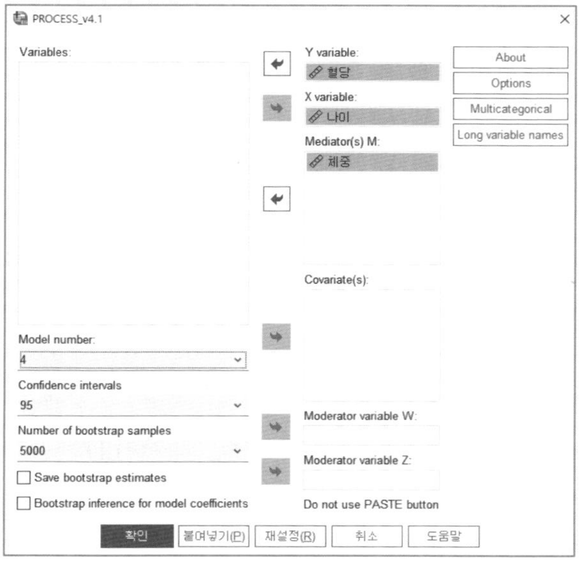

[그림 22-9]의 왼쪽에 있는 [options]을 누르면 [그림 22-10]의 옵션 창이 나타난다.

그림 22-10 **옵션 창**

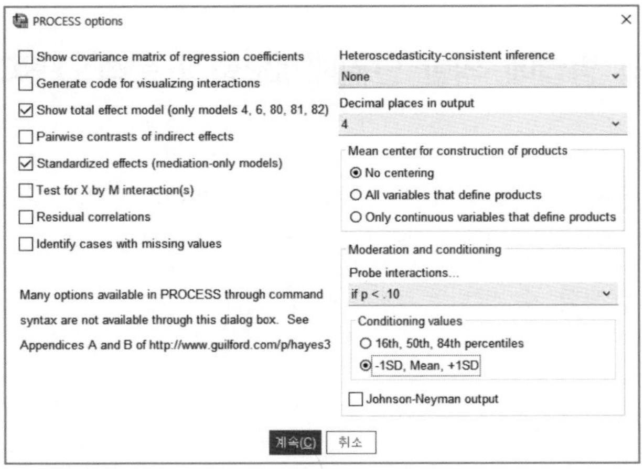

[그림 22-10]의 옵션 창에 나타난 바와 같이 [Show total effect model(only models 4, 6, 80, 81, 82)]과 [standardized effects(mediation-only models)]에 체크 표시를 하고 [계속]을 누른 후 다시 [그림 22-9]의 창으로 가서 [확인]을 누르면 분석결과가 나타난다.

2 결과 해석

〈표 22-1〉의 분석결과의 이해를 돕기 위해 원래 출력결과인 〈표 22-1〉에서 중요한 부분을 굵은 글씨체로 표시하고 [그림 22-1]의 총효과(c), [그림 22-2]의 간접효과(ab)와 직접효과(c')를 추가하여 중괄호 안에 넣었다.

〈표 22-1〉 PROCESS에 의한 분석결과

OUTCOME VARIABLE:
체중[= M]

Model Summary

R	R-sq	MSE	F	df1	df2	p
.4904	.2405	172.1788	8.8655	1.0000	28.0000	.0059

```
Model
              coeff        se          t          p        LLCI       ULCI
constant     52.6007     7.6182     6.9046      .0000     36.9951    68.2064
나이[= X]     .4708[=a]   .1581      2.9775      .0059      .1469      .7947

Standardized coefficients
           coeff
나이        .4904

**************************************************************************
OUTCOME VARIABLE:
 혈당

Model Summary
          R       R-sq        MSE          F        df1        df2          p
      .9590      .9196   497.1425   154.4433     2.0000    27.0000      .0000

Model
              coeff        se          t          p        LLCI       ULCI
constant   -175.3124    21.2813    -8.2379      .0000   -218.9793  -131.6456
나이[=X]     2.0742[=c']  .3083     6.7277      .0000      1.4416     2.7069
체중[=M]     3.4845[=b]   .3211    10.8509      .0000      2.8256     4.1434

Standardized coefficients
           coeff
나이        .4212
체중        .6794
************************ TOTAL EFFECT MODEL ************************
OUTCOME VARIABLE:
 혈당[=Y]

Model Summary
          R       R-sq        MSE          F        df1        df2          p
      .7544      .5691  2569.9270    36.9760     1.0000    28.0000      .0000

Model
              coeff        se          t          p        LLCI       ULCI
constant      7.9744    29.4323      .2709      .7884    -52.3167    68.2655
나이[=X]      3.7148[=c]   .6109     6.0808      .0000      2.4634     4.9663

Standardized coefficients
             coeff
```

```
나이        .7544

************* TOTAL, DIRECT, AND INDIRECT EFFECTS OF X ON Y *************
```

ⓐ Total effect of X on Y

Effect	se	t	p	LLCI	ULCI	c_cs
3.7148[=c]	.6109	6.0808	.0000	2.4634	4.9663	.7544

ⓑ Direct effect of X on Y

Effect	se	t	p	LLCI	ULCI	c'_cs
2.0742[=c']	.3083	6.7277	.0000	1.4416	2.7069	.4212

ⓒ Indirect effect(s) of X on Y:

	Effect	BootSE	BootLLCI	BootULCI
체중	**1.6406[=ab]**	.6128	**.6005**	**3.0027**

ⓓ Completely standardized indirect effect(s) of X on Y:

	Effect	BootSE	**BootLLCI**	**BootULCI**
체중	**.3332**	.0983	**.1367**	**.5245**

(1) 총효과와 직접효과

분석결과의 박스 안에 있는 ⓐ 부분은 총효과를 나타낸다. 나이(X)가 혈당(Y)에 미치는 총효과(c)는 3.7148로 나타났으며 유의확률는 .0000이다. ⓑ 부분은 직접효과를 나타낸다. 나이(X)가 혈당(Y)에 미치는 직접효과(c')는 2.0742로 나타났으며 유의확률은 .0000이다.

(2) 간접효과

ⓒ 부분은 간접효과를 나타낸다. 나이(X)가 혈당(Y)에 미치는 간접효과(ab)는 1.6406으로 나타났다. 그리고 유의확률은 .05 이하임을 알 수 있다. 이는 95% 붓스트랩 신뢰구간인 (.6005, 3.0027) 안에 0이 포함되지 않는 것에 의해서 알 수 있다. 여기서 간접효과는 나이가 한 단위(한 살) 많으면 나이(X)가 체중(M)을 경유해 혈당(Y)은 1.6406만큼 높다는 것으로 해석할 수 있다. 이는 비표준회귀계수에 입각하여 해석한 것이다.

간접효과의 통계적 유의성뿐만 아니라 효과의 크기도 중요하다. ⓓ 부분은 간접효과의 크기를 나타낸다. 간접효과의 크기는 완전표준화 간접효과(completely standardized indirect effect)를 통해 나타낼 수 있다. 완전표준화는 Y는 Y의 표준편차로, X는 X의 표준편차로 효과를 수정한 것이다. 완전표준화 간접효과(completely standardized indirect effect of X on Y)는 0.3332로 나타났다. 이것이 의미하는 바는 어떤 사람의 나이가 표준편차만큼 많으면 나이(*X*)가 체중(*M*)을 경유해 혈당(*Y*)은 .3332 표준편차만큼 높다는 것이다. 기술통계를 통해 표본에 있는 나이의 표준편차와 혈당의 표준편차의 값을 구한 후 해석에 대입하면 보다 구체적이고 자연스러운 해석이 이뤄질 것이다.

3 매개효과와 간접효과의 차이

일반적으로 매개효과와 간접효과는 호환하여 사용되는데, 중요한 차이가 있다. 매개효과는 매개변수가 하나만 있는 간접효과의 특수한 경우에 해당한다. 매개효과가 있다는 결론을 내리기 위해서는 $X \rightarrow Y$의 총효과가 있다는 것을 가정한다. 간접효과의 경우에는 이러한 총효과의 가정이 필요하지 않다. 총효과가 유의하지 않은 경우에도 간접효과는 유의할 수 있다. 매개효과는 총효과의 검토를 통해 판단해야 한다.[74] 결론적으로 매개효과라는 용어를 쓰기 위해서는 총효과가 있어야 하는 반면, 총효과가 없는 경우에는 간접효과라는 용어를 쓰는 것이 적절하다.[14] 이를 〈표 22-1〉의 분석결과에 적용하면, 총효과가 유의하고 매개변수가 한 개만 있으므로 간접효과뿐만 아니라 매개효과도 있음을 알 수 있다.

6 헤이즈의 방법에 의한 다중독립모형의 분석: PROCESS의 활용

1 연구문제

연구모형은 [그림 22-11]과 같은 형태를 가진다. 연구자가 미디어 산업에 속한 기업들을 대상으로 기업의 수익성과 관련된 인과경로를 파악하고자 한다고 가정하자. X1은 기업의 활동성, X2는 기업의 유동성, M은 기업의 안정성, Y는 기업의 수익성을 나타낸다고 하자. 구체적으로 X1은 기업의 활동성을 재무비율로 자기자본회전율, X2는 기업의 유동성을 나타내는 유동비율, M은 기업의 안정성을 나타내는 부채비율, Y는 기업의 수익성을 나타내는 총자산순이익율로 각각 측정했다고 하자.

그림 22-11 다중독립모형: 독립변수가 두 개인 경우

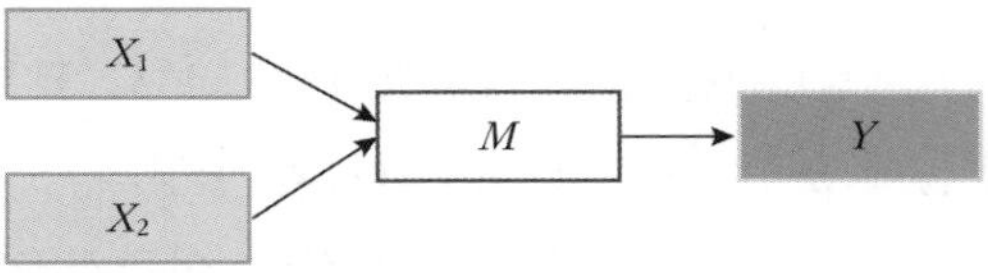

2 자료 입력

독립변수가 두 개 있는 매개모형의 분석을 위한 자료의 입력은 〈표 22-2〉에 나타난 바와 같이 입력한다. 통상적인 회귀분석에서 하는 자료의 입력과 거의 같지만 매개변수(M)가 있다는 점에서 차이를 보인다.

〈표 22-2〉 자료

	기업명	Y	X2	M	X1
1	Comcast	1.85	78.27	215.18	135.58
2	Thomson Reuters	6.10	57.47	82.68	51.53
3	BCE	4.30	56.56	207.92	106.36
4	Naspers	29.63	334.64	42.27	17.45
5	WBD	-8.66	93.22	176.50	110.19
6	Rogers Communication	3.44	294.44	451.48	129.02
7	Fox Corporation	5.47	360.67	95.03	124.21
8	Paramount Global	2.07	122.72	147.37	129.48

⋮

3 실행 절차

독립변수가 2개인 모형을 분석하기 위해서는 두 번의 분석을 한다. 첫째, [그림 22-12]와 같은 PROCESS 대화창에서 종속변수(Y variable)의 칸에 'Y', 독립변수(X variable)의 칸에 'X1', 매개변수(mediator M)의 칸에 'M', 다른 독립변수인 X2는 공변량(Covariate)의 칸에 넣는다. 둘째, 종속변수의 칸에 'Y', 독립변수의 칸에 'X2', 매개변수의 칸에 'M', 다른 독립변수인 X1은 공변량(Covariate)의 칸에 넣는다. 그리고 모형 번호(Model number)는 4로 설정한다.

그림 12-12 PROCESS 대화창

같은 맥락에서 독립변수가 3개인 모형을 분석하려면 세 번의 분석을 한다. 첫 번째 분석에서 X1은 독립변수로 설정하고, 나머지 독립변수들인 X2와 X3는 공변량(통제변수)으로 설정한다. 두 번째 분석에서 X2는 독립변수로, X1와 X3는 공변량으로 설정한다. 세 번째 분석에서 X3은 독립변수로, X1와 X2는 공변량으로 설정한다. 역시 모형번호는 4로 설정한다.

[그림 22-12]의 [options]를 눌러서 [그림 22-13]의 옵션 창이 나타나면 [Show total effect model(only models 4, 6, 80, 81, 82)], [Pairwise contrasts of indirect effects], [standardized effects(mediation-only models)]에 각각 체크 표시를 하고 [계속]을 누른 후 다시 [그림 22-12]의 창으로 가서 [확인]을 누르면 분석결과가 나타난다.

그림 22-13 옵션 창

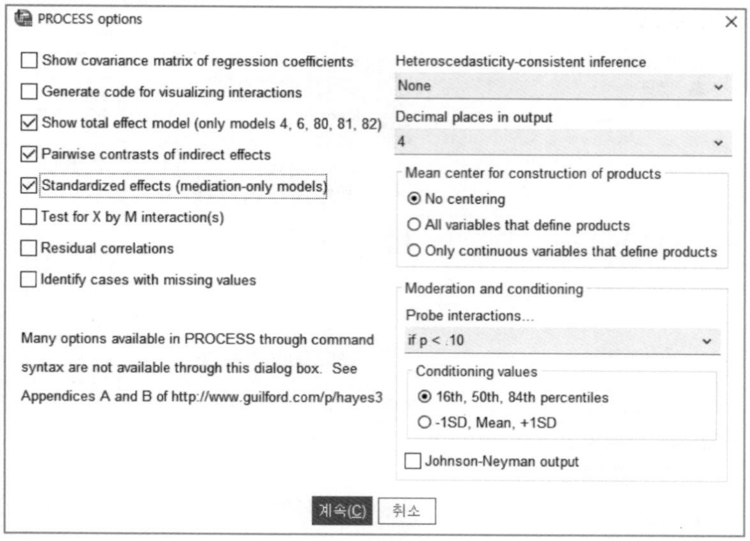

4 결과 해석

〈표 22-3〉 PROCESS에 의한 분석결과: X1을 독립변수, X2를 공변량으로 설정한 경우

```
Model  : 4
    Y  : Y
    X  : X1
    M  : M

Covariates:
 X2

Sample
Size:  63

**************************************************************************
OUTCOME VARIABLE:
 M

Model Summary
          R       R-sq        MSE           F        df1         df2          p
      .9636      .9286 29753.9515    389.9806     2.0000     60.0000      .0000
```

Model

	coeff	se	t	p	LLCI	ULCI
constant	-71.5024	35.1449	-2.0345	.0463	-141.8030	-1.2018
X1	**1.6313**	.0589	27.6915	**.0000**	**1.5135**	**1.7492**
X2	.0708	.1270	.5576	.5792	-.1832	.3248

Standardized coefficients

	coeff
X1	.9663
X2	.0195

****
OUTCOME VARIABLE:
Y

Model Summary

R	R-sq	MSE	F	df1	df2	p
.3064	.0939	227.9791	2.0374	3.0000	59.0000	.1184

Model

	coeff	se	t	p	LLCI	ULCI
constant	-3.9414	3.1807	-1.2391	.2202	-10.3060	2.4232
X1	**.0436**	.0191	2.2755	**.0265**	**.0053**	**.0819**
M	**-.0255**	.0113	-2.2567	**.0277**	**-.0481**	**-.0029**
X2	.0127	.0111	1.1414	.2583	-.0096	.0350

Standardized coefficients

	coeff
X1	1.0588
M	-1.0464
X2	.1434

************************** TOTAL EFFECT MODEL **************************
OUTCOME VARIABLE:
Y

Model Summary

R	R-sq	MSE	F	df1	df2	p
.1251	.0157	243.5294	.4773	2.0000	60.0000	.6228

Model

	coeff	se	t	p	LLCI	ULCI
constant	-2.1179	3.1795	-.6661	.5079	-8.4780	4.2421
X1	.0020	.0053	.3674	.7146	-.0087	.0126
X2	.0109	.0115	.9501	.3459	-.0121	.0339

Standardized coefficients

	coeff
X1	.0476
X2	.1231

************* TOTAL, DIRECT, AND INDIRECT EFFECTS OF X ON Y *************

Total effect of X on Y

Effect	se	t	p	LLCI	ULCI	c_cs
.0020	.0053	.3674	**.7146**	**-.0087**	**.0126**	.0476

Direct effect of X on Y

Effect	se	t	p	LLCI	ULCI	c'_cs
.0436	.0191	2.2755	**.0265**	**.0053**	**.0819**	1.0588

Indirect effect(s) of X on Y:

	Effect	BootSE	BootLLCI	BootULCI
M	**-.0416**	.0169	**-.0774**	**-.0118**

Completely standardized indirect effect(s) of X on Y:

	Effect	BootSE	BootLLCI	BootULCI
M	-1.0112	.5400	-2.1463	-.2018

********************* ANALYSIS NOTES AND ERRORS *********************

Level of confidence for all confidence intervals in output:
95.0000

Number of bootstrap samples for percentile bootstrap confidence intervals:
5000

〈표 22-3〉을 보면 $X1 \rightarrow Y$의 경로에서 직접효과는 .0436으로 나타났고 통계적으로 유의하다($p = .0265$). 이는 붓스트랩 95% 신뢰구간의 하한값 .0053과 상한값 .0819의 사이에 0이 없음을 통해서도 확인된다. $X1 \rightarrow M \rightarrow Y$의 경로에서 간접효과는 −.0416이고

통계적으로 유의하다. 이는 붓스트랩 95% 신뢰구간의 하한값 −.0744와 상한값 −.0118의 사이에 0이 없음을 통해서 확인된다. 간접효과의 크기는 1.6313 × (−.0255) = −.0416에 의해 계산될 수 있다. 직접효과와 간접효과를 합친 총효과는 .0020[=.0436+(−.0416)]으로 나타났으나 통계적으로 유의하지 않다(p = .7146). 이는 붓스트랩 95% 신뢰구간의 하한값 −.0087과 상한값 .0126의 사이에 0이 있음을 통해서도 확인된다.

〈표 22-4〉 PROCESS에 의한 분석결과: X2를 독립변수, X1을 공변량으로 설정한 경우

```
Model  : 4
    Y  : Y
    X  : X2
    M  : M

Covariates:
 X1

Sample
Size:  63

**************************************************************************
OUTCOME VARIABLE:
 M

Model Summary
          R       R-sq        MSE          F        df1        df2          p
      .9636      .9286 29753.9515   389.9806     2.0000    60.0000      .0000

Model
              coeff         se          t          p       LLCI       ULCI
constant   -71.5024    35.1449    -2.0345      .0463  -141.8030    -1.2018
X2            .0708      .1270      .5576      .5792     -.1832      .3248
X1           1.6313      .0589    27.6915      .0000     1.5135     1.7492

Standardized coefficients
         coeff
X2       .0195
X1       .9663

**************************************************************************
OUTCOME VARIABLE:
 Y
```

Model Summary

R	R-sq	MSE	F	df1	df2	p
.3064	.0939	227.9791	2.0374	3.0000	59.0000	.1184

Model

	coeff	se	t	p	LLCI	ULCI
constant	-3.9414	3.1807	-1.2391	.2202	-10.3060	2.4232
X2	**.0127**	.0111	1.1414	**.2583**	**-.0096**	**.0350**
M	-.0255	.0113	-2.2567	.0277	-.0481	-.0029
X1	.0436	.0191	2.2755	.0265	.0053	.0819

Standardized coefficients

	coeff
X2	.1434
M	-1.0464
X1	1.0588

************************* TOTAL EFFECT MODEL *************************

OUTCOME VARIABLE:

Y

Model Summary

R	R-sq	MSE	F	df1	df2	p
.1251	.0157	243.5294	.4773	2.0000	60.0000	.6228

Model

	coeff	se	t	p	LLCI	ULCI
constant	-2.1179	3.1795	-.6661	.5079	-8.4780	4.2421
X2	.0109	.0115	.9501	.3459	-.0121	.0339
X1	.0020	.0053	.3674	.7146	-.0087	.0126

Standardized coefficients

	coeff
X2	.1231
X1	.0476

************** TOTAL, DIRECT, AND INDIRECT EFFECTS OF X ON Y **************

Total effect of X on Y

Effect	se	t	p	LLCI	ULCI	c_cs
.0109	.0115	.9501	**.3459**	**-.0121**	**.0339**	.1231

Direct effect of X on Y

Effect	se	t	p	LLCI	ULCI	c'_cs
.0127	.0111	1.1414	**.2583**	**-.0096**	**.0350**	.1434

Indirect effect(s) of X on Y:

	Effect	BootSE	BootLLCI	BootULCI
M	**-.0018**	.0027	**-.0064**	**.0047**

Completely standardized indirect effect(s) of X on Y:

	Effect	BootSE	BootLLCI	BootULCI
M	-.0204	.0279	-.0597	.0510

********************* ANALYSIS NOTES AND ERRORS *********************

Level of confidence for all confidence intervals in output:
95.0000

Number of bootstrap samples for percentile bootstrap confidence intervals:
5000

〈표 22-4〉를 보면 $X2 \rightarrow Y$의 경로에서 직접효과는 .0127로 나타났으나 통계적으로 유의하지 않다($p = .2583$). 이는 붓스트랩 95% 신뢰구간의 하한값 −.0096과 상한값 .0350의 사이에 0이 있음을 통해서도 확인된다. $X2 \rightarrow M \rightarrow Y$의 경로에서 간접효과는 −.0018로 나타났으나 통계적으로 유의하지 않다. 이는 붓스트랩 95% 신뢰구간의 하한값 −.0064와 상한값 .0047의 사이에 0이 있음을 통해서 확인된다. 직접효과와 간접효과를 합친 총효과는 .0109[=.0127+(−.0018)]로 나타났으나 통계적으로 유의하지 않다($p =$ .3459). 이는 붓스트랩 95% 신뢰구간의 하한값 −.0096과 상한값 .0350의 사이에 0이 있음을 통해서도 확인된다.

〈표 22-3〉과 〈표 22-4〉를 합쳐서 보면 [그림 22-14]와 같은 결과가 도출된다. 결론적으로 $X1 \rightarrow M \rightarrow Y$의 간접효과는 −.0416이고 통계적으로 유의한 반면 $X2 \rightarrow M \rightarrow Y$의 간접효과는 통계적으로 유의하지 않다. 종합적으로 설명하자면 활동성($X1$)이 안정성(M)을 통해 수익성(Y)에 미치는 영향은 통계적으로 유의했으나 유동성($X2$)이 안정성(M)을 통해 수익성(Y)에 미치는 영향은 통계적으로 유의하지 않았다. 그리고 활동성($X1$)이 수익성(Y)에 미치는 긍정적 직접 효과도 통계적으로 유의하게 나타났다.

그림 22-14 다중독립모형의 분석결과

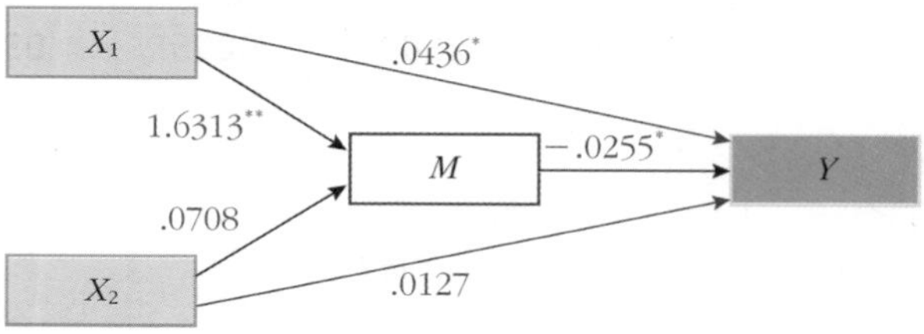

* $p < .05$ ** $p < .01$

7 다양한 유형의 매개효과 분석

독립변수가 범주형 변수인 경우에도 매개효과를 분석할 수 있다. [그림 22-7]의 대화창에서 [multicategorical]의 단추를 누르면 범주가 3개 이상인 변수를 다루는 경우 활용할 수 있다. 평행다중매개모형의 경우 모형번호는 4를 사용한다. 평행다중모형의 분석을 하게 되면 간접효과의 차이가 통계적으로 유의한가를 검정하는 결과도 알 수 있다. 그리고 연속다중매개모형의 경우 모형번호는 6을 사용한다. 연속다중매개모형을 분석하는 경우 매개변수의 칸에 매개변수를 입력하는 순서는 가장 왼쪽에 있는 매개변수부터 입력하는 것이 나중에 분석결과를 해석하기에 편하다. 평행다중모형의 분석과 마찬가지로 연속다중모형의 분석을 하게 되면 간접효과의 차이가 통계적으로 유의한가를 검정하는 결과를 알 수 있다.

종속변수가 여러 개 있는 다중종속모형을 분석하고자 한다면 종속변수의 수만큼 분석을 해야 한다. 예를 들면 종속변수가 3개인 경우 3번의 분석을 해야 한다. 첫째, 첫 번째 종속변수(*Y*1)는 종속변수로, 독립변수(*X*)는 독립변수로, 매개변수(*M*)는 매개변수로, 나머지 종속변수인 *Y*2와 *Y*3은 공변량(Covariate)으로 설정하여 분석한다. 둘째, 두 번째 종속변수(*Y*2)는 종속변수로, 독립변수(*X*)는 독립변수로, 매개변수(*M*)는 매개변수로, 나머지 종속변수인 *Y*1과 *Y*3은 공변량으로 설정하여 분석한다. 셋째, 세 번째 종속변수(*Y*3)는 종속변수로, 독립변수(*X*)는 독립변수로, 매개변수(*M*)는 매개변수로, 나머지 종속변수인 *Y*1과 *Y*2는 공변량으로 설정하여 분석한다. 다중종속모형을 분석하는 경우 모형번호는 4로 설정한다.

여기서 다루지 않은 복잡한 매개효과나 조절효과를 분석하고자 하는 경우가 생길 수도 있다. 예를 들면 조절효과와 매개효과가 동시에 적용되는 분석을 하는 경우가 생길 수 있다. 그 경우에는 관련 분야를 심층적으로 세밀하게 다룬 문헌들을 참고하는 것이 효율적이다.

요약

- 매개변수란 독립변수가 종속변수에 영향을 미치는 관계에 있어서 중간의 역할을 하는 변수이다.
- 독립변수(X)가 종속변수(Y)에 미치는 영향력의 크기는 독립변수가 직접적으로 종속변수에 미치는 영향력의 크기인 직접효과와 독립변수가 매개변수(M)를 통해 간접적으로 종속변수에 미치는 영향력의 크기인 간접효과로 구분한다. 직접효과와 간접효과의 합은 총효과라고 한다.
- 매개효과가 있다는 것은 독립변수가 매개변수에 영향을 주고 매개변수가 종속변수에 영향을 주는 간접효과가 통계적으로 유의함을 의미한다. 매개효과 분석은 매개변수가 효과가 통계적으로 유의한가를 검정하는 것이다.
- 매개효과 모형은 다양하다. 대표적인 유형을 들자면 단일매개모형, 다중매개모형, 다중독립모형, 다중종속모형 등을 들 수 있다.
- 독립변수와 종속변수 간에 통계적으로 유의적인 관계가 없어도 매개효과는 있을 수 있다.
- 매개변수는 독립변수와 종속변수 간의 관계를 설명할 수 있는 이론적, 경험적 근거가 있어야 한다.
- 매개효과 분석은 회귀분석 또는 구조방정식모형 분석을 통해 이뤄질 수 있다. 표본이 크고 여러 항목으로 측정된 변수가 사용된 경우 구조방정식모형 분석이 적절하다. 반면에 표본이 작고 단일 항목으로 측정된 변수가 사용되는 경우 붓스트랩 방법을 활용하는 회귀분석이 적절하다.
- 회귀분석에 의해 매개효과를 분석하는 방법은 배런과 케니의 방법, 소벨 검정의 방법, 붓스트랩 방법을 활용한 헤이즈의 방법으로 진화되었다.
- 헤이즈의 방법은 총효과모형은 고려하지 않고 매개효과모형만을 추정한다. 즉, 두 개의 회귀식($\widehat{M}=$ 절편$_2+aX$ 그리고 $\widehat{Y}=$ 절편$_3+bM+c'X$)을 추정한다. 매개효과 분석을 위해 이러한 두 식에서 얻은 a와 b의 값을 토대로 붓스트랩 방법을 통해 ab의 통계적 유의성을 판단한다. 매개효과 분석에서 붓스트랩 방법을 활용하려면 PROCESS라는 프로그램을 사용해야 한다.

참고문헌

1. 강금식. (2021). 4차 산업혁명 시대의 Excel 활용 통계학(5판). 서울: 박영사.
2. 강현철. (2013). 구성타당도 평가에 있어서 요인분석의 활용. 대한간호학회지, 43(5), 587-594.
3. 김석우, 김윤용, 구경호, 김형란, 서원석, 이승배, 장재혁. (2022). 한 권으로 끝내는 SPSS & AMOS. 서울: 학지사.
4. 김성봉, & 장정임. (2016). 청소년 도박중독 판별요인 분석: 비합리적 도박신념, 충동성, 스마트폰 중독을 중심으로. 한국산학기술학회 논문지, 17(8), 630-636.
5. 김성수, 김현중, 정성석, 이용구. (2022). R을 이용한 다변량분석. 서울: 한국방송통신대학교출판문화원.
6. 김성호. (2016). 다변량 자료의 분석. 파주: 법문사.
7. 김시중. (2018). 판별분석에 의한 외식기업 부실예측모형의 예측력 평가. 관광경영연구, 22(6), 523-536.
8. 김영석, 백영민, 김경모. (2017). SPSS 명령문을 활용한 사회과학 통계방법. 파주: 나남.
9. 김용대, 박진경. (2019). SPSS 통계분석(5판). 파주: 자유아카데미.
10. 김효창, 김경숙, 김선화, 이인숙. (2021). 혼자서 익히는 통계분석: 분석에서 논문작성까지. 서울: 마인드포럼.
11. 노형진, 유자양, 조신생, 동초희. (2022). SPSS에 의한 다변량분석: 기초에서 응용까지(2판). 서울: 한올출판사.
12. 민만식, 송방용. (2020). 기초통계학: SPSS 통계자료분석(3판). 서울: 한티미디어.
13. 박홍선. (2017). 다변량 자료분석. 파주: 자유아카데미.
14. 배병렬. (2021). 조절효과 및 매개효과분석: 이론과 실제. 서울: 도서출판 청람.
15. 성웅현. (2016). 응용 다변량분석: 이론, 방법론, SAS 활용(3판). 서울: 도서출판 탐진.
16. 양아정, 유세경. (2022). OTT 플랫폼 선택에 영향을 미치는 이용자의 휴리스틱 요인에 대한 탐색적 연구. 한국언론정보학보, 통권(112), 67-94.
17. 오정호. (2010). 포털에 대한 충성도: 지각된 서비스 품질과 전환비용의 직간접 효과, 만족의 매개 효과, 그리고 다양성 추구의 조절 효과. 미디어 경제와 문화, 8(4), 7-55.
18. 오택섭, 최현철. (2004). 사회과학 데이터 분석법 3. 서울: 나남출판.
19. 유성모. (2021). 논문작성을 위한 SPSS 실전 통계분석 쉽게 배우기. 서울: 황소걸음아카데미.

20. 유진은. (2022). 양적연구방법과 통계분석. 서울: 학지사.
21. 이군희. (2001). 사회과학연구방법론. 서울: 법문사.
22. 이군희. (2014). 연구 방법론의 이해. 서울: 북넷.
23. 이원우. (2006). 알기 쉽게 풀어쓴 통계학. 서울: 박영사.
24. 이학식, 임지훈. (2009). 구조방정식 모형분석과 AMOS 16.0. 경기도 파주시: 법문사.
25. 이학식, 임지훈. (2019). SPSS 25를 이용한 BASIC SPSS 매뉴얼. 서울: 집현채.
26. 이현응. (2014). 국내외 HRD 연구의 매개효과 분석 방법에 대한 고찰. HRD연구, 16권 2호, 225-249.
27. 이형권. (2020). PROCESS macro를 이용한 조절된 매개효과분석. 파주: 신영사.
28. 조성현 외. (2021). 통계적 사고와 연구방법론(2판). 서울: 학지사메디컬.
29. 최현철. (2016). 사회과학 통계분석. 개정판. 파주: 나남.
30. 허명회. (2010). SPSS Statistics 비모수적 방법과 붓스트랩 방법. 서울: 데이터솔루션.
31. 허원무. (2013). 매개효과 분석 방법의 최근 트렌드: 부트스트래핑을 이용한 단순, 다중, 이중매개효과 분석 방법. 한국비즈니스리뷰, 6(3), 43-59.
32. 홍관수. (2018). SPSS 회귀분석. 서울: 경문사.
33. 홍관수. (2021). 논문작성을 위한 실전 통계. 서울: 경문사.
34. Allwood, M. (2008). The Satterthwaite formula for degrees of freedom in the two-sample t-test. The College Board.
35. Anderson, D. R., Sweeney, D. J., Williams, T. A., Camm, J. D., & Cochran J. J. (2018). Modern business statistics with Microsoft Office Excel(6th ed.). Boston, MA: Cengage Learning.
36. Baron, R. M., & Kenny, D. A. (1986). The moderator-mediator variable distinction in social psychological research: Conceptual, strategic, and statistical considerations. Journal of Personality and Social Psychology, 51(6), 1173-1182.
37. Belsley, D. A., Kuh, E., & Welsch, R. E. (1980). Regression diagnostics: Identifying influential data and sources of collinearity. Hoboken, NJ: John Wiley & Sons.
38. Benjamini, Y., & Henry, B. (2002). John W. Tukey's contributions to multiple comparisons. Annals of Statistics, 30(6), 1576-1594.
39. Bewick, V., Cheek, L., & Ball, J. (2004). Statistics review 8: Qualitative data - tests of association. Critical Care, 8(1), 46-53.
40. Bray, J. H., & Maxwell, S. E. (1985). Multivariate analysis of variance. Newbury Park, CA: Sage.
41. Bring, J. (1994). How to standardize regression coefficients. American Statistician, 48(3), 209-213.

42. Calinski, T., & Harabasz, J. (1974). A dendrite method for cluster analysis. Commmunications in Statistics: Theory and Methods, 3(1), 1−27.

43. Cattell, R. B. (1966). The scree test for the number of factors. Multivariate Behavioral Research, 1(2), 245−276.

44. Cohen, J. (1988). Statistical power analysis for the behavioral sciences (2nd ed.). Hillsdale, NJ: Lawrence Erlbaum Associates.

45. Cohen, J. (1992). A power primer. Psychological Bulletin, 112, 155−159.

46. Cohen, J., Cohen, P., West, S. G., & Aiken, L. S. (2003). Applied multiple regression/correlation analysis for the behavioral sciences. Hillsdale, NJ: Lawrence Erlbaum Associates.

47. Cox, D. R., & Snell, E. J. (1989). Analysis of binary data (2nd ed.). London: Chapman & Hall.

48. Denis, D. J. (2016). Applied univariate, bivariate, and multivariate statistics. Hoboken, NJ: John Wiley & Sons.

49. DiCiccio, T., & Efron, B. (1996). Bootstrap confidence intervals. Statistical Science, 11(3), 189−228.

50. Dobson, A. J., & Barnett, A. (2008). An introduction to generalized linear models(3rd ed.). Boca Raton, FL: Chapman and Hall/CRC.

51. Donaldson, T. S. (1968). Robustness of the F−test to errors of both kinds and the correlation between the numerator and denominator of the F−ratio. Journal of the American Statistical Association, 63, 660−676.

52. Efron, B. (1979). Bootstrap methods: Another look at the jackknife. Annals of Statistics. 7(1), 1−26.

53. Efron, B., & Tibshirani, R. J. (1994). An introduction to the bootstrap. Boca Raton, FL: CRC Press.

54. Field, A. (2016). A. FIELD 통계분석: Discovering Statistics using IBM SPSS Statistics (이은현, 정영해, 송라윤, 김진선, 황규윤 공역). 파주: 군자출판사. (Original work published 2013).

55. Hair Jr., J. F., Anderson, R. E., Tatham, R. L., & Black, W. C. (1998). Multivariate Data Analysis (5th ed.). Upper Saddle River, NJ: Prentice Hall.

56. Harlow, L. L. (2014). The essence of multivariate thinking: Basic themes and methods (2nd ed.). New York, NY: Routledge.

57. Hayes, A. F. (2005). Statistical methods for communication science. Mahwah, NJ: Lawrence Erlbaum Associates.

58. Hayes, A. F. (2009). Beyond Baron and Kenny: Statistical mediation analysis in the new

millenium. Communication Monographs, 76, 408−420.

59. Hayes, A. F. (2013). Introduction to mediation, moderation, and conditional process analysis. New York, NY: Guilford Press.
60. Hedges, L. V. (1981). Distribution theory for Glass's estimator of effect size and related estimators. Journal of Educational Statistics, 6(2), 107−128.
61. Hendrickson, A. E., & White, P. O. (1964). Promax: A quick method for rotation to oblique simple structure. British Journal of Statistical Psychology, 17(1), 65−70.
62. Hotelling, H. (1951). A generalized T test and measure of multivariate dispersion. In J. Neyman (Ed.), Proceedings of the Second Berkeley Symposium on Mathematical Statistics and Probability (pp. 23−41). Berkeley, CA: University of California Press.
63. Kaiser, H. F. (1974). An index of factorial simplicity. Psychometrika, 39(1), 31−36.
64. Kendall, M. G. (1938). A New Measure of Rank Correlation. Biometrika. 30(1−2), 81−89.
65. Kirk, R. E. (1996). Practical significance: A concept whose time has come. Educational and Psychological Measurement, 56(5), 746−759.
66. Klein, R. W., & Spady, R. H. (1993). An efficient semiparametric estimator for binary response models. Econometrica, 61(2), 387−421.
67. Lawley, D. N. (1938). A generalization of Fisher's z−test. Biometrika, 30, 180−187.
68. Miligan, G. W., & Cooper, M. (1985). A study of variable standardization. Journal of Classification, 5(2), 181−204.
69. Nagelkerke, N. (1991). A note on a general definition of the coefficient of determination. Biometrika, 78(3), 691−692.
70. Olson, C. L. (1974). Comparative robustness of six tests in multivariate analysis of variance. Journal of the American Statistical Association, 69, 894−908.
71. Olson, C. L. (1976). On choosing a test statistic in multivariate analysis of variance. Psychological Bulletin, 83(4), 579−586.
72. Olson, C. L. (1979). Practical considerations in choosing a MANOVA test statistic: a rejoinder to Stevens. Psychological Bulletin, 86, 1350−1352.
73. Pillai, K. C. S. (1955). Some new test criteria in multivariate analysis. Annals of Mathematical Statistics. 26, 117−121.
74. Preacher, K. J., & Hayes, A. F. (2004). SPSS and SAS procedures for estimating indirect effects in simple mediation models. Behavior Research Methods, Instruments, & Computers, 36, 717−731.
75. Princeton University. (2022). Interpretation of logarithms in a regression. Retrieved from https://www.princeton.edu/~otorres/Stata/inference.htm

76. Razali, N. M., & Wah, Y. B. (2011). Power comparisons of Shapiro-Wilk, Kolmogorov-Smirnov, Lilliefors and Anderson-Darling tests. Journal of Statistical Modeling and Analytics, 2(1), 21-33.

77. Sarstedt, M., & Mooi, E. (2019). A concise guide to market research: The process, data, and methods using IBM SPSS Statistics (3rd ed.). Berlin: Springer-Verlag GmbH.

78. Satterthwaite, F. E. (1941). Synthesis of variance. Psychometrika, 6(5), 309-316.

79. Scariano, S. M., & Davenport, J. M. (1987). The effects of violations of independence assumptions in the one-way ANOVA. American Statistician, 41(2), 123-129.

80. Siegel, S. & Castellan, N. J., Jr. (1989). Nonparametric Statistics for the Behavioral Sciences (2nd ed.). New York, NY: McGraw-Hill.

81. Sobel, M. E. (1982). Asymptotic confidence intervals for indirect effects in structural equation models. Sociological Methodology, 13, 290-312.

82. Stevens, J. P. (1980). Power of the multivariate analysis of variance tests. Psychological Bulletin, 88(3), 728-737.

83. Stuart, A. (1953). The Estimation and Comparison of Strengths of Association in Contingency Tables. Biometrika. 40(1-2), 105-110.

84. Tomarken, A. J., & Serlin, R. C. (1986). Comparison of ANOVA alternatives under variance heterogeneity and specific noncentrality structures. Psychological Bulletin, 99(1), 90-99.

85. Toothaker, L. E. (1993). Multiple comparison procedures. Newbury Park. CA: Sage.

86. Triola, M. M., Triola, M. F., & Roy, J. (2018). Biostatistics for the biological and health sciences (2nd ed.). Pearson Education.

87. Tukey, J. W. (1991). The philosophy of multiple comparisons. Statistical Science, 6(1), 100-116.

88. Varian, H. (2004). Bootstrap tutorial. Mathematica Journal, 9(3), 768-775.

89. Venables, W. N., & Ripley, B. D. (2002). Modern applied statistics with S (4th ed.). New York, NY: Springer.

90. Von Hippel, P. T. (2005). Mean, median, and skew: Correcting a textbook rule. Journal of Statistics Education, 13(2), 1-13.

91. Warner, R. M. (2008). Applied statistics: From bivariate through multivariate techniques (2nd ed.). Thousand Oaks, CA: Sage.

92. Zhao, X., Lynch Jr, J. G., & Chen, Q. (2010). Reconsidering Baron and Kenny: Myths and truths about mediation analysis. Journal of Consumer Research, 37(2), 197-206.

부 록

〈표 1〉 그리스문자표

대문자	소문자	이름	해당 영어 알파벳	발음기호
A	α	알파(alpha)	a	[ǽlfə]
B	β	베타(beta)	b	[béitə/bí:tə]
Γ	γ	감마(gamma)	g	[gǽmə]
Δ	δ	델타(delta)	d	[déltə]
E	ϵ	엡실론(epsilon)	e	[épsəlàn, −lən/epsáilən]
Z	ζ	제타(zeta)	z	[zéitə, zí:−]
H	η	에타(eta)	$\bar{e}$	[éitə, í:tə]
Θ	θ	세타(theta)	th	[θéitə, θí:−]
I	ι	요타(iota)	i	[aióutə]
K	κ	카파(kappa)	k	[kǽpə]
Λ	λ	람다(lambda)	l	[lǽmdə]
M	μ	뮤(mu)	m	[m(j)u : /mju :]
N	ν	뉴(nu)	n	[n(j)u : /nju :]
Ξ	ξ	크사이(xi)	x	[si, zi/zai, sai/sai, gzai]
O	o	오미크론(omicron)	o	[ámikràn, óum − /o(u)máikr(ə)n]
Π	π	파이(pi)	p	[pai]
P	ρ	로(rho)	r	[rou]
Σ	σ	시그마(sigma)	s	[sígmə]
T	τ	타우(tau)	t	[tau, tǒ :]
Y	υ	입실론(upsilon)	u, y	[jú:psilàn, ʌ́p−, −lən/ju:psáilən]
Φ	ϕ	파이(phi)	ph	[fai]
X	χ	카이(chi)	x	[kai]
Ψ	ψ	프사이(psi)	ps	[sai, psi:/psai]
Ω	ω	오메가(omega)	$\bar{o}$	[o(u)mégə, −mí:−, −méi − /óumi−]

〈표 2〉 이항분포표

n	x	P								
		0.10	0.15	0.20	0.25	0.30	0.35	0.40	0.45	0.50
2	0	.8100	.7225	.6400	.5625	.4900	.4225	.3600	.3025	.2500
	1	.1800	.2550	.3200	.3750	.4200	.4550	.4800	.4950	.5000
	2	.1000	.0225	.0400	.0625	.0900	.1225	.1600	.2025	.2500
3	0	.7290	.6141	.5120	.4219	.3430	.2746	.2160	.1664	.1250
	1	.2430	.3251	.3840	.4219	.4410	.4436	.4320	.4084	.3750
	2	.0270	.0574	.0960	.1406	.1890	.2389	.2880	.6641	.3750
	3	.0010	.0034	.0080	.0156	.0270	.0429	.0640	.0911	.1250
4	0	.6561	.5220	.4096	.3164	.2401	.1785	.1296	.0915	.0625
	1	.2916	.3685	.4096	.4219	.4116	.3845	.3456	.2995	.2500
	2	.0486	.0975	.1536	.2109	.2646	.3105	.3456	.3675	.3750
	3	.0036	.0115	.0256	.0469	.0756	.1115	.1536	.2005	.2500
	4	.0001	.0005	.0016	.0039	.0081	.0150	.0256	.0410	.0625
5	0	.5905	.4437	.3277	.2373	.1681	.1160	.0778	.0503	.0312
	1	.3280	.3915	.4096	.3955	.3602	.3124	.2592	.2059	.1562
	2	.0729	.1382	.2048	.2637	.3087	.3364	.3456	.3369	.3125
	3	.0081	.0244	.0512	.0879	.1323	.1811	.2304	.2757	.3125
	4	.0004	.0022	.0064	.0146	.0284	.0488	.0768	.1128	.1562
	5	.0000	.0001	.0003	.0010	.0024	.0053	.0102	.0185	.0312
6	0	.5314	.3771	.2621	.1780	.1176	.0754	.0467	.0277	.0156
	1	.3543	.3993	.3932	.3560	.3025	.2437	.1866	.1359	.0938
	2	.0984	.1762	.2458	.2966	.3241	.3280	.3110	.2780	.2344
	3	.0146	.0415	.0819	.1318	.1852	.2355	.2765	.3032	.3125
	4	.0012	.0055	.0154	.0330	.0595	.0951	.1382	.1861	.2344
	5	.0001	.0004	.0015	.0044	.0102	.0205	.0369	.0609	.0938
	6	.0000	.0000	.0001	.0002	.0007	.0018	.0041	.0083	.0156
7	0	.4783	.3206	.2097	.1335	.0824	.0490	.0280	.0152	.0078
	1	.3720	.3960	.3670	.3115	.2471	.1848	.1306	.0872	.0547
	2	.1240	.2097	.2753	.3115	.3177	.2985	.2613	.2140	.1641
	3	.0230	.0617	.1147	.1730	.2269	.2679	.2903	.2918	.2734
	4	.0026	.0109	.0287	.0577	.0972	.1442	.1935	.2388	.2734
	5	.0002	.0012	.0043	.0115	.0250	.0466	.0774	.1172	.1641
	6	.0000	.0001	.0004	.0013	.0036	.0084	.0172	.0320	.0547
	7	.0000	.0000	.0000	.0001	.0002	.0006	.0016	.0037	.0078
8	0	.4305	.2725	.1678	.1001	.0576	.0319	.0168	.0084	.0039
	1	.3826	.3847	.3355	.2670	.1977	.1373	.0896	.0548	.0312
	2	.1488	.2376	.2936	.3115	.2965	.2587	.2090	.1569	.1094
	3	.0331	.0839	.1468	.2076	.2541	.2786	.2787	.2368	.2188
	4	.0046	.0185	.0459	.0865	.1361	.1875	.2322	.2627	.2734
	5	.0004	.0026	.0092	.0231	.0467	.0808	.1239	.1719	.2188
	6	.0000	.0002	.0011	.0038	.0100	.0217	.0413	.0703	.1094
	7	.0000	.0000	.0001	.0004	.0012	.0033	.0079	.0164	.0313
	8	.0000	.0000	.0000	.0000	.0001	.0002	.0007	.0017	.0039

참고사항

표 안에 있는 값은 실행횟수 n과 성공확률 p를 갖는 이항분포에서 그 성공횟수를 X라고 할 때 확률 $p(X=x)$를 나타낸다. 즉, 표 안의 값은 ${}_nC_x p^x (1-p)^{n-x}$이다.

(계속)

n	x	P								
		0.10	0.15	0.20	0.25	0.30	0.35	0.40	0.45	0.50
9	0	.3874	.2316	.1342	.0751	.0404	.0207	.0101	.0046	.0020
	1	.3974	.3679	.3020	.2253	.0155	.1004	.0605	.0339	.0176
	2	.1722	.2597	.3020	.3003	.2668	.2162	.1612	.1110	.0703
	3	.0446	.1069	.1762	.2336	.2668	.2716	.2508	.2119	.1641
	4	.0074	.0283	.0661	.1168	.1715	.2194	.2508	.2600	.2461
	5	.0008	.0050	.0165	.0389	.0735	.1181	.1672	.2128	.2461
	6	.0001	.0006	.0028	.0087	.0210	.0424	.0743	.1160	.1641
	7	.0000	.0000	.0003	.0012	.0039	.0098	.0212	.0407	.0703
	8	.0000	.0000	.0000	.0001	.0004	.0013	.0035	.0083	.0176
	9	.0000	.0000	.0000	.0000	.0000	.0001	.0003	.0008	.0020
10	0	.3487	.1969	.1074	.0563	.282	.0135	.0060	.0025	.0010
	1	.3874	.3474	.2684	.1877	.1211	.0725	.0403	.0207	.0098
	2	.1937	.2759	.3020	.2816	.2335	.1757	.1209	.0763	.0439
	3	.0574	.1298	.2013	.2503	.2668	.2522	.2150	.1665	.1172
	4	.0112	.0401	.0881	.1460	.2001	.2377	.2508	.2384	.2051
	5	.0015	.0085	.0264	.0584	.1029	.1536	.2007	.2340	.2461
	6	.0001	.0012	.0055	.0162	.0368	.0689	.1115	.1596	.2051
	7	.0000	.0001	.0008	.0031	.0090	.0212	.0425	.0746	.1172
	8	.0000	.0000	.0001	.0004	.0014	.0043	.0106	.0229	.1439
	9	.0000	.0000	.0000	.0000	.0001	.0005	.0016	.0042	.0098
	10	.0000	.0000	.0000	.0000	.0000	.0000	.0001	.0003	.0010
12	0	.2824	.1422	.0687	.0317	.0138	.0057	.0022	.0008	.0002
	1	.3766	.3012	.2062	.1267	.0712	.0368	.0174	.0075	.0029
	2	.2301	.2924	.2835	.2323	.1678	.1088	.0639	.0339	.0161
	3	.0853	.1720	.2362	.2581	.2397	.1954	.1419	.0923	.0537
	4	.0213	.0683	.1329	.1936	.2311	.2367	.2128	.1700	.1208
	5	.0038	.0193	.0532	.1032	.1585	.2039	.2270	.2225	.1934
	6	.0005	.0040	.0155	.0401	.0792	.1281	.1766	.2124	.2256
	7	.0000	.0006	.0033	.0115	.0291	.0591	.1009	.1489	.1934
	8	.0000	.0001	.0005	.0024	.0078	.0199	.0420	.0762	.1208
	9	.0000	.0000	.0001	.0004	.0015	.0048	.0125	.0277	.0537
	10	.0000	.0000	.0000	.0000	.0002	.0008	.0025	.0068	.0161
	11	.0000	.0000	.0000	.0000	.0000	.0001	.0003	.0010	.0029
	12	.0000	.0000	.0000	.0000	.0000	.0000	.0000	.0001	.0002
15	0	.2059	.0874	.0352	.0134	.0047	.0016	.0005	.0001	.0000
	1	.3432	.2312	.1319	.0668	.0305	.0126	.0047	.0016	.0005
	2	.2669	.2856	.2309	.1559	.0916	.0476	.0219	.0090	.0032
	3	.1285	.2184	.2501	.2252	.1700	.1110	.0634	.0318	.0139
	4	.0428	.1156	.1876	.2252	.2186	.1792	.1268	.0780	.0417
	5	.0105	.0449	.1032	.1651	.2061	.2123	.1859	.1404	.0916
	6	.0019	.0132	.0430	.0917	.1472	.1906	.2066	.1914	.1527
	7	.0003	.0030	.0138	.0393	.0811	.1319	.1771	.2013	.1964
	8	.0000	.0005	.0035	.0131	.0348	.0710	.1181	.1647	.1964
	9	.0000	.0001	.0007	.0034	.0016	.0298	.0612	.1048	.1527
	10	.0000	.0000	.0001	.0007	.0030	.0096	.0245	.0515	.0916
	11	.0000	.0000	.0000	.0001	.0006	.0024	.0074	.0191	.0417
	12	.0000	.0000	.0000	.0000	.0001	.0004	.0016	.0052	.0139
	13	.0000	.0000	.0000	.0000	.0000	.0001	.0003	.0010	.0032
	14	.0000	.0000	.0000	.0000	.0000	.0000	.0000	.0001	.0005
	15	.0000	.0000	.0000	.0000	.0000	.0000	.0000	.0000	.0000

(계속)

n	x	P								
		0.10	0.15	0.20	0.25	0.30	0.35	0.40	0.45	0.50
18	0	.1501	.0536	.0180	.0056	.0016	.0004	.0001	.0000	.0000
	1	.3002	.1704	.0811	.0338	.0126	.0042	.0012	.0003	.0001
	2	.2835	.2556	.1723	.0958	.0458	.0190	.0069	.0022	.0006
	3	.1680	.2406	.2297	.1704	.1046	.0547	.0246	.0095	.0031
	4	.0700	.1592	.2153	.2130	.1681	.1104	.0614	.0291	.0117
	5	.0218	.0787	.1507	.1988	.2017	.1664	.1146	.0666	.0327
	6	.0052	.0301	.0816	.1436	.1873	.1941	.1655	.1181	.0708
	7	.0010	.0091	.0350	.0820	.1376	.1792	.1892	.1657	.1214
	8	.0002	.0022	.0120	.0376	.0811	.1327	.1734	.1864	.1669
	9	.0000	.0004	.0033	.0139	.0386	.0794	.1284	.1694	.1855
	10	.0000	.0001	.0008	.0042	.0149	.0385	.0771	.1248	.1669
	11	.0000	.0000	.0001	.0010	.0046	.0151	.0374	.0742	.1214
	12	.0000	.0000	.0000	.0002	.0012	.0047	.0145	.0354	.0708
	13	.0000	.0000	.0000	.0000	.0002	.0012	.0045	.0134	.0327
	14	.0000	.0000	.0000	.0000	.0000	.0002	.0011	.0039	.0117
	15	.0000	.0000	.0000	.0000	.0000	.0000	.0002	.0009	.0031
	16	.0000	.0000	.0000	.0000	.0000	.0000	.0000	.0001	.0006
	17	.0000	.0000	.0000	.0000	.0000	.0000	.0000	.0000	.0001
	18	.0000	.0000	.0000	.0000	.0000	.0000	.0000	.0000	.0000
20	0	.1216	.0388	.0115	.0032	.0008	.0002	.0000	.0000	.0000
	1	.2702	.1368	.0576.	.0211	.0068	.0020	.0005	.0001	.0000
	2	.2852	.2293	1369	.0669	.0278	.0100	.0031	.0008	.0002
	3	.1901	.2428	.2054	.1339	.0716	.0323	.0123	.0040	.0011
	4	.0898	.1821	.2182	.1897	.1304	.0738	.0350	.0139	.0046
	5	.0319	.1028	.1746	.2023	.1789	.1272	.0746	.0365	.0148
	6	.0089	.0454	.1091	.1686	.1916	.1712	.1244	.0746	.0370
	7	.0020	.0160	.0545	.1124	.1643	.1844	.1659	.1221	.0739
	8	.0004	.0046	.0222	.0609	.1144	.1614	.1797	.1623	.1201
	9	.0001	.0011	.0074	.0271	.0654	.1158	.1597	.1771	.1602
	10	.0000	.0002	.0020	.0099	.0308	.0686	.1171	.1593	.1762
	11	.0000	.0000	.0005	.0030	.0120	.0336	.0710	.1185	.1602
	12	.0000	.0000	.0001	.0008	.0039	.0136	.0355	.0727	.1201
	13	.0000	.0000	.0000	.0002	.0010	.0045	.0146	.0366	.0739
	14	.0000	.0000	.0000	.0000	.0002	.0012	.0049	.0150	.0370
	15	.0000	.0000	.0000	.0000	.0000	.0003	.0013	.0049	.0148
	16	.0000	.0000	.0000	.0000	.0000	.0000	.0003	.0013	.0046
	17	.0000	.0000	.0000	.0000	.0000	.0000	.0000	.0002	.0011
	18	.0000	.0000	.0000	.0000	.0000	.0000	.0000	.0000	.0002
	19	.0000	.0000	.0000	.0000	.0000	.0000	.0000	.0000	.0000
	20	.0000	.0000	.0000	.0000	.0000	.0000	.0000	.0000	.0000

〈표 3〉 포아송분포표

x	λ								
	0.1	0.2	0.3	0.4	0.5	0.6	0.7	0.8	0.9
0	0.9048	0.8187	0.7408	0.6703	0.6065	0.5488	0.4966	0.4493	0.4066
1	0.0905	0.1637	0.2222	0.2681	0.3033	0.3293	0.3476	0.3595	0.3659
2	0.0045	0.0164	0.0333	0.0536	0.0758	0.9888	0.1217	0.1438	0.1647
3	0.0002	0.0011	0.0033	0.0072	0.0126	0.0198	0.0284	0.0383	0.0494
4	0.0000	0.0001	0.0003	0.0007	0.0016	0.0030	0.0050	0.0077	0.0111
5	0.0000	0.0000	0.0000	0.0001	0.0002	0.0004	0.0007	0.0012	0.0020
6	0.0000	0.0000	0.0000	0.0000	0.0000	0.0000	0.0001	0.0002	0.0003
x	λ								
	1.0	1.5	2.0	2.5	3.0	3.5	4.0	4.5	5.0
0	0.3679	0.2231	0.1353	0.0821	0.0498	0.0302	0.0183	0.0111	0.0067
1	0.3679	0.3347	0.2707	0.2052	0.1494	0.1057	0.0733	0.0500	0.0337
2	0.1839	0.2510	0.2707	0.2565	0.2240	0.1850	0.1465	0.1125	0.0842
3	0.0613	0.1255	0.1804	0.2138	0.2240	0.2158	0.1954	0.1687	0.1404
4	0.0153	0.0471	0.0902	0.1336	0.1680	0.1888	0.1954	0.1898	0.1755
5	0.0031	0.0141	0.0361	0.0668	0.1008	0.1322	0.1563	0.1708	0.1755
6	0.0005	0.0035	0.0120	0.0278	0.0504	0.0771	0.1042	0.1281	0.1462
7	0.0001	0.0008	0.0034	0.0099	0.0216	0.0385	0.0595	0.0824	0.1044
8	0.0000	0.0001	0.0009	0.0031	0.0081	0.0169	0.0298	0.0463	0.0653
9	0.0000	0.0000	0.0002	0.0009	0.0027	0.0066	0.0132	0.0232	0.0363
10	0.0000	0.0000	0.0000	0.0002	0.0008	0.0023	0.0053	0.0104	0.0181
11	0.0000	0.0000	0.0000	0.0000	0.0002	0.0007	0.0019	0.0043	0.082
12	0.0000	0.0000	0.0000	0.0000	0.0001	0.0002	0.0006	0.0016	0.0034
13	0.0000	0.0000	0.0000	0.0000	0.0000	0.0001	0.0002	0.0006	0.0013
14	0.0000	0.0000	0.0000	0.0000	0.0000	0.0000	0.0001	0.0002	0.0005
15	0.0000	0.0000	0.0000	0.0000	0.0000	0.0000	0.0000	0.0001	0.0002

참고사항

정해진 간격 내에서 어떤 사건이 일어날 횟수에 대한 기댓값(평균)을 λ라고 하자. 표 안의 값은 평균 λ를 갖는 포아송분포에서 $P(X=x)$일 확률을 나타낸다. 즉, 사건이 x회 일어날 확률인 $P(X=x)=\frac{\lambda^x e^{-\lambda}}{x!}$를 나타낸다.

〈표 4〉 표준정규분포표

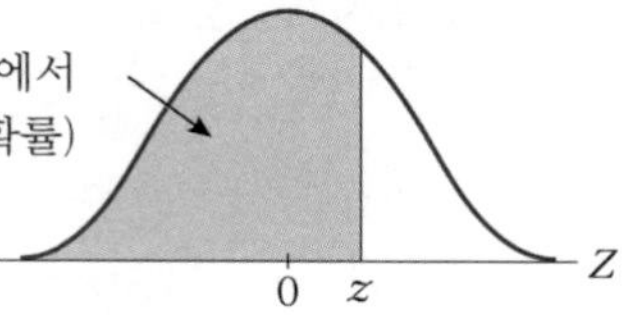

z	.00	.01	.02	.03	.04	.05	.06	.07	.08	.09
0.0	.5000	.5040	.5080	.5120	.5160	.5199	.5239	.5279	.5319	.5359
0.1	.5398	.5438	.5478	.5517	.5557	.5596	.5636	.5675	.5714	.5753
0.2	.5793	.5832	.5871	.5910	.5948	.5987	.6026	.6064	.6103	.6141
0.3	.6179	.6217	.6255	.6293	.6331	.6368	.6406	.6443	.6480	.6517
0.4	.6554	.6591	.6628	.6664	.6700	.6736	.6772	.6808	.6844	.6879
0.5	.6915	.6950	.6985	.7019	.7054	.7088	.7123	.7157	.7190	.7224
0.6	.7257	.7291	.7324	.7357	.7389	.7422	.7454	.7486	.7517	.7549
0.7	.7580	.7611	.7642	.7673	.7703	.7734	.7764	.7794	.7823	.7852
0.8	.7881	.7910	.7939	.7967	.7995	.8023	.8051	.8078	.8106	.8133
0.9	.8159	.8186	.8212	.8238	.8264	.8289	.8315	.8340	.8365	.8389
1.0	.8413	.8438	.8461	.8485	.8508	.8531	.8554	.8577	.8599	.8621
1.1	.8643	.8665	.8686	.8708	.8729	.8749	.8770	.8790	.8810	.8830
1.2	.8849	.8869	.8888	.8907	.8925	.8944	.8962	.8980	.8997	.9015
1.3	.9032	.9049	.9066	.9082	.9099	.9115	.9131	.9147	.9162	.9177
1.4	.9192	.9207	.9222	.9236	.9251	.9265	.9279	.9292	.9306	.9319
1.5	.9332	.9345	.9357	.9370	.9382	.9394	.9406	.9418	.9429	.9441
1.6	.9452	.9463	.9474	.9484	.9495	.9505	.9515	.9525	.9535	.9545
1.7	.9554	.9564	.9573	.9582	.9591	.9599	.9608	.9616	.9625	.9633
1.8	.9641	.9649	.9656	.9664	.9671	.9678	.9686	.9693	.9699	.9706
1.9	.9713	.9719	.9726	.9732	.9738	.9744	.9750	.9756	.9761	.9767
2.0	.9772	.9778	.9783	.9788	.9793	.9798	.9803	.9808	.9812	.9817
2.1	.9861	.9826	.9830	.9834	.9838	.9842	.9846	.9850	.9854	.9857
2.2	.9861	.9864	.9868	.9871	.9875	.9878	.9881	.9884	.9887	.9890
2.3	.9893	.9896	.9898	.9901	.9904	.9906	.9909	.9911	.9913	.9916
2.4	.9918	.9920	.9922	.9925	.9927	.9929	.9931	.9932	.9934	.9936
2.5	.9939	.9940	.9941	.9943	.9945	.9946	.9948	.9949	.9951	.9952
2.6	.9953	.9955	.9956	.9957	.9959	.9960	.9961	.9962	.9963	.9964
2.7	.9965	.9966	.9967	.9968	.9969	.9970	.9971	.9972	.9973	.9974
2.8	.9974	.9975	.9976	.9977	.9977	.9978	.9979	.9979	.9980	.9981
2.9	.9981	.9982	.9982	.9983	.9984	.9984	.9985	.9985	.9986	.9986
3.0	.9987	.9987	.9987	.9988	.9988	.9989	.9989	.9989	.9990	.9990
3.1	.9990	.9991	.9991	.9991	.9992	.9992	.9992	.9992	.9993	.9993
3.2	.9993	.9993	.9994	.9994	.9994	.9994	.9994	.9995	.9995	.9995
3.3	.9995	.9995	.9995	.9996	.9996	.9996	.9996	.9996	.9996	.9997
3.4	.9997	.9997	.9997	.9997	.9997	.9997	.9997	.9997	.9997	.9998

참고사항

표 안에 있는 값은 표준정규분포곡선에서 z값 이하의 면적(누적확률)을 의미한다. 예를 들면 $z=1.96$이면 z값이 1.96 이하의 누적확률은 0.9750이 된다.

〈표 5〉 t-분포표

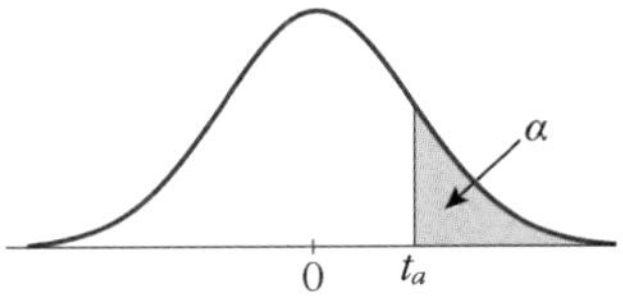

d.f	α					
	0.25	0.1	0.05	0.025	0.01	0.005
1	1.000	3.078	6.314	12.71	31.82	63.66
2	0.816	1.886	2.920	4.303	6.965	9.925
3	0.765	1.638	2.353	3.182	4.541	5.841
4	0.741	1.533	2.132	2.776	3.747	4.604
5	0.727	1.476	2.015	2.571	3.365	4.032
6	0.718	1.440	1.943	2.447	3.143	3.707
7	0.711	1.415	1.895	2.365	2.998	3.499
8	0.706	1.397	1.860	2.306	2.896	3.355
9	0.703	1.383	1.833	2.262	2.821	3.250
10	0.700	1.372	1.812	2.228	2.764	3.169
11	0.697	1.363	1.796	2.201	2.718	3.106
12	0.695	1.356	1.782	2.179	2.681	3.055
13	0.694	1.350	1.771	2.160	2.650	3.012
14	0.692	1.345	1.761	2.145	2.624	2.977
15	0.691	1.341	1.753	2.131	2.602	2.947
16	0.690	1.337	1.746	2.120	2.583	2.921
17	0.689	1.333	1.740	2.110	2.567	2.898
18	0.688	1.330	1.734	2.101	2.552	2.878
19	0.688	1.328	1.729	2.093	2.539	2.861
20	0.687	1.325	1.725	2.086	2.528	2.845
21	0.686	1.323	1.721	2.080	2.518	2.831
22	0.686	1.321	1.717	2.074	2.508	2.819
23	0.685	1.319	1.714	2.069	2.500	2.807
24	0.685	1.316	1.708	2.060	2.485	2.787
25	0.684	1.316	1.708	2.060	2.485	2.787
26	0.684	1.315	1.706	2.056	2.479	2.779
27	0.684	1.314	1.703	2.052	2.473	2.771
28	0.683	1.313	1.701	2.048	2.467	2.763
29	0.683	1.310	1.697	2.042	2.457	2.750
30	0.683	1.310	1.697	2.042	2.457	2.750
40	0.681	1.303	1.684	2.021	2.423	2.704
60	0.679	1.296	1.671	2.000	2.390	2.660
120	0.677	1.289	1.658	1.980	2.358	2.617
∞	0.677	1.282	1.645	1.960	2.326	2.576

참고사항

1. d.f.는 자유도(degree of freedom)를 의미한다.
2. 표 안에 있는 값은 t－분포곡선에서 오른쪽 꼬리의 면적인 α가 주어진 경우의 t 값을 의미한다. 예를 들면 자유도가 60일 때 오른쪽 꼬리의 면적인 α가 .05인 경우 t 값은 1.671이다. 따라서 자유도가 60일 때 t－분포곡선에서 t 값이 1.671 이하일 누적확률은 .95$(=1-\alpha=1-.05)$이다.

〈표 6〉 카이제곱분포표

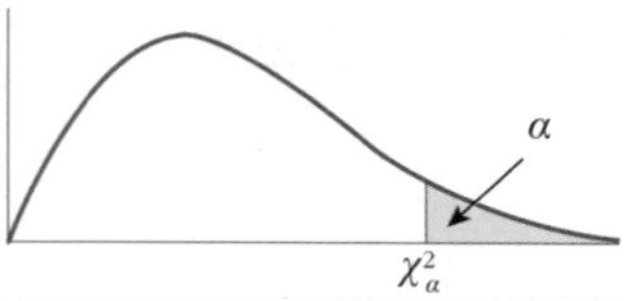

자유도	α									
	0.995	0.99	0.975	0.95	0.90	0.10	0.050	0.025	0.01	0.005
1	0.000	0.000	0.001	0.004	0.016	2.706	3.841	5.024	6.635	7.879
2	0.010	0.020	0.051	0.103	0.211	4.605	5.991	7.378	9.210	10.597
3	0.072	0.115	0.216	0.352	0.584	6.251	7.815	9.348	11.345	12.838
4	0.207	0.297	0.484	0.711	1.064	7.779	9.488	11.143	13.277	14.860
5	0.412	0.554	0.831	1.145	1.610	9.236	11.070	12.833	15.086	16.750
6	0.676	0.872	1.237	1.635	2.204	10.645	12.592	14.449	16.812	18.548
7	0.989	1.239	1.690	2.167	2.833	12.017	14.067	16.013	18.475	20.278
8	1.34	1.646	2.180	2.733	3.490	13.362	15.507	17.535	20.090	21.955
9	1.735	2.088	2.700	3.325	4.168	14.684	16.919	19.023	21.666	23.589
10	2.156	2.558	3.247	3.940	4.865	15.987	18.307	20.483	23.209	25.188
11	2.60	3.053	3.816	4.575	5.578	17.275	19.675	21.920	24.725	26.757
12	3.074	3.571	4.404	5.226	6.304	18.549	21.026	23.337	26.217	28.300
13	3.565	4.107	5.009	5.892	7.042	19.812	22.362	24.736	27.688	29.819
14	4.075	4.660	5.629	6.571	7.790	21.064	23.685	26.119	29.141	31.319
15	4.601	5.229	6.262	7.261	8.547	22.307	24.996	27.488	30.578	32.801
16	5.142	5.812	6.908	7.962	9.312	23.542	26.296	28.845	32.000	34.267
17	5.697	6.408	7.564	8.672	10.085	24.769	27.587	30.191	33.409	35.718
18	6.265	7.015	8.231	9.390	10.865	25.989	28.869	31.526	34.805	37.156
19	6.844	7.633	8.907	10.117	11.651	27.204	30.144	32.852	36.191	38.582
20	7.434	8.260	9.591	10.851	12.443	28.412	31.410	34.170	37.566	39.997
21	8.034	8.897	10.283	11.591	13.240	29.615	32.671	35.479	38.932	41.401
22	8.643	9.542	10.982	12.338	14.041	30.813	33.924	36.781	40.289	42.796
23	9.260	10.196	11.689	13.091	14.848	32.007	35.172	38.076	41.638	44.181
24	9.886	10.856	12.401	13.848	15.659	33.196	36.415	39.364	42.980	45.559
25	10.520	11.524	13.120	14.611	16.473	34.382	37.652	40.646	44.314	46.928
26	11.160	12.198	13.844	15.379	17.292	35.563	38.885	41.923	45.642	48.290
27	11.808	12.879	14.573	16.151	18.114	36.741	40.113	43.195	46.963	49.645
28	12.461	13.565	15.308	16.928	18.939	37.916	41.337	44.461	48.278	50.993
29	13.121	14.256	16.047	17.708	19.768	39.087	42.557	45.722	49.588	52.336
30	13.787	14.953	16.791	18.493	20.599	40.256	43.773	46.979	50.892	53.672
35	17.192	18.509	20.569	22.465	24.797	46.059	49.802	53.203	57.342	60.275
40	20.707	22.164	24.433	26.509	29.051	51.805	55.758	59.342	63.691	66.766
50	27.991	29.707	32.357	34.764	37.689	63.167	67.505	71.420	76.154	79.490
60	35.534	37.485	40.482	43.188	46.459	74.397	79.082	83.298	88.379	91.952
70	43.275	45.442	48.758	51.739	55.329	85.527	90.531	95.023	100.425	104.215
80	51.172	53.540	57.153	60.391	64.278	96.578	101.879	106.629	112.329	116.321
90	59.196	61.754	65.647	69.126	73.291	107.565	113.145	118.136	124.116	128.299
100	67.328	70.065	74.222	77.929	82.358	118.498	124.342	129.561	135.807	140.169
200	152.241	156.432	162.728	168.279	174.835	226.021	223.994	241.058	249.445	255.264

참고사항

표 안에 있는 값은 카이제곱(χ^2)분포곡선에서 오른쪽 꼬리의 면적인 α가 주어진 경우의 카이제곱(χ^2) 값을 의미한다. 예를 들면 자유도가 1일 때 오른쪽 꼬리의 면적인 α가 .05인 경우 χ^2 값은 3.841이다. 따라서 자유도가 1일 때 χ^2분포곡선에서 χ^2 값이 3.841 이하일 누적확률은 .95($=1-\alpha=1-.05$)이다.

〈표 7〉 F분포표

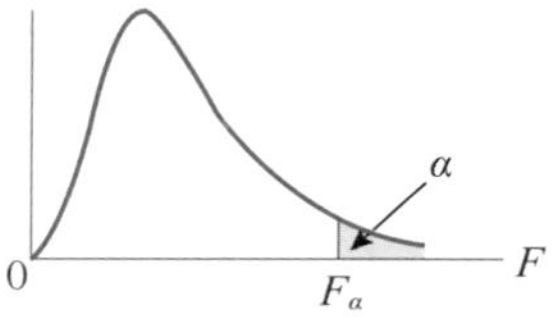

$a = 0.05$																			
ν_2 \ ν_1	1	2	3	4	5	6	7	8	9	10	12	15	20	24	30	40	60	120	∞
1	161.45	199.50	215.71	224.58	230.16	233.99	236.77	238.88	240.54	241.88	243.90	245.95	248.02	249.05	250.10	251.14	252.20	253.25	254.27
2	18.513	19.000	19.164	19.247	19.296	19.329	19.353	19.371	19.385	19.396	19.412	19.429	19.446	19.454	19.463	19.471	19.479	19.487	19.495
3	10.128	9.552	9.277	9.117	9.013	8.941	8.887	8.845	8.812	8.785	8.745	8.703	8.660	8.638	8.617	8.594	8.572	8.549	8.527
4	7.709	6.944	6.591	6.388	6.256	6.163	6.094	6.041	5.999	5.964	5.912	5.858	5.803	5.774	5.746	5.717	5.688	5.658	5.629
5	6.608	5.786	5.409	5.192	5.050	4.950	4.876	4.818	4.772	4.735	4.678	4.619	4.556	4.527	4.496	4.464	4.431	4.398	4.366
6	5.987	5.143	4.757	4.534	4.387	4.284	4.207	4.147	4.099	4.060	4.000	3.938	3.874	3.841	3.808	3.774	3.740	3.705	3.670
7	5.591	4.737	4.347	4.120	3.972	3.866	3.787	3.726	3.677	3.637	3.575	3.511	3.445	3.410	3.376	3.340	3.304	3.267	3.231
8	5.318	4.459	4.066	3.838	3.688	3.581	3.500	3.438	3.388	3.347	3.284	3.218	3.150	3.115	3.079	3.043	3.005	2.967	2.929
9	5.117	4.256	3.863	3.633	3.482	3.374	3.293	3.230	3.179	3.137	3.073	3.006	2.936	2.900	2.864	2.826	2.787	2.748	2.708
10	4.965	4.108	3.708	3.478	3.326	3.217	3.135	3.072	3.020	2.978	2.913	2.845	2.774	2.737	2.700	2.661	2.621	2.580	2.540
11	4.844	3.982	3.587	3.357	3.204	3.095	3.012	2.948	2.896	2.854	2.788	2.719	2.646	2.609	2.570	2.531	2.490	2.448	2.406
12	4.747	3.885	3.490	3.259	3.106	2.996	2.913	2.849	2.796	2.753	2.687	2.617	2.544	2.505	2.466	2.426	2.384	2.341	2.296
13	4.667	3.806	3.411	3.179	3.025	2.915	2.832	2.767	2.714	2.671	2.604	2.533	2.459	2.420	2.380	2.339	2.297	2.252	2.208
14	4.600	3.739	3.344	3.112	2.958	2.848	2.764	2.699	2.646	2.602	2.534	2.463	2.388	2.349	2.308	2.266	2.223	2.178	2.133
15	4.543	3.682	3.287	3.056	2.901	2.790	2.707	2.641	2.588	2.544	2.475	2.403	2.328	2.288	2.247	2.204	2.160	2.114	2.068
16	4.494	3.634	3.239	3.007	2.852	2.741	2.657	2.591	2.538	2.494	2.425	2.352	2.276	2.235	2.194	2.151	2.106	2.059	2.012
17	4.451	3.592	3.197	2.965	2.810	2.699	2.614	2.548	2.494	2.450	2.381	2.308	2.230	2.190	2.148	2.104	2.058	2.011	1.962
18	4.414	3.555	3.160	2.928	2.773	2.661	2.577	2.510	2.456	2.412	2.342	2.269	2.191	2.150	2.107	2.063	2.017	1.968	1.919
19	4.381	3.522	3.127	2.895	2.740	2.628	2.544	2.477	2.423	2.378	2.308	2.234	2.155	2.114	2.071	2.026	1.980	1.930	1.880
20	4.351	3.493	3.098	2.866	2.711	2.599	2.514	2.447	2.393	2.348	2.278	2.203	2.124	2.082	2.039	1.994	1.946	1.896	1.845
21	4.325	3.467	3.072	2.840	2.685	2.573	2.488	2.420	2.366	2.321	2.250	2.176	2.096	2.054	2.010	1.965	1.916	1.866	1.814
22	4.301	3.443	3.049	2.817	2.661	2.549	2.464	2.397	2.342	2.297	2.226	2.151	2.071	2.028	1.984	1.938	1.889	1.838	1.785
23	4.279	3.422	3.028	2.796	2.640	2.528	2.442	2.375	2.320	2.275	2.204	2.128	2.048	2.005	1.961	1.914	1.865	1.813	1.759
24	4.260	3.408	3.009	2.776	2.621	2.508	2.423	2.355	2.300	2.255	2.183	2.108	2.027	1.984	1.939	1.892	1.842	1.790	1.735
25	4.242	3.385	2.991	2.759	2.603	2.490	2.405	2.337	2.282	2.236	2.165	2.089	2.007	1.964	1.919	1.872	1.822	1.768	1.713
26	4.225	3.369	2.975	2.743	2.587	2.474	2.388	2.321	2.265	2.220	2.148	2.072	1.990	1.946	1.901	1.853	1.803	1.749	1.693
27	4.210	3.354	2.960	2.728	2.572	2.459	2.373	2.305	2.250	2.204	2.132	2.056	1.974	1.930	1.884	1.836	1.785	1.731	1.674
28	4.196	3.340	2.947	2.714	2.558	2.445	2.359	2.291	2.238	2.190	2.118	2.041	1.959	1.915	1.869	1.820	1.769	1.714	1.657
29	4.183	3.328	2.934	2.701	2.545	2.432	2.346	2.278	2.223	2.177	2.104	2.027	1.945	1.901	1.854	1.806	1.754	1.698	1.640
30	4.171	3.316	2.922	2.690	2.534	2.421	2.334	2.266	2.211	2.165	2.092	2.015	1.932	1.887	1.841	1.792	1.740	1.683	1.625
40	4.085	3.232	2.839	2.606	2.449	2.336	2.249	2.180	2.124	2.077	2.003	1.924	1.839	1.793	1.744	1.693	1.637	1.577	1.512
60	4.001	3.150	2.758	2.525	2.368	2.254	2.167	2.097	2.040	1.993	1.917	1.836	1.748	1.700	1.649	1.594	1.534	1.467	1.393
120	3.920	3.072	2.680	2.447	2.290	2.175	2.087	2.016	1.959	1.910	1.834	1.750	1.659	1.608	1.554	1.495	1.429	1.352	1.258
∞	3.845	2.999	2.608	2.375	2.217	2.102	2.013	1.941	1.883	1.834	1.755	1.670	1.574	1.521	1.463	1.396	1.323	1.227	1.062

참고사항

1. ν_1은 분자의 자유도를 의미하고 ν_2는 분모의 자유도를 의미한다.
2. 표 안에 있는 값은 F분포곡선에서 오른쪽 꼬리의 면적인 α가 주어진 경우의 F값을 의미한다. 예를 들면 분자 자유도가 4이고 분모 자유도가 6일 때 오른쪽 꼬리 면적인 α가 .05인 경우 F값은 4.534이다. 따라서 분자 자유도가 4이고 분모 자유도가 6일 때 F분포곡선에서 F값이 4.534 이하일 누적확률은 .95이다.

〈표 8〉 더빈-왓슨 검정의 임계치

$\alpha = .05$

n	$k=1$		$k=2$		$k=3$		$k=4$		$k=5$	
	d_L	d_U	d_L	d_U	d_L	d_U	d_L	d_U	d_L	d_U
15	1.08	1.36	0.95	1.54	0.82	1.75	0.69	1.97	0.56	2.21
16	1.10	1.37	0.98	1.54	0.86	1.73	0.74	1.93	0.62	2.15
17	1.13	1.38	1.02	1.54	0.90	1.71	0.78	1.90	0.67	2.10
18	1.16	1.39	1.05	1.53	0.93	1.69	0.82	1.87	0.71	2.06
19	1.18	1.40	1.08	1.53	0.97	1.68	0.86	1.85	0.75	2.02
20	1.20	1.41	1.10	1.54	1.00	1.88	0.90	1.83	0.79	1.99
21	1.22	1.42	1.13	1.54	1.03	1.67	0.93	1.81	0.83	1.96
22	1.24	1.43	1.15	1.54	1.05	1.66	0.96	1.80	0.86	1.94
23	1.26	1.44	1.17	1.54	1.08	1.66	0.99	1.79	0.90	1.92
24	1.27	1.45	1.19	1.55	1.10	1.66	1.01	1.78	0.93	1.90
25	1.29	1.45	1.21	1.55	1.12	1.66	1.04	1.77	0.95	1.89
26	1.30	1.46	1.22	1.55	1.14	1.65	1.06	1.79	0.98	1.88
27	1.32	1.47	1.24	1.56	1.16	1.65	1.08	1.79	1.01	1.86
28	1.33	1.48	1.26	1.56	1.18	1.65	1.10	1.75	1.03	1.85
29	1.34	1.48	1.27	1.56	1.20	1.65	1.12	1.74	1.05	1.84
30	1.35	1.49	1.28	1.57	1.21	1.65	1.14	1.74	1.07	1.83
31	1.36	1.50	1.30	1.57	1.23	1.65	1.16	1.74	1.09	1.83
32	1.37	1.50	1.31	1.57	1.24	1.65	1.18	1.73	1.11	1.82
33	1.38	1.51	1.32	1.58	1.26	1.65	1.19	1.73	1.13	1.81
34	1.39	1.51	1.33	1.58	1.27	1.65	1.21	1.73	1.15	1.81
35	1.40	1.52	1.34	1.58	1.28	1.65	1.22	1.73	1.16	1.80
36	1.41	1.52	1.35	1.59	1.29	1.65	1.24	1.73	1.18	1.80
37	1.42	1.53	1.36	1.59	1.31	1.66	1.25	1.74	1.19	1.80
38	1.43	1.54	1.37	1.59	1.32	1.66	1.26	1.74	1.21	1.79
39	1.43	1.54	1.38	1.60	1.33	1.66	1.27	1.74	1.22	1.79
40	1.44	1.54	1.39	1.60	1.34	1.66	1.29	1.72	1.23	1.79
45	1.48	1.57	1.43	1.62	1.38	1.67	1.34	1.72	1.29	1.78
50	1.50	1.59	1.46	1.63	1.42	1.67	1.38	1.72	1.34	1.77
55	1.53	1.60	1.49	1.64	1.45	1.68	1.41	1.72	1.38	1.77
60	1.55	1.62	1.51	1.65	1.48	1.69	1.44	1.73	1.41	1.77
65	1.57	1.63	1.54	1.66	1.50	1.70	1.47	1.73	1.44	1.77
70	1.58	1.64	1.55	1.67	1.52	1.70	1.49	1.74	1.46	1.77
75	1.60	1.65	1.57	1.68	1.54	1.71	1.51	1.74	1.49	1.77
80	1.61	1.66	1.59	1.69	1.56	1.72	1.53	1.74	1.51	1.77
85	1.62	1.67	1.60	1.70	1.57	1.72	1.55	1.75	1.52	1.77
90	1.63	1.68	1.61	1.70	1.59	1.73	1.57	1.75	1.54	1.78
95	1.64	1.69	1.62	1.71	1.60	1.73	1.58	1.75	1.56	1.78
100	1.65	1.69	1.63	1.72	1.61	1.74	1.59	1.76	1.57	1.78

참고사항

1. 표에서 k는 독립변수의 수를 의미한다.
2. 자료로부터 계산된 더빈-왓슨 검정통계량 d의 값이 d_L보다 작으면 해당 유의수준에서 양의 자기상관이 있고 d의 값이 $(4-d_L)$보다 크면 음의 자기상관이 있음을 의미한다.
3. d의 값이 d_U보다 크고 $(4-d_U)$보다 작은 값이면 해당 유의수준에서 자기상관이 없음을 의미한다.

$\alpha = .01$

n	$k=1$		$k=2$		$k=3$		$k=4$		$k=5$	
	d_L	d_U	d_L	d_U	d_L	d_U	d_L	d_U	d_L	d_U
15	.81	1.07	.70	1.25	.59	1.46	.49	1.70	.39	1.96
16	.84	1.09	.74	1.25	.63	1.44	.53	1.66	.44	1.90
17	.87	1.10	.77	1.25	.67	1.43	.57	1.63	.48	1.85
18	.90	1.12	.80	1.26	.71	1.42	.61	1.60	.52	1.80
19	.93	1.13	.83	1.26	.74	1.41	.65	1.58	.56	1.77
20	.95	1.15	.86	1.27	.77	1.41	.68	1.57	.60	1.74
21	.97	1.16	.89	1.27	.80	1.41	.72	1.55	.63	1.71
22	1.00	1.17	.91	1.28	.83	1.40	.75	1.54	.66	1.69
23	1.02	1.19	.94	1.29	.86	1.40	.77	1.53	.70	1.67
24	1.04	1.20	.96	1.30	.88	1.41	.80	1.53	.72	1.66
25	1.05	1.21	.98	1.30	.90	1.1	.83	1.52	.75	1.65
26	1.07	1.22	1.00	1.31	.93	1.41	.85	1.52	.78	1.64
27	1.09	1.23	1.02	1.32	.95	1.41	.88	1.51	.81	1.63
28	1.10	1.24	1.04	1.32	.97	1.41	.90	1.51	.83	1.62
29	1.12	1.25	1.05	1.33	.99	1.42	.92	1.51	.85	1.61
30	1.13	1.26	1.07	1.34	1.01	1.42	.94	1.51	.88	1.61
31	1.15	1.27	1.08	1.34	1.02	1.42	.96	1.51	.90	1.60
32	1.16	1.28	1.10	1.35	1.04	1.43	.98	1.51	.92	1.60
33	1.17	1.29	1.11	1.36	1.05	1.43	1.00	1.51	.94	1.59
34	1.18	1.30	1.13	1.36	1.07	1.43	1.01	1.51	.95	1.59
35	1.19	1.31	1.14	1.37	1.08	1.44	1.03	1.51	.97	1.59
36	1.21	1.32	1.15	1.38	1.10	1.44	1.04	1.51	.99	1.59
37	1.22	1.32	1.16	1.38	1.11	1.45	1.06	1.51	1.00	1.59
38	1.23	1.33	1.18	1.39	1.12	1.45	1.07	1.52	1.02	1.58
39	1.24	1.34	1.19	1.39	1.14	1.45	1.09	1.52	1.03	1.58
40	1.25	1.34	1.20	1.40	1.15	1.46	1.10	1.52	1.05	1.58
45	1.29	1.38	1.24	1.42	1.20	1.48	1.16	1.53	1.11	1.58
50	1.32	1.40	1.28	1.45	1.24	1.49	1.20	1.54	1.16	1.59
55	1.36	1.43	1.32	1.47	1.28	1.51	1.25	1.55	1.21	1.59
60	1.38	1.45	1.35	1.48	1.32	1.52	1.28	1.56	1.25	1.60
65	1.41	1.47	1.38	1.50	1.35	1.53	1.31	1.57	1.28	1.61
70	1.43	1.49	1.40	1.52	1.37	1.55	1.34	1.58	1.31	1.61
75	1.45	1.50	1.42	1.53	1.39	1.56	1.37	1.59	1.34	1.62
80	1.47	1.52	1.44	1.54	1.42	1.57	1.39	1.60	1.36	1.62
85	1.48	1.53	1.46	1.55	1.43	1.58	1.41	1.60	1.39	1.63
90	1.50	1.54	1.47	1.56	1.45	1.59	1.43	1.61	1.41	1.64
95	1.51	1.55	1.49	1.57	1.47	1.60	1.45	1.62	1.42	1.64
100	1.52	1.56	1.50	1.58	1.48	1.60	1.49	1.63	1.44	1.65

〈표 9〉 부호검정의 임계치

n	α			
	.005 단측검정	.01 단측검정	.025 단측검정	.05 단측검정
	.01 양측검정	.02 양측검정	.05 양측검정	.10 양측검정
1	*	*	*	*
2	*	*	*	*
3	*	*	*	*
4	*	*	*	*
5	*	*	*	0
6	*	*	0	0
7	*	0	0	0
8	0	0	0	1
9	0	0	1	1
10	0	0	1	1
11	0	1	1	2
12	1	1	2	2
13	1	1	2	3
14	1	2	2	3
15	2	2	3	3
16	2	2	3	4
17	2	3	4	4
18	3	3	4	5
19	3	4	4	5
20	3	4	5	5
21	4	4	5	6
22	4	5	5	6
23	4	5	6	7
24	5	5	6	7
25	5	6	7	7

참고사항

1. 표에 있는 *는 임계 영역에서 얻을 수 없음을 나타내므로 귀무가설(H_0: 대응표본의 중앙값 차이는 없다)을 기각할 수 없다.
2. n은 대응표본의 첫 번째 값과 두 번째 값의 차이가 0인 자료는 제외할 때 그 차이가 양수이거나 음수인 자료의 수를 의미한다.
3. 자료로부터 계산된 검정통계량 x(양수와 음수의 두 부호의 빈도 중에서 낮은 빈도)가 표에 있는 임계치 이하이면 귀무가설을 기각한다.
4. n이 25를 초과하면 정규근사법을 사용할 수 있으므로 식 (19−1)의 통계량 z를 사용한다.

〈표 10〉 윌콕슨 부호순위 검정의 임계치

n	α			
	.05 단측검정	.025 단측검정	.01 단측검정	.005 단측검정
	.10 양측검정	.05 양측검정	.02 양측검정	.01 양측검정
5	0			
6	2	0		
7	3	2	0	
8	5	3	1	0
9	8	5	3	1
10	10	8	5	3
11	13	10	7	5
12	17	13	9	7
13	21	17	12	9
14	25	21	15	12
15	30	25	19	15
16	35	29	23	19
17	41	34	27	23
18	47	40	32	27
19	53	46	37	32
20	60	52	43	37
21	67	58	49	42
22	75	65	55	48
23	83	73	62	54
24	91	81	69	61
25	100	89	76	68
26	110	98	84	75
27	119	107	92	83
28	130	116	101	91
29	140	126	110	100
30	151	137	120	109

참고사항

1. n은 대응표본의 첫 번째 값과 두 번째 값의 차이가 0인 자료는 제외할 때 그 차이가 양수이거나 음수인 자료의 수를 의미한다.
2. 자료로부터 계산된 검정통계량 W(W^+와 W^- 중에서 작은 값)이 표에 있는 임계치 이하이면 귀무가설을 기각한다.
3. n이 30 이상이면 정규근사법을 사용할 수 있으므로 식 (19-2)의 통계량 Z를 사용한다.

〈표 11〉 맨-휘트니의 U 검정의 임계치

$\alpha = .05$(양측검정)																				
n_1 \ n_2	1	2	3	4	5	6	7	8	9	10	11	12	13	14	15	16	17	18	19	20
1																				
2								0	0	0	0	1	1	1	1	1	2	2	2	2
3					0	1	1	2	2	3	3	4	4	5	5	6	6	7	7	8
4				0	1	2	3	4	4	5	6	7	8	9	10	11	11	12	13	13
5			0	1	2	3	5	6	7	8	9	11	12	13	14	15	17	18	19	20
6			1	2	3	5	6	8	10	11	13	14	16	17	19	21	22	24	25	27
7			1	3	5	6	8	10	12	14	16	18	20	22	24	26	28	30	32	34
8		0	2	4	6	8	10	13	15	17	19	2	24	26	29	31	34	36	38	41
9		0	2	4	7	10	12	15	17	20	23	26	28	31	34	37	39	42	45	48
10		0	3	5	8	11	14	17	20	23	26	29	33	36	39	42	45	48	52	55
11		0	3	6	9	13	16	19	23	26	30	33	37	40	44	47	51	55	58	62
12		1	4	7	11	14	18	22	26	29	33	37	41	45	49	53	57	61	65	69
13		1	4	8	12	16	20	24	28	33	37	41	45	50	54	59	63	67	72	76
14		1	5	9	13	17	22	26	31	36	40	45	50	55	59	64	67	74	78	83
15		1	5	10	14	19	24	29	34	39	44	49	54	59	64	70	75	80	85	90
16		1	6	11	15	21	26	31	37	42	47	53	59	64	70	75	81	86	92	98
17		2	6	11	17	22	28	34	39	45	51	57	63	67	75	81	87	93	99	105
18		2	7	12	18	24	30	36	42	48	55	61	67	74	80	86	93	99	106	112
19		2	7	13	19	25	32	38	45	52	58	65	72	78	85	92	99	106	113	119
20		2	8	13	20	27	34	41	48	55	62	69	76	83	90	98	105	112	119	127

참고사항

1. n_1은 첫 번째 집단의 표본 크기를 의미하고 n_2는 두 번째 집단의 표본 크기를 의미한다.
2. 자료로부터 계산된 검정통계량 값이 표에 있는 임계치 이하이면 해당 유의수준에서 귀무가설(H_0: 두 집단의 중앙값은 같다)을 기각한다.

〈표 12〉 크러스칼-월리스 검정의 임계치

(n_1, n_2, n_3)	$\alpha = .10$	$\alpha = 0.05$	$\alpha = 0.01$
2, 2, 2	3.7143	4.5714	4.5714
3, 2, 1	3.8571	4.2857	4.2857
3, 2, 2	4.4643	4.5000	5.3571
3, 3, 1	4.0000	4.5714	5.1429
3, 3, 2	4.2500	5.1389	6.2500
3, 3, 3	4.6000	5.0667	6.4889
4, 2, 1	4.0179	4.8214	4.8214
4, 2, 2	4.1667	5.1250	6.0000
4, 3, 1	3.8889	5.0000	5.8333
4, 3, 2	4.4444	5.4000	6.3000
4, 3, 3	4.7000	5.7273	6.7091
4, 4, 1	4.0667	4.8667	6.1667
4, 4, 2	4.4455	5.2364	6.8727
4, 4, 3	4.7730	5.5758	7.1364
4, 4, 4	4.5000	5.6538	7.5385
5, 2, 1	4.0500	4.4500	5.2500
5, 2, 2	4.2933	5.0400	6.1333
5, 3, 1	3.8400	4.8711	6.4000
5, 3, 2	4.4946	5.1055	6.8218
5, 3, 3	4.4121	5.5152	6.9818
5, 4, 1	3.9600	4.8600	6.8400
5, 4, 2	4.5182	5.2682	7.1182
5, 4, 3	4.5231	5.6308	7.3949
5, 4, 4	4.6187	5.6176	7.7440
5, 5, 1	4.0364	4.9091	6.8364
5, 5, 2	4.5077	5.2462	7.2692
5, 5, 3	4.5363	5.6264	7.5429
5, 5, 4	4.5200	5.6429	7.7914
5, 5, 5	4.5000	5.6600	7.9800

참고사항

1. n_1은 첫 번째 집단의 표본 크기, n_2는 두 번째 집단의 표본 크기, n_3는 세 번째 집단의 표본 크기를 의미한다.
2. 자료로부터 계산된 검정통계량 값이 표에 있는 임계치보다 크면 해당 유의수준에서 귀무가설(H_0: 각 집단의 중앙값은 같다)을 기각한다.

〈표 13〉 스피어만 순위 상관계수의 임계치

n	$\alpha = .05$	$\alpha = .025$	$\alpha = .01$
5	.900	–	–
6	.829	.886	.943
7	.714	.786	.893
8	.643	.738	.833
9	.600	.683	.783
10	.564	.648	.745
11	.523	.623	.736
12	.497	.591	.703
13	.475	.566	.673
14	.457	.545	.646
15	.441	.525	.626
16	.425	.507	.601
17	.412	.490	.582
18	.399	.476	.564
19	.388	.462	.549
20	.377	.450	.534
21	.368	.438	.521
22	.359	.428	.508
23	.351	.418	.496
24	.343	.409	.485
25	.336	.400	.475
26	.329	.392	.465
27	.323	.385	.456
28	.317	.377	.448
29	.311	.370	.440
30	.305	.364	.432

참고사항

1. n은 표본 크기를 의미한다.
2. 표에 있는 유의수준 α는 단측검정의 경우에 해당한다.
3. 자료로부터 계산된 스피어만 순위상관계수의 값이 표에 있는 임계치보다 크면 해당 유의수준에서 귀무가설(H_0: 상관관계는 없다)을 기각한다.

〈표 14〉 PROCESS macro에서 사용되는 모형

Model 1

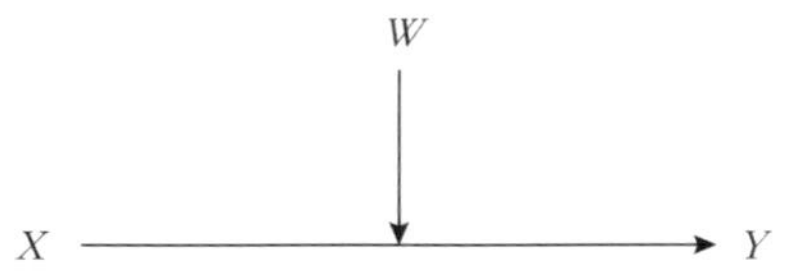

Model 2

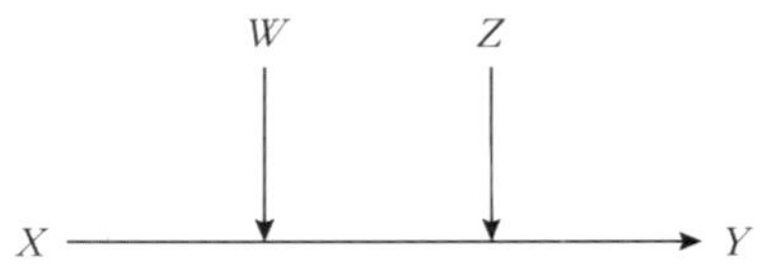

Model 3

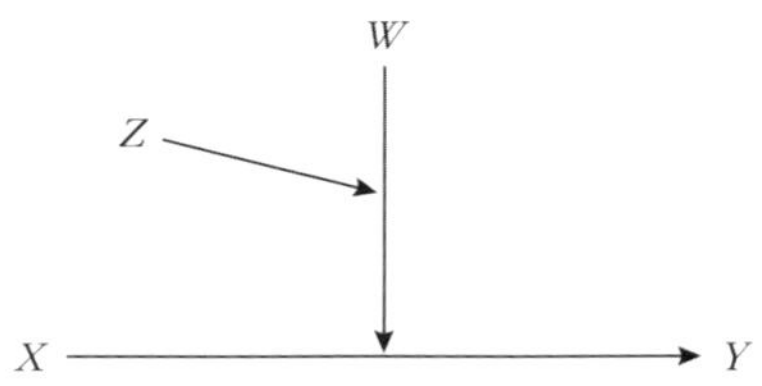

Model 4

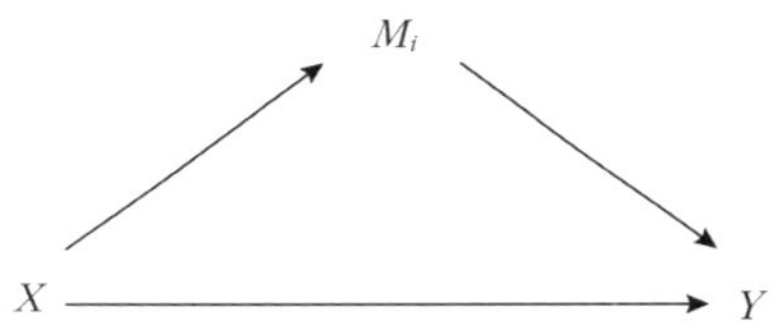

Model 5

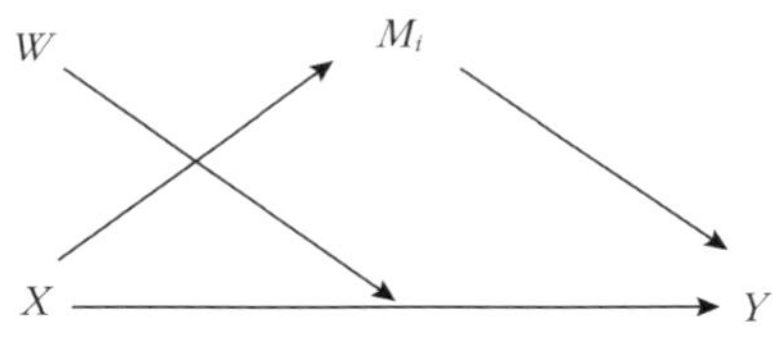

Model 6(2 mediators)

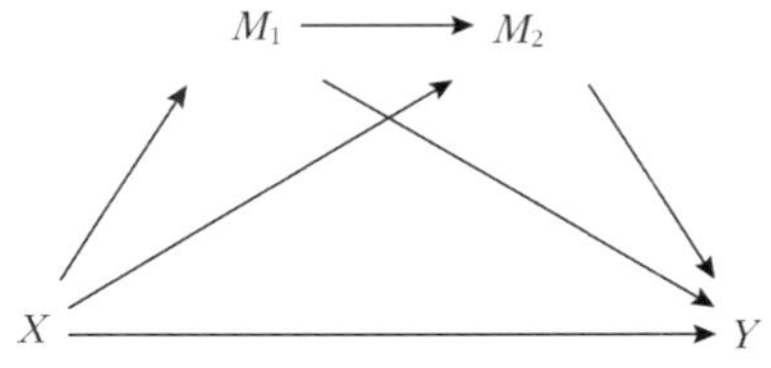

Model 6(3 mediators)

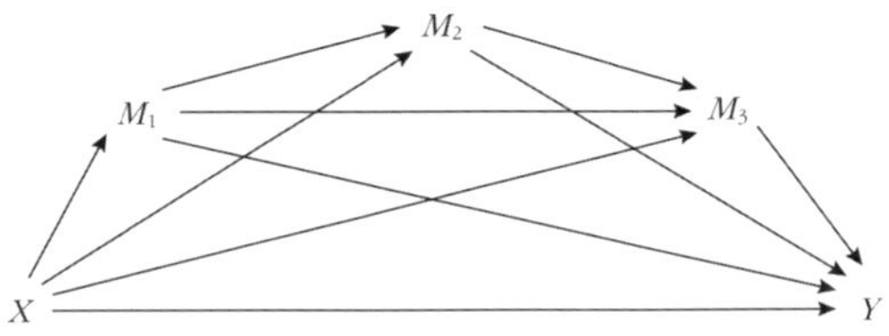

Model 7

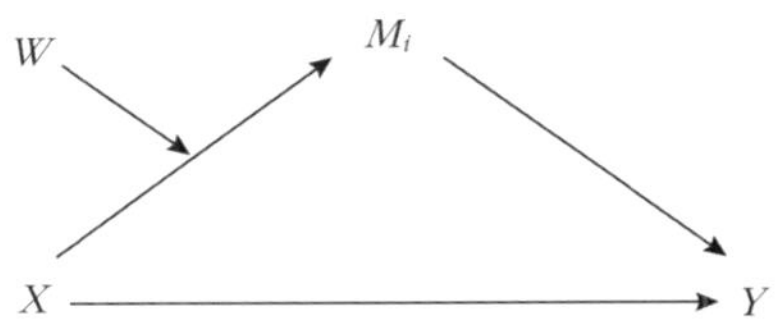

Model 8

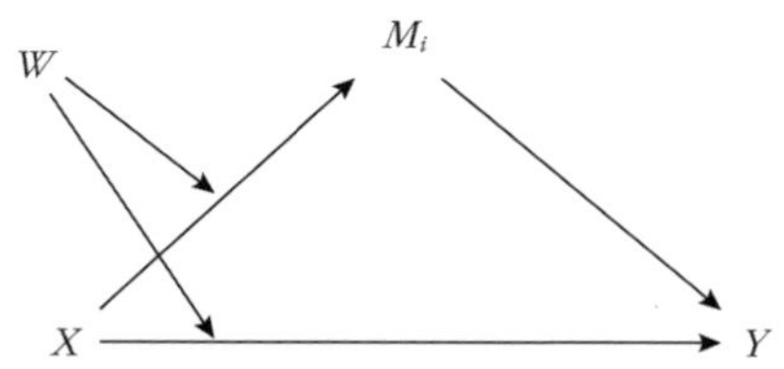

Model 9

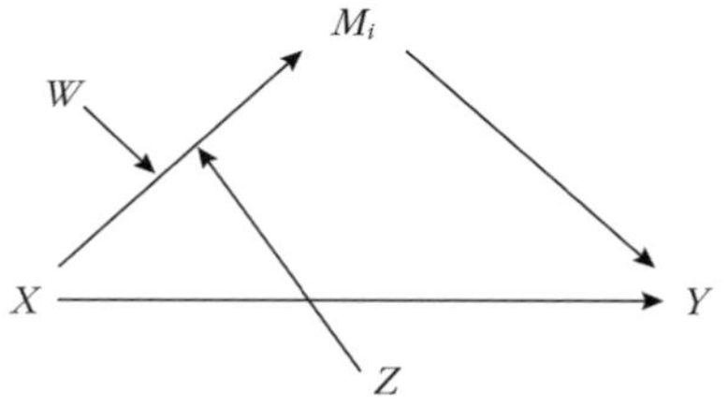

Model 10

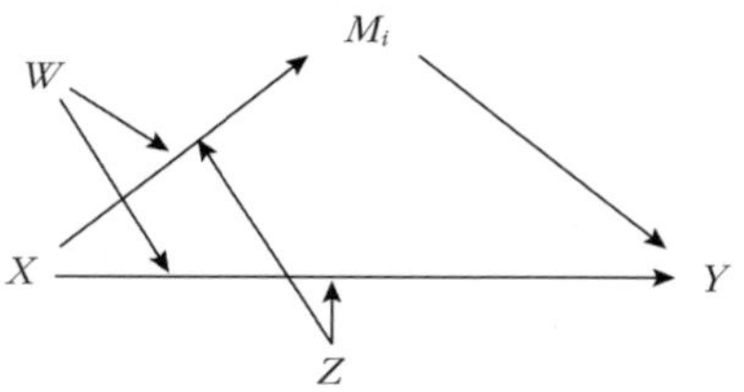

Model 14

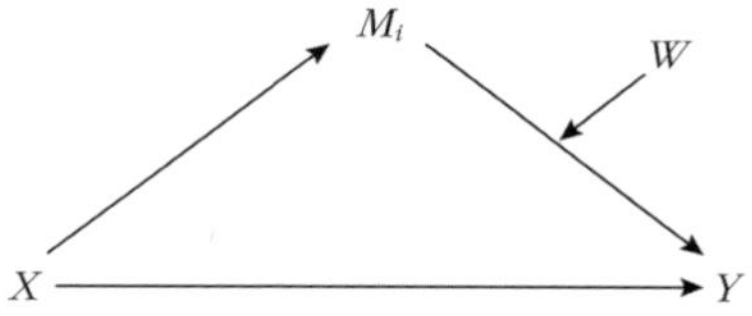

Model 15

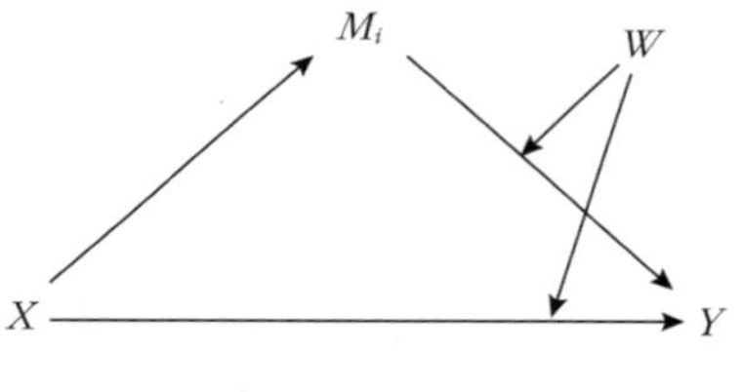

Model 21

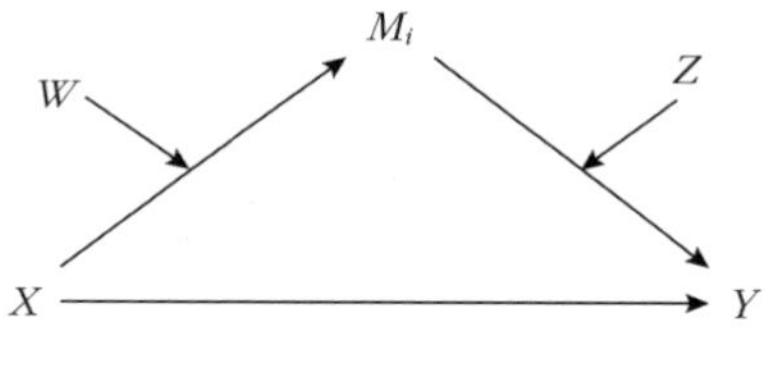

Model 58

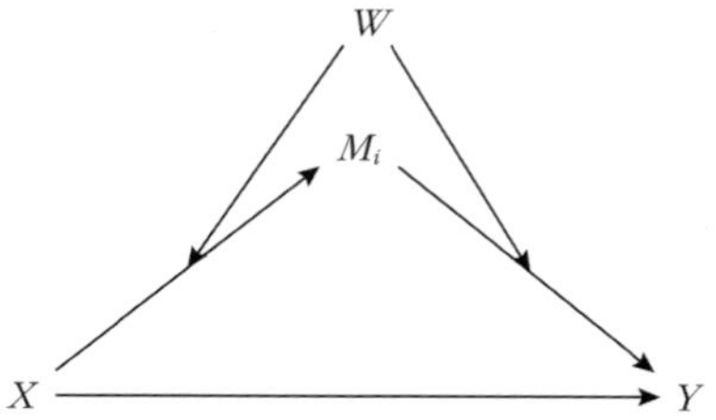

Model 91

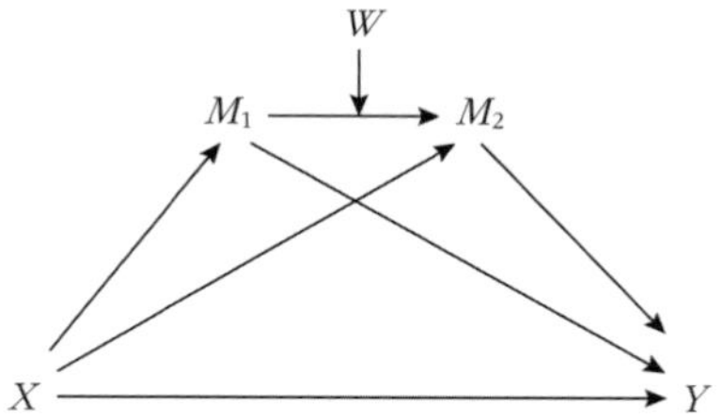

찾아보기